MULTINATIONAL BUSINESS FINANCE

16th Edition

国际金融

（原书第16版）

[美] 大卫·K. 艾特曼（David K. Eiteman） 阿瑟·I. 斯通西尔（Arthur I. Stonehill） 迈克尔·H. 莫菲特（Michael H. Moffett）◎著

汪洋 ◎等译

机械工业出版社
CHINA MACHINE PRESS

本书系统地梳理了国际金融领域的经典理论，并十分新颖地以跨国公司管理者的角度，从实战案例的操作中引出问题，将枯燥的理论贯穿于企业的具体运作中，诠释得既富于逻辑，又充满趣味，是一本难得的国际金融优秀教材。本书分为五个部分：第 1 部分介绍全球金融环境；第 2 部分解释外汇理论与市场；第 3 部分探讨外汇敞口；第 4 部分详细介绍全球公司融资；第 5 部分介绍外国投资与投资分析。特别地，本书介绍了数字平台已经彻底改变了从货币交易到全球商务和金融的各个领域，更具有全球视角和前沿性。

本书适合作为经济管理类等相关专业的本科生、研究生的教材，也适合作为广大从业人员的培训和参考用书。

David K. Eiteman, Arthur I. Stonehill, Michael H. Moffett. Multinational Business Finance, 16th Edition.

ISBN 978-0-13-749601-3

图书在版编目（CIP）数据

国际金融 : 原书第 16 版 / (美) 大卫 · K. 艾特曼 (David K. Eiteman), (美) 阿瑟 · I. 斯通西尔 (Arthur I. Stonehill), (美) 迈克尔 · H. 莫菲特 (Michael H. Moffett) 著 ; 汪洋等译 . -- 北京 : 机械工业出版社 , 2025. 3. -- ISBN 978-7-111-78157-8

Ⅰ. F831

中国国家版本馆 CIP 数据核字第 2025VF6374 号

机械工业出版社（北京市百万庄大街 22 号　邮政编码 100037）

策划编辑：王洪波　　责任编辑：王洪波

责任校对：张雨霏　卢文迪　李可意　景　飞　　责任印制：任维东

河北鹏盛贤印刷有限公司印刷

2025 年 7 月第 1 版第 1 次印刷

185mm × 260mm · 29 印张 · 698 千字

标准书号：ISBN 978-7-111-78157-8

定价：159.00 元

电话服务
客服电话：010-88361066
010-88379833
010-68326294

网络服务
机 工 官 网：www.cmpbook.com
机 工 官 博：weibo.com/cmp1952
金 书 网：www.golden-book.com
机工教育服务网：www.cmpedu.com

作者简介
About the Author

大卫·K. 艾特曼（David K. Eiteman）

大卫·K. 艾特曼是加利福尼亚大学洛杉矶分校安德森商学院（University of California at Los Angeles Anderson School of Management）的金融学荣誉教授[㊀]。他还在香港科技大学（Hong Kong University of Science & Technology，中国）、昭和音乐学院（Showa Academy of Music，日本）、新加坡国立大学（National University of Singapore，新加坡）、大连大学（Dalian University，中国）、赫尔辛基经济与工商管理学院（Helsinki School of Economics and Business Administration，芬兰）、夏威夷大学马诺阿分校（University of Hawaii at Manoa，美国）、布拉德福德大学（University of Bradford，英国）、克兰菲尔德管理学院（Cranfield School of Management，英国）和IDEA（阿根廷）担任过教学或研究职位。他是国际贸易与金融协会（International Trade and Finance Association）和西方金融协会（Western Finance Association）的前任主席。

艾特曼教授在1952年获得密歇根大学（University of Michigan）的工商管理学士学位、1956年获得加利福尼亚大学伯克利分校（University of California, Berkeley）的经济学硕士学位以及1959年获得西北大学（Northwestern University）的金融学博士学位。他撰写或合著了4本书和29篇其他出版物。他的文章发表在《金融杂志》（*The Journal of Finance*）、《国际贸易杂志》（*The International Trade Journal*）、《金融分析师杂志》（*Financial Analysts Journal*）、《世界商业杂志》（*Journal of World Business*）、《国际管理》（*Management International*）、《商业视野》（*Business Horizons*）、《MSU商业话题》（*MSU Business Topics*）、《公共事业双周刊》（*Public Utilities Fortnightly*）等刊物上。

阿瑟·I. 斯通西尔（Arthur I. Stonehill）

阿瑟·I. 斯通西尔是俄勒冈州立大学（Oregon State University）金融和国际商务的荣誉教授，他在该校任教24年（1966—1990年）。1991—1997年，他同时在夏威夷大学马诺阿

㊀ 荣誉教授（professor emeritus）意味着这位教授虽然已退休，但因其卓越的学术贡献和职业生涯成就，被允许保留“教授”头衔。——译者注

分校和哥本哈根商学院（Copenhagen Business School）担任教职。1997—2001年，他继续在夏威夷大学马诺阿分校担任客座教授。他还在加利福尼亚大学伯克利分校、克兰菲尔德管理学院以及北欧管理学院（North European Management Institute，挪威）等机构担任教学或研究职位。他是国际商务学会（Academy of International Business）的前任主席，也曾是国际金融管理协会（Financial Management Association）的西部主任。

斯通西尔教授于1953年在耶鲁大学（Yale University）获得历史学学士学位，1957年在哈佛商学院（Harvard Business School）获得工商管理硕士学位，1965年在加利福尼亚大学伯克利分校获得商业管理博士学位。他曾获得奥胡斯商学院（Aarhus School of Business, 丹麦，1989）、哥本哈根商学院（1992）以及隆德大学（Lund University, 瑞典，1998）授予的荣誉博士学位。

他撰写或合著了9本书以及25篇其他出版物。他的文章发表在《财务管理》(*Financial Management*)、《国际商业研究杂志》(*Journal of International Business Studies*)、《加利福尼亚管理评论》(*California Management Review*)、《金融与定量分析杂志》(*Journal of Financial and Quantitative Analysis*)、《国际财务管理与会计杂志》(*Journal of International Financial Management and Accounting*)、《国际商业评论》(*International Business Review*)、《欧洲管理期刊》(*European Management Journal*)、《投资分析师》(*The Investment Analyst*，英国)、《国民经济杂志》(*Nationaløkonomisk Tidskrift*，丹麦)、《社会经济人》(*Sosialøkonomen*，挪威)、《金融教育杂志》(*Journal of Financial Education*) 等刊物上。

迈克尔·H. 莫菲特（Michael H. Moffett）

迈克尔·H. 莫菲特是亚利桑那州立大学雷鸟全球管理学院（Thunderbird School of Global Management at Arizona State University）的大陆粮食（Continental Grain[1]）金融学教授，自1994年以来一直在此任教。他还曾在俄勒冈州立大学（1985—1993年）、密歇根大学（1991—1993年）、华盛顿特区的布鲁金斯学会（Brookings Institution）、夏威夷大学马诺阿分校、奥胡斯商学院、赫尔辛基经济与工商管理学院、南斯拉夫[2]的国际公共企业中心（International Centre for Public Enterprises）以及科罗拉多大学博尔德分校（University of Colorado, Boulder）等机构担任教学或研究职位。

莫菲特教授于1977年在得克萨斯大学奥斯汀分校（University of Texas at Austin）获得经济学学士学位，1979年在科罗拉多州立大学（Colorado State University）获得资源经济学硕士学位，1983年和1985年在科罗拉多大学博尔德分校分别获得经济学硕士学位和博士学位。

他撰写、合著或贡献了许多著作、文章、案例研究和其他出版物。他与斯通西尔教授和艾特曼教授共同撰写了两本书——《跨国金融基础》(*Fundamentals of Multinational Finance*) 和本书。他的文章发表在《金融与定量分析杂志》、《应用公司金融杂志》(*Journal of Applied Corporate Finance*)、《国际货币和金融杂志》(*Journal of International Money and*

---

[1] "Continental Grain Professor"是一个特定的教授职位名称，其中"Continental Grain"是一家捐赠或赞助该教授职位的公司或基金的名称。——译者注

[2] 已解体。——译者注

Finance)、《国际财务管理与会计杂志》、《当代政策问题》(*Contemporary Policy Issues*)、《布鲁金斯国际经济讨论文集》(*Brookings Discussion Papers in International Economics*)等刊物上。他为包括《现代金融手册》(*Handbook of Modern Finance*)、《国际会计与金融手册》(*International Accounting and Finance Handbook*)和《国际商务百科全书》(*Encyclopedia of International Business*)在内的多部合集作品贡献了内容。他还与迈克尔·钦科陶(Michael Czinkota)和伊尔卡·龙凯宁(Ilkka Ronkainen)共同撰写了两本关于跨国公司的书，即《国际商务》(第 7 版)(*International Business*，7th edition)和《全球商务》(第 4 版)(*Global Business*，4th edition)，与安德鲁·英克彭(Andrew Inkpen)合著了《全球石油和天然气行业：战略、金融与管理》(*The Global Oil and Gas Industry*：*Strategy*，*Finance*，*and Management*)。

前　言
PREFACE

本版更新

我们持续面临的挑战在于，如何在成为国际金融领域的开创性教材（即在多个方面设立该领域的标准）与引入当今全球商业的众多新概念和组成部分（包括从数字货币到全球金融科技等）之间找到平衡。我们努力寻求一种平衡，既要迎合长期使用者的价值观，又要融合专家们的宝贵见解——这正是创新者面临的难题。在本次修订过程中，对读者的调查发挥了重要作用，我们采纳了许多具体的建议，以更好地服务于读者。

- **公司治理、积极投资者及利益相关者资本主义**。第 4 章关于公司治理的内容，包括所有权、财务目标以及积极投资者作用日益增长的部分，已经被修订和扩展。特别值得注意的是，与股东财富最大化相比，利益相关者资本主义及其多重目标框架的发展。
- **不可能三角**。作为一个核心的国际金融原则，不可能三角在多个主题中作为统一的理论联系被越来越多地采用——无论是冰岛的金融危机，还是欧盟关于资本流动所做的选择。
- **外汇市场与数字贸易**。本版新增材料深入探讨了全球外汇市场结构的变化——交易、通信和结算——如何给私营参与者和公共监管者带来挑战。
- **货币操纵**。这是充满政治争议的话题，我们深入探讨了与货币操纵相关的动机、方法和指标，并提供了一个新的迷你案例。
- **新兴市场体制**。第 16 版提供了对许多新兴市场国家货币和资本制度选择的新见解；许多国家认识到，它们高度依赖对外贸易，寻求货币稳定性，以替代吸引其他资本，如外国直接投资。
- **国际税收**。与数字商务世界紧密相连，跨国税务管理在跨国财务管理中的重要性持续上升。我们扩大了对全球金融的这一关键决定因素的讨论范围，强调不断变化的美国税率和规则。
- **政治风险与财务损失**。有关外国直接投资和政治风险的章节已经修订，反映了人们对货币兑换性和资金可转移性的限制，以及拒绝履行义务或政府征用的风险日益增长的关注。

解决教学与学习挑战

《国际金融》是一本关于跨国公司财务管理的教材。跨国公司是指在多个国家开展业务的各种类型和规模的公司和组织。这些公司和组织采用多种运营模式，包括设立全资拥有的外国子公司、与当地或国际合作伙伴建立合资企业以及与东道国政府进行合作。涉及的实体多样，既包括营利性公司、家族企业，也包括主权国家和非政府组织。

此外，数字平台已经彻底改变了从货币交易到全球商务和金融的各个领域，这种变革涵盖了从电子交易到数字货币等多个方面，增加了国际商务的复杂性。

本书旨在面向大学层次的跨国公司财务管理（international financial management）、国际企业财务（international business finance）、国际金融（international finance）等课程。它既可供本科生和研究生学习使用，也可用于公司高管教育和企业培训课程。

如果有公司财务或财务管理方面的先修课程或相关经验，那么本书阅读体验会非常理想。不过，在将有关概念扩展到跨国公司案例之前，我们会先回顾基础的财务概念，也会回顾国际经济学和国际商务的基础概念。

多年来，经过多个版本，我们自己也在从海得拉巴到赫尔辛基再到檀香山的课程中使用本书，我们观察到本书的受众日益广泛。我们继续努力，力求服务更广泛的全球受众，无论是在理论应用、实践框架、迷你案例还是在章末问题中，都涉及跨国公司、各国市场和众多挑战。

结构组织

为了使内容更加紧凑，我们对《国际金融》进行了重新设计和结构调整，旨在在更简洁的框架内涵盖该领域的关键要素。这是通过以财务管理为主线整合多个主题来实现的。本书分为五个部分，这些部分通过一个共同的主线——全球化过程，即公司从国内公司向跨国公司转变——统一起来。

- 第 1 部分介绍全球金融环境。
- 第 2 部分解释外汇理论与市场。
- 第 3 部分探讨外汇敞口。
- 第 4 部分详细介绍全球公司融资。
- 第 5 部分介绍外国投资与投资分析。

教学工具

为了使本书尽可能易于理解，我们使用了大量经过验证的教学工具。再次强调，我们的努力得益于多位教授的详细评审和建议，这些教授在国际金融领域尤其是本科层级上各自以卓越而闻名。这些教学工具包括以下内容。

- 采用学生友好的写作风格并呈现结构化的内容，每章以学习目标开始，以总结这些学习目标如何实现结束。
- 提供大量图片和表格，更生动地展示相关概念和内容。
- 本书通过一家假想的美国公司——Ganado 公司的连续案例，为全球化过程的多个方面提供了一个统一的框架，并在各章章末的问题中对这一框架进行了强化和巩固。
- 每章末尾的迷你案例涵盖了章节内容，并将其扩展到跨国金融商业环境。

迷你案例持续受到欢迎，这促使我们在第 16 版中引入了 11 个新的迷你案例，涉及以下新话题。

- 全球金融科技。全球金融科技在将新兴世界引入全球金融中持续发挥作用。
- 数字货币。例如，数字人民币的兴起。
- 全球汇款。全球汇款在缓解全球收入不平等和机会不均衡方面可能扮演的角色。
- 东芝公司的公司治理面临的挑战。
- 货币波动。在新冠疫情时期各国货币波动的情况。
- 取代 LIBOR（伦敦银行同业拆借利率）。取代全球金融系统的利率中心——LIBOR 的理由和复杂性。
- 沙特阿拉伯国家石油公司（Saudi Arabian Oil Company，简称沙特阿美）。世界上最赚钱的公司沙特阿美的首次公开募股。
- 谷歌税。美国制定了许多人称之为“谷歌税”的税收政策。
- 敌意收购。对世界上最具敌意的国际收购之一——米塔尔（Mittal）公司对安赛乐（Arcelor）公司的收购进行了详细探讨。

书中每章的全球金融实务专栏着重展示了真实公司和管理者如何在不断变化的市场环境中应对全球商业交易时遇到的复杂问题，从日常的应付账款到特殊的政府征用。

章末大量的问题和习题用于评估学生对课程材料的理解。部分章末习题答案附在本书的末尾。

外汇平价条件、外汇期权定价和复杂期权产品等数学推导见相关章末的附录。学生或老师可根据需要选择性地使用。

目 录
CONTENTS

第 2 部分 外汇理论与市场

第 3 部分 外汇敞口

第1部分

全球金融环境

第1章
CHAPTER 1

跨国公司财务管理：挑战和机遇

金融家的目标应是，在公正和审慎的基础上确保足够的收入；合理控制支出；在必须使用信贷的情况下，通过清晰透明的操作流程、精确的财务计算，以及保持资金的稳定性，为现在及未来的信贷活动打下坚实基础。

——埃德蒙·柏克[⊖]（Edmund Burke），《反思法国大革命》（*Reflections on the Revolution in France*），1790年

学习目标

1.1 探究全球金融市场：参与者和竞技场
1.2 思考为何比较优势理论适用于跨国公司的经营
1.3 研究国际金融管理和国内金融管理的区别
1.4 挖掘公司经营全球化的步骤和过程

本书聚焦于**跨国公司财务管理**（multinational financial management）。**跨国公司**（multinational enterprise，MNE）是指那些在多个国家开展经营活动的企业，无论是营利性公司（for-profit company）还是非营利性组织（not-for-profit organization）。这些公司通过在海外设立分支机

⊖ 埃德蒙·柏克是18世纪英国的一位著名政治理论家、哲学家、演说家和政治家。他因其深刻的思想和政治哲学而闻名，尤其在保守主义思想的发展中占有重要地位。柏克出生于爱尔兰的都柏林，在都柏林的三一学院接受教育，后来移居英国，在那里开始了他的政治生涯。柏克最著名的政治理念之一是对革命尤其是法国大革命的批评。他认为社会改革应该是渐进的而非突变的，强调传统、秩序和持久的社会契约的重要性。他的这些观点最全面地体现在其专著《反思法国大革命》中，该书对后来的保守主义思想产生了深远的影响。——译者注

构、子公司（subsidiary），或与东道国企业建立合资公司，来展开其商业活动。

我们正步入一个崭新的时代，一家初创的数字化企业可能迅速就能将业务扩展至若干国家，甚至在几个小时内就发展成为跨国公司。在这个时代，全球上市公司数量正在缩减，强大的竞争对手正在新兴市场中崛起，而且“创意公司”（idea firm）正在创造越来越多的价值。全球市场正在见证这一变革——激进的、颠覆性的、迅猛的，无论你偏好哪种表述。变化不仅包括人民币在国际舞台上扮演越来越重要的角色，而且涉及全球新冠疫情之后各国政府为实现经济持续复苏的种种努力，还包括数字货币的引入可能带来的重大影响。2021年，萨尔瓦多成为全球第一个将比特币这种加密货币（cryptocurrency）作为法定货币（legal tender）的国家。接下来，我们将探讨跨国公司面临的诸多变化，从国际金融界改变其过去50年的全球基准利率（LIBOR），到全球新冠疫情期间货币波动性的变化，再到世界上最赚钱的公司（沙特阿美）进入公开证券市场。可以说，变化是这个时代唯一不变的特征。

跨国公司财务管理要求世界各地的企业管理者和政府领导人识别并有效应对全球金融市场中潜在的收益波动和风险变化。这些风险虽然源于全球金融市场的竞争性环境，但其实质是跨国公司财务管理的一部分。这意味着，在追求公司目标和满足不同利益相关者需求的同时，公司管理层需要有效应对和管理这些复杂多变的金融事务。

本章概述了全球金融格局，包括外汇市场和各类金融机构，介绍了这一领域的基本规则和专业术语；接下来探讨了比较优势的基本原理，这是区分国际金融管理[㊀]与国内金融管理的关键因素；最后介绍了企业走向全球化的不同路径。本章章末的迷你案例“全球金融科技”，分析了金融科技如何革新金融功能和服务，如何有力地突破全球范围内的市场准入和金融包容性障碍，同时探讨了金融科技在推广过程中遇到的政治和制度构建方面的众多挑战。

1.1　全球金融市场

无论是在国内、国际还是全球层面，商业活动都涉及个人与组织在市场上交换产品、服务和资本的互动。全球资本市场和商业市场在很多方面搭建了竞争的舞台，这是全球商业活动日常展开的环境。就像人类创造的所有机构一样，虽然在不断地变化，但其核心组成部分却很少发生变化。我们首先探索全球商业的制度环境和行为特征，特别关注构成全球金融市场的各种组织和资产。

1.1.1　资产、机构和联系

图 1.1 是对全球资本市场的概述。一种描述全球金融市场的方法是观察证券和机构，并理解这些证券和机构是如何通过银行间市场紧密相连的。

证券。全球资本市场的核心是金融资产，即证券。其中尤以高度工业化国家政府发行的债务证券最为重要，例如美国国债和英国金边债券。这些被视为低风险或无风险的证券，为银行贷款、公司债券和股票（股份）等其他金融产品的发行、交易和定价提供了基础。近年

㊀　在本书译文中，国际金融管理（international financial management）与跨国公司财务管理（multinational financial management）交替使用，其内涵一致。——译者注

来，市场还见证了衍生品的迅速发展，这类金融工具的价值取决于其底层原始证券的市场价值变动。全球金融体系的稳健和安全依赖于这些证券的质量。

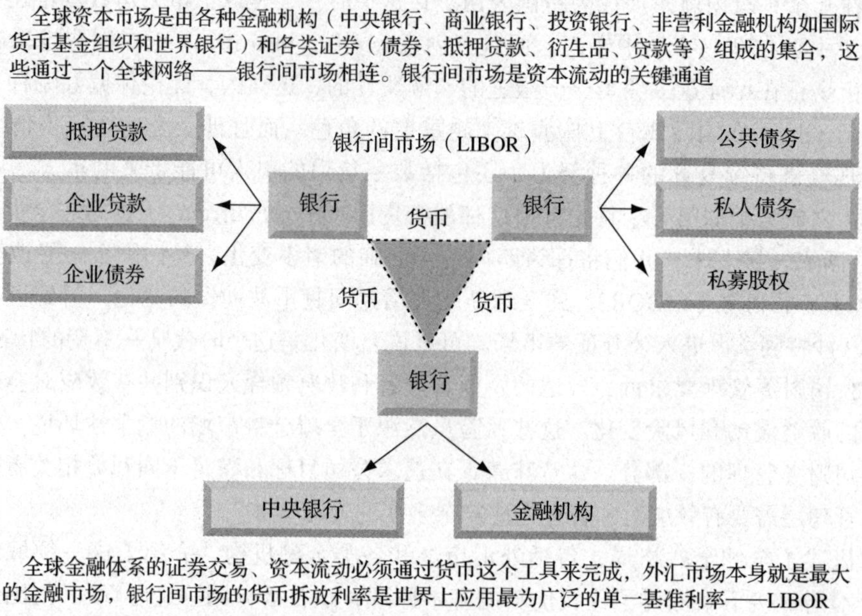

图 1.1　全球资本市场

金融机构。全球金融体系的运作依赖于多个关键机构，包括负责各国货币发行和控制的中央银行、吸纳存款及对本地和全球企业提供贷款的商业银行，以及专门从事证券和衍生品交易的各类金融机构。这些机构形态多样，受到不同监管体系的约束。全球金融体系的健康与安全取决于这些金融机构的稳健经营。

联系。这些金融机构之间的联系，即金融交易的媒介，主要是通过银行间网络进行货币流通。货币在全球市场上的自由兑换，构成了金融交易的基础和核心前提。全球外汇市场是世界上最大的市场。货币兑换以及由此引发的全球范围内通过货币完成的其他证券交易，共同组成了国际银行间市场。这一市场的定价基准是 LIBOR，它是全球金融体系的核心组成部分。（在第 8 章中，我们将进一步探讨国际社会为取代 LIBOR 所做的努力及其对金融工具和市场可能产生的影响。）

为确保商业活动的开展，资本在不同货币之间的兑换和跨大陆的流动已有数千年的历史。然而，在过去的 50 年里，资本流动的速度达到了前所未有的水平。特别是在过去的 20 年中，资本流动已经能随时触及地球上最偏远的角落。这种变化催生了金融产品和服务的创新大潮，既带来了积极的发展，也引发了一些负面影响。

1.1.2　外汇市场

用另一国货币表示的某一国家货币的价格叫**外汇汇率**（foreign exchange rate)。比如，美元（用符号 $ 或 USD 表示）和欧元（€或 EUR）之间的汇率会表述为“每欧元 1.127 4 美元”，简写为“ $1.127 4 = €1.00”。同样，这一汇率也可以用国际标准化组织（ISO）的三位字母代码表示为“ USD1.127 4 = EUR1.00”。鉴于大多数国际商业活动中至少有一方需要以非本币结算，因此深入理解汇率对于开展国际商务至关重要。

货币符号。如前所述，USD 和 EUR 被用作美元和欧元的货币符号。这些是目前世界数字网络上使用的计算机符号（ISO 4217 代码，以下简称 ISO 代码）。然而，金融媒体有着使用各种货币符号和大量缩写的丰富历史，比如英镑的符号是 £，还有 GBP（Great Britain pound）、STG（British pound sterling）[⊖]、ST£（pound sterling）、UKL 或 UK£（United Kingdom pound），本书采用简单常见的两种货币符号表示方法，第一种如 $（美元）、€（欧元）、¥（日元）、£（英镑），第二种则是 ISO 代码。

汇率报价和术语。表 1.1 展示了伦敦和纽约公布的 2021 年 6 月 18 日部分全球货币外汇汇率。每个所列出的汇率是特定国家的货币相对于美元、欧元和英镑的比价。这些汇率被称为中间汇率，因为它是外汇交易商购买某种货币的**出价**（bid rate，买入价）和卖出某种货币的**报价**（offer rate，卖出价）的平均值或中间价。

20 世纪 40 年代以来，美元一直是外汇交易的核心。因此，大多数国家的货币以其与美元的比价作为报价基准，例如墨西哥比索兑美元、巴西雷亚尔兑美元等。此外，一些国家的货币也常以其与欧元和英镑的比价作为报价基准。例如，2021 年 6 月 18 日，日元与美元、欧元和英镑的比价报价分别为：¥110.38 = $1.00，¥130.99 = € 1.00，¥152.59 = £ 1.00，如表 1.1 所示。

表 1.1　2021 年 6 月 18 日部分全球货币外汇汇率

国家	货币	符号	ISO 代码	对美元报价	对欧元报价	对英镑报价
阿根廷	比索	ARS$	ARS	95.380 0	113.187 5	131.853 3
澳大利亚	澳大利亚元	A$	AUD	1.334 2	1.583 3	1.844 4
巴西	雷亚尔	R$	BRL	5.052 2	5.994 9	6.980 0
加拿大	加拿大元	C$	CAD	1.240 6	1.472 2	1.715 0
智利	比索	$	CLP	743.68	882.53	1 028.06
中国	元	¥	CNY	6.450 0	7.654 2	8.916 5
捷克	克朗	Kč	CZK	21.528 0	25.547 0	29.760 0
丹麦	克朗	Dkr	DKK	6.264 9	7.434 6	8.660 6
欧元区	欧元	€	EUR	0.842 4	1.000 0	1.164 5
匈牙利	福林	Ft	HUF	299.730	355.760	414.240
印度	卢比	₹	INR	74.083	87.914	102.412
印度尼西亚	卢比	Rp	IDR	14 495.25	17 052.88	19 865.09
以色列	新谢克尔	₪	ILS	3.279 5	3.888 9	4.526 6
日本	日元	¥	JPY	110.38	130.99	152.59
科威特	第纳尔	KD	KWD	0.297 1	0.352 4	0.410 4
马来西亚	林吉特	RM	MYR	4.137 0	4.912 3	5.719 0
墨西哥	比索	Mex$	MXN	20.690 5	24.553 4	28.602 5
摩洛哥	迪拉姆	DH	MAD	8.796 7	10.435 0	12.150 1

⊖ STG 这一缩写可能来源于拉丁语“sterlingus”，这是英镑的古老名称之一，或者更简单地，它可能只是由“sterling”一词的部分字母衍生而来的。STG 作为英镑的缩写，是对英国货币的一种非正式称呼。——译者注

（续）

国家	货币	符号	ISO代码	对美元报价	对欧元报价	对英镑报价
新西兰	新西兰元	NZ$	NZD	1.439 7	1.709 5	1.990 5
挪威	克朗	NKr	NOK	8.667 8	10.286 1	11.982 4
巴基斯坦	卢比	Rs	PKR	153.177 0	181.747 7	211.599 7
菲律宾	比索	₱	PHP	47.840 0	56.722 8	66.031 7
秘鲁	新索尔	S/.	PEN	3.781 4	4.485 6	5.222 9
波兰	兹罗提	zł	PLN	3.833 5	4.551 9	5.300 2
俄罗斯	卢布	₽	RUB	72.435 0	86.009 3	100.147 0
沙特阿拉伯	里亚尔	SR	SAR	3.711 7	4.400 9	5.123 1
新加坡	新加坡元	S$	SGD	1.344 1	1.596 0	1.858 4
南非	兰特	R	ZAR	14.270 2	16.934 4	19.727 1
韩国	韩元	₩	KRW	1 134.93	1 347.12	1 568.35
瑞典	克朗	SKr	SEK	8.617 6	10.231 0	11.914 7
瑞士	法郎	Fr.	CHF	0.921 7	1.093 8	1.274 2
泰国	泰铢	฿	THB	31.470 0	37.367 5	43.510 0
土耳其	里拉	₺	TRY	8.713 6	10.346 5	12.047 4
阿联酋	迪拉姆	—	AED	3.672 6	4.358 3	5.077 0
英国	英镑	£	GBP	0.723 6	0.858 2	1.000 0
美国	美元	$	USD	1.000 0	1.186 7	1.382 4
越南	越南盾	₫	VND	22 450.00	26 618.45	30 986.89

注：许多不同的货币使用相同的符号。例如，中国和日本传统上都使用“¥”符号，代表“圆”或“圈”。所有报价都是中间价，且均来源于英国《金融时报》。

报价惯例。由于历史和传统原因，世界上几种主要货币的汇率报价遵循特定的惯例。例如，美元与欧元之间的汇率通常以“每欧元多少美元”来报价，即“$ = € 1.00”，如表1.1所示，1.186 7表示的是“每欧元1.186 7美元”。同样，美元与英镑之间的汇率通常以“每英镑多少美元”来报价，即“$ = € 1.00”，表1.1中的1.382 4表示的是“每英镑1.382 4美元”。

全球金融实务1.1介绍了汇率报价的基础知识。如果汇率永不变动，全球金融市场将更加稳定、简单。但遗憾的是，现实并非如此。汇率的变化不仅影响商业成果，还改变了市场参与者的竞争力。如后面内容所展示的，即使汇率只变动微小的百分之几，也须进行精确计算。

全球金融实务1.1

汇率报价

汇率报价看似是一件简单的事情，其实不然。比如，在同一天（2021年4月21日），主要的商业和金融出版物公布了三种主要货币即期的美元报价。

《金融时报》	EURUSD	1.209 9
《彭博社》	EUR-USD	1.209 6
《华尔街日报》	Euro(EUR/USD)	1.209 8

很明显，三个报价都说了同一件事，即大约1.21美元（$1.209 9，$1.209 6，$1.209 8）等于1欧元，但它们又有明显

的区别。

- 第一，每种货币都使用了 ISO 代码，EUR 代表欧元，USD 代表美元。20 多年前，随着数字化通信和交易在金融领域运用的增加，ISO 代码开始普遍使用。但是在期刊、研究文章、商业合同中更多使用 \$、€作为美元和欧元的符号。
- 第二，字母的顺序是一样的，EUR 和 USD，但发音不同，三种表示方式不同，第一种没有用分隔号，第二种用连字号分隔，第三种用斜线分隔。
- 第三，这三种报价方法和数十年来的汇率报价方法皆不相同，通常的表述方法为 \$1.209 9/ €，读作“每欧元 1.209 9 美元”。
- 第四，显而易见，这三种汇率的数值是略有不同的。

本书的目标是教授并使读者熟悉当今国际金融的运作和沟通方式。因此，我们将同时使用两种形式的货币符号，\$ 和 USD、€和 EUR、£和 GBP 等。每个人都有自己的偏好，因此，这两种形式的货币符号在商业活动中都会使用。大多数情况下，年长的读者更喜欢用简单的货币符号（\$、€、£），年轻的读者更喜欢用三位字母的代码（USD、EUR、GBP)，我们希望能够跨越这一代际差异。

汇率报价的最佳方法是采用 USD1.209 9 = EUR1.00 这种形式，或者简单地使用货币符号代替，\$1.209 9= € 1.00。本书一般采用上述报价方法，但总会有例外，在公式中使用这种扩展形式可能会非常别扭。尽管如此，我们还是会尝试这样做。

虽然这三种报价方法实际上有细微的差别，但它们代表的是同一天的货币价格，在第 5 章中，这可能会带来一些麻烦。但现在，我们只能说这取决于你是谁，你在哪儿，你所处的时间（格林尼治标准时间，GMT）。我们还是回到前面所学的内容吧！

1.1.3　即期汇率的百分比变化

假设最近墨西哥比索的汇率从 MXN16.00=USD1.00 变为 MXN20.00=USD1.00，那么墨西哥比索的价格变化百分比是多少？该计算取决于以何种货币作为本国货币。

外币表示法。如果用外币（墨西哥比索）表示一单位本币（美元）的价格，即每美元多少墨西哥比索，则外汇汇率的百分比变化公式为

$$\%\Delta=\frac{\text{期初汇率}-\text{期末汇率}}{\text{期末汇率}}\times 100\%=\frac{\text{MXN16.00}-\text{MXN20.00}}{\text{MXN20.00}}\times 100\%=-20\%$$

墨西哥比索相对于美元贬值 20%，请注意，这种贬值意味着兑换一美元需要更多的墨西哥比索，因此计算结果是负数，这两点都是价格下降的典型特征。

本币表示法。如果用本币（美元）表示一单位外币（墨西哥比索）的价格，即上述汇率的倒数，则外汇汇率的百分比变化公式为

$$\%\Delta=\frac{\text{期末汇率}-\text{期初汇率}}{\text{期初汇率}}\times 100\%=\frac{\text{USD0.050 00}-\text{USD0.062 50}}{\text{USD0.062 50}}\times 100\%=-20\%$$

计算结果相同，墨西哥比索的价格下降了 20%，很多人发现用本币表示法计算更加直

观，因为它使用了一般百分比的计算方法（期末价格减去期初价格再除以期初价格）；需要注意的是，这是外汇汇率变化率的计算，哪一国的货币被指定为本币对计算结果很重要。

2015 年阿根廷比索贬值可以作为一个汇率百分比变化的典型例子。2015 年 12 月 16 日，阿根廷政府宣布将解除货币管制，不再限制民众的资本外流。在随后的 24 小时内，阿根廷民众充分利用这一新政策大量抛售阿根廷比索，其兑美元的汇率从每美元 9.790 8 阿根廷比索下跌到了每美元 13.616 0 阿根廷比索。这种下跌是大量阿根廷比索被抛售进入国际外汇市场所引起的。

$$\%\Delta=\frac{\text{期初汇率}-\text{期末汇率}}{\text{期末汇率}}\times 100\%=\frac{\text{ARS}9.790\,8-\text{ARS}13.161\,0}{\text{ARS}13.616\,0}\times 100\%=-28\%$$

阿根廷比索的价值相对于美元贬值 28% 之后，其价值稳定下来，但是 28% 的贬值幅度对某些人来说是巨大的，甚至是毁灭性的，汇率的变化是本章下一个主题——风险——的第一个例子。

1.1.4　金融全球化和风险

回溯 20 世纪末和 21 世纪初，那个危机尚未暴发的宁静时期，人们普遍认为金融全球化有益于世界经济发展。然而，次贷危机和欧元区的剧烈波动动摇了这种信念。特别是在欧元区，现在更大的风险在于，金融全球化构建了一个以某些危险方式紧密相连的体系。

——吉莲 · 邰蒂（Gillian Tett），“Crisis Fears Fuel Debate on Capital Controls”，英国《金融时报》，2011 年 12 月 15 日

目前，全球金融市场的讨论主要围绕着与金融全球化相关的风险复杂性。这种讨论不仅限于全球化本身是好是坏的问题，还扩展到了在快速变化的市场环境中领导和管理跨国公司的策略。下面列出的是需要深入探讨、认真考虑并最终纳入管理的众多风险中的一部分。

- 国际货币体系，这一结合了浮动汇率和有管理的钉住汇率的复合体，始终处于持续监管之下。人民币的崛起极大地改变了世界对货币兑换、储备货币以及美元和欧元角色的看法。（见第 2 章。）
- 大量财政赤字，尤其是持续的欧元区危机，正给世界上大多数贸易大国带来困扰。这种状况不仅使得财政和货币政策越发复杂，还促使部分国家采纳负利率政策，旨在刺激国内经济和维护本币的稳定。（见第 3 章。）
- 许多国家面临着持续的国际收支失衡，有时甚至是巨额的顺差或逆差，无论是中国的双顺差、德国的经常账户顺差，还是美国和英国的经常账户持续逆差，所有这些都会不可避免地对汇率产生影响。（见第 3 章。）
- 全球范围内，公司的所有权和治理模式存在显著差异。上市公司并非全球商业组织的主要形式；在许多国家，私有企业或国有企业是主导力量。这些差异改变了公司对财务业绩的目标和期望。（见第 4 章。）
- 全球资本市场通常能为企业降低资本成本，并且更为关键的是，增加资本可得性。然而，全球资本市场的规模已经大大缩减，对全球众多的融资机构来说，市场变得更加封闭且难以进入。（见第 2 章。）
- 当今的新兴市场正面临一个新的困境：这些国家最初是资本流入的对象，但随后却经

历了快速且大规模的资本流出。金融全球化导致资本在工业化国家和新兴市场之间频繁流动，这大大增加了金融管理的复杂度。（见第 5 章和第 8 章。）

1.1.5 欧洲货币和欧洲货币利率

全球货币市场和资本市场的主要纽带之一是欧洲货币市场。

欧洲货币。欧洲货币是指某国存放在另一个国家的银行里的本国货币。例如，存放在英国银行的美元就是一种欧洲货币，通常被称为“欧洲美元”。这些存款会产生利息，即欧洲货币利息，其数额取决于约定的存款期限，从隔夜到一年甚至更长时间不等。欧洲货币存款在银行之间通过数字化方式进行转移。

欧洲货币市场提供两项有价值的服务：①它为拥有过剩流动性的企业提供一个高效便捷的货币市场工具；②它是企业满足短期运营资金需要（包括进出口融资）的主要短期银行贷款来源。

任何一种**可兑换货币**（convertible currency）都可以以欧洲货币的形式存在。欧洲货币包括欧洲英镑（存放在英国之外的英镑存款）、欧洲欧元（存放在欧元区之外的欧元存款）、欧洲日元（存放在日本之外的日元存款）和欧洲美元（存放在美国之外的美元存款）。

存放欧洲货币的银行被称为欧洲银行。作为金融中介机构，其业务特点是一方面吸收外币的定期存款，另一方面发放外币贷款。它们是全球范围内开展欧洲货币业务的主要银行，不仅开展常规的银行业务，还专门从事欧洲货币业务。只有涉及欧洲货币业务的银行才有资格被称为欧洲银行，这一业务通常由大型商业银行中的一个特定部门负责。

现代欧洲货币市场是第二次世界大战结束后不久诞生的。东欧各国持有的美元，包括苏联的银行，由于担心把美元存放在美国会被冻结，因此选择存放在西欧，尤其是存放在位于伦敦的莫斯科国民银行（Moscow Narodny Bank）和位于巴黎的北欧商业银行（Banque Commerciale Pour l’Europe du Nord）。这两家银行再将资金存入西欧的其他银行，主要是伦敦的银行。西欧各国中央银行也纷纷选择以这种形式持有部分美元储备，以获得更高的收益。商业银行也将其美元存放在这个市场中，因为欧洲货币市场的存款期限是可以协商的。各家跨国公司发现在收益更高的欧洲美元市场保留其美元储备在财务上更为有利。国际难民基金的众多持有者也向欧洲货币市场提供了资金。

尽管欧洲货币市场的增长主要是出于经济效率的考虑，但 20 世纪 50 年代和 60 年代的一系列重要事件也对其发展起到了关键性的推动作用。

- 1957 年，英镑疲软，英国货币当局严格限制英国的银行向英国非居民提供英镑贷款。在英格兰银行的引导下，英国的银行开始发放美元贷款，这是维持其在全球金融领域领先地位的替代性策略。为此，它们需要吸引美元存款。
- 虽然美元的“发源地”在美国，且其国内的货币和资本市场规模庞大，但由于英国在国际货币业务上具有更专业的服务能力，并在时效性和地理位置上更符合主要客户的需求，因此，伦敦成了美元的国际交易中心。
- 20 世纪 60 年代，美国出现国际收支逆差，大量美元外流导致其资本市场暂时出现市场分割，这也为欧洲美元市场的形成提供了重要推动力。

总之，欧洲货币市场之所以能持续繁荣，是因为它作为一个国际货币市场，受到的政府监管和干预相对较少。政府对市场干预的态度，比如有意低估本国货币等问题，将在全球金融实务 1.2 中进行讨论。

全球金融实务 1.2

为什么非洲国家不让货币贬值

促进出口增长的最传统的策略之一是让本国货币贬值，这涉及将货币的交易价值相对于其他国家货币维持在较低的汇率水平。一国货币贬值会使得该国出口商品更加便宜。理论上，价格越便宜，销量越多。许多东亚国家为了追求出口驱动型增长，多年来一直让本币价值维持在低估的水平。如果这在东亚有效，那么为什么非洲不采取同样的策略？

国际货币基金组织（IMF）的一位代表曾鼓励坦桑尼亚总统实行货币贬值政策，时任总统朱利叶斯·尼雷尔（Julius Nyerere）回应说，“除非我死了，否则我不会让先令贬值”，这个观念在非洲非常普遍。像尼日利亚这样的国家使用各种手段，让本币价值维持在轻微高估或接近均衡的水平，而很少有非洲国家的货币被认为是严重低估的。

这并不是说非洲的货币普遍稳定。例如，由于恶性通货膨胀和政府的大量印钞，津巴布韦政府在维持币值稳定方面声名狼藉。其他一些非洲国家也面临着类似的挑战。国际市场一直密切关注非洲国家货币的任何走弱迹象，一旦察觉异常，便立刻采取行动（或许更合适的说法是“逃逸”）。然而，对于大多数非洲国家而言，维持汇率稳定是一种骄傲，是对其经济韧性和经济稳定性的展示。尽管本币贬值可能有助于提振本国出口和实现经济增长，但在它们看来，这样做的“代价”太高。

欧洲货币利率。欧洲货币市场的基准利率是 LIBOR，LIBOR 是在全球范围内被广泛接受并运用在标准化的报价、贷款协议、金融衍生工具估值中的利率。然而，银行同业拆借利率并不是伦敦独有的，许多主要的国内金融中心会为当地的贷款协议设定自己的银行同业拆借利率。比如，PIBOR 是巴黎银行同业拆借利率，MIBOR 是马德里银行同业拆借利率，SIBOR 是新加坡银行同业拆借利率，FIBOR 是法兰克福银行同业拆借利率。尽管 LIBOR 在全球金融体系中占据着普遍且核心的地位，但目前它已被计划替换，这是我们在第 8 章的迷你案例中将要讨论的主题。

能够吸引存款人和借款人到欧洲货币市场的关键因素是该市场上极窄的息差（spread[㊀]）。存贷款息差常常低于 1%。欧洲货币市场的息差小有很多原因。低利率是因为欧洲货币市场是一个无抵押的批发市场，存贷款金额均在 50 万美元或以上。借款者常常是大型企业和政府实体，由于其良好的信用状况和较大的交易规模，因此能够享受较低的利率。此外，银团贷款的参与行所承担的相关运营成本也相对较低。

欧洲货币市场的存款利率普遍高于多数国内货币市场，这是因为从事欧洲货币业务的金融机构不受传统国内银行业务监管和存款准备金要求的约束。去除这些成本之后，利率更具

㊀ 在金融领域，“spread”通常指的是两种金融工具之间的价格差异，比如同一证券的买入价和卖出价之间的差价，或者不同债券的收益率之差。当“spread”用于描述利率相关的产品时，将其翻译为“息差”这个词能够更明确无误地传达原意，减少歧义。——译者注

竞争性，从而存款利率更高，贷款利率相应更低。欧洲货币市场还有一个重要的成本节约优势，那就是无须支付类似美国的存款保险 [可参考美国联邦存款保险公司（FDIC）的制度] 和其他相关的存款评估费用。

1.2　比较优势理论

比较优势理论（theory of comparative advantage）为解释和证明国际贸易的合理性提供了基础，这一理论假设国际贸易处在一个享有自由贸易、完全竞争、无不确定性、无信息成本和无政府干预的模型世界中。该理论起源于亚当·斯密（Adam Smith），他在 1776 年出版的开创性著作《国富论》(*The Wealth of Nations*) 中提出了绝对优势理论。斯密试图解释为什么劳动力在生产活动中的分工以及随后产生的国际商品贸易会提高所有民众的生活质量。斯密的理论基于绝对优势的概念，每个国家专门生产它独特适合的商品。这样，能以更低的成本生产更多的商品。因此，每个国家都专注于生产它具有绝对优势的产品，各国总体上能生产更多的产品，同时进口那些比国内生产成本更低的商品。

在 1817 年出版的《政治经济学及赋税原理》（*On the Principles of Political Economy and Taxation*）一书中，大卫·李嘉图（David Ricardo）试图将斯密提出的基本观点进一步进行逻辑推演。李嘉图指出，即使一个国家在两种商品的生产上都拥有绝对优势，它可能在一种商品的生产上相对于另一个国家更为高效。李嘉图将这种情况称为比较优势。根据这一理论，每个国家在两种产品中各自拥有比较优势，两国通过完全专注于一种产品的生产，并与另一国交换另一种产品，便都能从中受益。

虽然在 19 世纪，国际贸易可能比较接近比较优势模型，但由于种种原因，今天的情况显然并非如此。各国不仅只专注于生产其特定生产要素下最能高效生产的产品，相反，出于各种政治和经济的原因，政府为了实现充分就业、促进经济发展、在国防等相关产业实现自给自足以及保护农业部门等弱势行业，干预了市场，影响了比较优势的正常发挥。政府干预的方法有征收关税、实行配额制度和其他非关税限制措施。

至少资本和技术这两种生产要素，现在能够通过直接方式在国家间流动，相比于通过商品和服务交易这一间接方式更为容易。这种直接流动发生在跨国公司的子公司和附属机构之间，也可通过贷款、许可协议和管理合同㊀（management contract）在无关联企业间进行。甚至劳动力也可以在不同国家间流动，例如从北非和中东向欧盟的移民，随后这些移民又可能在欧盟各成员国之间流动。

现代生产要素远比简单的理论模型中的生产要素多得多。在全球范围内进行生产布局时，跨国公司会考虑包括管理技能、合同纠纷解决的法律体系、研发竞争力、当地劳动力的教育程度、能源资源、对品牌商品的消费需求、矿产和原材料供应、资本获取渠道、税收差异、基础设施（如公路、港口和通信设备）等多种因素。

尽管**贸易条件**（terms of trade）最终由供需关系决定，但确定这些条件的过程与传统贸易理论中的描述有所不同。实际上，它们在一定程度上是由寡头垄断市场中的管理性定价机

㊀ 管理合同是指一种协议，其中一方（管理方）同意对另一方（所有方）的企业或资产进行管理和运营。这种合同常见于国际业务中，特别是在跨国公司和海外投资项目中。比如，国际酒店管理公司托管并运营一家国内酒店。——译者注

制[1]决定的。

随着欠发达国家的经济发展和潜力释放，其比较优势会随时间而转移。例如，在过去的150年中，棉纺织品生产的比较优势已从英国转移到美国，然后依次转移到日本和中国。然而，传统的比较优势模型并未涵盖某些其他重要问题，比如不确定性和信息成本的影响、不完全竞争市场中差异化产品的角色，以及规模经济的问题。

尽管现实世界与纯粹的比较优势理论有一定差距，但比较优势理论的基本原则仍然有效。只要能够妥善解决利益公平分配的问题，满足消费者、生产者和政治领导层的期望，世界越是靠近真正的国际专业化生产，全球的生产和消费水平就越能提升。然而，完全的专业化生产在实际中是一种极端且不切实际的情况，就如同完全竞争在微观经济理论中所处的极端地位一样。

比较优势理论依然有效，它解释了特定国家为何特别适合出口对全球供应链至关重要的商品和服务，这些供应链服务于跨国公司和国内企业。然而，21 世纪的比较优势更多基于服务业，以及通过电信和互联网实现的跨境服务便利化。但是，一个国家的比较优势仍然源自其劳动力技能、资本获取能力和科技水平的综合。

全球外包的影响已经渗透到世界各个角落。从马尼拉的金融后台办公室到匈牙利的信息技术工程师，现代电信技术正将商业活动带去劳动力所在地，而不是将劳动力迁移到商业活动发生地。

1.3 国际金融管理有何不同

表 1.2 详细阐述了**国际金融管理**（international financial management）与**国内金融管理**（domestic financial management）之间的主要区别。这些区别主要体现在文化、历史和制度，公司治理，外汇风险，政治风险，以及对国内金融理论和国内金融工具的修正等方面。

表 1.2 国际金融管理与国内金融管理之间的主要区别

概念	国际金融管理	国内金融管理
文化、历史和制度	每个国家的制度各有特色，跨国公司的管理层并不总能理解	国内公司熟知本国的基本制度
公司治理	各国的监管法规和制度惯例各不相同	规章和制度众所周知
外汇风险	跨国公司因有国外子公司、进出口业务和外国竞争者，所以面临外汇风险	面临来自进出口业务和外国竞争者的外汇风险（无子公司）
政治风险	跨国公司因有国外子公司及其较高的知名度，所以面临政治风险	国内公司的政治风险可忽略不计
对国内金融理论的修正	因海外业务的复杂性，跨国公司必须修正其资本预算和资本成本等财务理论	国内公司适用传统金融理论
对国内金融工具的修正	跨国公司会利用风险管理金融工具，比如期权、远期、互换和信用证	因外汇风险和政治风险不大，国内公司较少使用金融工具和衍生品

[1] 管理性定价机制（administered pricing mechanism）是经济学术语，它指的是在某些市场情境下，价格不是完全由市场供需关系自由形成，而是由市场主导者或少数几家大型公司（通常在寡头垄断市场中）决定或显著影响的一种定价方式。在这种机制下，这些主导企业有能力影响或控制产品或服务的价格，即价格并不完全依赖于市场竞争。——译者注

国际金融管理要求深入理解文化差异、历史发展以及对公司治理产生影响的制度性差异。虽然国内公司和跨国公司都面临外汇风险，但跨国公司独自面对某些独特的风险，如政治风险，这些通常不会威胁到国内业务。跨国公司还面临其他若干风险，它们可以归类为国内金融理论的扩展。

为了适应国际市场的复杂性，国内金融管理中对资本成本、债务和股权的来源、资本预算、营运资本管理（working capital management）、纳税和信用分析等方面的常规方法需要进行修改。此外，许多原本用于国内金融管理的金融工具经过改进后被应用于国际金融管理，例如外汇期权和期货、利率和货币互换交易、信用证等。

本书的主旨是分析跨国公司在追求全球战略机遇以及面对新出现的限制时，其金融管理是如何发展变化的。在这一章中，我们将介绍 Ganado 公司所面临的挑战和风险，这一案例将贯穿本书。Ganado 公司从一家国内公司发展成为真正的跨国公司。本书讨论公司在追求跨国扩展时所面临的各种管理目标，以及在治理方面面临的约束，首先，我们将探讨跨国公司创立时追求的独特价值观和优势。

1.3.1　市场缺陷：跨国公司存在的理由

跨国公司会充分利用各国市场在产品、生产要素和金融资产方面的不完善之处。正是产品市场的不完善，为跨国公司提供了市场机遇。大型跨国公司在规模经济、管理和技术专长、产品差异化、财务实力等方面，相比于本地竞争对手具有更明显的优势。事实上，跨国公司在以国际寡头竞争为特征的市场中表现最佳，在这些市场中，上述因素尤为关键。此外，一旦跨国公司在海外建立了实体，它们就比纯粹的国内公司更能通过自己的内部信息网络，识别和发现市场机会。

1.3.2　为何企业要走向全球

企业的战略动机驱动着其投资海外的决策，并促使其成为跨国公司。拥有这些动机的企业可以归纳为以下几类。

（1）市场追逐者。这类企业在海外生产商品，要么满足当地市场需求，要么满足包括本国市场在内的其他市场需求。在欧洲生产汽车的美国汽车制造商就是作为市场追逐者的最好例子。

（2）原材料追逐者。这类企业在资源丰富的地区开采原材料，不仅用于出口，还可能在原材料所在地进一步加工或销售。石油业、采矿业、种植业和林业等行业的公司就属于此类。

（3）生产效率寻求者。这类企业选择在那些若干生产要素（如劳动力）的成本相对于其生产效率被低估的国家或地区进行生产。典型例子包括马来西亚和墨西哥的劳动密集型电子元件生产商。

（4）知识获取者。有的企业在国外经营，目的是获得技术和管理技能。比如德国、荷兰、日本的企业收购美国的电子企业，以期获得技术。

（5）政治安全寻求者。这类企业倾向于在不太可能对私营企业进行没收或干预的国家进行投资或设立新业务。

这五种战略动机并不是相互排斥的，比如，林业公司在巴西寻找木质纤维的同时，可能发现巴西市场对它们的部分产品刚好有较大的需求。

在具有国际寡头竞争特征的行业里，上述每一种战略动机都应细分为**主动性投资**（proactive investment）和**防御性投资**（defensive investment）。主动性投资旨在提升公司本身的增长和盈利能力，防御性投资是为了遏制竞争者的增长和盈利。防御性投资的例子包括：①抢先占领市场，从而在竞争者进入前建立市场优势；②为了控制原材料资源，阻止竞争对手对其的获取。但是正如全球金融实务 1.3 中所强调的那样，现代跨国公司的目标和责任在这些方面已经变得更为复杂。

全球金融实务 1.3

企业的责任和可持续发展

可持续发展是指既能满足当代人需要，又不对后代人满足其需要的能力构成危害的发展。

——《布伦特兰报告》，1987 年

企业的目标是什么？公认的是，企业的目标当然是为股东创造利润和价值，然而企业的责任是在达到目标的同时不能给社会和自然环境造成负担。全球化使得企业在社会中的作用和责任日益增长，这为跨国公司的领导者带来了更加复杂的挑战。

到目前为止，这一持续争议在一定程度上因术语和标签的相互冲突而受到干扰，如企业良心、企业责任、企业社会责任（CSR）、企业慈善事业以及企业可持续性等。简单来说，我们采用的指导性原则是：可持续性是目标，而责任是一种义务。现代跨国公司领导者的责任是在可持续性原则的基础上追寻利润、实现社会发展、加强环境治理。

在过去的 10 多年中，可持续发展一词在全球商业背景下发生了很大的变化。家族式企业的传统的主要目标是组织的可持续性——使企业在商业上能长期存活下来并为后代提供保障和收入。尽管环境可持续性的范围相对狭窄，但它与传统的可持续性的概念共享一个核心思想——无论是公司、文化还是地球本身，都能够随着时间的推移而维持其存在并实现更新。

1.4　全球化进程

Ganado 公司是一家虚构的、设立在美国的公司，本书将其用作案例，来说明全球化进程的每一个阶段。这包括当一家公司从国内运营转向跨国运营时，所经历的结构性和管理性的变化以及面临的挑战。

1.4.1　全球化转型第一步：国内运营阶段到国际贸易阶段

Ganado 公司是一家新兴企业，主营生产和销售各种电信设备。该公司最初的战略目标是在美国市场建立持久的竞争优势。与许多新兴企业一样，它的发展受限于自身规模较小、竞争对手众多以及缺乏廉价且充裕的资本资源。图 1.2 的上半部分展示了 Ganado 公司早期的国内运营阶段。

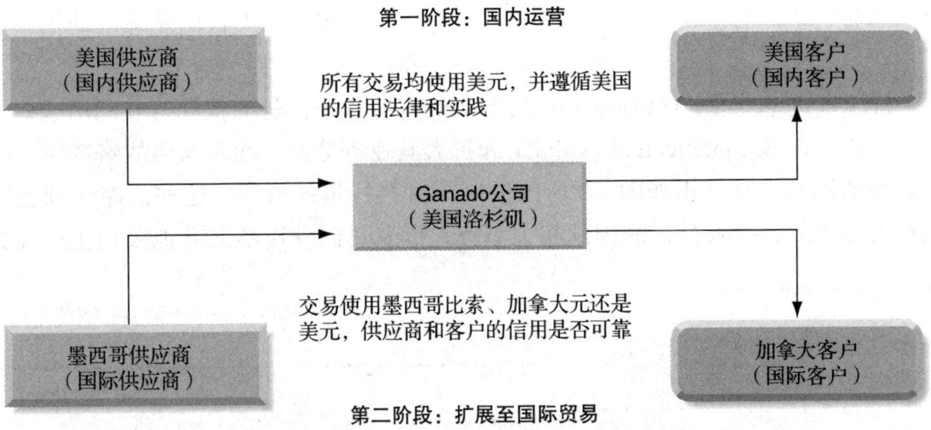

图 1.2　Ganado 公司：全球化进程的启动

Ganado 公司在美国向美国客户销售产品，并以美元向美国供应商支付货款。所有供应商和客户的信用评估均基于美国国内的实践和程序。对 Ganado 公司来说，这个阶段的潜在问题是，尽管其业务尚未国际化或全球化，但其某些竞争对手、供应商或客户可能已经实现了国际化。这常常成为推动像 Ganado 这样的公司进入全球化进程的新一阶段——国际贸易的动力。Ganado 公司由詹姆斯·温斯顿（James Winston）于 1948 年在洛杉矶创立，主要生产电信设备。这家家族企业在随后的 40 年里缓慢但稳定地扩张。然而，20 世纪 80 年代持续的技术投资要求公司筹集更多的股权资本以保持竞争力。这种资金需求导致公司在 1988 年进行了首次公开募股（IPO）。作为一家在纽约证券交易所上市的美国公司，Ganado 公司的管理层致力于为其股东创造价值。

随着 Ganado 公司在美国市场展现出越来越强的竞争力，公司抓住了战略发展的机遇，通过向其他国家出口产品和服务来提升市场影响力。《北美自由贸易协定》（North American Free Trade Agreement，NAFTA）使得美国与墨西哥和加拿大的贸易更具有吸引力，全球化进程的第二阶段展示在图 1.2 的下半部分。

在全球化的推动下，Ganado 公司开始从墨西哥供应商那里进口原材料，并向加拿大客户出口产品。我们将这一阶段的全球化进程定义为国际贸易阶段。产品和服务的进出口业务增加了对财务管理的需求，这超出了传统的仅运营国内业务的公司要求。首先，现在公司必须直接承担外汇风险。Ganado 公司可能需要以外币报价、接受外币支付或向外国供应商支付外币。由于全球市场上货币价值每时每刻都在变化，Ganado 公司将面临越来越多的与外币收支相关的显著风险。

其次，对外国客户和供应商信用风险的评估比以往任何时候都更为重要。在国际贸易阶段，降低出口货物被拒付和进口货物未交货的风险成为金融管理的重点。在国际贸易中，处理这种信用风险更为复杂，因为客户和供应商都是新的合作伙伴，有着不同的商业惯例和法律体系，这使得评估工作更具挑战性。

1.4.2　全球化转型第二步：国际贸易阶段到跨国运营阶段

如果 Ganado 公司的国际贸易业务很成功，那它迟早要进入全球化进程的下一个阶段。它很快需要在国外建立销售和服务附属机构。紧接着建立国外的生产机构，或者授权外国公司生产本公司产品和提供产品相关服务。和这一转变相关的大量问题和活动正是本书的主题。

为了持续推进全球化，Ganado公司需要明确自身竞争优势的根源，并利用这些洞见在全球扩展其智力资本（intellectual capital）和扩大其业务范围。面对众多战略选项，Ganado公司可选择的路径多样，正如图1.3所示的外国直接投资的顺序。这些战略选项包括在海外设立销售办事处、授权公司品牌及相关事务，以及在国外市场向其他公司生产和分销其产品。

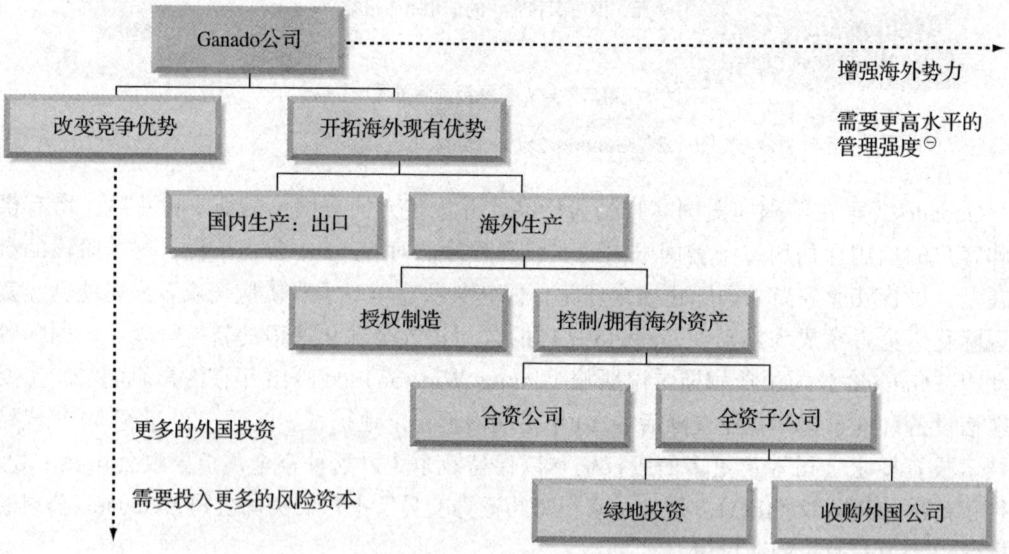

图1.3 Ganado公司外国直接投资的顺序

随着Ganado公司沿着图1.3所示的国际化路径不断推进，其海外市场的业务范围相应扩大。公司可能拥有自己的分销机构和生产基地，乃至最终涉足收购其他公司。当Ganado公司在海外拥有众多的资产和子公司后，它就正式步入了全球化的跨国运营阶段。

1.4.3 跨国公司综合财务业绩

随着Ganado公司在全球的不断扩张，它将在海外建立越来越多的子公司。有些跨国公司可能只有一家海外子公司，而美国的强生公司可能拥有200多家子公司。每家子公司都有自己的财务报表和业绩报表，包括利润表、资产负债表和现金流量表。这些公司可能在不同的货币环境下经营，面临不同的税务制度和会计准则（如折旧），并受到多种财务参数的影响。然而，公司必须定期合并这些财务结果，并以其母国货币报告跨国公司的经营业绩。

㊀ 管理强度（managerial intensity）指的是在公司管理和运营过程中所需要的管理资源和投入的程度。管理强度包括：①管理人员的数量以及这些管理人员的技能和经验水平；②管理层级的数量以及每个层级的职责范围；③管理人员在日常运营、决策、监督和协调中投入的时间和精力；④公司使用的管理工具、系统和方法，以及这些工具的复杂性和要求。在国际投资和跨国经营中，管理强度通常会随着企业海外业务的扩展而增加，以应对复杂的国际环境、不同的文化背景和多样化的市场需求。——译者注

表 1.3 是 Ganado 公司简化的合并利润表。假设这家总部在美国的跨国公司，有两家海外分支机构，一家在欧洲，一家在中国。合并财务报表时，该公司必须将各项数据从欧元和人民币折算成美元，使用的是年平均汇率（本例中为一年）。在后面的章节中会看到，由于汇率可能发生非合意的变动，跨国公司将面临许多汇率风险和敞口。

表 1.3　Ganado 公司部分合并利润表

作为一家总部设在美国的跨国公司，Ganado 公司必须合并其海外子公司的财务结果（在此例中，指利润表中的销售额和收益）。这需要将外币转换成美元计算。

国家	货币	销售额（百万）	年平均汇率	销售额（百万美元）	占比
美国	美元	$300		300.0	57%
欧洲	欧元	€ 120	$1.12= € 1.00	134.4	26%
中国	人民币	¥600	¥6.60=$1.00	90.9	17%
				525.3	100%

国家	货币	收益（百万）	年平均汇率	收益（百万美元）	占比
美国	美元	$28.60		28.6	56%
欧洲	欧元	€ 10.50	$1.12= € 1.00	11.8	23%
中国	人民币	¥71.40	¥6.60=$1.00	10.8	21%
				51.2	100%

在所示年份中，Ganado 公司在美国的销售额占其全球销售额的 57%，其在合并利润表中的收益占比为 56%。随着季度和年份的变更，除了汇率因素外，各家子公司的财务业绩也会有所变动。

注：这里展示的是简化的合并财务报表。在合并报表实务中，需要对特定项目进行调整，这里不做展示。

1.4.4　金融全球化的局限性

本章介绍的国际商务和国际金融理论一直在探讨这样一个问题：随着全球市场越来越开放和透明，资本流动将越来越自由，并根据比较优势理论支持不同的国家和公司。自 20 世纪中期开始，随着越来越多的国家进一步开放市场，竞争力进一步加强，这一理论得到了现实的验证。然而，但在过去的十几年里，金融全球化出现了新的挑战和障碍，主要表现为机构内部人士的影响力越来越大，他们追逐个人利益的趋势日益显著。

这一过程在图 1.4 中有所体现。如果企业和主权国家有影响力的内部人士继续追求企业价值的增加，金融全球化将会持续发展。但是，如果这些有影响力的内部人士追求个人利益，扩张其个人的权利和影响力或者个人财富，或者二者皆有，那么资本将不会流入这些企业和主权国家，结果是金融效率降低，全球化成果分化，贫富分化日益严重。正如本书将介绍的，这种障碍可能会变得越来越棘手。日益加剧的困境在某种意义上涵盖了本书的主旨。金融理论、全球商业、管理理念和实践的结合，为全球各国和文化关于日益激烈的全球化利益的争论提供了阐释或者解决问题的办法。

这里引用一位同事的一句简短的有关全球金融和全球金融管理展望的话来结束本章，并开启本书后面的章节。

欢迎来到未来，这将是一场持续的斗争。我们需要领导力、公民意识和对话。

——唐纳德·莱萨德（Donald Lessard），

Global Risk, New Perspectives and Opportunities，2011 年

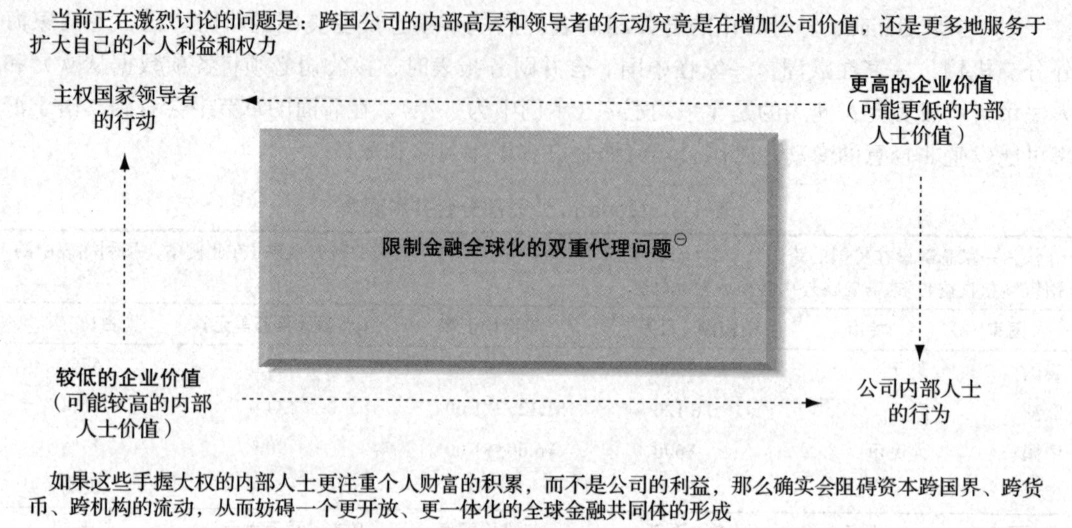
当前正在激烈讨论的问题是：跨国公司的内部高层和领导者的行动究竟是在增加公司价值，还是更多地服务于扩大自己的个人利益和权力
主权国家领导者的行动
更高的企业价值（可能更低的内部人士价值）
限制金融全球化的双重代理问题㊀
较低的企业价值（可能较高的内部人士价值）
公司内部人士的行为
如果这些手握大权的内部人士更注重个人财富的积累，而不是公司的利益，那么确实会阻碍资本跨国界、跨货币、跨机构的流动，从而妨碍一个更开放、更一体化的全球金融共同体的形成

图 1.4　金融全球化的局限性

资料来源："The Limits of Financial Globalization," Rene M. Stulz, *Journal of Applied Corporate Finance*, Vol. 19, No. 1, Winter 2007, pp. 8-15.

要点小结

- 价值的创造需要结合三个关键要素：①开放的市场；②高质量的战略管理；③获取资本的渠道。
- 比较优势理论为解释和证明自由开放竞争模式下的国际贸易提供了基础。
- 国际金融管理要求深入理解不同国家的文化差异、历史差异以及影响公司治理等方面的制度差异。
- 虽然国内公司和跨国公司一样会面临外汇风险，但跨国公司常常得独自承担某些特定的风险，比如政治风险，而这通常不会威胁到国内业务。
- 跨国公司会充分利用各国市场在产品、生产要素、金融资产方面的不完善之处。
- 是否投资海外的决策由企业的战略动机所驱动，可能需要跨国公司签订全球许可协议、合资经营、跨境收购或者绿地投资。
- 如果企业和主权国家有影响力的内部人士追求个人利益，谋求个人的权利、影响力、财富，那么资本将不会流入这些企业和国家，这将进一步限制金融领域的全球化。

问　题

1.1　**全球化商业风险。**商业全球化的发展　　　会带来哪些风险？

㊀ 双重代理问题（the twin agency problems）在金融全球化的语境中，通常指的是两类代理关系中的冲突和问题，这些问题影响了公司治理、投资决策和国际资本流动的效率。第一类是公司内部的代理问题，指的是公司管理层（代理人）与股东（委托人）之间的冲突。第二类是跨国投资的代理问题，涉及跨国公司或投资者与外国管理层或合作伙伴之间的冲突。——译者注

1.2 **全球化和跨国公司。** 全球化这个术语近些年被广泛使用，你如何定义全球化？

1.3 **资产、机构和联系。** 哪些资产在连接全球主要金融市场中起到最关键的作用？

1.4 **货币和符号。** 技术创新改变了哪些我们使用的代表不同国家的货币符号？

1.5 **欧洲货币和 LIBOR。** 为何欧洲货币和 LIBOR 长时间以来成为全球金融市场的中心？

1.6 **比较优势理论。** 给比较优势理论下定义并做出解释。

1.7 **比较优势理论的局限性。** 理解大多数理论的关键在于它说明了什么和它的局限性。列举四个或五个比较优势理论的局限性。

1.8 **国际金融管理。** 国际金融管理有何不同？

1.9 **Ganado 公司的全球化。** 在阅读了本章有关 Ganado 公司的全球化进程之后，如何解释国际公司、跨国公司和全球性公司？

1.10 **Ganado 跨国公司。** 在全球化进程中的哪个时点，该公司成了一家跨国公司？

1.11 **市场不完善的作用。** 市场不完善在为跨国公司创造机会方面起了什么作用？

1.12 **全球化。** 为何企业要成为跨国公司？

1.13 **跨国公司和国际公司。** 跨国公司和国际公司的区别是什么？

1.14 **Ganado 公司的发展阶段。** Ganado 公司在成长为真正的全球性企业的过程中经历了哪些主要的发展阶段？每一阶段的优势和劣势是什么？

1.15 **金融全球化。** 组织和企业内外的个人动机给金融全球化带来了哪些挑战？

迷你案例

全球金融科技

习　题

扫码了解习题

第2章
CHAPTER 2

国际货币体系

所有物品的价格都会随着时间和地点的变化而起起伏伏，货币购买力也不外如是。

——阿尔弗雷德·马歇尔（Alfred Marshall），

《经济学原理》，第8版，2009年

学习目标

2.1 探讨国际货币体系从古典金本位制时期到今天多元化货币安排的演变过程

2.2 分析一个国家在追求经济和社会独立以及开放性的背景下，选择固定汇率制还是弹性汇率制的决策过程

2.3 描述一个国家在汇率稳定性、完全金融一体化以及货币独立性之间必须做出的三选二的权衡，即不可能三角

2.4 解释欧盟成员国为实现单一货币——欧元的创立所需做出的重大选择

2.5 研究当今许多新兴市场国家（包括中国）在汇率制度选择上面临的复杂性

2.6 评估全球储备货币的趋势，以及数字货币的引入对国际货币体系的未来可能产生的影响

本章开篇简要回顾了从古典金本位制时期至今的国际货币体系的历史。2.1节介绍当前货币制度的构建和分类。2.2节比较固定汇率制与弹性汇率制的原理。2.3节是本章的理论核心，讨论理想货币的属性以及国家在确立货币制度时必须做出的选择。2.4节描述了欧盟成员国创立和发展欧元的过程。2.5节介绍了人民币的国际化。2.6节详述了当今多个新兴市场国家面临的货币制度选择难题。本章最后介绍了全球储备货币及其未来展望，并以迷你案例“数字人民币的前景”为结尾，分析了中国政府支持下的数字货币的快速发展。

2.1　国际货币体系的历史

目前没有一家世界性的中央银行发行专门用于跨国贸易的独立货币。相反，一个由各国主权货币组成的“体系”在提供交易媒介和计量单位方面，以及长期借贷中的价值储存和递延支付的标准方面，或多或少表现良好。

——罗纳德·麦金农（Ronald I. Mckinnon），“The Rules of the Game: International Money in Historical Perspective”，《经济文献杂志》，1993 年

正如麦金农所述，国际货币体系本质上是各国就货币兑换达成的一种非正式协议。几个世纪以来，黄金、白银和其他有价值的物品曾被规定为货币的标准，这些标准依据不同国家间的多种协议而并不固定。通过回顾过去两个世纪国际货币体系的演变（如图 2.1 所示），我们能够更好地理解，今天这个由固定汇率、浮动汇率、爬行钉住汇率等多种机制组成的复杂体系是如何形成的，有助于评估在全球商务活动中，各企业的弱点和面临的挑战。

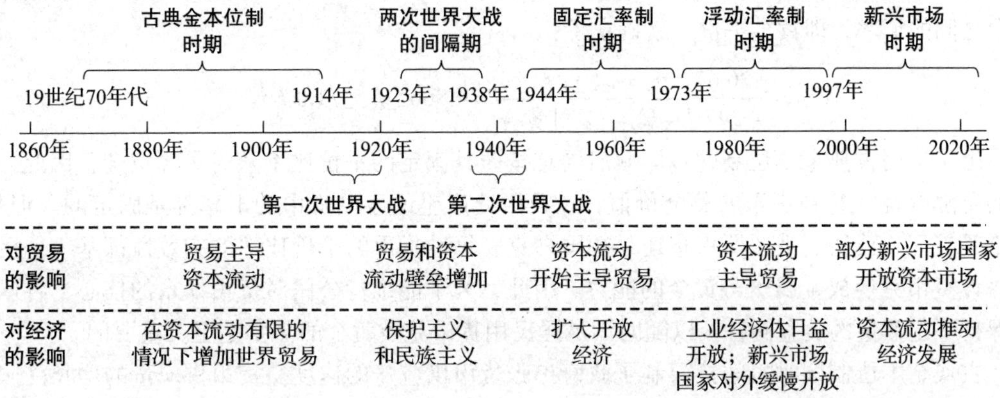

图 2.1　国际货币体系的演变

2.1.1　古典金本位制（1870—1914 年）

自大约公元前 3000 年的法老时代以来，黄金一直被用作交易媒介和价值储存的手段。希腊人和罗马人使用黄金铸币，这一传统一直延续到 19 世纪。随着国际贸易的大幅增长，人们迫切需要建立一个更加规范的体系来处理国际贸易差额问题。因此，许多国家陆续设定其金币或银币的单位价格，并努力遵守所谓的“游戏规则”（rules of the game）。㊀

最初建立的是金银复本位制，即同时以黄金和白银作为货币标准，并设定了黄金与白银之间的固定兑换比率（例如，1 单位黄金等于 15 单位白银）。若黄金和白银的市场价值与这一比率发生背离，如白银相对变得更有价值，则白银会从国内流失，留下黄金成为货币支持的主要金属。19 世纪中期，美国多次调整黄金与白银之间的比价，以及银行券和政府纸币[如绿背钞票（greenbacks）]对黄金或白银的可兑换性。特别是在 1861—1865 年的南北战争期间，美国暂停了纸币与黄金或白银的兑换。为了筹措战争资金，美国政府暂停了银行券的

㊀ 虽然“游戏规则”这一说法常被认为是约翰·梅纳德·凯恩斯（John Maynard Keynes）提出的，但实际上他从未列出过这些规则是什么。凯恩斯在其 1925 年的著作《丘吉尔先生的经济后果》（*the economic consequences of Mr. Churchill*）中，描述了英格兰银行因“金本位制游戏规则”而减少信贷。

可兑换性，并印制了政府纸币。这种背面是绿色的纸币（绿背钞票）没有内在价值，也没有与黄金或白银的兑换比价，因此被认为是**法定货币**（fiat money），即政府法令规定的货币。战争结束后，美国恢复了银行券和政府纸币的可兑换性。随着黄金作为单一本位币在各国的普及，**古典金本位制**（classical gold standard）诞生了。

古典金本位制作为一种国际货币体系，于19世纪70年代在西欧获得认可。法国于1873年转向古典金本位制，德国紧随其后。英国在当时的主要大国中领先一步，早在1844年通过《英格兰银行特许法》（Bank Charter Act），正式采纳了古典金本位制，这使得英格兰银行的银行券可以完全兑换成黄金。美国加入该体系相对较晚，直到1879年才正式实施古典金本位制。

在古典金本位制下，货币体系的游戏规则简单明了：每个国家都设定其货币单位（纸币或硬币）可以兑换一定重量黄金的比率。例如，第一次世界大战前，美国宣布美元和黄金的兑换比率为每金衡盎司[⊖]黄金价值20.67美元，英国将英镑与黄金的兑换比率锚定为每金衡盎司黄金价值4.247 4英镑。只要两种货币在各自国家内都可以自由兑换成黄金，那么这两种货币之间的汇率，即黄金平价，就确定了：

$$\frac{20.67\text{美元}=1\text{盎司黄金}}{4.247\,4\text{英镑}=1\text{盎司黄金}}=4.866\,5\text{美元}/1.0\text{英镑}$$

由于采用古典金本位制的各国政府同意按照其固定的平价比率随时买卖黄金，因此，货币的可兑换性、每种货币的黄金价值，以及因此产生的各国货币的汇率都是固定的。但是，无论是美元、英镑、俄罗斯卢布还是德国马克，每种货币的平价比率的有效性都基于公民能够将该货币兑换成金属——黄金的能力。因此，为了能维持公民对货币体系的信心，各国政府保持一定数量的黄金储备，以随时满足居民用货币兑换黄金的需要是至关重要的。

古典金本位制同时也间接限制了政府扩张货币供应量的速度。货币供应量的增长受限于官方机构（财政部或中央银行）能够获取额外黄金的速度。这一限制被认为对于防止政府滥发货币和引发通货膨胀至关重要。古典金本位制一直运作良好，直到第一次世界大战爆发打断了国际贸易的流动和黄金的自由流通，这导致主要贸易国家暂停了古典金本位制的运作。正如全球金融实务2.1中所述，古典金本位制使得部分政府通过向投资者确保固定的汇率，从而在国际市场上筹集资本。

全球金融实务2.1

1894年沙皇亚历山大三世的俄罗斯黄金贷款（债券）

沙皇亚历山大三世于1894年发行了一种100年期的不记名债券。这些黄金卢布债券的面值为每张125卢布，按年支付4%的利息，按季付息（即每个季度的利息为本金的1%）。不记名债券向投资者出售，债券持有者有权在债券上的定期日领取利息。没有任何政府机构保留债券持有者的记录，这使得投资者可以在不让税务机关知道其身份的情况下赚取利息。这使得债券发行方（本例中是沙皇亚历山大三世），可以以较低的利率筹集资金，因为投资者大概率能够避免为利息收入纳税。而且，

⊖ 1金衡盎司＝31.103 5克。——译者注

债券上的利息可以用六种货币领取：法国法郎、德国马克、英镑、荷兰弗罗林[一]、美元和其本国货币俄罗斯（黄金）卢布。

为了使投资者能够领取利息，该债券附有一张带有编号和日期的息票表。息票表有 100 年的 400 个季度的息票，共 400 张单独的息票，每张都有独立的编号、日期，以及六种货币的详细应付金额。投资者需从息票表上剪下相应的单张息票，并将其提交至全球任一指定银行以领取利息。在当时的国际金本位制下，个人利息能以六种货币支付，还需建立在固定汇率制（或假定其有效）的基础之上。

125 卢布 = 500 法郎 = 404 德国马克 = 19 英镑 15 先令 6 便士 = 239 荷兰弗罗林 = 96.25 美元

利息支付的货币由债券持有者自行选择。债券及其所有息票上均列出了六个按城市划分的支付代理机构。

圣彼得堡：通过国家银行（State Bank），以黄金卢布或信用卢布[二]（credit rouble）支付，按当日汇率结算；

巴黎：通过巴黎及荷兰银行（Banque de Paris et des Pays-Bas）、里昂信贷银行（Crédit Lyonnais）、巴黎国家贴现银行（Comptoir National d'Escompte de Paris）、俄罗斯对外贸易银行（Russian Bank for Foreign Trade）以及霍廷厄尔公司（Messrs Hottingeur & Co），以法国法郎支付；

伦敦：通过俄罗斯对外贸易银行（伦敦分行），以英镑支付；

柏林：通过门德尔松公司（Messrs Mendelssohn & Co），以德国马克支付；

阿姆斯特丹：通过利普曼（Messrs Lippmann[三]）、罗森塔尔公司（Rosenthal & Co），以荷兰弗罗林支付；

纽约：通过巴林（Messrs Baring）、马贡公司（Magoun & Co），以黄金美元支付。

以第 118 号息票为例，持票人可以自 1923 年 6 月 18 日起呈交以领取利息，其条款如下所示。

俄罗斯 4% 黄金贷款，第 6 期，1894 年

187 卢布 50 戈比的债券附加券（talon[四]）。

（1 卢布 =1.15 帝国卢布）

第 118 号债券息票，到期日为 1923 年 6 月 18 日至 7 月 1 日：

在巴黎为 5 法郎，在柏林为 4 马克 4 芬尼，在伦敦为 3 先令 11.5 便士，在阿姆斯特丹为 2 弗罗林 39 分，在纽约为 96.25 美分

有效期 10 年

2.1.2 两次世界大战期间（1914—1944 年）

在第一次世界大战期间及 20 世纪 20 年代初，各国货币相对于黄金的汇价和各国货币的双边汇率被允许在较大的范围内波动。理论上，一个国家出口和进口的供需会导致汇率围绕

[一] 弗罗林是荷兰早期的货币单位。——译者注

[二] 信用卢布是俄罗斯帝国时期的一种纸质货币，其价值并非直接由黄金支撑，而是由政府的信誉和财政状况决定。信用卢布的发行通常是为了便于日常交易和减轻金币流通的负担，但它的价值可能会受到通货膨胀和政府政策的影响。——译者注

[三] Messrs Lippmann 是经营银行业务或提供金融服务的公司。在历史上，许多此类公司（特别是那些名字中包含“Messrs”前缀的）都扮演着相同的角色。——译者注

[四] talon 是一种凭证，指的是债券的附加券，该凭证使债券持有者有权在未来的某个时间点领取更多的息票。这是旧式纸质债券中常见的一种设计，用于方便债券持有者长期领取其投资回报。——译者注

一个中心均衡值发生适度变化。这与之前古典金本位制下黄金所发挥的作用相同。然而，实际上，这种弹性汇率制并未起到平衡作用。相反，国际投机者卖空弱势货币，导致它们的价值下跌远超出其实体经济因素所应有的水平。卖空是投机者在未来某一时期对另一交易方交付货币等资产的行为。然而，事实上，投机者手头并未持有这些资产，而是预期这些资产在交割日之前价格会下跌，投机者可在开放市场购买这些资产以满足交付需要。

强势货币的情况则正好相反。除非付出高昂的代价，否则货币价值的波动无法被流动性相对较差的远期外汇市场所抵消。最终的结果是，20 世纪 20 年代的世界贸易额相对于世界国内生产总值（GDP）的占比没有增长。相反，随着 20 世纪 30 年代大萧条的来临，这一比值下降到了一个非常低的水平。

英国于 1925 年回归金本位制，但由于大萧条的来临和 1931 年黄金从英国外流，英国被迫于 1931 年 9 月放弃金本位制。全球金融实务 2.2 简单展示了英国政府做出这一决定的过程。

全球金融实务 2.2

英国退出金本位制：新闻公告（1931 年 9 月 19 日节录）

在与英格兰银行协商后，英国政府已决定暂时中止 1925 年金本位法第 1 节第（2）款的执行，该款要求英格兰银行以固定价格出售黄金。为了实现这一目的，将立即提交一项法案，英国政府计划请求议会在 9 月 21 日星期一一次性完成该法案的所有审议程序。与此同时，在等待议会采取行动之前，已授权英格兰银行据此提前行动。

做出这一决定的原因如下。自 7 月中旬以来，英国政府流失的资金超过 2 亿英镑，这些资金部分来源于英格兰银行持有的黄金和外币，部分来源于英格兰银行从纽约和巴黎获得的即将到期的 5 000 万英镑信贷资金，还有部分来源于英王陛下政府最近从法国和美国获得的共计 8 000 万英镑的信贷资金。在过去的几天内，外国资金的外逃速度急剧加快，以至于英国政府感到有必要做出上述决定。

当然，此决定不会影响英国政府或英格兰银行需要以外币支付的其他债务。

英格兰银行的黄金储备约为 1.3 亿英镑。鉴于可能面临的各种突发情况，进一步削减黄金储备是不明智的。

英国政府深知，目前采取的措施无疑将在国内外引发严重的影响。但在过去的几日中，由于信心丧失，国际金融市场已陷入混乱，市场参与者似乎都在恐慌中急于变现他们持有的外国资产。在这种情况下，我们别无选择，只能采取现阶段唯一的措施来保护本国经济。

资料来源：The National Archives. https://www.nationalarchives.gov.uk/wp-content/ uploads/2014/03/t163-68-181.jpg.

1934 年，美国实施新的金本位制，将美元的黄金价值从第一次世界大战前的每盎司 20.67 美元贬值至每盎司 35 美元。与以往的做法不同，美国财政部改为只与外国中央银行进行黄金交易，而不与公民个人交易。从 1934 年到第二次世界大战结束，汇率理论上是由每种货币的黄金含量决定的。然而，在第二次世界大战期间及战后初期，许多主要贸易货币无法与其他货币兑换。美元是少数几种继续与黄金保持可兑换性的货币之一。

2.1.3 《布雷顿森林协议》与国际货币基金组织（1944 年）

1944 年第二次世界大战结束之际，同盟国在新罕布什尔州的布雷顿森林举行会议，计划建立一套新的战后国际货币体系。《布雷顿森林协议》(Bretton Woods Agreement) 确立了以美元为基础的国际货币体系，并新设了两个重要机构：国际货币基金组织和国际复兴开发银行（即世界银行）。国际货币基金组织的创建目的是协助解决成员国的国际收支差额和汇率问题。国际复兴开发银行旨在为战后重建提供资金，并自成立起一直致力于推动全球经济发展。全球金融实务 2.3 深入探讨了布雷顿森林会议的有关辩论，为读者提供了更多细节和背景信息。

全球金融实务 2.3

在布雷顿森林会议上达成协议

同盟国各政府知道，需要采取迅速而果断的政策以消除第二次世界大战造成的破坏性影响。1944 年夏天（7 月 1 日至 22 日），45 个同盟国的代表在新罕布什尔州的布雷顿森林召开联合国货币金融会议。会议的目的是规划战后的国际货币体系。这一过程艰难曲折，最终形成的综合方案体现了务实主义的影响。

布雷顿森林会议的主要政策制定者是英国代表和美国代表。英国代表团由被誉为“英国经济重量级人物”的凯恩斯勋爵领导。英国主张战后汇率体系应比战前使用的各种金本位制更具有弹性。凯恩斯重申了他在第一次世界大战后曾提出的观点：尝试将货币价值与黄金挂钩，会给许多遭受战争严重破坏的经济体带来通货紧缩的压力。

美国代表团由美国财政部货币研究部门主任哈里 · D. 怀特（Harry D. White）和美国财政部部长小亨利 · 摩根索（Henry Morgenthau, Jr.，下称摩根索）领导。美国代表主张货币的稳定性（固定汇率），但并不主张回归金本位制本身。实际上，尽管当时美国持有同盟国的大部分黄金，但美国代表认为各国货币应该保持固定汇率，而主权货币与黄金的兑换仅应在官方机构如中央银行之间进行。

在具体政策的层面上，所有参与方都认同，要想使战后的国际货币体系稳定且可持续，就必须确保各国能够获得充足的信贷来支持其货币，以应对在重建的世界秩序中不可避免的国际收支不平衡问题。会议分成三个委员会进行了数周的谈判。第一个委员会由美国财政部部长摩根索领导，负责筹集一笔资金，用于稳定各国汇率。第二个委员会由凯恩斯主持，负责组织第二家“银行”，用于各国战后重建和长期经济发展。第三个委员会负责敲定诸如白银在新的国际货币体系中的角色等细节。

会议持续数周后，与会者达成了一个由三部分构成的协议——《布雷顿森林协议》。该协议包括：①成员国之间的固定汇率，称为可调节的钉住汇率制；②以黄金和成员国上交的货币作为基金建立国际货币基金组织，保持各国货币稳定；③建立一个用于资助长期发展项目的银行（最终被称为世界银行）。此次会议中的一个提议，即建立一个国际贸易组织以促进各国自由贸易，未被美国批准。

* 固定平价（fixed in parities）是这个领域的一种传统表达方式，意味着各国货币的汇价应当按照能够使其购买力实现均衡的水平来固定。

国际货币基金组织是新国际货币体系中的关键机构，至今依然如此。国际货币基金组织成立的目的是向成员国提供临时援助，帮助它们抵御周期性、季节性或随机性的货币波动。同时，如果出现结构性贸易问题的国家承诺采取适当措施纠正其问题，国际货币基金组织也会向这些国家提供援助。但是，如果一个国家出现持续性的赤字，国际货币基金组织无法阻止其货币的最终贬值。近年来，国际货币基金组织试图帮助面临金融危机的国家，为俄罗斯、巴西、希腊、印度尼西亚和韩国等国提供了大规模贷款及咨询服务。

在《布雷顿森林协议》的最初规定下，所有国家将其货币的价值固定为黄金价值，但它们不需要将自己的货币兑换成黄金。只有美元保持了与黄金的可兑换性（每盎司 35 美元）。每个国家首先建立本国货币相对于美元的汇率，然后根据这一汇率计算出其货币对应的黄金价值，从而将本国货币价值与美元间的兑换关系固定下来。国际货币基金组织的成员国同意尝试通过买卖外汇或黄金来维持其汇率在平价的 ±1%(后来扩大到 ±2.25%) 波动幅度以内。货币贬值不应被用作竞争性贸易政策，但如果一种货币过于疲弱而难以维持原有币值，则允许最多 10% 的贬值，无须国际货币基金组织的正式批准，而更大幅度的贬值需要得到国际货币基金组织的批准。这就是金汇兑本位制（gold-exchange standard）。

《布雷顿森林协议》的另一项创新是创建特别提款权（SDR）。特别提款权是国际货币基金组织为补充现有外汇储备的不足而创建的一种国际储备资产。它是国际货币基金组织及其他国际和地区组织的记账单位，也是一些国家锚定其货币汇率的基础。特别提款权最初以一定数量的黄金来定义，多年来，它由美元、欧元、日元和英镑这四种主要货币的加权平均值构成。2016 年 10 月 1 日，人民币作为第五种货币加入特别提款权的货币篮子。

国际货币基金组织每五年更新一次特别提款权货币篮子中各种货币的权重。2015 年的权重自 2016 年 10 月 1 日起生效，具体如下：

货币	2015 年的权重	2010 年的权重
美元	41.73%	41.9%
欧元	30.93%	37.4%
人民币	10.92%	—
日元	8.33%	9.4%
英镑	8.09%	11.3%
总计	100.00%	100.0%

各国以在国际货币基金组织的存款的形式持有特别提款权。各国持有的特别提款权与它们的黄金、外汇和在国际货币基金组织的储备头寸一样，都是其国际货币储备的一部分。成员国之间可以用特别提款权清算交易。

除了作为储备资产之外，特别提款权的其他用途极为有限。哈佛大学经济学家杰弗里·弗兰克尔（Jeffrey Frankel）将特别提款权描述为“充其量只能算是国际货币世界中的世界语。它根本没有被真正使用过”。但他的说法并不准确，因为苏伊士运河使用特别提款权来结算运输费，万国邮政联盟用特别提款权来结算邮费。从数学角度看，特别提款权是五种不同货币汇率折算后的加权，它的波动性比任何单一货币的价值波动性都小，因此特别提款权在海运、欧洲债券市场和特定国际条约等领域有特殊用途。最近几年的一个例子是：2021 年 3 月，七国集团（G7）同意国际货币基金组织增加储备以帮助发展中国家应对全球疫情危机。

2.1.4　固定汇率制（1944—1973 年）

布雷顿森林会议协商确定的由国际货币基金组织监督的货币安排，在战后重建和世界贸易快速增长的时期发挥了巨大作用。然而，各国的货币和财政政策大相径庭、通货膨胀率差异悬殊以及各种意想不到的外部冲击最终导致了该体系的解体。美元是各国中央银行持有的最主要的储备货币，是整个汇率网络的关键。但遗憾的是，美国国际收支的赤字持续增加。

为了弥补这些赤字并应对外国投资者及企业对美元不断增加的需求，大量美元资本的流出变得不可避免。最终，外国交易者持有巨额的美元悬突额（overhang of dollars），这导致国际社会对美国承诺履行美元兑换黄金的能力缺失信心。这种信心的缺失在 1971 年上半年达到顶点。在不到七个月的时间里，随着全球对美元价值的信心暴跌，美国几乎损失了其官方黄金储备的近 1/3。大多数主要货币与美元的汇率开始浮动，间接地影响了这些货币相对于黄金的价值稳定。一年半后，美元再次遭到攻击，1973 年 2 月，美元第二次贬值，幅度达到 10%，至每盎司黄金 42.22 美元。到 1973 年 2 月末，鉴于对货币的巨大投机，固定汇率制似乎不再可行。1973 年 3 月，世界主要的外汇市场实际上关闭了几周。当这些外汇市场重新开放时，根据市场供求力量，大多数货币被允许自由浮动。

2.1.5　浮动汇率制（1973—1997 年）

在固定汇率制时期，汇率变化的频率较低。而自 1973 年以来，汇率的波动更加频繁，其走势也更难以预测。图 2.2 展示了 1964 年以来美元指数的波动情况。很显然，美元指数的波动幅度在 1973 年之后变得更加剧烈。

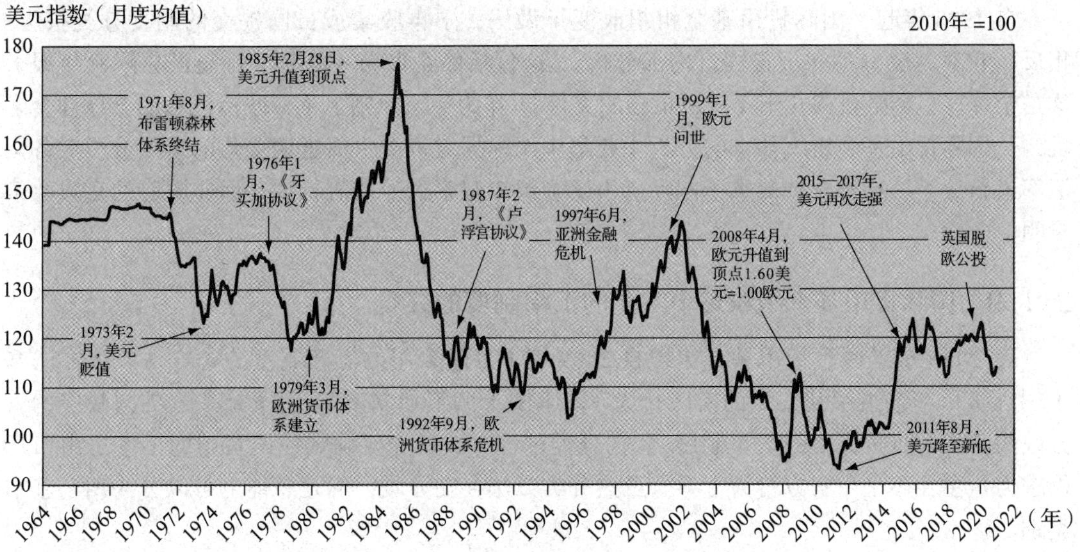

图 2.2　国际清算银行美元指数

资料来源：BIS org Nominal exchange rate index (narrow definition), effective exchange rate (EER) for the U.S dollar (NNUS).

图 2.2 记录了近年来若干重要的事件：1979 年欧洲货币体系（EMS）建立、1985 年美元升值并达到顶点、1992 年欧洲货币体系危机、1997 年亚洲金融危机、1999 年欧元问世以及

英国脱欧（脱离欧盟）公投。

2.1.6 新兴市场（1997 年至今）

1997 年亚洲金融危机后，新兴市场经济体及其货币市场的广度和深度都有所增长。这一观点可能会被证明是错误的，但本章最后一节认为，全球货币体系已经开始接纳一些主要新兴市场的货币，以中国的人民币为首，且此过程已持续二十余年。欢迎读者对此提出不同意见。

2.1.7 国际货币基金组织的汇率制度分类

全球货币体系——如果真的存在一个统一的“体系”——实际上是各种汇率制度和安排的混合。全球并没有一个统一的管理机构或为全球货币兑换制定政策的官方机构。然而，自第二次世界大战以来，国际货币基金组织至少扮演了“街头宣读员”(town crier[㊀]) 的角色。作为自身职责的一部分，它创建了一个货币制度的分类体系。

2.1.8 分类简史

多年来，国际货币基金组织一直是汇率分类的核心机构。成员国将其汇率政策提交给国际货币基金组织，这些政策成为国际货币基金组织对汇率制度进行分类的依据。然而，这一切在 1997—1998 年亚洲金融危机期间发生了变化。在危机期间，许多国家开始实行与其向国际货币基金组织承诺的汇率政策截然不同的汇率安排。各国实际上采用的做法（即事实上的汇率制度）并不符合它们公开和官方承诺的那套制度，也就是名义上的汇率制度。

自 1998 年起，国际货币基金组织改变了做法，不再收集成员国提交的制度分类报告。相反，它对制度分类和报告进行内部分析。(这包括停止发布《汇率安排与汇兑限制年报》，这是全球许多金融机构几十年来所依赖的文件。) 作为一家原则上不带政治色彩的全球性金融机构，国际货币基金组织如今的分析主要集中于根据对货币价值近期变化的事后分析对各国汇率进行分类。这种分析侧重于国际货币基金组织观察到的政府行为，而非政府的官方政策声明。

2.1.9 国际货币基金组织对事实上的汇率制度的分类

表 2.1 展示了国际货币基金组织自 2009 年 1 月起采用的汇率制度分类方法。该方法基于国际货币基金组织观察到的实际行为（即事实上的汇率制度），而不是基于各国政府的官方政策声明（即名义上的汇率制度）。在分类过程中，首先要确定该国货币的汇率是由市场供求力量主导还是由官方行为主导。虽然分类方法存在分歧，但是总体上可以分为四个基本类别。

㊀ “town crier”的字面意思是街头宣读员，是指在过去，特别是在中世纪和近现代早期，由市政或地方政府指派的官方通告员，他们通常会在市镇的中心地带敲钟以吸引人们的注意，然后大声宣读公告或新闻。之所以如此，是因为当时文盲人数较多，要确保所有市民都能获得重要信息。这个角色在现代社会已经基本消失，但在历史剧或文学作品中仍然可以见到他们的身影。这里将国际货币基金组织比作“town crier”，是在形象地说明国际货币基金组织在全球货币体系中的作用类似于传达和宣布重要货币政策和金融信息的角色，而不是拥有直接的监管或执行权力。——译者注

表 2.1　国际货币基金组织对汇率制度的分类

汇率制度分类	事实上的汇率制度	描述与要求
硬钉住汇率制	无单独法定货币的安排	以另一个国家的货币作为本国唯一的法定货币流通（正式美元化），以及货币联盟的成员国共享同一种法定货币
	货币局制度的安排	货币安排的一种，基于明确的立法，承诺本币与某种外币保持固定的汇率，并对货币当局的发行加以严格限制。这些限制意味着，本国货币的发行将仅以外汇为基础，完全由外国资产支持
软钉住汇率制	传统的钉住汇率制安排	一个国家正式让其货币以固定汇率与另一种货币或由主要金融或贸易伙伴国组成的一篮子货币挂钩。其货币当局随时准备通过直接或间接的干预方式来维持固定的平价。汇率可能围绕中间汇率上下波动 1%，或在 6 个月内的波动幅度不超过 2%
	稳定性汇率安排	即期市场汇率在 6 个月或更长时间内保持在 2% 的波动幅度内且不浮动。这种边际稳定性可以通过单一货币或一篮子货币（假设以统计指标衡量）来实现。由于官方的干预或调控，汇率保持稳定
	中间状态的钉住：爬行钉住汇率制	货币按固定汇率或根据量化指标（如通货膨胀差异）的变化进行小幅度调整
	类似爬行的安排	相对于统计上确定的趋势，汇率必须在 6 个月或更长时间内保持 2% 的小幅波动。㊀汇率不能被认为是浮动的。最小变化率大于稳定性汇率安排下允许的变化率
	在水平区间带内的钉住汇率	货币的价值维持在固定中间汇率的 1% 以内，或汇率的最大值和最小值之间的差额超过 2%。这包括现在的汇率机制Ⅱ（ERM Ⅱ）的成员国
浮动汇率制	有管理的浮动汇率制	汇率在很大程度上是由市场决定的，没有一条可确定或可预测的路径。市场干预可以是直接的，也可以是间接的，目的是降低变化率（但不是目标定位）。汇率可能表现出或多或少的波动
	自由浮动汇率制	如果干预只在特殊情况下发生，并且确认的干预在 6 个月内最多只有三次，每次持续不超过三个工作日，则浮动汇率是自由浮动的
其他汇率制度	其他有管理的汇率制度安排	这个是剩余类别，用于汇率不符合其他任何类别的情况。政策频繁变化的汇率制度安排就属于这一类别

资料来源：“Revised System for the Classification of Exchange Rate Arrangements,” by Karl Habermeier, Annamaria Kokenyne, Romain Veyrune, and Harald Anderson, IMF Working Paper WP/09/211, International Monetary Fund, November 17, 2009.

第一类：硬钉住汇率制（hard peg）。采用这一汇率制度的国家放弃了货币政策自主权。这些国家包括采用其他主权货币的国家（如津巴布韦的美元化），以及采用货币局制度的国家——这种制度使得该国的货币扩张依赖于外汇积累。

第二类：软钉住汇率制（soft peg）。广义的软钉住汇率制通常与固定汇率制相关，软钉住汇率制的五个子类别展现了固定汇率的不同实践和灵活性。根据货币钉住的对象和固定的汇率是否允许变动（如果允许，是在什么条件下允许变动），允许 / 采用的干预类型、幅度和频率，以及固定汇率允许的波动幅度来区分。

第三类：浮动汇率制。浮动汇率主要由市场供求力量驱动。浮动汇率制可细分为两类：有管理的浮动汇率制和自由浮动汇率制。前者意味着政府为追求某一汇率目标或其他目的会

㊀ 这句话指的是汇率必须围绕一个通过统计方法确定的长期趋势或平均值保持在一个狭窄的波动区间内，即汇率的波动不能超出这个通过统计数据定义的长期趋势或平均值的 2%，以确保汇率的相对稳定。——译者注

对市场进行临时性干预。后者是指汇率由市场的供求力量决定，不受政府的影响和干预。

第四类：其他汇率制度。这一类别包括所有不符合前三类标准的汇率制度。那些经常变更汇率政策的国家的汇率制度通常属于这一类别。

图2.3展示了各类汇率制度在全球市场中的体现——固定汇率制还是浮动汇率制。垂直虚线表示爬行钉住汇率制，实施这种汇率制度的货币会根据它们的汇率稳定性水平选择进入或离开这一区域。尽管这些制度看似清晰且有明确的区别，但在市场实践中，对各种汇率制度做出明确的区分往往非常困难。例如，2014年1月，俄罗斯银行宣布不再对卢布汇率进行干预，并计划让卢布自由交易。

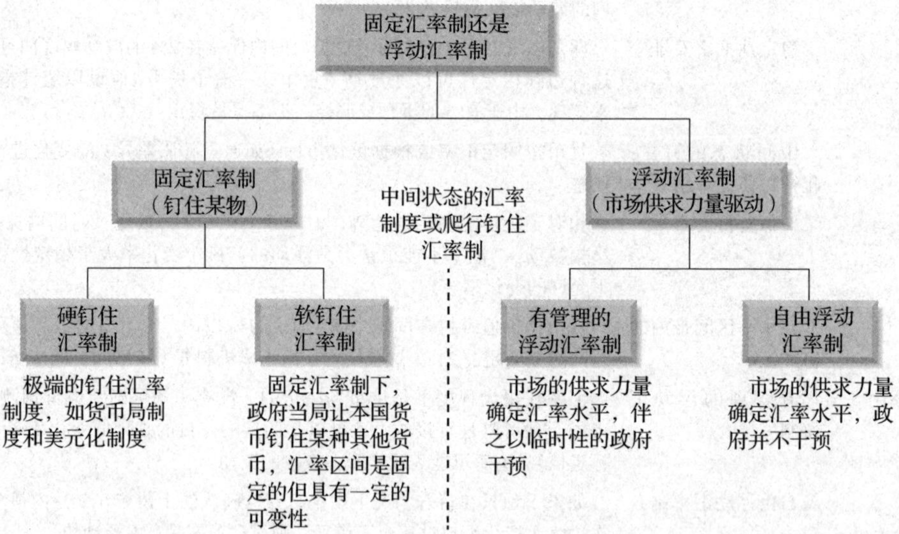

图2.3 汇率制度的分类

2.1.10 全球汇率制度的多样性

尽管国际货币基金组织试图对汇率制度进行严格分类，但当今的国际货币体系从任何意义上讲都是一种全球性的多元化体系。正如第5章将要详细阐述的，当前的全球货币市场主要由美元和欧元这两种货币主导，其次是一系列多样的汇率制度、货币制度安排、货币联盟以及货币区。

据国际货币基金组织估计，20.3%的成员国使用美元作为锚货币（anchor currency），另有13%的成员国使用欧元作为锚货币，4.7%的成员国使用组合货币或其他货币作为锚货币。除锚定货币体系外，还有12.5%的成员国将货币供应量作为货币管理的参照标准。另有20%的成员国采用通货膨胀率目标制（inflation rate targeting）。25%的成员国使用其他形式的货币政策框架或未指明的汇率锚。

欧元作为成员国的单一货币，本身就是一个严格固定汇率制的例子。然而，欧元相对于所有其他货币是独立浮动的。其他严格固定汇率制的例子包括：厄瓜多尔、巴拿马和津巴布韦等国家都使用美元作为官方货币；中非法郎（CFA）区，包括马里、尼日尔、塞内加尔、喀麦隆和乍得等国家，使用单一的共同货币（与欧元挂钩的法国法郎）；东加勒比货币联盟（ECCU）的成员统一使用东加勒比元。

另一个极端例子是采取独立浮动汇率制的国家。这些国家包括许多非常发达的国家，如日本、美国、英国、加拿大、澳大利亚、新西兰、瑞典和瑞士。然而，这一类别也包括了一些非自愿的参与者——试图维持固定汇率但迫于市场压力而采取浮动汇率制的新兴市场国家，其中包括韩国、菲律宾、巴西、印度尼西亚、墨西哥和泰国。

如图 2.4 所示，在 2008—2019 年间，国际货币基金组织成员国的汇率制度选择没有发生重大变化。采用浮动汇率制的国家近年来占比为 34% 或 35%，而采用软钉住汇率制的国家近年来占比从不到 40% 增加到 46%。尽管当代国际货币体系通常被认为采用浮动汇率制，但很显然，世界上大多数国家并非如此。

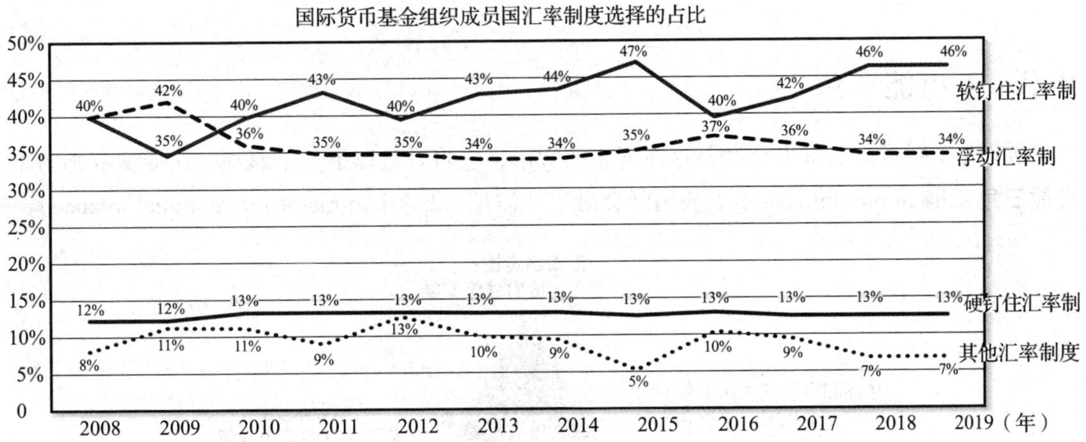

图 2.4　国际货币基金组织成员国汇率制度的选择

资料来源：Data drawn from *Annual Report on Exchange Arrangements and Exchange Restrictions*, International Monetary Fund, Table 3, Exchange Rate Arrangements 2008-2019.

2.2　固定汇率制与弹性汇率制

一个国家选择遵循哪种汇率制度反映了该国对经济各个方面的重视程度，包括控制通货膨胀、降低失业率、调整利率水平、改善贸易差额和促进经济增长。随着政府关注领域的改变，选择固定汇率制还是弹性汇率制可能会随时间发生改变。为简化分析，以下几点部分解释了各国为何追求某种特定的汇率制度。固定汇率制有许多缺点（将在后面说明），维持它可能困难重重且成本昂贵。固定汇率制有以下特点。

- 固定汇率制为国际贸易提供了稳定的价格。稳定的价格有助于国际贸易的增长，并减少企业面临的风险。
- 固定汇率制本质上是抗通货膨胀的，采用固定汇率制的国家需要采取紧缩性的货币和财政政策。但是，这种限制性的政策对于希望缓解国内经济问题（如高失业率或经济增长缓慢）的国家来说是一种负担。
- 固定汇率制要求中央银行持有大量的国际储备（如硬通货和黄金），以备偶尔稳定固定汇率之需。随着国际货币市场规模的不断扩大，增加储备的代价日益沉重。
- 一旦固定汇率制确立，其水平可能会出现与经济基本面不一致的情况。随着一国经济结构的变化以及贸易关系和贸易差额的演变，汇率本身也应变化。弹性汇率制允许政府逐步和有效地实现这一目标，但在固定汇率制下，必须通过行政手段干预——通常为时已晚，而且波及范围太广，对国民经济健康造成的一次性伤害太大。

与汇率变化相关的术语具有技术上的特定含义。当政府正式宣布本国货币相对于其他货币的价值降低或升高时，分别称为**法定贬值**（devaluation）或**法定升值**（revaluation）。这显然适用于由政府控制本币对外价值的情况。当一种货币的汇率在公开的货币市场上发生变化而不是由政府直接决定时，称为**贬值**（depreciation，币值下降）或**升值**（appreciation，币值上升）。

2.3 不可能三角

如图 2.5 所示，如果当今世界存在理想的货币，它将具备以下三个属性，这通常被称为**不可能三角**（the impossible trinity）或国际金融三元悖论（the trilemma of international finance）。

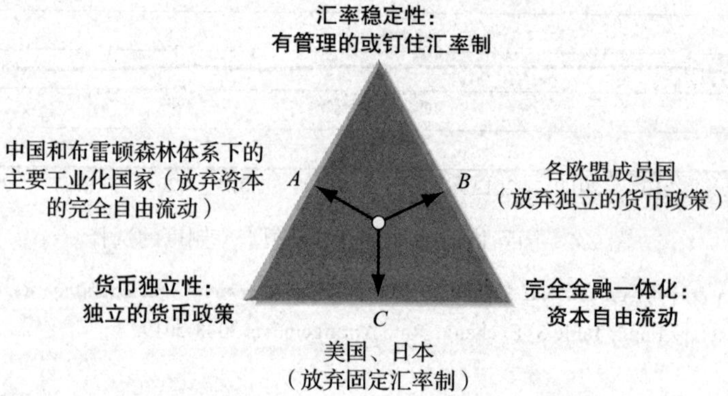

各国必须选择从中心向哪个方向移动——朝向A点、B点还是C点。它们选择追求什么和放弃什么——选择追求一个目标同时意味着放弃与之相对的金字塔另一端的目标。各国可以在这些选择之间做出一定程度的妥协，但这种妥协仅限于一定的边界范围内

图 2.5 不可能三角

资料来源：Constructed by the authors based on *International Financial Integration*, Lar Oxelheim, Springer-Verlag, Berlin, 1990, p. 10.

（1）汇率稳定性（exchange rate stability）。该货币与其他主要货币的汇率保持固定，使交易者和投资者能够较为确信当前和不久的将来各种货币的外汇价值。

（2）完全金融一体化（full financial integration）。允许货币自由流动，交易者和投资者可以根据感知到的经济机会或风险，轻松地将资金在各国间转移，并自由地完成货币兑换。

（3）货币独立性（monetary independence）。各国自行设定本国的货币政策和利率政策，以实现本国的经济目标，特别是在控制通货膨胀、抵御经济衰退、促进经济繁荣和实现充分就业方面。

这些特质被统称为不可能三角，因为经济学的规律不允许任何一个国家同时实现这三个

目标：汇率稳定性、完全金融一体化和货币独立性。不可能三角清楚地表明，每个经济体必须做出自己的选择。以下是许多人认为的三个主要经济体的选择。

经济体	选择 1	选择 2	隐含条件 3
美国	独立的货币政策	资本自由流动	浮动汇率制
欧盟	资本自由流动	固定汇率制	一体化货币政策
中国	独立的货币政策	有管理的浮动汇率制	资本流动受限

例如，美国已经明确放弃了固定汇率制——从金字塔的中心向 *C* 点移动——因为它希望有一个独立的货币政策，允许资本高度自由地进出本国。

欧盟做出的选择显然更为复杂。作为不同主权国家的联合体，欧盟一直在追求共同货币欧元的一体化，以及劳动力和资本的自由流动。根据不可能三角理论，这意味着欧盟成员国必须放弃独立的货币政策，用欧洲中央银行（ECB）取代本国的中央银行。近几年来，希腊、葡萄牙和爱尔兰的财政赤字和政府债券发行几近崩溃，引发了公众对该安排有效性的质疑。

当前的中国是非常典型的例子，它选择继续控制和管理其货币的汇率，并实施独立的货币政策，从金字塔的中心向 *A* 点移动，同时限制资本的流动，但说中国已经放弃了资本自由流动可能是不准确的。

许多专家的共识是，资本流动性的增加正在推动越来越多的国家朝着完全金融一体化的方向发展，以刺激国内经济并满足本国跨国公司的资本需求。因此，它们的货币制度正被推向要么是纯粹的浮动汇率制（如美国），要么是和其他国家联合形成货币联盟（如欧盟）。

2.4　欧洲的单一货币：欧元

从 1957 年的《罗马条约》(Treaty of Rome）开始，到 1987 年的《单一欧洲法案》(Single European Act)、1992 年的《马斯特里赫特条约》(Maastricht Treaty）和 1997 年的《阿姆斯特丹条约》(Treaty of Amsterdam)，一些主要的欧洲国家稳步致力于将各自独立的市场整合成一个规模更大、效率更高的统一市场。然而，即使在 1992 年单一欧洲计划启动之后，若干要实现真正开放的制度障碍仍然存在，包括货币不统一，这使得各国的消费者和公司必须针对每个国家的市场分别进行操作和考虑。跨境贸易的汇率风险依然存在。单一货币的创建被视为消除这些市场分割壁垒的最终途径。

欧盟最初的 15 个成员国也是欧洲货币体系的成员国。欧洲货币体系在成员国货币之间形成了固定汇率体系，为了将汇率维持在既定中心汇率的 ±2.5% 的范围内，相关各方对汇率偏离都有责任进行干预和管理。这种固定汇率制虽然有过调整，但从 1979 年一直维持到了 1999 年。在 1992 年和 1993 年的汇率危机中，该体系的韧性经受了严峻的考验，但最终还是维持了下来。

2.4.1 《马斯特里赫特条约》和欧洲经济与货币联盟

1991 年 12 月，欧盟成员国在荷兰的马斯特里赫特举行会议，达成了一项改变欧洲货币未来的条约。1992 年签署的《马斯特里赫特条约》规定了时间表和计划，用单一货币——最终命名为欧元——替代所有欧洲货币体系成员国各自的货币。该条约的其他方面也被采纳，这导致欧洲经济与货币联盟（European Economic and Monetary Union，EMU）的完全实现。根据欧盟的说法，欧洲经济与货币联盟是欧盟单一市场内的单一货币区，现在被非正式地称为欧元区，在这个区域中，人员、商品、服务和资本可以自由流动。

然而，整合各国货币体系并非轻而易举。为筹建欧洲经济与货币联盟，《马斯特里赫特条约》要求各成员国互相整合并协调其货币和财政政策。欧洲经济与货币联盟的筹建过程被称为趋同（convergence）。在成为欧洲经济与货币联盟的正式成员国之前，各成员国都要满足一系列趋同标准，以便整合后的各成员国的经济体系可以保持相似的绩效水平：①成员国的名义通货膨胀率不得超过欧盟上一年通货膨胀率最低的三个成员国平均值1.5个百分点；[一] ②成员国的长期利率不得超过欧盟长期利率最低的三个成员国平均值2个百分点；[二] ③成员国政府的预算赤字（财政赤字）不得超过其GDP的3%；④成员国的政府未偿债务余额不得超过其GDP的60%。由于趋同标准过于严苛，所以当时几乎没有成员国能够达到。但在1999年之前，有11个国家成功加入了欧洲经济与货币联盟。（希腊在两年后加入欧元区。）

2.4.2 欧洲中央银行

任何货币体系的基石都是一个强大且纪律严明的中央银行。《马斯特里赫特条约》为欧洲经济与货币联盟确立了这样一个唯一的机构——欧洲中央银行，该银行成立于1998年。（欧盟于1994年创立了欧洲货币研究所，作为欧洲中央银行的前身。）欧洲中央银行的结构和职能以德国联邦银行为蓝本，而德国联邦银行又以美国联邦储备系统为蓝本。欧洲中央银行是一家独立的中央银行，主导着各成员国中央银行的活动。各成员国的中央银行继续监管其本国境内的银行，但全部的金融市场干预以及单一货币的发行都由欧洲中央银行全权负责。欧洲中央银行最重要的任务是保证欧盟内部的价格稳定。

2.4.3 欧元的创建

1999年1月4日，欧盟11个成员国发起成立欧洲经济与货币联盟。它们创建的单一货币——欧元，取代了成员国的本币。这11个国家分别是奥地利、比利时、芬兰、法国、德国、爱尔兰、意大利、卢森堡、荷兰、葡萄牙和西班牙。希腊在当时不符合加入欧洲经济与货币联盟的条件，但最终在2001年加入欧元区。1998年12月31日，11个成员国的货币与欧元之间的固定汇率正式生效。1999年1月4日，欧元正式开始发行。

英国、瑞典和丹麦选择维持本国货币。出于对欧盟可能侵犯其主权的担忧，英国选择不参与欧洲经济与货币联盟。瑞典是当时最新加入欧盟的成员国，鉴于未能明显感受到作为欧盟成员国所带来的益处，瑞典对参与欧洲经济与货币联盟持有保留态度。丹麦与英国、瑞典和挪威一样，到目前为止也选择不加盟。然而，丹麦是ERM Ⅱ的成员国，这有效地允许丹麦保留自己的货币，维持自己的货币主权，但其货币克朗与欧元将保持固定的汇率。

欧元为成员国带来的好处有很多：①欧元区内各国的交易成本更低；②与汇率有关的货

[一] 如果这三个国家的平均通货膨胀率是1%，其他成员国的通货膨胀率就不能超过2.5%。——译者注
[二] 如果这三个国家的平均长期利率是5%，其他成员国的长期利率就不能超过7%。——译者注

币风险和成本降低；③欧元区内外的所有消费者和企业都能受益于更高的价格透明度和日益激烈的价格竞争。各成员国采用欧元的主要代价是失去实行独立自主的货币政策的权利，这对所有成员国来说都是一个长久的挑战。

1999 年 1 月 4 日，欧元开始在世界货币市场上交易。欧元的首次亮相相当顺利。然而，欧元自推出以来，价值持续下滑，主要原因是美国经济的强劲和美元的坚挺，以及欧洲经济与货币联盟各成员国经济的低迷。从 2002 年起，欧元相对于美元开始升值，并在 2008 年夏季达到顶峰，如图 2.6 所示。自那以后，欧元兑美元的汇率大致呈下降趋势，但具有显著的波动性。

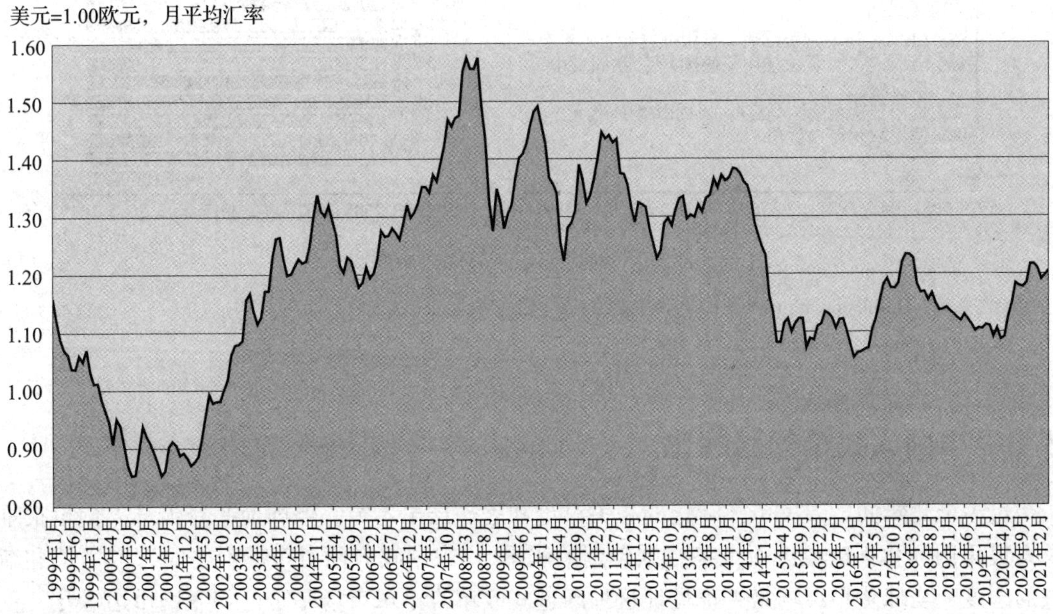

图 2.6　美元兑欧元的即期汇率

自欧元问世以来，越来越多的欧盟成员国开始使用欧元。截至 2018 年 1 月，欧盟的 28 个成员国中有 19 个国家的官方货币是欧元，其他 5 个可能最终加入欧盟的国家（黑山、安道尔、摩纳哥、圣马力诺和梵蒂冈）也选择欧元作为官方货币。目前使用欧元作为其官方货币的欧盟成员国（即欧元区）详见图 2.7。请注意，尽管英国于 2016 年 6 月公投脱欧，但英国从未采用过欧元作为其官方货币。自欧元诞生之初，英国和丹麦就选择不加入欧元区。（然而，丹麦作为 ERM Ⅱ的参与者，继续按照上述机制管理其货币与欧元的汇率。）

图 2.7 解释了欧元推行初期如此顺利的原因。除英国和丹麦外，其他所有最初采用欧元的国家在过去 20 年中都将其官方货币与欧洲货币单位挂钩。图 2.7 还指出，随着欧盟的扩张，东欧和波罗的海国家逐渐被吸纳，欧盟各新成员国开始有条不紊地采用欧元作为其官方货币。尽管外界预计最终所有欧盟成员国都将采用欧元作为其官方货币，但近年来，关于欧元扩张的未来一直存在争议。需要注意的是，英国一直没有加入欧元区。2016 年 6 月英国的公投脱欧并没有改变这种关系。

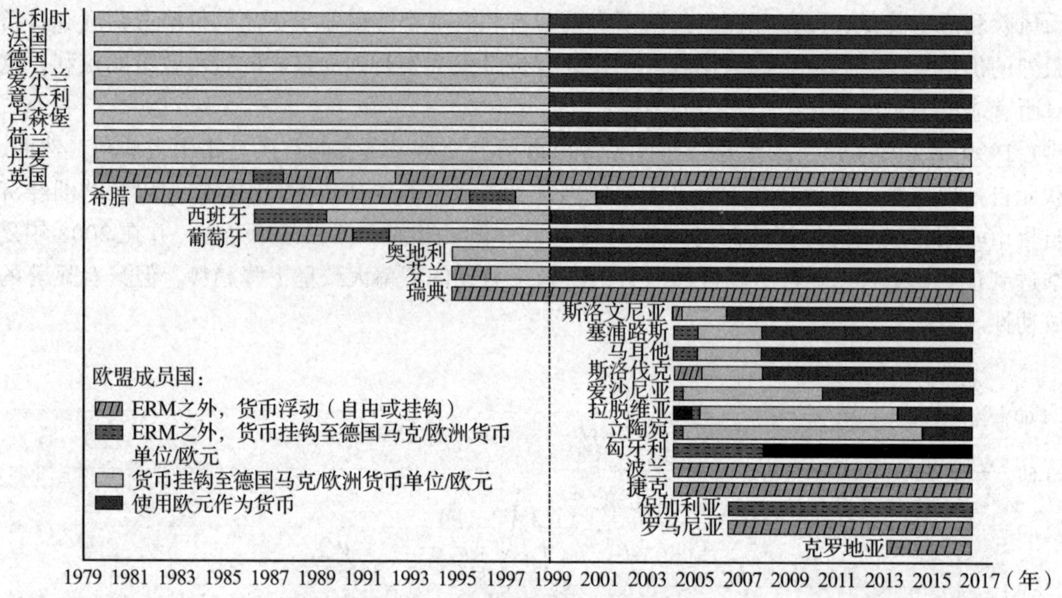

图 2.7 欧盟成员国的汇率制度

资料来源：Based on data from the European Union's Convergence Reports.

注：2016 年 6 月，英国投票决定离开欧盟。

2.5 中国人民币的国际化

过去十几年间，人民币国际化的相关讨论和著作层出不穷，但即使是今天，人们也很难说人民币国际化何时或能否最终达到预期的水平。㊀中国政府面对市场经济时采取谨慎和渐进的态度。全球货币市场是否正见证这种渐进式改革？全球市场是否已将人民币边缘化，仅允许其在货币交易的次要领域中流通？人民币能否像美元那样在世界各地流通？在人民币国际化进程中到底发生了什么？

2.5.1 人民币估值

人民币交易受到中国政府和中国人民银行的严格管制，在中国境内，人民币与外币（主要是美元）之间的所有交易都需中国政府的法规进行，与此同时，人民币的影响范围在不断扩大。如图 2.8 所示，人民币汇率受到政府的管理，但随着时间的推移——在较长的时间跨度内——政府允许人民币对美元逐渐升值。人民币汇率长期以来保持相对稳定，这是人民币国际化的特征之一。

尽管人民币的汇率制度和货币制度不断演变，但它仍然不是一种可自由兑换外币的货币。几乎所有外汇交易都必须遵循一系列严格的审批和程序。这体现了中国政府在维持国内金融管控与稳定的同时，渐进式地引入市场机制。

㊀ 中国正式承认人民币（RMB）和元（CNY）为其官方货币的名称。元是记账单位，而实物的货币（physical currency）被称为人民币（这是一种概念性描述）。这导致 RMB 和 CNY 同时作为货币代码使用。在国际数字货币交易中，中国正式使用的 ISO 代码是 CNY。

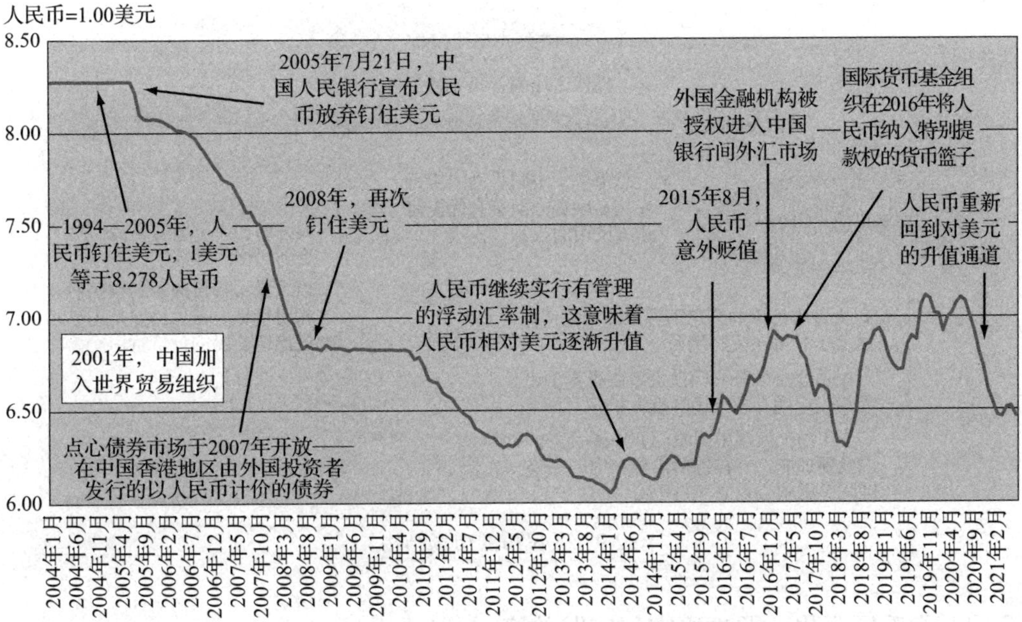

图 2.8　人民币兑美元的即期汇率

资料来源：由作者构建。

2.5.2　双层市场货币发展

人民币的发展是由中国经济驱动的。中国约占全球经济总量的 15%。作为全球贸易和投资交易中如此重要的参与者——所有这些都需要货币——中国对一种流动性更强、更容易获得的货币的需求持续增长。自 2001 年加入世界贸易组织以来，中国显然已经在人民币国际化的道路上迈出了明确的步伐。

如图 2.9 所示，人民币的发展遵循中国政府监管下的在岸市场和离岸市场这两个分割的市场结构。在岸市场是一个双层市场（two-tier market），有零售交易所和银行间批发交易所。自 2005 年年中以来，人民币正式实行有管理的浮动汇率制。在中国内部，人民币通过中国外汇交易系统（CFETS）进行交易。在该系统中，中国人民银行设定了人民币兑美元的每日中间价（固定汇率）。每日实际的外汇交易允许人民币在中间价的 ± 1% 范围内波动。该内部市场在逐渐解除管制，目前，银行被允许相互交易可转让的存单，利率限制越来越少。市场上每天有九种不同的货币与人民币交易，这些货币之间也进行交易。

人民币离岸市场起源于中国香港。（记账单位为 CNH，一种非正式符号。）在获取外资和返还投资（称为资金回流，backflow）方面，香港离岸市场享有中国政府监管机构的优先准入权。这个市场的增长是由麦当劳、卡特彼勒公司（Caterpillar）和世界银行等发行的人民币计价债券——熊猫债券——推动的。香港的机构投资者可以投资在岸计息存款，从而更好地利用这些离岸资金。

中国将继续推动离岸市场向新加坡和伦敦等其他主要区域和全球金融中心扩张。最大的进展之一是在全球范围内建立外汇交易枢纽（currency trading hub）。从伦敦到香港再到纽约，这些枢纽是中国政府授予其特殊地位的银行，是人民币货币交易的清算中心。

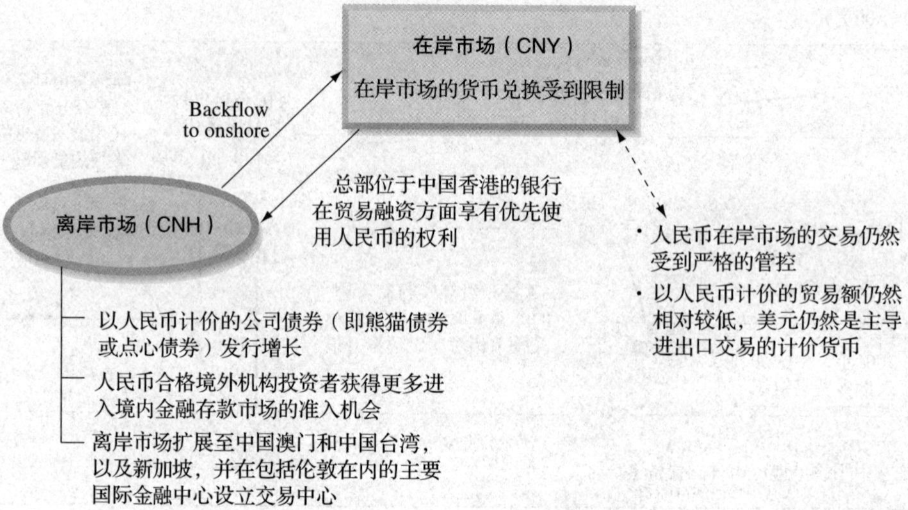

图 2.9 人民币的市场结构

2.5.3 货币国际化：理论原则与实践关注

作为世界上最大的商业贸易国和第二大经济体的法定货币，人民币成为国际货币一直被认为是毋庸置疑的，但人民币的国际化程度仍处在变化中。

货币国际化的第一阶段发生在该货币开始广泛用于贸易时。（这在技术上表述为经常账户频繁使用该货币，详见第3章。）如图2.9所示，根据某出版物的说法，人民币“远未发挥其应有的作用。”[⊖]国际货币基金组织2019年的一项研究（使用2016年的数据）发现，中国93%的进口和95%的出口是以美元计价的。以美元收款的中国出口商不得将这些美元收入保留在任何银行账户中。出口商被要求以中国政府设定的官方汇率将所有外币兑换为人民币，并把外币上交给中国政府。（从而导致外汇储备大量积累。）但情况正在发生改变。进口商和出口商越来越被鼓励使用人民币作为国际贸易的计价和结算货币。

货币国际化的第二阶段发生在该货币被用于国际投资——资本账户/资本市场活动时。目前，这是中国政府极为关注和谨慎对待的领域。中国市场是世界众多企业关注的焦点，如果外国企业被允许自由和开放地进入中国市场和使用其货币，中国政府会产生一种担忧，即人民币的价值可能会被推高，从而降低中国出口的竞争力。与此同时，随着美元和欧元等主要资本市场进入利率上升阶段，中国政府担心大量中国的储蓄可能流出本国寻求更高的回报——资本外逃（capital flight）。

货币国际化的第三阶段发生在该货币开始发挥储备货币（也称为锚定货币，即世界各国中央银行持有的外汇储备中的一种货币）的作用时。美国和欧盟持续的财政赤字问题导致国际社会对美元和欧元的长期保值能力日益感到不安。人民币能否或应当成为一种储备货币吗？预计人民币在全球储备中的占比可能为15%～50%。

⊖ 英文原文为“punches far below its weight”，本意是从拳击的比喻而来，是指一个拳击手在比赛中的表现远不及他所在体重级别应有的水平。这句话通常被用来描述一种“实力未能充分发挥”或“表现不符合其潜在能力”的情况。用在此处表示尽管中国经济实力强大，但人民币在国际货币市场上的使用和影响力不如预期。——译者注

2.5.4 特里芬困境

成为储备货币，理论上的障碍是如何解决特里芬困境（Triffin dilemma，有时被称为特里芬悖论，Triffin paradox）。特里芬困境是指当某一主权货币被用作储备货币时，国内货币政策目标与外部或国际政策目标之间可能会出现潜在冲突。国内的货币和经济政策有时可能需要紧缩，同时创造贸易顺差。

如果一种货币成为全球储备货币，被认为是世界上两三种关键的价值储存手段之一（可能最终加入国际货币基金组织特别提款权的货币篮子），那么其他国家将要求该国保持经常账户赤字，本质上是为全球市场提供越来越多的货币。这意味着该国作为储备货币国家的同时还成了国际债务国。简而言之，当世界采用某种货币作为储备货币时，对该货币的使用和可得性提出了更高的要求，这是许多国家不愿面对的。实际上，由于这些复杂因素，日本和瑞士长期以来一直在努力避免其货币在国际上被广泛使用。但对于人民币来说，能否成为国际货币，全球市场可能会做出选择。

2.6 新兴市场与汇率制度选择

1997—2005 年，新兴市场国家面临越来越大的外部压力，需要在更为极端类型的汇率制度中做出选择。上一节中提到的资本流动压力的增加促使许多国家在自由浮动汇率制（如 2002 年的土耳其）和固定汇率制——货币局制度（如 20 世纪 90 年代的阿根廷）或美元化制度（如 2000 年的厄瓜多尔）——之间做出选择。这些制度值得进一步讨论。

2.6.1 货币局制度

货币局制度是指一个国家的中央银行承诺在任何时候都用外汇储备完全支持其货币基础，即货币供应量。在这种制度下，除非首先获得相应的外汇储备，否则中央银行不会向经济中注入更多的国内货币。包括中国香港在内的八个国家或地区使用货币局制度作为固定汇率的手段。

阿根廷。1991 年，阿根廷从之前的管理型汇率制度转变为货币局制度，即 1 阿根廷比索兑换 1 美元。阿根廷政府要求阿根廷银行系统发行的每一个比索以固定的汇率由黄金或存放在阿根廷银行账户上的美元予以支持。这种 100% 的储备制度使阿根廷的货币政策依赖于该国通过贸易或投资获得美元的能力。只有在阿根廷通过国际贸易赚取了美元之后，其货币供应量才能扩张。这一要求消除了该国货币供应量过快增长并引发通货膨胀的可能性。

阿根廷的货币局制度还允许所有阿根廷人和外国人在阿根廷银行持有以美元计价的账户。这些账户实际上是欧洲美元账户，即存储在非美国银行里的以美元计价的存款。这些账户意味着储户可以选择是否持有比索。

市场从一开始就对阿根廷政府能否维持固定汇率表示怀疑。阿根廷银行通常会对以比索计价的账户支付略高于以美元计价的账户的利率。这种息差反映了市场对阿根廷金融体系固有风险的评估。储户因接受风险——将资金保留在以比索计价的账户中——而得到回报。2002 年 1 月，在经历了数月的经济和政治动荡，以及近三年的经济衰退后，阿根廷的货币局制度被终止。比索的价值从 1 比索 / 美元贬值到 1.40 比索 / 美元，随后完全浮动。比索的价值在几天内急剧下跌。阿根廷长达十年的固定汇率制宣告结束。

2.6.2 美元化制度

多年来，许多国家由于通货膨胀而遭受货币贬值之苦，进而采取了美元化的措施。美元化是指使用美元作为一个国家的官方货币。自1907年以来，巴拿马一直使用美元作为官方货币。厄瓜多尔在经历了1998年和1999年严重的银行和通货膨胀危机后，于2000年1月采用美元作为其官方货币。《商业周刊》(*Business Week*) 在2000年12月11日的一篇题为《美元俱乐部》的文章中总结了美元化的一个主要特征：

> 美元化的一个吸引力在于，健全的货币政策和汇率政策不再依赖于国内政策制定者的智慧和纪律性。货币政策本质上变成了美国所遵循的政策，而且汇率被永久固定。

美元化的论点是基于先前有关不可能三角的讨论而合理推导出来的。一个美元化的国家消除了任何与美元的汇率波动，理论上也消除了未来发生货币危机的可能性。其他好处是，该国与其他以美元为基础的产品和金融市场，预期能实现更大程度的经济一体化。还有一点促使许多人赞成区域美元化，即几个经济高度一体化的国家可能会从共同美元化中获益良多。

反对美元化的理由主要有三个。第一，实行美元化的国家丧失了对货币政策的主权。然而，这就是美元化的意义所在。第二，这个国家失去了获得铸币税的权力，也就是从印钞中获利的能力。第三，由于一个国家的中央银行不再具有在其经济和金融体系内创造货币的能力，它不能再扮演最后贷款人的角色。这个角色有能力在金融危机期间提供流动性，以拯救可能处于破产边缘的金融机构。

厄瓜多尔。厄瓜多尔于2000年9月正式完成了以美元取代厄瓜多尔货币苏克雷作为法定货币的工作。这一举措使厄瓜多尔成为使用美元的最大的国家，在许多方面，厄瓜多尔成为其他新兴市场国家密切关注的美元化试验案例。厄瓜多尔的美元化是在苏克雷持续两年大幅贬值后实施的。

1999年，厄瓜多尔的通货膨胀率上升，经济产出水平下降。1999年3月，厄瓜多尔银行业遭受了一系列破坏性的银行挤兑（bank run)，即所有储户试图同时提取全部资金的金融恐慌。尽管厄瓜多尔银行体系存在严重问题，但即使是最健康的金融机构也会在这种资金外流的压力下倒闭。厄瓜多尔总统立即冻结了所有存款。[在20世纪30年代的美国，银行关门被称为银行假日（bank holiday)。] 厄瓜多尔苏克雷的价值在3月初暴跌，导致该国仅在1999年就出现了130多亿美元的外债违约。厄瓜多尔总统迅速采取措施，提出美元化以拯救厄瓜多尔经济。

到2000年1月，当下一任总统就职时（在一场相当复杂的军事政变和随后的撤军之后)，苏克雷的价值已经下降到1美元兑换25 000苏克雷。新总统继续推行美元化倡议。尽管没有得到美国政府和国际货币基金组织的支持，厄瓜多尔依然在接下来的9个月里完成了用美元取代本国货币的工作。许多年后的今天，厄瓜多尔仍在努力适应这一新的货币体制，寻找经济上的积极成效以及政治上的平衡。特别是，该国持续关注由于缺乏独立的货币政策而带来的问题。

萨尔瓦多。萨尔瓦多在2001年用美元取代了其货币科朗。像其他实行美元化的国家一样，萨尔瓦多多年来一直遭受恶性通货膨胀和失效的货币政策的困扰。自美元化以来，它的通货膨胀率在中美洲国家中最低，平均每年仅为 2.0%，并且长期保持相对健康的经济增长。

2021 年 6 月，萨尔瓦多成为世界上第一个将加密货币比特币作为法定货币的国家，这震惊了世界。在这个出人意料的声明中，该国总统宣布，比特币不会取代美元，而是与美元一起交易。目前来看，评估这种双货币计划的表现还为时太早，但人们普遍担心，比特币价格的波动不符合其作为货币的职能。货币应该具备的职能的传统描述——价值尺度、流通手段和贮藏手段等——并不一定适合比特币。比特币不稳定的价格使其不太可能被用作价值贮藏手段。

津巴布韦。津巴布韦长期遭受恶性通货膨胀之苦，这主要是由印钞导致的货币供应量的快速增长造成的。2006 年、2008 年和 2009 年，津巴布韦政府多次试图通过货币改制，即货币减值来重新确定货币面值，但都未能稳定其价值。2009 年 4 月，津巴布韦正式放弃津巴布韦元，转而使用多种外币，包括南非兰特、博茨瓦纳普拉、英镑、印度卢比、日元、澳大利亚元、人民币和美元。然而，美元占据了主要的交易份额，经常出现严重短缺。

从各方面来说，多币种体系比以前的津巴布韦本国货币更稳定，但因汇率波动和货币流通不畅而面临重大挑战。2019 年 6 月，津巴布韦中央银行——津巴布韦储备银行——正式结束了多币种体系，并引入了实时全额结算美元，通常称为津元或津巴布韦美元。2020 年 3 月，随着通货膨胀再次抬头，官方再次开始使用外币。据报道，到 2021 年 1 月，消费者价格的年上涨率超过 350%。

2.6.3 新兴市场国家的汇率制度选择

毫无疑问，对于许多新兴市场国家来说，汇率制度的选择可能介于固定汇率制（货币局制度或美元化制度）和自由浮动汇率制这两个极端之间。然而，许多专家多年来一直认为，全球金融市场将把越来越多的新兴市场国家推向这两个极端中的某一个。如图 2.10 所示，在固定汇率制和自由浮动汇率制的两个极端之间明显缺乏中间地带，但所谓的两极选择（bipolar choice）真的不可避免吗？

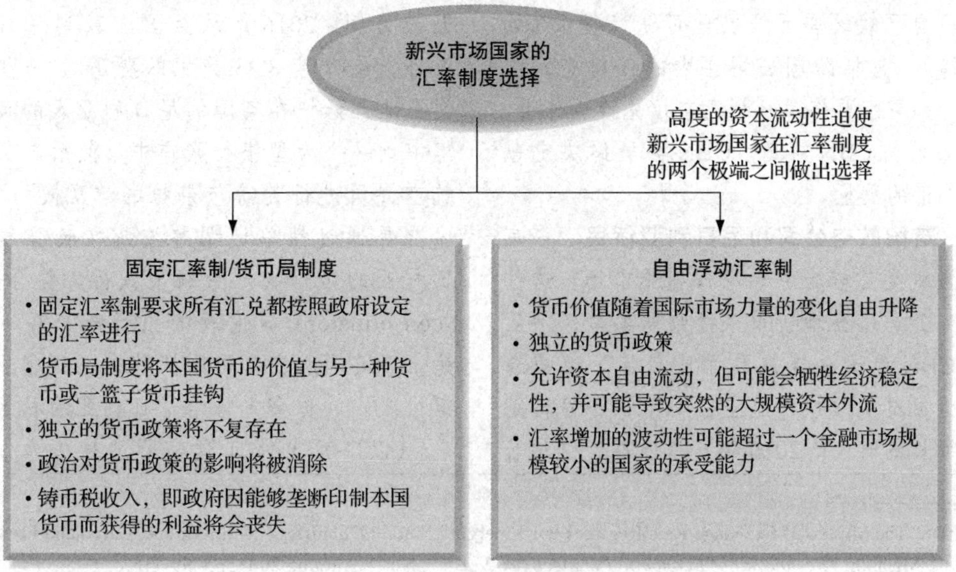

图 2.10 新兴市场国家的汇率制度选择

新兴市场经济体有三个共同特征，使任何具体的汇率制度选择变得非常困难：①财政、金融和货币机构实力薄弱；②商业上允许货币替代和以美元进行融资的趋势明显；③新兴市场对外部资本流入突然停止极其敏感。卡尔沃（Calvo）和米什金（Mishkin）说得好：㊀

> 事实上，我们认为，在新兴市场国家取得宏观经济成功方面，汇率制度的选择对于良好的财政运行、金融和货币机构的稳健发展，其重要性可能是第二位的。我们建议，不应将汇率制度作为首要选择，而应鼓励更多地关注制度改革，如改善银行运行、加强金融部门监管、强化财政约束、社会各界就可持续和可预测的货币政策达成共识，以及提高贸易的开放程度。

支持该论点的一个佐证是，1999年，对墨西哥普通民众进行的一项民意调查显示，9/10的人更倾向于美元化，而不是比索的自由浮动。显然，许多新兴市场国家的人们对其领导层和机构实施有效汇率政策缺乏信心。最后，正如全球金融实务2.4所示，许多新兴市场国家的汇率制度选择不断受到各种金融创新和数字化甚至互联网初创企业的冲击。

全球金融实务2.4

尼日利亚对货币兑换创新进行干预

尼日利亚中央银行（CBN）是负责所有货币兑换相关事务的政府机构。CBN一直维持尼日利亚奈拉与美元的固定汇率，直到2016年6月才允许奈拉自由浮动。全球油价下跌导致尼日利亚的出口收入大幅下降，同时导致尼日利亚外汇储备中美元的数量减少，从而降低了其获取外汇的能力。当尼日利亚的出口收入下降时，CBN发现自己缺乏美元或其他可兑换货币（如英镑）。包括跨国公司在内的任何交易主体，如果想要将尼日利亚奈拉兑换成外币，都必须向CBN申请。CBN会最终决定分配外汇的数量。

英国航空公司和尼日利亚侨民。多家英国航空公司服务于尼日利亚市场。这些航空公司以当地货币奈拉收取票款，然后向CBN申请兑换成美元或英镑。但随着硬通货日益短缺，航空公司不得不等待越来越长的时间。2016年6月以后，这种长时间的等待通常意味着随着奈拉价值的下降，能兑换到的美元或英镑越来越少。然而，解决方案来自在英国居住和工作的大量尼日利亚侨民。这些侨民赚取英镑，并定期兑换成奈拉寄给尼日利亚的家人。历史上，这种汇款成本极高，因为像西联汇款或美国汇款这样的汇款公司可能会收取4%或更高的手续费。（以一笔200美元的汇款为例，2016年从英国汇款到尼日利亚可能会产生8.23美元的费用。）一些初创企业开始把在英国的尼日利亚人的英镑集中到一个大型银行账户中，然后与英国航空公司进行英镑与奈拉的“互换”。上述交易通过简单地调整彼此在英国和尼日利亚的银行账户余额来执行。整合商㊁（consolidator）向伦敦的银行账户存入英镑，而英国航空公司则把其在尼日利亚的银行账户的资金支付给尼日利亚的私人账户。（以奈拉支付。）这实际上是久为人知

㊀ “The Mirage of Exchange Rate Regimes For Emerging Market Countries,” Guillermo A. Calvo and Frederic S. Mishkin, *The Journal of Economic Perspectives*, Vol. 17, No. 4, Autumn 2003, pp. 99-118.

㊁ 整合商指的是那些专门从事汇集和管理大量特定货币的企业或机构。——译者注

的背靠背跨货币互换（back-to-back cross-currency swap）外汇策略的现代版本。

多款货币应用程序。近年来，一些初创公司，如 Xendpay 公司和 Azimo 公司，已进入伦敦市场，推出了多款移动应用程序，大幅降低了尼日利亚个人的汇款成本——通常降至交易金额的 1% 以下。只要在伦敦银行和尼日利亚银行之间转账，个人就能以远低于之前的成本转移资金，且往往能享受更有利的汇率。遗憾的是，2016 年 7 月，CBN 叫停了这种货币兑换方式。因为这些货币互换和转账操作在未经 CBN 允许的情况下以非官方汇率兑换奈拉，被认为可能有害且“不健康”。正如一位尼日利亚记者所指出的，就在你以为情况不可能变得更糟时，它确实变得更糟了。

2.6.4　储备货币及其前景

像金本位制这样的制度结构不需要国家间的合作政策，只需要保证所有国家都遵守游戏规则。在金本位制下，这种保证转化为政府愿意以平价随时买卖黄金。1944—1973 年建立的布雷顿森林体系要求更多的合作，因为黄金不再是唯一的基准，各国需要更深程度的合作以维持以美元为基础的体系。汇率制度，如 1979—1999 年欧洲货币体系下固定汇率区间等汇率制度，就是这些合作和规则制度的混合体。

当前国际货币体系的特点是没有规则，合作程度不一。尽管新国际货币体系应当采取的具体形式目前尚无定论，但许多人认为，只有将国家间的合作与各国追求国内社会、经济和金融目标的自由裁量权结合起来，这种国际货币体系才能在未来取得成功。在国际上没有新的正式协议的情况下，储备货币（各国中央银行和官方外汇管理机构持有的货币）的走势表明，美元将继续占据主导地位，欧元的作用将越来越大。（欧元在非洲作为储备货币和锚定货币的使用急剧增加。）但随着全球金融的日益数字化，包括数字人民币（e-CNY）在内，国际货币体系可能迎来变革。国际货币基金组织的一项研究总结了储备货币的现状：㊀

尽管过去 60 年来国际货币体系发生了重大结构性变化，但美元仍然是占主导地位的国际储备货币。最新编制的数据库记录了各个经济体按货币划分的储备持有情况。国际货币基金组织的这份报告发现：自全球金融危机以来，金融联系已成为储备货币配置日益重要的驱动因素，尤其对新兴市场经济体和发展中经济体更是如此。该报告还发现：由于惯性效应（inertial effect）的上升，美元的主导地位可能会持续下去。但那些有关突变的先例表明，诸如数字货币和支付生态系统更新这样的发展趋势，可能会加快新型储备货币体系的转型步伐。

要点小结

- 在古典金本位制下（1876—1913 年），游戏规则是每个国家设定其单位货币的黄金含

㊀ *Reserve Currencies in an Evolving International Monetary System*, Prepared by an IMF team led by Alina Iancu and comprising Gareth Anderson, Sakai Ando, Ethan Boswell, Andrea Gamba, Shushanik Hakobyan, Lusine Lusinyan, Neil Meads, and Yiqun Wu, Working Paper No. 20/02, Strategy, Policy & Review Department, Statistics Department, International Monetary Fund, 2020.

量是多少。

- 在两次世界大战期间（1914—1944 年），各国货币相对于黄金的汇价和各国货币的双边汇率被允许在较大的范围内波动。供求力量决定汇率水平。
- 1944 年签订的《布雷顿森林协议》建立了以美元为基础的国际货币体系。根据《布雷顿森林协议》最初的规定，所有国家的货币价值都与黄金挂钩，但不要求将其货币兑换成黄金。只有美元保持与黄金的可兑换性（每盎司 35 美元）。
- 1971 年 8 月，多种经济因素导致美元与黄金的可兑换性被暂停。大多数主要贸易国家的汇率被允许相对于美元浮动，从而间接地相对于黄金浮动。
- 如果当今世界存在理想的货币制度，它将具备三个属性：汇率稳定性、货币独立性和完全金融一体化。然而，在理论和实践中，这三个属性不可能同时实现，这就是不可能三角。
- 欧盟成员国也是欧洲货币体系的成员国。这些国家试图在浮动汇率制占主流的海洋中形成一个固定汇率制的孤岛。欧洲货币体系成员国高度依赖双边贸易，因此固定双边汇率的收益被认为是巨大的。
- 欧元以三种方式影响市场：①欧元区内各国的交易成本更低；②与汇率有关的货币风险和成本降低；③欧元区内外的所有消费者和企业都能受益于更高的价格透明度和日益激烈的价格竞争。
- 中国的货币，即人民币，正在迅速向国际货币体系中的前三大或四大货币之一的角色迈进。
- 尽管美元和欧元仍然是主要的储备货币，但在未来几年，以数字人民币为首的数字货币的引入，可能会极大地改变全球货币格局。
- 新兴市场国家通常必须在两种极端的汇率制度之间做出选择：一端是固定汇率制，比如货币局制度或美元化制度；另一端是自由浮动汇率制。

问　题

2.1 **游戏规则**。在古典金本位制下，所有国家的政府都承诺遵守游戏规则。这句话是什么意思？

2.2 **捍卫固定汇率**。在古典金本位制下，捍卫固定汇率意味着什么？这对一个国家的货币供应意味着什么？

2.3 **布雷顿森林体系**。布雷顿森林体系的基础是什么？为什么它最终失败了？

2.4 **技术性浮动**。从技术角度来看，浮动汇率制是什么意思？政府的作用是什么？

2.5 **固定汇率制与弹性汇率制**。固定汇率制的优点和缺点是什么？

2.6 **事实上的汇率制度和名义上的汇率制度**。就国际货币基金组织对这两个术语的使用而言，“事实上”和“名义上”的汇率制度分别是什么意思？

2.7 **爬行钉住汇率制**。爬行钉住汇率制与钉住汇率制有何根本区别？

2.8 **全球汇率制度的多样性**。当今的国际货币体系是一种全球性的多元化体系，这意味着什么？

2.9 **不可能三角**。解释不可能三角的含义，为什么它实际上是不可能的？

2.10 **欧元**。为什么欧元的形成和使用被认为是非常伟大的成就？欧元真的有必要发行吗？它成功了吗？

2.11 **货币局或美元化。**固定汇率制有时通过货币局制度（中国香港）或美元化制度（厄瓜多尔）来实施。这两种方法的区别是什么？

2.12 **阿根廷货币局。**从 1991 年到 2002 年 1 月，阿根廷货币局制度是如何运作的？它为什么会崩溃？

2.13 **特别提款权。**什么是特别提款权？

2.14 **理想货币。**理想货币的属性是什么？

2.15 **新兴市场国家的汇率制度。**资本的高度流动性正迫使新兴市场国家在自由浮动汇率制、货币局制度或美元化制度之间做出选择。从新兴市场国家的角度来看，这些制度的主要结果是什么？

2.16 **人民币全球化。**人民币要实现全球化，必须实现哪些重大变化和发展？

2.17 **特里芬困境。**什么是特里芬困境？它如何适用于人民币作为一种真正的全球货币的发展？

2.18 **中国与不可能三角。**随着中国在全球贸易中地位的凸显和人民币的广泛使用，你认为中国将如何在不可能三角方面做出选择？

2.19 **储备货币。**储备货币能反映出世界各国中央银行对于哪些货币在长期内能够保值的看法吗？

2.20 **数字货币。**数字人民币等数字货币的引入可能对国际货币体系产生什么影响？它们会取代实物货币——纸币吗？它们会被限定在其所在国家的电子支付系统中，从而在跨境合作中使用有限吗？

迷你案例

数字人民币的前景

习　题

扫码了解习题

第3章
CHAPTER 3

国际收支平衡表

交换即商业交易所带来的依赖，是一种互惠的依赖。我们不可能依赖外国人而不让他们依赖我们。这正是社会的本质。切断自然的相互关系并不是使自己独立，而是彻底孤立自己。

——弗雷德里克·巴斯夏[㊀]（Frederic Bastiat）

学习目标

3.1 探讨国际收支核算的基本原理，以及各国如何衡量本国国际经济活动水平和跨境支付情况
3.2 研究国际收支平衡表的两个基本账户——经常账户和金融账户
3.3 描述国际收支变化对关键宏观经济指标——利率和汇率的影响
3.4 考虑汇率变动如何影响国际贸易
3.5 探讨资本流动的演变以及危机产生的条件

国际收支平衡表（balance of payments，BOP）记录了一国居民与外国居民之间发生的所有国际经济交易。本章可作为一张导航图，旨在帮助解释国际收支及其涉及的众多经济、政治和商业问题。但本章的重点并非停留在表面，因为深入理解贸易和资本流动对跨国公司的管理至关重要。事实上，本章的后半部分详细分析了国际收支各要素如何影响贸易数量和价格，以及资本流动、资本管制和资本外逃如何改变国际业务的成本和能力。本章最后以迷你案例“全球汇款：隐形力量的贡献”作为结尾，探讨在全球新冠疫情流行的年份，国际移民

㊀ 弗雷德里克·巴斯夏（1801—1850）是法国的一位经济学家和政治哲学家，以其对古典自由主义理论的贡献而闻名。他的思想主要受到了古典经济学家如亚当·斯密和让·巴蒂斯特·萨伊的影响。他的著作对后来的自由主义经济学派产生了深远的影响，尤其是公共选择理论和奥地利经济学派。——译者注

的汇款如何影响他们的母国。

母国和东道国的国际收支平衡表及其子账户的数据既影响其他关键宏观经济变量，比如GDP、就业水平、价格水平、汇率和利率，同时也受这些经济变量的影响，因此这些数据对于企业管理者、投资者、消费者和政府官员来说非常重要。在国家层面上，货币政策和财政政策必须考虑国际收支情况。企业管理者和投资者需要国际收支数据来预测东道国经济政策的变动。国际收支数据还有以下重要意义。

- 国际收支差额是衡量一个国家货币压力的重要指标，因此反映了在该国进行贸易或投资的企业可能遭受的潜在汇兑损益（foreign exchange gains or losses）。国际收支差额的变化可能预示着是否实行或取消外汇管制。
- 一个国家国际收支的变化可能预示着是否实施或取消向外国公司或投资者支付股息、利息、许可费、特许权使用费或其他现金支付的管制。
- 特别是在短期内，国际收支有助于预测一个国家的市场潜力。出现严重贸易逆差的国家不太可能扩大进口，它可能会通过投资以增加其出口规模。

3.1　国际收支核算基础

国际收支核算使用了企业会计的术语，但这些术语在这个背景下有着不同的含义。“balance”这个词给人一种企业资产负债表的错误印象。国际收支平衡表实际上是一个反映一段时间内现金流动的报表，更类似于以现金为基础的企业现金流量表。国际收支核算以独特的方式使用“借方”和“贷方”这些术语。在国际收支核算中，“贷方”记录外汇收入，比如出口商品或服务，即外汇流入；“借方”则记录外汇支出，比如进口商品或购买服务，即外汇流出。国际经济交易存在多种形式，以下这些例子展示了在美国国际收支平衡表中的计算和记录的国际经济交易。

- 位于美国的 Jacobs 公司在泰国曼谷负责大型水处理设施的施工管理。
- 法国公司 Saint Gobain 的美国子公司向其位于巴黎的母公司支付利润。
- 一名美国游客在芬兰购买了一条精致的 Lapponia 品牌的项链。
- 美国政府为其军事盟友挪威的军事装备采购提供融资。
- 一名墨西哥律师通过克利夫兰的投资经纪人购买了一份美国公司债券。

国际收支平衡表包括三个主要的子账户：经常账户、资本账户和金融账户。这三个子账户加上净误差与遗漏账户和官方储备账户，国际收支必须保持平衡。如果不平衡，说明有某项未被计算或者计算有误。因此，“国际收支不平衡”这样的说法是错误的。国际收支本身必须是平衡的。某个国家的货币供求可能不平衡，但这不等同于整个国际收支出现了不平衡，该国国际收支平衡表的某个子账户，比如货物和服务的差额（经常账户的一个子账户），可能存在不平衡（盈余或赤字），但该国的整体国际收支始终是平衡的。

表 3.1 以美国为例清楚地展示了国际收支平衡表。表 3.1 列举的五个项目——经常账户差额、资本账户差额、金融账户差额、净误差与遗漏、官方储备项目——合计额的确为零。

表 3.1 美国国际收支平衡表账户（摘要）

项目	2012 年	2013 年	2014 年	2015 年	2016 年	2017 年	2018 年	2019 年	2020 年
经常账户差额	−418	−337	−368	−407	−395	−365	−450	−480	−647
资本账户差额	−1	7	7	8	7	−12	4	6	6
金融账户差额	452	397	293	327	366	332	425	400	753
净误差与遗漏	−29	−70	64	66	25	44	26	78	−102
官方储备	−4	3	4	6	−2	2	−5	−5	−9
合计①	0	0	0	0	0	0	0	0	0

① 由于四舍五入原因，相加不一定等于 0。

资料来源：Data extracted by authors from the International Monetary Fund's Balance of Payments Statistics.

衡量国际经济活动的实际过程包括三个要素：①确定什么是国际经济交易，什么不是；②理解货物、服务、资产和货币的流动如何在整体国际收支中形成借方和贷方；③理解国际收支的会计记账程序。国际收支平衡表为这些交易提供了系统的分类方法。然而，当这些方法无法解决问题时，还有一个经验法则有助于理解国际收支核算：追踪现金流。

3.1.1 国际经济交易的定义

通常情况下，辨识国际经济交易并不困难。像卡车、机械设备、计算机、电信设备等商品的出口，显然是国际经济交易。法国葡萄酒、日本相机、德国汽车等商品的进口，同样也是国际经济交易。但这只是成千上万种国际经济交易中的一部分。

许多其他国际经济交易则并非如此明显。例如，美国游客在意大利威尼斯购买的玻璃制品被划分为美国的商品进口。实际上，美国游客在世界上其他国家餐厅和酒店的花费都会作为经常账户中旅游服务的进口，被记录在美国的国际收支平衡表中。

3.1.2 作为现金流量表的国际收支平衡表

如前所述，国际收支平衡表被许多人错误地理解为资产负债表。然而，实际上，国际收支平衡表是一份现金流量表。通过记录一段时间（如一年）内的所有国际经济交易，国际收支平衡表记录了一个国家与其他国家之间购买和支付的连续现金流动。它不像公司的资产负债表那样，计算某一特定日期一个国家所有资产和负债的价值。[实际上，一国的国际资产负债表是一个国家的净国际投资头寸（net international investment position，NIIP），本书将在后面的部分进行介绍。] 国际收支中的经济交易有两种主要类型。

实物资产的交易。一种商品（如汽车、计算机、纺织品）和服务（如银行、咨询、旅行服务）与其他商品和服务（实物）或货币的交换。

金融资产的交易。一种金融权益（如股票、债券、贷款、公司股权的买卖）或货币与其他金融权益或货币的交换。

尽管资产可以分为实物资产或金融资产，但通常更习惯将所有资产视为可以买卖的商品。例如，美国游客在曼谷的商店里购买手工编织的地毯与华尔街的银行家投资英国政府债券，并没有太大的不同。

3.1.3 国际收支核算

完整准确地记录一个国家所有的国际经济交易是一项艰巨的任务，会发生错误（mistake）、误差（error）和统计差异（statistical discrepancy）。主要问题在于，虽然理论上采用了复式记账法，但在实际操作中并未真正实现。理论上，国际收支平衡表中的每一笔商品进出口交易都该与金融项目相互匹配。但实际上，经常账户、资本账户和金融账户的记录是相互独立的，而不是像复式记账法所规定的那样同时记录。因此，借方和贷方之间就会存在差异。

3.2　国际收支平衡表的账户

国际收支平衡表主要由经常账户、资本账户和金融账户三个子账户组成。此外，官方储备账户（official reserves account）用于跟踪政府的货币交易。为了保持国际收支的平衡，设置了第五个统计子账户，即净误差与遗漏账户（net errors and omissions account）。账户名称中的“净”意味着该账户内的支出和收入（即借方和贷方）是相互抵销后的净额。

3.2.1　经常账户

经常账户包括在本年度内发生的涉及收入或支出流量的国际经济交易。经常账户包含四个项目。

（1）货物贸易。货物贸易是指货物的出口和进口。货物贸易是历史最悠久、最传统的国际经济活动形式。尽管许多国家的生产和生活既依赖货物的进口又依赖其出口，但大多数国家都致力于在货物贸易上维持平衡或顺差。

（2）服务贸易。服务贸易是指服务的出口和进口。常见的国际服务包括银行向外国进口商和出口商提供的金融服务、航空公司提供的旅游服务，以及本国企业向其他国家提供的建筑服务。对于主要的工业化国家来说，这个子账户的交易在过去十几年里增长速度最快。

（3）收入。这主要是指前期的投资在当期带来的收入。如果一家美国公司上一年在韩国设立了一家生产金属零件的子公司，那么当前美国母公司的投资收入由本年度韩国子公司支付的一定比例的净收入（即股息）构成。此外，向非居民工人支付的工资和薪水也包含在此类别中。

（4）经常转移。经常转移是指与实际资源或金融项目所有权变更相关的财务结算。任何国家之间的单向转移，比如馈赠或补助，都被称为经常转移。例如，美国政府提供给欠发达国家支持其发展的资金就是经常转移。移民或外籍劳工向母国的转移支付，即全球汇款，也是经常转移的一个例子。

所有国家都进行贸易，其中大部分是货物贸易，即商品的买卖。许多欠发达国家的服务贸易较少，或者不涉及收入账户或经常转移账户。经常账户主要受货物贸易（出口和进口商品）的影响。因此，商业新闻中普遍提及的贸易差额（balance of trade，BOT）通常仅指货物贸易的出口和进口之间的差额情况。然而，对于规模较大的工业化国家来说，由于未包含服务贸易差额的情况，贸易差额有时会存在误导性。

图 3.1 呈现了 1985—2020 年美国经常账户的两个主要组成部分：①货物贸易差额；②服务贸易差额。该图展示了货物贸易逆差的规模。相比之下，服务贸易差额虽然规模不大，但在过去的 20 多年里一直保持着小幅但持续的顺差。

货物贸易是国际贸易的核心。商品制造是工业革命的基础和国际贸易中比较优势理论的焦点。制造业通常是一个国家经济中雇用劳动力最大的部门。美国的贸易逆差扩大与钢铁、汽车、汽车零部件、纺织品和鞋类制造业这些特定行业有关。这些行业的衰退导致了大规模的经济和社会动荡。

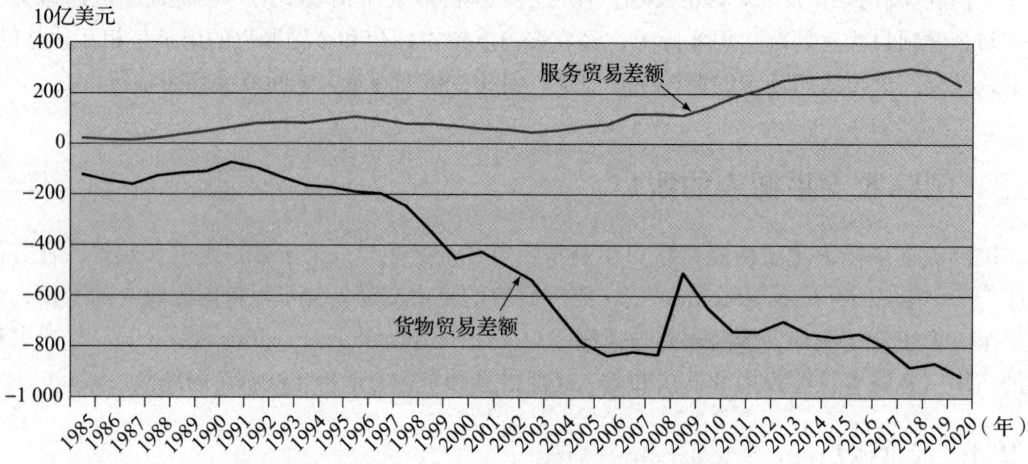

图 3.1　1985—2020 年美国货物贸易差额和服务贸易差额

资料来源：Data abstracted by authors from the International Monetary Fund's Balance of Payments Statistics.

理解货物进口和出口的表现类似于理解单个产品的市场供求。需求受多种因素影响，包括收入、买方的经济增长率以及汇率转换后产品在消费者眼中的价格。美国的货物进口反映了美国消费者的收入水平和美国国内相关产业的增长情况。随着收入水平的提高，消费者对进口货物的需求会增加。出口也遵循相同的原则，但方向相反。美国制造业的出口依赖于全球购买美国产品的人群的收入，而不是美国居民自身的收入。

当全球经济增长时，人们对美国产品的需求也会增加。根据图 3.1 的数据，美国在服务贸易方面一直保持着顺差。美国主要的服务类别包括旅游和客运服务、运输服务、电信服务、金融服务，以及与教育相关的服务（如美国学生在海外的支出和外国学生在美国的支出）。

3.2.2　资本账户

资本账户由金融资产的转移和非生产 / 非金融资产（non-produced / nonfinancial asset）的取得和处置组成，最近几年才在国际货币基金组织的国际收支平衡表中被单独列为一个组成部分。资本账户涵盖的交易规模相对较小，因此通常将其包含在金融账户的讨论中。资本账户和金融账户衡量所有涉及金融资产的国际经济交易。

3.2.3　金融账户

金融账户包含四个组成部分：直接投资子账户、证券组合投资（portfolio investment）子账户、净金融衍生品子账户和其他资产投资子账户。金融资产可以按照不同的方式进行分类，包括根据资产的期限长度和所有权的性质（公共或私人）。然而，金融账户采用对某项资产或公司经营活动的控制程度来对金融资产进行分类。直接投资是一种长期投资，且投资者对公司资产拥有明确的控制权。相反，证券组合投资既被视为短期投资，又被视为投资者对某项资产没有控制权的投资。

直接投资子账户。该账户记录的是某国资本流入与流出的净差额，这里的资本要被用于对企业的资产施加某种控制。这种控制被定义为至少持有企业 10% 的股权。如果美国的公司在另一个国家建设了新的汽车零部件企业或并购了一家公司，这将被记录在美国国际收支平衡表中的直接投资子账户的资产方。当资本从美国流出时，它会以负现金流的形式被记录。然而，如果一家外国公司并购了一家美国公司，那么这就是资本流入，会以正现金流的形式记录在直接投资子账户中。

外国居民在某个国家购买资产通常会引起一定的争议。对于任何国家（包括美国）来说，对外国直接投资的关注焦点通常集中在两个问题上：控制权和利润。有些国家对外国居民持有的本国资产设限。这些限制基于一个前提，即本国的土地、资产和产业一般应该由该国公民拥有。然而，美国在传统上对外国居民或公司在本国拥有或控制的资产没有施加太多限制。（涉及国家安全问题的投资除外。）与传统的有关国际贸易是否应该自由化的争论不同，目前国际社会没有在国际投资的控制权方面达成一致意见。

第二个关于外国直接投资的焦点问题是企业的利润归属。无论利润归属于外国投资者还是本国投资者，外国公司在美国开办和经营企业都将刺激美国的经济并提供相应的就业机会。尽管有证据表明，在美国的外国公司会将其大部分利润再投资于其在美国的业务（事实上，比给本国公司业务投得更多），但对于可能的利润外流的争论仍在继续。不管实际上外国直接投资者选择如何处理其利润，任何国家的人民都希望企业的利润能够留在本国。

对外国投资的描述可以显著影响社会的舆论。如果将这些大规模的资本流入描述为“世界各地资本涌入美国，表现出对美国未来产业发展充满信心”，那么对净资本盈余的看法显然是积极正面的。然而，如果将净资本盈余描述为这导致“美国成为世界上最大的净金融负债国”，那么其负面含义就显而易见了。这两种截然相反的描述本质上是对同一经济原理的不同解读。

无论是短期资本还是长期资本，它们都会流向投资者认为的在承担相应风险的情况下能够获得最大回报的地方。虽然从会计角度来看，大量以直接投资为主要形式的资本流入可能被称为“国际债务”，但这实际上是对本国就业、生产、服务、技术和其他有竞争力的投资的长期承诺，会内生性地提高该国产业的竞争力。图 3.2 展示了美国 1985—2020 年的直接投资净值。全球金融实务 3.1 介绍了过去 10 多年其他国家对美国和中国的直接投资。

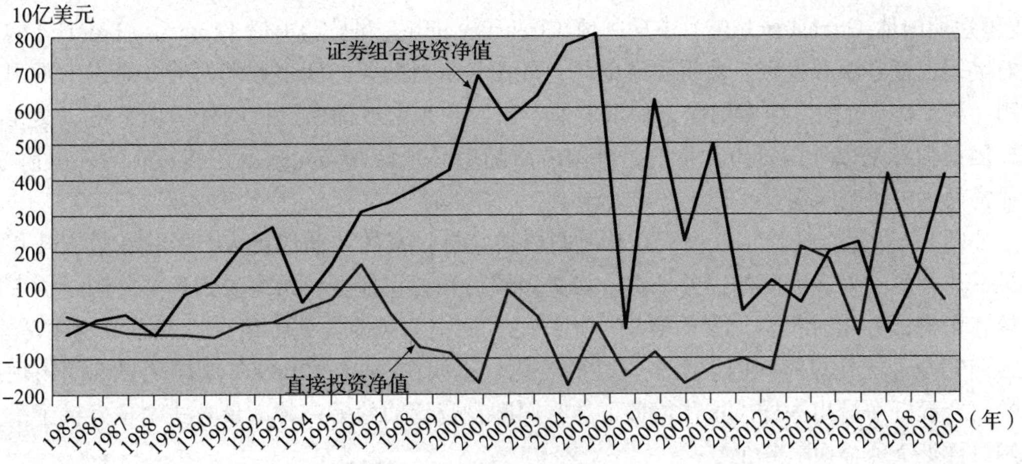

图 3.2　美国的金融账户

资料来源：Data abstracted by authors from the International Monetary Fund’s Balance of Payments Statistics.

全球金融实务 3.1

新冠疫情期间的外国直接投资

2020年的全球新冠病毒大流行以多种方式阻碍了全球经济的往来，其中，外国直接投资可能在未来几年都会受到影响。2020年，全球外国直接投资较上一年下降了38%，降至2005年以来的最低点。新冠疫情对外国直接投资的发展产生了极为严重的影响，因为全球各国纷纷限制了国内外各种旅行。由于无法对其他国家及其商业环境进行实地考察和市场调研，世界各地的投资者纷纷停止了新项目的开发。外国直接投资对于各大产业特别是制造业和基础设施建设尤为重要，这不仅对当年如此，在未来几年里皆是如此。2020年外国直接投资的下降会在未来几年内产生连锁效应。

吸引外国直接投资成为许多经济发展倡议的重中之重。2020年，一些国家仍然吸引了大量外国直接投资，但规模有所减小。2020年，中国的外国直接投资的资金流入额首次超过美国。

2021年，外国直接投资活动出现反弹，但较少以直接投资生产领域的形式出现。并购活动是最先出现反弹的领域之一。遗憾的是，与新的绿地投资相比，并购对于当地就业和其他产业活动不会形成广泛的影响。根据经济合作与发展组织（OECD）的估计，该领域可能要到2025年才有望完全恢复。

证券组合投资子账户。该账户记录流入和流出某国的资本净差额，但与直接投资不同，这种资本未达到持有企业10%的股权门槛。例如，美国居民购买了日本公司的股票，但未达到10%的股权门槛，该投资被定义为证券组合投资（于美国而言属于资本外流）。跨越国界的债务证券（如美国国债）的购买或出售也被归类为证券组合投资，因为根据定义，债务证券不涉及购买者对企业的所有权或控制权。

证券组合投资是纯粹以营利为目的的投资活动，而不是旨在控制或管理企业的投资活动。购买债务证券（debt security）、债券（bond），投资带息银行账户等投资，都仅仅是为了获得回报，而非获得对发行债务方的投票权或控制权。外国投资者购买美国政府发行的债务[美国短期国债（treasury bill）、中期国债（treasury note）和长期国债（treasury bond）]构成了对美国的证券组合投资。值得注意的是，外国投资者购买的大多数美国债务是以发行国的货币（美元）标价的。许多国家，如俄罗斯、巴西和东南亚国家发行的外国债务也以美元标价，因此债券是以外国货币标价的。外国政府随后必须赚取美元来偿还其持有的外国债务，这通常通过出口来实现。

如图3.2所示，证券组合投资在长时间内比直接投资的波动性更大，尽管在过去几年内情况并非如此。许多美国的债务证券，如美国国债和公司债券，始终受到各类外国投资者的追捧。影响证券组合投资流量的驱动力始终是其回报和风险。证券组合投资净值变化迅速，且方向完全可能在短时间内发生根本性的变化，正如在2008—2009年金融危机期间出现的证券组合投资净流出一样。这些债务证券在国际投资活动的另一种度量方式中也发挥了重要作用，详见全球金融实务3.2。

全球金融实务 3.2

一国的净国际投资头寸

一个国家的净国际投资头寸是一个年度性度量指标，它表示该国公民、公司和政府在国外持有的资产，减去在该国境内由外国持有的资产（无论是公共部门还是私营部门）的值。国际收支往往被描述为一国的国际现金流量表，净国际投资头寸可以被解释为一国的国际资产负债表。净国际投资头寸是一个国家持有的外国资产与其外国负债的差额。

类似于公司的现金流量表与资产负债表的关系，净国际投资头寸表基于并按照国际收支平衡表的资本账户和金融账户进行相似的分类，包括直接投资、证券组合投资、其他投资和储备资产。近年来，随着国际资本的跨币种兑换和跨境流动变得越来越容易，对海外资产的所有权投资和国外证券的投资显著增长。

衡量一个国家的净国际投资头寸的常见方法是计算其与该国 GDP 的占比。如图 3.3 所示，美国的净国际投资头寸（负数）近年来显著增长，平均超过美国 GDP 的 25%。

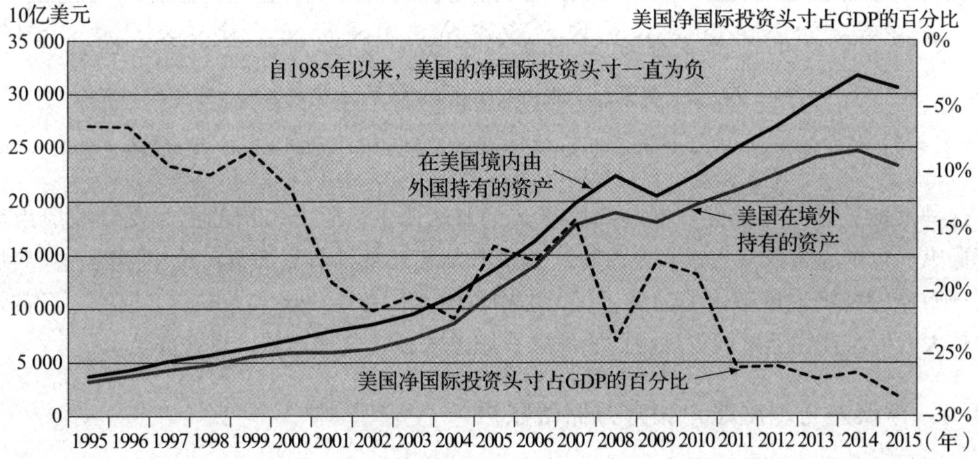

图 3.3　美国净国际投资头寸

资料来源：Constructed by authors from data collected by the Bureau of Economic Analysis, U.S. Department of Commerce. www.bea.gov/newsreleases/international/intir/.

尽管一些评论员认为这一不断增长的比例会对美国经济构成风险 [例如，称美国为世界上最大的净金融负债国（debtor nation[㊀]）]，但这些对各种资产的投资在许多方面代表了外国投资者对美国及其经济未来的信心。这些投资的很大一部分是购买美国政府证券、中期国债和长期国债，部分用于为美国政府不断增长的赤字提供资金。因此，这些外国投资者填补了美国政府的财政赤字。

㊀ 国内不少学者将“debtor nation”译为净债务国，译者认为这个翻译存在歧义，并建议将其译为“净金融负债国”，因为后者计算的是本国对外股权资产和债权资产减去本国对外债务负债和股权负债的值，更符合语境。——译者注

其他资产投资子账户。该子账户包括各种短期和长期的贸易信贷、来自各种金融机构的跨境贷款、货币（现金）和各类银行存款，以及与跨境贸易有关的其他应收款和应付款。

图 3.4 展示了美国 1992—2020 年的经常账户差额和金融 / 资本账户差额。该图展示了上述两大账户之间的反向关系，这是国际收支平衡表基本的经济和会计关系之一。

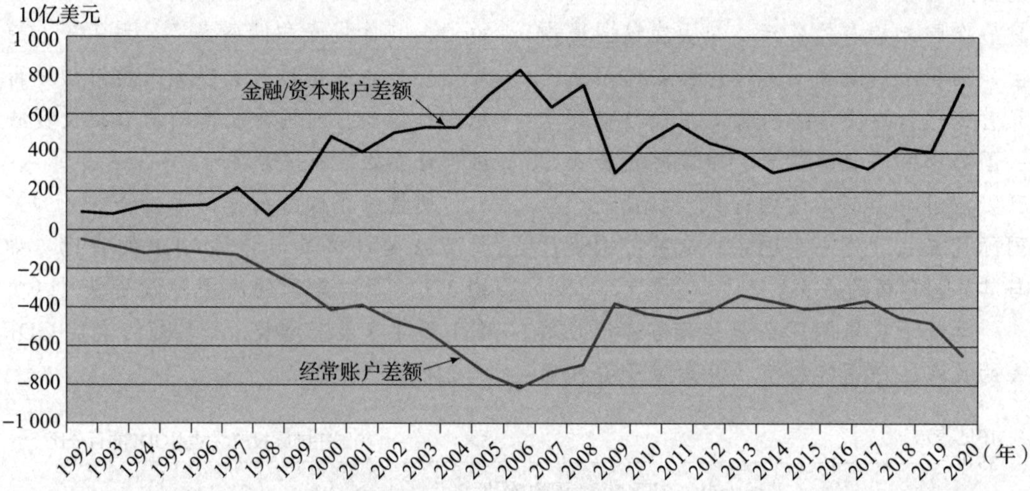

图 3.4 美国经常账户差额和金融 / 资本账户差额

资料来源：Data abstracted by authors from the International Monetary Fund's Balance of Payments Statistics.

这种反向关系并非偶然。国际收支复式记账法要求，除非一国的汇率受到政府当局的高度操纵，否则经常账户差额和金融账户差额必须相互抵销。后面会讨论中国的一个典型案例——政府的经济政策影响了经济运行，即中国的双顺差（twin surpluses）现象。经常账户逆差较大的国家往往通过同等规模的金融账户顺差来抵销这些逆差，反之亦然。

3.2.4 净误差与遗漏账户和官方储备账户

国际收支平衡表的最后两个账户对于实现国际收支的“平衡”至关重要。

净误差与遗漏账户。如前所述，由于经常账户和金融账户的记录是分开进行的，因此会出现错误或统计误差。净误差与遗漏账户有助于确保国际收支的实际平衡。

官方储备账户。官方储备账户是一国货币当局持有的全部储备，通常由国际贸易和金融交易的主要货币 [如：美元、欧元和日元等所谓的“硬通货”（hard currencies），黄金，特别提款权（SDR）] 组成。

官方储备的重要性通常取决于一个国家是采取固定汇率制还是浮动汇率制。在固定汇率制下，一国政府会正式宣布其货币兑换成其他某种货币的固定汇率。例如，人民币曾长期与美元挂钩。在这种情况下，中国政府有责任维持这个固定汇率，也称为平价汇率。如果由于某种原因，货币市场上人民币供应过剩，为了防止人民币贬值，中国政府必须通过在公开市场上购买人民币（消耗其硬通货储备）来支撑人民币的价值，直至消除过剩的供应。在浮动汇率制下，中国政府则没有这样的责任，官方储备的作用会减弱。但正如下面所述的，中国政府的外汇储备规模位居世界第一，如果有必要，它可能在未来若干年内拥有足够的储备来管理人民币的价值。

3.2.5 突破规则：中国的双顺差

图 3.5 记录了在全球范围内令人备感诧异的国际收支行为：中国多年来出现的双顺差。中国同时在经常账户以及资本和金融账户上的顺差（在商业新闻中被称为双顺差）是非常罕见的。通常情况下，例如在美国（回顾图 3.3）、德国和英国等国家，两个账户之间会呈现出一个账户逆差、另一个账户顺差的关系。如前所述，这种反向关系并非偶然，通常表明大多数大型、成熟的工业化国家通过同等规模的金融账户顺差抵销其经常账户逆差。对于另一些国家，如日本，情况恰恰相反：经常账户顺差与金融账户逆差相匹配。

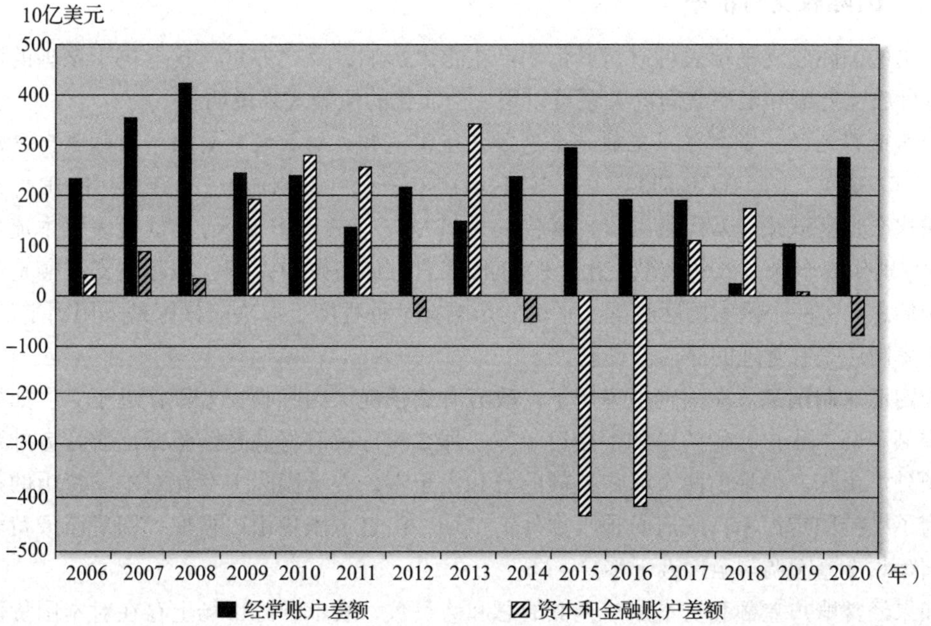

图 3.5　中国的双顺差

资料来源：Data abstracted by authors from the International Monetary Fund’s Balance of Payments Statistics.

然而，中国在同一时间经历了巨额的经常账户顺差和有时规模可观的资本和金融账户顺差。这种情况是非常罕见的，显示出中国经济增长的特殊性。通常情况下，如此巨大的经常账户顺差会导致资本和金融账户出现逆差，但中国经济的乐观前景吸引了大规模的资本流入，使资本和金融账户也保持顺差。这也受中国严格的资本外流限制的影响，制约了资本流出中国。需要注意的是，2014—2016 年，资本和金融账户差额确实出现了负值，这更符合传统的理论预期。这在一定程度上是中国金融部门持续放松管制以及经济增长放缓的结果。资本和金融账户差额在 2017—2019 年重新转为顺差，部分原因是中国政府重新加强资本管制和吸引了创纪录的外国直接投资。

随着中国经济的崛起，其经常账户顺差不断增加，随之而来的是外汇储备的积累。2001—2013 年，中国的外汇储备增加了 16 倍，从 2 000 亿美元增加到近 3.7 万亿美元的峰值。从那时起，外汇储备随着积累和外汇市场干预而上下波动。截至 2018 年 1 月，外汇储备达到 3.0 万亿美元。在全球金融史上，这种外汇储备的积累是前所未有的。这些储备使得中国政府能够管理人民币的价值以及提高中国在世界经济中的竞争力。巨额的外汇储备使得中国政府可以采取有管理的固定汇率制，维持人民币与美元等其他主要货币的相对稳定。

3.3 国际收支对关键宏观经济指标的影响

一国的国际收支差额与国际金融的三个宏观经济指标——汇率、利率和通货膨胀率相互影响。

3.3.1 国际收支与汇率

一国的国际收支平衡表可以对其汇率产生重大影响，反之亦然，这取决于该国的汇率制度。国际收支差额和汇率之间的关系可以用一个简化的恒等式来说明。

经常账户差额	+	资本账户差额	+	金融账户差额	+	官方储备账户差额	=	国际收支差额
(*X*−*M*)	+	(CI−CO)	+	(FI−FO)	+	(FXB)	=	BOP

在这个恒等式中，*X* 代表出口，*M* 代表进口，CI 代表资本流入，CO 代表资本流出，FI 和 FO 分别代表金融流入和金融流出，FXB 代表官方储备账户差额。国际收支差额是各个账户差额的总和。一个国家国际收支不平衡的影响在某种程度上取决于该国是采用固定汇率制、浮动汇率制还是有管理的浮动汇率制。

固定汇率制国家。在固定汇率制下，政府有责任确保国际收支差额接近于零。如果经常账户差额和资本账户差额的总和不接近于零，那么预计政府将通过购买或出售官方外汇储备来干预外汇市场。如果前两个账户差额的总和大于零，表示国际上存在对本国货币的过剩需求。为了维持固定汇率，政府必须干预外汇市场，出售本国货币以换取外国货币或黄金，进而将国际收支差额调整至接近于零。

如果经常账户差额和资本账户差额的总和为负数，表示国际市场上存在对本国货币的过剩供应。那么政府必须使用外汇储备中的外国货币和黄金来购买本国货币。显然，为了能够有效干预市场，政府维持足够的外汇储备非常重要。如果一个国家外汇储备不足，将无法在上述情况下购回本国货币，本国货币将贬值。

浮动汇率制国家。在浮动汇率制下，政府没有义务去维持其汇率水平。事实上，经常账户差额和资本账户差额之和不等于零，（在理论上）汇率将自动调整，以使国际收支差额接近于零。例如，一个国家的经常账户逆差较大，而资本账户差额和金融账户差额为零，这将导致国际收支逆差。在国际市场上会出现本国货币的过剩供应。与所有过剩供应的商品一样，市场将通过降低其价格来摆脱这种失衡。因此，本国货币将贬值，国际收支差额将趋于零。

汇率市场并不总是遵循这一理论，特别是在中短期内。由此发生的延迟被称为 J- 曲线（后续部分将详细介绍）。在短期内，国际收支赤字会恶化，但从长远来看，国际收支会回归到平衡状态。

有管理的浮动汇率制国家。虽然仍然依赖市场条件来确定日常汇率，但采用有管理的浮动汇率制的国家通常认为有必要采取行动来维持其所期望的汇率水平。它们通常通过影响市场参与主体的动机来改变市场对其货币的估值，并不会直接干预外汇市场。

政府采取的主要行动是改变相对利率，从而影响汇率决定的经济基本面。在前面提出的恒等式背景下，改变国内利率是调整资本账户差额的一种尝试，尤其是对于资本流动中的短期投资组合部分，以此恢复因经常账户逆差而导致的失衡。

利率变动对国际资本和汇率波动的影响力可能是巨大的。希望维持其货币价值的国家可能会选择提高国内利率，以吸引国外的额外资金。这一举措将改变市场供求力量，为国内货币创造额外的市场需求。在这个过程中，政府向市场传递了一个信号，即它打算采取措施在一定范围内维持货币的价值。然而，这一过程也会提高本地企业的借款成本，因此该政策在国内常常遭受批评。

3.3.2　国际收支与利率

除了利用利率干预外汇市场外，一个国家相对其他国家而言的整体利率水平对国际收支的金融账户也有影响。相对较低的实际利率通常会刺激资本流出，人们会转而寻求其他国家货币的更高利率。然而，美国则产生了相反的效应。尽管实际利率相对较低，经常账户出现较大的国际收支逆差，但由于相对有吸引力的经济增长前景、高水平的生产性创新和广泛认同的政治安全性，美国的国际收支金融账户吸引了大量的资本流入，从而抵销了这些赤字。因此，金融账户的资金流入有助于美国维持较低的利率水平，并为其异常巨大的财政逆差提供融资。然而，美国金融账户的有利流入似乎正在减少，同时经常账户逆差正在恶化。

3.3.3　国际收支与通货膨胀率

进口有可能降低一个国家的通货膨胀率，特别是低价商品和服务的进口限制了国内竞争者在类似商品和服务上的定价。因此，外国竞争替代了国内竞争，通货膨胀率可能比进口前更低。

另外，由于低价进口替代了国内生产和就业，随着进口的增加，经常账户逆差将增加，GDP 将降低。

3.4　贸易差额和汇率

汇率变化会影响一个国家货物和服务的进口和出口。汇率变化的传递效应可以简单表述为，汇率变化会改变进口和出口的相对价格，而价格变化会通过影响需求价格弹性改变需求量。尽管这个理论看起来很简单，但实际的全球业务十分复杂。

3.4.1　贸易与贬值

部分国家有时会故意对本币进行贬值，以应对持续和相对巨大的贸易逆差，提高其出口货物和服务在国际市场上的价格竞争力。然而，这种竞争性贬值通常被认为是对本国经济有害的举措，因为它会使进口货物和服务相对更加昂贵。那么，故意贬值本币以改善贸易差额的逻辑和可能的结果是什么呢？

3.4.2　贸易差额调整路径：J- 曲线

国际经济分析将贸易差额的调整过程分为三个阶段：①货币合同期（the currency contract period）；②汇率传递期（the pass-through period）；③数量调整期（the quantity adjustment period）。图 3.6 展示了这三个阶段。假设在贬值之前就已经存在贸易逆差，那么在 t_1 进行贬值会导致贸易差额在最终改善之前继续恶化。图 3.6 所示的调整路径呈现出一个扁平的“J”形状。

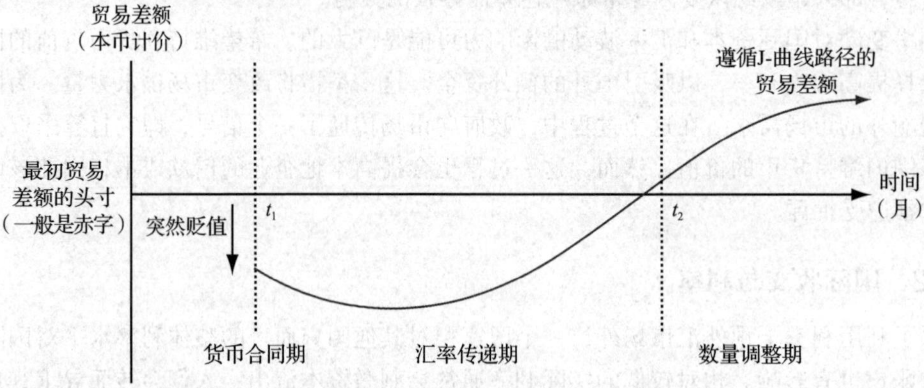

如果出口产品主要以本币计价和开具发票，而进口产品主要以外币计价和开具发票，本币突然贬值最初可能导致贸易差额的恶化。在汇率变动传导到产品价格后，市场有时间通过改变需求量来响应价格的变化，贸易差额会得到改善。货币合同期可能会持续3～6个月，随后的汇率传递期和数量调整期可能再持续3～6个月

图 3.6 汇率对贸易差额的调整：J- 曲线

在第一个阶段，即货币合同期，本币意外贬值的影响存在不确定性，因为所有的出口和进口合同已经生效。在这些协议下运营的企业，无论是赢利还是亏损，都必须履行它们的义务。假设美元突然贬值。大多数出口产品是以美元计价的，大多数进口产品是以外币计价的。美元突然贬值会导致贸易逆差在 t_1 增加，因为美国进口商支付进口账单的成本会上升，他们需要花更多美元购买所需的外币，而美国出口商赚取的收入则保持不变。然而，几乎没有理由认为美国大多数进口产品是以外币计价的，而大多数出口产品是以美元计价的。

贸易差额调整过程的第二个阶段被称为汇率传递期。随着汇率的变动，进口商和出口商最终必须将这些汇率变动转嫁到自己的产品价格中。例如，在美元价值大幅下降后，向美国市场销售的外国生产商不得不承担其国内的生产成本。这意味着该公司需要以更高的美元价格销售其产品，以赚取足够数量的本币。因此，该公司必须提高其在美国市场上的产品价格。随后，美国的进口价格随之上涨，最终，全部汇率变动将转嫁到价格中。同样，由于美元变得更便宜，美国的出口价格相对于外国竞争对手来说更便宜。然而，对于美国的出口商来说，他们最终产品的许多投入品实际上可能是进口的，这抵消了美元贬值对出口的积极影响。

贸易差额调整过程的第三个也是最后一个阶段是数量调整期，这一阶段实现了由于本币贬值而预期的贸易差额调整。随着传递期发生的进口和出口价格的变化，美国及其出口市场的消费者会根据新的价格调整他们的需求。进口价格相对更昂贵，需求量会减少。出口价格相对更便宜，需求量会增加。因此，贸易差额——出口收入减去进口支出——得到了改善。

遗憾的是，上面提到的贸易差额调整过程的三个阶段不会在一夜之间发生，即需要一段时间来完成。像美国这样经历了重大汇率变动的国家，贸易差额的调整可能需要很长时间。经验研究表明，对于工业化国家而言，从 t_1 到 t_2 所经过的总时长为 3～12 个月不等。复杂的是，在调整完成之前，新的汇率变动往往已经发生。

3.4.3 贸易差额调整路径：公式

一个国家的贸易差额实际上是出口收入和进口支出的差额，分别为贸易数量与出口价格

和进口价格的乘积。假定出口价格以美元计价，进口价格以外币计价。进口支出可以用以外币计价的支出乘以即期汇率（1 单位外币等于多少美元），换算成美元价格。美国的贸易差额可以用下面的公式表示。（以美元表示。）

美国的贸易差额 =（出口价格 × 出口数量）-（即期汇率 × 进口价格 × 进口数量）

本币贬值的直接影响是增加即期汇率的值，从而立即恶化贸易差额（货币合同期）。只有在货币合同期结束并且新的价格反映出汇率变动的部分至全部传导效应后的一段时间内，贸易差额的改善才会显现出来（汇率传递期）。在最后阶段，在商品的需求价格弹性经过一段时间发挥作用后（数量调整期），贸易差额预计将上升至图 3.6 所示的起始点之上。不管怎样，贸易差额调整需要时间，这是近期的一个议题，详见全球金融实务 3.3。

全球金融实务 3.3

贸易流量是否不再遵循理论

近年来发生的两次主要货币波动，即 2016 年 6 月英国公投脱欧后英镑贬值和 2017 年上半年瑞士法郎升值，引发了许多市场分析师对汇率改变贸易流量的能力产生了疑问。在上述两种情况下，主权货币在国际市场上的汇率发生了重大变化，理论上（至少最终）应该改变其进出口额。然而，在这两种情况下，几乎无法追溯到汇率变动带来的影响。

这可能有多种解释。在许多情况下，无论有效价格如何变化，对于特定商品的需求可能存在完全的价格无弹性。合同条款（如 J- 曲线理论所述）或缺乏合适和可用的替代品可能导致这种无弹性。显然，在全球供应链的深度和广度不断增加的背景下，许多公司依赖高度专业化的供应商，这些供应商在公开的竞争性市场上设计了无法替代的组件和零件。

无论具体情况如何，随着各国产品在价值链中的联系日益紧密，汇率变动实际上能否改变贸易流量（进口和出口）变得越来越无关紧要。

3.5 资本流动

一个国家的国际收支差额与资本跨境流动的自由程度密切相关。在过去的 20 多年里，美国经常账户出现赤字的同时金融账户表现为盈余状态，而中国至少在过去 10 多年中，经常账户和金融账户都呈现为盈余状态。但是这两个国家的情况，可能并不能反映多数国家面临的挑战，特别是对于经济规模较小的国家或新兴市场国家而言。

3.5.1 经常账户与金融账户的资本流动

资本流入可以显著促进经济的发展。资本流入可以用于新项目或新基础设施的投资和建设，提高企业的生产效率。这些举措进而可以促进经济增长、创造更多的就业机会。对于国内资本持有者来说，投资海外经济体可能会带来更高的投资回报，使资产组合多元化以分散风险，并促进国内企业的商业发展。

尽管如此，资本自由流入和流出可能会潜在地破坏一个经济活动的稳定性。虽然资本自由流动的好处几个世纪以来已为人所知，但其负面影响同样众所周知。正是出于这个原因，布雷顿森林体系的创建者在推动和要求资本自由流动方面非常谨慎。他们支持并要求对经常账户交易——外汇、银行存款、货币市场工具——实行资本自由流动，但并未要求对金融 / 资本账户交易——外国直接投资和股权投资——实行同样的自由跨境流动。

经验表明，与经常账户相关的资本流动波动性可能更大，资本会根据短期利率差异和预期汇率进行跨境流动。这种波动在一定程度上是与实体经济运行隔离的，不会直接影响实体经济的投资、就业或长期经济增长。较长期的资本流动则更多地反映了经济基本面的预期，包括经济增长前景和对政治稳定的看法。

然而，考虑到许多新兴市场国家的困境时，问题的复杂性变得显而易见。回想一下第 2 章提到的不可能三角理论，它指出没有一个国家能够同时维持固定汇率、允许资本在国内外自由流动，并执行独立的货币政策。为了实现可持续发展，许多新兴市场国家一直采用近乎固定（软锚定）的汇率制度，实行严格独立的货币政策，同时限制资本的跨境流动。随着经常账户交易（商品和服务的出口和进口）的增长，与经常账户相关的资本管制逐渐放松。然而，如果这些国家经历过短期资本流动的显著波动，其汇率锚定或货币政策目标的实现可能会受到影响，当局往往会迅速恢复资本管制。

在过去的 30 多年中，资本开放水平的提升使得更多国家面临政治压力，即要求它们向国际资本进一步开放其金融账户。然而，1997—1998 年的亚洲金融危机的严重影响使得这种趋势戛然而止。即使是那些采取出口导向型贸易策略并因此成功实现经济增长和发展的小型经济体，在经济危机和金融传染时期，仍然容易受到突如其来的资本外流的破坏性影响。

3.5.2 历史上资本流动的模式

在结束对国际收支的讨论之前，我们需要更深入地了解资本流动的历史以及资本流出（或资本外逃）对国际收支危机的影响。资本能否一直自由地进出一个国家？答案显然是否定的。外国投资者在其他国家拥有财产、收购企业或投资股票和债券的能力一直备受争议。

图 3.7（在第 2 章中首次出现）对过去 150 多年来资本流动的历史阶段进行了划分。该图将上述历史划分为五个不同的汇率时期，分别介绍它们对资本流动（或其缺乏）的相关影响。这些汇率时期不仅反映了第 2 章中讨论和详细介绍的汇率制度，还反映了工业化国家和新兴市场国家在这段时期内政治经济信念和政策的演变。

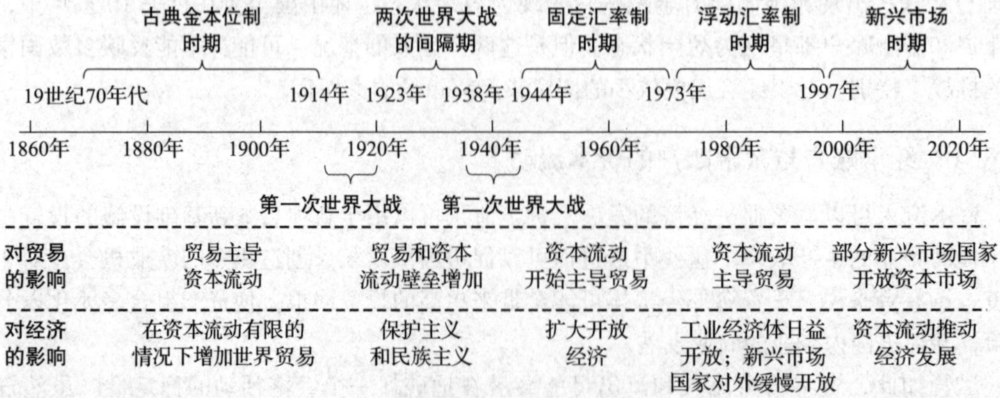

图 3.7 国际货币体系的演变和时期

古典金本位制时期（1870—1914 年）。尽管这是一个资本更加开放、贸易和资本开始更加自由流动的时代，但这个时期主要由工业化国家主导经济，这些国家依赖古典金本位制来维持对体系的信心。

两次世界大战的间隔期（1923—1938 年）。在这一时期，经济大国重新采取孤立主义和保护主义政策，国际贸易受限，几乎没有资本的跨境流动。这一时期带来的破坏性结果包括金融危机、全球经济大萧条，以及不断升级的国际政治和经济争端，这些争端最终导致了第二次世界大战的爆发。

固定汇率制时期（1944—1973 年）。布雷顿森林体系下的以美元为基础的固定汇率制在较长一段时期内促进了经济复苏，国际贸易的规模逐渐扩大，跨境资本流动更加开放。许多人认为，正是国际贸易规模和资本流动速度的迅速发展，最终导致了布雷顿森林体系的失败——全球资本无法再被控制住。

浮动汇率制时期（1973—1997 年）。在浮动汇率制时期，工业化国家与新兴市场国家之间的分歧日益加剧。工业化国家（主要货币国家）由于资本流动性，转向或被迫接受浮动汇率。新兴市场国家（次要货币国家）在开放对外贸易的同时，为了推动经济发展并保持对经济和货币的控制，继续对资本流动施加限制。尽管存在这些限制，这个时期最终在 1997 年亚洲金融危机的冲击下结束。

新兴市场时期（1997 年至今）。在中国和印度等国的带领下，新兴经济体试图逐步向全球资本开放市场。然而，正如不可能三角给工业化国家的忠告那样，资本日益增长的流动性要求它们放弃管理货币价值或实施独立的货币政策。当代最具挑战性的是，许多新兴市场国家的货币受到非经常账户资本流动（投资组合资本或“热钱”流动）的巨大影响，随着资本流动规模的扩大，这些货币升值或贬值的幅度变得更大。

2008—2014 年，所谓的全球资本流动的双刃剑效应越发明显。2008—2009 年的金融危机始于美国，迅速蔓延到全球经济，拖累了工业化国家和新兴市场国家。然而，在金融危机后，全球资本开始流向新兴市场。虽然这些资本助力了新兴市场的快速经济复苏，但正如一位记者所说，这些资本是“带着行李箱”来的。新兴市场货币升值的压力逐渐增加，部分地削弱了它们的出口竞争力。然而，资本会像它流入时那样，又突然流出。2013 年年末，美国联邦储备委员会宣布将减缓货币供应的增长，并允许美国的利率上升。资本再次流动，这一次是从新兴市场流向像美国这样的传统工业化国家。

3.5.3　资本管制

资本管制是指限制或改变资本流入或流出一个国家的速度或方向的措施。资本管制可以采取多种形式，如规定哪些主体可以进行哪些类型的资本交易以及交易目的——谁可以投资、投资的对象是什么、什么时候可以投资、在哪儿投资以及为什么投资。

从很多方面来看，新闻界和学术界普遍认为资本已经能够自由跨越国界，这不过是他们的偏见而已。资本自由跨境流动，更多的是例外而不是规则。多年来，美国对资本流入和流出政策相对开放，而同一时期有的国家却相对封闭。当涉及资本流动时，世界各国充斥着各种要求、限制、税收规定和文件审批。

资本管制的动机多种多样，其中大部分与以下两种情况有关：①保护国内货币和金融体系免受外部市场的影响；②出于政治动机，涉及所有权和使用权。如表 3.2 所示，在资本流入和资本流出方面，都可能存在资本管制。尽管资本管制可能带有负面含义，但如果一个国家希望维持固定汇率和独立的货币政策，就需要控制资本流动，这是不可能三角理论所要求的。

表 3.2 资本管制的目的、方法及例子

资本管制的目的	资本管制的方法	受控制的资本流动	例子
增加总收入 / 为战争筹资	控制资本流出，在固定汇率不变的情况下维持较高的通货膨胀率，并且降低国内利率	资本流出	两次世界大战中的大多数交战国
金融抑制 / 信贷分配	政府如果利用金融体系来奖励特定的产业或增加财政收入，可能会采用资本管制措施，以防止资本流向海外寻求更高的回报	资本流出	常见于发展中国家
纠正国际收支逆差	控制资本流出，减少对外国资产的需求，不需要实行紧缩性货币政策或货币贬值。这允许政府维持比其他情况下更高的通货膨胀率	资本流出	1963—1974 年美国征收利息平衡税（interest equalization tax）
纠正国际收支顺差	控制资本流入，减少外国投资者对国内资产的需求，不需要实行扩张性货币政策或货币升值。这允许政府维持比其他情况下更低的通货膨胀率	资本流入	1972—1974 年德国巴尔德存款计划[㊀]（bardepot scheme）
防止潜在的不稳定的资金流入	限制资本流入，减少危机期间可能流出国家的资本，从而增强宏观经济的稳定性	资本流入	1991—1998 年智利存款准备金政策
防止金融不稳定	通过资本管制限制或改变国际资本流动的构成，这些流动可能会加剧国内金融系统中扭曲的激励机制	资本流入	1991—1998 年智利存款准备金政策
防止实际升值	限制资本流入可以防止货币扩张和更高的国内通货膨胀率，避免货币的实际升值	资本流入	1991—1998 年智利存款准备金政策
限制外国投资者对国内资产的所有权	外国投资者拥有对某些国内资产（尤其是自然资源）的所有权，可能引发不满	资本流入	墨西哥宪法第 27 条
保留储蓄供本国使用	投资国内经济的收益可能不会完全归储蓄者所有，因此通过限制资本流出，可以使得整个经济体获益	资本流出	—
保护国内金融机构	暂时将国内金融机构与世界其他地区隔离的资本管制措施可能使国内公司实现规模经济，从而在国际市场上具有竞争力	资本流入和资本流出	—

资料来源："An Introduction to Capital Controls," Christopher J. Neely, *Federal Reserve Bank of St. Louis Review*, November/December 1999, p. 16.

资本管制可以采取多种形式，这与贸易限制的形式类似。它们可能仅仅是对特定交易征税，可能限制特定资本交易的数量或规模，也可能完全禁止某些交易。资本管制往往遵循国际收支平衡表的二分法（dichotomy），即经常账户交易与金融账户交易。

㊀ 德国的巴尔德存款计划是一项实施于 1972—1974 年的资本管制措施，旨在应对国际资本流动对德国经济的影响。这项计划的核心是通过征收存款准备金限制外国资本的流入，以控制过度的资本流入对本国货币和经济的潜在负面影响。具体而言，计划要求进入德国的外国资本必须在德国中央银行开设一个无息账户，并将一部分资金存入这个账户作为准备金。这些准备金的存放期限通常较长，且不计利息。通过这种方式，德国政府希望提高短期和投机性资本流入的成本，从而减缓资本流动对德国货币（当时为德国马克）的升值压力，保持经济的稳定。——译者注

在某些情况下，资本管制旨在阻止或挫败资本流出以及货币贬值。1997—1998 年的亚洲金融危机期间的马来西亚就是一个例子。当马来西亚货币受到攻击，资本开始流出马来西亚时，政府实施了资本管制，以制止短期的资本流动（无论是资本流入还是流出），但并不妨碍或限制对国内的长期投资。所有与贸易有关的外汇申请都会被批准，允许与经常账户相关的资本继续流动。但是，对于进入或离开货币市场或资本市场投资所需要的外汇申请，政府实施了限制。而那些希望投资马来西亚实物资产（而不是金融资产）的外国居民，则不会受到限制。

在资本流入的情况下，也可以实施资本管制。因为大规模的快速资本流入会导致货币升值（从而损害出口竞争力），还会使货币政策复杂化（资本涌入货币市场，银行存款增加迅速）。20 世纪 90 年代的智利就是一个例子。当时智利稳定的政治经济新面貌吸引了大量的国际资本。对此，智利政府实施了存款准备金制度（encaje program）㊀，对短期（不超过一年）资本流入征税且施加限制，同时限制国内金融机构发放外汇贷款的能力。这一政策虽然被认为实现了维护国内货币政策稳定和防止智利比索急剧升值的目标，但也给智利的企业（尤其是小企业）带来了巨大的成本。

在资本管制用于防止国内货币升值方面，所谓的“荷兰病”（Dutch disease）就是一个例子。20 世纪 70 年代，随着荷兰天然气工业的迅速发展，人们开始担心大量资本流入会推高对荷兰盾的需求，导致其货币大幅升值。荷兰盾的升值可能会损害荷兰的其他制造业，造成它们相对于天然资源行业的衰落。这是近年来一些资源丰富但规模相对较小且出口部门相对较小的经济体面临的挑战，包括阿塞拜疆、哈萨克斯坦和尼日利亚的石油和天然气开发，这仅仅是其中的几例。

国际金融历史上多次出现的一个极端问题是资本外逃，这也是资本管制旨在解决的问题之一。定义资本外逃可能有些困难，最常见的定义是出于对国内政治和经济状况以及政策的反对或担忧，资本迅速外流。尽管资本外逃不仅限于负债累累的国家，但是可兑换货币的快速甚至非法外流会给当事国带来重大的经济和政治问题。许多负债累累的国家都面临严重的资本外逃，这加剧了它们的债务偿还问题。

将资金从一个国家转移到另一个国家有多种机制，有些合法，有些则不合法。使用常规的国际支付机制（银行转账）进行转移是最简单、成本最低的合法方式。大多数经济健康的国家允许其货币自由兑换，对于这些国家来说，显然资本外逃并不是一个问题。相反，托人转移现钞（如装在行李箱私自运输现钞）的成本更高，对许多国家来说，这种转移是非法的。原因可能包括：①国际收支平衡的有关要求；②使毒品交易或其他非法活动的资金流动难以识别。

还有其他“更具创意”的方式。其中一种是通过携带古董或贵金属进行资本的跨境转移。**洗钱**（money laundering）是指跨境购买资产，并以隐藏资金流动和所有权的方式管理这些资产。资金转移的另一种方式是国际贸易中的**虚假开票**（false invoicing），即低开出口发票或高

㊀ “encaje”是西班牙语词汇，译为“准备金”或“存款准备金”，通常是指商业银行的存款准备金要求。在智利的语境下，“encaje”指的是一种资本控制措施，旨在通过对外国资本流入设定高准备金率，限制短期和投机性资本流入，从而增强金融稳定性和减少经济波动。这一制度规定，外国投资者在将资本投资于智利市场时，必须将一定比例的资金存入中央银行作为无息存款，时间通常为一年。目的是增加投机性资本流入的成本，从而降低短期资本流入的风险，维护金融市场的稳定。——译者注

开进口发票。在这种做法中，发票金额与实际商定的付款金额之间的差额被存入双方商定的某家银行中。此外，正如全球金融实务 3.4 所示，有时最好的防火墙可能是当局的监管制度。

全球金融实务 3.4

作为资本管制手段的中国金融监管层级制度

近年来，中国私营实体的海外投资增长迅速，引发了中国政府的关注。政府担心，这些资本流向海外，并非在寻求有吸引力的外国投资，而是在逃离中国经济运行，规避当局的相关监管措施。

一家希望在海外投资的中国公司必须经过一系列监管审批。首先，它必须向负责制定对外贸易和外国直接投资政策的中国商务部提交申请。其次，该公司还需要向中华人民共和国国家发展和改革委员会提交第二份申请，该机构负责全国的宏观经济规划。如果这些申请获得批准，该公司要向国家外汇管理局提交第三份申请，该局负责审批将人民币兑换成外汇（通常是美元）以进行交易。

由于中国政府对资本外逃问题的关注日益增加，许多公司递交的申请没有得到反馈。这些申请既没有被否决，也没有被批准。这种“资本悬置”（capital limbo㊀）导致几项并购计划失败，从收购澳大利亚的矿业公司到好莱坞的电影工作室。

3.5.4 资本流动的全球化

尽管有很多好处，但是许多新兴市场经济体仍然担心国际资本流入的激增可能会给它们的经济带来问题。许多国际资本流动被认为是暂时性的，反映了利率差异，当发达经济体的政策利率恢复到正常水平时，利率差异可能至少会被逆转一部分。在这种背景下，资本管制再次成为新闻焦点。

令人担忧的是，大规模的资本流入可能导致汇率超调（或者仅仅是强劲升值，极大地增加了经济管理的复杂性），或者引发资产价格泡沫，这可能会加剧金融脆弱性、增加爆发金融危机的风险。更广泛地说，在危机之后，政策制定者重新审视了这样一种观点：不受约束的国际资本流动本质上是不是一种基本上积极的现象，所有金融流量是否都是理性投资 / 借款 / 贷款决策的结果。对于外国投资者可能表现出的跟风行为和过度乐观情绪的担忧日益增加，即使国际资本流动从根本上是合理的，但人们认识到它们可能会造成经济泡沫、资产繁荣和萧条等间接损害。

——“Capital Inflows: The Role of Controls,” Jonathan D. Ostry, Atish R. Ghosh, Karl Habermeier, Marcos Chamon, Mahvash S. Qureshi, and Dennis B.S. Reinhardt, IMF Staff Position Note, SPN/10/04, February 19, 2010, p. 3

㊀ “capital limbo”不是一个标准的财经术语，可以理解为描述资本或资金处于一种不确定、未决定的状态，类似于“中间地带”或“悬而未决”的情形，可用于形容资金被暂时冻结或其最终用途尚未决定，使得资金不能被有效利用。例如，一项跨国并购交易可能需要多个国家的监管机构审批，在这个过程中，为这次并购预留的资金可能就处于 capital limbo；当资产因为法律诉讼被冻结时，直到法庭做出最终裁决，这部分资产才可以使用，被冻结的资产也可以说是处于 capital limbo。——译者注

传统上，人们对于资本流入的主要担忧是它们持续时间短暂，可能会在短时间内流出，并且这是政治与经济不稳定的新兴市场的特征。但如前所述，近年来最大的两次资本流动危机均发生在最大、最发达、最成熟的资本市场——美国和西欧。

无论是 2008 年以美国为核心的全球金融危机，还是随后的欧洲主权债务危机，都发生在长期被认为是最成熟、结构最复杂且最“安全”的市场。如今，世界各国都在密切关注 2020 年全球新冠疫情之后，国际资本流动将会发生何种变化。

要点小结

- 国际收支平衡表是一个汇总报表，类似于现金流量表，记录了一个国家与其他国家在一段时间（通常为一年）内的所有国际经济交易。
- 国际收支平衡表中最受关注的两个账户是经常账户和金融账户。这些账户分别记录了一国的对外贸易差额和国际资本流动情况。
- 经常账户和金融账户的差额通常是反向的，即一个顺差，一个逆差。
- 监测一国国际收支平衡表各个账户的差额，对于市场人士和政策制定者（包括各级政府和各个产业领域）来说非常重要，这有助于他们洞察在国际经济活动中，由经济基本面驱动的潜在趋势和发展动态。
- 汇率变化会改变进口和出口的相对价格，而价格变化会通过影响需求价格弹性改变需求量。
- 货币贬值在最终改善贸易差额之前，通常会导致贸易差额的恶化，调整路径呈现出一个扁平的“J”形状。
- 资本能够在各国瞬间大规模地跨境流动，这一能力是货币危机日益严重的主要因素之一。在马来西亚和智利的案例中，这些国家的政府得出结论，除了采取严格的资本管制措施外，政府别无选择。
- 虽然不仅限于负债累累的国家，但可兑换货币的快速甚至非法外流会对一国经济造成重大影响。许多负债累累的国家遭受了严重的资本外逃，这加剧了它们的债务偿还问题。

问　题

3.1　**国际收支平衡表的定义。**什么是国际收支平衡表？

3.2　**国际收支统计数据。**哪个机构负责全球国际收支和经济运行数据的统计？

3.3　**国际收支平衡表的重要性。**企业管理者和投资者需要国际收支数据来预测东道国可能由国际收支差额引发的经济政策变化。从企业管理者和投资者的角度，列出一个国家的国际收支数据可以提供的三个具体信号。

3.4　**现金流量表。**将国际收支平衡表视为现金流量表是什么意思？

3.5　**经济交易。**用国际收支平衡表统计的两种主要经济交易是什么？

3.6　**平衡。**为什么国际收支总是平衡的？

3.7　**财务报表。**如果将国际收支平衡表视为财务报表，它是一国的资产负债表、利润表还是现金流量表？

3.8 **经常账户**。经常账户的主要子账户是什么？为每个子账户举一个借方和一个贷方的例子。

3.9 **实物资产与金融资产**。实物资产和金融资产有什么区别？

3.10 **直接投资与证券组合投资**。外国直接投资和证券组合投资有什么区别？举例说明。跨国产业公司更有可能进行哪种类型的投资？

3.11 **净国际投资头寸**。什么是一个国家的净国际投资头寸？它与国际收支差额有何不同？

3.12 **金融账户**。金融账户的主要子账户是什么？什么会导致这些子账户出现赤字或盈余？

3.13 **把各种交易进行分类**。请将以下交易分为两类：一类涉及经常账户，一类涉及资本账户与金融账户。

a. 一家美国食品连锁企业从智利进口葡萄酒。

b. 美国居民购买以欧元计价的一家德国公司发行的债券。

c. 新加坡父母付钱让女儿在美国大学学习。

d. 一所美国大学向来自新加坡的外国学生提供学费减免服务。

e. 一家英国公司进口西班牙橙子，在伦敦用欧洲美元支付。

f. 一家西班牙果园将一半收益存入伦敦的欧洲美元账户。

g. 一家总部位于伦敦的保险公司在其投资组合中购买美国公司债券。

h. 一家美国跨国公司向伦敦保险经纪人购买保险。

i. 伦敦一家保险公司赔偿发生在美国的国际恐怖袭击造成的损失。

j. 中国的一家航空公司在洛杉矶国际机场购买航空燃料，以满足返程航班的需求。

k. 一家总部位于加利福尼亚的共同基金购买东京和伦敦证券交易所的股票。

l. 美国陆军从当地小贩那里为其驻南亚部队购买粮食。

m. 一名耶鲁大学的毕业生在波斯尼亚和黑塞哥维那红十字会找到了一份工作，薪水用瑞士法郎支付。

n. 俄罗斯政府聘请了一家挪威打捞公司来打捞一艘沉没的潜艇。

o. 一名哥伦比亚走私犯将化妆品带入美国，收到一箱现金，然后带着现金返回哥伦比亚。

p. 美国政府支付驻贝鲁特大使馆外交官员的工资。

q. 一家挪威航运公司向埃及政府用美元支付一艘轮船通过苏伊士运河的通行费。

r. 一家德国汽车公司支付其在底特律子公司的高管的工资。

s. 一名美国游客用他的美国运通卡支付巴黎的酒店费用。

t. 一名来自法国乡村的游客用他的美国运通卡支付巴黎的酒店费用。

u. 美国一位教授利用富布赖特基金出国一年。

3.14 **差额**。国际收支平衡表各个账户的汇总表是什么？它们衡量的是什么？

3.15 **双顺差**。为什么中国的双顺差（经常账户以及资本和金融账户都有盈余）被认为是不寻常的？

3.16 **资本流动性：美国**。尽管美国经常账户的赤字逐渐增加，但美元在过去的20多年里保持了稳定或者升值状态。为什么会出现这种现象？

3.17 **资本流动性：巴西**。在过去的20多年里，巴西经历了周期性的货币贬值，尽管该国偶尔会出现经常账户盈余。为什么会出现这种现象？

3.18 国际收支交易。 为以下每笔交易确定正确的国际收支账户。

a. 一家总部设在德国的养老基金在其证券投资组合中购买了美国 30 年期的政府债券。

b. 北欧航空公司在纽瓦克自由国际机场为飞往哥本哈根的航班购买航空燃料。

c. 来自中国的学生向加利福尼亚大学伯克利分校支付学费。

d. 美国空军在韩国购买食品以供应其机组人员。

e. 一家日本汽车公司支付其美国子公司高管的工资。

f. 一名美国游客在曼谷支付餐饮费用。

g. 一名哥伦比亚走私犯将化妆品带到美国换取现金，并将美元走私回哥伦比亚。

h. 一家英国公司从一家意大利跨国公司购买以欧元计价的债券。

3.19 国际收支差额和汇率。 国际收支差额与固定汇率制或浮动汇率制之间有什么关系？

3.20 J-曲线动态。 什么是 J-曲线调整路径？

3.21 资本流动性的演变。 在过去的 150 多年里，资本流动性是否稳步提高？

3.22 对资本流动的限制。 在政府限制资本流动的选择中，哪些因素发挥了作用？

3.23 资本管制。 大多数国家控制资本流入还是资本流出？为什么？

3.24 全球化和资本流动。 工业化国家和新兴市场国家之间的资本流动通常有何不同？

迷你案例

全球汇款：隐形力量的贡献

习　题

扫码了解习题

第 4 章
CHAPTER 4

财务目标、公司治理和公司控制权市场

公司或法人实体是众多个体在一个特定名称下合并成的一个有组织的集合体，具有永续的继承性，依法被赋予类似个人的多种行为能力。这些能力包括但不限于购买和出售财产、签订合同、进行诉讼、享有共同的特权和豁免以及执行一系列政治权利。这些权利的范围和程度依赖于该实体的设立目的或其存续期间被授予的权限。

——斯图尔特・基德㊀（Stewart Kyd），《论公司法》（*A Treatise on the Law of Corporations*），1793 年

学习目标

4.1 研究全球范围内不同的公司所有权结构，探讨它们如何影响所有权和管理权之间的分离，即代理问题

4.2 在日益关注环境、社会和治理问题的时代，比较股东资本主义和利益相关者资本主义的公司宗旨理论

4.3 探讨全球公司治理体制的差异，包括它们在评估市场对公司控制权的影响和对公司绩效的监管能力方面的差异

4.4 探究公司控制权市场，即全球范围内收购或取得公司资源控制权的市场，以及用于实施和防御敌意收购的各种策略和手段

全球商业涉及众多不同类型和目的的组织。虽然有时看起来似乎全球商业被以利润为唯

㊀ 斯图尔特・基德是 18 世纪的一位英国法律学者，以其在公司法领域的著作而知名。1793 年出版的《论公司法》是其最著名的专著，也是研究英国公司法的重要著作之一。——译者注

一目的的上市公司所主导，但这种情况仅限于特定的公司、国家和市场。实际上，全球市场更加多元化和复杂，包含着更广泛的组织和目标。

本章探讨了当今世界各地使用的不同类型的商业组织形式、它们的治理和目标，以及它们追求可持续发展的能力。首先，深化了对所有权的理解，这一法律概念与全球商业紧密相连，特别是在公司治理领域十分重要。然后，讨论了公司及其主要利益相关者的角色和责任。最后，分析了日本东芝公司 2021 年由于失败的公司治理而发生的动荡，该经典案例充分展示了在根深蒂固的企业文化中改变公司治理方法的难度。

4.1 公司所有权

对公司财务目标的讨论从以下两个基本问题开始。①谁拥有公司？②公司的所有者是否亲自管理公司？在当今的全球商业中，由于不同的国家和文化，公司的所有权和控制权差异显著。要了解这些公司的经营方式及其原因，首先必须了解不同的所有权结构。

4.1.1 所有权类型

与公司所有权相关的术语可能会引起混淆。由政府或国家所拥有的企业，通常被称为**公共企业**（public enterprise）或**国有企业**（state-owned enterprise，SOE）。私人拥有的企业被称为**私营公司**（private company）或**私营企业**（private enterprise）。如果你是公司的老板，那么你将拥有公司的全部所有权。你可以制定公司的战略方向，做出全部的经营决策，并最终获得公司经营活动所产生的所有利润。

公司所有权的另一个特点是专业术语上的模糊性。由私人主体或一小群私人个体所拥有的企业被称为私营企业。然而，如果上述所有者希望在资本市场上出售部分公司所有权（例如，在证券交易所上市并交易公司的股票），那么该公司的股票将被公开交易。在当今世界，有许多混合所有权结构可以改变公司的财务目标。图 4.1 简要描述了这些所有权的区别。

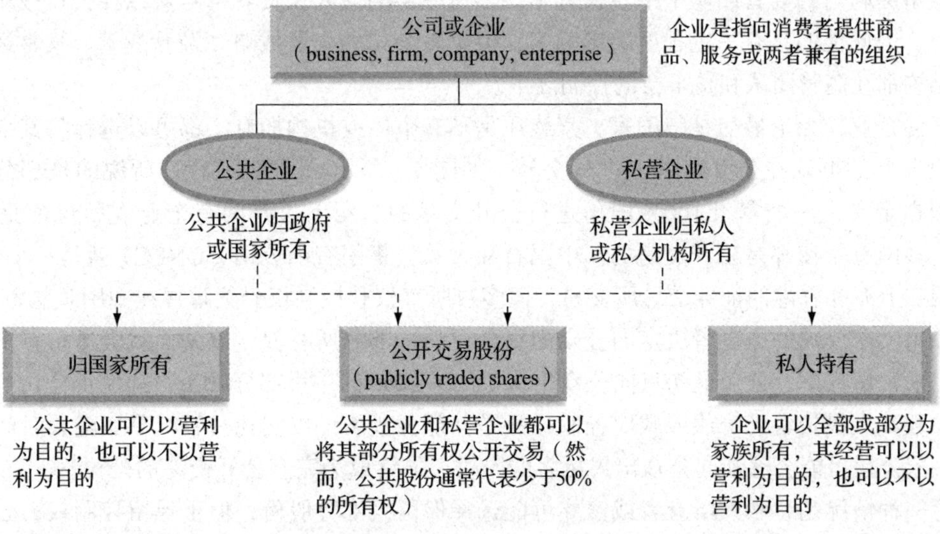

图 4.1　公司（或企业）所有权

公司所有权可以由各种不同的群体或组织持有：可以是一个人（独资企业）、两个及以上的人（合伙企业）、一个家族（家族企业）、两个及以上的其他公司（合资企业）、数以千计的个人（上市公司）、政府（国有企业）、基金会或信托基金（非营利组织），也可以是以上某些形式的组合。

我们以下述三家跨国公司为例说明全球商业中的公司所有权差异，以及所有权在任何一家公司中的演化。

- 巴西国家石油公司（Petroleo Brasileiro S.A. 或 Petrobras）是巴西的一家石油公司。该公司成立于 1953 年，最初由巴西政府 100% 控股——典型的国有企业。它在圣保罗证券交易所和纽约证券交易所上市交易。巴西政府拥有巴西国家石油公司一半以上的股份，剩余的股份由世界各地的私人投资者持有。
- 苹果公司创办于 1976 年，由史蒂夫·乔布斯（Steve Jobs）、斯蒂芬·沃兹尼亚克（Stephen Wozniak）和罗纳德·韦恩（Ronald Wayne）三人合伙经营，1977 年正式注册成立。之后，罗纳德·韦恩将自己的股份出售给了他的两个合伙人。1980 年，苹果公司进行首次公开募股，其股票在纳斯达克股票市场上市（交易）。如今，苹果公司被认为是一家股权分散的公司，没有一个投资者持有超过 5% 的股份。近年来，若以市值（流通股股数乘以股价）计算，苹果公司已成为世界上最有价值的上市公司。
- 爱马仕国际（Hermès International）是法国的一家奢侈品跨国生产商。由蒂埃里·爱马仕（Thierry Hermès）于 1837 年创立，在大部分时间里，它一直由爱马仕家族拥有和经营，这使其成为一家典型的家族企业。1993 年，在首次公开募股中，该公司向公众出售了 27% 的股权。爱马仕家族保留了公司 73% 的股份，仍然控制着整个公司。

一旦确定了公司所有权，就更容易理解公司控制权的归属，因为所有权和控制权是两个不同的概念。巴西国家石油公司是一家由巴西政府控股的巴西上市公司。爱马仕国际是一家由家族控股的法国上市公司。苹果公司是一家美国上市公司，股权分散，控制权掌握在董事会和董事会聘请的高管团队手中。持有苹果公司股票的个人投资者每年可以在公司股东大会上投票，因此他们具有一定程度的影响力，但苹果公司的企业战略、经营战术、日常运营和治理结构都在高管团队和董事会的控制之下。

任何企业，无论最初是归国家、家族还是私有个体或机构拥有，都可以选择将其部分所有权以股票的形式在公开市场上进行交易，如图 4.1 所示。（注意，我们所说的是部分所有权。根据定义，一个拿出 100% 股份进行公开交易的公司不再是国有企业或私营企业。）例如，许多国有企业都是公开交易的。中国石油天然气集团有限公司（CNPC）就是一个例子，其股票在上海和香港的证券交易所交易，但多数所有权和控制权仍然掌握在中国政府手中。

如果一家公司的所有者决定向公众出售公司的一部分所有权，该公司就会进行首次公开募股。通常情况下，公司最初只向公众出售 10%～20% 的一小部分股份，这使得公司可能仍然由少数私人投资者、家族或政府控制，只是其部分股份可以实现公开交易。随着时间的推移，一家公司可能会逐渐向公众出售更多的股权，最终成为完全公开交易的公司。

另一种情况是，私人所有者或家族可能选择保留大部分股份，但不保留控制权。公司的控股股东可能通过回购发行在外的股票来增加其股份。公司并购是改变所有权和控制权的另一种方式。例如，2005 年，一家大型的私营公司美国科赫工业公司（Koch Industries）收购了另一家上市公司美国乔治亚太平洋公司（Georgia-Pacific）的所有流通股。最终，科赫工业公司对乔治亚太平洋公司实现了私有化。

即使是上市公司，也仍然可能由某个投资者或少数投资者（包括大型机构投资者）控制。这意味着对上市公司的控制非常类似于对私营公司的控制，反映了居于控股地位的个人投资者或家族的利益和目标。在新兴市场国家，尽管许多家族控股企业能进行公开上市交易，但其持续运营的特征之一就是家族控制占据主导地位。

正如本章后面所讨论的，首次向公众出售股票还有另一个重要意义：公司将由此受到更多与证券销售和交易相关的法律限制、业务监管要求以及信息披露要求等诸多约束。例如，在美国，上市意味着公司必须披露非常详细的财务和经营细节，这些信息至少每季度公布一次，并遵守证券交易委员会和股票交易所的所有制度和规定。在大多数国家，私人持有的公司则不必公布详细的财务和经营业绩。

4.1.2　公司

公司通常是由一群人或企业组成的组织，在法律上被视为单一实体。它通常被称为**法人**（legal person）。作为法人，公司拥有许多与个人相同的权利和特征，但也有某些有利的限制[㊀]。公司可以签订合同、获得贷款、向法院起诉和被起诉，以及购买或出售资产。当个人以某种对价（通常是现金）的形式成为股东并因此有权获得分红的权利时，公司就成立了。公司这种组织形式的一个重要的好处是，股东只承担有限责任，这意味着在财务上，股东的最大损失仅限于其投资额，不用承担个人的无限责任。这一特点通常被认为是激励股东承担更大风险的一个因素。全球金融实务 4.1 追溯了公司的若干历史。

全球金融实务 4.1

现代公司的历史渊源

公司的组织形式渊源众多，历史漫长。11 世纪，意大利有一种被称为 commenda 的制度结合了财务合伙人（被动合伙人）和商船经营者（管理合伙人）。当返航船只带回待售货物时，合伙人按合同分配利润。财务合伙人的损失以其投资额为上限；管理合伙人只投入时间和精力，并承担大部分非财务风险。这种做法后来发展成为一群投资者合并或者汇集其资本，将风险分散到多艘船只和多次航程中——这是一种早期的风险分散形式。

17 世纪英国股份公司的发展遵循了一种类似的结构。一群投资者把他们的资金集中起来进行风险投资，这些投资需要的资本和专业技能远超个人投资者的能力范围。英国王室授予这些公司垄断专卖权，进一步降低了它们的投资风险，如不列颠东印度公司（British East India Company）——只有该公司才能与印度进行贸易。这一策略降低了公司的商业风险，确保了更高的回报率。该公司最初由行会（一种基于会员的组织）和股份公司（一种合伙关系形式）合并组成。在这种合并中，公司的股东被视为从其原始组织中产生的

㊀ 是指那些在保护股东、管理层和公司整体利益方面起到积极作用的法律和规则。这些限制虽然在某种程度上约束了公司的自由，但实际上有助于创建一个更稳定、可预测和公平的商业环境。——译者注

"成员"和"所有者"，利润根据投入的资本规模进行分配。

在某种程度上，美国本身也是早期公司制度的产物。弗吉尼亚公司（Virginia Company）是詹姆斯一世于1606年特许成立的两家独立的联合股份公司（北部为普利茅斯公司，南部为弗吉尼亚公司），负责在北美洲海岸建立殖民地。作为王室公司，它们被赋予了自治的权力。这种自治后来被视为美国民主制度的起源之一。

公司这种组织形式显著增加了企业运行的复杂性。首先，股东是财务投资者，并不是传统意义上的真正所有者。他们不了解公司的内部运行，不能代表公司签署合同，也不能代表公司购买或出售资产。作为财务投资者而非经营者，他们主要关心的是财务回报。其次，更为深奥的复杂性表现为公司是一个法人，这是一个人为创设的概念，而不是一个真实的人。这导致了一个反复出现的争论：公司是否应该考虑社会利益或具备社会良知，还是说它纯粹就是一个追求经济利润的组织？

4.1.3 所有权与管理权分离

公司财务管理中最具挑战性的问题之一是所有权与管理权的分离。任何所有权结构中都可能存在聘请管理层的情况，这在国有企业和上市公司中最为常见。所有权与管理权的分离增加了所有者与管理层具有不同的商业目标和财务目标的可能性。从财务目标来看，他们可能具有不同的风险偏好和容忍度。这就是**委托代理问题**（principal agent problem），简称**代理问题**（agency problem）。1976年，詹森（Jensen）和梅克林（Meckling）在描述这个问题时引用了亚当·斯密的话：[㊀]

然而，这种股份公司的董事，管理的是别人的钱而不是自己的钱，因此很难期望他们像私营公司的合伙人管理自己的钱那样，谨慎地管理别人的钱。就像富人的管家们一样，公司董事们倾向于关注日常琐事而不是主人的荣誉，并且往往给自己寻找借口开脱责任。因此，在股份公司的管理中，工作疏忽和人为浪费总是或多或少地占据了上风。

——亚当·斯密，《国富论》，1776年，坎南编辑版[㊁]（1937年）

有许多例子可以证实上述代理问题的存在。例如，管理层被雇为股东的代理人，代表股东的利益。股东从公司制度中受益，他们希望公司通过管理层的经营在追求利润的过程中承担重大风险。然而，管理层依赖于公司的持续经营来维持生计，可能不愿意承担过多的风险。股东和管理层代理人之间的这种脱节是上市公司的核心问题。然而，有几种策略可以用来协调股东和管理层的利益，其中最常见的是让高级管理层拥有股票或股票期权。

美国和英国两个国家的市场以股权广泛分散为特征。在这些国家，公司管理者可能只拥有公司很小一部分的股份，他们主要作为被雇用的代理人，代表股东的利益。相比之下，在全球其他许多市场上，众多公司由控股股东控制，如政府控股、机构控股（如德国的银行）、家族控股（如在法国和意大利以及整个亚洲和拉丁美洲的大家族），以及利益集团控股

㊀ "Theory of the Firm: Managerial Behavior, Agency Costs, and Ownership Structure," by Michael C. Jensen and William H. Meckling, *Journal of Financial Economics* 3(1976): 305-360.

㊁ 坎南编辑版（Cannan Edition）通常指的是由经济学家和历史学家埃德温·坎南（Edwin Cannan）编辑或修订的版本。——译者注

（如日本的财团和韩国的财阀）。由同一个主体拥有并管理的企业则不存在代理问题。在许多情况下，控制权通过拥有双重投票权（dual voting rights）的股份、董事会成员的交叉任职（interlocking directorate）、董事会成员交错选举（staggered election）、收购防范措施（takeover safeguards）等方法来加强，这些方法在英美市场中并不常见。

在当今世界，上市公司的所有权在各国之间差异显著。个人或私营实体机构、国有企业、股权分散的公有制企业或以基金为基础的机构，都可能持有大量甚至控股的股权。全球金融实务 4.2 详细探讨了世界各地所有权的结构性差异。

全球金融实务 4.2

世界各地所有权的结构性差异

所有权结构决定着任何机构的目标和运行方式。例如，私人所有者，如家族，通常同时关注财务回报和机构的长期发展，而上市公司股票的个人投资者则更专注于财务收益，包括股息和资本利得。经济合作与发展组织的一项研究显示：世界各地的所有权模式存在显著差异（见图 4.2）。

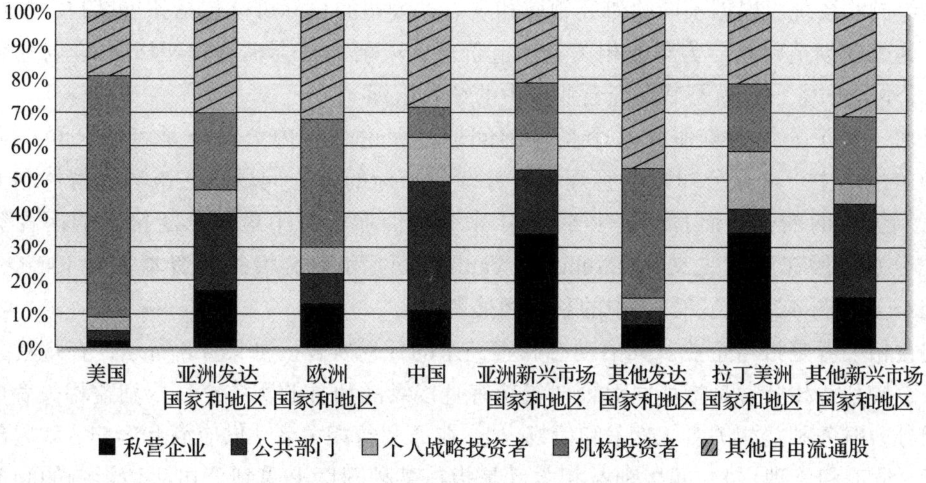

图 4.2　世界各地的所有权模式

资料来源：OECD capital market dataset, end of year 2017.

经济合作与发展组织的研究结果有三个方面令人颇感兴趣，并值得高度关注。

第一，在美国和其他发达的工业经济体中，机构持有的所有权明显占主导。机构投资者持有全球公司市值的 41%，是全球资本的主要持有者。如果这些大型机构投资者只是被动地持有股份，他们可能对单个公司面临的风险和机遇不太关注。因此，他们可能不会要求公司对其业绩做出充分的解释。

第二，在一些新兴市场国家和地区中，公共部门（政府）持有的上市公司股份数量庞大，这具有重大意义。主要通过三个渠道实现：政府直接掌控的所有权、养老基金拥有的所有权和控制权以及主权财富基金拥有的所有权。虽然政府只控制了全球股票市场总市值的 14%，但它们在这三个关键区域的股权控制仍然显著，这是因为这些政府所有者不仅拥有重要的商业利益，同时也拥有显著的政治利益，无论是通过直接掌控所有权，还是通过主权财富基金、养老基金和国有企业来间接掌控所有权。

第三，个人战略投资者（strategic individuals），即那些持有大量股份的私人个体，是相对“隐蔽”的控制力量之一，对公司具有重大的影响力。经济合作与发展组织指出，在全球一半的上市公司中，排名前三的个人战略投资者控制了超过50%的资本。这种权力集中是一个值得进一步研究的课题。一方面，这些个人战略投资者因其高度集中的股权而可以对管理层施加重要影响，从而可能减少代理问题；另一方面，这意味着少数人控制了上市公司，有可能引发某种程度的专制现象。

资料来源：“Owners of the World's Listed Companies,” OECD Capital Market Series, OECD, Paris, 2019.

4.2 公司的目标

公司的目标是什么？公司的目标首先可以被定义为经营业务。业务本身是由使命、愿景和战略组成的系统。根据不同的研究领域和观点，公司的目标可能包括拓展客户、提供就业机会、为股东创造财富、为利益相关者创造价值，或增加社会福利。[⊖]因此，在财务管理领域中，公司的财务目标就是其在经营业务中的绩效指标。

当前，关于公司为谁服务这个具体的问题，无论是国内公司还是跨国公司，都处于激烈的争论之中。这是公司财务管理和财务绩效指标的核心问题。在市场经济体制下，对于以营利为目的的企业而言，过去50多年来全球商业实践中最被广泛接受的两种资本主义形式分别是**股东资本主义**（shareholder capitalism）和**利益相关者资本主义**（stakeholder capitalism）。[⊜]图4.3描绘了公司中的利益相关者。

利益相关者是指与企业及其活动有利害关系的任何实体。如图4.3所示，在现代公司结构中，直接利益相关者是指那些对公司成功有直接经济利益的实体。直接利益相关者可以进一步细分为财务利益相关者（股东和债权人）、业务利益相关者（供应商和客户）和内部利益相关者（员工和管理层）。间接利益相关者是指在某种程度上受到公司活动影响的利益相关者，包括但不限于社区、政府、公民社会和环境等。无论是直接还是间接的影响，每个实体都对公司的活动抱有自身的期许。

如今，每个商科学生在大学期间都会学习股东财富最大化的概念。这意味着，如果一家公司追求股东资本主义，其主要目标就是为股东创造价值（见图4.3）。这并不意味着其他利益相关者不重要，该目标只是要求公司优先考虑股东利益。如果一家公司遵循利益相关者资本主义，那么它必须在众多的直接利益相关者之间找到平衡，同时还要考虑间接利

⊖ See “The Nature of the Firm: Origin, Meaning, Influence,” by Ronald Coase, *Journal of Law, Economics & Organization* 4, no.1 (1988): 3-47; “The Pragmatic Theory of the Firm,” by Bartley J. Madden, *Journal of Applied Corporate Finance* 33, no.1 (Winter 2021): 98-110.

⊜ 跨国非营利组织（multinational not-for-profit organization）、问题驱动型组织（issue-driven organization，如福利公司或B型公司）以及非政府组织（nongovernmental organization，NGO）的管理遵循许多相同的基本商业惯例。

益相关者。然而，正如我们将在全球金融管理实践中探讨的那样，平衡各方利益是非常困难的。从历史上看，相对简化的描述是：英美市场遵循股东资本主义，世界其他地区追求不同形式的利益相关者资本主义。不过，正如生活和商业涉及诸多方面一样，今天的情况远比这复杂。

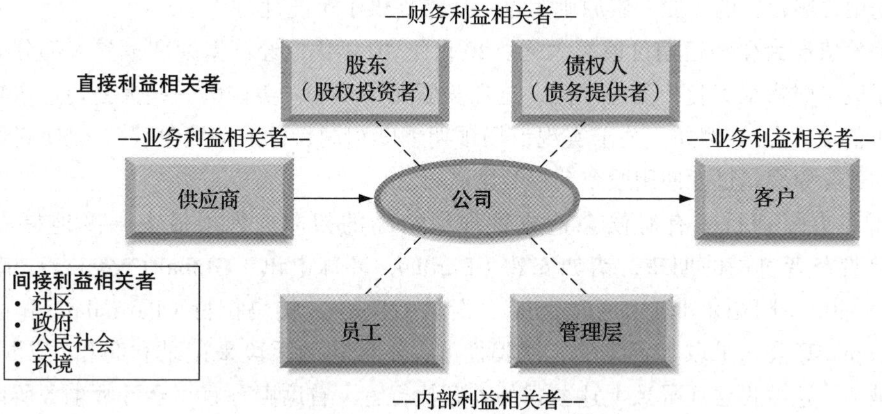

图 4.3 公司中的利益相关者

注：所有权、法律、注册国家、活动和文化的差异导致利益相关者群体（财务利益相关者、业务利益相关者、内部利益相关者和社会等）在利益和权力上存在差异。

4.2.1 股东资本主义

公司的组织和经营主要为股东的利益服务。董事们的权力应被用于实现该目标。董事可以酌情自主选择实现该目标的手段，但这不包括改变最终目标、降低利润或不向股东分配利润以用于其他用途。

——密歇根州最高法院，道奇（Dodge）
诉福特汽车公司（Ford Motor Company）案，1991 年

在英美市场，人们普遍认同的理念是公司的目标应该遵循股东资本主义，股东资本主义通常被称为股东财富最大化（shareholder wealth maximization，SWM）。更确切地说，在给定的风险水平下，公司应努力使股东的财务收益（以资本利得和股利之和衡量）最大化。换句话说，对于给定的某一回报率水平，公司应该最大限度地减少股东的风险，并且在实行上述做法时，对股东利益与回报的考虑优先于公司其他所有利益相关者。

市场效率。股东财富最大化模型假设股票市场是有效的，这意味着股价总是正确的，因为它包含了投资者对回报率和风险的所有预期。市场很快会将新信息纳入股价当中，因此，股价被认为是宏观经济中最优的资本配置指标。

风险。股东财富最大化模型坚持认为其对风险的定义具有普遍适用性。该模型将风险定义为公司股票纳入多元化的投资组合时所增加的回报波动率。对于公司的运营风险，即与单个公司业务线相关的风险，投资者可以通过投资组合多元化来消除。因此，对于**非系统性风险**（unsystematic risk），也就是个别证券的风险，不应是管理层考虑的重点，除非这些风险会增加破产的可能性。而对于**系统性风险**（systematic risk），即市场风险，则无法通过投资组合多元化来消除，这意味着公司股价受到股市整体趋势的影响。

代理理论。代理理论研究的是股东如何激励管理层遵循股东财富最大化模型的原则。例如，广泛使用股票期权应该能激励管理层像股东一样思考。这些激励措施是否成功还有待商榷。然而，如果管理层显著背离股东财富最大化的目标，那么董事会就有责任更换管理层。如果董事会太过软弱或不愿采取这一行动，那么股票市场就可能通过收购来实现上述目标。英美市场中普遍存在的一股一票原则为这一措施提供了可能性。

长期价值最大化和短期价值最大化。20 世纪 90 年代，经济繁荣和世界大部分股市的上涨暴露了股东财富最大化模型的缺陷，这在美国尤为显著。美国的一些大公司追求短期而非长期的价值最大化。（例如，关于实现市场预期季度利润目标的持续争议。）促使它们采取这一战略的部分原因是过度使用股票期权激励高管。

过于注重短期目标有时候会造成管理层激励的扭曲。为了最大限度地提高短期利润，满足投资者过高的期望，诸如安然（Enron）、环球电讯（Global Crossing）、南方保健（Health South）、阿德尔菲亚（Adelphia）、泰科（Tyco）、帕玛拉特（Parmalat）和世界通信（WorldCom）等公司采取了冒险的、欺骗性的、不诚实的手段来记录利润和 / 或混淆负债，并最终破产。这些做法还导致上述公司的首席执行官、首席财务官、会计师事务所以及其他相关方受到了“万众瞩目”的起诉。对短期目标的过度关注，无论是管理层还是投资者，都被标榜为“急功近利的资本主义”(impatient capitalism)，彰显了其潜在的破坏性。

争论的焦点有时集中于公司的投资期，即公司需要投资和运营多久才能获得利润。与“急功近利的资本主义”相对的是“耐心的资本主义”，后者强调长期的股东财富最大化。传奇投资人沃伦 · 巴菲特（Warren Buffett）通过他的伯克希尔 · 哈撒韦公司（Berkshire Hathaway Corporation）进行投资，是最成功的耐心的资本家代表之一。巴菲特主要投资像可口可乐这样随着经济缓慢但稳定增长的主流公司，最终成为亿万富翁。

4.2.2 利益相关者资本主义

管理层的任务是在众多直接利益集团之间保持公平和有效的平衡，这些相关方包括股东、员工、客户和广大公众。

——弗兰克 · W. 艾布拉姆斯（Frank W. Abrams），新泽西标准石油公司（Standard Oil of New Jersey）主席，1951 年

在非英美市场，控股股东同样追求长期股权回报率的最大化。然而，他们会更多地受到其他利益相关者的限制。特别是在英美市场之外，工会的影响力更大，政府对市场的干预更多，以保护诸如当地社区、环境和工人等重要利益相关者群体。此外，银行和其他金融机构是比证券市场更重要的债权人。这种模式被称为利益相关者资本主义。

市场效率。利益相关者资本主义并不假定股票市场是有效或者无效的。事实上，这一假定无关紧要，因为公司的财务目标并不只以股东为中心，而且还受其他利益相关者的约束。但无论如何，利益相关者资本主义模型假设，长期“忠诚”的股东（尤其是控股股东）应该比短期的投资者更能够影响公司战略。

风险。利益相关者资本主义模型认为总风险（运营风险）很重要。公司的宗旨和目标是在长期尽可能持续而稳定地产生不断增长的利润和股利。此模型的风险评估指标更侧重于产品市场的波动性，而不是利润和股价的短期变化。

单一目标与多重目标。尽管利益相关者资本主义模型通常避免了股东财富最大化模型的一个缺陷，即急功近利的投资者以短期利益为目标，但它也有自己的不足。试图满足多个利益相关者的要求使得管理层在权衡取舍时缺乏明确的指引。相反，管理层试图通过书面和口头披露以及复杂的薪酬制度体系来影响这些权衡取舍。

平衡计分卡（scorecard）。与利益相关者资本主义模型相比，股东财富最大化模型需要用定义明确的平衡计分卡来实现单一目标——价值最大化。根据股东财富最大化模型，管理层的目标是追求公司总市值最大化。这意味着，只要每额外投入的一美元能在公司的股权、债务或其他权益索赔中创造超过一美元的市场价值，管理层就应该愿意进行更多的支出或投资。

尽管上述两种模型各有其利弊，且在实践中可能差别不大，但是，许多事件和趋势重新引发了关于这两种模型的争论。

- 20 世纪 90 年代，非英美市场中企业私有化进程加快，似乎有必要将重点放在股东财富上，以吸引包括许多国外投资者在内的国际资本。
- 2008—2009 年的全球金融危机表明，市场经济存在严重的收入和就业不平衡。公民社会呼吁各组织、公司采取行动，推动社会变革。利益相关者资本主义似乎是一条更有前景的道路。
- 2010 年以来，世界的焦点越来越多地转向环境问题（如气候变化）和社会问题（如 2020 年新冠疫情加剧了全球收入和就业的不平衡），这些问题似乎与利益相关者资本主义更契合。

环境、社会和治理（environment, social, and governance，ESG）问题是当今全球商业中的常见话题，这些问题在一定程度上已经回到了它们的起源或本质上。股东资本主义者认为，公司并非真实的人，没有良知或特定的社会价值判断。只有上市公司的领导者才是人，许多人觉得这些领导者将自己的价值观强加于公司本身是不合适的。他们认为在股东财富最大化的过程中，所有利益相关者的整体利益会随之增长。在极端的情况下，股东资本主义者会引用自由市场领域的诺贝尔奖得主米尔顿·弗里德曼（Milton Friedman）的话：㊀

> 在遵守游戏规则的前提下，即在竞争公开且自由、不进行欺诈或欺骗的情况下，企业唯一的社会责任是利用其资源从事旨在增加利润的活动。

利益相关者资本主义者对这些问题持有不同的看法。他们认为，公司是一个法人实体，有义务惠及包括社会各界在内的所有利益相关者，而不仅仅是股东。近年来，利益相关者资本主义者在这场争论中取得了一系列胜利，赢得了政府和业界众多领导人的支持。广大投资者在这一进程中发挥了重要作用，随之而来的是绿色投资流向了被认为是 ESG 友好型的公司。正如全球金融实务 4.3 所述，2020 年世界经济论坛支持了利益相关者资本主义。

㊀ "The Social Responsibility of Business Is to Increase Its Profits," by Milton Friedman, *The New York Times Magazine*, September 13, 1970.

全球金融实务 4.3

利益相关者资本主义的度量矩阵：4P 原则

世界经济论坛认为，公司如果想要蓬勃发展，就需要更加致力于长期可持续价值创造以增强其经营许可。世界经济论坛相信，以下四个方面，即4P原则，构成了良好的公司治理。每个主题都拥有其核心指标，用于报告在ESG指标方面的绩效。

（1）治理原则（principles of governance）：治理目的、治理质量、利益相关者参与程度、道德行为规范、风险和机会监督管理。

（2）地球（planet）：气候变化、自然损失、淡水资源可得性。

（3）人民（people）：尊重和平等、健康和幸福、对未来技能的培养。

（4）繁荣（prosperity）：就业和财富创造、创新更好的产品和服务、社区和社会活力。

资料来源：*Measuring Stakeholder Capitalism, Towards Common Metrics and Consistent Reporting of Sustainable Value Creation*, White Paper, World Economic Forum, Prepared in collaboration with Deloitte, EY, KPMG, and PwC, September 2020, pp. 8-10.

4.2.3 运营目标

利润最大化的管理目标并不像听起来那么简单，因为在私营公司和上市公司中，所有者或管理层使用的利润指标并不相同。换句话说，管理层是追求当期收入最大化还是资本增值？抑或两者兼而有之？

上市公司股东的回报。上市公司股东的回报包括两个方面：以股息形式表示的当期收入和股价上涨带来的资本利得。

$$上市公司股东的回报率=\frac{D_2}{P_1}+\frac{P_2-P_1}{P_1}$$

其中，P_1是期初股价，即股东的初始投资额；P_2是期末股价，D_2是期末支付的股息。

理论上，股东从以上两个部分获得财务回报。例如，在20世纪90年代的美国，分散化的投资者的平均年回报率可能是14%，其中2%来自股息，12%来自资本利得。然而，随着时间的推移，全球主要市场的股息和资本利得之间的这种“分割”存在巨大差异。

管理层普遍认为，第一个组成部分——股息对股东的回报率有着最直接的影响。管理层制定战略和运营决策，以增加销售收入并创造利润，然后再将这些利润以股息的形式分配给股东。资本利得（股市交易中股价的变化）要复杂得多，它反映了许多不受管理层控制的力量。即使市场份额、利润或任何其他衡量企业成功的传统指标在增长，股价可能仍然不会上涨。最终，上市公司的领导层通常会得出这样的结论，股价上涨的最大驱动力是公司自身的增长，即销售收入和利润的增长。

苹果公司的案例。2012年3月，苹果公司宣布将结束长达17年的无分红时期。2013年4月，该公司宣布将融资近170亿美元，尽管该公司拥有巨额的现金余额。这两项财务政策都令市场颇感意外，因为这在科技行业中并不常见。理解财务政策变化的一种方法是考虑苹果公司是否已经从一家成长型公司发展成为价值型公司。

成长型公司（growth firm）是指处于业务相对快速成长阶段的中小型公司。它们的价值在公开市场上迅速增长，股价不断上涨，为股东创造了可观的资本利得。与此同时，由于它们正处于如此快速的增长阶段，以至于需要所有可以获得的资本，因此，可以说，它们比股东更需要股息现金流。虽然它们可以在这一阶段举债，但债务通常被视为一种负担，会降低企业领导层对不断变化的客户和技术市场需求做出快速反应的能力。

价值型公司（value firm）是指规模更大、更为成熟的大型企业。它们越来越难以在业务中创造实质的价值变化。即使像阿里巴巴或亚马逊这样的大公司，其业务的重大发展和成功也很难显著改变公司的财务收益和业绩。随着时间的推移，股价的波动变得越来越缓慢和微妙。然而，这些公司仍在继续产生大量的现金流和利润。对于这些公司，像卡尔·伊坎（Carl Icahn）这样的激进投资者（activist investor）可能会向管理层施压，要求公司发行更多的债务，并支付更高的股息。这些债务要求公司管理层保持警觉，确保能够满足偿债的义务，更高的股息能为看到资本增值放缓甚至停滞的股东提供更多可观的收益。

就苹果公司而言，美国税收是其财务政策变化的另一个驱动因素。尽管苹果公司拥有大量现金余额，但主要存放在美国境外，这些离岸现金一旦汇回美国，将给公司带来巨额的纳税义务。苹果公司不希望增加其税收负担，因而选择发行债券为派发现金股息提供资金。

私营公司所有者的回报。私营公司所有者的回报目标函数要更简单，即最大化所有者的当期可持续财务收入。私人控股公司没有股价。（它确实有一个价值，但这不是我们所认为的由市场决定的明确的价值。）私营公司专注于创造当前的财务收入，包括股息收入（以及所有者的薪资和其他形式的收入），以便为其所有者提供收益。

如果私营公司的所有者是一个家族，该家族可能会非常重视在保持利润的同时保持较慢增长率的能力，这可由家族自行管理。由于没有股价，对于私营公司来说，“增长”的战略重要性不同。因此，如果要理解管理层的战略目标和财务目标，就必须理解所有者及其具体的经济利益。

与上市公司相比，私营公司可能更保守（承担更少的风险）。如果没有公开的股价，外部投资者无法对公司业务发展的风险和收益进行投机，私营公司（包括其所有者和管理层）就可能会选择承担更少的风险。这意味着公司可能不会追求快速增长的销售收入和利润，也就可能不需要快速增长所需的资本（股权和债务）。作为世界上最著名的咨询公司之一，麦肯锡（McKinsey）的一项研究发现，私营公司的债务水平一直比上市公司低得多（债务与股本之比平均低约 5%）。有趣的是，这些私营公司的债务成本也较低，公司债券发行成本大约低了 30 个基点。表 4.1 概述了国有企业、上市公司和私营公司在财务和管理方面的差异。

表 4.1　国有企业、上市公司和私营公司的差异

组织特征	国有企业	上市公司	私营公司
是否为创业型	否	否；坚持核心竞争力	是；做所有者希望做的任何事情
关注长期还是短期发展	关注长期发展；关注政治周期	关注短期季度盈余	关注长期发展
是否专注于盈利增长	否	是；收入增长至关重要	否；需求由所有者的收入需求确定
资金是否充足	视各国情况而定	良好的资本准入和资本市场	过去有限，但现在越来越多
领导素质	高度可变	专业人员；可从内部和外部聘任	高度可变；家族企业缺乏

（续）

组织特征	国有企业	上市公司	私营公司
盈利的特征	盈利可能构成政府的资金	盈利是股市的信号	盈利归属所有者和家族
管理者是不是所有者	不是，管理者是看护人，而非所有者	领导者在公司股权或激励机制方面的利益程度较低；部分管理者拥有股票期权	是；所有权和管理权往往是一体的

跨国公司的运营目标。跨国公司必须遵循适合公司不同层次的运营目标。尽管公司的目标是股东财富最大化，但投资者对公司的估值方式并不总是显而易见的，这对公司高层管理者来说尤其如此。因此，大多数公司希望通过实现可由公司绩效控制的运营目标来获得投资者的积极反应，然后希望——如果可以这么说的话——市场会对它们的成果给予奖励。跨国公司必须在三个常见的运营目标之间找到正确的平衡点。

（1）税后合并利润最大化。

（2）全球有效税负最小化。

（3）在不同国家和币种之间合理配置公司的收入、现金流和可用资金。

这些目标往往是互斥的，追求其中一个目标可能会影响其他目标的实现。因此，管理层必须在不同目标间做出正确的权衡取舍（这就是为什么雇用人而不是计算机来管理公司）。

合并利润。跨国公司的主要运营目标是实现税后合并利润最大化。合并利润是指公司所有部门的利润总和，包括所有外国分支机构和子公司。所有外国子公司都有一套自己的本地货币财务报表，用于满足母公司的合并财务报表编制和税务处理要求。跨国公司必须将所有以不同货币计量的财务结果合并，形成以母公司货币表示的统一的财务报告。这并不意味着管理层不追求未来现金流现值的最大化。尽管全球管理的日常决策主要关注当前盈利，但制定和执行跨国公司战略的高层管理者必须具备长远的视野。

公私混合企业（public/private hybrid）。正如一位分析师所说，全球商业环境是一个"混乱之地"（messy place），包括跨国公司在内的各种类型公司的所有权并非完全是公共的或完全是私有的。一项全球商业研究发现，标准普尔 500 指数中有整整 1/3 的公司是家族企业。不单美国如此，法国和德国也有大约 40% 的大型企业受到家族所有权和家族领导的显著影响。换句话说，一家公司可能是公开上市的，但家族仍然对公司的战略和运营决策拥有实质性的影响力。事实证明这可能是一件好事。

4.2.4 激进投资者

在上市公司的公司治理方面，激进投资者的出现和他们的投资行为无疑是引人注目的。当激进投资者对上市公司的领导方式不满时，他们会试图改变公司战略和财务管理理念。这与传统的被动投资者截然不同，被动投资者如果不满意，只会直接卖掉股票。许多激进投资者已经成为全球媒体关注的重要人物，如卡尔·伊坎、纳尔逊·佩尔茨（Nelson Peltz）、威廉·阿克曼（William Ackerman）、丹尼尔·洛布（Daniel Loeb）、保罗·辛格（Paul Singer）等。他们和他们的对冲基金资本公司成功影响了苹果公司（美国）、阿克苏诺贝尔公司（AzkoNobel N.V.，荷兰）、达能公司（Danone，法国）、埃克森美孚公司（Exxon Mobil Corporation，美国）、谷歌公司（美国）、雀巢公司（Nestlé，瑞士）和蒂森克虏伯

（ThyssenKrupp，德国）等全球上市公司。

激进投资者是一类股东，如图 4.4 所示，他们在目标公司中积累了 3%～10% 的股权。激进投资者通过一切可能的方式影响公司管理层。（例如，电话沟通、发表公开信和白皮书、参加股东大会、进行股东投票、在董事会中争取代表权等。）他们的目的是促使公司采取某种战略或财务行动，以增加股东的财务回报。

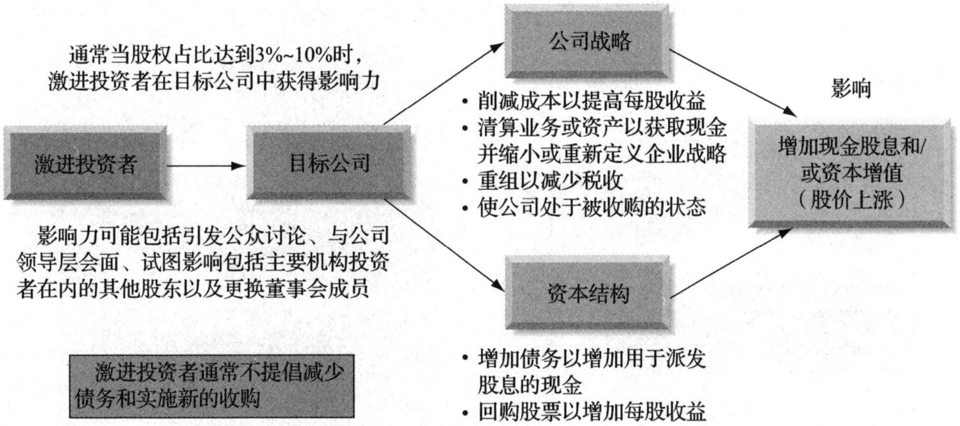

图 4.4　激进投资者的行动手册

激进投资者通常遵循一套相对固定的策略。他们倡导的战略变革包括削减成本（包括高管薪酬）、剥离他们认为的非核心业务、通过积极重组来降低全球税负以及增加对公司管理层领导力及发展方向的公开讨论。这种公开讨论通常会使公司成为市场关注的焦点，从而通过投资者的投机行为推高股价。他们号召的财务变革通常包括增加公司资本结构中的债务、减少新的投资（包括资本支出和收购），并通过分红和股票回购向投资者返还更多的现金流。

激进投资者的作用及其利弊因个人立场而异。如果你是目标公司管理团队的成员，可能会将激进投资者视为破坏性的外来者，认为他们以牺牲长期价值创造为代价追求短期收益。而对于现有股东来说，激进投资者往往受到欢迎，因为他们愿意挑战现有的公司领导层，代表小股东或被动投资者的利益。总之，激进投资者充当了更积极参与的股东角色，成为极其主动的投资者。尽管他们经常被指责促进短视行为，但他们自认为是在提倡保护公司及投资者利益的审慎政策。近年来，激进投资者在全球市场上的影响力不断增长，迫使公司在治理结构（如董事会成员）和战略方向（如石油和天然气公司投资可再生能源）上做出改变。

4.3　公司治理

公司治理是指指导和控制公司运行的一整套规则、惯例和流程体系。虽然任何公司——无论是国内的、国际的还是跨国的——的治理结构对其生存至关重要，但由于近年来各种形式的治理失败导致了公司欺诈和倒闭，这一主题成为政治和商业辩论的焦点。近年来，公司管理层权力滥用和公司治理的失败在全球商业新闻中占据主导地位。自从 2001 年秋季安然公司因为会计欺诈和不当商业行为而破产以来，公司治理的失败案例引发了人们对过去 20 多年商业伦理和公司文化问题的广泛关注。

4.3.1 公司治理结构

理解公司治理这个术语的内涵是我们面临的第一个挑战。图 4.5 提供了一个概览，展示了与美国公司治理有关的各方及其责任。公司内外部的参与各方和组织都能对公司施加某种形式的影响，包括监督、向市场或监管机构报告、积极地监管以及估值——在公开市场上买卖与公司相关的任何证券。

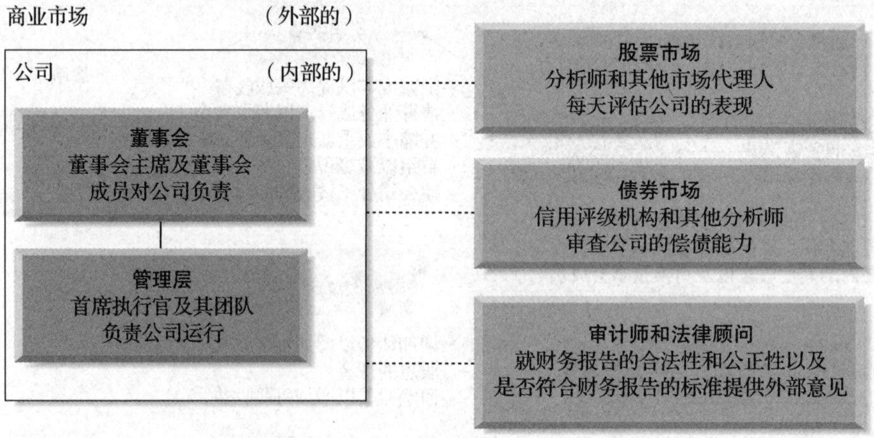

图 4.5　美国公司的公司治理结构

注：公司治理反映了利益相关者之间的关系，用于确定和控制公司的战略方向和经营绩效。

内部力量，包括公司的管理层（首席执行官、首席财务官等）和董事会（包括董事长）。他们直接负责确定公司的战略方向和执行工作。然而，他们的行动并非处于孤立状态。内部力量会受到市场外部力量的持续审视，这些外部力量会质疑内部力量对公司决策的有效性和对公司绩效贡献的稳健性。外部力量包括公司股票交易所在的股票市场（证券交易所）、分析和评论公司股票的投资银行分析师、公司的债权人、为公司的债券或股票提供评级的信用评级机构、为公司财务报表的公正性和合法性出具证明的审计师和法律顾问，以及监督公司行为的众多监管机构。所有外部力量都是为了确保提供给投资者的信息是真实有效的。

在美国，众多机构和组织正持续不断地监督和评论上市公司，人们认为这种治理网络不仅为公司提供了有效的监管，而且为那些用血汗钱购买公司证券的投资者提供了有力的保护。在大部分时间里，这套公司治理结构的运转如其设计的那样有效，但在少数情况下，它就不那么完美了。

4.3.2 公司治理体制的比较

公司治理的需求源于所有权和管理权的分离，以及不同文化对利益相关者的定义及其重要性的不同观点，这使得公司治理的实践因国家和文化的不同而存在差异。

公司治理体制可以根据公司所有权的演变进行分类。以市场为导向的公司治理体制（美国、加拿大和英国采用较多）的特点是资本市场相对高效，上市公司的所有权比较分散。以家族为导向的公司治理体制（许多新兴市场、亚洲市场和拉丁美洲市场采用较多）不仅在公司的初始阶段以家族所有权（不是非家庭式合伙制或小型投资团体）为主，而且在上市后，仍由家族控制。以银行和政府为导向的公司治理体制反映的是，在市场上，政府长期持有财产所有权和行业所有权已经成为定例，企业通常完全属于政府所有，即使有部分企业公开上市，公众持有的股权也会受到严格的商业行为限制。

因此，在全球公司治理原则和实践的发展过程中，这些体制是以下四个主要因素的函数：①金融市场的发展程度；②管理权和所有权的分离程度；③信息披露和透明度的概念；④法律制度的历史发展进程。

金融市场的发展。资本市场的深度和广度对公司治理实践的发展至关重要。那些增长相对缓慢的国家市场（如新兴市场），或者利用周边资本市场迅速实现工业化的国家（如西欧国家）的市场，都不太可能形成大型的上市公司股票市场体系。由于没有大规模的股票公开交易，所有权会高度集中，难以规范地开展公司治理工作。

管理权与所有权的分离。在公司所有权和管理权尚未分离的国家和文化中，代理人问题较少。家族所有权保持了所有者与管理层之间的联系。可以说，以家族为导向的公司治理体制在世界范围内更为普遍和重要。例如，对 13 个西欧国家共 5 232 家公司进行的一项研究显示，受家族控制的公司占比达 44%，而股权分散的公司占比仅为 37%。全球金融实务 4.4 描述了控制意大利近 60 年的卡特尔（cartel，垄断组织形式之一）家族。在像美国这样的国家中，公司所有权和管理权基本分离（并广泛分散），使管理层和所有者的目标协调一致更加困难。

全球金融实务 4.4

意大利的交叉持股结构与萨洛托・博诺组织的终结

第二次世界大战后的几年，意大利经济摇摇欲坠。为了稳定工业活动，北方的权势家族——阿涅利家族 [the Agnellis，以菲亚特（Fiat）集团闻名]、佩森蒂家族（the Pesentis）、皮雷利家族（the Pirellis）、利格雷斯蒂家族（the Ligrestis）以及后起之秀贝内通家族（the Benettons）共同组建了萨洛托・博诺（salotto buono）组织，意为“精美的客厅”。它通过相对较少的股份控制了意大利的金融、工业和媒体。这种关系的核心是，每个家族企业拥有其他家族企业重要的所有权和控制权，形成了交叉持股的结构，确保没有外部人士可以获得所有权或施加影响力。

萨洛托・博诺组织的创始人是恩里科・库恰（Enrico Cuccia），他是位于米兰的投资银行——米兰投资银行（Mediobanca）的创立者。特别值得一提的是，切萨雷・杰龙齐（Cesare Geronzi）是意大利金融界的翘楚。在他的职业生涯中，他始终带着三把猩红色的椅子。这些椅子一开始摆放在米兰投资银行的会客室，后来放置在意大利最大的金融集团忠利集团（Generali）的会客室里。尽管两次成为包括帕玛拉特（Parmalat）案在内的重大金融和会计欺诈案件的目标，杰龙齐还是登上了权力的顶峰。自那之后的半个世纪里，任何想要获得影响力的人都必须通过这“三把椅子”——萨洛托・博诺组织的门槛。

然而，遗憾的是，2008—2009 年的全球金融危机摧毁了世界上许多私人权力的最后堡垒。其中一个受害方便是萨洛托・博诺组织，因为越来越多的既得利益家族深陷债务和破产危机。

信息披露和透明度。不同国家对公司运营和财务业绩披露的程度差异巨大。信息披露反映了广泛的文化和社会因素，包括公司所有权的公开程度，政府在保护投资者权益与保护所有者权益之间的权衡立场，以及以家族为基础和以政府为基础的企业在文化中的重要性。另一个和信息披露相似的概念是透明度，它反映了企业组织内部决策过程的可见程度。

法律制度的历史发展进程。英国这类以普通法作为法律制度基础的国家，通常比以《拿破仑法典》为代表的国家，如法国和德国，在投资者保护方面表现更为出色。英国普通法通常构成了英国及其前殖民地国家（如美国和加拿大）的法律制度基础，而《拿破仑法典》通常构成了前法国殖民地和拿破仑曾统治过的欧洲国家（如比利时、西班牙和意大利）的法律制度基础。在投资者保护力度较弱的国家，控股股东的所有权往往可以弥补法律保护的不足。

公司治理体制的另一种更简单的分类方法是把它们分为由内部力量驱动的**内部体制**（insider regime）和由外部力量驱动的**外部体制**（outsider regime）或市场导向的体制（market-based regime）。表4.2详细描述了上述两种体制的关键内容。

表 4.2 公司治理的内部体制和外部体制

维度	内部体制 代表国家：德国、日本	外部体制 代表国家：美国、英国
股权	**高度集中**。股权集中在内部人士手中，他们通常会对公司管理层施加一定的控制	**广泛分散**。所有权和管理权显著分离，尽管在较大的公司中，管理层可能持有相当大的股份
控制	**基于内部关系的控制**。强大的家族所有权或公司之间交叉持股（在一些情况下包括银行），确保了对组织的集中控制	**管理层控制（代理问题）**。公众股东分散，几乎没有重大影响力，产生所谓的“所有权真空”，进而管理层被赋予了更多的权力。这为激进投资者创造了获得权力和影响力的机会
公司控制权市场	**敌意收购很罕见**。由于法律限制以及与其他公司和银行机构的交叉持股关系，敌意收购很少见。这使股票市场无法发挥自律管理的作用	**敌意收购很常见**。市场化发行很少受到制度或法律的限制。金融机构通常支持和资助，而不是反对敌意收购。股票市场发挥了自律管理的作用
政府角色	**参与者角色**。政府经常拥有股份和董事会席位，积极参与企业的管理和控制	**非参与者角色**。政府很少拥有企业的所有权，不会积极参与公司治理。政府通常只起到监管的作用
董事会架构	**监事会监督管理委员会，首席执行官和董事长分离**。尽管外部董事的数量在增加，但许多是公司关联的结果，不是真正的外部董事	**单一董事会，首席执行官和董事长几乎不分离**。越来越多的董事是外部人士。薪酬委员会通常由外部董事组成
薪酬透明度	**几乎不透明**。几乎不披露董事会和管理层的薪酬	**透明度高**。广泛披露薪酬制度，包括金额和绩效目标
对少数股东的保护	**高度保护**。少数股东的权利往往受到高度保护，这确保了对大股东利益和控制权的制衡	**对少数股东的保护较少**。少数股东没有得到充分的保护。除积极参与的激进投资者外，不满意的股东会退出

尽管有各种各样的规则、条例和制度，但公司治理失灵仍时有发生。美国安然公司丑闻是其中最著名的一个案例，但它绝不是唯一的。除了安然公司，世界通信公司、帕玛拉特公司、泰科公司、阿德尔菲亚公司和南方保健公司也都曾在会计和信息披露方面出现重大失误，并出现了高管滥用权力的行为。

此外，有些著名的审计公司有时会忽视违规行为或将其轻描淡写，这可能是因为存在有利可图的咨询关系或其他利益冲突。再者，证券分析师和银行在明知这些公司的风险很高，甚至濒临破产的情况下，仍向投资者推荐购买这些公司的股票和债券。更令人震惊的是，大多数对公司破产和管理不善负有责任的高管在企业倒闭前纷纷卖出股票，赚取了巨额收益并一走了之，还获得了金额不菲的遣散费。

2000 年后的金融危机（2008—2009 年）和全球新冠疫情（2020 年）促使世界上越来越多的投资者、政府和社会期待公司治理得到改革。然而，改革进展缓慢的一个原因是公司治理改革深受法律体系的影响。此外，值得注意的是，伦理道德尚未被纳入讨论范围。到目前为止，所有描述的原则和实践都假定承担责任的领导者真正并公平地遵循这些原则。显然在某种程度上，大众汽车公司有人并未认同这一理念，正如全球金融实务 4.5 所描述的。

全球金融实务 4.5

大众汽车公司的治理结构

大众汽车公司是世界上最大的汽车公司。该公司的组织和治理结构是德国大型公司的典型代表。2015 年 9 月，该公司被发现多年来一直在全球范围内使用软件在排放测试中作弊。公司的市值在几个月内下跌了 30% 以上。与历史上每次公司治理失败一样，我们不禁要问同样的问题：这是怎么发生的？

答案是复杂的：既有不道德的管理，又有失败的治理结构。大众汽车公司的管理文化被称为大众体系，它通过管理层、工人、地方政治家和频繁变动的家族所有制结构之间的深层关系网络来运行。虽然大众汽车公司是一个全球性公司，但它在下萨克森州拥有深厚根基，可以保护当地民众的就业机会和优化当地的产业结构，从而确保公司的长期存续。

大众汽车公司采用了普通股和优先股的双重股权结构。优先股股东将在普通股股息支付之前全额获得所承诺的股息。作为代价，优先股股东放弃了所有的投票权。普通股股东则拥有所有的投票权。公司的所有权由保时捷家族（the Porsche）和皮耶希家族（the Piëch）控制，他们通过普通股持有了公司 31.5% 的股权，而双重股权结构进一步使他们的股权份额增加到 50.7%。家族成员费迪南德·皮耶希（Ferdinand Piëch）长期控制着大众汽车公司的权力结构，他追求权力、控制和市场支配地位，而不一定追求利润。

如图 4.6 所示，大众汽车公司采用了双层董事会结构，一个管理委员会和一个监事会。管理委员会（由首席执行官担任主席）负责公司的日常运营。监事会的工作是监督管理委员会，监事会的 20 个席位平均分配给股东和工会委员会（工会代表）。根据德国《共同决策法》的规定，任何雇用超过 2 000 名工人的公司都必须有工会代表和股东代表。

最后一个原因，即下萨克森州政府在董事会中的席位，增加了公司治理的复杂性。在 1960 年的《大众法》推行私有化之前，大众汽车公司一直是一家国有企业。该法律规定，大众汽车公司的监事会必须始终保留两个政府董事席位。（按照西方标准，这是极不寻常的。）

最终的结果是监事会的结构充满了冲突。工人们想要更高的工资和更充分的工作保障，而不一定关注公司的盈利能力。政府的要求天然具有政治性，往往侧重于增加和维持就业。公司的所有权，由两个家族和一个占主导地位的人控制，上述这些利益相关者在目标和利益上意见不一致，他们更关注市场占有率而不是盈利能力。

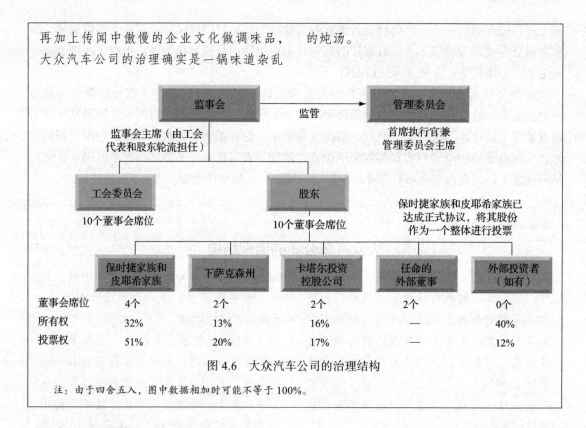

再加上传闻中傲慢的企业文化做调味品，的炖汤。
大众汽车公司的治理确实是一锅味道杂乱

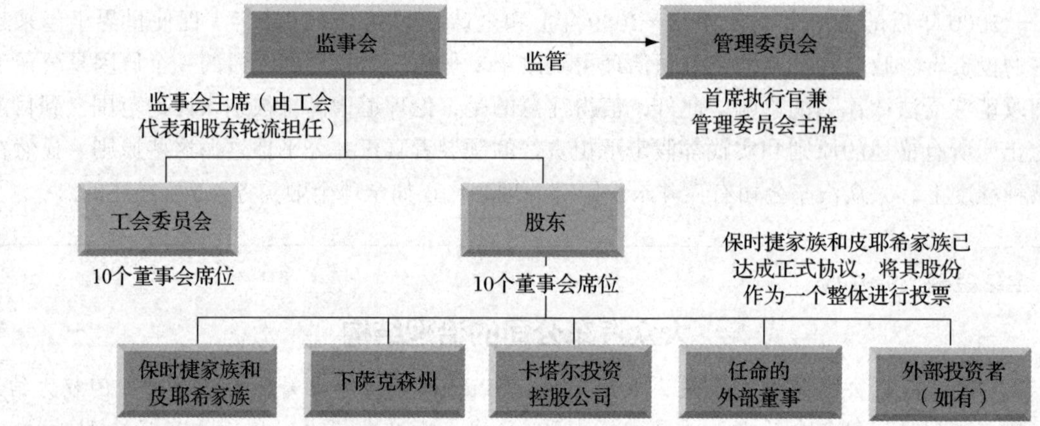

	保时捷家族和皮耶希家族	下萨克森州	卡塔尔投资控股公司	任命的外部董事	外部投资者（如有）
董事会席位	4个	2个	2个	2个	0个
所有权	32%	13%	16%	—	40%
投票权	51%	20%	17%	—	12%

图 4.6 大众汽车公司的治理结构

注：由于四舍五入，图中数据相加时可能不等于 100%。

4.3.3 良好的公司治理与公司名誉

良好的公司治理是否重要？这确实是一个难题，其答案在很大程度上依赖于历史结果。例如，只要安然公司的股价在 20 世纪 90 年代及以后继续强劲上涨，其信息透明度、会计公正性，甚至财务事实都会被公司所有利益相关者忽视。然而，欺诈、骗局和一系列公司治理的失败最终导致了安然公司的破产。这不仅使投资者的财富化为乌有，还对许多员工的职业生涯、收入和储蓄产生了影响。因此，归根结底，良好的公司治理至关重要。

公司向市场投资者发出良好的公司治理信号的方式之一是采用并公布一套基本的公司治理政策和实践。几乎所有上市公司都采用了这种方式，访问公司网站就能明显看出来。这也促成了一套标准化的共同原则，经济合作与发展组织已就这套良好的公司治理实践达成了共识。

（1）股东权益。股东是公司的所有者，他们的权益高于其他利益相关者，应该被优先考虑。

（2）董事会职责。公司董事会被认为是承担公司最终法律责任的独立实体，应对管理层施加适当的监督。

（3）平等对待股东。股东无论是本国居民还是外国居民，是大股东还是小股东，都应被平等对待。

（4）利益相关者的权利。公司治理实践应该正式承认其他利益相关者的利益，包括员工、债权人、社区和政府等。

（5）透明度和信息披露。公司应及时公开和公正地报告公司的运营和财务等相关情况，应向所有利益相关者披露这些信息。

理论上讲，在国家和公司层面，良好的治理往往带来较低的资本成本、较高的股东回报和较强的公司盈利能力。另一个值得关注的方面是国家治理的作用，因为这影响国际投资者对投资国的选择。然而，遗憾的是，不同的公司治理评级机构通常为同一家公司提供截然不同的评级，而且更令人困惑的是，这些治理评级似乎很少能够准确预测公司未来的治理表现，包括是否会重述收益、是否会涉及股东诉讼、资产回报率是多少以及股价表现如何等方面。

4.4　公司控制权市场

……公司控制权市场最好被视为管理团队竞争管理公司资源的权利的竞技场。

——迈克尔·C. 詹森（Michael C. Jensen），理查德·S. 卢拜克（Richard S. Ruback），"The Market for Corporate Control: The Scientific Evidence"，《金融经济学杂志》，1983 年第 11 期

理论上讲，为追求卓越的业绩，在公司运营上表现不佳的管理团队可能会被其他更具竞争力的团队所取代。就像收购一样，无论是友好收购还是敌意收购，两家公司合并后创造的价值超过了单独任何一家公司。这种源于成本、收入、财务、税收的协同效应是企业合并的驱动力。上述收购过程被称为**公司控制权市场**（market for corporate control）。

控制一家上市公司可以通过收购或并购来实现。收购可以是友好的，也可以是敌意的。友好收购是指收购方与目标公司的管理层共同协商，达成双方都同意的股票收购价。原则上讲，双方都将从合作谈判中受益，谈判过程中，目标公司详细的运营信息会被共享，这有助于更准确地对目标公司进行估值，进而可能得出更高的收购价格。然后，目标公司的管理层会建议股东支持并批准这项收购交易。然而，如果目标公司的管理层不愿意接受收购提议，他们可能不会共享信息。收购方如果仍然希望进行收购，可以向目标公司的股东发出公开收购要约，从而绕过目标公司的管理层。这种要约就是敌意收购要约。

全球公司控制权市场从未停止过创新，有多种方法可以获得上市公司的控制权。无论使用哪种方法，目标都是获得足够数量的投票权，从而决定公司的行动。图 4.7 描述了公司控制权变更过程中的各种关键阈值。

信息披露阈值（disclosure threshold）。大多数国家对在公开市场上购买和增持股票实行了监管。其中，最常见的监管指标是信息披露阈值。当收购方持股超过这一阈值时，必须按照规定向监管机构提交正式文件，公开披露其在目标公司获得了特定比例的投票权。这种披露具有重要意义，因为大多数投资者既没有机会也没有兴趣积极监控股权变动。信息披露往往导致目标公司的股价上涨，因为收购方不断增持股权可能表明其试图获得控制权。各国最常见的阈值是 5%，但也有例外（加拿大为 10%，英国为 3%），少数国家如西班牙、土耳其、越南则没有规定阈值，允许在不公开披露的情况下积累股份。[⊖]

⊖ 例如，在美国，收购方一旦在公开交易中持股超过 5%，须在 10 天内向美国证券交易委员会提交 13D 表格。在这份公开的备案文件中，收购方必须说明其在目标公司的持股情况。此外，它还必须披露股份收购背后的意图——无论是争夺代理权、进行潜在的收购或合并，还是仅仅因为目标公司被低估而进行的一项投资。

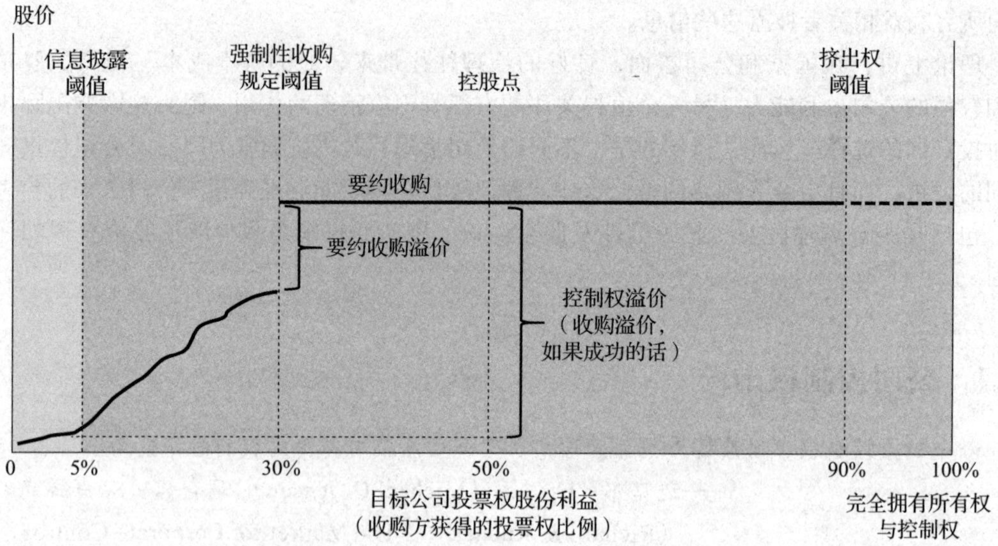

图 4.7 公司控制权变更过程中的关键阈值

注：这些阈值不代表任何特定国家。

强制性收购规定阈值（mandatory bid rule threshold）。第二种常见的股票增持限制是强制性收购规定阈值。在许多国家，收购方在累计持有目标公司 30% 或 33% 的股权时会被要求停止增持目标公司的股份。这一规定要求收购方如果希望继续进行收购，就必须对目标公司的全部剩余股份提出要约收购。收购要约必须对股东开放一段特定的时间，或者至少开放到所需数量的股权被要约出售为止。作为公司收购的主要障碍，这一规定保护了控制权的主体，包括管理层和中小股东。这一规定还防止了**逐步收购**（creeping takeover），即收购方不断在公开市场上购买股票，直到完全控制目标公司，这在美国是可能发生的情况。

对于进行强制性竞购以获取控制权的收购方，还可能面临**最低价格规定**（minimum price rule），有时被称为**公平价格要约**（fair price bid）。根据这一规定，收购方提出的要约价格必须至少达到目标公司在被收购前一段时期内的某个最低股价。尽管这看似具有限制性，但事实上很少起到实际效果。大多数要约价格都高于目标公司在强制竞购阈值的股价，而这个阈值通常是股价的峰值。

挤出权（squeeze-out rights）阈值。挤出权规定，当收购方的持股比例达到特定阈值（通常为 90%）时，剩余的小股东必须将他们的股份卖给收购方。这样做是为了防止少数坚持不出售股份的股东给收购方造成不必要的成本。[⊖]**出售权**（sell-out rights），作为挤出权的对应权利，确保一旦控制权发生变化后，剩余的少数股东能够以公平的价格出售他们的股份。例如，如果收购方获得了目标公司 90% 的投票权，它可以选择不购买目标公司剩余的流通股股份，而是让这些股份继续在市场上交易。在这种情况下，出售权为剩余的少数股东提供了一个公平的退出机制，确保他们以合理的价格卖出股份。

⊖ 2000 年英国沃达丰公司（Vodafone）收购德国曼内斯曼公司（Mannesmann）就是一个例子。曼内斯曼公司的一些顽固股东拒绝出售其股权。这就要求沃达丰公司不得不为了极少数股东继续编制曼内斯曼公司的管理和财务文件以及举行年度股东大会——这是成本高昂的行为。

4.4.1 跨国收购和防御措施

无论是国内收购还是跨国收购，都受到国家法律的严格监管，尤以目标公司所在国的法律为主。在过去的 30 多年里，大多数主要工业化国家建立了针对公司并购的法律体系。这些法律体系的共同目标是为公司控制权创造一个开放且高效的市场环境，并实现资本的有效配置。其宗旨是确保包括少数股东在内的所有股东得到平等对待。

那么，目标公司的管理层如何运用其权利和能力来抵御外部收购呢？通常情况下，目标公司的管理层会倾向于选择站在某一方，很少保持中立态度。如果某次收购或合并被认为能带来显著的成本协同效应（即减少两家公司间的重复活动），目标公司的管理层可能会面临失业的风险。因此，目标公司的管理层可能会采取措施来抵制收购，这些措施被称为**反收购条款**（anti-takeover provision，ATP）。

反收购条款通常旨在改变目标公司的流通股股份（即投票权）或改变目标公司的价值和风险（财务和业务结构方面）。在投票权方面，反收购条款设立了多个股票类别，每类股票具有不同的投票权，还可通过发行新股来故意稀释现有股权。在公司价值方面，反收购条款可能涉及资产剥离、增加债务、提高股息、回购股票以及与第三方公司合并等手段。所有这些措施的目的是提高收购目标公司的成本和难度。

双重股票制度（dual class stock）。双重股票制度指的是公司发行不同类别的股票。例如，这种股票结构包括 A 类股票和 B 类股票，其中一类股票可能享有与另一类股票不同的股息分配权或不同数量的投票权，或者两者兼而有之。在家族企业中，B 类股票可能仅限家族成员持有，而 A 类股票则向公众发行。在这种情况下，B 类股票通常比 A 类股票[㊀]拥有更高的投票权，以确保家族控制的持续性。

毒丸战略（poison pill）。毒丸战略这一名称源自冷战时期，间谍们为避免被审问而选择服用毒药，这里是指目标公司在某种程度上收购价格过于高昂，乃至对收购方来说缺乏吸引力。常见的一种毒丸战略是股东权利计划，目标公司在章程中设定其可向现有股东发行额外股份以稀释收购方的投票权股份。[㊁]

交错安排的董事会结构（staggered board）。虽然董事会并不拥有公司，但董事会成员的更替可能会使敌意收购转变成友好收购。为了防止收购方通过新当选的董事会成员（通常通过代理权之争取得）获得新的影响力，公司可以交错安排董事会成员的任期。这种安排意味着在任何特定时刻，通过新当选的董事会成员来改变董事会的控制权结构都无法实现。

白衣骑士策略（white knight）。如果目标公司的管理层认为可能无法阻止敌意收购，那么一种更极端的防御措施是与另一家它所青睐的公司合并，这就是白衣骑士策略。白衣骑士需要给出高于敌意收购方的出价。目标公司通过与白衣骑士合作，特别是在信息共享方面的合作，来支持这一更高的出价。在某些情况下，目标公司管理层选择合作，是为了保障收购完成后业务的连续性和员工的稳定。

㊀ 原书为 B 类股票，疑似作者笔误。——译者注

㊁ 这些股份通常以折扣价出售给现有股东，以加速成功发行，这种方式被称为内部翻转毒丸战略（flip-in poison pill）。另一种不太常见的形式是外部翻转毒丸战略（flip-over poison pill），在这种情况下，如果收购成功，目标公司的股东将拥有购买目标公司股份的权利，而这些权利会得到目标公司的资金支持和补贴。

吃豆人防御策略（pac-man defense）。这一策略以同名游戏[⊖]命名，指的是目标公司转变角色变为收购方，而原来的收购方则变为新的目标公司。在面临潜在敌意收购的早期阶段，目标公司可能会开始购买意图收购它的公司的股票，逐步增强对该公司的控制权和影响力。在为增持收购方股票筹集资金的过程中，目标公司的债务水平开始上升，从而降低其对收购方的吸引力。

资产剥离和债务增加（asset divestment and debt）。这类防御措施侧重于降低目标公司的吸引力，如出售收购方感兴趣的关键业务或资产，即出售收购方眼中最有价值的资产。此外，目标公司可能会承担大量额外的债务，使得收购成本更高，给敌意收购方带来更大的财务负担。

各国的公司收购法均存在差异，即使在欧盟这种一体化区域结构内也是如此。国家法律和利益最终决定哪些前述的收购和防御措施可以被合法采用。

4.4.2 企业责任和可持续发展

公司的目标是什么？越来越多的人认识到，公司的目标当然是为其利益相关者创造利润和价值，但公司的责任是以不给环境和社会造成危害的方式来实现这一目标。随着全球化的发展，公司对社会的贡献日益重要，这大大增加了公司目标的复杂性。

到目前为止，关于公司目标的讨论在某种程度上被许多相互矛盾的术语和标签困扰，如企业良心、企业责任、企业社会责任、企业慈善事业和企业可持续发展等。简单来说，可持续性通常被视为一个目标，而责任是公司的义务。这种义务是在追求利润、实现社会发展和加强环境保护的同时，遵循可持续性原则。

20 多年前，许多大公司开始将其公开的企业目标提炼为“追求三重底线”，即盈利能力、社会责任和环境可持续性，这一目标被认为是现代资本主义发展的进步。一些评论家称之为“更温和、更友好”的市场资本主义形式，表现为公司越来越愿意为三重底线做出更多努力，而不仅仅是追求经济利润。为了更好地理解这种不断扩大的公司责任观，我们可以从两个渠道进行分析：经济渠道和道德渠道。

经济渠道认为，公司追求企业可持续发展目标，实际上仍在追求盈利，只不过是从一个更明智的长期视角，即“开明的利己主义”，来达到这一目的。公司已经认识到，作为一个负责任的公司，必须确保运营的长期可持续，无论法律或市场是否有此要求，都不应该限制未来的选择范围。道德渠道则认为，公司拥有公民的权利和责任，如为社会最佳利益行事的道德责任，其对盈利能力的影响不太重要。现在你还会认为公司的管理是件简单的事情吗？

要点小结

- 无论是由企业家创立的私营企业，还是由政府成立的公共企业，它们大多数都是商业性质的企业。如果这些企业持续关注商业活动，随着时间的推移，它们就可能会选择通过首次公开募股而（整体或部分）上市。

⊖ 20 世纪 80 年代流行一款名为《吃豆人》的电子游戏。在这个游戏中，玩家控制的角色会吃掉追逐它的鬼魂。在企业并购中，当一家公司（目标公司）面临另一家公司（收购方）的敌意收购时，目标公司采取的反击措施是尝试收购对方公司，这就是所谓的吃豆人防御策略。——译者注

- 当一家公司的股权广泛分散时，它通常会聘请专业管理人员来经营管理。职业经理人的利益可能与所有者的利益不一致，从而产生代理问题。
- 在英美市场中，人们普遍认同公司的目标应该遵循股东财富最大化模型。更确切地说，在给定的风险水平下，公司应该追求股东的财务收益最大化，即资本利得和股利的总和最大化。
- 与英美市场的股东一样，在非英美市场，控股股东也在追求长期股权回报率的最大化。然而，非英美市场的控股股东在考虑利益时，不仅仅局限于股东本身，还包括其他利益相关者，如员工、顾客、供应商、债权人、政府和社区。这种模式被称为利益相关者资本主义。
- 上市公司股东的回报包括以股息形式表示的当期收入和股价上涨带来的资本利得。非上市的私营公司没有股价，它们追求当前和可持续收入的最大化。
- 跨国公司必须做到三个运营目标之间的平衡：税后合并利润最大化；全球有效税负最小化；在不同国家和币种之间合理配置公司的收入、现金流和可用资金。
- 公司利益相关者之间的关系往往会决定和影响公司的战略方向和经营绩效，这被称为公司治理。公司治理的维度包括代理理论，董事会的组成和控制权，以及文化、历史和制度变量。
- 基于市场的合并、收购和其他形式的企业联合的竞争被称为公司控制权市场。根据涉及的国家和适用的法律，收购可能是友好的，也可能是敌意的。
- 在公司治理实践方面，美国、英国和欧盟采取的一系列举措——关于董事会架构、薪酬透明度和少数股东权利等——正在逐渐扩散到包括主要新兴市场国家在内的其他国家。
- 公司在公司控制权市场上采用了各种防御策略和手段，以吸引或击退潜在的公司收购方。防御措施包括收购、剥离资产、改变债务水平或改变公司的财务政策等。
- 全社会对环境、社会影响以及公开公平治理的关注日益增加，引发了人们对企业责任和可持续发展的广泛讨论和探索。

问　题

4.1 **公司所有权。**全球商业中占主导地位的所有权形式是什么？

4.2 **公司控制权。**所有权如何改变公司的控制权？私营公司的控制权与上市公司的控制权有什么不同？

4.3 **所有权与管理权的分离。**为什么所有权与管理权的分离对于理解公司的结构和领导方式如此重要？

4.4 **公司的目标：股东财富最大化。**解释股东财富最大化模型的假设和目标。

4.5 **公司的目标：利益相关者资本主义。**解释利益相关者资本主义模型的假设和目标。

4.6 **管理层的目标期限。**股东财富最大化和利益相关者资本主义对于公司的战略、管理和财务目标是否具有相同的目标期限？它们有什么不同？

4.7 **运营目标。**跨国公司的主要运营目标是什么？

4.8 **财务回报。**一家上市公司的股东实际上是如何从他们的所有权中获得现金流回报的？这些回报中的各个组成部分是由谁控制的？

4.9 **股息回报**。对于上市公司的投资者来说，股息真的那么重要吗？资本利得真的不是投资者的重点或目标吗？

4.10 **混合所有权**。什么是混合所有权？如何以不同的方式进行管理？

4.11 **公司治理**。定义公司治理和参与公司治理的各种利益相关者。内部力量和外部力量有什么区别？

4.12 **公司治理体制**。公司治理体制的主要类型是什么？它们有何不同？

4.13 **公司治理的驱动力**。全球公司治理的主要驱动力是什么？某些驱动因素的相对权重或重要性是否高于其他驱动因素？

4.14 **良好的公司治理的价值**。良好的公司治理在市场中是否有价值？投资者真的会“奖励”良好的公司治理吗？还是良好的公司治理只会吸引特定的投资者？

4.15 **股东不满**。如果股东对公司当前的领导层（公司实际的管理者和控制者）不满，他们会有什么选择？

4.16 **新兴市场公司治理的失败**。有人称，公司治理的失败抑制了新兴市场一些著名公司的增长和盈利能力。这些公司治理失败的典型原因是什么？

4.17 **新兴市场公司治理的改善**。近年来，新兴市场跨国公司改善了公司治理政策，对股东更加友好。你认为是什么导致了这种现象？

迷你案例

东芝公司失败的公司治理

习　题

扫码了解习题

第 2 部分

外汇理论与市场

第5章
CHAPTER 5

外汇市场

颠覆资本主义制度的最佳方式就是使其货币贬值。通过持续的通货膨胀，政府得以神不知鬼不觉地没收公民财富的重要组成部分。

——凯恩斯

学习目标

5.1 探究外汇市场的众多功能
5.2 详述现代外汇交易市场的演变过程
5.3 描述外汇市场的交易类型
5.4 研究外汇交易商、金融机构和各类代理商在外汇交易时采用的汇率报价形式

外汇市场提供了一国货币兑换另一国货币的场所和组织结构。通过外汇市场，货币之间的汇率得以确定，外汇交易得以实际完成。外汇是指外国的货币，包括外币银行存款、外币现钞、外汇支票和外汇汇票等。外汇交易是买方和卖方以特定汇率用固定数量的一种货币兑换另一种货币。

本章介绍了外汇市场的功能、参与者、日常交易过程、交易类型和交易规模以及不断变化的报价方式。本章末尾的迷你案例“冰岛：全球金融危机中的一个小国”，讲述了冰岛这个拥有开放的资本市场的高度发达的工业化国家是如何造成其整个经济和货币体系近乎毁于一旦的。

5.1 外汇市场的功能

外汇市场可能是世界上最大、全球一体化程度最高、最活跃的金融市场。外汇市场上进行的交易，关系到由许多不同国家的货币所组成的全球经济的命脉。外汇市场能够将资金和购买力从一种货币转移到另一种货币，并提供了一种重要的价格发现手段，进而促进了国际贸易和投资活动。

——西蒙·波特（Simon Potter），纽约联邦储备银行市场部前执行副总裁在外汇周会议上的发言，2015 年 7 月 14 日

货币被认为是购买商品、服务以及在某些情况下偿还债务的一种支付手段。正如所有经济学专业学生所学到的，货币的基本职能包括价值尺度、贮藏手段和流通手段等。外汇市场的功能是参与者通过货币兑换实现购买力在不同国家之间的转移，为国际贸易获得或提供信贷，以及最小化汇率风险的敞口。

国际贸易和资本交易通常涉及不同国家的不同货币使用者，因而必然带来购买力的转移。通常来说，各方都希望以本国的货币进行交易，但国际贸易或资本交易只能以某一种货币开具发票，因此，其中一方必须以外币进行交易。由于货物在各国之间的运输需要时间，所以必须为在途存货提供融资。除了提供专门的金融工具（如银行承兑汇票和信用证）以外，外汇市场还为客户提供融资来源。此外，外汇市场还提供套期保值工具，用于将外汇风险从一方转移给另一方。

5.2 外汇市场的结构

随着时间的推移，与所有市场一样，外汇市场也发生了巨大的变化。从佛罗伦萨和威尼斯街头上的货币兑换摊位，到伦敦和纽约的外汇交易大厅，再到当今世界各地的笔记本电脑，外汇市场的运作基于供求关系、市场信息和预期以及交易双方的谈判实力。

5.2.1 全球外汇交易日

外汇市场遍布全球，每时每刻都有外汇交易，价格也一直在变化。但是，人们——交易员——总得要睡觉。如图 5.1 所示，全球外汇交易日可以分为四个交易时段。全球外汇交易日每天早上从悉尼和东京开始，接着转移到香港和新加坡，然后到中东，再到欧洲市场的法兰克福、苏黎世和伦敦，然后越过大西洋到纽约，继续向西到芝加哥，最后在旧金山和洛杉矶结束。许多大型国际银行在每个主要的地理交易中心都设有外汇交易室，以便全天 24 小时为客户及自身服务，即**自营交易**（proprietary trading）。

尽管全球 24 小时都有外汇交易，但其中某些时段更加繁忙。从历史上看，19 世纪和 20 世纪的主要金融中心——伦敦和纽约——占据着主导地位。但正如当今全球商业的许多情况一样，以香港、东京和新加坡为代表的远东地区正在挑战这一主导地位。随着人民币的交易规模不断扩大，交易深度持续拓展，上海的影响力与日俱增。在伦敦和纽约这两个最大的城市交易中心的外汇交易时段重叠时，全球外汇市场表现出最大的深度和最强的流动性。然而，**时区**（time zones）差异——这决定了外汇市场的运转方式以及为何有时运转失灵——在很大程度上是全球外汇市场组织结构的主要影响因素，如全球金融实务 5.1 所示。

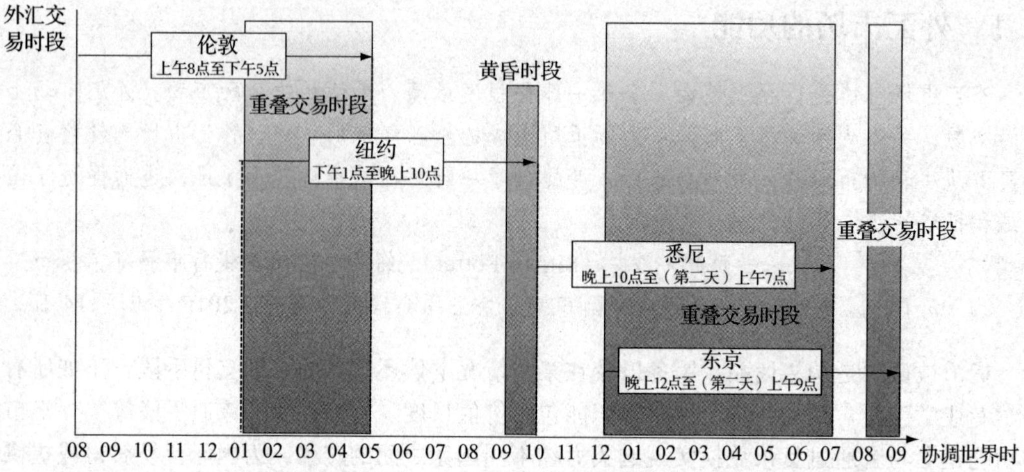

图 5.1　全球外汇交易日

注：协调世界时（coordinated universal time，UTC）表示一天中的精确时间。格林尼治标准时（Greenwich mean time，GMT）是一个时区，而不是一个时间参考点。

全球金融实务 5.1

全球外汇交易的黄昏时段[一]

外汇市场全天 24 小时交易。尽管如此，外汇市场也有高峰期和低谷期。每日的高峰期出现在纽约时间（冬时制为西五区区时）上午 9 点到 10 点之间，与伦敦外汇市场尾盘的交易时段重叠。每日的低谷期出现在纽约外汇市场收盘阶段，交易员下班回家的时候，大约在下午 5 点到 7 点之间，这时，黄昏时段悄然而至。虽然理论上悉尼和香港的外汇市场已经开盘，但在当地早上 5 点到 6 点之间，香港的外汇交易刚刚缓缓开启，世界上大部分地区也是如此。

但恰恰在这一时段，通常稳定的外汇市场偶尔会出现不稳定的情况。如果交易冷清的外汇市场上出现了一两笔大额外汇交易，或者播报了有关某一货币或经济体的重大新闻，外汇市场就有可能出现交易量飙升或价格震荡的情况。例如，2019 年 1 月 3 日，星期四，日元兑美元汇率突然飙升 3%。这引发了美元兑澳大利亚元甚至兑土耳其里拉的汇率在纽约时间下午 5 点至 5 点 30 分和香港时间早上 6 点至 6 点 30 分的短时间内下跌。此次震荡源于苹果公司发布新闻称，上一季度在中国市场的销售疲软，这引发了外汇市场上美元的抛售。

黄昏时段的交易价格震荡还有一个例子。2016 年 10 月 7 日，在英国脱欧公投后的几天里，英镑兑美元汇率在黄昏时段下跌 6%，创下 31 年来的新低。这与一位英国高级官员在新闻发布会上的言论有关，他预测英国将会经历一次“硬脱欧”(hard exit[二])。

[一] 黄昏时段（twilight hour）通常指的是市场中某个特定时段，这个时段可能因为交易量较低、市场参与者较少或是市场过渡期（如市场关闭前后的时间段）而显得特别。——译者注

[二] “hard exit”通常在讨论英国脱欧的语境中使用，指的是英国与欧盟断绝所有或绝大多数现有的贸易、法律和移民等协议和联系的一种退出方式。这种方式意味着英国不再寻求留在欧盟单一市场或关税同盟中，而是完全脱离欧盟，与欧盟国家之间的关系仅依赖于世界贸易组织的基本框架或双边协议。与之相对的是“soft exit”，即软脱欧，在这种方式下，英国虽然退出欧盟，但仍然保留与欧盟的某些紧密联系，比如留在欧盟单一市场或关税同盟中，在一定程度上维持与欧盟国家的自由贸易和其他形式的合作。——译者注

目前尚不清楚这些冲击的影响有多大。在大多数情况下，外汇会在数小时或数天内恢复到往日的交易价格区间，实现价值回归，但这并不意味着这种现象不会再次发生。在2019年1月美元汇价下跌一个月后，黄昏时段的冲击又一次袭来。在外汇市场风平浪静的时期，瑞士法郎兑欧元和美元的汇率双双暴跌。平静的市场日后被归因于彼时正值日本假期。无论是个人、政府还是跨国公司，在黄昏时段向市场或媒体发布消息都不是一个好主意，这个教训值得吸取。

5.2.2 市场参与者

外汇市场的参与者可以简单分为两大类：出于商业目的进行外汇交易的**流动性追求者**（liquidity seeker），以及为获得利润进行外汇交易的**利润追求者**（profit seeker）。尽管外汇市场最开始是为了提高流动性，以便完成商业贸易和跨国投资的货币兑换，但是外汇市场的指数性增长主要源于利润追求机构的扩张。正如人们所预料的那样，利润追求者通常更了解市场信息，希望从市场的未来走势中获利，而流动性追求者只希望获得外汇用于交易。不难想象，利润追求者的利润通常来自流动性追求者。

外汇市场上有五大类机构参与者：①银行交易商和非银行交易商；②商业交易者和投资交易者；③投机者和套利者；④中央银行和财政部；⑤外汇经纪商。

银行交易商和非银行交易商。银行交易商和非银行交易商通过以**买入价**（bid price）买入外汇，并以略高于此的**卖出价**（ask price/offer price）转手交易来获利。全球交易商之间的竞争缩小了买入价和卖出价之间的**点差**（spread），因此有助于使外汇市场变得“有效”，就像证券市场那样。

大型国际银行外汇部门的交易商通常扮演**做市商**（market maker）的角色。这些交易商随时准备买卖其专门交易的外汇，以维持这些外汇的“库存”头寸㊀。他们与本国货币中心的其他银行以及世界各地的其他货币中心进行交易，将外汇余额维持在银行政策规定的交易限额内。交易限额之所以重要，是因为许多银行的外汇部门是作为利润中心运营的，外汇交易员基于利润激励机制获得薪酬。

对于许多金融机构而言，外汇交易的利润非常可观。世界上许多主要外汇交易银行的外汇交易收入平均占其年度净收入的10%～20%。对于银行的外汇交易员而言，外汇交易带来的收益巨大，他们的奖金通常基于其外汇交易活动为银行创造的利润。中小型银行和金融机构可能会参与银行间同业市场，但不会成为银行间同业市场的做市商。它们通常不会保持大量外汇余额，但会经常向大型金融机构买卖外汇以抵销它们与客户的零售交易或获取短期利润。

商业交易者和投资交易者。商业交易者和投资交易者是指进口商和出口商、国际证券投资者、跨国公司、游客以及其他利用外汇市场促进商业交易或投资交易的市场参与者。为了实现最终的商业目的或投资目的，他们必须利用外汇市场，虽然只是偶尔用用。其中一些参与者也会利用外汇市场来对冲外汇风险。

投机者和套利者。投机者和套利者试图从外汇市场的交易中获取利润。作为实实在在的利润追求者，他们只为自身的利益进行交易，没有为客户服务或维持市场流动性的需求或义

㊀ 外汇的“库存”头寸即外汇余额。——译者注

务。除了从汇率变动中获得可能的收益外，交易商还可以从买入价和卖出价之间的点差中获利，而投机者只从汇率变动中获利。套利者试图从不同外汇市场间存在的汇价差异中获利。

中央银行和财政部。中央银行和财政部利用外汇市场购买或支出本国的外汇储备，同时影响本币的交易价格，这种做法被称为**外汇干预**（foreign exchange intervention）。它们可能会根据国家政策或者与其他国家的汇率协议承诺采取行动支持本币的价值。因此，它们的动机不是单纯赚取利润，而是以有利于本国利益的方式影响本币的汇价。在许多情况下，中央银行愿意承担外汇交易损失以履行其职责。作为自愿承担亏损的机构，中央银行和财政部的动机和行为可能与其他市场参与者大相径庭。

外汇经纪商。外汇经纪商是帮助交易商彼此交易的代理商，他们本身不是交易的当事人。作为掮客，外汇经纪商会收取少量佣金，并可以随时联系到全球成百上千家交易商。

5.2.3　外汇市场的演变

现代外汇市场源于布雷顿森林体系的崩溃。在布雷顿森林体系下，汇率是固定的，外汇交易仅限于商业目的和投资目的，这也是流动性追求者的需求。随着布雷顿森林体系的瓦解，浮动汇率时代开启，利润追求者开始大量进入外汇市场，并在赫斯塔特银行（Bankhaus Herstatt）倒闭案中产生了影响，这也是全球金融实务 5.2 的主题。

全球金融实务 5.2

赫斯塔特银行和赫斯塔特风险

赫斯塔特银行位于科隆，业务规模较小，在德国仅排第 80 名，但它是外汇交易的重要参与者（投机者）。在 1971—1973 年的三年中，外汇交易占该银行总收入的比例从 3% 上升至 57%。但是有两年多的时间，赫斯塔特银行一直处于谣言四起和争议不断的风口浪尖，甚至连监管机构都担心其外汇头寸的规模和冒进的外汇交易策略。1974 年 6 月 26 日，中欧时间下午 3 点 30 分，德国银行监管机构关闭了该银行。

赫斯塔特银行庞大的外汇交易业务意味着它每天通过众多国际代理行（correspondent bank）结算规模庞大的外汇交易额。6 月 26 日，赫斯塔特银行的部分主要交易对手——外汇交易的对手方——向该银行支付了大笔德国马克，但在直到监管机构关闭该银行之前，它们都没有收到赫斯塔特银行的美元付款。赫斯塔特银行在美国的主要代理行——纽约大通曼哈顿银行，代理赫斯塔特银行应付给美国、德国、瑞士和瑞典客户代理行的 6.2 亿美元账款。

赫斯塔特银行逾期付款的原因很简单：时区差异。在科隆下午的那个时段，纽约大通曼哈顿银行刚刚开门营业。赫斯塔特银行在发起向交易对手支付款项时，其账户就被冻结了，其转账业务的电传线路也被关闭。

这次结算失败引发了国际外汇市场上的一系列连锁反应。由于担心结算风险，所有主要外汇交易银行彼时都冻结了交易。纽约的银行明确表示，在确认收到对价之前，拒绝支付任何交易款项。在赫斯塔特银行倒闭后的几天内，仅纽约市场外汇交易规模的跌幅就超过了 75%。各家商业银行感知到的这种新型风险，即结算风险，如今被称为赫斯塔特风险（Herstatt risk）。

图 5.2 描述了现代外汇交易市场的演变。从电话交易到计算机交易，再到互联网交易，外汇交易市场可以说是全球社会制度变迁的缩影。外汇汇率的报价方式，汇价的公布方式，以及完成、确认和结算交易的方式，在不同国家、时区之间各不相同，所有这一切都发生了极大的变化。

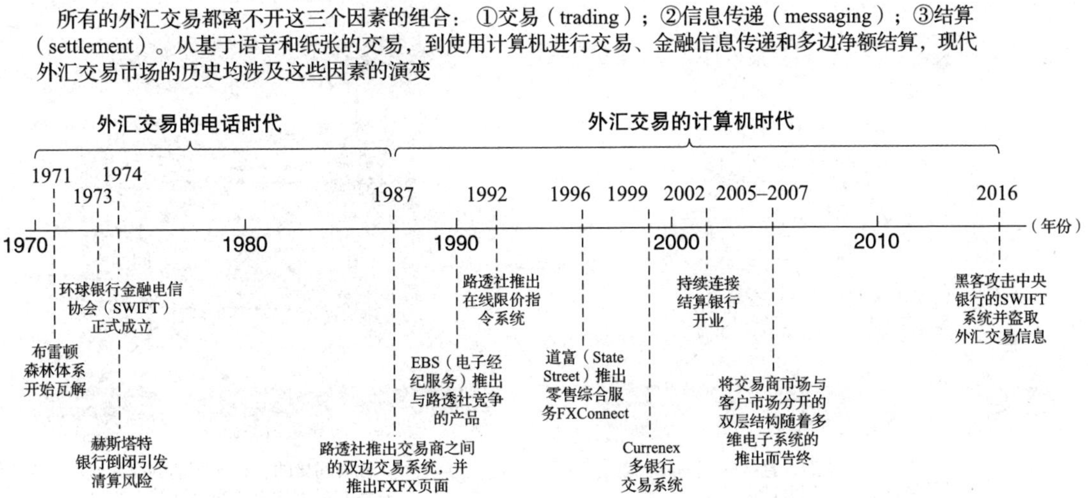

图 5.2　现代外汇交易市场的演变

外汇市场是世界上最大的金融市场。然而，它是一个非正式的市场——没有统一的交易商、没有统一的交易所、没有统一的全球监管机构，甚至没有统一的价格。外汇市场被认为是世界上竞争最激烈的市场之一。

5.2.4　外汇交易的演变

为了解过去 40 多年外汇交易的演变，我们以两个语音经纪商在下述三个时间段进行的简单的外汇交易的机制和内容为例进行介绍。请记住，外汇交易在全球成百上千家银行之间进行，其中大部分交易是同时进行的，而且都是双边交易。

20 世纪 80 年代。两位外汇交易员（交易商）——一位在伦敦，另一位在纽约——正在通电话。两人都就职于大银行，且两人都因为在外汇交易中为银行赚取了巨额利润而获得了丰厚的报酬。他们彼此非常熟悉。当其中一方询问一个外币对的报价（例如 GBP/USD，即英镑兑美元汇率，相当于一英镑的美元数量，也被称为电汇）——一个包含买卖价差的货币报价时，另一方知道是谁在报价，并且这个汇率适用于交易。（不是一个口头价格，而是可以马上成交的价格。）如果他们同意进行交易，他们会将交易的关键要素记在一张纸上，然后交给后台工作人员进行记录、核实和最终结算。图 5.3 的左侧展示了这一简单交易的结构。

现在考虑两位交易员不知道的信息。他们不知道在最近的几分钟或几小时内，其他银行和交易员对这一货币对的交易情况，除非他们已经与其他人通话或与坐在同一个交易室的同事交换了信息。他们不知道其他交易商在同一时刻对该货币对的报价是多少，因此，他们没有确切的数据来说明他们收到或提供的报价的竞争力如何——他们的价格发现能力有限。就算他们表面上完成了这笔交易，但有可能某一方在纸上记录交易要素时出错，也有可能某一方在后台录入时出错。这两家银行处于不同的时区，因此每家银行在进行外汇交易时都将面临结算风险，即自己是否有足够的可以卖出的某种货币余额。

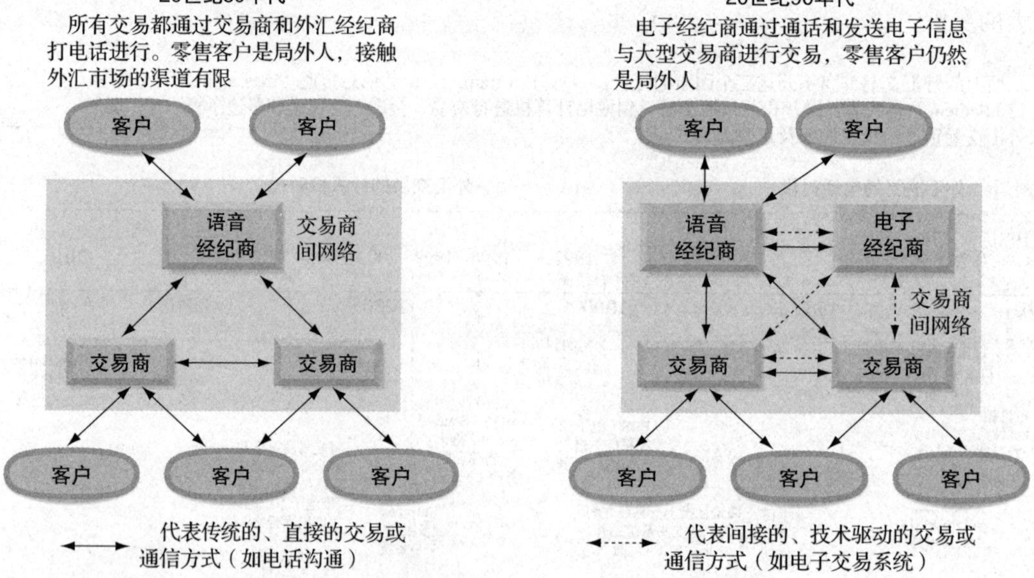

图 5.3 20 世纪 80 年代和 20 世纪 90 年代的外汇交易

20 世纪 90 年代。我们将时间推进到 20 世纪 90 年代的外汇市场，如图 5.3 右侧所示。同样以两位交易员正在交易为例，现在他们使用计算机和互联网进行交流，仍然与网络另一端的银行和交易员彼此熟悉。但此时，他们在询问报价时可以查看路透社的屏幕，以跟踪近期其他交易的成交价，以及其他银行此时提供的报价。如果他们完成了交易，数字化的交易记录会即时生成，该记录会同时传到后台进行核实和结算。电子经纪商的出现在一定程度上改变了外汇市场。

从多个操作角度来看，20 世纪 90 年代的基于计算机的外汇交易过程显然更高效。更重要的是，在该市场中，所有的代理商可以即时获取更多相关的市场数据。然而，外汇市场在这一阶段仍然存在着各种约束和限制。该市场仍然只对银行间市场交易商（通常是大型银行）开放。小型银行和私人客户（如投资基金）仍然是局外人，必须与交易商交易才能进入这个规模庞大且流动性高的市场。对于这些实力较弱的参与者来说，它们进入该市场的成本更高，价差也更大。（客户可能无法获取实时价格数据。）虽然可以通过电子信息确认加快交易验证和发送结算指令的速度，但由于各家银行仍处于不同国家和时区，因此外汇市场仍然存在结算风险（赫斯塔特风险）。

2010 年至今。现在让我们将时间推进到 2010 年至今。两位交易员正在注视着大型数字屏幕上的竞争报价和交易记录。交易以电子方式进行，无须打电话或与特定交易员直接联系。此时交易是分散进行的，发生在众多不同的场所。

如图 5.4 所示，随着多银行交易系统 [multi-bank trading（MBT）system]、单银行交易系统 [single-bank trading（SBT）system] 和主经纪服务㊀（prime brokerage，PB）的问世，银

㊀ 主经纪服务是金融机构向机构投资者提供的一种综合服务，如证券借贷、杠杆交易、清算、结算等，旨在帮助他们更有效地进行交易和投资管理。——译者注

行间交易商市场和客户市场的隔离实际上已经打破。主经纪服务是一种交易商 - 客户的交易结构，允许对冲基金等客户直接在银行间市场进行交易。小客户，即名义交易金额较小的客户，以前要支付较高的交易成本才只能进入价差更大的市场，现在它们可以通过零售业务整合商（retail aggregator）等各种交易结构进入全球外汇市场。零售业务整合商收集大量小额订单并将它们整合为大订单进行交易。

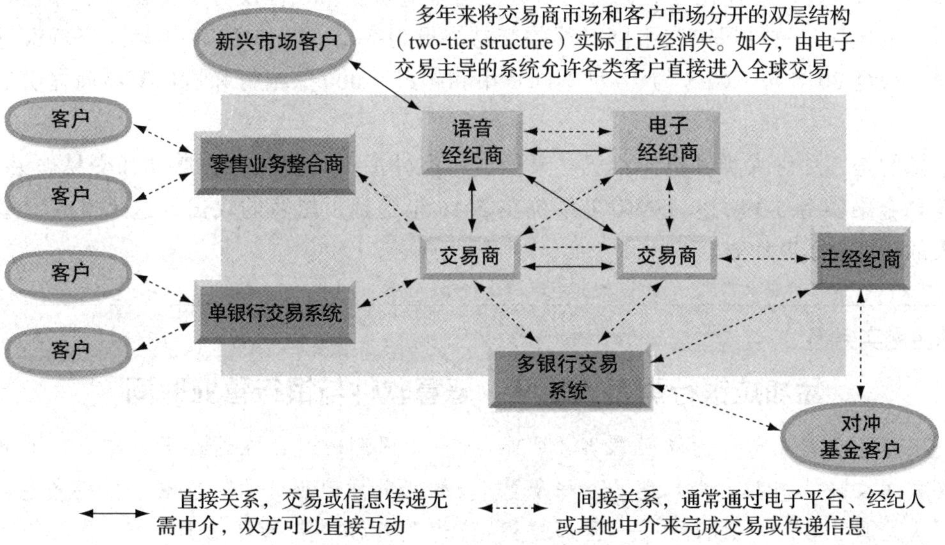

图 5.4 当今的外汇市场

资料来源：Constructed by authors based on a number of sources including " Foreign Exchange Market Structure, Players and Evolution," Michael R. King, Carol Osler and Dagfinn Rime, Norges Bank, Working Paper, Research Department, 2011, 10, p. 21, and " The anatomy of the global FX market through the lens of the 2013 Triennial Survey," by Dagfinn Rime and Andreas Schrimpf, BIS *Quarterly Review*, December 2013.

如今，仍然处在主流外汇市场之外的交易和交易商是新兴市场货币交易和小型银行。大多数交易商和经纪市场需要大量资本投入和批量交易，这些都是小型银行无法承受的。因此，小型银行使用其中一种交易系统进入市场，通常专注于交易外围货币或新兴市场货币。新兴市场货币由于交易量相对较少且流动性较低，可能仍通过语音经纪商进行交易。

5.2.5 外汇交易的三个组成部分

如今，一次外汇交易实际上涉及三个不同的组成部分：①外汇交易协议——前面提到的交易商、经纪商和整合商之间的互动；②支付和结算的电子通信和提示；③外汇交易的最终结算。

现在的外汇交易以电子方式记录，并使用金融指令进行支付和结算。这些指令通过**环球银行金融电信协会**（Society for Worldwide Interbank Financial Telecommunication，SWIFT）执行——希望是安全的。SWIFT 系统创始于 1973 年，它是一个允许世界各地的金融机构以安全、标准化和可靠的方式发送和接收有关金融交易信息的网络。尽管 SWIFT 系统负责发送支付订单，但它并不为资金的实际转账，即结算过程，提供便利。外汇交易的结算是通过银行和金融机构之间的代理账户完成的。如今，几乎所有的跨境外汇交易都是通过 SWIFT

系统执行的。

外汇交易的最终结算是研究赫斯塔特风险的一个至关重要的热点课题。2002年，持续连接结算系统（Continuous Linked Settlement，CLS）问世，基本消除了赫斯塔特风险，即结算风险。在CLS中，一家专业银行为其成员机构提供外汇交易结算服务。CLS使用付款对付款[⊖]（payment versus payment，PvP）结算服务，其中外汇交易双方的支付指令同时进行结算。如果没有PvP，就存在外汇交易的一方支付了应付货币，但没有从交易对手那里收到另一种货币的风险。这种风险在不同时区的交易中更为突出，就像1974年赫斯塔特银行倒闭案那样。截至2015年，CLS为18种不同货币和超过9 000家银行和机构交易商提供了结算服务。

遗憾的是，尽管人类和机器都已尽其所能，但外汇市场仍然存在欺诈和交易失灵现象。正如全球金融实务5.3所述，SWIFT系统在2016年受到了黑客的攻击，这是世界上迄今为止最大的一桩电子欺诈案。

全球金融实务5.3

孟加拉银行黑客大劫案：恶意软件与银行营业时间

2016年2月4日，计算机黑客（可能涉及孟加拉国的内部人士）使用一种恶意软件从孟加拉国的中央银行——孟加拉银行发送了35条独立的资金转账指令，试图将孟加拉银行在纽约联邦储备银行账户中的将近10亿美元转移到其他中央银行。这些资金转账指令通过SWIFT系统得以正确传输。

虽然这些资金转账指令的编码正确，但纽约联邦储备银行仍认为它们是不寻常的且非常可疑。纽约联邦储备银行确实批准了其中的5条资金转账指令，共计2 000万美元转入斯里兰卡泛亚银行，8 100万美元转入菲律宾中央银行，但纽约联邦储备银行搁置了其余的指令，等待进一步的核查结果。转入菲律宾中央银行的8 100万美元随后被转到马尼拉的私人账户，用于购买赌博筹码——这些资金最终未能追回。

讽刺的是，在这起丑闻中，人为错误和“银行营业时间”扮演了关键角色。纽约联邦储备银行于2月4日（星期四）和2月5日（星期五）反复向孟加拉银行发出验证请求。但由于孟加拉银行计算机系统的技术故障，这些请求没有得到及时回复。直到孟加拉银行在星期六解决了计算机问题，工作人员才发现纽约联邦储备银行发过来的多项验证请求。在意识到银行的SWIFT账户的本地终端已经遭到黑客入侵后，他们立即向纽约联邦储备银行发送了几封电子邮件和一份传真，要求停止支付。但他们的请求是在2月6日（星期六）和2月7日（星期日）——纽约联邦储备银行的非营业时间送达的，因此这些请求未被及时处理。

孟加拉银行黑客大劫案的案发过程见图5.5。

⊖ 付款对付款是一种用于外汇交易的风险管理方法。该机制确保在两种货币的兑换过程中，只有在一方完成支付后，另一方的款项才会进行最终转移，从而有效减少结算风险。——译者注

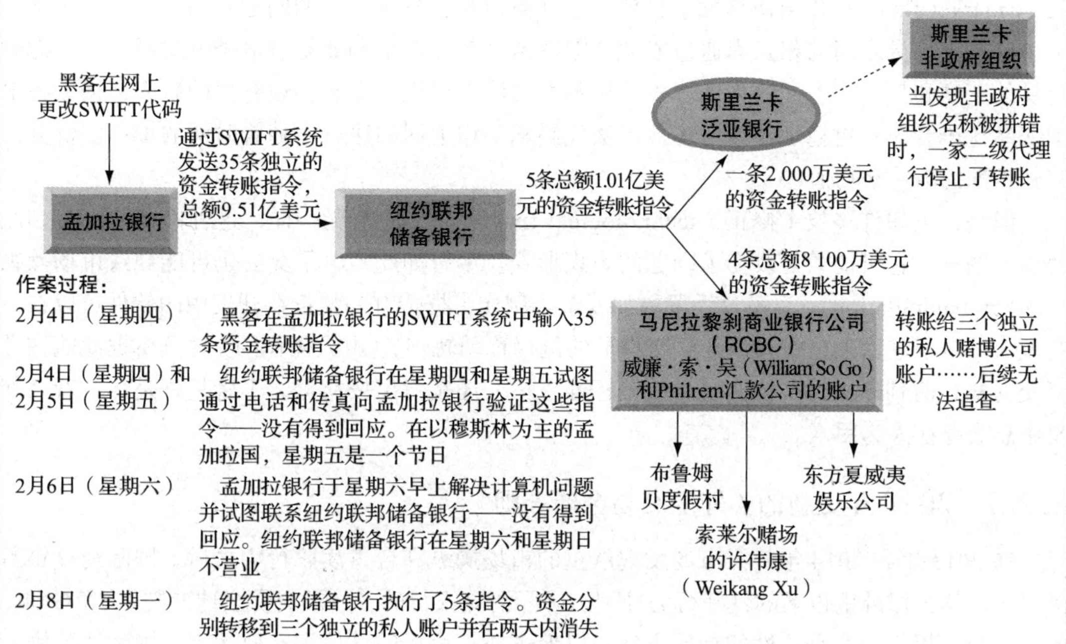

图 5.5　孟加拉银行黑客大劫案：从达卡到纽约再到马尼拉

5.2.6　外汇市场操纵：修改外汇的定盘价

继 2007—2009 年 LIBOR 的设定引发的动荡（第 8 章将详细介绍）之后，2013 年和 2014 年，针对外汇市场基准汇率可能被操纵的类似指控出现了。

市场关注的焦点主要集中在伦敦定盘价[⊖]（London fix）上，即每天下午 4 点的基准汇率（benchmark rate），该汇率被众多机构和指数用于标定外汇的价值。市场分析师注意到，在下午 4 点伦敦定盘价出炉之前，交易量曾出现急剧飙升的情况，但这种飙升的现象并未在随后的几小时或几天内延续。据称，交易员们采用互发电子邮件、使用社交网络甚至电话沟通的方式，在关键时刻彼此勾连影响市场走势和市场报价。外汇交易营业终了之后，交易员的个人交易（这在以前只是一个不太受关注的边缘领域）也受到了审查。人们本以为从语音交易（电话）转向电子交易可能是一个最终的解决方案，但交易员仍然使用各种电子媒介和社交网络进行沟通。

到 2014 年，近 75% 的外汇交易是以电子方式完成的。电子交易的增长被认为是**市场修**

⊖ 伦敦定盘价或伦敦固定价格指的是伦敦金融市场上每天下午 4 点确定的基准汇率，它是国际金融市场上重要的参考点。这个汇率由伦敦的一些主要银行通过协商确定，被广泛用于全球金融机构和指数的价值标定。伦敦定价机制在外汇、贵金属等市场尤为重要，它为交易者提供了一个公认的、权威的价格基准，有助于确保市场的透明度和公平性。然而，伦敦定价过程中的透明度和操纵问题引起了市场分析师和监管机构的关注。例如，在外汇市场，分析师发现在伦敦定价前后的交易量和价格波动异常，这引发了人们对交易员操纵市场以利于自身定价的担忧。因此，尽管伦敦定价是一个重要的市场机制，但其实施过程中的透明度和公正性是监管和改革的重点。——译者注正[一]（market fix），用以解决前面提到的下午4点市场交易量飙升的问题，因为人们认为交易量飙升是交易员之间的相互串通造成的。随着越来越多的市场交易以电子方式进行，考虑到交易的速度和频率，人们认为计算机算法不太可能进行欺诈交易。强有力的研究证据表明电子交易比语音交易更稳定，因为多数算法代码基于均值回归法——随着时间的推移汇价会回归到长期的市场平均值。

但是，正如许多技术修正（technological fix）所面临的情况一样，这种修正并没有彻底消除问题——它可能只是改变了问题的表现形式。尽管如此，电子交易仍可能导致市场操纵（market manipulation），只不过手段更加复杂。例如，据传有一款正在开发中的软件可以在一些最大的电子平台上追踪其他外汇交易员的鼠标移动轨迹，（由人操作的）计算机据此能在外汇交易执行前判断出另一位交易员的鼠标停在买入还是卖出按钮上。不管是好是坏，看来交易中总会存在人为因素。

5.2.7 2016年更新的《外汇交易全球准则》

在2013年和2014年外汇市场发现严重的市场操纵和合谋渎职行为之后，国际清算银行提出了一套全球外汇市场的良好行为准则。国际清算银行的《外汇交易全球准则》(FX Global Code）旨在提供一套普适性的指导方针，以促进外汇市场的诚信和有效运行。国际清算银行明确指出："该准则旨在促进建设一个稳健、公平、开放、流动性充足和适度透明的市场，以推动市场诚信和高效运行。在这个市场上，不同市场参与者在强大的基础设施支持下，能够自信且高效地进行交易，其交易价格具有竞争力，能反映现有的市场信息，并且交易行为符合公认的行为规范。"[二]与大多数行为准则一样，这套准则不具有法律约束力或强制监管义务，仅旨在推广全球外汇交易的最佳实践和业务流程。

《外汇交易全球准则》由六项主要原则组成。

（1）职业道德：市场参与者应遵循职业伦理和专业标准，以保障外汇市场的公平性和诚信度。

（2）治理机制：市场参与者应建立完善且明确的政策、程序和组织架构，以负责任的态度参与外汇市场的交易。

（3）信息共享：市场参与者在沟通时应确保信息的清晰性和准确性，并妥善保护机密信息，以促进有效沟通，共同建设一个稳健、公平、开放、流动性充足且适度透明的外汇市场。

（4）交易执行：市场参与者在谈判和执行交易时应保持谨慎，以支持建立稳健、公平、开放、流动性充足且适度透明的外汇市场。

（5）风险管理与合规：市场参与者应促进并维持稳健的风险管理及合规环境，有效地识别、衡量、监控、管理和报告他们参与外汇市场所涉及的风险。

（6）确认和结算流程：市场参与者应采取稳健、高效、透明、风险可控的交易后流程，

㊀ 市场修正通常指的是对市场中存在的问题采取的调整或改善措施，旨在让市场更加公平、透明或有效。例如，如果股票市场存在严重的信息不对称问题，导致某些投资者利用内幕信息获利，那么市场监管机构就会引入更严格的信息披露和交易监管规则，这就被视为一种市场修正。通过增加电子交易的方式来减少人为操纵和提高交易的透明度，也是试图修正市场问题的例子。——译者注

㊁ Bank for International Settlements, *FX Global Code*: *May 2016 Update*, p. 3.

以确保外汇市场交易的可预测性、顺畅性和及时结算。

5.3 外汇市场的交易类型

外汇市场的交易分为即期交易、远期交易和互换交易。按照更广泛的定义，外汇市场还包括主要的衍生品，如外汇期权、外汇期货和外汇互换等。

5.3.1 即期交易

银行间同业市场的**即期交易**（spot transaction）是银行之间的外汇买卖，通常在成交后的第二个交易日进行交割和付款。加拿大元与美元的交易是在成交后的第一个交易日进行交割。图 5.6 提供了全球外汇市场上常见的三种主要场外交易（即期交易、远期交易和互换交易）的结算情况。虽然这些交易类型存在多种变体，但所有交易都以未来交割日期为界定依据。(请注意，这里不包括期货交易；它们与远期交易在时间轨迹上类似，但不是在场外执行的。)

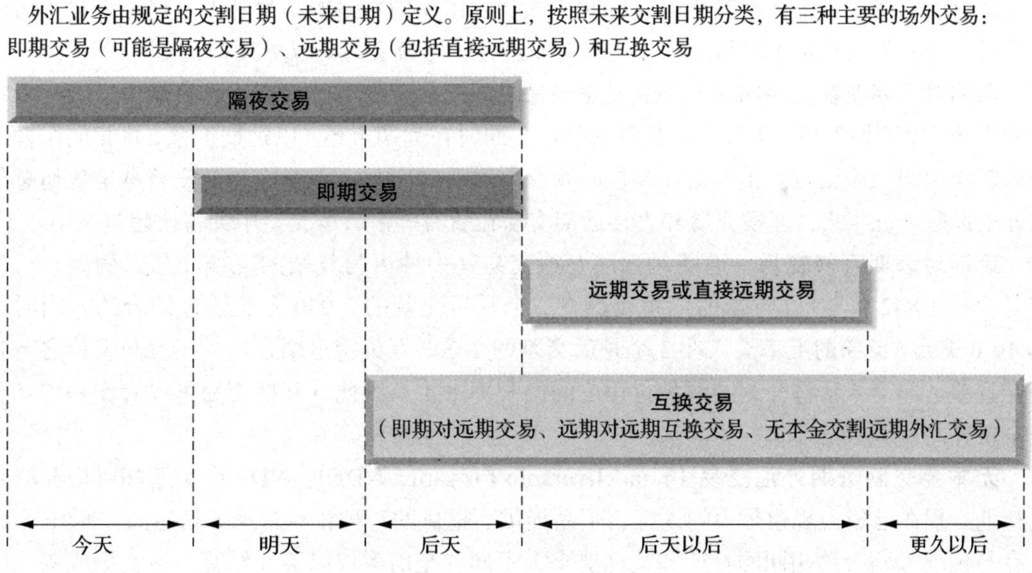

图 5.6　外汇交易与结算

进行结算的日期被称为**交割日**（value date）。在交割日，世界上大多数美元交易通过纽约清算所银行间支付系统（Clearing House Interbank Payments System，CHIPS）结算，该系统可以计算出任何一家银行应付给另一家银行的净差额，并确保当天下午 6 点前用纽约联邦储备银行的资金完成这些差额的支付。全球其他中央银行和结算服务提供商对全球其他货币的结算方式与之类似。

银行间同业市场上一个典型的即期交易场景可能是这样的：一家美国银行在星期一签订合同，将 1 000 万英镑转入一家伦敦银行的账户。如果即期汇率为 1.00 英镑 = 1.842 0 美元，美国银行将在星期三向伦敦银行转账 1 000 万英镑，同时伦敦银行将向美国银行转账 1 842 万美元。但是，银行与其商业客户之间的即期交易并不一定需要等待两天才完成结算。

5.3.2　远期交易

远期交易[forward transaction，更正式的说法是**直接远期交易**（outright forward transaction）]要求在未来某个指定交割日，按预定汇率交换一定数量的一种货币和另一种货币。汇率在签订合约时确定，但在到期日之前不需要付款和交割。**远期汇率**（forward exchange rate）通常以 1 个月、2 个月、3 个月、6 个月和 12 个月为交割期限报价。虽然需求量最大的是一年期或更短期限的远期汇率，但现在的远期报价往往可以延伸至未来 20 年。国际货币基金组织 2014 年的数据显示，共 127 个国家和地区有远期市场。

远期合约的付款日通常安排在合约到期后的第二个交易日。例如，3 月 18 日签订的两个月远期交易，其交割日定于 5 月 20 日；若 5 月 20 日恰逢周末或节假日，则顺延至下一个交易日。需要注意的是，在金融术语中，无论是使用"买入远期"还是"卖出远期"，都可用以描述同一笔交易。例如，承诺在 6 个月后以美元换取欧元的合约，既可以称作"买入远期欧元兑美元"，也可以称作"卖出远期美元兑欧元"。

5.3.3　互换交易

银行间同业市场的互换交易是指同时买入和卖出相同数量的某种外汇，但买入与卖出的交割日不同。买入和卖出均与同一个交易对手进行。互换交易有以下几种类型。

即期对远期交易。即期对远期交易是最常见的互换交易类型。在这种交易中，交易商在即期市场（以即期汇率）买入一定数量的外汇，同时在远期市场（以远期汇率）将相同金额的该外汇卖给同一家银行。由于这是与同一个交易对手的交易，因此交易商没有承担任何意外的外汇风险。近年来，互换交易和直接远期交易在所有外汇市场交易中的占比超过一半。

远期对远期互换交易。远期对远期互换交易是一种更为复杂的互换交易。例如，一位交易商以 1.842 0 美元 / 英镑的汇率卖出在 2 个月后交割的 2 000 万英镑远期合约，同时以 1.840 0 美元 / 英镑的汇率买入在 3 个月后交割的 2 000 万英镑远期合约。买价与卖价之差相当于息差，即第 6 章将介绍的两种货币之间的利率平价。因此，互换交易可以看作一种基于完全抵押的外币借贷方式。

无本金交割远期外汇交易（nondeliverable forward，NDF）。NDF 产生于 20 世纪 90 年代初期，现在已成为规模最大的外汇衍生品提供商提供的一种相对常见的衍生品。NDF 合约具有与传统远期合约相同的特征和文件要求，不同的是前者仅以美元结算，被卖出或买入的外币不进行实际交割。以美元为结算货币的特点，反映了 NDF 合约是一种离岸合约的事实。例如，对于在纽约进行投资的墨西哥投资者而言，由于这些投资活动发生在境外，因此不受其本国政府（即墨西哥政府）的管辖和监管框架的限制。NDF 在国际上根据国际互换和衍生品协会（International Swaps and Derivatives Association，ISDA）制定的标准进行交易。尽管 NDF 设立的初衷是作为一种货币套期保值方法，但是，据估计，现在超过 70% 的 NDF 都是出于投机目的。

NDF 主要用于新兴市场货币或受到严格外汇管制的货币，例如委内瑞拉的货币。新兴市场货币通常没有对外国投资者开放的即期外汇交易市场、高流动性货币市场或公开报价的欧洲货币利率。尽管 20 世纪 90 年代大多数 NDF 主要集中在拉丁美洲国家，但近年来许多亚洲国家的货币（包括中国的人民币）在 NDF 市场上的交易非常活跃。一般而言，NDF 市场通常是围绕有大规模跨境资本流动，但仍存在兑换限制的国家的货币形成的。

和普通的远期交易一样，NDF 的定价反映了基本的息差（详见第 6 章）以及银行对美元结算收取的额外溢价。然而，如果没有允许资本自由进出的或发达的货币市场来设定利率，NDF 的定价就会带有更多投机性因素。如果没有反映真实供求的利率，交易员们就可能根据其未来即期汇率预期对 NDF 进行定价。

NDF 在标的货币发行国境外进行交易和结算，因此不受该国政府的控制。在过去，这种情况很棘手，因为 NDF 市场在某种程度上成为该货币交易的灰色市场。例如，2001 年年底，阿根廷政府采取的 1 阿根廷比索兑换 1 美元的固定汇率制面临的压力越来越大，与此同时，NDF 市场的阿根廷比索兑美元汇率报价低得多，导致对阿根廷比索的投机压力增加。（这引起了阿根廷政府的愤怒。）

然而，NDF 已被证明是传统远期合约的不完美的替代品。NDF 的问题通常涉及其“在定价日确定即期汇率”的做法，即在合约末期，需要用即期汇率计算结算金额。例如，2003 年的委内瑞拉政府可能会长期暂停其货币（玻利瓦尔）的即期外汇交易市场，没有官方设定的汇率，NDF 就无法结算。就委内瑞拉而言，当官方宣布发行贬值的玻利瓦尔却仍然禁止外汇交易时，问题会雪上加霜。

5.4　外汇市场的规模、地理分布和货币构成

5.4.1　规模

国际清算银行联合世界各地的中央银行，每三年调查一次外汇交易的情况。2019 年 4 月的一次调查显示，全球外汇市场的每日净成交额约为 6.6 万亿美元，较 2016 年增长约 30%。1989—2019 年的国际清算银行统计数据如图 5.7 所示。

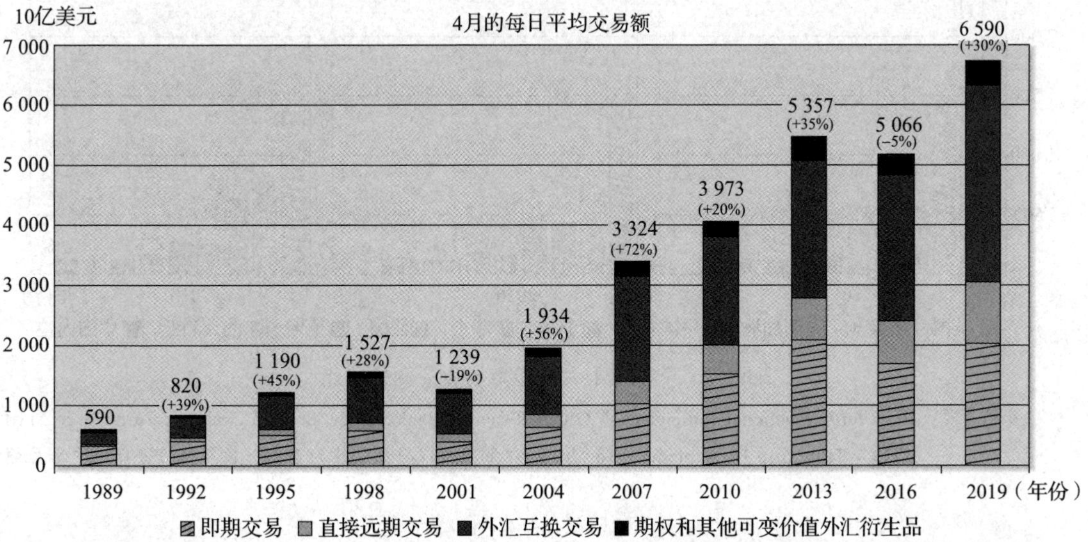

图 5.7　1989—2019 年全球外汇市场的交易额

资料来源：Bank for International Settlements, “Triennial Central Bank Survey: Foreign Exchange Turnover in April 2019,” Table 1, p.10, September 16, 2019.

图 5.7 中的全球外汇市场的交易按类型分为四类：即期交易、直接远期交易、外汇互换交易以及期权和其他可变价值外汇衍生品（other variable-value foreign exchange derivative）。数据增幅惊人：自 1989 年以来，外汇市场每日平均交易额增长了 1 000% 以上。

截至 2019 年 4 月，全球外汇市场的每日平均交易额为 6.6 万亿美元，其中即期交易额为 2.0 万亿美元，直接远期交易额为 1.0 万亿美元，外汇互换交易额为 3.2 万亿美元，期权和其他可变价值外汇衍生品交易额为 0.4 万亿美元。虽然 2000—2001 年的全球经济衰退明显抑制了市场交易，但 2008—2009 年的全球金融危机似乎并未产生类似影响。颇有意思的是，2016 年的数据显示，即期交易额自 2001 年以来首次出现下降。然而，到 2019 年，交易额重回增长轨道，较 2016 年同比增长了 30%。国际清算银行和其他机构认为，电子交易的增加、更多追求利润的投资者入市以及大数据的不同分销商的相互作用推动了这一增长。

5.4.2　地理分布

图 5.8 展示了 2013—2019 年全球前十大外汇市场交易额的占比。（请注意，尽管这些数据是以国家或地区的名称收集和报告的，但“美国”和“英国”应主要理解为“纽约”和“伦敦”。大多数外汇交易发生在每个国家或地区的主要金融城市。）2019 年，这十个市场占所有外汇交易量的 91%。

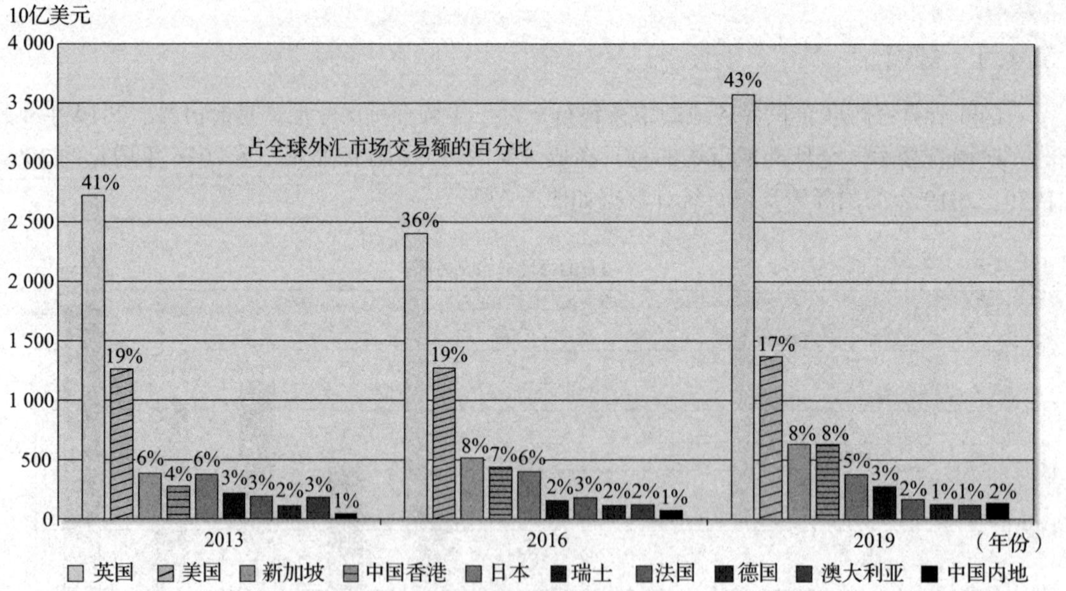

图 5.8　全球前十大外汇市场交易额的占比

资料来源：Bank for International Settlements, “Triennial Central Bank Survey: Foreign Exchange Turnover in April 2019,” Table 6, p.14, September 16, 2019. 以上数据以净成交额为基准，按 4 月的每日平均交易额计算。

英国（伦敦）仍然是全球外汇交易的中心，占据了 53% 的市场份额，其次是美国（纽约），占比为 20%。虽然这两个市场占比高达 73%，但亚洲外汇交易（新加坡、中国香港和中国内地）的市场份额在明显增长。

传统的老牌外汇交易中心如日本在交易额上没有显示出实质性增长。然而，作为历史最悠久的外汇交易中心之一，瑞士的市场份额在 2019 年迎来了复苏。鉴于过去 10 多年亚洲经济实力的提升、市场份额的扩大以及货币的升值，再加上欧元的问世和扩张（随着欧元区国家主权货币的消失，欧洲内部的外汇交易额下降了），相对于欧洲而言，亚洲外汇交易额的增长并不令人意外。关于未来外汇交易的中心，两个最大的疑问是：中国外汇交易量的增长速度有多快？英国脱欧对伦敦外汇交易会产生什么影响？

5.4.3　货币构成

外汇交易的货币构成显示出若干全球性的变化，如表 5.1 所示。美元（作为大多数交易中的一方货币）继续保持了其在全球外汇交易中的市场份额，且近年来略有上升。欧元和日元的市场份额都略有下降，作为全球交易量最大的三种货币中的两种，它们似乎受到人民币（占比 4.1%，自 2013 年以来几乎翻了一番）和其他一些新兴市场货币的挑战。所有货币都是以货币对的形式进行交易的，因此表 5.1 中显示的所有百分比都是该货币与其他货币的交易比例。

表 5.1　不同货币对的日外汇交易额占总额的百分比

货币对	与美元组成货币对的货币	2001 年	2004 年	2007 年	2010 年	2013 年	2016 年	2019 年
USD/EUR	欧元	30.0	28.0	26.8	27.7	24.1	23.1	24.0
USD/JPY	日元	20.2	17.0	13.2	14.3	18.3	17.8	13.2
USD/GBP	英镑	10.4	13.4	11.6	9.1	8.8	9.3	9.6
USD/AUD	澳大利亚元	4.1	5.5	5.6	6.3	6.8	5.2	5.4
USD/CAD	加拿大元	4.3	4.0	3.8	4.6	3.7	4.3	4.4
USD/CNY	中国人民币	—	—	—	0.8	2.1	3.8	4.1
USD/CHF	瑞士法郎	4.8	4.3	4.5	4.2	3.4	3.6	3.5
USD/KRW	韩元	—	—	—	1.5	1.1	1.5	1.9
USD/INR	印度卢比	—	—	—	0.9	0.9	1.1	1.7
USD/SGD	新加坡元	—	—	—	—	1.2	1.6	1.7
USD/NZD	新西兰元	—	—	—	—	1.5	1.5	1.6
USD/MXN	墨西哥比索	—	—	—	—	2.4	1.8	1.6
USD/SEK	瑞典克朗	—	—	1.7	1.1	1.0	1.3	1.3
USD/NOK	挪威克朗	—	—	—	—	0.9	0.9	1.1
USD/BRL	巴西雷亚尔	—	—	—	0.6	0.9	0.9	1.0
USD/RUB	俄罗斯卢布	—	—	—	—	1.5	1.1	1.0
USD/ZAR	南非兰特	—	—	—	0.6	1.0	0.8	0.9
USD/TRY	土耳其里拉	—	—	—	—	1.2	1.3	0.9
USD/PLN	波兰兹罗提	—	—	—	—	0.4	0.4	0.4
USD/ 其他货币	其他货币	16.0	15.9	18.4	11.2	4.0	4.2	4.9
货币对	**与欧元组成货币对的货币**	**2001 年**	**2004 年**	**2007 年**	**2010 年**	**2013 年**	**2016 年**	**2019 年**
EUR/GBP	英镑	2.1	2.4	2.1	2.7	1.9	2.0	2.0
EUR/JPY	日元	2.9	3.2	2.6	2.8	2.8	1.6	1.7
EUR/CHF	瑞士法郎	1.1	1.6	1.9	1.8	1.3	0.9	1.1
EUR/SEK	瑞典克朗	—	—	0.7	0.9	0.5	0.7	0.5

（续）

货币对	与欧元组成货币对的货币	2001 年	2004 年	2007 年	2010 年	2013 年	2016 年	2019 年
EUR/NOK	挪威克朗	—	—	—	—	0.4	0.6	0.5
EUR/AUD	澳大利亚元	0.1	0.2	0.3	0.3	0.4	0.3	0.3
EUR/CAD	加拿大元	0.1	0.1	0.2	0.3	0.3	0.3	0.2
EUR/PLN	波兰兹罗提	—	—	—	—	0.3	0.3	0.2
EUR/DKK	丹麦克朗	—	—	—	—	0.2	0.2	0.2
EUR/HUF	匈牙利福林	—	—	—	—	0.2	0.1	0.2
EUR/CNY	中国人民币	—	—	—	—	0.0	0.0	0.1
EUR/TRY	土耳其里拉	—	—	—	—	0.1	0.1	0.0
EUR/ 其他货币	其他货币	1.6	1.9	2.5	2.6	0.9	1.3	1.3
货币对	**与日元组成货币对的货币**	**2001 年**	**2004 年**	**2007 年**	**2010 年**	**2013 年**	**2016 年**	**2019 年**
JPY/AUD	澳大利亚元	—	—	—	0.6	0.9	0.6	0.5
JPY/CAD	加拿大元	—	—	—	—	0.1	0.1	0.1
JPY/NZD	新西兰元	—	—	—	0.1	0.1	0.1	0.1
JPY/TRY	土耳其里拉	—	—	—	—	0.0	0.1	0.1
JPY/ZAR	南非兰特	—	—	—	—	0.1	0.1	0.1
JPY/BRL	巴西雷亚尔	—	—	—	—	0.1	0.0	0.0
JPY/ 其他货币	其他货币	1.2	0.7	1.5	1.2	0.8	1.3	1.0
其他货币对	其他所有货币	1.1	1.9	2.7	1.8	1.7	1.9	1.6

资料来源：Constructed by authors based on data presented in Table 3, p. 11, of "Triennial Central Bank Survey: Foreign Exchange Turnover in April 2019," Bank for International Settlements, September 2019.

5.5 外汇汇率与汇率报价

外汇汇率（foreign exchange rate）是指以一种货币表示另一种货币的价格。汇率报价是指买卖双方表示愿意以公布的汇率进行交易的声明。在深入研究外汇交易的基本规则时，需要了解基本的标价方式。以橘子的标价为例，如果一个橘子的价格是 1.20 美元，那么“价格”是 1.20 美元，而“货币”是“橘子”。

5.5.1 货币符号

报价可以用传统货币符号或 ISO 代码表示。国际标准化组织（International Organization for Standardization，ISO）是世界上最大的自愿性标准制定组织。ISO 4217 是货币代码的国际标准。ISO 代码是为电子通信而开发的。本章主要使用以下传统货币符号和 ISO 代码。

货币	传统货币符号	ISO 代码
美元	$	USD
欧元	€	EUR
英镑	£	GBP
日元	¥	JPY
墨西哥比索	Mex $	MXN

如今，全球外汇市场上金融机构之间的所有外汇电子交易都使用三个字母的 ISO 代码。虽然零售市场和商业期刊没有严格的规定，但欧洲和美国的出版物倾向于使用传统货币符号，而亚洲和中东的许多出版物已经接受了使用 ISO 代码。然而，大多数国家在纸币（钞票）设计上仍然沿用传统货币符号，或通过其他方式保留这些符号在货币文化中的重要地位。

5.5.2　汇率报价

汇率报价遵循若干原则，这些原则乍看之下可能有些令人困惑或不直观。每笔外汇交易都涉及两种货币，货币 1（CUR1）和货币 2（CUR2）：

CUR1/CUR2

斜杠左侧的货币被称为**基准货币**（base currency）或**单位货币**（unit currency）。斜杠右侧的货币被称为**标价货币**（price currency）或**报价货币**（quote currency）。报价往往表示换取一单位基准货币 CUR1 所需要的标价货币 CUR2 的数量。

美元和欧元之间的汇率报价最为常见。举个例子，报价 EUR/USD 1.217 4 表示欧元（EUR）为基准货币，美元（USD）为标价货币，汇率为 EUR1.00 = USD1.217 4。记住斜杠左侧的货币是基准货币，并且始终是一个单位，就可以避免混淆。图 5.9 概述了全球用欧元和美元进行汇率报价时使用的众多术语。

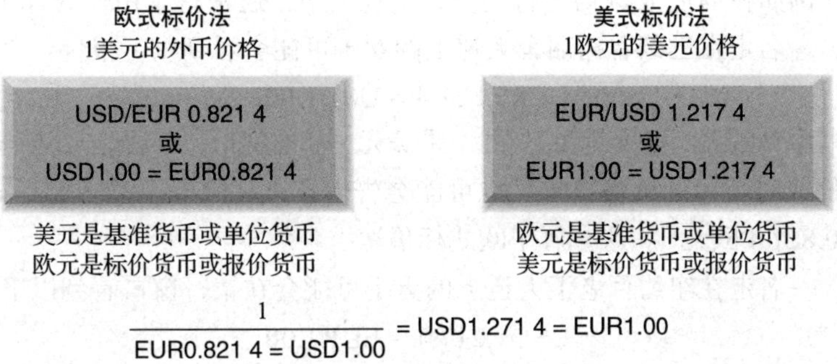

图 5.9　汇率报价

5.5.3　市场惯例

国际外汇市场虽然是世界上最大的金融市场，但深受历史传统和行业惯例的影响。

欧式标价法（European term）。欧式标价法即按每一美元来报价特定货币的数量，这种方法在过去 60 年甚至更长时间里已经成为市场惯例。在全球范围内，用于货币报价的基准货币通常是美元。欧式标价法意味着无论何时对货币报价，都按照 1 美元相当于多少数量的其他货币来报价。

例如，如果苏黎世的一位交易员（其本币为瑞士法郎，CHF）向奥斯陆的一位交易员询价挪威克朗（NOK），挪威交易员会报出挪威克朗相对于美元而非瑞士法郎的价格。结果是，多数货币都以美元为基准货币进行报价——美元 / 日元、美元 / 挪威克朗、美元 / 墨西哥比索、美元 / 巴西雷亚尔、美元 / 马来西亚林吉特、美元 / 人民币等。

美式标价法（American term）。使用欧式标价法这一惯例有两个主要例外：欧元和英镑（英镑由于历史传统而成为例外）。这两种货币通常以美式标价法报价——1 欧元的美元价格和1英镑的美元价格。此外，澳大利亚元和新西兰元通常也按美式标价法报价。

欧元最初是作为德国马克和法国法郎等国内货币的替代品而推出的。为了让这些传统货币的使用者更容易接受，所有报价均采用“每欧元多少国内货币”的形式。对美元的报价也是如此，因此，“每欧元多少美元”是如今常用的报价方法。

几个世纪以来，英国货币采用的进位制度为1英镑等于20先令，1先令等于12便士。非十进制在进行乘除计算时相对复杂。伦敦（当时无可争议的世界金融中心）的外汇标价习惯以每英镑多少外币来表示。即使在1971年英镑改为十进制后，这一惯例仍然延续。

美式标价法也用于大多数外汇期权和外汇期货，以及零售市场中游客兑换现金和个人汇款的报价。再次强调，这主要是长期以来形成的习惯所致，而不是基于某项金融法的规定。

货币昵称（currency nickname）。外汇交易员也许会使用主要货币的昵称。“Cable”是指美元与英镑之间的汇率，这个名称可以追溯到美元和英镑通过跨大西洋的电报电缆进行交易的年代。加拿大元的昵称是“Loonie”，因为加拿大一元硬币上有北美潜鸟（common loon）图案。“Kiwi”代表新西兰元[㊀]，“Aussie”代表澳大利亚元，“Swissie”代表瑞士法郎，“Sing dollar”代表新加坡元。

直接报价法与间接报价法。直接报价法（direct quote）是一单位外币等于多少本币的报价方式。**间接报价法**（indirect quote）是一单位本币等于多少外币的报价方式。在许多国家的零售外汇交易（例如在酒店或机场进行的货币兑换）中，通常将本币作为标价货币，将外币作为基准货币。一名走在巴黎香榭丽舍大道上的女士可能会看到以下报价：

$$\text{EUR}0.821\,4 = \text{USD}1.00$$

在法国，本币是欧元（标价货币），外币是美元（基准货币），因此，在巴黎，该报价是对美元的直接报价或对美元的价格报价。她可能会告诉自己，“1美元合0.821 4欧元”，或“1美元的价格是0.821 4欧元”。这些属于欧式标价法。

与此同时，一名走在纽约百老汇大道上的男士可能会在银行窗口看到以下报价：

$$\text{USD}1.217\,4 = \text{EUR}1.00$$

在美国，本币是美元（标价货币），外币是欧元（基准货币），所以，在纽约，这是对欧元的直接报价（一单位外币的本币价格，即USD1.217 4 = EUR1.00）和对美元的间接报价（一单位本币的外币价格，即EUR0.821 4 = USD1.00）。该男士可能会对自己说：“我为每欧元支付1.217 4美元。”这是美式标价法。两个报价显然是等价的（至少到小数点后四位是如此），只不过一种报价是另一种报价的倒数：

$$\frac{1}{\text{EUR}\,0.821\,4 = \text{USD}1.00} = \text{USD}1.217\,4 = \text{EUR}1.00$$

买入汇率和卖出汇率。虽然报纸或杂志的文章将汇率写成一个值，但买卖外汇的市场（无论是零售市场还是批发市场）使用两种不同的汇率，一种表示买入汇率，而另一种表示卖出汇率。图5.10以美元和欧元之间的汇率为例，介绍了这些报价在市场上的运用。

买入汇率（出价，bid）是交易商买入一种货币所支付的价格。**卖出汇率**（叫价，ask）是交易商卖出另一种货币的价格。交易商按照出价买入并以略高的叫价卖出，利润来自这两者的差价，即买卖价差。对于不经常交易或交易量较小或同时存在上述两种情况的货币，买卖

㊀ “Kiwi”是新西兰的国鸟，新西兰的硬币上铸有这种鸟的图案。——译者注

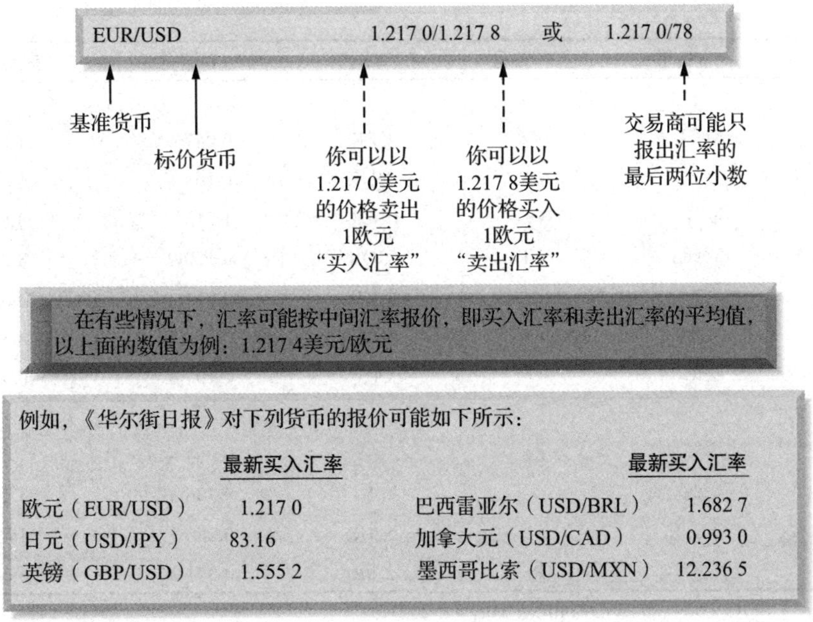

图 5.10　买入汇率、卖出汇率和中间汇率的报价

价差可能相当大。

一种货币的买入价也是另一种货币的卖出价，因此外汇市场中的买卖报价表面上看起来相当复杂。交易商用欧元买入美元，同时也是在卖出欧元以换取美元。《华尔街日报》给出了部分货币的汇率报价，如表 5.2 所示。

表 5.2　纽约汇市收盘价一览

2021 年 5 月 10 日

国家	货币	符号	ISO 代码	等值美元	美元 / 他国货币
美洲					
阿根廷	比索	ARS$	ARS	0.010 7	93.852 8
巴西	雷亚尔	R$	BRL	0.191 3	5.228 7
加拿大	加拿大元	C$	CAD	0.826 1	1.210 5
智利	比索	$	CLP	0.001 435	697
墨西哥	比索	Mex$	MXN	0.050 2	19.939 2
亚洲					
澳大利亚	澳大利亚元	A$	AUD	0.782 9	1.277 3
中国	元	¥	CNY	0.155 8	6.416 6
印度	卢比	₹	INR	0.013 61	73.485 55
印度尼西亚	卢比	Rp	IDR	0.000 070 4	14 198
日本	日元	¥	JPY	0.009 19	108.84
新加坡	新加坡元	S$	SGD	0.754 3	1.325 7
韩国	韩元	₩	KRW	0.000 895 4	1 116.83
泰国	泰铢	฿	THB	0.032 13	31.12
越南	越南盾	₫	VND	0.000 043 36	23 062

（续）

国家	货币	符号	ISO 代码	等值美元	美元 / 他国货币
欧洲					
捷克	克朗	Kč	CZK	0.047 44	21.08
丹麦	克朗	Dkr	DKK	0.163 1	6.130 7
欧元区	欧元	€	EUR	1.213	0.824 4
挪威	克朗	NKr	NOK	0.120 9	8.272 7
俄罗斯	卢布	₽	RUB	0.013 45	74.32 7
瑞典	克朗	SKr	SEK	0.119 8	8.345 2
瑞士	法郎	Fr.	CHF	1.109 8	0.901 1
中东 / 非洲					
埃及	埃及镑	£	EGP	0.063 8	15.671 3
以色列	新谢克尔	₪	ILS	0.306 8	3.259 3
沙特阿拉伯	里亚尔	SR	SAR	0.266 7	3.750 2
南非	兰特	R	ZAR	0.071 2	14.049 2

资料来源：*The Wall Street Journal* online, May 11, 2021.

注：报价为路透社于美国东部时间下午 4 点对金额不少于 100 万美元的银行间外汇市场的报价。

在《华尔街日报》的汇率报价中，“等值美元”一栏下是美式标价法的报价，“美元 / 他国货币”一栏下是欧式标价法的报价。报价基于即期交易的实际价格，为少数几种货币提供了 1 个月期、3 个月期和 6 个月期远期报价，这些报价针对银行间交易，交易金额为 100 万美元或以上，由路透社在美国东部时间下午 4 点提供。《华尔街日报》没有说明这些是买入汇率、卖出汇率还是中间汇率的报价。

交易员使用的货币报价顺序可能令人困惑（至少本书作者认为如此）。正如一份国际银行业主要刊物所指出的：交易员使用的是 EUR/USD 这种符号，尽管从数学角度来说，反过来表示汇率会更准确，因为它表明需要支付多少美元才能获得 1 欧元。这就是为什么图 5.10 中显示的汇率报价——例如 EUR/USD、USD/JPY 或 GBP/USD——在商业活动和本书中也表述为 \$1.217 0/€、¥83.16/\$ 和 \$1.555 2/£。

5.5.4 交叉汇率

许多货币对的交易不活跃，因此它们的汇率是通过与一种广泛交易的第三方货币的关系来确定的。例如，墨西哥进口商需要以日元支付在东京购买的商品款项。墨西哥比索和日元通常都是以美元作为报价的基准货币。使用表 5.2 中的以下报价：

		美元 / 他国货币
日元	USD/JPY	108.84
墨西哥比索	USD/MXN	19.939 2

墨西哥进口商可以用 19.939 2 墨西哥比索购买 1 美元，而这 1 美元可以购买 108.84 日元。**交叉汇率**（cross rate）的计算方法如下：

$$\frac{108.84\text{日元}=1\text{美元}}{19.939\ 2\text{墨西哥比索}=1\text{美元}}=5.458\ 6\text{日元}=1\text{墨西哥比索}$$

交叉汇率的计算结果也可以表示为它的倒数，即用 USD/MXN 的汇率除以 USD/JPY 的汇率，得到 0.183 2 墨西哥比索 / 日元。交叉汇率通常以矩阵形式出现在各种金融出版物中，以简化数学运算。

5.5.5　跨市场套汇

交叉汇率可以用于检查是否存在跨市场套汇的机会。假设汇率报价如下：

纽约的花旗银行的欧元 / 美元报价	USD1.329 7 = EUR1.00
伦敦的巴克莱银行的英镑 / 美元报价	USD1.558 5 = GBP1.00
法兰克福的德累斯顿银行的英镑 / 欧元报价	EUR1.172 2 = GBP1.00

根据花旗银行和巴克莱银行的报价，可以推导出欧元和英镑的交叉汇率为

$$\frac{\text{USD1.558 5 = GBP1.00}}{\text{USD1.329 7 = EUR1.00}} = \text{EUR1.172 1 = GBP1.00}$$

请注意，计算出的交叉汇率 EUR1.172 1 = GBP1.00 与德累斯顿银行的报价 EUR1.172 2 = GBP1.00 不同，因此有机会在三个市场之间套汇获利。图 5.11 展示了**三角套汇**（triangular arbitrage）的步骤。

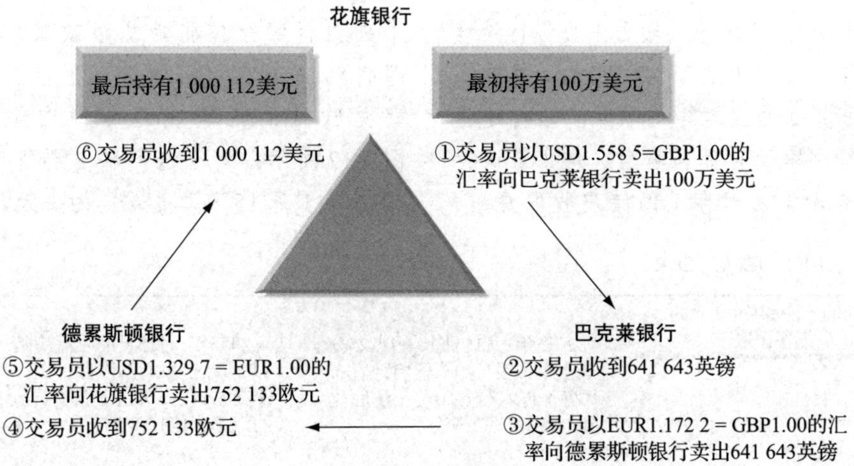

图 5.11　一位市场交易员的三角套汇

花旗银行的一位市场交易员持有 100 万美元，他可以将这笔钱以即期汇率卖给巴克莱银行换取英镑，然后再将这些英镑卖给德累斯顿银行换取欧元。在第三笔交易——也是最后一笔同步交易中，交易员可以将欧元卖给花旗银行换取 1 000 112 美元。

这样一轮交易可以无风险套利 112 美元，即 1 000 112−1 000 000 = 112（美元）。虽然金额并不多，但这是通过电子交易获得的利润。这种三角套汇可以一直持续下去，直到重新建立汇率均衡。在这种情况下，重新建立汇率均衡意味着减去一笔微小的交易成本后，计算出的交叉汇率等于实际报价。这一切看似简单明了，但前提是市场不会出现重大意外。全球金融实务 5.4 介绍了一个案例，在这个案例中，即便是世界上最保守的国家之一——瑞士，其汇率也被证实是难以预测的。

全球金融实务 5.4

飞涨的瑞士法郎

多年来，瑞士一直采取措施应对瑞士法郎对欧元的升值。瑞士不是欧盟成员国，但拥有一个多世纪以来世界上最稳定的货币之一。然而，瑞士的经济与货币完全被欧元区所包围。

2011 年，为了阻止瑞士法郎对欧元的继续升值，瑞士中央银行宣布为瑞士法郎兑欧元的汇率设定一个下限，即 1.20 瑞士法郎兑 1 欧元。为了维持这一汇率水平，一旦市场汇率有可能触及该下限，瑞士中央银行就会用瑞士法郎购买欧元来干预外汇市场。

2015 年年初，市场继续试图推动瑞士法郎升值（这意味着将该汇率拉低到低于下限的水平）。对应地，瑞士中央银行继续进行干预，用瑞士法郎购买欧元，其外汇储备中积累了越来越多的欧元。该行还将中央银行利率设为负利率。这意味着该行将向持有瑞士法郎存款的储户收取费用，以阻止投资者将包括欧元在内的任何货币兑换为瑞士法郎。

但在 2014 年，欧盟的经济持续举步维艰，且 2015 年年初的报告显示，其经济增长将进一步放缓。由于担心欧元未来贬值，投资者希望抛售欧元。随后，欧洲中央银行宣布将采取买入政府债券措施——量化宽松政策（quantitative easing，QE，扩张性货币政策）——以刺激疲软的欧盟经济，该政策加剧了投资者的焦虑。

2015 年 1 月 15 日，瑞士中央银行宣布放弃 1.20 瑞士法郎兑 1 欧元的汇率下限，并进一步降息，这一举措震惊了市场。瑞士中央银行认为，随着欧洲中央银行实行扩张性货币政策，瑞士法郎将无法守住此前的汇率下限。瑞士法郎兑欧元的汇率在几分钟内飙升。如图 5.12 所示，对于这两种主要货币来说，2015 年 1 月 15 日真是难忘的一天。

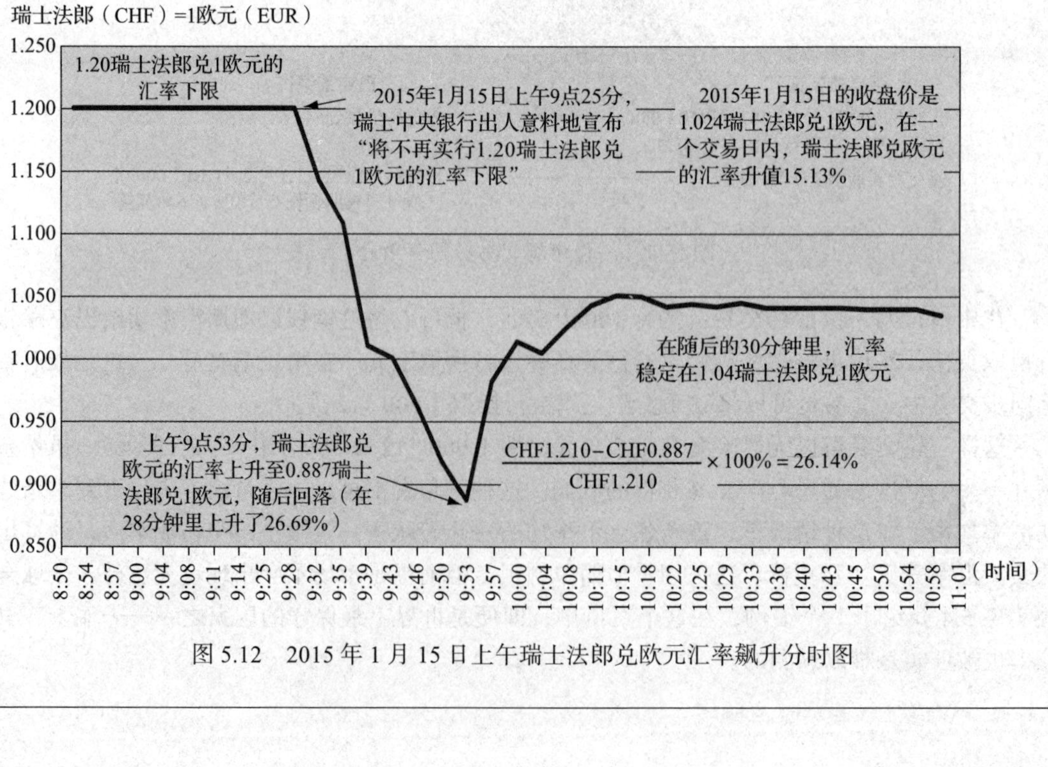

图 5.12 2015 年 1 月 15 日上午瑞士法郎兑欧元汇率飙升分时图

5.5.6 远期汇率报价

即期汇率通常以直接报价法表示（即显示所有小数），远期汇率则根据不同币种，通常采取点数（point or pip）报价法，即显示小数点后的最后几位小数。1 年期或更短期限的远期汇率被称为**现金汇率**（cash rate）[㊀]。期限超过 1 年的远期汇率被称为**互换汇率**（swap rate）。以点数表示的远期汇率报价不是汇率本身，而是远期汇率和即期汇率之间的差价。因此，即期汇率本身永远不能以点数报价。

细看表 5.3 中的即期汇率报价和远期汇率报价。即期买入汇率报价和即期卖出汇率报价都是直接报价，而点数反映了远期汇率报价与即期汇率报价之差。以表 5.3 中买入和卖出 3 个月期日元远期汇率的点数报价为例。−143 是指与即期买入汇率的点数之差，−140 是指与即期卖出汇率的点数之差。

表 5.3 欧元和日元的即期汇率报价与远期汇率报价

		欧元：即期汇率与远期汇率（美元 =1.00 欧元）				日元：即期汇率与远期汇率（日元 =1.00 美元）			
		买入汇率		卖出汇率		买入汇率		卖出汇率	
	期限	点数	汇率	点数	汇率	点数	汇率	点数	汇率
即期汇率	即期		1.089 7		1.090 1		118.27		118.37
现金汇率	1 周	3	1.090 0	4	1.090 5	−10	118.17	−9	118.28
	1 个月	17	1.091 4	19	1.092 0	−51	117.76	−50	117.87
	2 个月	35	1.093 2	36	1.093 7	−95	117.32	−93	117.44
	3 个月	53	1.095 0	54	1.095 5	−143	116.84	−140	116.97
	4 个月	72	1.096 9	76	1.097 7	−195	116.32	−190	116.47
	5 个月	90	1.098 7	95	1.099 6	−240	115.87	−237	116.00
	6 个月	112	1.100 9	113	1.101 4	−288	115.39	−287	115.50
	9 个月	175	1.107 2	177	1.107 8	−435	113.92	−429	114.08
	1 年	242	1.113 9	245	1.114 6	−584	112.43	−581	112.56
互换汇率	2 年	481	1.137 8	522	1.142 3	−1 150	106.77	−1 129	107.08
	3 年	750	1.164 7	810	1.171 1	−1 748	100.79	−1 698	101.39
	4 年	960	1.185 7	1 039	1.194 0	−2 185	96.42	−2 115	97.22
	5 年	1 129	1.202 6	1 276	1.217 7	−2 592	92.35	−2 490	93.47

给定即期买入汇率为 118.27，即期卖出汇率为 118.37，因此以直接报价法表示的 3 个月期远期汇率的计算方法如下。

	买入汇率	卖出汇率
即期汇率报价	JPY118.27	JPY118.37
点数（3 个月期）	−143	−140
远期汇率报价	JPY116.84	JPY116.97

注：1 个点数等于 0.01。

两年或期限更长的远期买入和卖出报价被称为互换汇率。如前所述，银行间同业市场的许多远期外汇交易涉及买入一个日期的货币的同时卖出另一个日期的货币（即反向交易）。这

㊀ 这一术语更常见的称呼是短期远期汇率（short-term forward rate）。——译者注

种“互换”是指借入一种货币同时在相同的时间内贷出另一种货币的交易。换言之，即在短期内借入一种货币并贷出等值的另一种货币。事实上，这就是银行将远期合约归类为外币贷款协议（foreign currency loan agreement）的原因。如果双方愿意，可以按照每种货币的现行利率相互收取利息。然而，更为简单的做法是，由持有较高利率的货币的一方向对方支付两种货币的息差。以点数表示的互换汇率是净息差，而不是利率本身。

即期汇率与远期汇率之间的关系可以用**远期升贴水率**（forward premium）来衡量。远期升贴水率f是以年化百分比表示的即期汇率和远期汇率之间的差异。当使用外币（fc）来标价本币（hc）价格时，远期升贴水率的计算公式如下：

$$f^{\mathrm{fc=hc}}=\frac{\text{即期汇率}-\text{远期汇率}}{\text{远期汇率}}\times\frac{360}{\text{远期天数}}\times 100\%$$

我们将在第6章中进一步探讨远期汇率与远期升贴水率。

要点小结

- 外汇市场的三大功能是转移购买力、提供信贷和外汇风险最小化。
- 电子平台和复杂交易算法的发展使得各种类型和规模的交易者更容易进入外汇市场。
- 从地理上来看，外汇市场遍布全球，每个交易日的每个小时都有价格波动和外汇交易发生。
- 外汇汇率是指以一种货币表示另一种货币的价格。汇率报价是指买卖双方表示愿意以公布的汇率进行交易的声明。
- 欧式标价法是一美元的外币价格。美式标价法是一单位外币的美元价格。
- 汇率报价可以采用直接报价法也可以采用间接报价法。直接报价法是一单位外币的本币价格，间接报价法是一单位本币的外币价格。
- 直接报价法和间接报价法不是美式标价法和欧式标价法的同义词，因为本币会根据计算者的不同而改变，但欧式标价法总是表示1美元的外币价格。
- 交叉汇率是指两种货币之间的汇率，这一汇率是根据它们与第三种货币的共同关系计算得出的。当两种货币之间的交叉汇率与其直接汇率有所不同时，跨市场套汇的机会便存在。

问 题

5.1 **定义。**请定义以下术语：

a. 外汇市场；

b. 外汇交易；

c. 外汇。

5.2 **外汇市场的功能。**外汇市场的三大功能是什么？

5.3 **外汇市场的结构。**全球外汇市场是如何构成的？数字通信取代了人工通信吗？

5.4 **市场参与者。**请列出每类外汇市场参与者买入或卖出外汇的动机。

5.5 **外汇交易。**请定义以下各类外汇交易：

a. 即期交易；

b. 直接远期交易；

c. 远期对远期互换交易。

5.6 **互换交易。**请定义并区分外汇市场中不同类型的互换交易。

5.7 **NDF。**什么是NDF？为什么会存在NDF？

5.8 **外汇市场的特征。**请参考2013年的外汇交易额回答以下问题。

a. 按外汇交易额对即期交易、远期交易和互换交易的相对规模进行排序。

b. 按外汇交易额降序列出五个最重要的外汇市场所在地。

c. 按降序列出三种最重要的标价货币。

5.9　**汇率报价**。请定义下列术语并各举一例：

a. 买入汇率报价；

b. 卖出汇率报价。

5.10　**报价转换**。请将以下间接报价转换为直接报价，并将直接报价转换为间接报价。

a. 欧元：1.22 欧元 / 美元。

b. 俄罗斯卢布：130 俄罗斯卢布 / 美元。

c. 丹麦克朗：0.164 4 美元 / 丹麦克朗。

5.11　**地理分布与外汇市场**。请回答以下问题。

a. 外汇市场的地理分布是指什么？

b. 外汇市场与交易活动的联系是什么？

5.12　**美式标价法与欧式标价法**。对于银行间报价，美式标价法与欧式标价法之间有什么区别？

5.13　**直接报价法与间接报价法**。请为如下情况各举一例。

a. 美元与墨西哥比索之间的直接报价，其中美国被指定为母国。

b. 日元与人民币（元）之间的间接报价，其中中国被指定为母国。

5.14　**基准货币与标价货币**。请给出基准货币、单位货币、标价货币和报价货币的定义。

5.15　**交叉汇率与跨市场套汇**。在讨论跨市场套汇时，为什么交叉汇率具有特殊意义？

迷你案例

冰岛：全球金融危机中的一个小国

习　题

扫码了解习题

第6章
CHAPTER 6

国际平价条件

……如果资本能够自由流动至最能带来高利润的国家，那么利润率将不存在差异，商品的实际价格和劳动力价格之间也不存在其他差异，唯一的区别是将商品运送到各个市场所需的额外劳动投入。

——大卫·李嘉图，《政治经济学及赋税原理》，1817年

学习目标

6.1 理解各国的物价水平及物价水平的变化（通货膨胀情况）如何决定本国货币的汇率

6.2 说明利率如何反映各国通货膨胀的力量以及如何驱使汇率发生变化

6.3 解释远期货币市场如何反映市场参与者对未来即期汇率的预期

6.4 分析在均衡条件下，即期和远期货币市场如何与利息之差、预期通货膨胀率之差保持一致

汇率的决定因素是什么？汇率变动是否可以预测？这些是跨国公司的经理、国际投资组合的管理者、进出口商人及政府官员每天必须思考的基本问题。本章将讲述决定汇率的核心理论。第7章将揭示这些核心理论是如何结合起来并创造出外汇衍生品的。第8章将介绍另外两个关于外汇估值的主要理论流派，并展示这三种不同理论在实际应用中的结合。

将汇率、物价水平和利率联系起来的经济理论被称为**国际平价条件**（international parity condition）。在许多人眼中，国际平价条件是国际金融领域中特有的核心理论。虽然这些理论与学生和从业者在现实世界中观察到的情况相比并不总是“真实”的，但它们对于理解当今世界上的跨国经营和融资方式至关重要。通常情况下，问题往往不出在理论本身，而出在理论对现实情况的解释或在实践中的应用方式上。本章以迷你案例“渡边太太和日元套利交易”为结尾，展示了当国际平价理论与实践发生偏离时，如何可能形成非常规的盈利机会，但这

些机会仅留给愿意承担风险的人。

6.1　物价与汇率

如果相同的商品或服务可以在两个不同的市场销售，并且两个市场之间的销售和运输不受限制，那么其价格应该是相同的。这就是**一价定律**（law of one price）。

竞争性市场的一个主要原则是，如果市场之间不存在商品或服务流动的贸易摩擦或成本，那么其价格将趋于一致。如果同一种商品分别在两个国家的市场上销售，且该商品的价格以两种不同的货币表示，那么，其价格经过折算后应相同。一般来说，比较价格是否有差异的方法是进行货币转换。例如：

$$P^{\$} \times S^{¥=\$1.00} = P^{¥}$$

用以美元计价的商品价格（$P^{\$}$）乘以即期汇率 $S^{¥=\$1.00}$（一单位美元等于多少日元），可以得到以日元计价的商品价格（$P^{¥}$）。如果这种商品的价格分别以所在国家的本地货币计价，并且市场是有效的（即在竞争条件下可以有效地消除商品价格差异），那么可以通过这两个商品价格推导出汇率：

$$S^{¥=\$1.00} = \frac{P^{¥}}{P^{\$}}$$

6.1.1　购买力平价与一价定律

如果一价定律适用于所有的商品和服务，那么**购买力平价**（purchasing power parity，PPP）的隐含汇率可以通过任何一组单独的价格来确定。在市场有效的前提下，通过比较以不同货币计价的相同商品的价格，可以确定应该存在的“真实的”或购买力平价汇率，这就是绝对购买力平价理论。绝对购买力平价理论认为即期汇率由一篮子相同商品的各国相对价格决定。

自 1986 年以来，定期发行的英国《经济学人》杂志提供的“巨无霸指数”（big mac index）是典型的一价定律的例子（详见表 6.1）。假设巨无霸汉堡在所列的国家中完全相同，那么可以据此判断各国货币的即期汇率水平与其在巨无霸汉堡上表现出来的市场购买力是否相当。

表 6.1　“巨无霸指数”中的相关数值

国家	货币	(1) 当地的 巨无霸汉堡价格	(2) 市场汇率 （2021 年 1 月）	(3) 巨无霸汉堡 的美元价格	(4) 购买力平价 的隐含汇率	(5) 货币相对美元的 被低估 / 高估幅度
美国	美元	5.66	—	5.66	—	—
英国	英镑	3.29	1.348 9	4.44	1.720 4	–21.6%
加拿大	加拿大元	6.77	1.280 3	5.29	1.196 1	–6.6%
中国	元	22.4	6.475 1	3.46	3.957 6	–38.9%
丹麦	克朗	30.0	6.120 7	4.90	5.300 4	–13.4%
欧元区	欧元	4.25	1.215 1	5.16	1.331 8	–8.8%
印度	卢比	190.0	73.390	2.59	33.569	–54.3%

（续）

国家	货币	（1） 当地的 巨无霸汉堡价格	（2） 市场汇率 （2021 年 1 月）	（3） 巨无霸汉堡 的美元价格	（4） 购买力平价 的隐含汇率	（5） 货币相对美元的 被低估 / 高估幅度
日本	日元	390	104.295	3.74	68.905	–33.9%
墨西哥	比索	54.0	20.114 8	2.68	9.540 6	–52.6%
挪威	克朗	52.0	8.543 9	6.09	9.187 3	7.5%
秘鲁	新索尔	11.9	3.620 7	3.29	2.102 5	–41.9%
俄罗斯	卢布	135.0	74.63	1.81	23.852	–68.0%
新加坡	新加坡元	5.90	1.330 8	4.43	1.0424	–21.7%
泰国	泰铢	128.0	30.130 0	4.25	22.614 8	–24.9%

资料来源：Data for columns (1) and (2) drawn from " The Big Mac Index Tells You about Currency Wars," *The Economist*, January 12, 2021.

注：1. 本表只有英国和欧元区以本币为基准货币，即 \$ = £1.00 和 \$ = € 1.00。

2. 英镑和欧元相对美元的被低估 / 高估幅度 =（市场汇率 – 隐含汇率）÷ 隐含汇率 ×100%，其他国家货币相对美元的被低估 / 高估幅度 =（隐含汇率 – 市场汇率）÷ 市场汇率 ×100%

如表 6.1 所示，在中国，一份巨无霸汉堡的价格是 22.4 元人民币，在美国，一份巨无霸汉堡的价格是 5.66 美元。已知当时市场上的即期汇率为 1 美元 = 6.475 1 元人民币，那么以美元计价的中国的巨无霸汉堡价格为

$$\frac{\text{以人民币计价的巨无霸汉堡价格}}{\text{一美元等于多少元人民币（即期汇率）}}=\frac{22.4\text{元人民币}}{1\text{美元}=6.4751\text{元人民币}}=3.46\text{美元}$$

这是表 6.1 的列（3）里中国所对应的数值。此外，可以使用中国的巨无霸汉堡价格（22.4 元人民币）除以美国的巨无霸汉堡价格（5.66 美元），得到两国购买力平价的隐含汇率：

$$\frac{\text{以人民币计价的巨无霸汉堡价格}}{\text{以美元计价的巨无霸汉堡价格}}=\frac{22.4\text{元人民币}}{5.66\text{美元}}=3.957\,6\text{元人民币/美元}$$

这是表 6.1 的列（4）里中国所对应的数值。根据理论，这就是"巨无霸指数"给出的人民币和美元之间的理论汇率。

将购买力平价的隐含汇率（3.957 6 元人民币兑 1 美元）与当时的市场汇率（6.475 1 元人民币兑 1 美元）进行比较，人民币相对美元的被低估 / 高估幅度的计算方法如下：

$$\frac{\text{隐含汇率}-\text{市场汇率}}{\text{市场汇率}}\times 100\%=\frac{3.957\,6\text{元}-6.4751\text{元}}{6.4751\text{元}}\times 100\%\approx -38.9\%$$

本例中人民币相对美元的价值被低估了 38.9%，即表 6.1 中列（5）里中国所对应的数值。《经济学人》同时指出，尽管人民币相对美元的价值被大幅低估，但是购买力平价的隐含汇率是基于长期走势而言的，并不必然反映在当前的汇率水平上。

为什么选择巨无霸汉堡来展现一价定律及衡量货币的升贬值幅度？首先，这个商品的品质在各国几乎完全相同。这得益于其生产过程的标准化以及麦当劳的品牌形象与声誉。其次，更重要的是，该商品主要由各国本地的原材料加工制成，这意味着该商品的价格代表了各国原材料自身的成本和价格，而没有涉及受汇率影响的进口商品及原材料的价格。

然而，该指数仍然存在若干局限。巨无霸汉堡无法进行跨国交易，而且成本和价格受到各国其他诸多因素的影响，例如房地产的租金水平和税率。尽管如此，"巨无霸指数"在全

球范围内的重要性和影响力是不可否认的，正如全球金融实务 6.1 所示。

全球金融实务 6.1

谎言及统计：阿根廷的巨无霸汉堡价格

历史上，许多国家都曾面临高通货膨胀率的困扰。通货膨胀一旦成为社会预期的一部分，并可能通过基于价格指数的自动上涨而制度化，就很难停下来。政府最常用的反通货膨胀的措施之一是价格管制，即政府机构为大多数商品设定价格，以防止（或希望遏制）价格上涨。20 世纪 70 年代，美国政府采用了价格管制应对高通货膨胀。美国的价格控制达到了无以复加的程度，美国政府设定了几乎所有商品的价格，甚至包括泡菜（莳萝、小黄瓜等）的价格。

2012 年，当时的阿根廷总统克里斯蒂娜·费尔南德斯·基什内尔（Cristina Fernández de Kirchner）领导的政府同样把控制通货膨胀作为头等大事。阿根廷政府采取了一系列措施（如实施价格管制和限制工资增幅）试图控制通货膨胀率，迫使企业限制商品和服务的价格。巨无霸汉堡就是受到价格管制的商品之一。

无法公开言说的是，阿根廷政府和阿根廷麦当劳餐厅的工作人员不会承认，政府似乎对这家连锁餐厅采取了某种控制措施以限制巨无霸汉堡的价格。巨无霸汉堡之所以在所有菜单中被挑选出来，是因为它被纳入了《经济学人》杂志每半年公布一次的"巨无霸指数"计算中，这一指数是衡量全球购买力平价和相对价格的通行指标。当时一份安格斯牛肉汉堡的价格是 35 比索（按 1 美元 = 4.245 阿根廷比索的官方汇率换算为 8.24 美元），一份双层 1/4 磅[⊖]奶酪汉堡的价格是 33 比索（7.77 美元），巨无霸汉堡通常在菜单的最下面，价格是 20 比索（4.71 美元）。虽然巨无霸汉堡仍然保留在菜单上，但其价格明显要低得多，而且不再是麦当劳力推的菜品。

将上述条件放宽，即在相对有效的市场中，各个市场上的一篮子商品（而非某一个商品）的价格都是相同的。用价格指数取代单个商品的价格，就可以将各国之间的购买力平价的隐含汇率（S）表示为

$$S=\frac{\mathrm{PI}^{¥}}{\mathrm{PI}^{\$}}$$

$\mathrm{PI}^{¥}$ 和 $\mathrm{PI}^{\$}$ 分别是以日元和美元表示的物价指数（price index，PI）。比如，有相同的一篮子商品，在日本的标价是 1 000 日元，在美国的标价是 10 美元，那么两国货币的购买力平价的隐含汇率应为

$$\frac{1\,000\text{日元}}{10\text{美元}}=100\text{日元/美元}$$

6.1.2 相对购买力平价

如果稍微放宽绝对购买力平价理论的假设，我们可以得到相对购买力平价理论。相对购

⊖ 1 磅 = 453.59 克。——译者注

买力平价理论认为，购买力平价对于确定即期汇率并不总是有效的，但是在一段时间内，两国物价的相对变化决定了同期双边汇率的变化。更具体地说：

> 如果两个国家之间的即期汇率在期初处于均衡状态，那么在长期内，两国的通货膨胀率之差会被未来即期汇率的变化抵消。（通货膨胀率高的国家的货币将贬值。）

将购买力平价理论应用于即期汇率变化的背后逻辑是，如果一个国家的通货膨胀率高于其主要贸易伙伴国的通货膨胀率，并且汇率不发生变化，那么该国出口的商品和服务与其他国家生产的类似商品和服务相比，竞争力就会下降。相比之下，国外的进口商品则更具价格竞争力。（因为本国商品价格上涨，进口商品价格不变。）这一价格变化会导致国际收支平衡表中的经常账户出现逆差，需要通过资本账户与金融账户的顺差来抵销。

6.1.3 购买力平价的经验检验

绝对购买力平价、相对购买力平价和一价定律都经过了广泛的检验。大多数检验结果并不能证明购买力平价在预测未来的汇率方面是准确的。实际上，众多商品和服务在国家之间的贸易并非零成本，甚至许多服务是不可贸易的，如理发。此外，许多商品和服务在不同国家的质量各异，这反映了不同国家资源禀赋的差异以及消费偏好的不同。从这些经验检验中可以得出两个一般性结论：①购买力平价理论在较长的时期里表现得更有效，但在短期内表现较差；②该理论更适用于通货膨胀率相对较高、资本市场不发达的国家。

6.1.4 汇率指数：名义有效汇率指数与实际有效汇率指数

在国际贸易中，任何一个国家都拥有众多的贸易伙伴国，我们需要跟踪和评估该国货币价值与其他贸易伙伴国货币价值的对比，以确定该国货币的相对购买力，从而判断该国的实际汇率相比于根据购买力平价理论计算的汇率是被高估还是低估。解决上述问题的主要方法是编制汇率指数。基于贸易数据，我们可以通过该国与其贸易伙伴国之间的双边汇率加权计算出汇率指数。

名义有效汇率指数（nominal effective exchange rate index）是通过对现实汇率的加权平均构建的一个指数，衡量了标的货币随时间的价值变化。该指数并没有真正反映标的货币的真实价值（true value）或与购买力平价理论相关的任何内容，仅计算了标的货币在目标期的价值与**基期**（base period）的相对关系，并被用于计算**实际有效汇率指数**（real effective exchange rate index）。实际有效汇率指数表示的是，相对于某个任意选择的基期，标的货币的加权平均购买力的变化情况。图 6.1 显示了美元、日元和欧元在 1980—2021 年的实际有效汇率指数。

美元的实际有效汇率指数 $E_R^\$$等于名义有效汇率指数 $E_N^\$$乘以美元成本（U.S. dollar cost）$C^\$$ 与外币成本（foreign currency cost）C^{FC} 的比值：

$$E_R^\$ = E_N^\$ \times \frac{C^\$}{C^{FC}}$$

如果所有的双边汇率变动刚好抵消了彼此的通货膨胀率之差，即相对购买力平价成立，那么所有的实际有效汇率指数将保持在 100。如果标的货币的升值幅度超过通货膨胀率差异所能解释的程度，那么实际有效汇率指数会超过 100。从竞争的角度来看，实际有效汇率指

数超过 100 的货币被认为被“高估”，反之则被认为被“低估”。

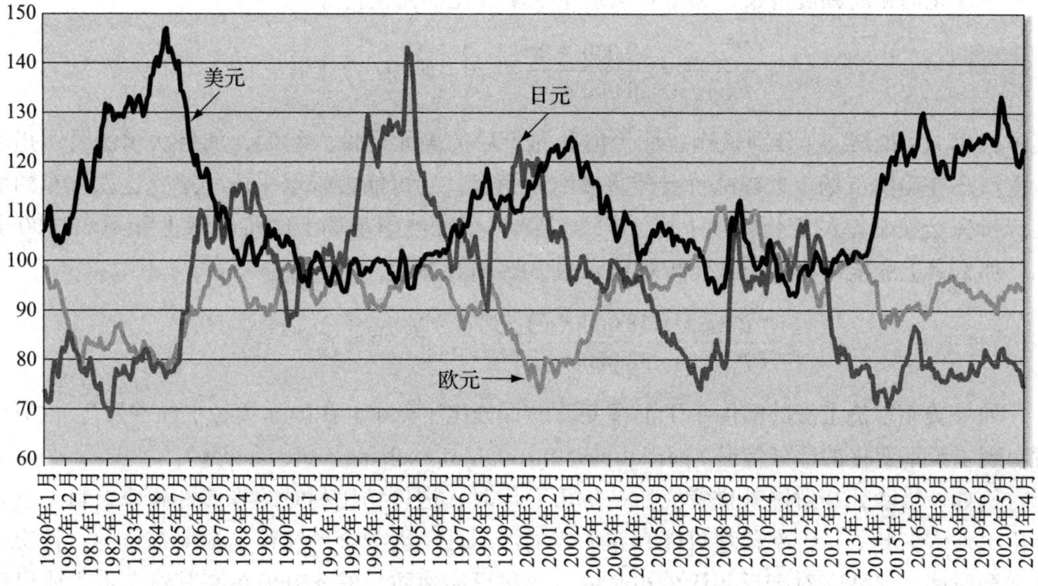

图 6.1 实际有效汇率指数（以 2010 年为基准年）

资料来源：Bank International Settlements, www.bis.orgistatistics/eer/. BIS effective exchange rate (EER), real (CPI-based), narrow indices, monthly averages, January 1980-2021.

图 6.1 展示了在过去 40 多年中，美元、日元和欧元的实际有效汇率指数的变化情况。美元的指数值在 20 世纪 80 年代初期大幅超过 100（美元被高估），在 1988—1996 年跌至 100 以下（美元被低估），然后自 2014 年以来又远远超过 100。欧元自 2009 年以来并未明显偏离其“均衡水平”，但日元在过去 10 多年中在低估与高估之间来回波动。此外，除了用于衡量偏离购买力平价的情况外，一个国家的实际有效汇率还是预测该国的国际收支差额和汇率上行或下行压力的重要管理工具，也是衡量该国出口商品是否具有竞争力的指标。

6.1.5 汇率传递

汇率传递（exchange rate pass-through）是衡量进出口商品价格对汇率变化反应程度的指标。当仅传递了“一部分”时，即汇率的变化并没有百分百地反映在商品价格上，一个国家的实际有效汇率指数可能会偏离购买力平价均衡水平（100）。尽管购买力平价意味着汇率的变化通过价格的等值变化完全传递给贸易伙伴国，但在浮动汇率体系发展以来的这些年中，经验检验的结果对这一长期信奉的假设提出了质疑。

完全传递与部分传递。为了说明汇率传递的效果，假设沃尔沃（Volvo）公司在比利时生产一款汽车，并以欧元支付所有的生产费用。这款汽车的价格为 50 000 欧元。当公司将汽车出口到美国时，该汽车在美国市场上的价格应该是按即期汇率将欧元换算为美元的价值：

$$P^{\$}_{\text{Volvo}} = P^{€}_{\text{Volvo}} \times S^{\$=€1.00}$$

其中，$P^{\$}_{\text{Volvo}}$ 是汽车的美元售价；$P^{€}_{\text{Volvo}}$是汽车的欧元售价；$S^{\$=€1.00}$ 是即期汇率，即一单位欧元等于多少美元。如果欧元相对美元升值 20%（从 1.00 美元 = 1.00 欧元上升到 1.20 美元 = 1.00

欧元)，那么理论上在美国市场上的汽车价格应该上涨到 60 000 美元。如果汽车的美元售价以汇率变化的相同幅度增长，那么就出现了汇率变化的完全传递。

$$\frac{P^{\$}_{\text{Volvo,2}}}{P^{\$}_{\text{Volvo,1}}}=\frac{60\,000\text{美元}}{50\,000\text{美元}}=1.20\text{，即}20\%\text{的涨幅}$$

其中，$P^{\$}_{\text{Volvo,2}}$ 和 $P^{\$}_{\text{Volvo,1}}$ 分别是汽车涨价前和涨价后的美元售价。然而，如果沃尔沃公司担心这款汽车在美国市场上大幅涨价会严重影响其销量，它可能会采取手段，避免这款汽车的美元售价完全按汇率的变化幅度上涨。假设这款汽车在美国市场上的价格只上涨到 58 000 美元，那么其上涨幅度将小于欧元相对美元的 20% 升值幅度。

$$\frac{P^{\$}_{\text{Volvo,2}}}{P^{\$}_{\text{Volvo,1}}}=\frac{58\,000\text{美元}}{50\,000\text{美元}}=1.16\text{，即}16\%\text{的涨幅}$$

如果美元售价上涨的幅度小于汇率变动的百分比（实际上在国际贸易中经常发生），那么就出现了**汇率变化的部分传递**（partial pass-through of exchange rate change）。

例如，当欧元相对国外供货商所持货币升值时，进口到比利时的零部件和原材料以欧元计价更便宜。此外，汇率传递可能存在一定的滞后性，因为合同往往是提前签订的，且交付也需要时间。显然，对于沃尔沃公司来说，要尽可能地防止欧元升值抬高其汽车在主要出口市场的售价，这样才更加符合其本身的利益。

需求价格弹性。需求价格弹性是用于确定理想的汇率传递程度的重要概念。回顾一下，商品的需求价格弹性是该商品价格的百分比变化引起的商品需求数量的百分比变化：

$$\text{需求价格弹性}=\varepsilon_p=\frac{\%\Delta Q_d}{\%\Delta P}$$

其中，Q_d 是商品需求数量；P 是商品价格。如果 ε_p 的绝对值小于 1，则商品相对无弹性（inelastic）或弹性较小。如果 ε_p 大于 1，则商品相对有弹性（elastic）或弹性较大。

一款相对无弹性的比利时商品，意味着需求数量对价格变化相对不敏感，因此该商品可能经常表现出较高程度的汇率传递。这是因为美国市场上美元售价上涨几乎不会影响消费者对该商品的需求数量。美元收入会增加，但欧元收入则保持不变。然而，相对有弹性的商品会有相反的变化。如果欧元升值 20% 使得商品的美元售价同样上涨 20%，美国消费者购买汽车的数量将会减少。换言之，如果美国市场对汽车的需求价格弹性大于 1，那么完全汇率传递会使得沃尔沃公司的美元销售总收入下降。

汇率传递与新兴市场货币。近年来，一些新兴市场国家开始改变其政策目标和选择，正如在第 2 章的不可能三角中所描述的那样。这些国家已经从固定汇率制、独立的货币政策、放弃资本自由流动（图 6.2 中的 *A* 点）转向以舍弃固定汇率制为代价来允许资本自由流动的政策（图 6.2 中的 *C* 点）。

新兴市场国家政策目标的转变使得汇率传递成为其面临的新挑战。随着汇率的频繁变动、国家进出口贸易规模的扩大和金融产品跨境交易的增加，新兴市场国家的价格正在发生变化。尽管价格波动本身成为新兴市场国家日益担忧的问题之一，但通货膨胀压力的增大更加令人不安。这些问题的根源并不在于新兴市场国家的政策选择，而在于它们的主要贸易伙伴国——主要工业化国家的利率决策。

自 2009 年以来，所有主要工业化国家的货币市场，包括美元、欧元和日元，都以极低的利率为特征，因为对经济增长和就业的担忧主导了市场。一些新兴市场国家的货币出现升值的情况（因为它们的利率高于工业化国家货币的利率），这导致了进口商品的汇率传递，即价格下降，从而减轻了通货膨胀压力。[⊖]

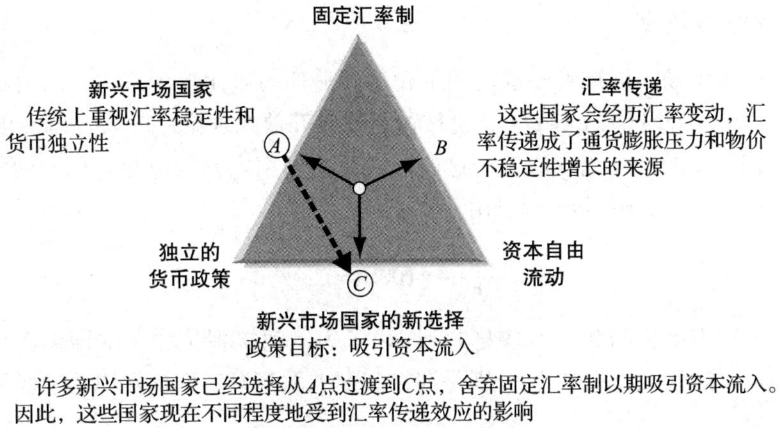

图 6.2 汇率传递、不可能三角及新兴市场国家

6.2 利率与汇率

在上一节中，我们学习了不同国家之间的商品价格是如何通过汇率相互关联的，现在我们来考虑利率与汇率之间的联系。

6.2.1 费雪效应

费雪效应（Fisher effect）以经济学家欧文·费雪（Irving Fisher）命名，是指每个国家的名义利率等于实际利率加上预期通货膨胀率，由 $i = (1 + r)(1 + \pi) - 1$ 推导而来：

$$i = r + \pi + r\pi$$

式中，i 是名义利率；r 是实际利率；π 是预期通货膨胀率（资金被借出的那段时间内的预期通货膨胀率）。为简化计算，常常将最后的复合项 $r\pi$ 剔除，因为其数值相对较小。因此，费雪效应可简化为：

$$i = r + \pi$$

将费雪效应应用于美国和日本后，可得到下式：

$$i^{\$} = r^{\$} + \pi^{\$}; \quad i^{¥} = r^{¥} + \pi^{¥}$$

其中，$i^{\$}$、$r^{\$}$ 和 $\pi^{\$}$ 分别是以美元和日元计价的金融工具的名义利率、实际利率和预期通货膨胀率；$i^{¥}$、$r^{¥}$ 和 $\pi^{¥}$ 分别是以日元计价的金融工具的名义利率、实际利率和预期通货膨胀率。

值得注意的是，式中的预期通货膨胀率是需要进行预测的未来通货膨胀率，而不是过去的通货膨胀率。准确地预测未来的通货膨胀率是一件十分困难的事情。各国事后通货膨胀率的经验检验表明，费雪效应通常存在于短期政府债券中，如短期国债和中期国债。与短期政

⊖ 英文原文为：“Those exchange rate changes have led to exchange rate pass-through of imported products—rising prices—contributing to inflationary pressures.” 疑原文有误。——译者注

府债券相比，更长期限的国债到期前市场价值的波动性更大，因而承担了更大的内在金融风险，私人部门发行的债券则会受到发行人不同信用等级的影响。所有这些检验都不具有决定性意义，因为过去一期的通货膨胀率并不能完美预测未来的通货膨胀率。

6.2.2 国际费雪效应

不同国家资本市场中即期汇率随时间变化的百分比与可比较利率之差的关系被称为**国际费雪效应**（international Fisher effect），也被称为**费雪开放式理论**（Fisher-open theory）。它指出两国之间即期汇率的变化幅度应该与这两国之间的利率之差数值相等但方向相反（即利率上升幅度与本币贬值幅度相同），可以用下式表示：

$$\frac{S_1-S_2}{S_2}\times 100\% = i^{\$} - i^{¥}$$

其中，$i^{\$}$ 和 $i^{¥}$ 分别表示美国和日本各自的利率；S 表示间接报价法下的即期汇率（对美元的间接报价，如 ¥ = \$1.00）；S_1 和 S_2 分别是期初和期末的汇率。这是常用的近似形式，其精确的公式可表示为

$$\frac{S_1-S_2}{S_2}\times 100\% = \frac{i^{\$} - i^{¥}}{1+i^{¥}}$$

国际费雪效应的解释是，投资者一定会因为预期汇率的变动而得到收益或损失。例如，一位美国投资者选择购买收益率为 4% 的 10 年期日元债券，而不是收益率为 6% 的 10 年期美元债券，那么该投资者必须预期在未来的 10 年中，日元对美元至少每年升值 2%。如果没有这种预期，则该投资者最好还是继续持有美元。如果在这 10 年期间，日元升值了 3%，该投资者将额外获得 1% 的回报。然而，根据国际费雪效应，在资本流动没有任何限制的情况下，持有美元债券和日元债券的收益应该是一致的，因为全球的投资者都会看到相同的投资机会并将相互抢夺。

目前的经验检验在一定程度上支持国际费雪效应所假定的关系，尽管在短期会出现相当大的偏离。然而，有研究对某些现象提出了严厉批评，这些研究表明，一些主要货币存在外汇风险溢价（foreign exchange risk premium）。此外，非抵补套息套利的投机行为在一定程度上也扰乱了货币市场。因此，预期的汇率变动可能会一直大于利率差异。全球金融实务 6.2 从一个关键角度探讨了国际费雪效应，即高通货膨胀和高实际利率在吸引资本流动方面的区别。

全球金融实务 6.2

高实际利率在何种情况下对资本流动有吸引作用

历史上，各国政府和中央银行面临的最大挑战之一是如何平衡经济增长，通货膨胀力量和预期，以及本国货币的“真实”价值。对于学习国际金融的学生来说，最大的挑战之一是了解什么情况下高实际利率会吸引资本流动。

例如，20 世纪 70 年代末，美国承受了非常高的通货膨胀压力。在那 10 年的大部分时间里，通货膨胀一直存在，并已深入所有人的脑海和预期中。（美国政府甚至尝试过价格管控。）这些通货膨胀预期继而又体现在利率中，因此利率维持在较高水

平，符合费雪方程式 $i=r+\pi$。

1979 年，保罗·沃尔克（Paul Volker）在被任命为美国联邦储备委员会主席后，立即大刀阔斧地工作，帮助美国走出了通货膨胀的阴影。（沃尔克在普林斯顿大学写的本科毕业论文研究了第二次世界大战后美国货币政策如何导致过高的通货膨胀率，以及需要做些什么。）在他的领导下，美国联邦储备委员会限制了美国货币供应的增长，从而推高了利率。

这一政策确实将通货膨胀的力量挤出了美国经济，但也使得美国经济在 1981—1982 年短暂地陷入严重的衰退危机（1982 年失业率一度达到了 10.8% 的高点）。不过，这是多年来通货膨胀之火首次得到扑灭。美国的名义利率在很长一段时间内保持在高位，但不再是由于高预期通货膨胀率（π），而是因为高实际利率（r）的支撑。正是这些高实际利率吸引了持续流入的资本，推动了美元在世界市场上的升值。美元走强和经济复苏使得美国从 1982 年起开始出现贸易逆差。

随着时间的推移，多个国家面临了类似的挑战。然而，问题在于，从经济中挤出通货膨胀的泡沫必须付出代价。这种代价通常是经济增长缓慢甚至负增长、失业率上升以及国民收入水平下降等，这对于一个民选政府来说往往是难以承受的。因此，实施这样的货币政策往往对中央银行的独立性具有较高的要求。但很少有中央银行像美国联邦储备委员会那样真正独立，即拥有一定的政治独立性以实施如此代价惨痛的反通货膨胀措施。

6.2.3　远期汇率

远期汇率（forward rate）或在第 5 章中提到的直接远期汇率是指今天对未来某个日期所结算的外汇进行提前报价的汇率。两种货币之间的远期外汇合约通常规定了未来特定的交割日期（通常是 30 天、60 天、90 天、180 天、270 天或 360 天后），以及某一固定的成交（买入或卖出外币）价格。

任何特定期限的远期汇率的计算方法是，根据两种标的货币相同期限的欧洲货币利率的比率，对当前即期汇率进行调整。例如，瑞士法郎（SF）兑美元的 90 天远期汇率（$F_{90}^{SF=\$}$）是通过将当前即期汇率（$S^{SF=\$}$）乘以 90 天欧洲瑞士法郎存款利率（$i^{SF}$）与 90 天欧洲美元存款利率的比率得到的。

$$F_{90}^{SF=\$}=S^{SF=\$}\times\frac{1+i^{SF}\times\frac{90}{360}}{1+i^{\$}\times\frac{90}{360}}$$

假设即期汇率为 1.480 0 瑞士法郎 =1.00 美元，90 天欧洲瑞士法郎存款利率为 4.00% / 年，90 天欧洲美元存款利率为 8.00% / 年，那么 90 天远期汇率应为 1.465 5 瑞士法郎 = 1.00 美元。

$$F_{90}^{SF=\$}=\text{SF}1.480\,0\times\frac{1+0.040\,0\times\frac{90}{360}}{1+0.080\,0\times\frac{90}{360}}=\text{SF}1.480\,0\times\frac{1.01}{1.02}=\text{SF}1.465\,5$$

远期汇率是根据即期汇率、外币存款利率和本币存款利率这三项可观察的数据计算得出的，远期汇率不是对未来即期汇率的预测。然而，管理者经常使用远期汇率进行预测，结果好坏参半，下一节将描述这一情况。

6.2.4　远期升贴水率

远期升贴水率是以年化百分比表示的即期汇率和远期汇率之间的差异。当使用外币来标价本币价格时（如本例中的 SF = $1.00），瑞士法郎的年度远期升贴水率（$f^{SF}$）的计算公式为

$$f^{SF}=\frac{\text{即期汇率}-\text{远期汇率}}{\text{远期汇率}}\times\frac{360}{\text{远期天数}}\times 100\%$$

代入瑞士法郎兑美元的即期和远期汇率，以及远期天数（90 天），可得：

$$f^{SF}=\frac{\text{SF}1.480\,0-\text{SF}1.465\,5}{\text{SF}1.465\,5}\times\frac{360}{90}\times 100\%=+3.96\%$$

符号为正，表明瑞士法郎相对于美元正以每年 3.96% 的溢价进行远期出售。（按照 90 天远期汇率，需要多支付 3.96% 的美元才能得到一单位瑞士法郎。）

如图 6.3 所示，欧洲美元远期溢价可归因于欧洲美元利率与瑞士法郎利率之间的数值差异。因为任何特定期限的远期汇率都使用了该期限的特定利率，所以一种货币的远期溢价或折价是显而易见的——利率较高的货币（在本例中为美元）将以折价进行远期出售，而利率较低的货币（在本例中为瑞士法郎）将以溢价进行远期出售。

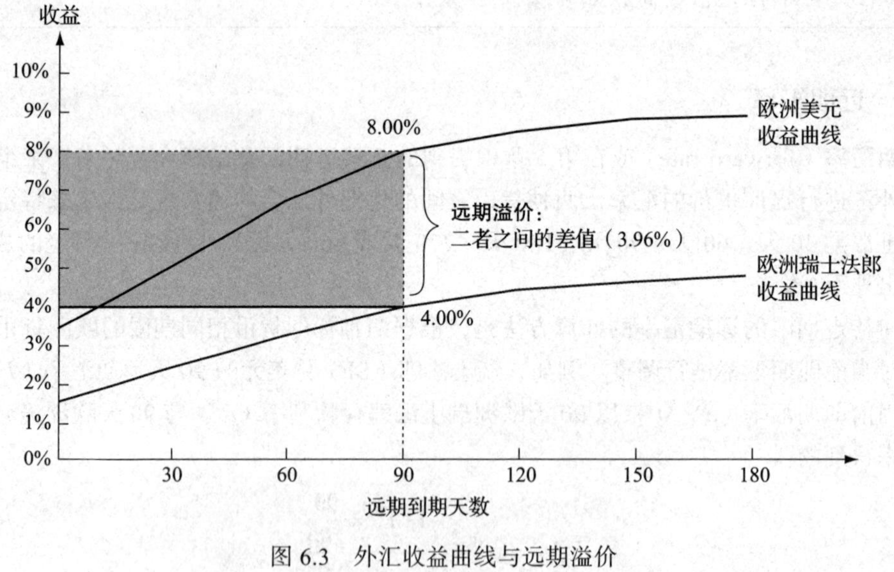

图 6.3　外汇收益曲线与远期溢价

与计算即期汇率一样，远期升贴水率（可以是正值，表示升水率；也可以是负值，表示贴水率）取决于选定的本币（或基准货币）。假设在讨论外币标价法（foreign currency term，以本币为基准货币）和本币标价法（home currency term，以外币为基准货币）时采用以下即期汇率。

	外币标价法	本币标价法
即期汇率	¥118.27 = $1.00	$0.008 455 2 = ¥1.00
3 个月远期汇率	¥116.84 = $1.00	$0.008 558 7 = ¥1.00

外币标价法：将本币看作基准货币，使用外币来表示本币的价格；根据日元兑美元的即期汇率和远期汇率，以及远期天数（90 天），日元的远期升贴水率 $f^{¥}$ 的计算如下：

$$f^{¥}=\frac{¥118.27-¥116.84}{¥116.84}\times\frac{360}{90}\times 100\%=+4.90\%$$

符号为正，表明日元兑美元的远期溢价（远期升水率）为 4.90%。

在过去半个世纪中，远期汇率一直是国际金融管理的支柱。然而，当短期货币市场利率随时间变化呈下降趋势时，它的价值发生了结构性下滑。全球金融实务 6.3 中描述的正是这一趋势。

全球金融实务 6.3

全球货币市场利率，1986—2021 年

在过去的 40 多年中，货币的成本显著降低。针对全球三大主要商业货币，美元、英镑和日元，用于银行贷款和金融衍生品的主要参考利率——3 个月期 LIBOR 明显呈下降的趋势。

根据费雪效应，影响这三种主要货币利率变化的主要因素是实际利率和预期通货膨胀率。首先，英国和美国等主要经济体曾承受通货膨胀压力的困扰。这种压力主要源于政治经济因素——为了实现充分就业而实施的经济刺激措施。同样的问题也促使利率进一步下降。如图 6.4 所示，在 2008—2009 年的全球金融危机后，实际资本回报率降至接近零的水平。紧接着，当利率刚开始从零回升时，2020 年的全球新冠疫情迫使各国政府再次推行宽松的货币政策。

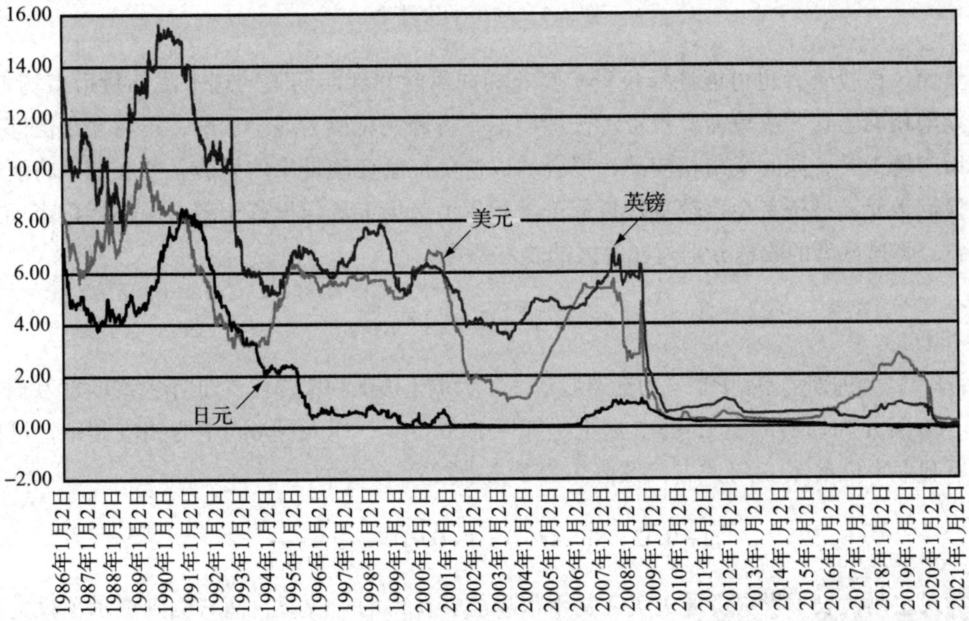

图 6.4　3 个月期 LIBOR，1986—2021 年（每日，年百分比）

资料来源：FRED database, Federal Reserve Bank of St. Louis.

6.2.5　利率平价理论

利率平价（interest rate parity，IRP）理论旨在探讨外汇市场与国际货币市场之间的联系。该理论指出：

> 在不考虑交易成本的条件下，对于风险和到期期限相似的证券，两国之间的利率差异应该与其货币的远期升贴水率数值相等，但方向相反。

图 6.5 展示了利率平价理论的运作原理。假设一位投资者手中有 100 万美元，且可以选择几种不同但彼此相当的瑞士法郎货币市场投资方案。如果该投资者决定投资于美元货币市场工具，那么他将获得美元利息收益，即在期末产生 $1 + i^{\$}$ 的收益，其中 $i^{\$}$ 代表美元利率。

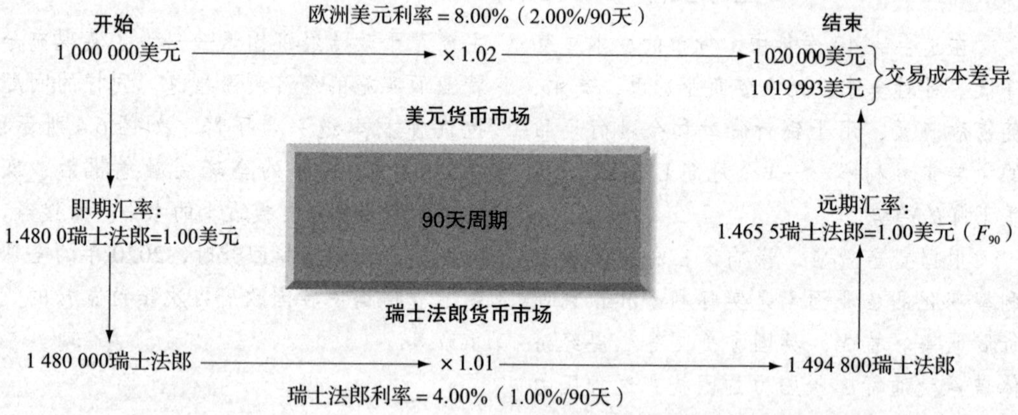

图 6.5　利率平价理论

然而，该投资者也可能选择投资于具有相同风险和到期期限的瑞士法郎货币市场工具，投资期限相同。这一决策需要投资者按即期汇率将美元兑换为瑞士法郎，再将瑞士法郎投资于货币市场工具，同时卖出相应的远期合约以避免汇率变动带来的风险，并在期末将所得收益兑换回美元。投资者会比较直接投资于美元货币市场工具与投资于瑞士法郎货币市场工具的收益。将这两者的收益分别写在等式的左右两边：

$$1+i^{\$}=S^{SF=\$}\times(1+i^{SF})\times\frac{1}{F^{SF=\$}}$$

其中，$S^{SF=\$}$ 为即期汇率；$F^{SF=\$}$ 为远期汇率；i^{SF} 为瑞士法郎利率。代入即期汇率 1.480 0 瑞士法郎 = 1.00 美元和远期汇率 1.465 5 瑞士法郎 = 1.00 美元，以及图 6.5 中的相应利率，可以得到以下利率平价条件。（等式右侧数值保留 2 位小数。）

$$1+0.02=\text{SF}1.480\,0\times(1+0.01)\times\frac{1}{\text{SF}1.465\,5}$$

等式左侧代表了投资者通过美元货币市场能够获得的总收益，而右侧则展示了投资者若将美元按即期汇率兑换为瑞士法郎，在瑞士法郎货币市场投资后，再将本金及其利息按目前的 90 天远期汇率兑换回美元所能获得的总收益。

忽略交易成本，这两种货币市场投资方案以美元计算的总收益如果相等，那么即期汇率与远期汇率就被认为符合利率平价理论。此交易是风险锁定的，因为在 90 天期限结束时，兑换回美元的汇率是固定的。因此，为了让这两种投资方案的收益持平，任何利率的差异必须通过即期汇率与远期汇率之间的差异来抵消（按近似值计算）。

$$\frac{F^{SF=\$}}{S^{SF=\$}}=\frac{1+i^{SF}}{1+i^{\$}}，\ 或\frac{SF1.465\ 5}{SF1.480\ 0}=\frac{1.01}{1.02}=0.990\ 2\approx 1$$

6.2.6　抵补套息套利

即期和远期外汇市场并不总是处于利率平价理论所描述的均衡状态。当市场未达到均衡时，就会出现“无风险”的套利机会。识别到这种不均衡的套利者会抓住机会，在风险得到控制的情况下，投资于那些提供更高回报的货币，从而利用市场失衡来获取利润。这种做法被称为**抵补套息套利**（covered interest arbitrage，CIA）。

图 6.6 阐述了一名货币交易员（通常在某大型国际银行的套利部门工作）实施抵补套息套利交易的步骤。这名交易员名为 Fye Hong，他可以使用其银行持有的多种主要欧洲货币进行套利投资。根据早晨的市场状况，Fye Hong 发现了一个进行抵补套息套利交易的机会：他将 100 万美元兑换成日元，在 6 个月期的欧洲日元账户中进行投资，再通过远期合约兑换回美元，从而实现 4 638 美元（1 044 638 美元 − 1 040 000 美元）的利润，这比直接投资欧洲美元所获得的利润要高。然而，外汇市场的状况变化迅速，如果 Fye Hong 稍做等待，这个套利机会可能很快就会消失。

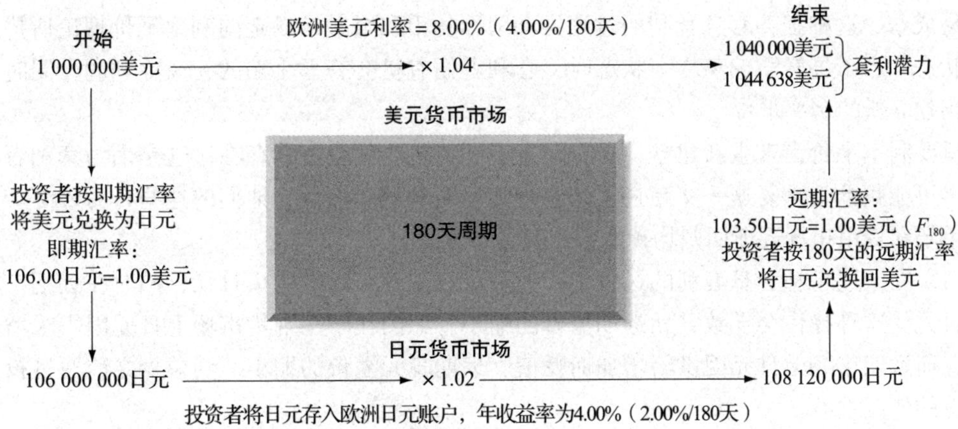

图 6.6　抵补套息套利

交易员的操作可拆分为以下四步。

第一步：以 106.00 日元 = 1.00 美元的即期汇率将 1 000 000 美元兑换为 106 000 000 日元。（参见图 6.6 中的“开始”。）

第二步：将获得的 106 000 000 日元投资于年收益率为 4.00%（即 2.00%/180 天）的欧洲日元账户，为期 6 个月。

第三步：通过 180 天远期汇率，将汇率锁定为 103.50 日元 = 1.00 美元，即卖出未来日元收益（108 120 000 日元），兑换为 1 044 638 美元的收益。（参见图 6.6 中的“结束”。）

第四步：以 8.00% 的欧洲美元利率（即 4.00%/180 天）计算所使用资金的机会成本，

本金和利息的总额为 1 040 000 美元。因此，本次抵补套息套利交易的净利润为 4 638 美元。

需要注意的是，所有利润都是以交易最初使用的货币单位来计算的。交易员可以选择使用美元、日元或其他任何主要货币来进行投资。实际上，只要利率平价条件不成立，进行抵补套息套利的机会就会出现。根据相关利率差异和远期溢价，交易员 Fye Hong 可能会选择从日元出发，投资于美元，并在到期时将美元通过远期合约兑换回日元。这样，所获得的利润将以日元计算。但 Fye Hong 应如何决定图 6.6 中的操作路径呢？

经验法则（rule of thumb）。决定从美元还是日元开始进行套利交易的关键在于比较利率差异和日元的远期溢价（即抵补成本）。举个例子，如图 6.6 所示，180 天期的欧洲美元利率比欧洲日元利率高出 2.00%。对于 180 天期的日元，其远期溢价计算如下：

$$f^{¥}=\frac{¥106.00-¥103.50}{¥103.50}\times\frac{360}{180}\times 100\%=4.830\,9\%$$

计算结果大于 2.00%，也就是说，Fye Hong 选择投资于日元并以远期汇率将日元收益卖出所获得的总收益，比他选择投资于美元的收益要多。

套利的经验法则（arbitrage rule of thumb）。若利率差异高于远期溢价（或即期汇率的预期变动），则应选择投资于利率较高的货币。反之，若利率差异低于远期溢价（或即期汇率的预期变动），则应投资于利率较低的货币。

这个经验法则能够帮助投资者（如 Fye Hong）确定在图 6.6 中进行套利交易的正确操作路径。只要选择正确，他就总能获得利润。这一法则的前提是，获得的利润要大于产生的任何交易成本。这种抵补套息套利的过程推动国际货币和金融市场走向利率平价理论所描述的均衡状态。当市场轻微偏离均衡状态时，套利者便有机会获得小额的无风险利润，同时也助力市场建立新的利率平价。

只要利率平价尚未重新建立，抵补套息套利的机会就会持续存在。这是因为套利者可以通过尽可能频繁地重复这一交易过程来获得无风险利润。然而，他们的这些行为最终会促使外汇市场和货币市场逐渐回归均衡状态，其原因如下。

（1）在上述抵补套息套利的过程中，投资者在现货市场上购买日元，同时在远期市场上卖出日元。这种操作会导致日元远期溢价的缩小。原因在于，现货市场上日元因需求增加而升值，而远期市场上日元因供给增加而贬值。远期日元溢价的缩小，会减少之前通过投资日元获得的外汇收益。

（2）日元计价债券的需求增加会导致日元利率下降，与此同时，美国的借款需求增加会推高美元利率。这两个因素相互作用，最终导致有利于投资美元的利率差异变大。

6.2.7　非抵补套息套利

非抵补套息套利（uncovered interest arbitrage，UIA）是指投资者在利率较低的国家或地区借款，并将借来的资金兑换成提供更高利率的货币，以赚取息差收益。这种交易被称为“非抵补”的，因为投资者没有预先通过远期交易锁定汇率。因此，与抵补套息套利相比，非抵补套息套利承担了更高的风险，包括在交易期末将高利率货币兑换回低利率货币时的汇率风险。图 6.7 展示了进行日元套利交易时，非抵补套息套利者采取的步骤。

上述日元套利交易是非抵补套息套利的一个典型例子。不论是日本国内还是国外的投资者，都会利用日元极低的利率（年利率仅 0.40%）来筹集资金。他们将筹得的资金兑换成美元或欧元等利率更高的货币进行投资。以图 6.7 为例，美元的年利率为 5.00%。到了期末——本例中是一年后，投资者会在现货市场上将美元收益兑换回日元。扣除偿还借款的成本后，投资者最终获得的是一笔相当可观的利润。

然而，关键是期末的即期汇率与年初相比不能发生太大的变化。若日元兑美元的汇率在年末大幅升值，如 1999 年年末从 120 日元兑 1 美元升至 105 日元兑 1 美元，那些未进行汇率锁定的套息交易投资者在将美元兑换回日元以偿还借款时，会面临巨大的损失。高收益往往伴随着高风险。本章末尾的迷你案例详细介绍了一种常见的套利交易，涉及澳大利亚元和日元的交叉汇率。

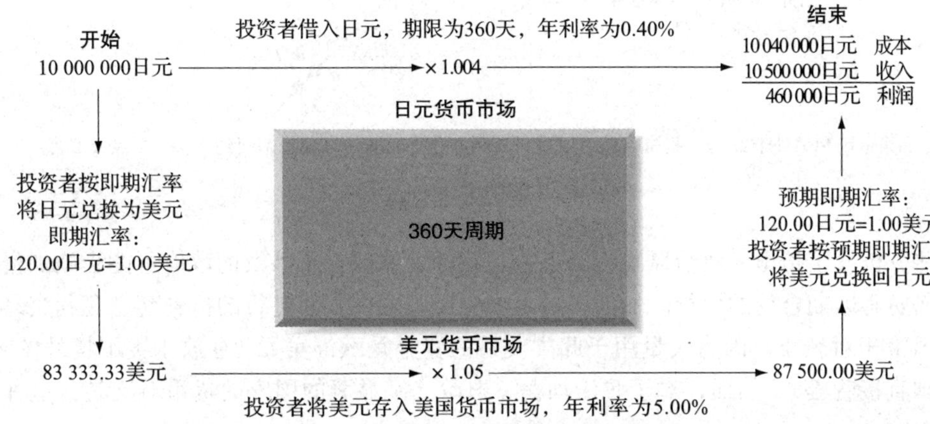

图 6.7　非抵补套息套利

6.2.8　利率与汇率间的均衡

图 6.8 展示了利率与汇率之间实现均衡所需的条件。图中纵轴表示投资外币时的利率差异，横轴表示该货币的远期溢价（或折价）。图中的斜线为利率平价线，它代表了市场的均衡状态，然而在实际交易中，由于交易成本的存在，这条线从一条细线变为一个带状区域。

交易成本主要涉及外汇兑换和海外投资证券的手续费。近年来，这些成本大约占每年交易总额的 0.18%～0.25%。在一些特定的交易中，并不存在明确针对每笔交易的交易成本。例如，在图 6.6 展示的 Fye Hong 进行的抵补套息套利活动中，交易成本没有体现在单笔交易上，而来自银行支持此类活动的整体成本。图 6.8 中的 *X* 点展示了一种可能的均衡状态，其中日元的利率比美元的利率低 4.00%，这可以通过日元的远期溢价（4.00%）来抵消。

图 6.6 展示的套利机会源于汇率和利率之间的不均衡状态，这一状态反映在图 6.8 中的 *U* 点上。由于 4.00% 利率差异低于日元 4.8% 的远期溢价，因此 *U* 点不在利率平价线上。利用之前介绍的远期溢价公式，我们可以这样计算日元的远期溢价：

$$\frac{¥106.00-¥103.50}{¥103.50}\times\frac{360}{180}\times 100\%=4.83\%$$

U 点所代表的情况是不稳定的，因为所有的投资者都有动机执行相同的抵补套息套利交易。除非银行倒闭，否则套利收益几乎是无风险的。

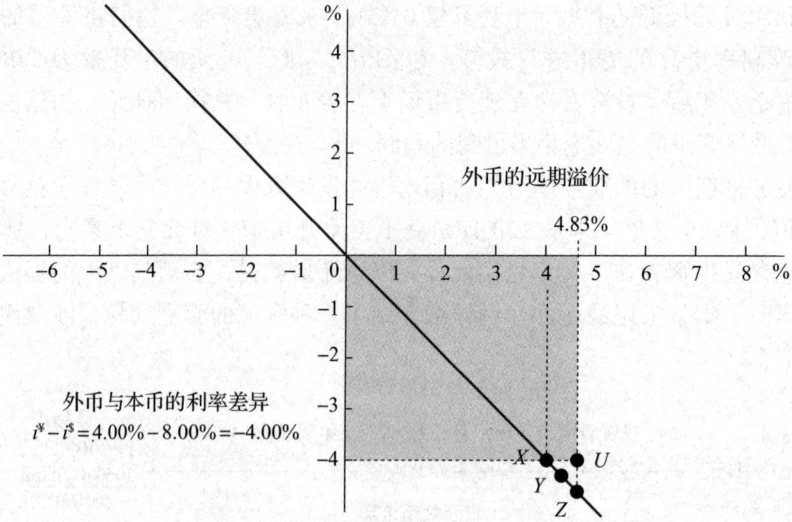

如果市场利率处于 U 点，投资者就可以进行套利并获得利润，直到利率回到 X 点、Y 点或 Z 点

图 6.8　利率与汇率间的均衡

一些分析人士指出，政治风险实际上是存在的，原因在于涉及的政府可能会施加资本管制，从而妨碍远期合约的履行。然而，在世界主要金融中心间进行的抵补套息套利交易面临的这种风险相对较小，因为大量用于此类交易的资金是欧洲美元（存放于美国境外的美元，不受美国直接管辖）。然而，对于政治动荡、财政赤字显著的国家的货币对交易，这种担忧可能是有道理的。

在市场出现不均衡的情况下，资金的流动要么逐渐缩小利率差异，要么降低日元的远期溢价。换言之，市场的压力将使图 6.8 中的 U 点朝向利率平价线移动。均衡状态可能在 Y 点实现，也可能出现在 X 点与 Z 点之间的任何位置，具体取决于远期溢价与利率差异哪个更易受到影响。

在当今全球金融市场中，非抵补套息套利交易呈现出多种形式。对于那些愿意承担风险（并可能付出相应代价）的投资者而言，确实存在着各种机遇。全球金融实务 6.4 介绍了一种特别的投机方式——申请匈牙利住房抵押贷款，这种方式可能会将一位无辜的房主转变为外币投机者。

全球金融实务 6.4

匈牙利住房抵押贷款

没有人比匈牙利的房主更能深刻体会到利率和汇率之间的联系。面临选择本币（匈牙利福林，HUF）贷款还是外币（如瑞士法郎，CHF）贷款时，许多人因瑞士法郎利率较低而选择了它。但无论最终的贷款利率是多少，匈牙利福林相对瑞士法郎贬值超过 40%，导致按揭贷款还款额大幅增加。这些借款人试图将自己的按揭贷款宣告为“违宪”（unconstitutional），以摆脱日益沉重的债务负担。匈牙利福林兑瑞士法郎的汇率如图 6.9 所示。

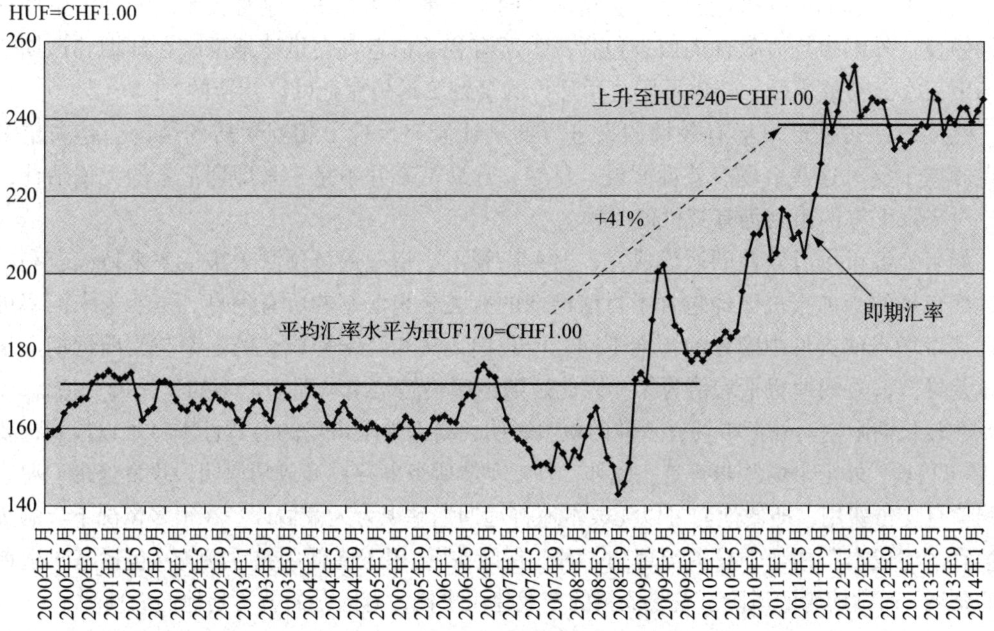

图 6.9　匈牙利福林兑瑞士法郎的汇率（月度数据，2000 年 1 月～2014 年 1 月）

6.3　将远期汇率视为未来即期汇率的无偏估计

一些分析人士认为，在浮动汇率制下的主要货币的外汇市场是有效的，远期汇率被视为未来即期汇率的无偏估计。图 6.10 解释了将远期汇率视为未来即期汇率的无偏估计的含义。假设 $n = 1, 2, 3, \cdots$，S_n 为即期汇率，F_n 为远期汇率，t_n 为交割时间。如果远期汇率真的是未来即期汇率的无偏估计，那么在未来时间 t_2 的即期汇率（S_2）将等同于当前可获得的、预计在时间 t_2 交割的远期汇率（F_1）。

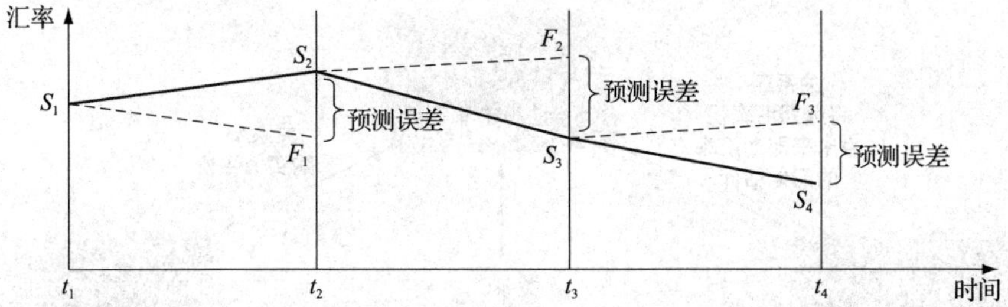

在未来时间 t_{n+1} 交割的今天的远期汇率（F_n），被视为时间 t_{n+1} 的即期汇率的无偏估计。
即期汇率与远期汇率之间的差异是预测误差。将远期汇率视为未来即期汇率的无偏估计，
意味着预测误差通常围绕未来即期汇率的均值分布（预测误差之和等于零）

图 6.10　将远期汇率视为未来即期汇率的无偏估计

直观来看，这意味着未来实际出现的即期汇率的分布可能会以远期汇率为中心。尽管远期汇率是一个无偏估计值，但这并不代表未来即期汇率会完全符合远期汇率的预测。所谓无偏估计，是指在平均情况下，远期汇率对未来即期汇率将以相同的频率和幅度进行高估和低

估。实际上，远期汇率可能永远不会精确等同于未来即期汇率。这种关系基于外汇市场有效性的假设。外汇市场有效性的假设包括：①所有相关信息都会迅速地反映在即期和远期外汇市场中；②交易成本低；③以不同货币计价的金融工具是完全可以互换的。

然而，针对外汇市场有效性假设进行的实证研究呈现出相互矛盾的结论。越来越多的观点倾向于反对这些市场有效性假设。显然，远期汇率并不是未来即期汇率的无偏估计，不过，对未来汇率的预测仍有其价值。

如果外汇市场有效性的假设成立，财务高管不应指望通过预测未来汇率来持续获利，因为远期市场的当前报价已经包含了目前已知的有关未来汇率的所有信息。虽然未来汇率可能与远期市场当前报价中隐含的预期不同，但我们无法知晓未来成交的汇率与当前远期汇率的具体差异。偏差的期望平均值为零，因此远期汇率仍然是未来即期汇率的“无偏”估计。

在较长期限内对外汇市场有效性的检验表明，要么外汇市场的有效性本身难以检验，要么（如果可检验）外汇市场并非有效。此外，外汇预测服务的存在和成功说明，投资经理们愿意为预测信息支付费用，即便他们可以无成本地将远期汇率视为无偏估计。在很多情况下，购买这类信息的“成本”相当于投资经理的一种“保险费”，用于降低因错误预测（包括基于远期汇率的预测）而被解聘的风险。若是购买的专业建议出错，有问题的就不是他们的预测了。

如果外汇市场并非有效，那么公司在汇率预测上花点钱是合理的。这一结论与认为外汇市场有效的观点完全相反。

6.4 物价、利率与汇率间的均衡

图 6.11 展示了以美元和日元为基础，在均衡状态下的所有基本平价关系。日本的预期通货膨胀率（$\pi^{¥}$）为 1%，美国的预期通货膨胀率（$\pi^{\$}$）为 5%，两国预期通货膨胀率之差为 −4%。日元市场中 1 年期国债的名义利率（$i^{¥}$）为 4%，美元市场中 1 年期国债的名义利率（$i^{\$}$）为 8%，两国名义利率之差为 −4%。目前即期汇率为 104 日元 = 1.00 美元，1 年期远期汇率为 100 日元 = 1.00 美元。

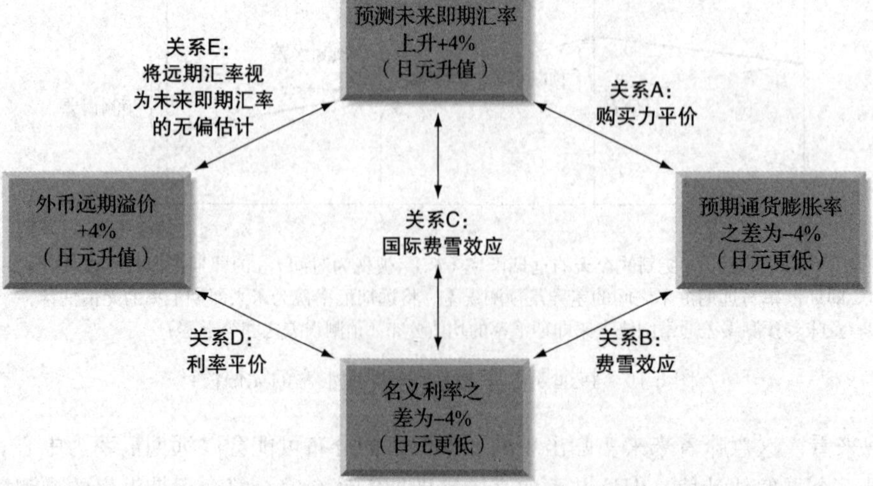

图 6.11 国际平价条件的均衡状态

关系 A：购买力平价。根据相对购买力平价理论，预计一年后的即期汇率 S_2 为 100 日元 = 1.00 美元。

$$S_2 = S_1 \times \frac{1+\pi^{¥}}{1+\pi^{\$}} = ¥104 \times \frac{1.01}{1.05} = ¥100$$

即美元相对日元贬值 4%，与两国预期通货膨胀率之差相等，但方向相反。

关系 B：费雪效应。实际利率等于名义利率减去预期通货膨胀率。在假设市场高效且开放的情况下，不同货币的实际利率应该是相等的。因此，美元市场的实际利率为 3%（= 8% − 5%），而日元市场的实际利率为 3%（= 4% − 1%）。图 6.11 只展示了费雪效应的关系，即名义利率之差等于预期通货膨胀率之差（−4%）。

关系 C：国际费雪效应。在这种情况下，即期汇率的预期变动（在本例中为 4%）与名义利率之差相等，但方向相反。（即具有较高名义利率的货币将预期贬值。）

$$\frac{S_1 - S_2}{S_2} \times 100\% = \frac{¥104 - ¥100}{¥100} \times 100\% = +4\%$$

关系 D：利率平价。名义利率之差与远期升贴水率数值相等，符号相反。在本例中，日元的名义利率比美元的名义利率低 4%。

$$i^{¥} - i^{\$} = 4\% - 8\% = -4\%$$

而日元的远期升贴水率 $f^{¥}$ 为 4%。（F 表示 1 年期日元远期汇率。）

$$f^{¥} = \frac{S_1 - F}{F} \times \frac{360}{天数} \times 100\% = \frac{¥104 - ¥100}{¥100} \times \frac{360}{360} \times 100\% = +4\%$$

关系 E：将远期汇率视为未来即期汇率的无偏估计。最后，如果假设 1 年期日元远期汇率是未来即期汇率的无偏估计，那么其未来的即期汇率也可预测为 100 日元 = 1.00 美元。

要点小结

- 平价条件通常被经济学家用来解释汇率的长期趋势。
- 在自由浮动汇率制下，即期汇率的预期变化率、两国之间的通货膨胀率差异和名义利率差异以及远期升贴水率都是直接成比例且相互决定的。这些变量中的一个发生变化通常会影响其他所有变量，并对首先发生变化的变量产生反馈效应。
- 如果一种相同的商品（或服务）可以在两个不同的市场上出售，并且没有销售限制或商品在市场之间的运输成本，那么该商品的价格应该在两个市场上是相同的。这被称为一价定律。
- 绝对购买力平价指出，即期汇率由一篮子相同商品的各国相对价格决定。
- 相对购买力平价指出，如果两个国家之间的即期汇率在期初处于均衡状态，那么两国之间的通货膨胀率之差在长期内往往会被未来即期汇率的变化所抵消。（通货膨胀率高的国家的货币将贬值。）
- 费雪效应指出，各国的名义利率等于实际利率加上预期通货膨胀率。
- 国际费雪效应，也被称为费雪开放式理论，是指两国之间即期汇率的变化幅度应该与这两国之间的利率之差数值相等但方向相反。（即高利率货币预期相对贬值。）

- 利率平价理论指出，在不考虑交易成本的条件下，风险和到期期限相似的两国证券的利率差异应该与其货币的远期升贴水率数值相等但方向相反。(即低利率货币远期升值。)
- 当即期和远期外汇市场未能达到利率平价理论所描述的均衡状态时，市场上就存在无风险套利的可能性。这种套利行为被称为抵补套息套利。
- 部分分析人士认为，对于采取浮动汇率制的主要货币而言，外汇市场是“有效的”，而且远期汇率是未来即期汇率的无偏估计。

问 题

6.1 **一价定律。**请对一价定律进行定义，描述其基本假设并解释为什么这些假设在现实世界中很难实现。

6.2 **购买力平价。**请分别给出绝对购买力平价和相对购买力平价的定义。

6.3 **“巨无霸指数”。**请比较“巨无霸指数”与一价定律中的理论要求的相似之处。

6.4 **低估与购买力平价。**根据购买力平价理论，被低估的货币将会发生什么变化?

6.5 **名义有效汇率指数。**请解释应该怎样计算名义有效汇率指数。

6.6 **实际有效汇率指数。**如何将名义有效汇率指数转换为实际有效汇率指数?

6.7 **汇率传递。**什么是汇率传递?

6.8 **汇率变化的部分传递。**汇率变化的部分传递是什么，它是如何在高效运作的全球市场中发生的?

6.9 **需求价格弹性。**请解释需求价格弹性与汇率传递之间的关系。

6.10 **费雪效应。**请给出费雪效应的定义，并从实证角度分析费雪效应在实践中的应用。

6.11 **费雪效应的近似形式。**为什么相较于精确公式，费雪效应的近似形式往往更常用? 这样做是否会导致结果出现较大的误差?

6.12 **国际费雪效应。**请给出国际费雪效应的定义，并从经验研究的角度出发，探讨国际费雪效应在现实中的应用程度和效果。

6.13 **利率平价理论。**请阐述利率平价理论的内容，并分析利率平价和远期汇率之间的关系。

6.14 **抵补套息套利。**请分别给出抵补套息套利和非抵补套息套利的定义，并阐述二者之间的区别。

6.15 **非抵补套息套利。**投资者或投机者在进行非抵补套息套利时需要考虑哪些因素?

6.16 **计算远期汇率。**假设你的合作对象认为，当前的远期汇率是市场对未来即期汇率的预期，你应该如何回答?

6.17 **将远期汇率视为无偏估计。**有些分析人士认为，主要货币的外汇市场是有效的，并且将远期汇率视为未来即期汇率的无偏估计。请阐释在估算未来即期汇率时，无偏估计一词的含义及其合理性。

6.18 **交易成本。**如果进行抵补或非抵补套息套利交易的成本很高，你认为这会对套利交易产生怎样的影响?

6.19 **套利交易。**商业媒体经常提到“套利交易”(carry trade) 这个术语。请具体解释它的含义，并说明参与者需要具备的条件和预期。

6.20 **市场有效性。**众多学者和行业专家对外汇和利率市场的效率进行了深入的实证研究。他们的研究结论是什么?

迷你案例

渡边太太和日元套利交易

习　题

扫码了解习题

附录 6A　国际购买力平价条件的代数基础

以下是对本章购买力平价条件的纯代数展示，这部分内容有助于学生从公式推导的过程中学习额外的理论细节。

一价定律

一价定律是指在自由贸易、商品完全可替代和零成本交易的情况下，两种货币之间的均衡汇率由以两种不同货币计价的任意商品 i 的价格之比决定。例如，

$$S_t = \frac{P_{i,t}^{\$}}{P_{i,t}^{SF}}$$

其中，$P_{i,t}^{\$}$ 和 $P_{i,t}^{SF}$ 分别代表同一商品 i 在 t 期以美元和瑞士法郎表示的价格。即期汇率 S_t 等于这两种货币价格的比率。

购买力平价

汇率由两个价格指数的比率确定的一般形式（general form）被称为绝对购买力平价。价格指数反映了各国一篮子相同商品的货币成本。将等同于同一组商品购买力的汇率表示为

$$S_t = \frac{P_t^{\$}}{P_t^{SF}}$$

其中，$P_t^{\$}$ 和 P_t^{SF} 分别是 t 期美元和瑞士法郎的价格指数。如果分别用 $\pi^{\$}$ 和 π^{SF} 代表两国的通货膨胀率，那么 $t+1$ 期的即期汇率将会是：

$$S_{t+1} = \frac{P_t^{\$}(1+\pi^{\$})}{P_t^{SF}(1+\pi^{SF})} = S_t\left(\frac{1+\pi^{\$}}{1+\pi^{SF}}\right)$$

用 $t+1$ 期的即期汇率除以 t 期的即期汇率，可得：

$$\frac{S_{t+1}}{S_t}=\frac{\dfrac{P_t^{\$}(1+\pi^{\$})}{P_t^{SF}(1+\pi^{SF})}}{\dfrac{P_t^{\$}}{P_t^{SF}}}=\frac{S_t\left(\dfrac{1+\pi^{\$}}{1+\pi^{SF}}\right)}{S_t}=\frac{1+\pi^{\$}}{1+\pi^{SF}}$$

将 t 期到 $t+1$ 期即期汇率的变化率因式分解，可得：

$$\frac{S_{t+1}-S_t}{S_t}=\frac{S_t\left(\dfrac{1+\pi^{\$}}{1+\pi^{SF}}\right)-S_t}{S_t}=\frac{(1+\pi^{\$})-(1+\pi^{SF})}{1+\pi^{SF}}$$

上式分母被认为趋近于1，此方程通常会忽略分母，表示为

$$\frac{S_{t+1}-S_t}{S_t}=(1+\pi^{\$})-(1+\pi^{SF})=\pi^{\$}-\pi^{SF}$$

远期汇率

远期汇率是指通过银行机构和其他从事外汇和债务工具交易的金融中介机构向私人投资者提供的合同汇率。以年化百分比表示的即期汇率与远期汇率之间的差异被称为远期溢价。

$$f^{SF}=\frac{F_{t,t+1}-S_t}{S_t}\times\frac{360}{n_{t,t+1}}$$

其中，f^{SF} 是瑞士法郎的远期溢价；$F_{t,t+1}$ 是在 t 期签订的交割日期为 $t+1$ 期的远期汇率；S_t 是当前即期汇率；$n_{t,t+1}$ 是合同日期（t）和交割日期（$t+1$）之间的天数。

抵补套息套利与利率平价

抵补套息套利的步骤是：投资者在即期市场上以本国货币兑换外币，将外币投资于利息较高的外币市场，并签订远期合约以“锁定”将来的汇率，从而将外币收益（总额）兑换回本国货币。抵补套息套利的净回报率为

$$\text{净回报率}=\frac{(1+i^{SF})F_{t,t+1}}{S_t}-(1+i^{\$})$$

其中，S_t 和 $F_{t,\ t+1}$ 是美元兑瑞士法郎的即期和远期汇率；i^{SF} 是以瑞士法郎计价的货币工具的名义利率（或收益率）；$i^{\$}$ 是以美元计价的货币工具的名义利率（或收益率）。

当它们的收益率完全相等时，即无法通过抵补套息套利获取利润（无风险利润为零），利率平价成立，并表示为

$$1+i^{\$}=\frac{(1+i^{SF})F_{t,t+1}}{S_t}$$

或者：

$$\frac{1+i^{\$}}{1+i^{SF}}=\frac{F_{t,t+1}}{S_t}$$

如果将等式改写为以年化百分比表示的即期汇率和远期汇率之间的差异，即远期溢价，那么远期溢价与相对利率差异之间的关系是：

$$\frac{F_{t,t+1}-S_t}{S_t}=f^{SF}=\frac{i^{\$}-i^{SF}}{1+i^{SF}}$$

如果这些数值不相等（即市场处于非均衡状态），就存在获取无风险利润的可能性。利用套利空间获利的经济主体会不断进行抵补套息套利交易，直到套利不再有回报，市场实现均衡。

费雪效应

费雪效应指出，所有名义利率都可以分解为实际利率（收益率）和预期通货膨胀率：

$$i^{\$}=(1+r^{\$})(1+\pi^{\$})-1=r^{\$}+\pi^{\$}+r^{\$}\pi^{\$}$$

其中，$r^{\$}$ 表示实际利率；$\pi^{\$}$ 表示美元计价资产的预期通货膨胀率。

与购买力平价一样，有一种广为接受的近似方法。$r^{\$}\pi^{\$}$ 的乘积交叉项通常非常小，因此可以忽略：

$$i^{\$}=r^{\$}+\pi^{\$}$$

国际费雪效应

国际费雪效应将这种国内利率关系扩展到国际货币市场上。如果资本试图通过抵补套息套利在国际上寻找由当前息差产生的更高回报率，那么两种货币的实际利率将实现均衡（即 $r^{\$}=r^{SF}$）：

$$\frac{S_{t+1}-S_t}{S_t}=\frac{(1+i^{\$})-(1+i^{SF})}{1+i^{SF}}=\frac{i^{\$}-i^{SF}}{1+i^{SF}}$$

如果将名义利率分解为各自的实际利率和预期通货膨胀率，则即期汇率的百分比变化为

$$\frac{S_{t+1}-S_t}{S_t}=\frac{(r^{\$}+\pi^{\$}+r^{\$}\pi^{\$})-(r^{SF}+\pi^{SF}+r^{SF}\pi^{SF})}{1+r^{SF}+\pi^{SF}+r^{SF}\pi^{SF}}$$

如果满足以下条件，国际费雪效应还有其他的含义：①资金可以自由进入和退出资本市场；②资本市场存在可接受的替代投资方案；③市场参与者对这些可能性具有完全且相同的信息。

在满足这些条件的情况下，国际套利交易商能够利用所有潜在的无风险套利机会，直到市场之间的实际利率达到均衡（$r^{\$}=r^{SF}$）。因此，即期汇率的预期变化率简化为预期通货膨胀率之差：

$$\frac{S_{t+1}-S_t}{S_t}=\frac{\pi^{\$}+r^{\$}\pi^{\$}-\pi^{SF}-r^{SF}\pi^{SF}}{1+r^{SF}+\pi^{SF}+r^{SF}\pi^{SF}}$$

如果将近似形式结合起来（通过消除分母以及 r 和 π 的乘积交叉项），即期汇率的变化率可以简化为

$$\frac{S_{t+1}-S_t}{S_t}=\pi^{\$}-\pi^{SF}$$

请注意国际费雪效应的近似形式与之前讨论的购买力平价之间的相似性（在方程形式上完全相同），主要区别在于事后与事前（预期）通货膨胀率之间的差异。

第7章
CHAPTER 7

外汇衍生品：期货和期权

除非衍生品合约得到抵押或担保，否则它们的最终价值还依赖于交易对手的信誉。在合约结算之前的这段时间里，即便没有实际资金交易发生，交易对手仍会在其利润表中记录盈亏（可能数额巨大）。衍生品合约的多样性仅受限于人类的创造力——有时，似乎甚至是疯狂的想象。

——巴菲特，伯克希尔·哈撒韦公司年报[⊖]，2002年

学习目标

7.1 解释外汇期货的报价、估值及其投机目的
7.2 探究购买和出售外汇期权的风险和回报
7.3 描述期权价值如何由内在价值和时间价值组成
7.4 研究外汇期权的价值如何随着汇率、利率和其他定价因素的变化而变化

21世纪，跨国公司的财务管理必会涵盖金融衍生品的应用。这类衍生品之所以得名，是因为它们的价值取决于股票、货币等**基础资产**（underlying asset）。在当前的商业环境中，它们被视为强有力的工具，用于达成两个完全不同的管理目标：**投机**（speculation）和**套期保值**（hedging）。跨国公司的财务经理可能购入这些金融衍生品，以便通过预判市场动向来寻求利

⊖ 伯克希尔·哈撒韦公司是一家美国投资公司，由巴菲特领导。伯克希尔·哈撒韦公司年报不只是一份公司财务报告，也是一份重要的财经文献，对投资者和市场分析师具有很强的教育价值。巴菲特通常会在年报中写一封致股东的信，分享他对公司业务、投资策略、市场趋势、经济状况以及其他相关主题的观点和认识。巴菲特还会分享他的投资哲学、经验教训和对未来的展望，这些内容对许多投资者和商业领袖来说非常有价值。——译者注

润，即进行投机。反之，他们也可能应用这些工具来降低企业日常现金流管理的风险，这便是套期保值。为了有效运用这些金融工具，财务经理需深入了解金融衍生品的结构和定价机制的基本知识。掌握这些关键信息后，他们才能更好地完成跨国公司的战略目标。

本章将介绍目前跨国公司财务管理中主要使用的外汇衍生品。我们将重点讲解这些衍生品的估值方法和投机使用的基本原理；第 9 章会详细说明如何利用这些外汇衍生品对商业交易的风险进行套期保值。本章末尾的迷你案例"波动率的涨落"，探究了货币在相对平静的时期（如 2019 年），以及危机时期（如 2008—2009 年全球金融危机期间和 2020 年全球新冠疫情期间）的波动性表现，还进一步探讨了这些波动是否可预测。

在继续讲解之前，有必要提醒读者：金融衍生品在细心且能干的财务经理手中可以是强大的工具，但若使用不当，它们也可能带来巨大的破坏性。无论是有意为之还是无心之失，财务经理持有巨额衍生品头寸造成公司重大损失的案例在金融史上比比皆是。然而，在正确的运用和管理下，衍生品能够为管理层提供增加和保持企业价值的机会。

7.1 外汇期货

外汇期货合约（foreign currency futures contract）是远期合约的替代工具，它要求在未来的特定时间、地点以约定的价格交割一定数量的外汇。这类合约与那些以商品（如猪肉、牛肉、木材等）、计息存款和黄金等为标的物的期货合约相似。世界上大多数主要货币中心都设立了**外汇期货市场**（foreign currency futures market）。在美国，最重要的外汇期货市场是芝加哥商业交易所（Chicago Mercantile Exchange，CME）的国际货币市场（international monetary market，IMM）。

7.1.1 合约细则

合约细则由期货交易所来制定。以芝加哥国际货币市场为例，我们可以通过芝加哥商业交易所交易的墨西哥比索期货来阐释标准化期货交易的主要特点，如表 7.1 所示。

表 7.1　墨西哥比索（CME㊀）-MXN 500 000；MXN/USD

到期日	开盘价	最高价	最低价	结算价	价格变动	存续期		未平仓合约数量
						历史最高价	历史最低价	
3 月	0.109 53	0.109 88	0.109 30	0.109 58	……	0.110 00	0.097 70	34 481.00
6 月	0.107 90	0.107 95	0.107 78	0.107 73	……	0.108 00	0.097 30	3 405.00
9 月	0.106 15	0.106 15	0.106 10	0.105 73	……	0.106 15	0.099 30	1 481.00

注：所有合约的名义本金均为 50 万墨西哥比索。"开盘价"是指当天的开盘价格。"最高价"是指当天的最高价格。"最低价"是指当天的最低价格。"结算价"是指当天的收盘价。"价格变动"是指与前一交易日收盘价相比的价格变动额。"历史最高价"和"历史最低价"表示该特定合约（根据其到期日定义）在其交易历史上的最高价格和最低价格。"未平仓合约数量"（open interest，也译作"持仓量"）显示的是当前未结算的合约总数。

每份期货合约的名义本金为 50 万墨西哥比索。在交易中，使用的任何货币数量都必须是该货币的基本单位的整数倍。汇率采用美式标价法，即一单位外币的美元成本（价格），芝

㊀ 原文为 CMM，疑为笔误。——译者注

加哥商业交易所在符号表示方面结合了传统美元符号和墨西哥比索的ISO代码MXN。在表7.1中，汇率以每单位墨西哥比索的美元价格表示，合约的到期日定在1月、3月、4月、6月、7月、9月、10月或12月的第三周的星期三。合约可以交易至到期前的第二个工作日。除非遇到节假日，最后一个交易日通常是合约到期前的星期一。

期货合约的一个典型特征是要求买方存入一定数额的**初始保证金**（initial margin）或提供相应的**抵押**（collateral）。这一规定相当于需要提供一份履约保函（performance bond），可以是银行的信用证，也可以是国库券或现金。此外，期货合约的买方还需要支付**维持保证金**（maintenance margin）。期货合约实行**逐日盯市**（marked-to-market）制度，其所有价值变动都以现金形式支付。逐日盯市意味着按当天的收盘价来重新评估合约的价值。支付的金额称为**变动保证金**（variation margin）。

大约只有5%的期货合约会通过外汇的**实物交割**（physical delivery）来结算。更为常见的是，在交割日之前，买方和卖方通过执行相反方向的交易来抵销他们的**初始头寸**（original position）。也就是说，投资者通常会卖出相同交割日的期货合约来平仓。完整的买入/卖出或卖出/买入被称为**全程交易**（round turn）。

客户需要支付佣金给经纪人来执行一个双边交易，经纪人会向客户报出一个单一的价格[⊖]。这种做法与银行间市场的做法不同，在银行间市场，交易商会提供买价和卖价，但不会收取佣金。所有合约实质上是客户与清算所（clearinghouse）之间的协议，而不是两个客户之间直接签订的。因此，客户不必担心市场上的特定交易对手可能不会履行合同，即交易对手方风险。清算所由交易所的所有成员拥有并提供担保。

7.1.2 外汇期货的运用

期货合约的原理如下：买入（外汇）期货合约的投机者锁定了未来某确定日期买入该货币的价格；卖出（外汇）期货合约的投机者锁定了未来某确定日期卖出该货币的价格。任何希望对墨西哥比索兑美元的汇率走势进行投机的投资者，可以采取以下策略之一进行操作。

空头头寸。劳拉·塞万提斯是一名在国际货币交易公司工作的投机者，如果她认为墨西哥比索将在3月相对美元贬值，她可以卖出3月到期的期货合约，由此持有一个空头头寸。通过卖出期货合约，劳拉可以以固定价格出售50万墨西哥比索。如果墨西哥比索的价值在到期日如期下跌，那么劳拉就可以在3月以高于彼时现货市场的价格出售墨西哥比索，从而获利。

根据表7.1中3月到期的墨西哥比索期货报价，劳拉以USD0.109 58 = MXN1.00的结算价出售了一份3月到期的期货合约，那么在到期日，期货合约价值为

$$\text{到期日期货合约价值（空头头寸）} = -\text{名义本金} \times (\text{现货价格} - \text{期货价格})$$

需要注意的是，空头头寸被视为名义本金的负值进行估值。如果到期日的即期汇率为USD0.095 00 = MXN1.00，到期日期货合约价值为

$$\begin{aligned}\text{到期日期货合约价值} &= -\text{MXN}500\,000 \times (\text{MXN/USD}0.095\,00 - \text{MXN/USD}0.109\,58)\\ &= \text{USD}7\,290\end{aligned}$$

⊖ “单一的价格”是指客户完成双边交易时，经纪人向客户报出的总费用。这个价格不是指合约的市场价格，而是指客户完成买入和卖出交易需要支付的佣金费用的总和。这个价格包括了经纪人执行买卖双方交易所收取的所有费用，是双边交易的总成本。——译者注

劳拉的预期得证，墨西哥比索相对美元贬值。可以说，劳拉以每墨西哥比索 0.095 00 美元的价格买入墨西哥比索，并以每墨西哥比索 0.109 58 美元的价格将其卖出。

劳拉投机真正需要的是对墨西哥比索兑美元未来汇率的方向感（directional view）。在本例中，她认为在期货合约到期前，墨西哥比索会相对美元贬值。

多头头寸。如果劳拉预计墨西哥比索在短期内相对美元升值，她可以通过买入 3 月到期的期货合约来建立多头头寸。买入期货合约意味着劳拉锁定了在期货到期日买入墨西哥比索的价格。劳拉持有的期货合约在到期日的价值为

$$\text{到期日期货合约价值（多头头寸）} = \text{名义本金} \times \text{（现货价格} - \text{期货价格）}$$

再次运用表 7.1 中 3 月到期的墨西哥比索期货的结算价 USD0.109 58 = MXN1.00，如果到期日的即期汇率为 USD0.110 00 = MXN1.00，那么劳拉确实准确预测了墨西哥比索的走势。那么在到期日，期货合约价值为

$$\begin{aligned}\text{到期日期货合约价值} &= \text{MXN500 000} \times (\text{MXN/USD0.110 00} - \text{MXN/USD0.109 58}) \\ &= \text{USD210}\end{aligned}$$

在这种情况下，劳拉在短短几个月内就从一份期货合约上获得了 210 美元的利润。可以说，劳拉以每墨西哥比索 0.109 58 美元的价格买入墨西哥比索，并以每墨西哥比索 0.110 00 美元的价格将其卖出。

但是，如果劳拉对墨西哥比索未来价格的预期是错误的呢？例如，如果墨西哥政府宣布墨西哥的通货膨胀率突然大幅上升，导致墨西哥比索在到期日下跌至每墨西哥比索 0.080 00 美元，那么劳拉持有的期货合约在到期日的价值为

$$\begin{aligned}\text{到期日期货合约价值} &= \text{MXN500 000} \times (\text{MXN/USD0.080 00} - \text{MXN/USD0.109 58}) \\ &= \text{USD} - 14\ 790\end{aligned}$$

在这种情况下，劳拉的投机遭到了亏损。显然，期货合约可以被组合成各种复杂的头寸。当我们将不同的期货合约组合时，组合后的期货合约估值会相当简单且具有可加性。

7.1.3 外汇期货合约与外汇远期合约

外汇期货合约与外汇远期合约存在许多关键性的差异。个人投资者认为期货合约在投机方面很有用，因为他们通常无法使用远期合约。对于企业而言，期货合约通常被认为效率低下且手续烦琐，因为在合约期限内，合约的头寸会通过逐日盯市制度进行调整。期货交易要求金融服务提供商经常向客户发送追加保证金的通知（margin call），虽然这不意味着企业需要每天接收或支出现金，但是这通常并非企业所愿。

7.2 外汇期权

外汇期权是一种合约，它赋予期权的买方（购买者）在指定时间段（直到到期日）以固定单价购买或出售一定数量外汇的权利，但不强制要求买方行权。该定义的关键是“但不强制要求”(but not the obligation)，这意味着期权的买方拥有一项有价值的选择权。

在很多方面，购买期权就像购买一张参加慈善音乐会的门票。买方有权参加音乐会，但并没有义务这么做。音乐会门票的买方除了支付门票费用外，没有承担任何风险。同样，期权的买方顶多损失支付的期权费。如果买方决定不参加音乐会，那么在音乐会举办之前，他

可以将门票卖给想去的人。

7.2.1 期权常识

期权分为两种基本类型：看涨期权和看跌期权。**看涨期权**（call）是购买外汇的选择权，**看跌期权**（put）是出售外汇的选择权。期权的买方被称为**持有者**（holder），期权的卖方被称为**出售者**（writer）或**授予者**（grantor）。

每个期权都有三个不同的价格要素：①**行权价格**（exercise price）或**执行价格**（strike price），通常也被叫作**行权汇率**（strike rate），即能购买（看涨期权）或出售（看跌期权）外汇的汇率；②**期权费**（premium），即期权本身的成本、价格或价值；③市场上的基础或实际的即期汇率。

美式期权（American option）赋予买方在期权签订日（date of writing）至到期日（expiration or maturity date）之间的任何时间行使期权的权利。**欧式期权**（European option）只能在到期日当天行权，而不能提前行权。尽管如此，美式期权和欧式期权的定价几乎相同，因为期权持有者通常会在期权到期日之前就出售期权。如果被行权，期权除了**内在价值**（intrinsic value）外，通常还会包含一定的**时间价值**（time value）。（将在本章后续部分解释。）

期权费或**期权价格**（option price）是期权的成本，通常由买方提前支付给卖方。在**场外**（over-the-counter, OTC）市场，银行提供期权，期权费以交易金额的百分比进行报价。在交易所交易的期权费以单位外汇的本币价格进行报价。

行权价格等于标的货币即期汇率的期权被称为**平值期权**（at-the-money，ATM）。不考虑期权费，立即行权而能获利的期权，被称为**实值期权**（in-the-money，ITM）。同样不考虑期权费，立即行权而不会获利的期权，被称为**虚值期权**（out-of-the-money，OTM）。

7.2.2 外汇期权市场

在过去的 30 多年里，作为套期保值工具以及用于投机目的的外汇期权已经发展成为主要的外汇交易活动。在美国和其他资本市场，许多银行提供了灵活的外汇期权[⊖]（flexible foreign currency option），适用于 100 万美元或更高金额的外汇交易。银行市场，或者说场外市场，可根据需要来量身定制各种主要交易货币的期权，期限最长可达一年，有时甚至两到三年。

费城证券交易所（Philadelphia Stock Exchange）于 1982 年在美国推出了标准化的外汇期权合约交易。芝加哥商业交易所和美国及海外的其他交易所随后效仿。在交易所交易的合约特别受到投机者以及通常无法接触场外市场的个人投资者的青睐。银行也在交易所进行交易，这是它们对冲与客户或其他银行进行期权交易所产生的风险的若干方式之一。外汇期权交易量的增长反映出其他类型期权交易量的爆炸性增加以及期权定价模型的改进。1973 年，费希尔·布莱克（Fischer Black）和迈伦·斯科尔斯（Myron Scholes）最早提出了期权定价模型，此后经过不断拓展、改进及商业化，期权定价模型已经有了数百种形式。

场外市场期权。场外市场期权通常由银行出具，以美元兑英镑、加拿大元、日元、瑞士法郎或欧元为主，但几乎所有主要交易货币的场外市场期权都变得越来越容易获取。

⊖ 灵活的外汇期权是一种特定类型的外汇期权，它比标准期权更为灵活，因为可以根据客户的具体需求来定制。——译者注

场外市场期权的主要优势在于其可以根据企业的具体需求来量身定制。金融机构愿意出具或购买不同金额（名义本金）、行权价格和到期日的期权。虽然在早些年间，场外期权市场相对缺乏流动性，但经过发展，这些市场的规模已经相当大，且流动性相当好。另外，买方必须评估出具期权的银行是否有能力履行合约。期权和互换等金融合约的使用日益增加，因此与交易对手相关的金融风险（即交易对手方风险）已成为国际市场上一个持续存在的问题。相比于场外交易的期权，交易所交易的期权更常被个人和金融机构（而不是企业）使用。

如果投资者希望在场外市场购买期权，他通常会致电主要货币中心银行的货币期权柜台；明确指定所需外汇、到期日和行权价格；然后询问买卖报价（bid-offer quote）。银行通常会花费几分钟到几个小时来给外汇期权定价，并随后答复投资者。

交易所期权。实物（标的）货币期权在全球多个交易所内进行交易，包括费城证券交易所和芝加哥商业交易所。交易所交易的期权通过清算所进行结算，这意味着买卖双方不直接交易。清算所是每份期权合约的交易对手，并保证履约。清算所的义务由交易所的所有成员履行，其中包括许多银行。对于费城证券交易所而言，清算服务由期权清算公司（Options Clearing Corporation）提供。

数字化交易。货币期权的数字化交易结合了场外市场期权交易和交易所期权交易的优点。理论上，货币期权可以根据买方的需求来定制，同时通过数字界面（被称为直通式交易程序，straight-through processing）进行访问和定价。FXall 是黑石集团（Blackstone Group）所有的面向银行和经纪人的外汇和货币期权交易公司，近年来在数字化货币期权的销售领域实现了迅速增长。

7.2.3　货币期权的报价和价格

表 7.2 展示了瑞士法郎期权的典型报价。这些报价来自在费城证券交易所前一交易日完成的交易。尽管给出了多种行权价格和到期日的报价，但并不是所有报价都在前一交易日实际交易过，如果没有实际交易过，则不会显示期权费。货币期权的行权价格和期权费通常以美元标价，即采用美式标价法与外币的间接报价法给出报价，例如单位瑞士法郎的美元价格或单位日元的美元价格。

表 7.2　瑞士法郎期权报价（单位瑞士法郎兑多少美分）

期权标的价格	行权价格	看涨期权到期日的期权费			看跌期权到期日的期权费		
		8 月	9 月	12 月	8 月	9 月	12 月
58.51	56.0	—	—	2.76	0.04	0.22	1.16
58.51	56.5	—	—	—	0.06	0.30	—
58.51	57.0	1.13	—	1.74	0.10	0.38	1.27
58.51	57.5	0.75	—	—	0.17	0.55	—
58.51	58.0	0.71	1.05	1.28	0.27	0.89	1.81
58.51	58.5	0.50	—	—	0.50	0.99	—
58.51	59.0	0.30	0.66	1.21	0.90	1.36	—
58.51	59.5	0.15	0.40	—	2.32	—	—
58.51	60.0	—	0.31	—	2.32	2.62	3.30

注：每份期权合约代表 62 500 瑞士法郎。表中列出的 8 月、9 月和 12 月是期权的到期日或到期月份。这张表由作者构建，用以展示《华尔街日报》中常见的期权报价方式。

7.2.4 看涨期权的买方

期权与其他类型的金融工具在风险模式上有所不同。期权持有者有选择行权或让其到期且不行权的权利。只有当行权赢利，即期权处于实值状态时，期权持有者才会行权。对于看涨期权而言，当标的货币的现货价格上涨时，持有者才有无限的盈利潜力。然而，在不利的情况下，持有者可以放弃期权并离开，只损失已支付的期权费。

表 7.2 展示了任何一种外汇期权的三种不同价格的特征。在该表中，突出显示的期权被称为“8 月到期的行权价格为 58.5 美分的瑞士法郎的看涨期权”（August 58.5 call option），即以月份和行权价格来表示期权。“8 月到期的行权价格为 58.5 美分的瑞士法郎的看涨期权”的三个价格特征如下所示。

（1）即期汇率。在该表中，“期权标的价格”表示前一交易日收盘时，单位瑞士法郎对应的即期美元价格为 58.51 美分或 0.585 1 美元。

（2）行权价格。表中的“行权价格”或行权汇率是指行权时买入单位瑞士法郎需要支付的汇价。8 月到期的瑞士法郎的看涨期权的行权价格为 1 瑞士法郎 = 58.5 美分。表 7.2 列出了 9 个不同的行权价格，从 56 美分到 60 美分不等。不过当天可用的行权价格比表中所列的更多。

（3）期权费。期权费是期权的成本或价格。“8 月到期的行权价格为 58.5 美分的瑞士法郎的看涨期权”的成本为 1 瑞士法郎 = 0.50 美分，或 1 瑞士法郎 = 0.005 美元。期权费是期权的市场价值，因此，对于期权而言，期权费、期权成本、期权价格和期权价值等术语可替换使用。

“8 月到期的行权价格为 58.5 美分的瑞士法郎的看涨期权”的期权费为每瑞士法郎 0.50 美分，在这种情况下，“8 月到期的行权价格为 58.5 美分的瑞士法郎的看涨期权”的期权费也是每瑞士法郎 0.50 美分。由于费城证券交易所的一份期权合约为 62 500 瑞士法郎，因此该看涨期权（或此情形下的看跌期权）合约的总成本为 62 500 瑞士法郎 × 每瑞士法郎 0.005 美元 = 312.50 美元。

汉斯 · 施密特是苏黎世的一位货币投机者。图 7.1 展示了汉斯买入看涨期权的持仓情况。假设他购买了前面提到的 8 月到期的瑞士法郎看涨期权，该期权的行权价格为 1 瑞士法郎 =0.585 美元，期权费为每瑞士法郎 0.005 美元。纵坐标衡量了期权到期之前，期权买方在不同瑞士法郎即期汇率下的盈亏情况。

在所有即期汇率低于行权价格（1 瑞士法郎 = 0.585 美元）的情况下，汉斯不会选择行使期权。因为如果即期汇率是 1 瑞士法郎 = 0.580 美元，他宁愿在即期市场以此价格购买瑞士法郎，而不是行使其期权。如果即期汇率一直维持在 1 瑞士法郎 = 0.580 美元或更低，直到 8 月期权到期，汉斯就不会行使期权。他的总损失仅限于他为期权支付的原始成本，即每瑞士法郎 0.005 美元的期权费。因此，不管即期汇率怎样下跌，他的损失都只有期权费。

另外，在即期汇率高于行权价格（1 瑞士法郎 = 0.585 美元）的情况下，汉斯会选择行使期权，只需支付行权价格就能购买瑞士法郎。例如，如果即期汇率在到期时是 1 瑞士法郎 =0.595 美元，他会选择行使看涨期权，以每瑞士法郎 0.585 美元的价格购买瑞士法郎，而不是在即期市场上以每瑞士法郎 0.595 美元的价格购买。他可以立即在即期市场上以每瑞士法郎 0.595 美元的价格卖出瑞士法郎，从而获得每瑞士法郎 0.010 美元的毛利润。在扣除每瑞士法郎 0.005 美元的期权费后，其每瑞士法郎的净利润是 0.005 美元。因此，如果即期汇率高于行权价格，并且即期汇率是 1 瑞士法郎 = 0.595 美元，汉斯的利润为

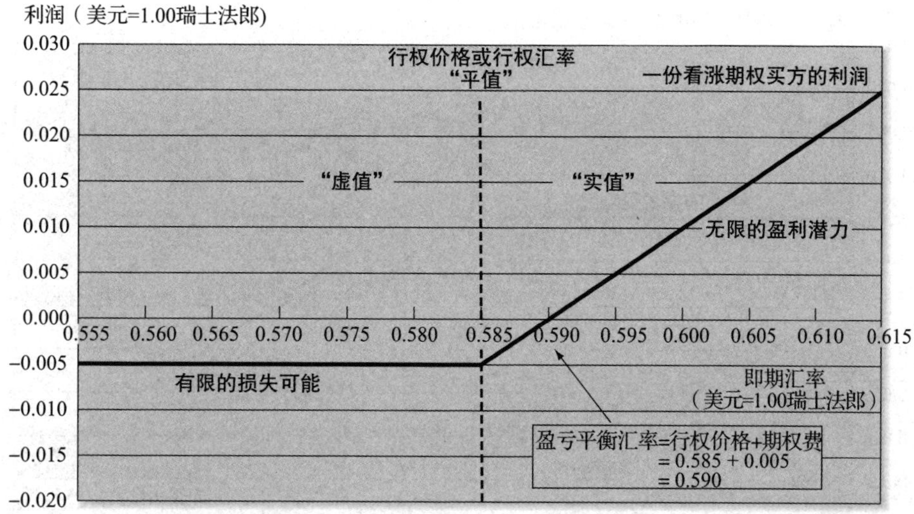

看涨期权的买方拥有无限的盈利潜力（实值期权），以及有限的损失可能，即期权费（虚值期权）

图 7.1　购买一份看涨期权的利润与损失

利润 = 即期汇率 −（行权价格 + 期权费）
　　= 0.595 美元 / 瑞士法郎 −（0.585 美元 / 瑞士法郎 +0.005 美元 / 瑞士法郎）
　　=0.005 美元 / 瑞士法郎

更为可能的是，汉斯会通过在期权交易所执行对冲合约来实现利润，而不是通过实物交割。由于瑞士法郎的美元价格可能无限上涨（超出图 7.1 右上角的范围），所以最大利润是无限的。因此，看涨期权的买方拥有极具吸引力的潜在结果组合：有限的损失可能和无限的盈利潜力。

值得注意的是，在盈亏平衡点（break-even）上，1 瑞士法郎 = 0.590 美元，汉斯在行权后既不获利也不亏损。0.005 美元的期权费加上 0.585 美元的行权价格，正好等于在即期市场上以 0.590 美元的价格卖掉瑞士法郎的收益。在盈亏平衡点上，汉斯仍会行使看涨期权。这是因为通过行权，他至少可以收回已经支付的期权费。至于超过行权价格但低于盈亏平衡点的任何即期汇率，通过行权和出售标的货币获得的毛利润可以覆盖部分（但非全部）期权费。

7.2.5 看涨期权的卖方

图 7.2 展示了同样一份看涨期权的卖方（承约方）的头寸。如果在期权到期时，标的货币的即期汇率低于行权价格 1 瑞士法郎 = 0.585 美元，期权持有者将不会行权。持有者损失的部分就是卖方的利润。卖方可以获得期权费为每瑞士法郎 0.005 美元的全部利润。如果期权在标的货币的即期汇率超过行权价格 1 瑞士法郎 = 0.585 美元时被行权，那么这笔看涨期权的卖方必须以每瑞士法郎 0.585 美元的价格来交付标的货币，而此时每瑞士法郎的价值超过了 0.585 美元。如果卖方在发行期权时没有持有标的货币，也就是裸卖（naked），那么他将以即期汇率购买标的货币。在这种情况下，他将遭受损失。这笔损失金额可能无限，并随着标的货币价格的上涨而增加。

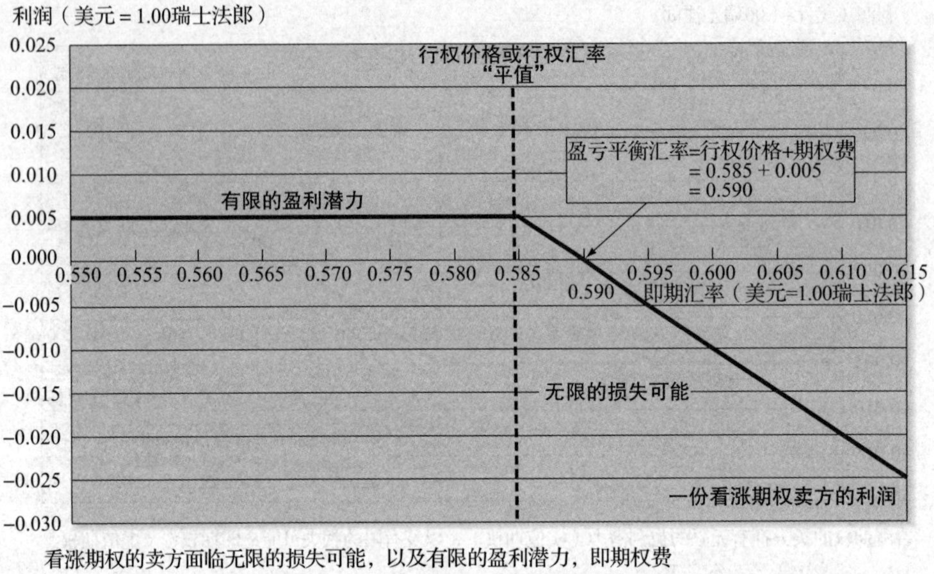

图 7.2 出售一份看涨期权的利润与损失

再次强调，期权持有者赚到的部分就是期权卖方的损失，反之亦然。即使期权卖方已经持有标的货币，他还是会损失机会成本（opportunity loss），因为他们放弃了以更高价格在公开市场上出售货币的机会。例如，对于行权价格为 1 瑞士法郎 =0.585 美元、期权费为每瑞士法郎 0.005 美元、即期汇率为 1 瑞士法郎 = 0.595 美元的看涨期权，卖方的利润为

利润 = 期权费 −（即期汇率 − 行权价格）
= 0.005 美元 / 瑞士法郎 −（0.595 美元 / 瑞士法郎 − 0.585 美元 / 瑞士法郎）
= −0.005 美元 / 瑞士法郎

然而，以上的前提是即期汇率大于或等于行权价格。如果即期汇率低于行权价格，期权将会毫无价值地到期，看涨期权的卖方将保留所赚取的期权费。看涨期权的卖方能够获得的最大利润是有限的，仅限于期权费。看涨期权的卖方面临的是一个相对不具吸引力的潜在结果组合，即有限的盈利潜力和无限的损失可能。我们将在本章后续内容中讨论限制此类损失的其他对冲技术。

买入或卖出看涨期权的时机难以判断，但正如全球金融实务 7.1 所示，历史上某些时刻确实是个不错的选择。

全球金融实务 7.1

货币期权与德国汉莎航空公司

费城证券交易所于 1982 年推出了外汇期权交易。几年后，德国汉莎航空公司（Lufthansa）成了多年来外汇期权宣传广告[1]的主角。

1985 年 1 月，在海因茨 · 鲁瑙（Heinz Ruhnau）主席的领导下，汉莎航空公司与

[1] 原文拼写有误，实际上应该是 " promotional ad"，指的是为了宣传某个产品、服务或品牌而设计的广告，其目的是提升知名度、吸引顾客或解释产品的优势。——译者注

波音公司（美国）签订了一份购买 20 架波音 737 客机的合同。合同规定：1986 年 1 月需要一次性支付 5 亿美元。按当时的即期汇率 1 美元兑 3.2 德国马克（当时的德国货币）计算，相当于 16 亿德国马克。所有主要货币分析师，包括鲁瑙本人，都认为在未来一年内德国马克相对美元将会升值。美元已连续上涨了五年，达到了大多数主要国家都认为过高的峰值。

不过，鲁瑙先生还是谨慎行事。他不想留下未平仓（未做套期保值）的美元空头头寸。因此，他选择了折中方案（split the difference），买入了一份以德国马克购买美元的远期合约，覆盖了一半（2.5 亿美元）的敞口，但另一半（2.5 亿美元）没有进行套期保值。结果证明，鲁瑙先生是对的。美元兑德国马克的汇率确实下跌了。到 1985 年 1 月，汇率降至 1 美元兑 2.3 德国马克。遗憾的是，这意味着没有进行套期保值的 2.5 亿美元将按 1 美元兑 2.3 德国马克的价格来购买美元，而通过远期合约锁定的另外 2.5 亿美元将以 1 美元兑 3.2 德国马克的价格来购买美元。鲁瑙先生因采取远期合约交易受到了严厉的批评，被指控对公司的货币风险进行投机，并最终辞去了主席职务。

在此之后，费城证券交易所将这个例子作为使用外汇期权打造完美策略的典型案例。本例中，鲁瑙先生相信即期汇率会朝着有利于自己的方向变动，但如果情况不利，他仍然需要补救，依据费城证券交易所的说法，他应该在行权价格接近当前的即期汇率时，购买一份美元看涨期权（远期平值，forward-at-the-money）。事后看来，这将是个极佳的策略。不过，这仅仅是放马后炮而已。

7.2.6 看跌期权的买方

图 7.3 展示了汉斯作为看跌期权买方的头寸。这份看跌期权的基本条款与前面提到的看涨期权的基本条款相似。然而，看跌期权的买方希望在标的货币的市场价格下跌时能够按行权价格出售标的货币（而不是像看涨期权那样在市场价格上涨时购买标的货币）。例如，如果瑞士法郎的即期汇率下跌到 1 瑞士法郎 = 0.575 美元，汉斯将向期权的卖方以 0.585 美元的单位价格出售瑞士法郎。要知道，在市场上可以按 0.575 美元的单位价格购买瑞士法郎。由于期权的成本是每瑞士法郎 0.005 美元，他将获取每瑞士法郎 0.005 美元的净利润。

明确地说，如果即期汇率低于行权价格，对于行权价格为 1 瑞士法郎 = 0.585 美元、期权费为每瑞士法郎 0.005 美元、即期汇率为 1 瑞士法郎 = 0.575 美元的看跌期权，其持有者的利润为

$$
\begin{aligned}
\text{利润} &= \text{行权价格} - (\text{即期汇率} + \text{期权费}) \\
&= 0.585\ \text{美元/瑞士法郎} - (0.575\ \text{美元/瑞士法郎} + 0.005\ \text{美元/瑞士法郎}) \\
&= 0.005\ \text{美元/瑞士法郎}
\end{aligned}
$$

看跌期权的盈亏平衡汇率为行权价格减去期权费，即本例中的 1 瑞士法郎 = 0.580 美元。随着即期汇率低于行权价格并一步步下跌，盈利潜力将持续增加。当瑞士法郎的价值为零时，汉斯的利润最高可达每瑞士法郎 0.580 美元。在任何高于行权价格 1 瑞士法郎 = 0.585 美元的汇率下，汉斯都不会行权，但他会损失每瑞士法郎 0.005 美元的看跌期权的期权费。看跌期权的买方拥有无限的盈利潜力以及有限的损失可能。如同看涨期权的买方，看跌期权买方的损失不会超过预先支付的期权费。

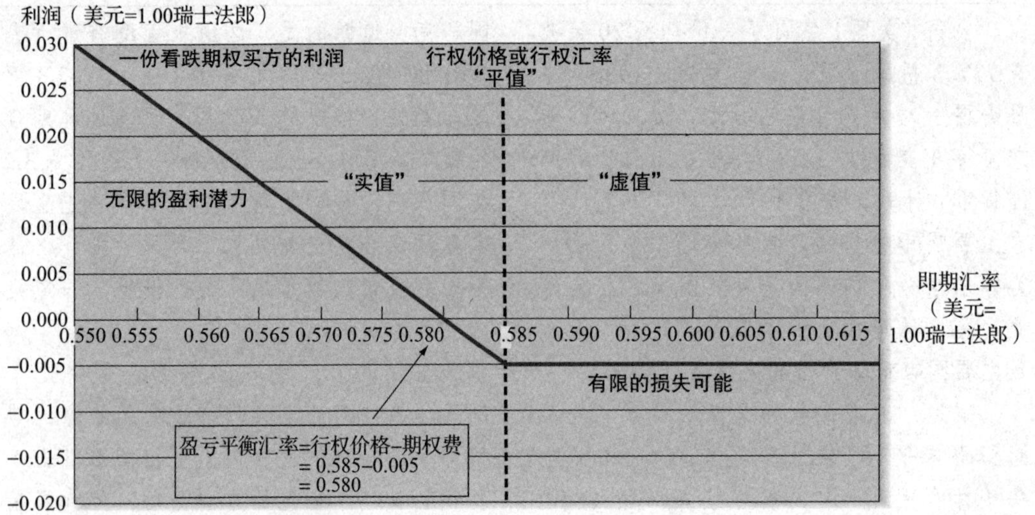

看跌期权的买方拥有无限的盈利潜力（实值期权），以及有限的损失可能，即期权费（虚值期权）

图 7.3　购买一份看跌期权的利润与损失

7.2.7　看跌期权的卖方

图 7.4 展示了将看跌期权卖给汉斯的卖方的头寸情况。需要注意的是，看跌期权的买方和卖方之间的利润 / 损失、行权价格和盈亏平衡汇率具有对称性。如果瑞士法郎的即期汇率低于 1 瑞士法郎 = 0.585 美元，汉斯将会行权。当即期汇率低于 1 瑞士法郎 = 0.580 美元，即盈亏平衡汇率时，期权卖方的损失将大于其通过卖出期权所收到的期权费（每瑞士法郎 0.005 美元）。当即期汇率在每瑞士法郎 0.580 美元到 0.585 美元之间时，期权的卖方将损失部分但非全部期权费的收入。如果即期汇率超过 1 瑞士法郎 = 0.585 美元，汉斯将不会行权，期权卖方将赚取全部期权费（每瑞士法郎 0.005 美元）。

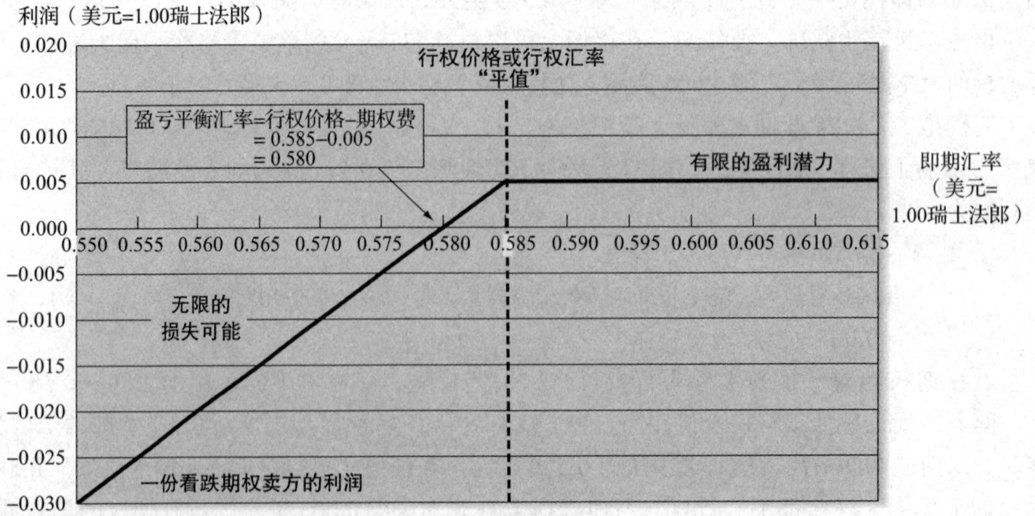

看跌期权的卖方面临有限的盈利潜力、期权费以及无限的损失可能

图 7.4　出售一份看跌期权的利润与损失

对于行权价格为 1 瑞士法郎 = 0.585 美元、期权费为每瑞士法郎 0.005 美元、即期汇率为 1 瑞士法郎 =0.575 美元的看跌期权而言，卖方的利润为

利润 = 期权费 –（行权价格 – 即期汇率）

= 0.005 美元 / 瑞士法郎 –（0.585 美元 / 瑞士法郎 – 0.575 美元 / 瑞士法郎）

= –0.005 美元 / 瑞士法郎

然而，以上的前提是即期汇率低于或等于行权价格。当即期汇率高于行权价格时，期权将过期无效，期权的卖方将保留期权费。看跌期权的卖方有着与看涨期权的卖方相似的潜在结果组合：有限的盈利潜力和损失可能。[⊖]

货币期权可以以多种方式组合，产生更复杂和强大的结构。遗憾的是，它们并不总是能带来最好的结果，正如全球金融实务 7.2 中所描述的那样。

全球金融实务 7.2

奇异期权：买者自负

多年来，银行在推销复杂的金融衍生品方面名声不好。韩国的商业银行销售的 KiKo（敲入 – 敲出期权协议，knock-in knock-out option agreement）就是一个典型的例子。2006—2008 年，韩国的商业银行向本国主要出口商销售了这些复杂的期权协议。这些出口商担心韩元对其主要贸易伙伴国（美国）的美元近期会持续升值，尽管升值幅度不大。如果韩元的确对美元持续升值，那么出口商的竞争力、销售额以及最终利润都将面临风险。

KiKo 是一种复杂的期权协议，基本上是押注韩元兑美元的汇率在一个狭窄的区间内变动。它有两大组成部分：卖出韩元看涨期权（敲入，knock-in）与买入美元看跌期权（敲出，knock-out）。卖出看涨期权可以赚取期权费，而买入看跌期权需要支付期权费。问题在于，看跌期权的行权价格非常接近当前的即期汇率，因此买入期权的价格十分昂贵。为了构建一个净零（或接近零的）期权费的头寸以便卖给韩国出口商，卖出的看涨期权的名义本金是看跌期权名义本金的好几倍。这被称为“涡轮功能”(turbo feature)。

另外，“敲入 – 敲出”条款使得协议愈加复杂。如果在合约期内的任何时刻，即期汇率都低于看跌期权的行权价格，那么看跌期权将自动取消，或称为“敲出”。如果在合约期内的任何时刻，即期汇率上涨超过看涨期权的行权价格（即以更多数量的韩元兑换 1 美元），则看涨期权的行权价格会被激活，或称为“敲入”，韩国出口商将履行卖出期权的义务。

2008 年年初，韩元相对美元迅速贬值。即期汇率迅速突破了敲入汇率，看涨期权被买方行权。那些从韩国的商业银行购买了 KiKo 的韩国出口商因为多重名义本金而遭受了巨大的金融损失。

这些损失致使韩国法院收到了数百起诉讼。购买 KiKo 的韩国出口商起诉韩国的商业银行，以避免承担巨额损失，因为这些损失可能会导致公司破产。

⊖ 严格来说，看涨期权的卖方有“有限的盈利潜力和无限的损失可能”，看跌期权的卖方有“有限的盈利潜力和有限的损失可能”，看涨期权卖方面临的风险远超过看跌期权卖方面临的风险。——译者注

出口商认为，韩国的商业银行向他们销售了一些他们并不理解的复杂产品。这至少体现在两个不同的维度。首先，许多买家压根不懂英语，但很多KiKo只有英文版本。（实际上，KiKo由一些西方主要对冲基金创建，然后靠韩国的商业银行承销。）其次，出口商认为，他们并不了解KiKo的有关风险，而韩国的商业银行有义务充分解释风险情况，更重要的是，银行应该销售与客户需求适配的产品。[在美国法律中，这被称为受托责任（fiduciary responsibility）。]韩国的商业银行回应称，它们没有这样的特定义务，而且不管怎样，已经充分解释了产品的风险。银行还争辩道，买方并非外行，也不是不懂复杂的金融衍生品；买方和卖方都是行家，完全能够理解这些产品复杂的结构原理和面临的风险。

最终，韩国法院在部分案件中支持出口商，而在其他案件中支持韩国的商业银行。法院遵循的一个原则是，出口商处于变化的环境中，即汇率的波动不可预期，而且承担的损失过于巨大。有些公司的亏损极大，如通用大宇（GM Daewoo）公司损失接近10亿美元。

7.3 期权定价和估值

图7.5展示了一种欧式看涨期权在英镑上的盈亏特征。该看涨期权允许持有者以1英镑＝1.70美元的行权价格购买英镑，到期期限为90天。

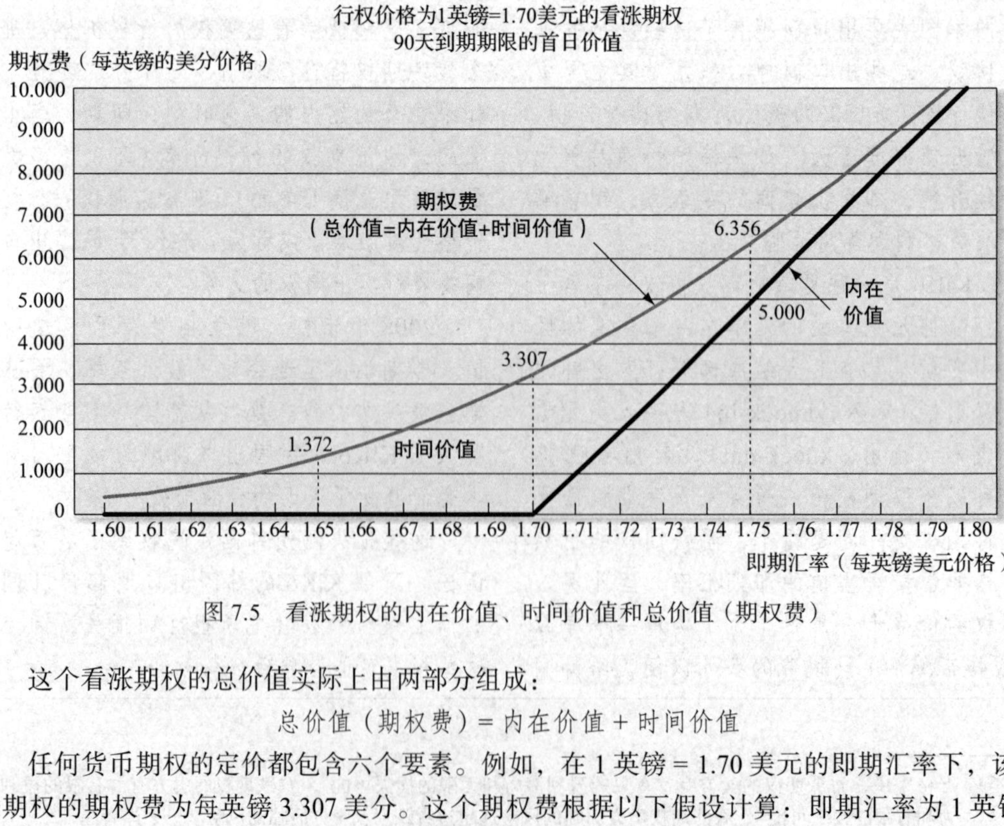

图7.5 看涨期权的内在价值、时间价值和总价值（期权费）

这个看涨期权的总价值实际上由两部分组成：

总价值（期权费）＝内在价值＋时间价值

任何货币期权的定价都包含六个要素。例如，在1英镑＝1.70美元的即期汇率下，该看涨期权的期权费为每英镑3.307美分。这个期权费根据以下假设计算：即期汇率为1英镑＝

1.70 美元，到期期限为 90 天，远期汇率为 1 英镑 = 1.70 美元，美元和英镑的年利率均为 8.00%，90 天内期权（价格）的年化波动率为 10.00%。

内在价值是指期权持有者立即行权而获得的财务收益。图 7.5 中的粗线是该期权的内在价值，在即期汇率达到行权价格之前，该期权的内在价值均为零，之后呈线性增长（即期汇率增长 1 美分对应内在价值增长 1 美分）。当期权处于虚值状态时，期权的内在价值为零。也就是说，当行权价格高于即期汇率时，期权持有者无法通过行权来获得收益。当即期汇率超过行权价格时，内在价值变为正值，因为只要期权持有者行权，期权就至少值这个价。在到期日当天，期权的总价值等于其内在价值。（剩余时间为零意味着时间价值为零。）

图 7.5 和表 7.3 展示了在不同的即期汇率下，行权价格为 1 英镑 = 1.70 美元的 90 天英镑看涨期权的三个价值元素。当即期汇率为 1 英镑 = 1.75 美元时，该期权处于实值状态，并且有正的时间价值（每英镑 1.356 美分）和内在价值（每英镑 5.000 美分）。当即期汇率为 1 英镑 =1.70 美元时，该期权处于平值状态，没有内在价值，但有时间价值（每英镑 3.307 美分）。当即期汇率为 1 英镑 = 1.65 美元时，该期权处于虚值状态，没有内在价值，但有时间价值（每英镑 1.372 美分）。

表 7.3　看涨期权总价值（期权费）的组成：内在价值和时间价值

行权价格	即期汇率	价值状态	总价值（期权费）		内在价值		时间价值
每英镑的美元价格	每英镑的美元价格		每英镑的美分价格	=	每英镑的美分价格	+	每英镑的美分价格
1.70	1.75	实值	6.356	=	5.000	+	1.356
1.70	1.70	平值	3.307	=	0.000	+	3.307
1.70	1.65	虚值	1.372	=	0.000	+	1.372

期权的时间价值之所以存在，是因为标的货币的价格（即期汇率）在期权到期前有可能进一步朝着实值发展。在图 7.5 中，期权的时间价值为总价值与内在价值之间的区域。投资者会花钱购买虚值期权（即没有内在价值），并希望在到期之前即期汇率能够上升得足够高，以至期权变为实值状态。因此，总会有一些机会 [有人或许称之为“永恒的希望”（hope everlasting）] 能让内在价值在到期前上涨，这就是期权的总价值始终略高于其内在价值的原因。全球金融实务 7.3 描述了安德鲁 · 克里格（Andrew Krieger）对新西兰元进行的一次最大、最成功的货币期权投机，我们应该学习他的优秀之处。

全球金融实务 7.3

新西兰元和安德鲁 · 克里格

1987 年，31 岁的安德鲁 · 克里格是美国信孚银行[㊀]（Bankers Trust of New York）的一名货币交易员。1987 年 10 月美国股市崩盘后，全球货币市场迅速抛售美元。

㊀ 美国信孚银行，也译作纽约银行家信托公司。该公司将“银行家”和“信托”纳入公司名称，希望传递出其在金融服务领域的专业性和可信赖度，以吸引更多的客户和投资者；同时，名称中的“信托”表明该公司提供包括信托服务在内的多种金融服务，而不仅仅是传统意义上的存款和贷款服务。1998 年，该公司被德意志银行收购。——译者注

世界上许多其他货币，包括那些稳定、开放、工业化市场上的小型货币，例如新西兰的货币，都成为人们关注的对象。随着全球抛售美元并购买新西兰元，新西兰元的价值上升。

克里格相信市场反应过度了。他打赌新西兰元的价值最终会下跌，并结合即期汇率、远期汇率和期权头寸，大规模做空新西兰元。(据说克里格获批了接近 7 亿美元的头寸，而该银行其他所有交易员的头寸均未超过 5 000 万美元。) 克里格做空了 2 亿新西兰元，超过当时新西兰的全部货币供应量。他的看法被证明是正确的。新西兰元贬值，克里格为美国信孚银行赚取了数百万美元的货币收益。几个月后，据报道，美国信孚银行仅发给克里格 300 万美元的奖金，是银行利润的九牛一毛，因此克里格选择了辞职。

最终，新西兰中央银行向美国信孚银行提出了投诉，当时的首席执行官小查尔斯 · S. 桑福德（Charles S. Sanford Jr.）在报道中讽刺地说："对我们银行来说，持有的头寸并不算太大，但对那个市场来说，持有的头寸就太大了。"

7.4 货币期权定价的敏感性

想要有效地运用货币期权，无论是为了投机还是风险管理（后续章节将会介绍），交易者都需要了解期权价值（期权费）是如何对其各个组成部分做出反应的。接下来我们将分析以下六个基本的**敏感性**（sensitivity）。

（1）远期汇率敏感性。

（2）即期汇率敏感性。

（3）到期期限敏感性。

（4）波动率敏感性。

（5）利率差异敏感性。

（6）备选行权价格敏感性。

7.4.1 远期汇率敏感性

尽管很少受到关注，但标准的外汇期权的定价是围绕远期汇率展开的，这是因为当前即期汇率和国内外利率（本币和外币的利率）都包含在期权费的计算之中。

回顾第 6 章，远期汇率根据当前即期汇率和两种主要货币距离到期日的利率计算得出。例如，对于上述的英镑看涨期权而言，即期汇率为 1 英镑 = 1.70 美元，美元和英镑的年利率均为 8.0%，则 90 天远期汇率的计算如下：

$$F_{90}=1.70\times\frac{1+\left(0.08\times\dfrac{90}{360}\right)}{1+\left(0.08\times\dfrac{90}{360}\right)}=1.70\text{（美元）}$$

无论用于期权定价的行权价格具体是多少，远期汇率在期权估值中都至关重要。期权定价公式计算出一个以远期汇率为中心的主观概率分布。这种方法并不意味着市场预期的远期汇率等于未来的即期汇率，它只是期权套利定价结构的一个结果。

对远期汇率的关注为管理外汇期权头寸的交易员提供了有用的信息。市场对一种外汇期权进行定价时，并没有表现出对该外币价值走向的任何看涨或看跌情绪。如果交易员对未来即期汇率的方向有具体预期，那么这些预期可以被转化为实际操作。交易员不会对市场反向押注。接下来，我们还将讨论货币利率差异的变化如何改变期权价值（即期权费），这也是远期汇率的理论基础。

7.4.2 即期汇率敏感性

对于图 7.5 中的英镑看涨期权，当即期汇率落在行权价格附近时，期权的价值（期权费）均超过了其内在价值。只要期权还没到期，期权就会有时间价值。实际上，这个特征正是美式期权几乎不会在到期前行权的主要原因之一。（因为美式期权可以在到期前的任何一天行权。）如果期权持有者希望把其价值变现，他通常会选择卖出期权而不是行权，以获得剩余的时间价值。如果当前的即期汇率落在期权行权价格的一侧，使得期权持有者在到期时行权变得有吸引力，那么期权也具有内在价值。对于图 7.5 中的看涨期权，即期汇率大于行权价格 1 英镑 = 1.70 美元时，看涨期权为实值期权；即期汇率等于行权价格时，看涨期权为平值期权；即期汇率小于行权价格时，看涨期权为虚值期权。

在行权价格附近，英镑看涨期权的价值与其内在价值之间的差额达到最大。当即期汇率等于行权价格（即平值）时，期权费的每英镑 3.307 美分完全由时间价值构成。事实上，任何处于虚值状态的期权，期权费都完全由时间价值构成。期权的虚值状态越显著，其价值或期权费就越低。这是因为市场相信这个期权在到期前实际进入行权范围的可能性明显低于那些已经处于平值状态的期权。如果即期汇率下跌到 1 英镑 = 1.68 美元，那么期权费会下降到每英镑 2.39 美分——期权费再次完全由时间价值构成。如果即期汇率上升到 1 英镑 = 1.72 美元，那么期权费会上升到每英镑 4.39 美分。在这种情况下，期权费包含了每英镑 2.00 美分的内在价值和每英镑 2.39 美分的时间价值。注意，期权费中的时间价值部分（每英镑 2.39 美分）在行权价格左右具有对称性。

期权价值关于行权价格的对称性可以通过将期权价值分解为内在价值和时间价值来观察。表 7.3 说明了当即期汇率围绕行权价格上下浮动（ ± 0.05 美元）时，每个期权的内在价值和时间价值会随之改变。

期权费（期权价值）对即期汇率微小变化的敏感性被称为 delta。例如，当即期汇率从 1 英镑 = 1.70 美元变化到 1 英镑 = 1.71 美元时，行权价格为 1 英镑 = 1.70 美元的看涨期权的 delta，就是期权费的变化量与即期汇率的变化量之比：

$$\text{delta} = \frac{\Delta\text{期权费}}{\Delta\text{即期汇率}} = \frac{0.038-0.033}{1.71-1.70} = 0.5$$

如果某个期权的 delta 已知，就很容易确定该期权价值如何随即期汇率的变化而变化。给定 delta 为 0.5，如果即期汇率变化了 1 美分（每英镑 0.01 美元），那么期权价值将变化 0.5 × 0.01 美元，即 0.005 美元。如果初始的期权费为每英镑 0.033 美元，即期汇率增加了 1 美分（从 1.70 美元升至 1.71 美元），新的期权费将是 0.038 美元（= 0.033 美元 + 0.005 美元）。看涨期权的 delta 在 0 到 +1 之间变化，看跌期权的 delta 在 −1 到 0 之间变化。

期权交易员通常根据期权的 delta，而不是期权的价值状态（实值、平值或虚值）来对期权进行分类。随着期权越向实值状态靠近，如图 7.5 中的实值期权，delta 将升至 1（本例中为 0.71）。随着期权越向虚值状态方向移动，delta 将降至零。请注意，图 7.5 中的虚值期权的 delta 仅为 0.28。[⊖]

经验法则：delta 越高（delta 为 0.7 或 0.8 及以上被认为是高的），期权到期时处于实值状态的可能性就越大。

7.4.3 到期期限敏感性

到期期限越长，期权价值越大。由到期期限的微小变动引致的期权费的预期变化被称为 theta。theta 通过期权费的变化量除以到期期限的变化量来计算。如果行权价格为 1 英镑 = 1.70 美元的看涨期权的到期时间从初始的 90 天减少 1 天，那么该看涨期权的 theta 在数值上等于两个不同期权费之间的差值，即每英镑 3.30 美分减去每英镑 3.28 美分（假设即期汇率为 1 英镑 = 1.70 美元）：

$$\text{theta}=\frac{\Delta\text{期权费}}{\Delta\text{到期期限}}=\frac{3.30-3.28}{90-89}=0.02$$

theta 与到期期限不呈线性关系，而与到期期限的平方根呈线性关系。期权越临近到期，期权价值衰减的速度越快。实际上，绝大部分期权价值（取决于具体期权）会在到期日的前 30 天内消失殆尽。

期权价值与到期期限的这种指数关系，可以从 3 个月期的平值看涨期权和 1 个月期的平值看涨期权的价值之比中看出。对于平值看涨期权，这个比值不是 3（其他所有因素不变），而是 1.73。

$$\frac{\text{3个月期的期权价值}}{\text{1个月期的期权价值}}=\frac{\sqrt{3}}{\sqrt{1}}=\frac{1.73}{1.00}=1.73$$

期权价值在到期前最后几天的快速贬值，可以通过重新计算行权价格为 1 英镑 = 1.70 美元的看涨期权的 theta 来观察，但现在剩余到期期限从 15 天变为 14 天：

$$\text{theta}=\frac{\Delta\text{期权费}}{\Delta\text{到期期限}}=\frac{1.37-1.32}{15-14}=0.05$$

到期期限减少一天，期权费就减少 0.05 美分 / 英镑，这一数值大于到期期限为 90 天时的 0.02 美分 / 英镑。

时间价值贬值对交易者的影响是相当大的。距到期日只剩一两个月的期权购买者会看到期权价值快速下降。如果该购买者随后要卖出这个期权，它的市场价值在交易后不久会显著变小。同时，到期期限更长的期权购买者会支付更高的期权费，但期权费的增长与到期期限并不成比例。6 个月期的期权费大约是 1 个月期的期权费的 2.45 倍，而 12 个月期的期权费是 6 个月期的期权费的 3.46 倍。这意味着两份 3 个月期的期权费并不等同于一份 6 个月期的期权费。

经验法则：交易者通常会发现到期期限更长的期权更具价值，因为到期期限更长的期权

⊖ 由即期汇率的微小变动引致的期权的 delta 的预期变化被称作 gamma。gamma 通常用来衡量某一期权的 delta 的稳定性。在构建更加复杂的对冲策略时，人们会计算 gamma，这些策略会重点关注 delta（即 delta 中性策略）。

允许交易者在较长的时间内变更期权头寸，其价值不会受到时间价值快速衰减的显著影响。

7.4.4　波动率敏感性

在金融领域中，很少有词像**波动率**（volatility）一样被使用和滥用。期权的波动率被定义为标的汇率每日百分比变化的标准差（用 lambda 表示）。波动率对期权定价至关重要，因为它反映了人们对汇率进入或退出期权可能行权范围的可能性的感知。如果汇率的波动率上升，那么期权被行权的概率增加，期权费也会随之上涨。

波动率以年化百分比来表示。例如，某一期权可以被描述为具有 12.6% 的年化波动率。单日的百分比变化（日波动率）可以通过如下方法计算：

$$\text{日波动率} = \frac{12.6\%}{\sqrt{365}} = \frac{12.6\%}{19.105} = 0.66\%$$

对于行权价格为 1 英镑 = 1.70 美元的看涨期权而言，年化波动率增加 1 个百分点（例如，从 10.0% 增加到 11.0%），期权费便会从每英镑 0.033 美元增长到 0.036 美元。期权费的边际变动等于期权费的变化量除以波动率的变化量：

$$\frac{\Delta\text{期权费}}{\Delta\text{波动率}} = \frac{0.036-0.033}{0.11-0.10} = 0.30$$

波动率的主要问题在于它无法被直接观察到；它是期权定价公式中唯一一个由期权的交易者主观决定的输入因素。目前并不存在一个确定无疑的计算方法。预测是一个问题所在；历史波动率并不一定是汇率未来波动率的准确预测指标，但除了历史数据外，我们几乎没有其他可以参考的信息。

在分析波动率时，有三种不同的视角：历史波动率（historic volatility），这是基于最近一段时间的数据计算出的波动率；前瞻性波动率（forward-looking volatility），这是将历史波动率进行修改以反映对期权存在期间未来波动率的预期；隐含波动率（implied volatility），这是从期权的市场价格中逆向推算出来的波动率。

历史波动率。历史波动率通常根据过去 10 天、30 天甚至 90 天内标的汇率每天、每 6 小时或每 12 小时的百分比变动来衡量。

前瞻性波动率。期权交易者可能会根据预期的市场波动或事件（向上或向下）调整近期的历史波动率。如果期权交易者认为近期未来的波动率将与最近过去的波动率相同，那么历史波动率将等于前瞻性波动率。然而，如果预计未来的波动率将更加剧烈或更加平缓，则必须修改历史波动率用于期权定价。

隐含波动率。隐含波动率相当于从测试的答案中找结论；隐含波动率是通过市场上交易的期权价格推算出来的。波动率是期权价格中唯一不可观察的因素，在考虑了其他所有因素之后，可以通过期权价格推算出波动率。

表 7.4 列举了一些货币对的隐含波动率样本。该表清楚地说明：不同标的货币的期权波动率差异很大，而且波动率与到期期限（久期）之间并非线性关系。例如，第一行列出的美元 / 欧元交叉汇率的波动率，从 1 周以内到期的 8.1% 下降到 1 个月和 2 个月到期的 7.4%，然后上升至 3 年到期的 9.3%。

表 7.4 外汇隐含波动率

(%)

货币对	符号	1周	1个月	2个月	3个月	6个月	1年	2年	3年
美元/欧元	USD/EUR	8.1	7.4	7.4	7.4	7.8	8.5	9.0	9.3
美元/日元	USD/JPY	12.3	11.4	11.1	11.0	11.0	11.2	11.8	12.7
美元/瑞士法郎	USD/CHF	8.9	8.4	8.4	8.4	8.9	9.5	9.8	9.9
美元/英镑	USD/GBP	7.7	7.3	7.2	7.1	7.3	7.5	7.9	8.2
美元/加拿大元	USD/CAD	6.4	6.4	6.3	6.4	6.7	7.1	7.4	7.6
美元/澳大利亚元	USD/AUD	11.2	10.7	10.5	10.3	10.4	10.6	10.8	11.0
英镑/欧元	GBP/EUR	6.7	6.4	6.5	6.4	6.8	7.3	7.6	7.8
欧元/日元	EUR/JPY	11.6	11.1	11.2	11.3	11.8	12.6	13.4	14.1

资料来源：Federal Reserve Bank of New York.

注：这些隐含波动率是2013年9月30日（当月最后一个工作日）上午11点选定货币的买卖“平值报价”（at-money quotation）中间水平的平均值。

波动率是期权卖方提供的唯一主观的组成部分，因此它在期权定价中起着关键作用。所有货币对都有历史数据序列，这些数据序列有助于卖方形成预期。归根结底，真正有天赋的卖方是那些具有直觉和洞察力，并能够准确预测未来的人。

与所有期货市场一样，期权波动率会对动荡的经济和政治事件做出即时且负面的反馈。(请参阅本章末尾的迷你案例，了解过去十几年间货币波动率的涨落，包括全球新冠疫情时期的情况。）对于平值期权而言，波动率翻倍会使期权的价格翻倍。绝大多数的货币期权交易者专注于预测短期内货币波动率的走势，因为短期波动最能影响价格。例如，期权波动率在以下时期显著上升：海湾战争的前几个月、1992年欧洲货币体系陷入危机时、1997年亚洲金融危机爆发后、2001年9月美国遭受恐怖袭击后，以及2008年9月全球金融危机爆发后的几个月内。在所有这些情况下，主要货币对组合的期权波动率几乎上升到近20%的水平，并持续了相当长的时间。结果，期权费也相应上涨。

经验法则： 那些相信短期内波动率会显著下降的交易者会立刻卖出期权，并希望在波动率下降导致的期权费下跌后立刻买入期权，从中获利。

7.4.5 利率差异敏感性

在本节开头我们指出，货币期权的价格和价值都集中在远期汇率上。远期汇率基于第6章所讨论的利率平价理论。任何一种货币的利率变动都会改变其远期汇率，进而会调整对应期权的期权费或期权价值。由国内（本币）利率的微小变动引起的期权费的预期变化被称为rho。由外国（外币）利率的微小变动引起的期权费的预期变化被称为phi。

例如，美元利率从8.0%上升到9.0%，进而使得英镑平值看涨期权的期权费从每英镑0.033美元上涨至0.035美元，则rho的值为0.2。

$$\text{rho}=\frac{\Delta\text{期权费}}{\Delta\text{美元利率}}=\frac{0.035-0.033}{9.0\%-8.0\%}=0.2$$

同样地，外国利率（本例中为英镑利率）上升1%，使得该看涨期权的期权费从每英镑0.033美元降至0.031美元，这个看涨期权价值的phi为-0.2。

$$\text{phi}=\frac{\Delta\text{期权费}}{\Delta\text{外国利率}}=\frac{0.031-0.033}{9.0\%-8.0\%}=-0.2$$

举例来说，在整个 20 世纪 90 年代，美元（本币）利率远远低于英镑（外币）利率。这意味着英镑兑美元的远期汇率一直处于折价状态（相当于英镑贬值）。如果这个息差扩大（要么是美国利率走低，要么是英镑利率走高，抑或是两者的组合），那么英镑对美元的远期折价会更大。远期折价的加大等同于远期汇率的下降（单位外币的美元价格的下降）。以上所述的情况表明，随着息差的扩大，期权费必须提高（假设即期汇率保持不变）。

对于期权交易者来说，预测息差显然有助于评估期权价值的走向。例如，当外国利率高于国内利率时，外币在远期市场上会以折扣价销售。这会导致看涨期权的期权费也相对较低（看跌期权的期权费也相对较低）。

经验法则： 如果交易者预期国内利率将上升，那么他们应该在利率上升之前购买外币看涨期权。这样做可以让交易者以更低的期权费购买期权。

7.4.6　备选行权价格敏感性

期权定价中的第六个，也是最后一个重要因素，就是实际行权价格的选择。虽然我们使用 1 英镑 = 1.70 美元的行权价格（远期平值行权价格）进行了所有的敏感性分析，但在场外市场上购买期权的公司可以自行选择其行权价格。行权价格已处于实值状态的期权将同时具有内在价值和时间价值，而行权价格处于虚值状态的期权只有时间价值。

表 7.5 总结了前面讨论的各种敏感性指标及其影响。期权定价是金融理论中最复杂的概念之一，将期权定价应用于汇率并没有使其变得更加简单。只有付出大量的时间和努力，个人投资者才有望在管理货币期权头寸上保持“第六感”[⊖]。

表 7.5　关于期权价值组成部分的总结

指标	定义	解释
delta	即期汇率的微小变动引致的期权费的预期变化	delta 越高，期权越可能处于实值状态
theta	到期期限的微小变动引致的期权费的预期变化	直到到期前大约 30 天左右，期权费才相对不敏感
lambda	波动率的微小变动引致的期权费的预期变化	波动率越大，期权费越高
rho	国内利率的微小变动引致的期权费的预期变化	国内利率提高，看涨期权的期权费提高
phi	外国利率的微小变动引致的期权费的预期变化	国外利率提高，看涨期权的期权费降低

7.4.7　审慎行事

在接下来的章节中，我们将阐述金融衍生品是如何用于降低跨国公司财务管理相关风险的。然而，至关重要的是，任何金融工具或技术（包括金融衍生品）的使用者都要遵循良好的准则和惯例。许多公司因为滥用金融衍生品而破产。智者有云：不要陷入众人所说的赌徒困境——误把运气当才能。对于全球商界而言，绝大多数与金融衍生品相关的公司金融灾难，始终是个问题。就像现代社会的许多问题一样，技术本身没有错，错的是使用技术的

⊖ “第六感”指的是个人投资者在没有明显证据的情况下，对市场动态的直觉性理解，英文原文为“second-sense”。——译者注

人，即人为错误。全球金融实务 7.4 描述了一个期权使用中有关人为错误的案例。

全球金融实务 7.4

通用汽车公司和菲亚特汽车公司的看跌期权

长期以来，期权理论一直被用于企业战略。20 世纪 90 年代末，全球汽车业经历了一段整合期。例如，德国戴姆勒－奔驰公司（Daimler Benz）和美国克莱斯勒公司（Chrysler）进行了合并，以应对不断攀升的成本和过剩产能。尽管通用汽车公司（GM）在这一整合浪潮中似乎被边缘化，但该公司并没有迫切寻求任何并购或合并交易。

然而，2000 年年初，戴姆勒－克莱斯勒公司提出要收购意大利菲亚特汽车公司（Fiat Auto，以下简称菲亚特），这威胁到了通用汽车公司的市场份额和行业地位。通用汽车公司迅速与菲亚特签署了一项联合协议。该协议涉及股权交换，即通用汽车公司持有菲亚特 20% 的股权，而菲亚特持有通用汽车公司 5.1% 的股权。此外，它们还为工程开发与采购创建了多家合资企业。

该协议还包括一份看跌期权，赋予了菲亚特将剩余股权（剩余 80% 的股权并未由通用汽车公司持有）卖给通用汽车公司的权利。该期权在协议签订的 3 年半后生效，于签订后的第 9 年到期。尽管双方似乎都不希望通用汽车公司真正收购菲亚特，但菲亚特的管理层将看跌期权视为一份对未来不赢利的保险（一种财务出路[⊖]），双方同意行使该期权的可能性很小。

2004 年秋季，菲亚特陷入了极度困境，濒临破产。菲亚特开始公开议论，认为自己有权将公司卖给通用汽车公司（即行使看跌期权）。通用汽车公司不屑地回应称，它并不认为该项条款能够执行（它不想购买菲亚特），而且还威胁说，如果非得收购菲亚特，它很可能会让菲亚特停业。这让意大利汽车工人十分不满，他们于 2004 年 12 月举行罢工，反对关闭工厂以及把股权出售给通用汽车公司。

2005 年 2 月 13 日，在这个被称为“情人节分手”的日子里，通用汽车公司和菲亚特宣布同意终止该协议，包括取消看跌期权和解散两家公司持有的合资企业。然而，废除该协议的全部费用由通用汽车公司承担。为此，通用汽车公司向菲亚特支付了 23 亿美元。

要点小结

- 外汇期货合约是标准化的远期合约。然而，不同于远期合约的是，它们的交易发生在场内，而不是银行和客户之间。
- 期货合约需要提供担保，并通常通过购买对冲头寸来进行清算。

⊖ 财务出路（financial out）通常指的是一种逃避或避免潜在财务损失的策略或机制。它可以被理解为一种财务安全阀，允许个人或公司在特定情况下从不利的财务承诺或投资中撤出，以减少损失或避免更大的财务风险。在公司并购业务中，财务出路指的是合同中的一项条款，它允许一方在发生特定事件或达到特定条件时解除合同，从而减少损失或避免履行更多的财务义务。——译者注

- 一般来说，出于使用和维持头寸的简便性，公司财务经理更喜欢使用外汇远期而非外汇期货。金融投机者通常更喜欢外汇期货而非外汇远期，因为期货市场更具流动性。
- 外汇期权是一种金融合约，它赋予持有者权利而非义务，可以让其在特定的到期日之前，以预定的价格购买（对于看涨期权）或出售（对于看跌期权）规定数额的外汇。
- 期权买方将货币期权当作一种投机工具，是希望期权在标的货币上涨（对于看涨期权）或下跌（对于看跌期权）时能实现增值。当标的货币朝着反方向移动时，期权买方的损失金额仅限于期权费。
- 期权卖方将货币期权当作一种投机工具，是源于期权费。如果期权（无论是看跌期权还是看涨期权）在到期时为虚值状态（没有价值），期权卖方将赚取全部的期权费。
- 投机指的是，试图通过预测未来价格来进行交易并获取利润。在外汇市场中，投机者通过持有外汇头寸，并在之后平仓来进行投机；只有当汇率朝着预期的方向变化时，投机者才能获得利润。
- 货币期权估值，即期权价值的确定，是当前即期汇率、特定行权价格、远期汇率（取决于当前即期汇率和利息差异）、期权波动率，以及到期期限的复杂组合。
- 期权的总价值是其内在价值和时间价值的总和。内在价值取决于任意时点上期权的行权价格与当前即期汇率的关系，时间价值估计了到期前内在价值的变化。

问　题

7.1 **外汇期货。**什么是外汇期货？

7.2 **期货术语。**解释以下合约细则的含义及其对国际业务的可能影响。

a. 名义本金。

b. 保证金。

c. 逐日盯市。

7.3 **多头和空头。**外汇期货如何用于对汇率走势进行投机？多头头寸和空头头寸在投机中扮演什么角色？

7.4 **期货合约和远期合约。**外汇期货合约和外汇远期合约有何异同？

7.5 **看跌期权和看涨期权。**定义英镑的看跌期权和看涨期权。

7.6 **期权与期货。**解释一下外汇期权和外汇期货的差异，以及何时使用两者最佳。

7.7 **看涨期权合约。**假设交易所交易的英镑美式看涨期权的行权价格为 1 英镑 = 1.460 美元，到期日为明年 3 月，当前标价为 1 英镑 = 3.67 美分。这对潜在的买家而言意味着什么？

7.8 **期权费、期权价格和期权成本。**期权价格、期权价值、期权费与外汇期权成本之间有何区别？

7.9 **三个价格。**外汇期权合约中包含的三个不同的价格或“汇率”是什么？

7.10 **卖出期权。**为什么会有人选择卖出期权？他们明明知道从收到的期权费中获得的利润是固定的，但如果标的资产价格走向不利的方向，潜在的损失可能会非常大。

7.11 **决策价格。**一旦购买了期权，只有两个价格或汇率是持有者进行决策的考虑因素。它们是哪两个？为什么？

7.12 **期权现金流和到期期限。**美元投资者购买欧元看涨期权的现金流发生在不同的时间点。期权现金流是什么？时间因素有多重要？

7.13 **期权的总价值。**期权的总价值被视为其内在价值和时间价值之和。解释这些术语的含义。

7.14 **时间价值的衰减。** 随着时间的推移，期权价值会降低，但不是均匀下降。解释这对期权的估值而言意味着什么。

7.15 **期权价值与价值状态。** 期权通常被描述为实值期权、平值期权或虚值期权。这是什么意思？

7.16 **期权定价与远期汇率。** 远期汇率和外汇期权价值之间的关系或联系是什么？

7.17 **期权的 delta。** 什么是期权的 delta？当期权处于实值、平值或虚值时，它会发生怎样的变化？

7.18 **历史波动率与隐含波动率。** 历史波动率和隐含波动率之间有什么区别？

迷你案例

波动率的涨落

习　题

扫码了解习题

附录 7A　货币期权定价理论

此处介绍的欧式外汇期权模型是基于布莱克和斯科尔斯（1972）、考克斯和罗斯（Cox and Ross，1976）、考克斯、罗斯和鲁宾斯坦（Cox，Ross and Rubinstein，1979）、加曼和柯尔哈根（Garman and Kohlhagen，1983）以及波德莎和库尔塔东（Bodurtha and Courtadon，1987）的研究成果。我们不会对以下期权定价模型的理论推导进行解释，但要知道的是，最初由布莱克和斯科尔斯推导出的模型基于一个无风险对冲投资组合，该组合包含了某个证券、资产或货币的多头头寸以及一个欧式看涨期权。通过对该模型预期收益率的求解会得到期权费。

欧式看涨期权定价的基本理论模型为

$$C = \mathrm{e}^{-r_f T} SN(d_1) - E\,\mathrm{e}^{-r_d T} N(d_2)$$

式中　C——欧式看涨期权的期权费；

e——连续时间折现；

S——即期汇率（美元 / 外币）；

E——行权价格或行权汇率；

T——到期期限；

N——标准正态累积分布函数；

r_f——外国利率；

r_d——国内利率；

d_1, d_2——密度函数。

两个密度函数 d_1 和 d_2 的定义如下：

$$d_1 = \frac{\ln\left(\frac{S}{E}\right) + \left(r_d + r_f + \frac{\sigma^2}{2}\right)T}{\sigma\sqrt{T}}$$

以及

$$d_2 = d_1 - \sigma\sqrt{T}$$

式中　σ——资产价格的标准差（波动率）；

ln——自然对数。

重新调整此表达式，以便将欧式看涨期权的期权费表述为远期汇率的函数：

$$C = e^{-r_f T} FN(d_1) - e^{-r_d T} EN(d_2)$$

式中，用远期汇率 F 代替即期汇率和外国利率，并且式中的两项都是按连续时间 e 进行折现的。稍加简化可以得出，期权费是两个累积分布函数[㊀]之差的现值。

$$C = \left[FN(d_1) - EN(d_2)\right] - e^{-r_d T}$$

两个密度函数现定义如下：

$$d_1 = \frac{\ln\left(\frac{F}{E}\right) + \left(\frac{\sigma^2}{2}\right)T}{\sigma\sqrt{T}}$$

以及

$$d_2 = d_1 - \sigma\sqrt{T}$$

通过求解以上方程得出 d_1 和 d_2 的值，可以确定欧式看涨期权的期权费。同样，欧式看跌期权的期权费 P 可通过下式得出：

$$P = \left[F(N(d_1) - 1) - E(N(d_2) - 1)\right] e^{-r_d T}$$

欧式看涨期权：数值案例

实际上，计算期权费比前面介绍的一系列复杂的方程简单得多。假定给出了以下基础的

㊀ 原文为"cumulative normal density functions"。此处含义为累积分布函数（cumulative distribution function）。——译者注

汇率和利率数据，计算期权费并不困难。

即期汇率 = 1.700 0 美元 / 英镑

90 天远期（汇率）= 1.700 0 美元 / 英镑

行权价格 = 1.700 0 美元 / 英镑

美元利率 = 8.00%（年化）

英镑利率 = 8.00%（年化）

到期期限（天数）= 90

标准差（波动率）= 10.00%

e（连续时间贴现）= 2.718 28

可得出两个密度函数为

$$d_1 = \frac{\ln\left(\frac{1.700\,0}{1.700\,0}\right) + \left(\frac{0.100\,0^2}{2}\right) \times \frac{90}{365}}{0.100\,0 \times \sqrt{\frac{90}{365}}} = 0.025$$

以及

$$d_2 = 0.025 - 0.100\,0 \times \sqrt{\frac{90}{360}} = -\,0.025$$

$N(d_1)$ 和 $N(d_2)$ 的值可通过标准正态分布表得出：

$$N(d_1) = N(0.025) = 0.51;\ N(d_2) = N(-\,0.025) = 0.49$$

由远期平值行权价格表示的欧式看涨期权的价值为

$$C = (1.700\,0 \times 0.51 - 1.700\,0 \times 0.49) \times 2.718\,28^{-0.08 \times (90/365)} = 0.033 \text{ 美元 / 英镑}$$

这就是看涨期权的期权费（也称为期权价值、期权价格或者期权成本）。

第 8 章
CHAPTER 8

利率风险与利率互换

对金融市场和金融机构的信心，恰似氧气。当它充沛时，人们往往浑然不觉其存在。虽然它不可或缺，但人们可能多年来从未思考过它的重要性。然而，一旦失去氧气一分钟，它便成为你脑海中唯一能想到的东西。目前人们对信贷市场和金融机构的信心正是如此，就像氧气被抽走了一样。

——巴菲特，2008 年 10月 1 日

学习目标

8.1 解释利率的基本原理，包括利率的计算方法和参考利率
8.2 界定政府（主权借款人）和公司借款人的债务成本
8.3 分析利率风险，研究各种利率风险的管理方法
8.4 讨论如何利用利率期货和远期利率协议来管理利率风险
8.5. 探讨如何利用利率互换管理跨国公司的利率风险

无论是国内公司还是跨国公司，也无论其规模大小，更无论是否使用财务杠杆，所有公司都对利率的波动高度敏感。虽然存在各种利率风险，但本书主要聚焦于非金融性（非银行）跨国公司的财务管理。这些跨国公司所处的国际金融市场，主要受利率和汇率这两大因素的影响，其理论关系已在第 6 章的平价理论中有所论述。现在，我们将深入探讨利率结构，以及公司在多币种利率环境下面临的诸多挑战。

8.1 节围绕利率的基本原理，详细介绍了跨国公司交易所涉及的各种参考利率和浮动利率。8.2 节讨论政府与公司之间的利率关系，它决定了资本成本和资本可得性。8.3 节聚焦于跨国公司所面临的各种各样的利率风险。8.4 节和 8.5 节详细介绍了如何利用包括利率互换

在内的各种金融衍生工具来管理这些利率风险。本章结尾的迷你案例“取代 LIBOR”，介绍了跨国公司在国际金融市场中推出一个新的基准利率取代已使用了 50 多年的 LIBOR 的复杂过程。

8.1 利率的基本原理

在深入讨论利率风险管理之前，我们需要先了解利率的若干基本概念，特别是国际金融市场上常用的利率计算方法以及参考利率。

8.1.1 利率计算方法

国际利率计算是任何一家公司在全球范围内借贷或投资时的首要关注点。计算出的利率会因为使用的天数和一年按多少天计算的定义（出于财务目的）的不同而有所区别。表 8.1 展示了本金为 1 000 万美元、年利率为 5.500%、期限为 28 天的贷款，在不同的计算方法下得到的 1 个月期的利息。

表 8.1 国际利率计算

惯例类型	期限中计算的天数	多少天 / 年	使用的天数	利息（美元）
国际惯例	确定的天数	360	28	42 777.78
英国惯例	确定的天数	365	28	42 191.78
瑞士（欧洲债券）惯例	假设一个月 30 天	360	30	45 833.33

按照**国际惯例**（international practice），即一年按 360 天、一个月按 28 天计算，1 个月期的利息为 42 777.78 美元：

$$0.055 \times 10\ 000\ 000 \times (28 \div 360) = 42\ 777.78（美元）$$

然而，如果上述计算采用了瑞士（欧洲债券）惯例，一个月按 30 天计算，1 个月期的利息将是 45 833.33 美元，比原先的计算结果多出了 3 055.55 美元。显然，计算方法至关重要。

8.1.2 参考利率：LIBOR

参考利率（reference rate），如 LIBOR，是用于标准化报价、贷款协议或金融衍生品估值的利率。大多数参考利率是被广泛使用的银行间利率，即主要金融机构之间在进行隔夜、每日或多日借贷时所适用的利率。[1]LIBOR，或现在通常所说的 ICE LIBOR[2]，是最被广泛使用

---

[1] 隔夜利率和每日利率的差异如下：隔夜利率是指金融机构向为期一晚的借贷所收取的利率，例如，一家银行今天向另一家银行借款，然后在第二天归还本金和上一天的利息。隔夜利率通常每天都会调整，反映了市场的即时资金供需状况。每日利率，在某些情境下，指的是每天重新设定的利率，比如浮动利率贷款中的日利率，这种利率可能每天都会根据市场情况进行调整。在其他情况下，每日利率可能指的是短期但超过一夜的借贷适用的利率，这种利率可能固定不变直到借款期满。总之，隔夜利率通常是指仅适用于一夜借款的利率，而每日利率的定义可能因具体的金融产品或市场而异。在银行间市场，每日利率通常意味着短期但超过一夜的借款利率，而在金融产品中，它可能指每天都会调整的利率。——译者注

[2] “ICE LIBOR”中的“ICE”代表“洲际交易所”，这是一家运营全球交易所、清算所的美国公司，并提供按揭技术、数据和上市服务。过去，LIBOR 由英国银行家协会管理。但在一系列的丑闻和信任危机之后，其管理权被转交给了洲际交易所。作为基准管理员，洲际交易所负责收集银行间的借贷数据，以此计算和发布 LIBOR，并监督这一过程以确保其公正、准确和透明。——译者注

的基准利率。参考利率的第二个来源是政府借款利率。例如，美国短期国债、中期国债和长期国债利率就是这一类常见的参考利率。

LIBOR 由洲际交易所基准管理局 [Intercontinental Exchange（ICE）Benchmark Administration，IBA] 管理，涉及五种货币：美元、欧元、英镑、日元和瑞士法郎。LIBOR 的报价有七种不同的期限：隔夜、1 周、1 个月、2 个月、3 个月、6 个月和 12 个月。几十年来，LIBOR 一直由英国银行家协会（British Bankers Association）计算和发布。这些不同期限的条款是 LIBOR 最重要的特点之一，因为它们使借贷双方能够签订特定期限的贷款协议，并为双方提供了已知的未来一段时间的市场利率。这一前瞻性特点对借款方尤为重要。

正如本章结尾的迷你案例所述，各国正在用不同的参考利率来取代 LIBOR。在全球范围内，利率报价的惯例是：所有的 ICE LIBOR 都是按年化利率报价的。例如，延用表 8.1 中的数据，隔夜英镑利率报价为 2.000 00%，这表示银行预期会按照贷款本金的 2% 除以 365 来支付利息。

然而，银行间利率市场并不局限于伦敦。每个营业日，全球有 35 种不同的 LIBOR 报价。最常用的利率是 3 个月期美元利率，它是各类商业贷款和不同金融衍生品最常使用的参考利率。绝大多数地区的金融中心会构建自己的银行同业拆借利率，专门用于当地贷款协议。这些利率包括巴黎银行同业拆借利率（Paris interbank offered rate，PIBOR）、马德里银行同业拆借利率（Madrid interbank offered rate，MIBOR）和新加坡银行同业拆借利率（Singapore interbank offered rate，SIBOR）等。

图 8.1 展示了过去 30 多年的 3 个月期美元 LIBOR。它的波动幅度明显很大，20 世纪 80 年代末能达到 10% 以上，2008 年金融危机后下降到接近零的水平。LIBOR 最显著的利率特征是其在重大经济衰退之前和期间的下跌现象，这是了解企业贷款需求和实践的关键所在。随着经济增速的放缓，新投资前景黯淡，人们对各种类型债券的需求下降，利率也会下降。与此同时，中央银行（这里指的是美国联邦储备委员会），通常会采取扩张性货币政策，试图进一步降低利率，期望能刺激新的借贷和投资。最极端的例子是美国联邦储备委员会在 2008—2009 年金融危机后采取了量化宽松政策，即向金融系统注入流动性。2020 年全球新冠疫情大流行时，美国联邦储备委员会也采取了类似的政策，向经济体系注入大量资金。

但是，正如我们在第 6 章国际平价条件中所指出的，利率与特定货币相关。图 8.2 非常清楚地表明了这一点，它给出了官方计算的五种世界货币（美元、欧元、瑞士法郎、英镑和日元）市场的 3 个月期 LIBOR。短期利率的真实波动性很明显，在过去的 20 多年里，这些主要的贷款基准利率均经历了显著波动，从近 7% 下降到接近零，甚至在某些时期跌至零以下。与全球新冠疫情相关的轻微“冲击”也值得注意。在这些 LIBOR 于 2019 年年底和 2020 年年初刚刚开始上升时，全球新冠疫情大流行使全球经济陷入停滞，各国中央银行开始以各种方式向经济体系注入资金。结果，LIBOR 再次下降。

关于近期短期利率的最后一点说明：尽管 10 多年来短期利率一直维持在接近零甚至负值的水平，但这在历史上是前所未有的。根据经济学和金融学理论，货币不应该是免费的，这种持续的低利率状态迟早会结束。但是，鉴于市场分析师、政府官员和学者们已经连续 10 多年反复强调这一观点，似乎这种情况会在“晚些时候”而非“早些时候”结束。

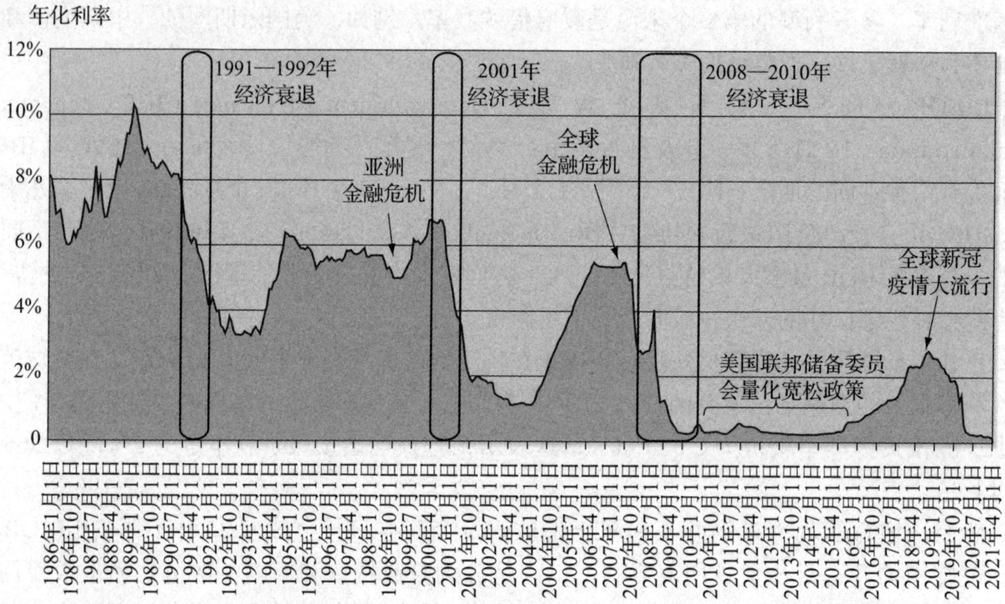

图 8.1 3 个月期美元 LIBOR（月度数据，1986 年 1 月—2021 年 4 月）

资料来源：LIBOR data from the Federal Reserve Economic Data (FRED), Federal Reserve Bank of St. Louis.

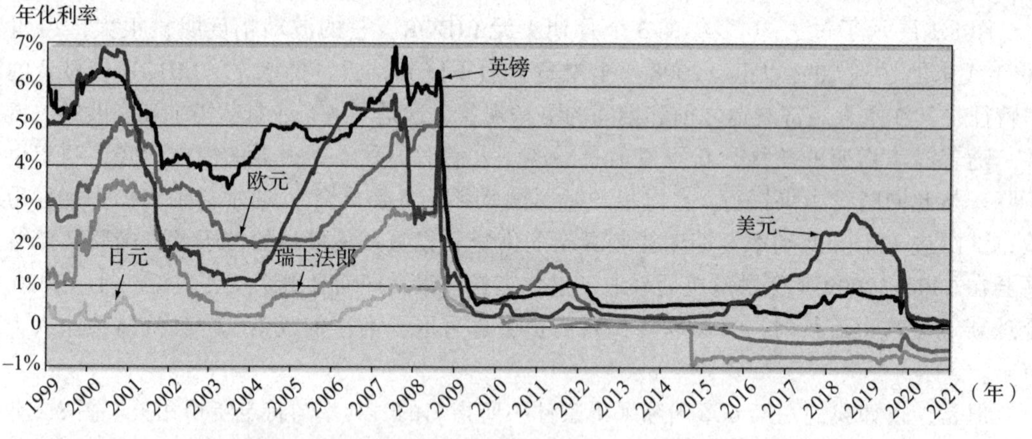

图 8.2 部分货币的 3 个月期 LIBOR（日度数据，1999 年 1 月—2021 年 6 月）

资料来源：LIBOR data from the Federal Reserve Economic Data (FRED), Federal Reserve Bank of St. Louis.

8.2 债务成本

各类借款人——无论是政府还是公司，都拥有自己的**信用质量**（credit quality），即市场对其按时偿还债务能力的评估。这些信用评估结果在资本成本和获得渠道上形成了不同的等级。这意味着这些借款人不仅需要支付不同的借款利率，而且会获得不同数额的资本或债务。

任何借款人的债务成本都包含两个部分：①基准利率（参考利率，如 LIBOR，或无风险利率，如美国国债利率），$k^{\$}_{\text{US}}$；②反映具体借款人信用评估结果的**信用风险溢价**（credit risk premium），$\text{RPM}^{\$}_{\text{Rating}}$。对于在美国购买以美元计价的债务的借款人而言，债务成本（$k^{\$}_{\text{Debt}}$）为

$$k^{\$}_{\text{Debt}} = k^{\$}_{\text{US}} + \text{RPM}^{\$}_{\text{Rating}}$$

信用风险溢价代表各类借款人的**信用风险**（credit risk）。在信贷市场上，这一溢价通常依据主要信用评级机构——穆迪（Moody's）、标准普尔（Standard & Poor's）和惠誉（Fitch）——对借款人给出的信用评级。表 8.2 列出了这些信用评级。虽然每家评级机构采用不同的方法论进行评级，但它们都考虑了一系列标准化的共性特征，包括公司的行业背景，收入来源的多样性和可持续性，当前的负债水平，以及公司过去、现在和未来的经营业绩。

表 8.2　信用评级和资金成本

投资级	穆迪	标准普尔	惠誉	5 年期平均利率	与国债的息差
最优	Aaa	AAA	AAA	1.92%	0.18%
	Aa1	AA+	AA+		
高级	Aa2	AA	AA	2.24%	0.50%
	Aa3	AA−	AA−		
中高级	A1	A+	A+		
	A2	A	A	2.35%	0.61%
	A3	A−	A−		
	Baa1	BBB+	BBB+		
中下级	Baa2	BBB	BBB	2.81%	1.07%
	Baa3	BBB−	BBB−		
投机级	**穆迪**	**标准普尔**	**惠誉**	**5 年期平均利率**	**与国债的息差**
	Ba1	BB+	BB+		
投机级	Ba2	BB	BB	4.69%	2.95%
	Ba3	BB−	BB−		
	B1	B+	B+		
高度投机级	B2	B	B	7.01%	5.27%
	B3	B−	B−		
重大风险	Caa1	CCC+	CCC	8.56%	6.82%
极度投机	Caa2	CCC			
濒临违约	Caa3	CCC−			
违约	C	C，D	DDD，DD，D		

注：这些是长期信用评级。所报利率为 2014 年 10 月 28 日的利率，均为 5 年期利率。5 年期美国国债的年利率为 1.74%。

8.2.1　信用评级和资金成本

虽然信用评级的范围很广，但**投资级**（investment grade）与**投机级**（speculative grade）的区别尤为重要。投资级借款人（信用评级为 Baa3、BBB− 及以上）被认为是优质借款人，无论市场行情或经营业绩如何，都能及时偿还新的债务。投机级借款人（信用评级为 Ba1、BB+ 及以下）则被认为是风险较高的借款人，受市场下滑或业务冲击的影响较大，可能难以偿还新的债务。

表 8.2 也说明了债务成本如何随信用质量的变化而变化。当时，5 年期美国国债的年利率为 1.74%，同一时期，单 A 级借款人（信用评级为 A）的 5 年期借款的年化利率为 2.35%，比美国国债利率高出 0.61%。需要注意的是，对于投资级借款人来说，信用质量的成本（信用息差）非常小。然而，投机级借款人在市场上被收取高额的溢价。例如，单 B 级借款人支付的利率平均比美国国债利率高出 5.27%。

公司借款人的债务成本还会随着借款期限的不同而有所变化。图 8.3 直观地展示了表 8.2 中信用评级相同的借款人在借款期限不同时需承担的利率。再次强调，美国国债利率，即美国政府不同期限的资金成本，是所有公司信贷定价的基准。值得注意的是，获得 AAA 评级的公司（如微软公司和强生公司，埃克森美孚公司已于 2016 年春季失去 AAA 评级）的借款成本仅比美国国债利率略高。目前，在美国运营的多数大型标准普尔 500 公司的信用评级为 A、BBB 或 BB。美国国债收益率曲线尽管相对平坦，但仍向上倾斜，表明短期资金的成本低于长期资金。（图中的期限最长为 10 年，而美国国债的期限实际上长达 30 年。）

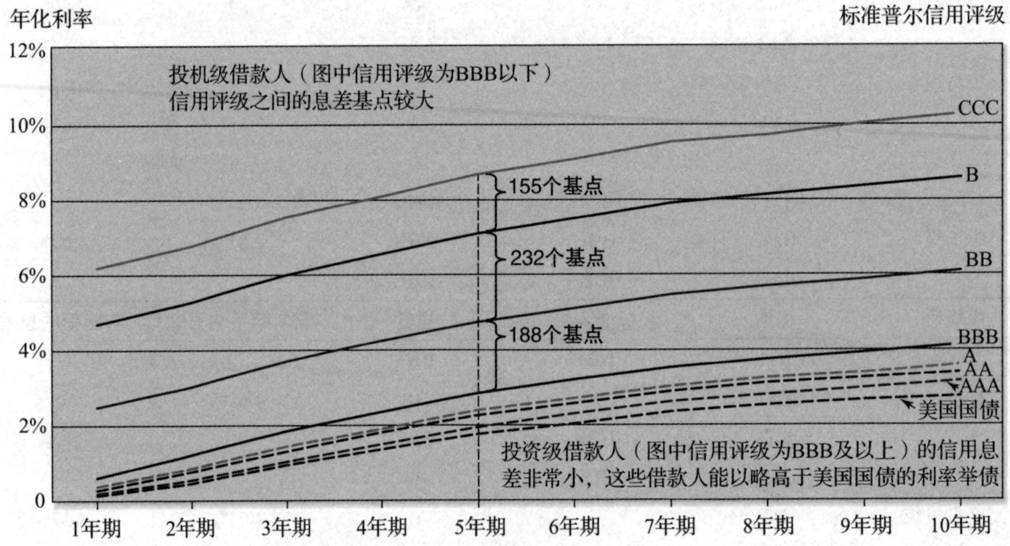

图 8.3 美国公司信用息差（2014 年 10 月 28 日）

每个拥有成熟金融体系的国家都会有相似的息差结构，即以政府债券的收益率曲线为基础，再加上企业借款的额外成本。除了美国，世界上其他拥有成熟金融体系的经济体还包括欧盟、英国和日本。然而，正如本章后面要介绍的，不同国家的货币的资金成本的差异比较显著。

8.2.2 信用风险和重新定价风险

对于企业借款人来说，区分信用风险和**重新定价风险**（repricing risk）尤为重要。信用风险，有时也称为**展期风险**（roll-over risk），是指借款人续贷时，有被贷款人更改信用评级的可能性。这可能导致借款费用、利率、信用额度承诺发生调整，甚至可能会被拒绝续贷。重新定价风险是指当重新订立金融合约时，合同约定的利率被改变的风险。对于续签信贷的借款人来说，他们将面临基于当前市场条件的融资基准利率，这实际上是一个真正的浮动利率。

过去，一些国家一直在与通货膨胀做斗争，因为通货膨胀削弱了所有经济实体（包括个人和公司）的借贷能力，这促使这些国家创造了一种新型的指数化利率，详见全球金融实务 8.1。

全球金融实务 8.1

智利替代记账单位：发展单位

发展单位（unidad de fomento，UF）是在 1967 年智利经历恶性通货膨胀时期由智利中央银行创建的。从概念上讲，它是智利比索（CLP）的一个指数化价值（indexed value），会定期（每天）根据通货膨胀状况进行调整。智利中央银行每天更新智利比索和发展单位的汇率，用 1.00 发展单位等于多少智利比索来表示。例如，2019 年 3 月 14 日，智利中央银行的报价为 CLP25 565.76 = UF1.00。

智利抵押贷款

在智利，发展单位已成为房地产和抵押贷款的主要记账单位。借款人将获得以发展单位计价的贷款，贷款利率是固定的。贷款的本金、利率和期限被用来计算抵押贷款的月度本金和利息的偿还支出（假设为分期偿还贷款）。发展单位贷款的月供必须以智利比索支付。实际支付的智利比索基于智利中央银行公布的汇率，智利中央银行是发展单位的总监机构。

在智利，一笔以智利比索计价的抵押贷款，固定期限为 15 年，固定利率为 8.000%，在贷款期内，每月有固定的按揭还款额，这是当今大多数国家使用的标准抵押贷款结构。而一笔以发展单位计价的抵押贷款，固定期限为 15 年，固定利率为 4.000%，在整个贷款期内，借款人需承担一系列的发展单位支付额，这些支付额必须以智利比索偿还。由于智利比索和发展单位的兑换比率每天都在变化，所以借款人在贷款期内实际上无法确切知晓需支付的智利比索金额。

尽管从财务角度看，发展单位的风险相对较大，但它在智利很受欢迎，以至于成为目前最主要的抵押贷款结构。恶性通货膨胀已经过去，但发展单位依然存在。

8.2.3 主权债务

历史上，由政府发行的债务——主权债务——被认为是最高质量的债务，其信用评级高于该国内非政府借款人的债务。这种质量偏好源于政府向国内民众征税的能力，以及在必要时印制更多钞票的能力。虽然过度征税可能会以失业的形式造成重大经济损失，过度印钞可能会以通货膨胀的形式造成重大财务损失，但征税和印钞都是只有主权国家才可以使用的工具。因此，当债务以本国货币计价时，政府完全有能力以其中一种方式偿还债务。

政府通常通过中央银行来执行自己的货币政策，货币政策将结合经济增长和通货膨胀等经济条件，共同决定该国所有期限的债务的利率结构。国内金融市场的深度和广度，即国内金融市场的复杂程度，决定这些期限的长短。例如，像美国或日本这样的工业大国可能会发行长达 30 年或更长期限的债务工具（债券）。这些债务工具通常以发行国货币计价，并可在全球市场上向国内外投资者公开出售。例如，美国通过向世界各地的投资者（个人、机构和政府）出售美国国债来为其大部分政府债务融资。

国内利率以本国货币表示，这一点在第 6 章关于国际平价条件的讨论中有所阐述，利率与某种特定货币相关。只有当不同国家的利率收益都换算成同一种货币时（如在研究各种非抵补套息套利机会时），或者当不同国家以一种共同货币（如美元）举债时，抑或当汇率保持不变时，对各国利率进行直接比较才真正具有经济意义。

8.2.4　主权债务息差

许多发展中国家政府在国际市场上筹集债务资本，它们通常会选择以美元、欧元或日元等全球交易最广泛的货币来举债。图 8.4 展示了部分以美元计价的主权债券与美国国债的息差，即美元的**主权债务息差**（sovereign spread）。

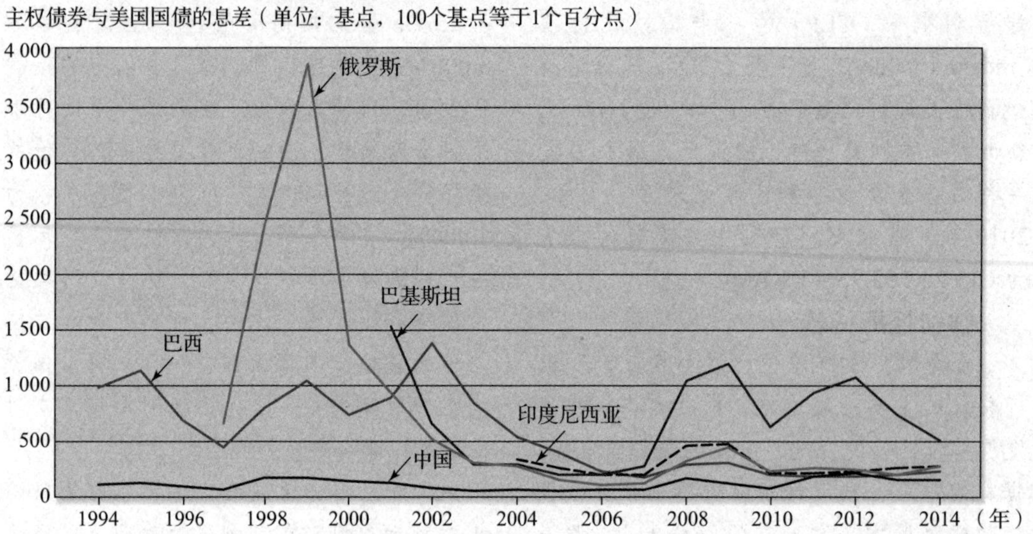

图 8.4　部分主权债券与美国国债的息差

图 8.4 详细描述了国际金融市场对主权债务信用风险的评估，即这些主权借款国及时偿还以外币计价的债务——在本例中为美元债务——的能力。例如，巴西主权美元债务成本（$k^{\$}_{\text{Brazil}}$），即巴西政府在全球市场上筹集美元债务的成本，可以分解为两个部分：①美国政府自身的美元债务成本（$k^{\$}_{\text{US}}$）；②巴西主权债务息差，即美元借款人为了偿还美元债务必须支付的风险溢价（$\text{RPM}^{\$}_{\text{Brazil}}$）[⊖]：

$$k^{\$}_{\text{Brazil}} = \text{美国国债利率} + \text{巴西主权债务息差} = k^{\$}_{\text{US}} + \text{RPM}^{\$}_{\text{Brazil}}$$

对俄罗斯或巴基斯坦等借款国来说，主权债务息差的周期性极为明显。这表明国际金融市场认为这些主权借款国在某些特定时间点上存在显著的借款风险。例如，2015 年年初，俄罗斯被主要信用评级机构下调至“投机级”。这次降级是由于西方国家的制裁（与乌克兰有关）和石油价格下跌（石油收入占俄罗斯政府收入的 50% 以上）导致的经济恶化，减少了俄罗斯获取资本的机会。然而，第 13 章的迷你案例描述了一种截然不同的情况，当时的借款人（沙特阿美，世界上最赚钱的公司）被认为风险很低，其借款利率甚至接近美国国债的利率。

⊖　疑原文有误，此处已做修改。——译者注

8.2.5　欧盟主权债务

与典型的“经济学 101”课程[⊖]中所描述的财政和货币政策机构的传统结构相比，欧盟的结构更为复杂。随着共同货币的采用，加入欧元区的欧盟成员国放弃了垄断印制货币（用于偿还债务）的权利。因为欧元是一种共同货币，没有任何一个欧盟成员国有权利简单地印制更多的欧元——这是欧洲中央银行的政策范畴。欧盟成员国确实有相对自由的权利去制定自己的财政政策——政府支出、税收和政府盈余或赤字。这种结构使得欧盟在全球范围内出现了较为独特的主权债务状况。

每个欧盟主权借款人都有权利在国际市场上以本国货币（欧元）举债。然而，金融市场有能力根据评估的信用质量来区分借款人。这导致欧盟各成员国的主权债务成本大相径庭。近年来，一些欧盟成员国，尤其是希腊、葡萄牙和爱尔兰等国家，在经济衰退和债务成本增加的困境中挣扎。

2008—2009 年全球金融危机爆发后，一些欧盟成员国遭遇了严重的经济危机。这些国家的部分经济困境（economic woe）包括市场对其偿还主权债务能力的担忧日益加剧。如图 8.5 所示，市场恐慌和担忧使这些国家在国际市场上的资金成本非常高，可见主权债务成本存在巨大差异。其中，信用质量最高的借款国（德国）和信用质量最低的借款国（希腊）之间的差距最大。

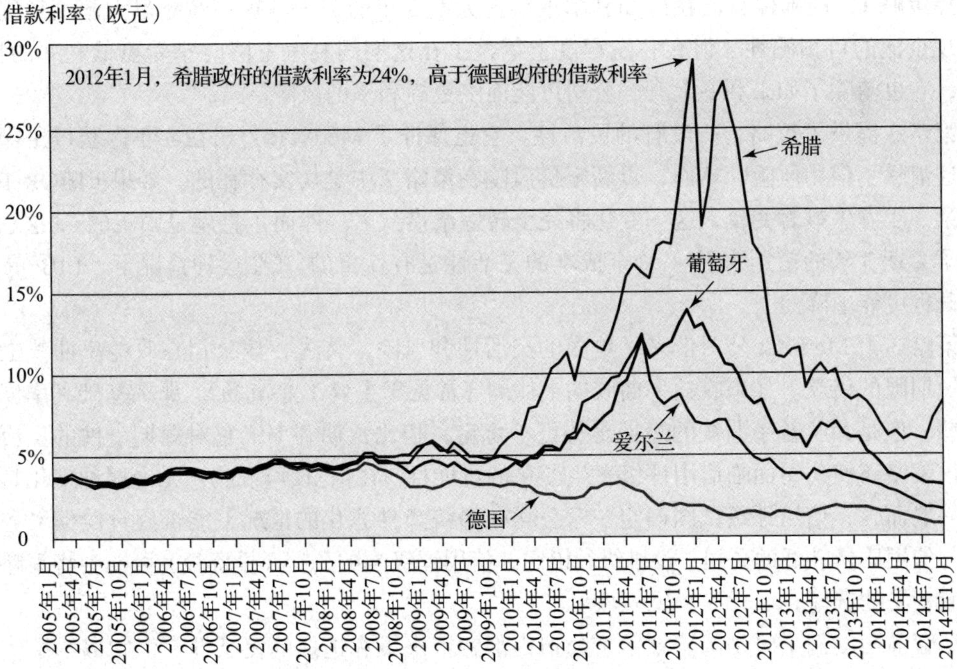

图 8.5　部分欧盟成员国的主权债务息差

资料来源：Long-term interest rate statistics for EU member states, European Central Bank, www.ecb.int/stats/money/long. 10-year maturities.

⊖ “经济学 101”课程通常指的是经济学的基础课程。在许多学术体系中，以“101”编号的课程通常代表该学科的入门级或基础课程。——译者注

8.3 利率风险

对于非金融公司而言，利率风险的第一大来源是债务偿还。跨国公司的债务结构涉及不同的到期日、不同的利率结构（如固定利率与浮动利率）以及不同的标价货币。因此，这种债务组合的管理可能相当复杂，而且在任何情况下都很重要。对于跨国公司而言，利率风险的第二大来源是其持有的具有利率敏感性的证券。与记录在公司资产负债表右侧（负债）的债务不同，公司持有的有价证券组合出现在资产负债表的左侧（资产）。可流通的有价证券代表公司的潜在收益或利息流入。日益增长的竞争压力促使财务经理们加强了对公司资产负债表左右两侧的利率管理。

8.3.1 债务结构和策略

美国医疗设备制造商 MedStat 公司正在考虑三种不同的银行贷款结构。每一种贷款结构都旨在提供 100 万美元的 3 年期融资。

策略 1：按固定利率借款 100 万美元，为期 3 年。

策略 2：按浮动利率 LIBOR+2% 借款 100 万美元，为期 3 年。（LIBOR 每年重新设定。）

策略 3：按固定利率借款 100 万美元，为期 1 年，然后每年续贷。

尽管最低资金成本始终是主要的选择标准之一，但它并非唯一的标准。MedStat 公司如果选择策略 1，能确保自己在已知利率下获得为期 3 年的资金。这一策略最大限度地提高了债务现金流的可预测性，但在一定程度上牺牲了在这期间利率下降时享受更低利率的机会。当然，它也消除了如果利率上升，公司可能面临更高利率的风险。

策略 2 提供了策略 1 所没有的灵活性。它也保证了 MedStat 公司在 3 年内获得足额的资金，这消除了信用风险。然而，重新定价风险在策略 2 中是切实存在的。如果 LIBOR 在第 2 年或第 3 年发生显著变化，这一变化将完全转嫁给借款人。然而，息差是固定的。（这意味着锁定了为期 3 年的信用水平。）资金成本的灵活性是有代价的。（在这种情况下，LIBOR 既可能上升也可能下降。）

策略 3 为 MedStat 公司带来了更多的灵活性和风险。首先，该公司在收益率曲线上选择了较短期限的借款。如果收益率曲线向上倾斜（常见于主要工业市场），那么基础利率就应该低一些。但是，收益率曲线的短期走势更不稳定，相比长期利率，它对短期事件的反应更明显。该策略还使公司面临信用评级发生变化的可能性（在信贷续期时），无论这种变化是好是坏。一般而言，信用评级试图确定一家公司在经济条件恶化的情况下能否履行偿债义务。因此，与信用质量较低的公司（投机级）相比，信用评级高的公司（投资级）可能会将策略 3 视为更有意义的选择。

尽管前面的例子只是部分展示了公司内部融资决策和选择的复杂性，但它揭示了信用风险和重新定价风险在许多方面紧密相连的特点。**利率敞口**（interest rate exposure）是一个复杂的概念，在管理利率风险之前，对风险敞口进行准确的度量至关重要。浮动利率贷款是最常见的公司债务形式，现在我们来介绍它的利率风险。

8.3.2 案例：MedStat 公司的浮动利率贷款

浮动利率贷款是全球企业广泛使用的融资方式，也是最大、最常见的企业利率敞口来源。表 8.3 显示了 MedStat 公司借入 3 年期浮动利率贷款的成本和现金流。对于这笔 1 000 万美元的贷款，企业将按年支付利息，并在第 3 年的期末偿还全部本金。

表 8.3 MedStat 公司的浮动利率贷款

对于一笔期限为 3 年、金额为 1 000 万美元的浮动利率贷款，其利率和现金流的相关信息如下。①利率：基于 LIBOR 的浮动利率，每年在约定日期重新设定；②现金流：每年支付一次，包括利息付款和本金偿还。此外，该贷款需要在开始时一次性支付金额为贷款本金的 1.5% 的初始费用，即贷款发起费

贷款利率		第 0 年	第 1 年	第 2 年	第 3 年
LIBOR（浮动利率）			5.000%	5.000%	5.000%
信用息差（固定利率）			1.250%	1.250%	1.250%
总额			6.250%	6.250%	6.250%
本金现金流					
贷款本金		10 000 000 美元			
贷款发起费	1.50%	（150 000 美元）			
贷款收益		9 850 000 美元			
本金偿还					（10 000 000 美元）
利息现金流					
LIBOR（浮动利率）现金流			（500 000 美元）	（500 000 美元）	（500 000 美元）
信用息差（固定利率）现金流			（125 000 美元）	（125 000 美元）	（125 000 美元）
应付利息总额			（625 000 美元）	（625 000 美元）	（625 000 美元）
贷款现金流总额		9 850 000 美元	（625 000 美元）	（625 000 美元）	（10 625 000 美元）
总成本或内部收益率		6.820%			

注：MedStat 公司的资金成本的有效成本（税前）——总成本——是通过计算与贷款及其利息偿还相关的总现金流的内部收益率得出的。初始贷款协议的总成本（不含贷款发起费）为 6.250%。

该贷款的定价为美元 LIBOR + 1.250%（请注意，资金成本，即利率，通常被称为定价）。每年的 LIBOR 将在约定日期（如付款前两天）重新设定。虽然 LIBOR 是浮动利率，但 1.250% 的息差实际上是固定的，即在贷款存续期限内是确定的。

MedStat 公司在贷款完全偿还之前不会知道贷款的实际利息成本。MedStat 公司的首席财务官凯特琳·凯莉（Caitlin Kelly）会预测这笔贷款期限内的 LIBOR，但是只有在完成所有贷款本息支付之后她才能知道确切的成本。这种不确定性不仅会产生利率风险，还会由利息支付而产生现金流风险。虽然固定利率贷款也存在以机会成本形式出现的利率风险，但借款人承诺偿还的现金流的规模是已知的。

表 8.3 展示了浮动利率贷款的现金流和**总成本**（all-in cost，AIC）。总成本就是浮动利率贷款总现金流的**内部收益率**（IRR），这些现金流包括贷款收益和每年偿还的利息和本金。这个基准分析（baseline analysis）假设 LIBOR 在贷款期限内保持在 5.000%。当贷款发起费（up-front loan origination fee）为本金的 1.5% 时，MedStat 公司的总成本是 6.820%（不考虑贷款发起费则为 6.250%）。但这只是假设，因为 MedStat 公司及银行都认为随着时间的推移，LIBOR 会发生变化。当然，它将朝哪个方向变化以及每年变化多少都是未知的。该笔贷款的 LIBOR 部分（而非信用息差）随着时间的推移会给 MedStat 公司带来债务偿付的现金流风险。

如果 MedStat 公司在获得贷款后决定管理与贷款协议相关的利率风险，它将有若干管理

方案可供选择。

（1）再融资（refinancing）：MedStat 公司可以与贷款人协商，对贷款协议进行重组并进行再融资。但这种做法并不总是可行的，而且通常成本很高。

（2）利率期货（interest rate future）：利率期货已在企业界获得广泛认可。MedStat 公司可以通过持有利率期货头寸锁定未来的利息支付。

（3）远期利率协议（forward rate agreement，FRA）：MedStat 公司可以通过远期利率协议锁定未来的利息支付，这种利率合约类似于外汇远期协议。

（4）利率互换：MedStat 公司可以与银行或互换交易商签订附加协议，交换未来的现金流，使浮动利率贷款支付的利息变为固定利息。

以下两节将详细介绍上述的三种利率衍生品管理方案，包括它们是如何运作的，以及企业借款人如何利用它们。

8.4 利率期货和远期利率协议

与外汇衍生品相似，以利率为基础的金融衍生品也发展起来。在介绍利率互换之前，首先介绍利率期货和远期利率协议。

8.4.1 利率期货

与外汇期货不同，利率期货被财务经理和非金融公司的财务总监所广泛使用。利率期货的流行源于利率期货市场的高流动性、使用的简便性以及大多数公司面临的标准化的利率敞口。两种使用最广泛的期货合约是芝加哥商业交易所交易的欧洲美元期货和芝加哥期货交易所（Chicago Board of Trade，CBOT）交易的美国国债期货。为了说明如何利用期货合约来管理利率风险，我们将重点讨论 3 个月期欧洲美元期货合约。表 8.4 展示了部分 2010—2011 年欧洲美元期货的情况。（实际上它们的交易期限可达 10 年。）

表 8.4 欧洲美元期货的价格

到期日	开盘价	最高价	最低价	收盘价	收益率（%）	未平仓合约数量
2010 年 6 月 10 日	94.99	95.01	94.98	95.01	4.99	455 763
2010 年 9 月	94.87	94.97	94.87	94.96	5.04	535 932
2010 年 12 月	94.60	94.70	94.60	94.68	5.32	367 036
2011 年 3 月 11 日	94.67	94.77	94.66	94.76	5.24	299 993
2011 年 6 月	94.55	94.68	94.54	94.63	5.37	208 949
2011 年 9 月	94.43	94.54	94.43	94.53	5.47	168 961
2011 年 12 月	94.27	94.38	94.27	94.36	5.64	130 824

注：《华尔街日报》的典型报价方式。表中只展示了常规的季度到期合约。所有合约的面值为 100 万美元；报价和收益率以百分比表示。未平仓合约数量也译作持仓量。

期货合约的收益率根据结算价计算，结算价即该交易日的收盘价。例如，某财务经理在分析表 8.4 中 2011 年 3 月的欧洲美元期货报价时，会发现 3 月 11 日的结算价为 94.76，收益率为 5.24%：

$$收益率 = (100.00 - 94.76) \div 100 \times 100\% = 5.24\%$$

每份合约的期限为 3 个月（一个季度），名义本金为 100 万美元，因此 1 个基点的实际价值为 2 500 美元（= 0.01 × 1 000 000 美元 × 90/360）。

如果一位财务经理有兴趣对一笔 2011 年 3 月到期的浮动利率利息付款进行套期保值，那么她需要卖出一份期货，即建立空头头寸。这种策略被称为做空，因为这位财务经理卖出了她并不拥有的东西。如果到到期日，利率如财务经理预测的那样上升，那么期货价格就会下跌，她就能平仓获利。这笔利润将大致抵销债务的利息支出增加而带来的损失。但是，如果到到期日，该财务经理预测错误，利率下降，期货价格上升，那么她将蒙受损失，因支付的利息低于预期而“节省”的资金也将化为乌有。因此，通过卖出 2011 年 3 月的期货合约，该财务经理锁定了 5.24% 的利率。

显然，人们可以仅出于投机目的购买利率期货，这已成为常态。虽然本例从管理视角出发，不以投机为目的，但那些对利率有预判的投机者也会通过持有头寸以谋求利润。如前所述，非金融公司最主要的利率风险源于债务偿还。但这不是唯一的利率风险。随着公司全面管理资产负债表，左侧的利息收入受到更多关注。财务经理若寻求更高的有价证券收益，可能会利用利率期货市场锁定未来利息收益。表 8.5 总结了两种基本的利率期货的利率敞口和策略。

表 8.5　两种基本的利率期货的利率敞口和策略

利率敞口	策略（期货交易）	到期日利率	头寸结果
在未来某一天支付利息	卖出期货（空头头寸）	如果利率上升	期货价格下跌；空头获利
		如果利率下降	期货价格上涨；空头亏损
在未来某一天收取利息	买入期货（多头头寸）	如果利率上升	期货价格下跌；多头亏损
		如果利率下降	期货价格上升；多头获利

8.4.2　远期利率协议

远期利率协议是银行间对一笔名义本金的利息支付进行买卖的交易合约。这些合约以现金结算。远期利率协议的买方获得的权利是，在规定的一段时间内将利率锁定在协议价格。合约规定，如果利率高于**协议利率**（agreed rate），远期利率协议的卖方将向买方支付根据名义本金计算的增加的利息费用，但如果利率低于协议利率，买方将向卖方支付这笔差价。远期利率协议的期限通常为 1 个月、3 个月、6 个月、9 个月和 12 个月。

与外汇远期协议一样，远期利率协议也适用于独立的敞口。它是公司合约性的承诺，几乎不具有灵活性，即使出现了有利变动（如前所述的 LIBOR 下降的情况）也无法利用。如果公司计划在未来某日投资证券，但担心在投资日之前利率可能会下降，公司便会使用远期利率协议。然而，由于可供选择的期限和货币种类有限，远期利率协议在较大的工业经济体和货币区之外并没有得到广泛使用。

8.5　利率互换

互换是一种合同协议，旨在交换一系列的现金流。这些现金流通常是与债务相关的利息支付，即与固定利率债务和浮动利率债务相关的支付。

8.5.1 互换结构

互换主要有两种类型，即利率互换和货币互换，一笔单独的互换可能是这两种类型的结合。例如，一个互换协议可以将以固定利率支付的美元付款换成以浮动利率支付的欧元付款。

（1）**利率互换**：如果协议涉及一方以其固定利率支付换取另一方的浮动利率支付，则被称为利率互换，有时也被称为**大众型利率互换**（plain-vanilla swap[⊖]）。

（2）**货币互换**：如果协议涉及交换还本付息的货币，例如，以瑞士法郎利息支付换取美元利息支付，则被称为货币互换或跨货币互换。

在任何情况下，互换都是为了改变公司应该发生的现金流，如将与现有债务相关的浮动利率支付变为固定利率支付。互换本身并不是新的资金来源，互换只改变了与支付相关的现金流。

双方签订协议的动机可能不同。例如，非常常见的情况是：一个信用良好的公司借款人现在有一笔浮动利率的债务需要偿付。该借款人在考察目前市场状况并对未来形成预期后，得出利率即将上升的结论。为了防止公司支付的利息增加，该公司的财务部可能会签订一份支付固定利率 / 收取浮动利率的互换协议（swap agreement to pay fixed/receive floating）。这意味着该公司将向交易对手支付固定利息，并从交易对手那里收取浮动利息。该公司收取的浮动利息被用于偿还该公司的债务利息，因此该公司实际上是在以固定利率支付利息。利用衍生工具，该公司便将浮动利率债务转变为固定利率债务。通过这种做法，公司无须承担新债置换旧债的方法带来的成本和复杂程序。

利率互换的现金流是基于一定数额的资本（名义本金）按照约定的利率计算所得的利息。因此，这些现金流也被称为**息票互换**（coupon swap）。签订利率互换协议的公司设定名义本金，以便利率互换产生的现金流满足其管理利率风险的需要。利率互换是公司与交易对手之间合约性的承诺（contractual commitment），后者完全独立于公司的利率敞口。也就是说，公司可基于任何合适的理由进行互换，并自主决定互换的名义本金，无论其小于、等于还是超过公司需管理的总头寸。例如，拥有多项浮动利率贷款的公司若愿意，可选择仅对现有本金的 70% 执行利率互换。互换的名义本金大小由公司管理层自主决定，不受现有浮动利率债务规模的限制。

还应指出的是，利率互换市场填补了市场效率的空白。如果所有公司都能自由平等地参与资本市场，无论利率结构或标价货币如何，那么互换市场很可能不会存在。事实是，互换市场不仅存在且蓬勃发展，并为各方带来利益，这在某种程度上是众所周知的“免费的午餐”。

8.5.2 案例：MedStat 公司的浮动利率债务

MedStat 公司是一家总部位于美国的公司，拥有一笔 4 000 万美元的浮动利率银行贷款。该公司已经完成了前两年的贷款协议（现在是 2017 年第三季度末），目前贷款协议还剩下 3

[⊖] plain-vanilla swap 有时也译作“普通互换”。“vanilla ice cream”是香草冰淇淋，一款最普通的冰淇淋口味，没有任何添加的配料。“plain-vanilla swap”是指没有复杂特性或自定义条款的标准化互换协议，它通常涉及两方之间简单的固定利率与浮动利率的交换，这种互换协议因操作简单和应用广泛而受到市场的普遍接受。——译者注

年。该贷款的定价为 3 个月期 LIBOR + 1.250% 的信用风险溢价。LIBOR 的变化和 MedStat 公司浮动利率债务的近期走势如图 8.6 所示。

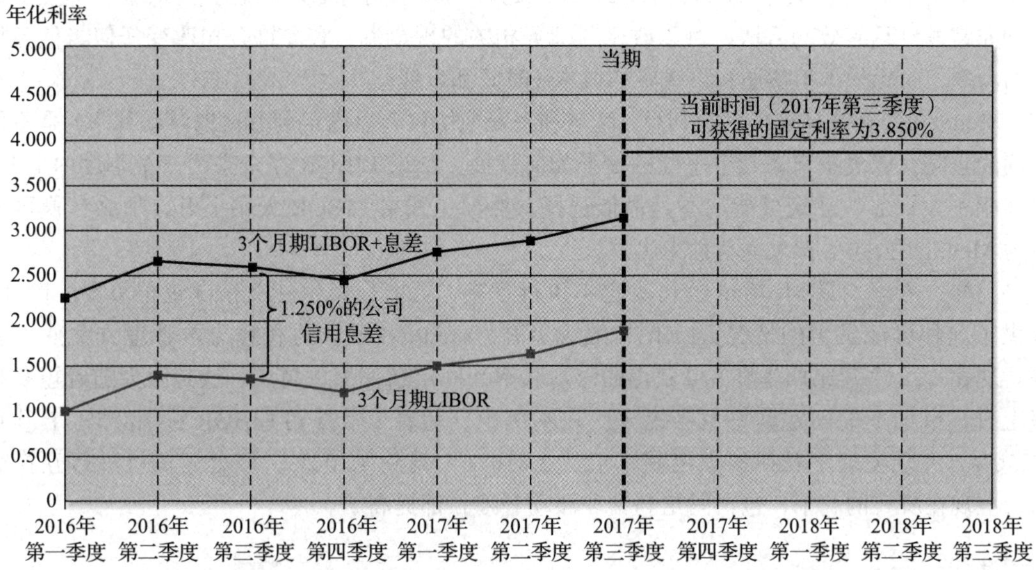

MedStat公司有4 000万美元的浮动利率贷款，其利率为LIBOR+1.250%。过去一年LIBOR呈上升趋势。公司管理层目前正在考虑通过互换，将其浮动利率债务转换为固定利率债务，即进行支付固定利息并接收浮动利息的大众型利率互换。如果现在进行互换，公司可以锁定3.850%的固定利率支付（固定支付部分），以收取交易对手的LIBOR支付（浮动接收部分）

图 8.6　MedStat 公司考虑采用大众型利率互换

如图 8.6 所示，LIBOR 在过去一年开始上升。MedStat 公司的管理层担心利率会继续上升，导致公司的利息成本随之上升。管理层正在考虑签订一项以固定利率支付、以浮动利率接收的大众型利率互换协议。纽约银行给 MedStat 公司报出了 3.850% 的固定利率，以换取 LIBOR。MedStat 公司必须选择互换的名义本金，即计算利息现金流的基数。在这种情况下，他们决定将名义本金定为浮动利率银行贷款的全额，即 4 000 万美元。拟议的互换利率与 MedStat 公司目前的浮动利率债务具体如下。

债务与互换部分	浮动利率	固定利率
浮动利率银行贷款	（LIBOR）	（1.250%）
互换（以固定利率支付、以浮动利率接收）	（LIBOR）	（3.850%）
互换后浮动利率银行贷款	—	（5.100%）

现在，MedStat 公司将从银行收到 LIBOR 的浮动利息，并用来支付其浮动利率银行贷款中的 LIBOR 部分。接下来，MedStat 公司还剩 1.250% 的固定的信用息差，以及互换的 3.850% 的固定利率，总计 5.100%。向 MedStat 公司报出的固定利率基于一家信用评级为 AA 的公司发行的 3 年期（即互换支付浮动利息所需的时间跨度）债务利率。因此，互换市场上的固定利率将始终反映相应货币市场（本例为美元市场）上当前政府和企业的收益率曲线。

需要注意的是，互换协议只互换浮动利率部分，即 LIBOR，而不以任何方式互换或处理信用息差。这是因为以下两个原则：①互换市场不承担任何单个借款人的信用风险，只处理核心的固定利率和浮动利率；②固定信用息差（fixed-rate credit spread）是固定利率的组成部分，在贷款期限内不会发生变化。互换市场只针对真正的浮动利率部分，因此 MedStat 公司在互换后的最终组合债务要求公司以 5.100% 的合并利率支付固定利息。大众型利率互换是一种非常廉价且有效的方法，可以改变与债务相关的现金流。它允许公司改变任何与债务相关的利率，而无须承担偿还和再融资的成本（时间和金钱）。

MedStat 公司选择支付固定利息（签订利率互换协议并以固定利率换取浮动利率）是不是正确的策略，取决于未来几个季度的情况如何发展。如果 LIBOR 在未来两三个季度内上升，但涨幅不大，那么互换可能就不是最佳选择。然而，如果 LIBOR 大幅上升，那么互换可能会为 MedStat 公司节省大笔利息支出。

同样，考虑如果 MedStat 公司决定不执行互换，可能会发生什么情况也很重要。图 8.7 提供了一种可能发生的情况：LIBOR 继续上升，MedStat 公司的利息成本管理方案变得更糟。现在（2017 年第四季度）可获得的浮动利率和固定利率都更高了。这是因为随着短期利率上升，市场上的固定利率也会上升。在本例中，随着 3 个月期 LIBOR 从 1.885% 上升到 2.250%，大众型利率互换的固定利率也从 3.850% 上升到 4.200%。该公司仍可进行互换交易，但现在所有的利率，包括固定利率和浮动利率，都提高了。

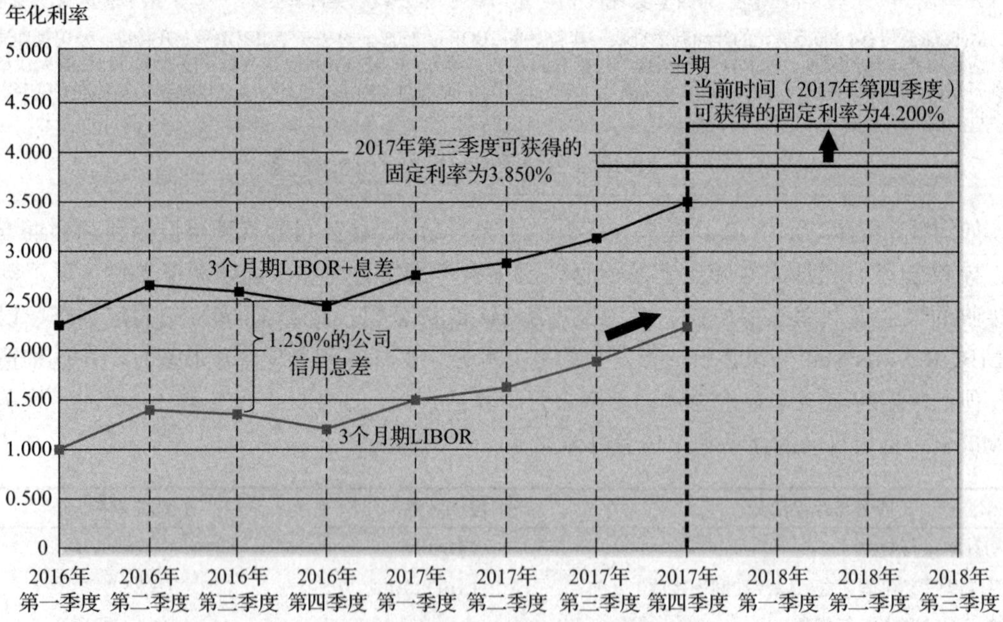

如果MedStat公司决定不执行互换，一旦LIBOR继续上升，MedStat公司将面临越来越高的利息成本。如果MedStat公司决定现在执行固定利率和浮动利率互换，该公司可获得的固定利率将更高，为4.200%，而不是之前的3.850%。这是因为随着LIBOR等短期浮动利率的上升，市场上的固定利率也会上升

图 8.7 随着 LIBOR 上升，MedStat 公司面临更加困难的选择

8.5.3 大众型利率互换策略

公司主要通过两个途径利用大众型利率互换市场，即债务结构和债务成本。

债务结构。所有公司都会追求一种目标债务结构，这种结构将债务期限、构成货币和固定 / 浮动利率结合在一起考虑。对于许多公司来说，固定 / 浮动利率目标是最难确定的，因

此公司通常只是参照行业的平均水平。

那些信用质量非常高，因此在固定利率债务市场上有优势的公司，如沃尔玛百货有限公司或国际商业机器公司（IBM）这样的 A 或 AA 级公司，通常会以固定利率筹集大量长期债务。然后，它们利用大众型利率互换市场，有选择性地将固定利率债务转换成浮动利率债务，以实现预期目标。互换交易使它们能够快速方便地改变固定 / 浮动利率债务的组合，而无须直接支付债务市场的发起费用和注册费用[⊖]（origination and registration fee）。

信用质量较差的公司，如投资级以下的公司，往往要接受固定利率债务市场并不对它们开放这一事实。对它们来说，获得固定利率债务要么不可能，要么成本太高。这类公司一般会以浮动利率举债，然后定期评估大众型利率互换市场是否提供了有吸引力的替代品，即将浮动利率转换为固定利率。公司也经常利用大众型利率互换市场来调整固定 / 浮动利率债务结构。前面所述的 MedStat 公司就是一个例子。对利率上升的预期促使该公司利用大众型利率互换市场将浮动利率债务转换为固定利率债务。2009—2014 年，美元和欧洲欧元债务市场的利率经常触及历史低点，许多公司频繁利用互换市场将越来越多的浮动利率债务转换为固定利率债务。

债务成本。所有企业都对降低债务成本的机会感兴趣。大众型利率互换是一种非常容易操作且成本较低的方法。

假设 MedStat 公司定期寻找互换市场的机会。在之前的例子中，2017 年第三季度，MedStat 公司发现，它可以通过互换将 4 000 万美元的浮动利率债务转换为 5.100%（互换的固定利率加上剩余的信用息差）的固定利率债务。与此同时，银行可能会以 5.20% 或 5.30% 的固定利率向该公司提供相同规模的 3 年期固定利率贷款。如果愿意，MedStat 公司可以将浮动利率债务转换为固定利率债务，以锁定更便宜的固定利率债务。

通过大众型利率互换市场实现的成本下降，可能只反映出短期市场的不完善和低效率，或者某些借款人通过精心挑选的金融服务提供商在特定市场上拥有的比较优势。节省的成本可能很大，有时是 30 个基点、40 个基点甚至 50 个基点，也可能很小。企业管理层及公司财务部将决定需要节省多少成本，才值得花费时间和精力来执行互换交易。银行会推动互换市场的发展，并定期向公司财务部推广这种交易。一位公司财务总监曾对笔者说，除非对方建议的结构或交易能为公司节省至少 15 或 20 个基点，否则他不想听银行的废话。

8.5.4 货币互换

所有互换利率都来自各种主要货币的收益率曲线，因此各种货币之间的固定利率对浮动利率的互换协议允许公司进行货币互换。表 8.6 列出了欧元、英镑、瑞士法郎、美元和日元的互换利率。这些互换利率是在各自货币市场的政府债券收益率的基础上，加上适用于各市场投资级借款人的信用息差得到的。

⊖ 发起费用是指银行或金融机构在提供贷款时收取的各项费用，例如审批贷款的费用。注册费用通常是指在正式发行债券或其他金融产品时必须支付的费用，用于将这些产品正式注册到相应的监管或交易机构。简而言之，这两种费用就是在借款或发行新的金融产品时必须支付的额外成本。——译者注

表 8.6 互换利率的报价（%，2014 年 12 月 31 日）

年限	欧元		英镑		瑞士法郎		美元		日元	
	买入	卖出	买入	卖出	买入	卖出	买入	卖出	买入	卖出
1	0.14	0.18	0.63	0.66	−0.14	−0.08	0.42	0.45	0.11	0.17
2	0.16	0.20	0.91	0.95	−0.18	−0.10	0.86	0.89	0.11	0.17
3	0.20	0.24	1.11	1.15	−0.14	−0.06	1.26	1.29	0.13	0.19
4	0.26	0.30	1.28	1.33	−0.07	0.01	1.55	1.58	0.15	0.21
5	0.34	0.38	1.42	1.47	0.02	0.10	1.75	1.78	0.19	0.25
6	0.42	0.46	1.53	1.58	0.11	0.19	1.90	1.93	0.24	0.30
7	0.51	0.55	1.62	1.67	0.21	0.29	2.02	2.05	0.30	0.36
8	0.60	0.64	1.69	1.74	0.30	0.38	2.10	2.11	0.36	0.42
9	0.70	0.74	1.76	1.81	0.39	0.47	2.19	2.22	0.42	0.48
10	0.79	0.83	1.82	1.87	0.47	0.55	2.26	2.29	0.49	0.55
12	0.95	0.99	1.91	1.98	0.59	0.69	2.37	2.40	0.61	0.69
15	1.12	1.16	2.02	2.11	0.75	0.85	2.48	2.51	0.82	0.90
20	1.30	1.34	2.12	2.25	0.95	1.05	2.59	2.62	1.09	1.17
25	1.39	1.43	2.15	2.28	1.06	1.16	2.64	2.67	1.22	1.30
30	1.44	1.48	2.17	2.30	1.11	1.21	2.67	2.70	1.29	1.37

注：英国《金融时报》的典型报价方式。截至伦敦市场营业结束时的买入价和卖出价。美元的报价是 3 个月期伦敦银行同业美元拆放利率；日元的报价是 6 个月期伦敦银行同业日元拆放利率；欧元和瑞士法郎的报价是 6 个月期伦敦银行同业欧元与瑞士法郎拆放利率。利率为 2014 年 12 月 31 日的数据。

值得注意的是，表 8.6 中的互换利率未按信用评级进行分类。这是因为互换市场本身并不承担与单个借款人相关的信用风险。以 LIBOR 加信用息差定价的单个借款人的债务将保留信用息差。㊀固定信用息差，即信用风险溢价仍由公司自身承担。例如，信用评级较低的公司可能会支付比 LIBOR 高 3% 或 4% 的信用息差，而一些全球规模最大、财务状况最稳健的跨国公司可能会以 LIBOR 进行融资。互换市场不区分参与者的信用评级；所有参与者都以固定利率与 LIBOR 进行互换。

通常进行货币互换的动机是用期望货币的现金流代替非期望货币的现金流。期望货币可能是公司取得未来营业收入的货币。公司经常以其并不拥有大量收入或其他自然现金流的货币筹集资金。这样做可能出于对成本的考虑：公司可能会发现，在特定条件下，某种特定货币的资本成本对它们来说很有吸引力。然而，在筹集资金后，公司可能希望将其还款货币换成另一种货币，后者是其未来取得营业收入（现金流入）的货币。

货币互换市场对跨国公司的作用是显著的。如果一个跨国公司希望将 10 年期、固定利率为 2.29% 的美元现金流置换为固定利率为 0.83% 的欧元现金流、固定利率为 1.87% 的英镑现金流、固定利率为 0.55% 的瑞士法郎现金流或固定利率为 0.55% 的日元现金流，它不仅可以与各种货币的固定利率进行互换，还可以与各种货币的 LIBOR（浮动利率）进行互换。任何这些互换都可以在短短几个小时内与互换交易商或银行交易完成，交易成本和费用仅是实

㊀ 互换交易允许借款人改变利率类型（从浮动利率转为固定利率），但这并不影响因借款人信用状况而产生的息差成本，这部分成本在互换前后保持不变。——译者注

际借入这些货币时所需成本的一小部分。

8.5.5　案例：MedStat 公司的货币互换

再次以 MedStat 公司为例，演示如何进行货币互换。在以浮动利率融资 1 000 万美元并随后转换为以固定利率支付利息后，MedStat 公司更倾向于以英镑偿还债务。MedStat 公司最近与一家英国买家签订了一份销售合同，该买家将在未来 3 年内向 MedStat 公司支付英镑。这将是未来 3 年英镑的自然现金流入，MedStat 公司希望通过货币互换来使现金流的币种一致。

MedStat 公司签订了一份为期 3 年的支付英镑、收取美元的货币互换协议。两种利率均为固定利率。MedStat 公司将支付 1.15%（卖出价）的固定英镑利息，收取 1.26%（买入价）的固定美元利息。（互换利率取自表 8.6。）MedStat 公司选择的 3 年期货币互换（见图 8.8）与大众型利率互换有两个重要的不同之处。

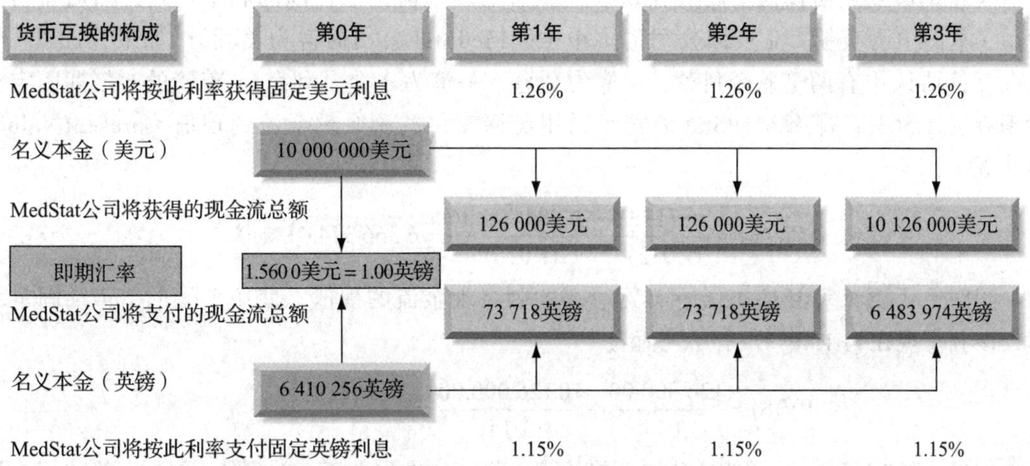

图 8.8　MedStat 公司的货币互换

注：美元固定利率为表 8.6 中的 3 年期美元买入利率，英镑固定利率为表 8.6 中的 3 年期英镑卖出利率。

（1）协议签订日生效的即期汇率确定了目标货币的名义本金。目标货币是 MedStat 公司换入的货币，在本例中为英镑。1 000 万美元的名义本金转换为 6 410 256 英镑的名义本金。这个本金用来计算 MedStat 公司承诺支付的实际现金流。

（2）名义本金是货币互换协议的一部分。在大众型利率互换中，双方的利息支付现金流基于相同的名义本金（同一种货币）。因此，没有必要在协议中包含本金。然而，在货币互换中，由于名义本金以两种不同的货币标价，且这两种货币之间的汇率可能会随时间发生变化，因此名义本金是货币互换协议的一部分。

在互换协议开始的时候，双方的头寸具有相同的净现值。MedStat 公司承诺在未来完成三笔英镑的现金支付，以此换取三笔美元的现金收款。支付金额是事先确定好的。会计惯例要求 MedStat 公司定期跟踪和评估其头寸，基于当前的汇率和利率水平，对互换协议进行市值标记（mark-to-market[⊖]）。如果互换开始后，英镑对美元升值，而 MedStat 公司支付的是英

⊖ “mark-to-market”译作“市值标记”，是一种将资产或负债的价值调整至其当前市场价值的会计做法。有时也译作“盯市”。

镑，MedStat 公司将记录这笔互换交易的损失。（相似地，交易对手将记录收益。）此外，如果英镑的市场利率上升，而 MedStat 公司承诺的固定利率为 1.15%，那么互换的利息部分将产生收益。简而言之，至少在会计意义上，互换的收益和损失将在互换协议的整个存续期内存在。这里描述的货币互换是非摊销互换[⊖]（non-amortizing swap），即互换双方在到期日支付全部本金，而不是在互换协议的有效期内分期支付本金，这是市场上的标准做法。

8.5.6 案例：MedStat 公司终止货币互换协议

与所有的贷款协议一样，货币互换协议也可能会出现这样的情况：在未来某个日期，互换协议的双方希望在协议到期前终止协议。例如，如果一年后 MedStat 公司的英国销售合同被终止，MedStat 公司将不再需要互换协议作为套期保值计划的一部分，它可以与互换交易商终止或解除互换协议。

终止货币互换协议需要将互换协议中剩余的现金流按照当前的利率折现，然后将目标货币（本例中为英镑）兑换回公司的本币（对 MedStat 公司而言为美元）。如果 MedStat 公司在互换协议中有两笔剩余付款（一笔为利息，一笔为本金及利息），英镑的 2 年期固定利率现在是 1.50%，那么 MedStat 公司承诺用英镑支付的剩余现金流的现值（present value，PV）是：

$$PV(£)=\frac{73\,717.95}{(1.015)^1}+\frac{6\,483\,974.36}{(1.015)^2}=6\,366\,374.41\text{ 英镑}$$

同时，还要计算互换协议中美元一侧的剩余现金流的现值，使用美元的 2 年期固定利率，该利率现在为 1.40%，上述现值为：

$$PV(\$)=\frac{126\,000.00}{(1.014)^1}+\frac{10\,126\,000.00}{(1.014)^2}=9\,972\,577.21\text{ 美元}$$

如果此时 MedStat 公司终止货币互换协议，将产生净现金流入的现值（根据互换协议收到的金额）为 9 972 577.21 美元，净现金流出的现值（根据互换协议支付的金额）为 6 366 374.41 英镑。如果现在的汇率是 1.65 美元 = 1.00 英镑，那么该货币互换的净结算额将是：

$$\text{结算额}=9\,972\,577.21-(6\,366\,374.41\times1.65)=-531\,940.57\text{（美元）}$$

因此，MedStat 公司必须向互换交易商支付现金 531 940.57 美元以终止互换协议。MedStat 公司在该互换交易上的现金损失主要来自英镑对美元的升值（利率均小幅上升）。由于 MedStat 公司承诺以现在价值更高的货币——英镑——进行支付，因此终止互换协议将付出高昂的代价。（如果汇率仍为 1.56 美元 = 1.00 英镑，MedStat 公司将以 41 033.13 美元的收益平仓）。然而，重要的是，签订互换协议是对冲 MedStat 公司长期持有英镑多头的手段，而不是一项金融投资。但是，有些互换协议的终止会很复杂，比如宝洁公司（Procter & Gamble）从美国信孚银行购买的互换协议，详见全球金融实务 8.2。

⊖ 非摊销互换描述了本金的偿还方式，即本金保持不变直至合约到期，强调的是没有本金逐步偿还的过程。摊销互换（amortizing swaps）指本金会在互换协议的有效期内按照某种计划逐步偿还。——译者注

全球金融实务 8.2

宝洁公司与美国信孚银行

1994 年，宝洁公司宣布，由于结束了与美国信孚银行进行的一项利率互换交易，公司产生了 1.57 亿美元的税前损失，该损失将导致第三季度的利润中出现 1.02 亿美元的税后费用。宝洁公司称，这项互换交易是一项高度复杂的投机性交易，与宝洁公司债务组合管理的保守政策背道而驰。

像这样的衍生品是危险的，我们遭受了严重损失。我们不会再让这种情况发生。我们正在认真考虑针对美国信孚银行的法律诉讼，该金融机构设计并向我们推荐这些互换合约。

——埃德温 · L. 阿茨特（Edwin L. Artzt）, chairman of Procter & Gamble, as quoted in "Procter & Gamble's Tale of Derivative Woe," by Lawrence Malkin, *The New York Times*, April 14, 1994

宝洁公司希望继续以浮动利率支付换取固定利率支付，以保持其固定利率债务和浮动利率债务之间的平衡。该互换交易实质上把宝洁公司现有的固定利率债务转变为相当有吸引力的浮动利率债务。美国信孚银行称，宝洁公司确信利率在未来一年内不会大幅上升（尽管当时的利率处于历史低位）。宝洁公司希望获得与另一个刚刚到期的互换协议相同的优惠浮动利率，即商业票据利率减 40 个基点。但它并不想承担重大的风险。

美国信孚银行向宝洁出售了"5/30 年收益关联互换（linked swap）"，这是一种名义本金为 2 亿美元的 5 年期互换合约。美国信孚银行将以 5.30% 的固定利率向宝洁公司支付半年一次的利息。反过来，宝洁公司将在互换协议的前 6 个月以商业票据利率减 75 个基点的利率向美国信孚银行付款，此后，利率变为商业票据利率减 75 个基点，再加上额外的息差，息差永远不会低于零，并在前 6 个月结束时确定。息差的计算方法如下：

$$息差=\frac{98.5\times\dfrac{(5年期美国国债收益率)}{5.78\%}-30年期美国国债价格}{100}$$

息差公式实际上是对整个美国国债收益率曲线的一种投机行为。如果 5 年期美国国债收益率保持在签订协议时的水平，息差将接近零。然而，随着利率上升，息差可能会以几何级数，而不是通常的算术级数增加，因此该工具被视为高杠杆工具。

息差公式对 5 年期美国国债收益率的上升也异常敏感。5 年期美国国债收益率每上升 1%，宝洁公司根据杠杆互换支付的金额每年将增加名义本金的 17%（商业票据利率 + 1 700 个基点）以上，而长期债券价格每下跌 1%，宝洁公司将损失 1% 的名义本金。宝洁公司将息差解释为 0.17%，而不是 17%。一些分析师指出，息差的表达方式相当奇特。除以 100 得出的数字小于 1，看起来像是 1% 的一小部分。最后，宝洁公司和其他关注宝洁公司困境的公司学到的是，不应该与银行签署公司不理解的协议。正如拉丁语中常说的那样——买方自负（caveat emptor㊀）。

㊀ "caveat emptor" 通常翻译为"买方自负"或"买方自担风险"。这是一个法律术语，意味着购买者在购买商品时应自行检查质量，一旦交易完成，卖方对商品的缺陷不承担责任。——译者注

8.5.7　交易对手方风险

交易对手方风险（counterparty risk）是指金融合约的一方面临着另一方无法完成合约中规定的义务的潜在可能。人们对于交易对手方风险的担忧会周期性上升，通常与大规模且广为人知的衍生品和互换交易违约事件有关。目前外汇衍生品和利率衍生品市场的迅速发展实际上伴随着迄今为止出人意料的低违约率，尤其是在原则上未受监管的全球市场中。

长期以来，交易对手方风险的存在是促使人们支持交易所交易的衍生品而不是场外交易衍生品的主要因素之一。大多数交易所，如费城证券交易所或芝加哥商业交易所，本身就是交易的对手方。这使得所有公司对快速买入或卖出交易所的产品充满信心，而几乎不关心交易所本身的信用质量。金融交易所通常要求交易所内的所有交易者支付少量费用，作为专门为保护各方而设立的保险基金。然而，场外交易对于公司来说是直接的信用敞口，因为合约一般是由买方公司和卖方金融机构签订的。在当今的世界金融中心，大多数金融衍生品只由那些规模最大、最健全的金融机构销售或代理。然而，这并不表示公司能够与这些金融机构持续进行合作而无须担心任何实质性的金融风险和顾虑。

签订利率互换协议或货币互换协议的公司具有按时偿还原始债务的最终责任。尽管互换协议可能构建了一份将美元支付换成欧元支付的合约，但实际持有美元债务的公司在法律上仍具有支付义务。原始债务继续记录在借款人的账簿上。如果互换交易对手方未能如约付款，持有原始债务的公司仍需承担偿还债务的责任。在这种违约情况下，根据抵销权利，相关支付将会被终止，从而减轻因互换失败而产生的损失。

利率互换或货币互换的实际敞口并不在于总的名义本金，而在于自互换协议生效以来，因利息或货币的利息支付差异（重置成本）导致的市值变化。实际的敞口类似于前面所述的终止互换协议时发现的互换价值变化。这一金额通常仅为名义本金的 2%～3%。

要点小结

- 非金融公司面临的利率风险的第一大来源是债务偿还。跨国公司的债务结构涉及不同的到期日、不同的利率结构（如固定利率与浮动利率）以及不同的标价货币。
- 全球利率的波动性不断增加，以及全球范围内公司通过短期债务和浮动利率债务融资的增多，促使许多公司积极管理其利率风险。
- 对非金融跨国公司来说，利率风险主要来源于短期借款和投资，以及长期负债利息偿付。
- 利率风险管理中使用的技术和工具在许多方面与货币风险管理中使用的技术和工具相似。利率风险管理的主要工具包括再融资、利率期货、远期利率协议和利率互换。
- 利率互换市场和货币互换市场使得那些对特定货币和利率结构了解有限的公司能够以相对较低的成本获取这些资源。这反过来使得这些公司能够更有效地管理其货币和利率风险。
- 货币利率互换允许公司改变债务偿还中现金流的标价货币以及固定利率换浮动利率或浮动利率换固定利率的利率结构。

问　题

8.1 **参考利率。**什么是参考利率？如何用它确定具体借款人的利率？

8.2 **我的信用就是我的 LIBOR。**㊀为什么 LIBOR 在国际商业和金融合同中扮演着如此重要的角色？为什么在最近关于其价值的辩论中，这一点受到了质疑？

8.3 **信用风险溢价。**什么是信用风险溢价？

8.4 **信用风险和重新定价风险。**从借款公司的角度来看，什么是信用风险和重新定价风险？请说明公司可以采取什么步骤以尽量减少这两种风险。

8.5 **信用息差。**什么是信用息差？哪些信用评级变化对公司借款人支付的信用息差影响最大？

8.6 **投资级与投机级。**投资级和投机级这两大类信用评级表示什么？

8.7 **主权债务。**什么是主权债务？主权债务的哪些具体特征对主权发行人构成最大风险？

8.8 **浮动利率贷款风险。**为什么信用质量较低的借款人通常只能借入浮动利率贷款？

8.9 **利率期货。**什么是利率期货？如何利用它来降低借款人的利率风险？

8.10 **利率期货策略。**如果借款人预期利率会上升，在未来日期支付利息的首选策略是什么？

8.11 **远期利率协议。**一家以浮动利率借款的公司，如何利用远期利率协议来降低利率风险？

8.12 **大众型利率互换。**什么是大众型利率互换？互换是跨国公司的重要资金来源吗？

8.13 **互换与信用质量。**如果利率互换不反映政府借贷的成本，那么它们代表什么信用质量？

8.14 **等于 LIBOR 的利率（LIBOR flat㊁）。**为什么在固定利率与浮动利率互换中，从不将浮动利率贷款的信用息差部分纳入互换协议？

8.15 **债务结构互换策略。**跨国公司如何利用利率互换管理其债务结构？

8.16 **债务成本互换策略。**企业借款人如何利用利率互换或货币互换降低其债务成本？

8.17 **货币互换。**为什么一家以英镑支付利息的公司希望将这些利息换成以美元支付的利息？

8.18 **货币互换的价值波动。**为什么货币互换的价值波动比大众型利率互换大得多？

8.19 **终止互换。**公司如何终止或解除互换协议？

8.20 **交易对手方风险。**有组织的交易所交易如何消除互换协议对手方不履行协议的风险？

㊀ 在金融领域，LIBOR 一度被视为一个可靠的标准，即银行间可信赖的借贷利率。因此，这句话暗示着个人的承诺就像 LIBOR 一样可靠，被视为金融交易中的一个信誉保证。然而，由于 LIBOR 后来出现的丑闻和信任危机，这个短语可能被用来讽刺地指出即便是被广泛接受的标准也是有缺陷的。——译者注

㊁ 在金融术语中，当提到一个利率为“flat”时，意味着该利率没有加上任何的息差，是纯粹的基准利率本身，没有反映任何特定的信用风险或其他市场变动因素。“LIBOR flat”是指在固定利率对浮动利率的互换中，浮动利率支付的部分仅仅由 LIBOR 本身确定，没有包含信用息差。——译者注

迷你案例

取代 LIBOR

习　题

扫码了解习题

第 9 章
CHAPTER 9

汇率决定与干预

预测师之间的从众本能让羊看起来都像独立思想家。

——埃德加 · R. 菲德勒[⊖]（Edgar R. Fiedler）

学习目标

9.1 探讨汇率决定的三种主要理论方法

9.2 详细说明中央银行如何以及为何对外汇市场进行直接干预和间接干预

9.3 分析新兴市场货币汇率失衡的主要原因

9.4 观察预测师如何将技术分析与三种主要的汇率决定理论方法结合起来

什么因素决定了货币之间的汇率？事实上，这个问题很难回答。公司及其代理商需要外币来购买进口商品，同时他们也可以通过出口来赚取外币。投资者需要外币来投资国外市场的有息金融工具，如固定收益证券（债券）、上市公司股票或其他新型混合金融工具。游客、跨国劳工、货币投机商——所有这些经济主体每天都在买卖外币。本章提供了将这些要素、力量和原则组织起来的基本理论框架。

第 6 章介绍了国际平价条件，这些条件将汇率与通货膨胀和利率联系起来，并为全球金融市场和国际金融业务管理提供了理论框架。第 3 章详细分析了一国的国际经济活动以及国际收支如何影响汇率。在本章的 9.1 节中，我们将在讨论汇率决定的思想流派的基础上，考察另一种思想流派——**资产市场法**（asset market approach）。9.2 节探讨政府对外汇市场的干

⊖ 埃德加 · R. 菲德勒是一位美国经济学家，20 世纪七八十年代以其在经济预测领域的工作而闻名。他曾担任美国财政部副部长。他的许多言论和著作体现了他对经济预测过于自信的批评态度。——译者注

预。在 9.3 节中，我们将讨论新兴市场汇率面临的危机。在 9.4 节中，我们将介绍在实践中使用的多种外汇预测方法。本章章末的迷你案例“中国是汇率操纵国吗”，主要讲述在 2019 年美国贸易法下美国无端指责，无理给中国贴上“汇率操纵国”的标签的事例。

9.1 汇率决定：理论主线

关于汇率决定基本上有三种观点：第一种认为汇率是货币的相对价格（货币法）；第二种认为汇率是商品的相对价格（购买力平价法）；第三种认为汇率是债券的相对价格。

——鲁迪格·多恩布什（Rudiger Dornbusch），“Exchange Rate Economics: Where Do We Stand?,” *Brookings Papers on Economic Activity* 1, 1980, pp. 143-194

多恩布什教授介绍的汇率理论的三种观点虽然是很好的研究起点，但在我们看来，它们在某些方面并不足以涵盖大量理论和方法。因此，在尊重传统理论和追求理论完备性的精神下，我们将补充几种其他思想流派，以丰富和完善多恩布什教授的基本观点。

图 9.1 概述了汇率决定的主要思想流派（理论方法）。该图展示了**平价条件法**（parity conditions approach）、**国际收支法**（balance of payments approach）、**货币法和资产市场法**（monetary approach and asset market approach）三大流派以及每种流派的各个驱动因素。乍一看，三种不同的理论方法可能令人一头雾水，但重要的是，它们并不是相互排斥的，而是相互补充的。

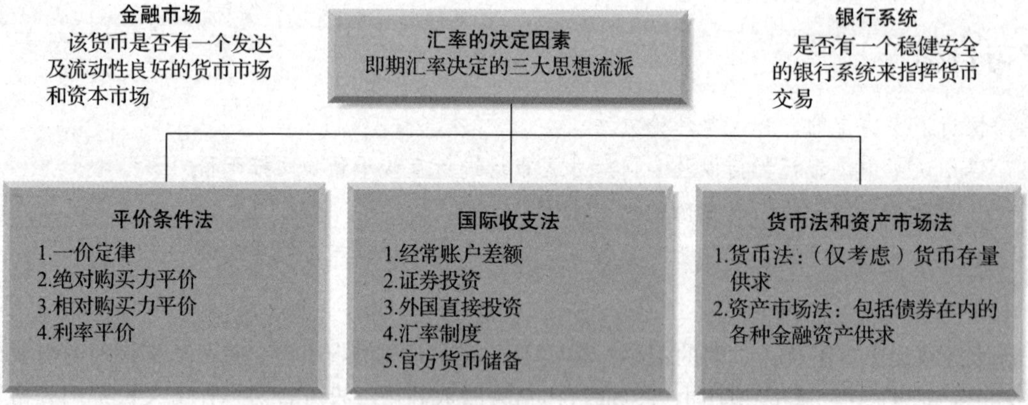

图 9.1 汇率决定的主要思想流派

如果不能将各种理论方法的深度和广度结合起来，我们就无法把握全球货币市场的复杂性。除了图 9.1 中描述的三个思想流派之外，还要考虑另外两个维度。一是国家是否拥有驱动和发现外汇价值所必需的资本市场和银行系统。二是请注意，影响即期汇率的大多数决定因素也是即期汇率变动的影响因素，换句话说，这些因素不仅是相互联系的，而且是相互决定的。

9.1.1 平价条件法

在国际经济学家的表象之下，深藏着对购买力平价汇率理论某种变体的根深蒂固的信念。

——鲁迪格·多恩布什和保罗·克鲁格曼（Paul Krugman），
"Flexible Exchange Rates in the Short Run," *Brookings Papers on Economic Activity*, Vol. 1976, No. 3 (1976), pp. 537-584

构成平价条件法的理论有很多：一价定律、绝对购买力平价、相对购买力平价和利率平价。第 6 章对这些理论进行了详细的讨论。广为接受的购买力平价（包括绝对购买力平价和相对购买力平价）理论认为，长期均衡汇率是由国内价格相对于国外价格的比率决定的。在图 9.1 所描述的汇率理论中，购买力平价理论的历史最悠久、运用最广泛，大多数汇率决定理论的框架中都包含购买力平价元素。在前述的三种理论中，相对购买力平价被认为是解释汇率价值驱动因素的最有力的理论之一。从本质上讲，该理论认为国家间相对价格的变化会推动汇率随时间推移而变化。

例如，如果当前日元和美元之间的即期汇率（S_t）为 1.00 美元 = 90.00 日元，而日本和美国的价格在未来一段时间内的变化率分别为 2% 和 1%，那么下一期的即期汇率（S_{t+1}）将为 1.00 美元 = 90.89 日元。

$$S_{t+1} = S_t \times \frac{1+\Delta\text{按日本价格计算}}{1+\Delta\text{按美国价格计算}} = 90.00 \times \frac{1.02}{1.01} = 90.89\text{（日元）}$$

尽管购买力平价理论的核心要素符合常识，但事实证明它在预测汇率方面效果相当差（至少在中短期是如此）。这既有理论层面的问题，又有实证层面的问题。理论层面的问题主要在于它的基本假设认为唯一重要的是各国相对价格的变化。然而，许多货币的供求因素是由其他因素所驱动的，包括投资激励、经济增长和政局变化。实证层面的问题主要在于各国使用何种价格衡量标准或价格指数，以及选择的指标如何提供"价格变动的预测"。

9.1.2　国际收支法

除平价条件法之外，最常用的汇率决定理论方法是国际收支法，它涉及外汇市场上货币的供求关系。这些外汇流量反映了记录在一国国际收支平衡表中的经常账户和金融账户交易，详见第 3 章。国际收支法认为，当经常账户交易产生的净流入额（或净流出额）等于金融账户交易产生的净流出额（或净流入额）时，汇率能达到均衡。

国际收支法至今仍广受青睐，因为国际收支平衡表记录和报告了国际经济活动的全部交易。国际货物贸易的顺差和逆差、经常账户中服务贸易的增长，以及最近几年国际资本流动规模的扩大，都在继续推动着这一理论的发展。

对国际收支法的批评源于该理论强调货币和资本的流量而不是强调货币或金融资产存量。在这一理论中，货币或金融资产的相对存量在汇率决定中不起作用，这一缺陷将在后面加以探讨。奇怪的是，虽然国际收支法多半被学术界所抛弃，但市场参与者，包括外汇交易员本身，仍然根据这一理论的各种变形进行决策。

9.1.3　货币法和资产市场法

汇率决定的第三种常用方法，即货币法和资产市场法，是由同一主题的两种变形组成的，即汇率由货币供求（货币法）或金融资产供求（资产市场法）决定。

货币法。狭义的货币法认为，汇率由各国货币存量的供求关系以及货币存量的预期未来水平和增长率决定。其他金融资产，如债券，被认为与汇率决定无关，因为本国和外国债券都被视为完全替代品。决定汇率的完全是货币存量。

货币法侧重于货币供求的变化，将其作为通货膨胀的主要决定因素。相对通货膨胀率的变动预计将通过购买力平价效应影响汇率。（购买力平价理论再次被嵌入汇率决定方法中。）货币法进一步假定，无论是短期还是长期，价格都具有弹性，因此通货膨胀压力的传导机制将立即产生影响。

货币法的一个弱点在于，它将实体经济活动的作用降低到只能通过影响货币需求来改变汇率。此外，货币法因忽视了许多业内专家普遍认为对汇率决定至关重要的因素而遭到批评，包括：①购买力平价在中短期内不适用；②货币需求似乎随时间变得不稳定；③经济活动水平与货币供应之间似乎存在相互依赖关系，而非独立关系。

资产市场法。资产市场法，有时也称为债券相对价格或投资组合余额法（relative price of bonds or portfolio balance approach），它认为汇率是由包括债券在内的多种金融资产的供求决定的。各种金融资产的供求变化会影响汇率。货币和财政政策的调整改变了金融资产的预期收益和相对风险，也会引起汇率的变化。

近年来，许多宏观经济理论的发展都聚焦于货币及财政政策的变化如何改变投资者对金融资产存量的收益和风险的相对看法，这种看法的变化直接影响了汇率。货币替代理论，即个人和商业投资者改变其投资组合中货币资产比例的能力，也基于同样的投资组合平衡与再平衡的框架。

遗憾的是，正如杰弗里 · A. 弗兰克尔（Jeffrey A. Frankel）和安德鲁 · K. 罗斯（Andrew K. Rose）所指出的那样，尽管过去 50 多年已经做了大量有益的工作和研究，但不论是短期还是长期，预测汇率的能力都欠佳。尽管学者和从业者都认为，从长期来看，购买力水平和外部经济平衡等是引起一国货币价值变动的基本要素，但没有一种基本理论可以证明其在中短期的有效性。

> ……汇率由宏观经济因素决定的情况令人遗憾。这个结果表明，由货币供给、实际收入、利率、通货膨胀率和经常账户差额等标准的宏观经济基本面因素构建的模型，未能有效解释汇率在短期或中期内的大幅变动。
>
> ——杰弗里 · A. 弗兰克尔和安德鲁 · K. 罗斯，
> "A Survey of Empirical Research on Norminal Exchange Rate,"
> NBER Working Paper, No. 4865, 1994

这些主要的思想流派（三种理论方法）在汇率预测方面的不足，导致技术分析日益普及。**技术分析**（technical analysis）通过研究过去的价格行为（如价格走势的趋势和形成），试图预测未来的价格走势。技术分析的主要特点是假设汇率（或市场驱动的价格）会遵循某种趋势，通过分析这些趋势，进而预测未来的短期和中期价格。全球金融实务 9.1 介绍了一个利用日元和美元之间的汇率进行技术分析的简化例子（详见图 9.2）。

全球金融实务 9.1

日元兑美元汇率的技术分析（2011 年 1 月—2014 年 2 月）

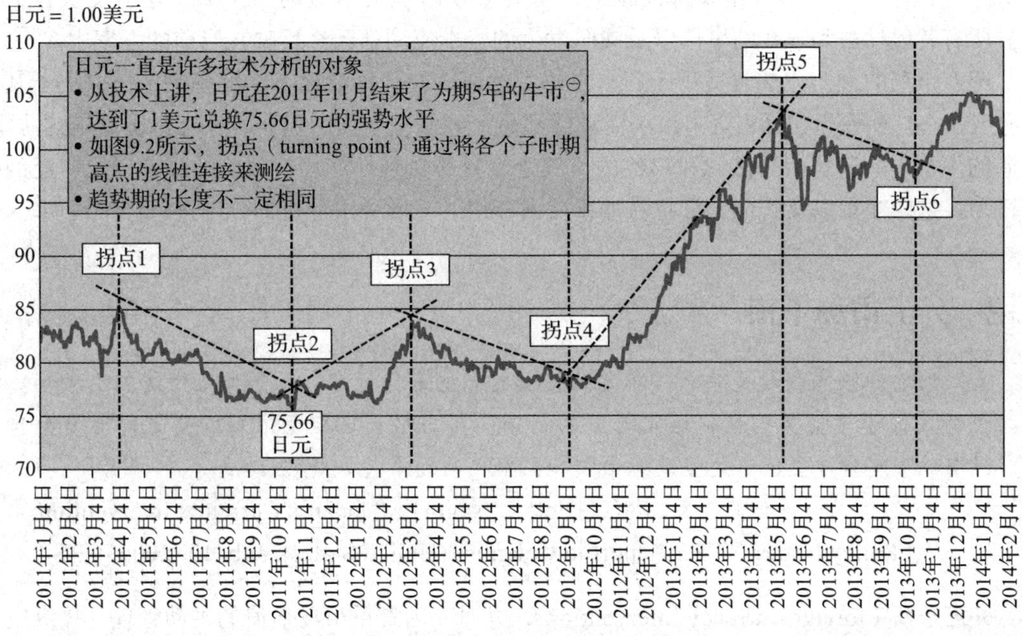

图 9.2　日元兑美元汇率的技术分析

大多数技术分析理论会区分**公允价值**（fair value）与市场价值。公允价值是价格最终会达到的真实长期价值。市场价值则会受到当时市场参与者广泛的认知和信念所引发的各种变化和行为的影响。

资产市场预测法。外国投资者愿意购买发达国家的各类证券，进行直接投资，主要是考虑到这些国家相对较高的实际利率（也是一种平价条件）、良好的经济增长前景和公司潜在的盈利能力。

例如，1990—2000 年，尽管美国的经常账户差额持续恶化，但美元走势仍然强劲。美元的强势（无论是名义汇率还是实际汇率）均是由外资流入所驱动的，而外资流入又是由不断上涨的股票和房地产价格、较低的通货膨胀率、较高的实际利率回报以及对未来经济前景看好的“非理性狂热”所引起的。美元的这一“泡沫”在 2001 年 9 月 11 日美国遭受恐怖袭击后破裂。“9 · 11”恐怖袭击事件导致人们对美国的长期增长和盈利前景重新给予了负面评估（同时也重新评估了美国新出现的政治风险水平）。美国股市的急剧下跌和几家大型公司（包括安然公司）被披露在公司治理方面的失败，进一步加剧了人们对美国经济的负面预期。正如国际收支法和资产市场法所预测的那样，美元贬值了。

美国以及其他高度发达国家的经验说明了为什么一些预测师认为汇率受经济前景的影响比受经常账户的影响更大。下面以另一种资产价格的情况为例进行说明。

⊖ 原文为熊市期（bear period），译者认为原文表述有误。对于日元而言，1 美元兑换 75.66 日元，是日元升值的高点，是日元走势强劲的表现。——译者注

假设油价已经连续几年下跌（如2020—2021年），石油和天然气公司的盈利由此大幅下降，导致这些公司的股价也下跌了。但那已成为过去。这些公司现在的股价应该反映市场对未来油价和公司未来收益的预期，而不再反映过去的情况。同样的逻辑也适用于货币的相对价值，即汇率。只有对未来事件的预期，即对未来跨境资本流动的预期，才会反映在汇率中。所有其他过去和现在的事件以及同时发生的资本流动都已经反映在当前的汇率中。

资产市场的预测方法也适用于新兴市场。然而，在这种情况下，汇率决定还取决于其他一些变量。这些变量包括：资本市场流动性不足、经济基本面的脆弱、社会基础设施的薄弱、政局的不稳定、公司治理法律和惯例的不健全、容易受到外部传染效应的影响以及广泛的投机行为。这些变量以及其他变量将在本章后面介绍的主要货币危机部分中进行详细说明。

9.2 外汇市场干预

汇率面临的根本问题是缺乏一种普遍接受的方法来估计官方干预外汇市场的有效性。许多相互关联的因素会影响任何给定时间的汇率，而当这么多相互依赖的变量同时发生作用时，没有一个定量模型能够衡量政府干预和汇率之间因果关系的程度。

——迪克·K. 南托（Dick K. Nanto），"Japan's Currency Intervention: Policy Issues," CRS Report to Congress (United States), July 13, 2007, CRS-7

外汇干预（foreign currency intervention），是对一国货币市场估值的主动管理、操纵或干预，是货币估值和预测中不容忽视的一个组成部分。一国货币的价值与一国政府经济和政治的政策及目标息息相关。这些利益有时不仅限于单个国家，还可能代表了跨国界或区域的共同利益。尽管许多国家早已放弃了固定汇率制，但许多采用浮动汇率制的政府和中央银行当局仍然会在私下和公开场合宣称它们认为本国货币的合意汇率应该是多少，无论当时市场对此是否认可。

9.2.1 外汇市场干预的动机

长期以来，有一种说法是，"银行家担心通货膨胀，政府官员担心失业"。这一观点实际上对理解外汇市场干预的各种动机非常有用。根据一个国家的中央银行是独立机构（如美国联邦储备委员会）还是中央政府的附属机构（如长期以来的英格兰银行），中央银行的政策要么是对抗通货膨胀，要么是刺激疲弱的经济增长，但很少能同时做到这两点。

传统上，许多国家都奉行压低本国货币价值的政策，以努力保持其出口产品的价格竞争优势。长期以来，这被称为"以邻为壑"的政策目标导致了各国间频繁的竞争性贬值。然而，这种做法并没有过时。2012年、2013年和2014年，许多国家经济增长缓慢，失业率不断攀升，这导致部分经济体不断采取本币贬值政策，美国和欧盟就是最好的例子。

另外，货币贬值会大大降低其居民的购买力。如果一国出于各种原因，被迫继续进口产品（例如，由于国内没有替代品而进口石油），本国货币不管是主动还是被动贬值都有可能导致更高的通货膨胀，在极端情况下，居民还会陷入贫困（如委内瑞拉）。

人们经常指出，大多数国家希望保持汇率稳定，并避免陷入与操纵汇率有关的话题。

国际货币基金组织的一项基本原则（第四条）鼓励成员国避免通过"汇率操纵"(currency

manipulation）来获得相对于其他成员国的竞争优势。国际货币基金组织将此定义为“在外汇市场上朝一个方向进行持续的大规模干预”。然而，似乎许多国家经常无视国际货币基金组织的这个建议。

9.2.2　外汇市场干预的方法

无论是单个国家的政府及其中央银行，还是多国政府及其中央银行，都可以通过多种方式来改变货币的价值。但需要注意的是，用于市场干预的方法在很大程度上取决于该国的经济规模、全球该币种的交易量以及国内金融市场发展的深度和广度。干预方法包括直接干预、间接干预和资本管制。

直接干预。这一措施涉及政府主动买入和卖出本币与外币。传统上，这要求中央银行像外汇市场上的其他交易商一样行事，尽管其交易规模通常较大。如果目标是本币升值，中央银行就会使用其外汇储备购买自己的货币，但需确保不至于耗尽其外汇储备。如果目标是本币贬值，以对抗本币在外汇市场上的升值，中央银行就会抛售本币以换取外汇，通常选择美元和欧元等主要硬通货。虽然理论上中央银行可以无限制地“印钞”，但在实际操作中，它们对通过干预汇率可能引发的货币供应量变化持谨慎态度。

经济学家对于中央银行是否通过买卖国内证券来进行冲销式干预的有效性存在争论。如果中央银行试图支持其货币价值，理论上它必须允许出售外汇（干预）来减少国内的货币供应量。然而，对外汇干预的经验研究并没有证实这种理论上的担忧是有根据的。

直接干预是多年来政府使用的主要方法，但从20世纪70年代开始，世界货币市场的规模不断扩大，任何单一参与者，即便是中央银行，都可能没有足够的资源（外汇储备）来改变市场的供求力量。解决外汇市场供求失衡的一个办法就是偶尔使用共同干预，即几个主要国家或工业化国家（如八国集团等）集体同意某种货币的价值不符合其共同利益。在这种情况下，各国可能会采取集体行动共同干预，将该货币的价值朝着合意的方向推进。全球金融实务9.2描述了这类共同干预中最著名的例子。要是国家间达成协议真的这么容易就好了。

全球金融实务9.2

共同干预：《广场协议》和《卢浮宫协议》

20世纪70年代，美国出现了极高的通货膨胀率。从1979年开始，美国联邦储备委员会采取了严格的货币政策，通过限制货币供应增长来降低美国经济的通货膨胀预期。其结果是利率不断攀升，并创下历史新高。20世纪80年代初，美元的高利率推动了美元升值。到1985年中期，美元价值自1980年以来已经上涨了50%以上。美元的升值加剧了其不断增长的贸易逆差。

1985年9月，七国集团——美国、加拿大、英国、法国、德国、意大利和日本在纽约广场饭店举行会议，讨论美元的大幅升值问题。七国集团通过了现在广为人知的《广场协议》，推动美元对德国马克和日元的贬值。（注意，在该协议达成时，美元已经在贬值。）

七国集团的中央银行斥资100亿美元，进行了史无前例的联合“抛售美元”。如图9.3所示，共同干预非常成功。美元对其贸易伙伴国的货币，特别是对日元的汇率下跌了。

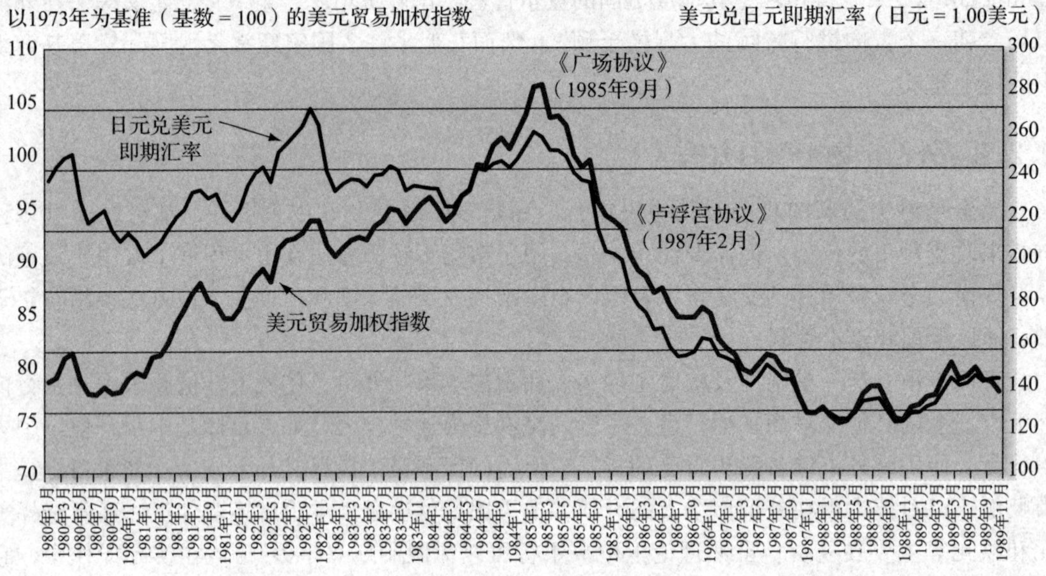

图 9.3　美元贸易加权指数和日元兑美元即期汇率

资料来源：Trade-weighted exchange rate of the U.S. dollar (TWEXMMTH), Federal Reserve Bank of St. Louis, 1973 = 100, monthly, Spot exchange rate of USD/JPY, monthly.

不到两年时间，1987 年 2 月，七国集团再次在巴黎召开会议，签订了新的协议，即《卢浮宫协议》，正式承认美元已经下跌太多，六国中央银行同意再次采取联合行动来稳定美元价值。（官方的说法是，这是一份六国协议，意大利投了弃权票。）然而，在协议签署后的一段时间内，美元仍在继续贬值。

1985 年，最初签订《广场协议》的动机是削减美国与其欧洲贸易伙伴国和日本之间的巨额贸易逆差。协议签订后，美元贬值确实改善了与欧洲贸易伙伴国的贸易差额，但没有改善与日本的贸易逆差。美国对日本继续维持逆差。

然而，《广场协议》在随后的几年内可能大大影响了日本经济。随着日元升值（对美元汇率翻倍），日本经济停滞不前。为缓解日元升值，日本采取了扩张性货币政策，推动了资产价格迅速上涨，如东京证券交易所的股价、日本各地的房地产价格，造成了资产价格泡沫。当这些资产价格在 1990 年和 1991 年崩溃时，日本进入了长达十年的缓慢增长和通货紧缩的经济衰退，被称为“失去的十年”。

间接干预。间接干预是指政府改变国内的经济或金融基本面，从而影响资本流向某种货币或从该货币流出。鉴于全球货币市场的规模相对于中央银行的资源增长得更快，这是符合发展逻辑的政府干预汇率的方向。

间接干预中最明显和使用最广泛的因素是利率。根据前面在平价条件的讨论中介绍的金融原则，更高的实际利率会吸引资本流入。例如，如果中央银行希望“捍卫本币汇率”，它可能会采取紧缩性货币政策，推动实际利率上升。因此，这个方法不再局限于该国持有的外汇储备规模。相反，它取决于该国是否愿意承受较高的实际利率对国内的影响，以吸引资本流入，从而推动对本币的需求。另外，如果一个国家希望本币贬值，特别是在本币相对于主要贸易伙伴国货币持续升值的情况下，中央银行会尽力降低实际利率，减少资本回报率。

间接干预使用了货币政策工具，货币政策是一种基本的经济政策手段，其影响的程度和范围可能远远超出货币价值。过度刺激经济活动或货币供应量增幅远超实际经济所需，可能会引发通货膨胀。使用诸如利率这种广泛影响经济基本面的工具来调节货币价值，需要权衡其重要性。在某些情况下，这可能意味着需要在国际经济目标与国内经济政策目标之间做出抉择，有时可能以牺牲国内经济政策目标为代价。

资本管制。资本管制是指政府限制本国居民获取外币的能力，包括限制本币兑换外币的能力。在允许使用外币和本币兑换外币的情况下，交易只能由政府或中央银行指定的机构进行，并且只能按照规定的汇率进行。

通常，政府会限制使用外币进行商业贸易，例如，只允许在购买进口商品时使用硬通货。政府往往禁止或限制投资者出于投资目的的交易，特别是投资于短期投资组合，如投资者资金进出计息账户、买卖证券或其他基金。中国对人民币的市场准入和交易进行监管就是对货币价值进行资本管制的典型例子。政府不仅每日设定官方汇率，而且货币兑换仅限于商业贸易。

9.2.3　外汇干预失败

外汇干预可能会失败，而且经常会失败，记住这一点非常重要。近年来，土耳其和日本当局的外汇干预失败就是典型的例子。

2014 年的土耳其。2014 年的土耳其货币危机是间接干预的典型例子，外汇干预的最终结果只是减缓了资本外逃和货币崩溃的速度。土耳其的货币在 2012 年和 2013 年维持了一定程度的稳定，但土耳其 [与南非、印度、印度尼西亚和巴西一起被称为“脆弱五国”（Fragile Five）] 在 2013 年年末遭遇了经常账户逆差扩大和通货膨胀率上升的问题。2013 年第四季度，随着新兴市场对美国联邦储备委员会宣布将放缓债券购买（缩减计划，实质上是紧缩性货币政策）的忧虑与日俱增，资本开始撤离土耳其。土耳其里拉承受着越来越大的下跌压力。

然而，土耳其却陷入了矛盾之中。为了保护土耳其里拉，土耳其中央银行需要提高里拉的利率。但土耳其总统希望中央银行降低利率，他坚持认为这样能够刺激土耳其的经济。（降低利率使贷款更便宜，更多的公司可能会扩大贷款规模，实现扩大生产。）不利的一面是，降低利率进一步刺激了资本外逃。2014 年 1 月初，里拉面临的贬值压力加剧。此时，土耳其中央银行别无选择，只能将土耳其银行的一周回购利率（或再回购利率）从 4.5% 提高到 10.0%，以阻止资本外逃。尽管最初几个小时，里拉兑美元（和欧元）的汇率略有回升，贬值压力有所缓解，但没过几天，里拉再次走低。在这种情况下，间接干预被证明是失败的，土耳其政府试图采取的补救措施最终可能会使其经济进一步恶化。

了解外汇市场干预的动机和方法对于分析汇率的未来走势至关重要。虽然无论是直接干预还是间接干预，最终均无法确定干预是否成功，但这是外汇市场普遍且持久的特征。各国政府总是试图在货币疲软时期保护本国货币，有时为了追求贸易竞争力维持贬值的货币。最终，外汇干预的成功与否可能取决于“运气和天赋”。全球金融实务 9.3 提供了一份简短的清单，列举了有效干预的最佳做法。

全球金融实务 9.3

有效干预的经验法则

许多外汇交易员认为，各种因素、市场特征和操作策略均会影响干预措施的有效性。

不要迎风而行[㊀]（lean into the wind）。正如2010年秋季日元走强一样，市场朝单方向波动的明显趋势很难扭转。这种情况被称为"迎风而行"，在一边倒的市场环境中，政府进行干预大概率会失败，且代价高昂。外汇交易员认为，中央银行应该非常谨慎地选择干预的时机，选择交易量少且市场走势几乎平稳的时机。

协调时机和行动。如果市场认为政府干预活动反映的是底层交易者的供求态势，而不是单个交易实体或银行的行为，那么市场就更有可能受到影响。因此，使用全球各地市场和交易中心（可能是其他中央银行）的交易员或合伙人，可能会提高干预的有效性。

利用好消息。政府需要考虑干预的时机，特别是在试图抑制货币贬值时，如果此时配合乐观的经济新闻、正面的金融消息或令人振奋的商业报道，这一策略可能会非常有效。交易者经常说，"市场愿意为好消息庆祝"，外汇市场也不例外。

一鼓作气。在政府干预的过程中，交易者往往担心错过市场机会，一次大规模、协调一致且时机恰当的政府干预可能会让交易者质疑自己对市场走势的判断。成功的干预很大程度上就是一场心理战，政府完全可以利用交易者的不确定感来扩大其影响力。如果政府干预正在逐渐展现出预期的效果，那么政府应该不断加大投入，持续加强干预的力度。在这个关键时点，政府不要吝啬。

2010年的日本。2010年9月，日本银行近六年来首次干预外汇市场。据报道，为了放缓日元升值的速度，日本银行购买了近200亿美元。日本财务省官员曾公开表示，1美元兑82日元可能是他们容忍日元升值的上限，他们的容忍度正在经受考验。

如图9.4所示，2010年9月13日，当日元汇率接近1美元兑82日元时，日本银行进行了干预。（日本银行在执行日本货币政策方面具有独立性，但作为日本财务省的代理机构[㊁]，它代表日本政府执行外汇操作。）据报道，日本官员向美国和欧盟当局报告了他们的干预操作，但强调，日本银行并未请求欧美当局的许可或寻求他们的支持。这一干预引发了从华盛顿再到伦敦的强烈抗议，被称为"货币干预新时代"。

尽管自由市场经济的支持者总是鄙视市场干预，但日本的这一干预举动被认为尤其糟糕，因为它正好发生在美国持续向中国施压，要求人民币升值的时候。正如经济学家努里尔·鲁比尼（Nouriel Roubini）所指出的，"我们每个人都希望本币贬值"，在这个市场环境中，所有国家都希望通过异常低的利率和相应的弱势货币来刺激本国经济——这是一场全球

㊀ 迎风而行（lean into the wind），字面意思是向风倾斜，面向风时向前倾斜，即迎难而上。在经济学中是指采取主动措施对抗潜在的经济问题或市场波动，比如加息以对抗通货膨胀。请注意与逆风而行（lean against the wind）的差异，逆风而行即面向风时向后倾斜，用来稳定自己。在经济学中通常是指采取预防措施以缓和经济周期的波动，比如在经济过热时收紧货币政策，或在经济衰退时放宽货币政策。前者更侧重于主动出击，后者更侧重于防御和预防。——译者注

㊁ 原文为"organizational subsidiary"，译为"附属组织"，疑有误，改为"代理机构"。——译者注

性的逐底竞争（a global race to the bottom）。[1]

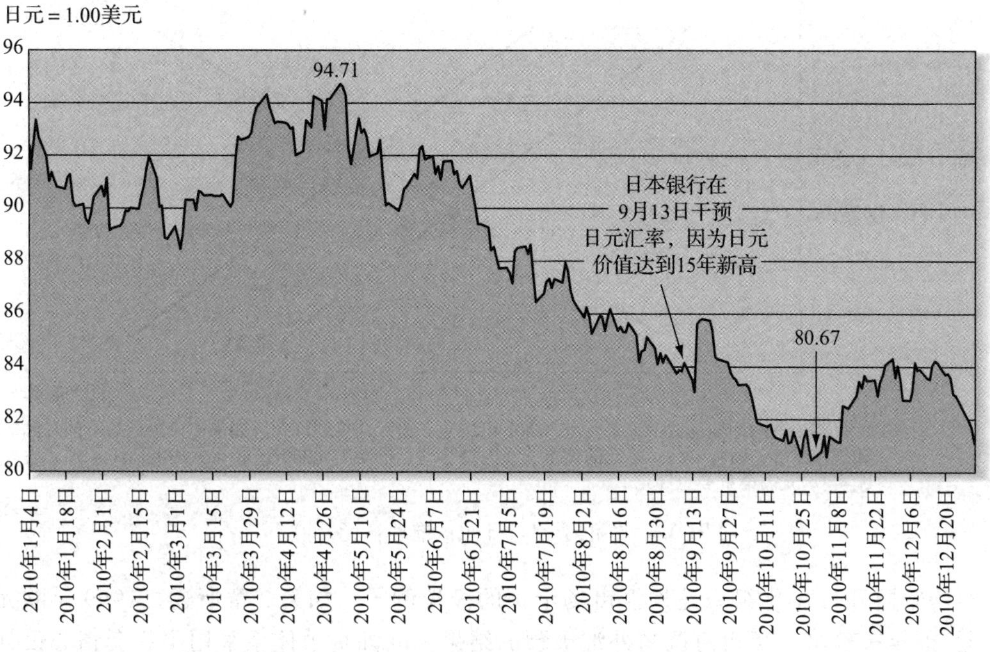

图 9.4　政府干预与日元汇率（2010 年）

具有讽刺意味的是，如图 9.4 所示，政府干预似乎在很大程度上并不成功。当日本银行开始在日元升值的时候买入美元时，即所谓的“迎风而行”或“单向干预”策略，它希望阻止日元升值的幅度，甚至改变即期汇率变动的方向，或两者兼而有之。无论哪种做法，它似乎都失败了。正如一位分析师所指出的，这本质上是对长期问题的短期修复。虽然日元价值在几天内出现了下跌（美元可以兑换更多的日元），但在一周内又回到了上升的状态中。图 9.5 使用传统的供需框架来说明日本试图通过干预来实现的目标。

日本频繁采取的干预措施一直是众多研究的主题之一。国际货币基金组织在 2005 年 8 月的一份研究报告中指出，从 1991 年到 2005 年，日本银行干预了 340 天，而美国联邦储备委员会干预了 22 天，欧洲中央银行仅干预了 4 天（自 1998 年成立以来）。尽管国际货币基金组织从未正式认定日本的干预行为是“汇率操纵”，但 2004 年伊藤隆敏[2]（Takatoshi Ito）的一项分析指出，随着时间的推移，日本的干预在市场上平均导致了每一美元约一日元的汇率变动，大约相当于 1% 的变化。

历史上还没有出现过以抛售日元的方式成功阻止日元长期上涨趋势的案例。

——佐佐木融（Tohru Sasaki），摩根大通货币策略师

---

[1] “Currency Intervention’s Mixed Record of Success,” Russell Hotten, *BBC News*, September 16, 2010.

[2] 伊藤隆敏是著名的日本经济学家，现任哥伦比亚大学国际与公共事务学院教授。他专注于国际金融、宏观经济学以及日本经济等领域。在加入哥伦比亚大学之前，他在东京大学公共政策研究生院担任院长，并在日本国立政策研究院担任教授。他曾在日本财政部担任国际事务副部长，并在国际货币基金组织担任高级顾问。他还是 2004 年日本经济学会的会长，并因卓越的学术成就特别是国际经济理论和货币政策研究方面的成就而获得 2011 年紫绶褒章。——译者注

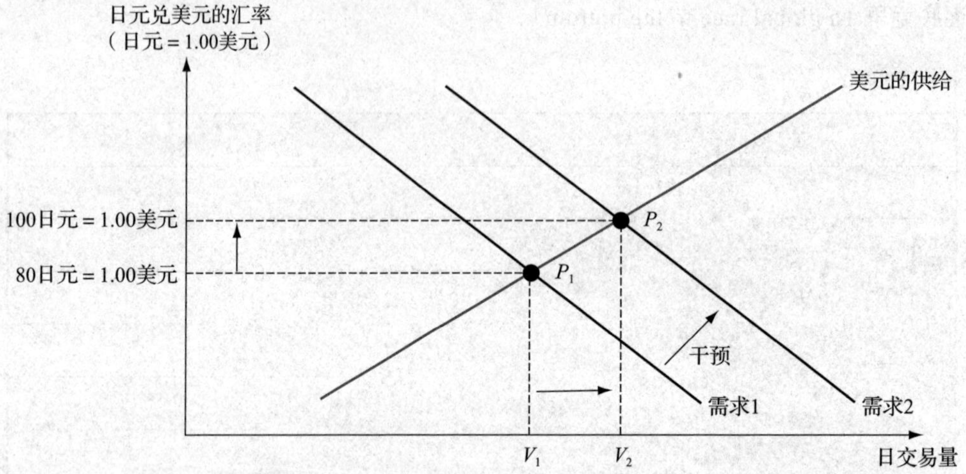

日本银行的干预包括中央银行进入外汇市场买入美元并投放日元。如果中央银行的干预时机和规模足够，就可以将对美元的需求曲线向外移动，推动美元的升值和日元的贬值（干预之后购买1美元需要更多的日元）

图 9.5 外汇干预与日元：推动日元贬值

经济联盟和一体化组织是外汇市场干预的极端例子。如第 2 章所述，1999 年欧元的推出是 20 年来经济、货币协调与外汇干预的结果。欧洲货币体系采用了一套精心设计的双边责任（bilateral responsibility）体系，参与国政府承诺维持彼此的中间汇率。这种承诺包括直接干预和间接干预。全球金融实务 9.4 介绍了欧洲货币体系，即所谓的“隧道中的蛇”。

全球金融实务 9.4

欧洲货币体系的“隧道中的蛇”㊀

欧洲货币体系自 1979 年启用，一直使用到 1999 年欧元正式推出。该体系设立了两种货币之间的中间汇率（或平价汇率），这是双边汇率的长期目标。该体系允许市场汇率在中间汇率的 ±2.25% 的波动区间内自由交易。当市场汇率跨越干预汇率的上限或下限时，两个国家会被要求进行干预，将市场汇率拉回中间汇率的交易区域。

该体系的一个基本原则是在维护汇率方面建立了国家间的双边责任，这在很大程度上推动了其成功。例如，如果德国马克（DM）相对于法国法郎（FF）升值，且市场汇率超过了干预汇率，两国政府必须采取干预措施，无论是直接干预（在市场上买卖各自的货币）还是间接干预（如调整利率），或两者兼而有之，以维持在中间汇率附近的交易（详见图 9.6）。

㊀ 这里也可以译作“欧洲货币体系的蛇形浮动”，意为欧洲货币体系汇率波动类似于隧道中蜿蜒前行的蛇。——译者注

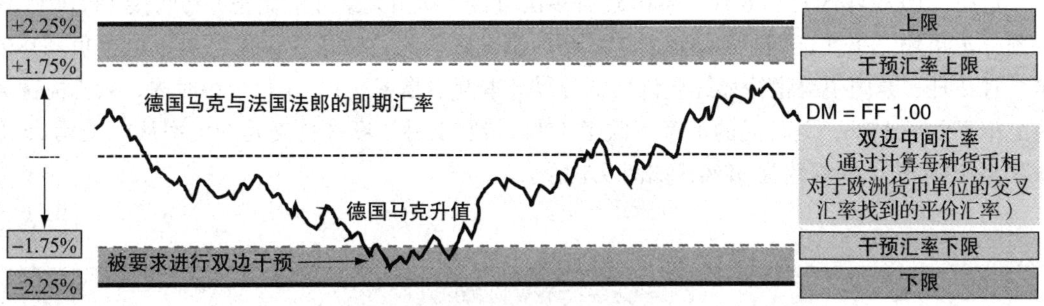

图 9.6 欧洲货币体系：以德国马克和法国法郎为例

9.3 市场非均衡：新兴市场的汇率

尽管图 9.1 所描述的关于汇率决定的三种不同思想流派使得理解汇率看起来简单明了，但事实很少如此。在中长期内，规模巨大、流动性强的资本市场和货币市场相对较好地遵循了迄今为止提到的若干原则。然而，规模较小、流动性差的市场经常表现出与理论相悖的行为。问题不在于理论本身，而在于理论所依赖的假设是否切合实际。通过分析新兴市场危机，我们可以看到这些看似矛盾的情况。

在全球经济保持了多年的相对平静后，从 20 世纪 90 年代下半叶开始，一系列货币危机冲击了所有的新兴市场。1997 年亚洲金融危机和 2002 年阿根廷比索崩溃均显示了新兴市场经济的失败，每一次危机都有其复杂的诱因和无法预知的经济前景。这些危机还表明了外汇和证券市场中日益严重的资本外逃和短期国际投机问题。我们将重点分析每一场危机特定的原因和后果。

9.3.1 1997 年亚洲金融危机

在 1998 年举行的关于亚洲金融危机的一次会议上，一位发言者指出，世界对印度尼西亚的经济问题的过度关注是难以理解的，因为亚洲经济体的规模都非常小，印度尼西亚的 GDP 规模仅仅与美国北卡罗来纳州相当。然而，接下来的发言者指出，他的最新调查表明，北卡罗来纳州并没有 2.2 亿人口。

亚洲金融危机的根源来自该地区经济的巨大变化，即许多亚洲国家从净出口国转变为净进口国。早在 1990 年，从泰国开始，远东地区的经济迅速扩张，使得其进口大于出口，进而需要大量资本净流入来支撑其货币保持稳定。不论是工厂建造，还是水利工程抑或是基础设施建设，甚至是房地产投机活动，只要资本继续流入，该地区的钉住汇率就能维持下去。然而，当投资的资本停止流入时，危机的发生就不可避免了。

危机最明显的根源是过量资本流入泰国。在经济快速增长和利润不断增加的背景下，泰国的企业、银行和金融公司发现离岸的美元债务更便宜，因此开始在国际市场上筹资。泰国银行不断在国际市场上融资，为各种国内投资和企业提供信贷，超出了泰国经济可承受的范围。随着国际资本流入泰国市场的速度创下新高，大量资金流向了泰国的各行各业。随着投资“泡沫”的扩大，一些市场人士开始质疑泰国经济是否有能力偿还不断增长的国际债务。泰铢面临巨大的外部压力。

危机。1997 年 5 月和 6 月，泰国政府多次直接（动用大量外汇储备）和间接（提高利率）干预外汇市场。事实证明，6 月底和 7 月初的第二轮投机性攻击使泰国当局不堪重负。1997 年 7 月 2 日，泰国中央银行最终允许泰铢浮动（本例中是下跌）。在几个小时内，泰铢兑美元的汇率下跌了 17%，兑日元的汇率下跌了 12%。到 11 月，泰铢兑美元的汇率从每美元 25 泰铢跌至 40 泰铢，跌幅约为 38%，如图 9.7 所示。

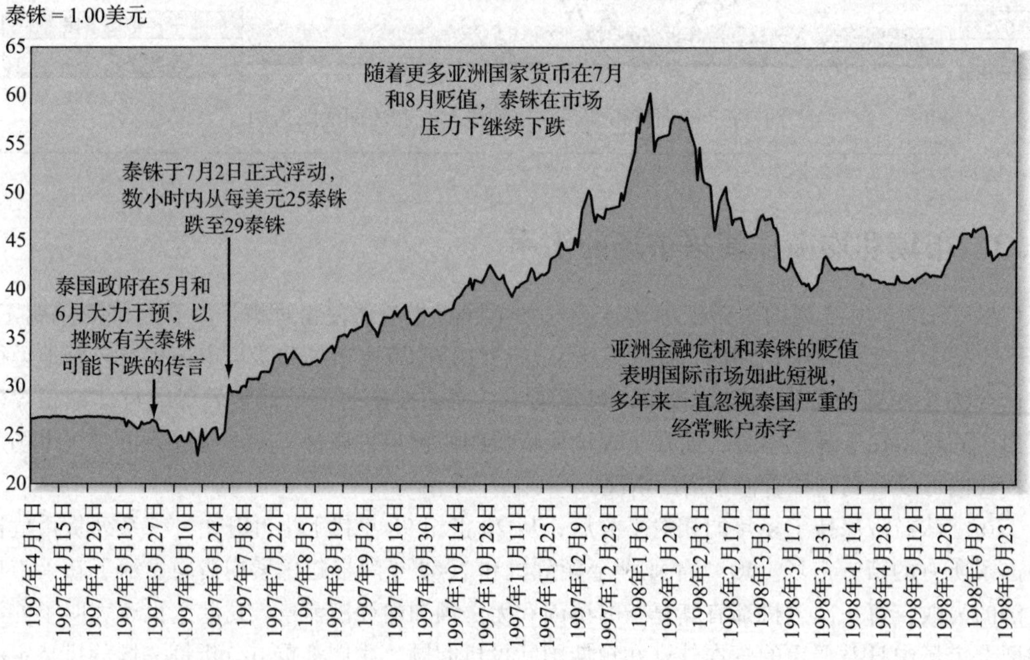

图 9.7 泰铢和亚洲金融危机

在亚洲版的“龙舌兰效应”㊀（tequila effect）中，一些毗邻的亚洲国家（有些与泰国有相似特征，有些则没有）受到了货币交易商和资本市场的投机性攻击。菲律宾比索、马来西亚林吉特和印度尼西亚卢比都在 7 月泰铢贬值后的几个月内出现了下跌。1997 年 11 月，一向稳定的韩元也成了牺牲品，从 1 美元兑 900 韩元跌至 1 100 多韩元。人民币没有下跌，但当时人民币还不能自由兑换。

复杂性成因。亚洲金融危机不仅是一次货币危机，除了传统的国际收支逆差之外，它还有许多原因。尽管每个国家的危机原因略有不同，但所有国家共同面临三个诱因：公司社会化、公司治理任人唯亲和银行业不稳定。

- **公司社会化**。亚洲快速增长的出口导向型国家一直以来享受了经济稳定带来的好处。由于政府和政治在商业领域的深入影响，即使企业出现经营不善，人们也相信政府不

㊀ 龙舌兰效应用于描述国际资本流动对一国或一地区经济的影响。这个词最初用来描述 1994 年墨西哥金融危机期间发生的现象，当时墨西哥比索的价值急剧下降，导致资本大量流出。由于这一事件与龙舌兰酒（墨西哥的特产）相关，因此被命名为“龙舌兰效应”。这种效应通常发生在开放的经济体中，尤其是那些严重依赖外国投资的国家。在这种情况下，任何不利于该国经济的消息或事件都可能导致外国投资者失去信心、迅速撤资，从而引发货币贬值、股市下跌和经济危机。龙舌兰效应也说明了国际资本市场中的心理因素和羊群行为对经济稳定性的潜在影响。——译者注

会允许企业倒闭、工人失业或银行倒闭。持续了几十年而未受到挑战的做法，如终身雇用制，现在已无法持续下去。

- **公司治理任人唯亲**。在远东商业环境中经营的许多公司主要由家族或与政府执政党或机构相关的集团控制。这种“**裙带关系**”（cronyism）意味着，与公司管理层的主要动机相比，小股东和债权人的利益往往是次要的。
- **银行业不稳定**。银行业已逐渐落后。全球范围内，银行监管结构和市场几乎在所有地方都经历了放松管制。银行在商业运作中的核心角色大多被忽略。当亚洲各地的企业相继崩溃时，政府的金库被耗尽，银行纷纷倒闭。没有了银行，商业活动的“生命线”也随之中断。

亚洲金融危机爆发后，国际投机家和慈善家乔治·索罗斯（George Soros）被批评为危机的煽动者。然而，索罗斯很可能只是一个信使。

索罗斯的角色。在 1997 年 7 月亚洲金融危机爆发后的几周内，包括泰国和马来西亚在内的一些国家的官员指责国际投资人索罗斯是这场危机的始作俑者。尤其是时任马来西亚总理的马哈蒂尔·穆罕默德（Mahathir Mohamad）大声疾呼，他一再暗示这与索罗斯和缅甸加入东南亚国家联盟（Association of Southeast Asian Nations，ASEAN）的前景有关，他有自己的政治目的。马哈蒂尔多次在公开演讲中指出，索罗斯可能是在发表一项政治声明，而不仅仅是进行货币投机。马哈蒂尔认为，马来西亚、泰国、菲律宾和印度尼西亚的穷人将为索罗斯对亚洲货币的攻击付出巨大代价。

索罗斯可能是全球历史上最著名的货币投机者（也可能是最成功的一个）。诚然，他对 1992 年欧洲金融危机和 1993 年法国法郎的下跌负有责任。在泰铢和马来西亚林吉特贬值后，他再次受到密切关注。

九年后的 2006 年，马哈蒂尔和索罗斯首次会面。马哈蒂尔向索罗斯道歉并撤回了之前的指控。在索罗斯 1998 年出版的《全球资本主义危机：岌岌可危的开放社会》（*The Crisis of Global Capitalism: Open Society Endangered*）一书中，索罗斯解释说，他的基金从 1997 年年初开始做空泰铢和马来西亚林吉特。（签署了将在未来某个时刻向其他买家交割货币的协议。）他认为，这意味着在 1997 年春季晚些时候，他的基金试图补仓，是这两种货币的买方，而不是卖方，因此站在了“好的一方”，在基金实现利润的过程中，他们的操作实际上帮助支撑了这两种货币的价值。遗憾的是，1997 年年初形成的大量空头头寸在市场上发出了明确的信号（货币市场上的消息传播确实非常快），索罗斯基金预计泰铢和马来西亚林吉特将下跌。《经济学人》（1997 年 8 月 2 日，第 57 页）对相关责任问题有自己的看法：“泰国将其困境归咎于索罗斯先生，就好比谴责殡仪馆埋葬自杀者一样。”

9.3.2 2002 年阿根廷危机

如今，大多数阿根廷人将他们的困境归咎于腐败的政客和邪恶的外国势力，但很少有人对主流社会观念进行反思，如“克里奥拉万岁（viveza criolla[⊖]）”这种文化怪癖（cultural

⊖ “viveza criolla”是一个西班牙语表达，源自拉丁美洲，在阿根廷和乌拉圭广泛使用。“viveza criolla”大致可以理解为一种依靠机智、狡猾或者找捷径来解决问题、获得个人利益的行为方式，常常不顾公共利益或法律规定。它常常伴随着利用系统漏洞、忽视规则和欺骗。尽管有时被视为一种生存技巧，但“viveza criolla”常常被视作社会不正之风的体现，因为它破坏了社会信任和公正的基础。——译者注

quirk)，认为通过投机取巧获利的人是值得赞赏的。阿根廷大规模逃税的深层原因之一是：每三个阿根廷人中就有一个人逃税，而且许多人以此为荣。

——安东尼 · 法约拉（Anthony Faiola），"Once-Haughty Nation's Swagger Loses Its Currency," *The Washington Post*, March 13, 2002

阿根廷的经济起伏向来与阿根廷比索的稳定息息相关。这个经常认为自己更像欧洲国家而非拉丁美洲国家的南美洲最南端的国家，20 世纪 80 年代饱受了恶性通货膨胀、巨额国际债务和经济崩溃的折磨。到 1991 年，阿根廷人民已经对当前状况忍无可忍。经济改革是他们的共同追求。他们不追求权宜之计，而是渴望长远的变革和未来的稳定。他们几乎实现了这一目标。

1991 年，阿根廷比索与美元以 1∶1 的汇率挂钩。这项政策意味着固定货币价值的传统方法发生了根本性转变。阿根廷实施了货币局制度，这不仅是一种承诺，而且是限制其货币增长的一种结构。在货币局制度下，中央银行只能通过增加其持有的外汇储备来增加银行系统的货币供应量。本例中的外汇储备是美元。阿根廷人相信，剥夺了政府提高货币供应增长速度的能力，相当于消除了影响生活水平的通货膨胀的根源。这是一种保守且审慎的财务管理方案，剥夺了当选与未当选政治人物对该方案进行褒奖或批评的权力。这是一条自动执行且不可更改的规则。

这种"治愈方法"是一种限制性的货币政策，它减缓了经济增长速度。1994 年，阿根廷的失业率上升到两位数，并一直维持在这个水平。阿根廷的实际 GDP 增长率在 1998 年年底陷入衰退，其经济在 2000 年之前一直持续萎缩。阿根廷银行允许储户将其存款以阿根廷比索或美元的形式持有。这样做的目的是为银行体系和政府机构提供一种基于市场的自律，并表明政府坚定不移地致力于维持阿根廷比索与美元的平价。此举尽管旨在建立人们对银行系统的信心，但最终给阿根廷银行系统带来了灾难性的后果。

经济危机。1998 年的经济衰退还没有结束。三年半后，阿根廷仍处于经济衰退之中。到 2001 年，危机形势显示出阿根廷经济存在三个非常严峻的潜在问题：①阿根廷比索估值过高；②货币局制度使宏观经济政策中的货币政策无效；③阿根廷政府预算赤字已经失控。通货膨胀尚未消除，全球市场都在关注这一情况。

南美洲大多数主要经济体彼时陷入了衰退。随着经济活动的放缓，进口下降。大多数南美洲国家的货币兑美元贬值，但由于阿根廷比索与美元挂钩，阿根廷的出口价格越来越高。阿根廷经济增长乏力，需要采取扩张性经济政策，但货币局制度的基本规则是，金融体系的货币供应量增长速度不能超过经济体系美元储备增加的速度——这使得货币政策失去了效力。

然而，政府支出并没有放缓。随着失业率的上升，贫困和社会动荡加剧，无论是在阿根廷的政治中心布宜诺斯艾利斯，还是在外省，政府都面临着缩小经济和社会差距的压力。政府支出持续增加，但税收并未增长。阿根廷通过向国际市场融资来为财政赤字提供资金。该国的外债总额开始急剧上升。最终，国际货币基金组织的一系列注资阻止了该国外债总额的激增。然而，到 20 世纪 90 年代末，该国的外债总额翻了一番，而经济体系的盈利能力并没有相应增长。

随着经济状况持续恶化，银行挤兑现象日益严重。储户担心阿根廷比索会贬值，于是他们纷纷排队取现，包括阿根廷比索现金和美元现金。储户将阿根廷比索兑换成美元，相当于给日益严峻的货币危机火上浇油。政府担心不断增加的资金流失会导致银行倒闭，于是下令银行暂时停业。政府规定居民每周取款不能超过 250 美元，并要求他们使用借记卡和信用卡来进行社会生活所需的日常交易。

法定贬值。2002 年 1 月 6 日，星期日，爱德华多·杜阿尔德（Eduardo Duhalde）就任总统后的第一件事就是将阿根廷比索与美元的汇率从 1 : 1 贬值到 1.40 : 1。但经济上的恶化仍然在持续。贬值两周后，银行仍然关门停业。2002 年 2 月 3 日，阿根廷政府宣布阿根廷比索实行浮动汇率制，如图 9.8 所示。政府不再试图固定阿根廷比索的价值或将其限制在特定的水平上，而是让市场来确定汇率。

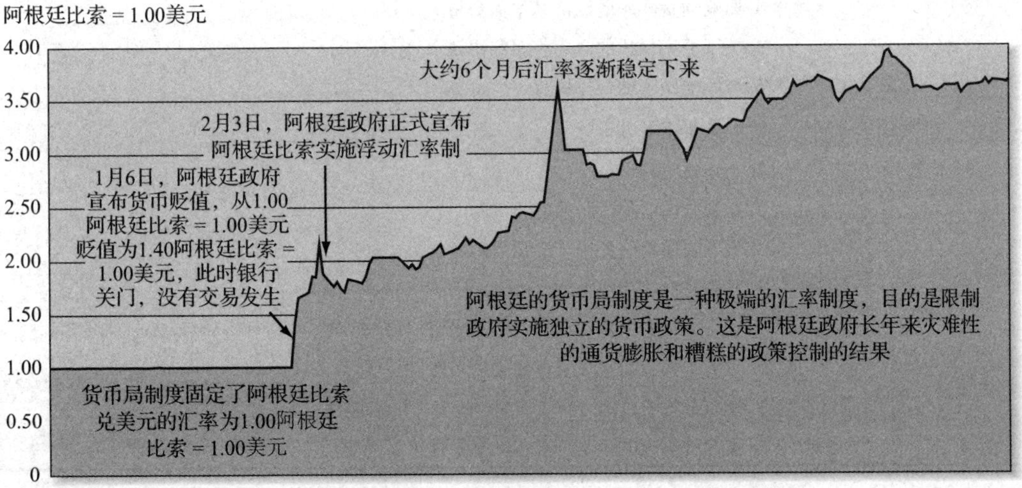

图 9.8　阿根廷比索的崩溃

从阿根廷的经历中得到的教训颇为复杂。一开始，阿根廷和国际货币基金组织就知道采取货币局制度是一项有风险的战略选择，但鉴于阿根廷长期以来在汇率问题上的灾难性经历，这一战略被认为是值得采纳的。然而，尽管阿根廷政府做了最大的努力，但最终还是证明，如此严格的汇率制度（几乎放弃对主权货币所有的控制权）是不可持续的。

9.4　实践中的汇率预测

各大银行和独立咨询机构都提供汇率的预测服务。此外，部分跨国公司内部也会对汇率进行预测。预测可以基于计量经济学模型、技术分析、经济直觉以及一定的胆量。

表 9.1 总结了在各种预测期内，不同的汇率制度下，推荐的预测思路。预测服务是否物有所值，不仅取决于预测的动机，而且取决于需求的准确性。例如，进行长期预测的动机可能是跨国公司希望在日本进行海外投资，或者是以日元筹集长期资金，又或者投资组合经理可能考虑长期分散投资日本证券。预测的时间跨度越长，预测的准确性就越低，但预测的重要性也相应越低。

表 9.1 汇率预测思路

预测期	制度	推荐的预测思路
短期	固定汇率制	1. 假设维持固定汇率
		2. 是否有迹象表明固定汇率面临压力
		3. 是否存在资本管制和黑市交易
		4. 是否有指标表明政府有能力维持固定汇率
		5. 外汇储备是否有变化
	浮动汇率制	1. 捕捉汇率走势的技术方法
		2. 远期汇率作为预测依据（小于 30 天假设随机游走；30～90 天使用远期汇率）
		3. 对于 90～360 天的周期，结合汇率走势和经济基本面分析
		4. 影响通货膨胀的经济基本面分析
		5. 关于汇率目标的政府声明和协议
		6. 与其他国家的合作协议
长期	固定汇率制	1. 经济基本面分析
		2. 国际收支管理
		3. 控制国内通货膨胀的能力
		4. 产生硬通货储备用于干预目的的能力
		5. 贸易账户盈余能力
	浮动汇率制	1. 关注通货膨胀基本面和购买力平价
		2. 经济增长和稳定等经济健康的一般性指标
		3. 长期走势的技术分析（长期“波动”的可能性）
		4. 政府对本国国际竞争力和汇率干预边界的立场

短期预测的动机通常是希望在大约三个月内对冲一笔应收款、应付款或股息。短期预测较少依赖于长期的经济基本面因素，更多依赖于市场中的技术因素、政府干预、新闻以及交易商和投资者的一时冲动。预测的准确性至关重要，因为尽管日常波动可能较大，但大多数汇率变动幅度相对较小。

预测服务机构通常对长期预测进行经济的基本面分析，有些机构的短期预测也会采取同样的模式，还有一些预测服务机构的短期预测是以技术分析为基础的，类似于证券投资中的技术分析。它们试图将汇率变动与其他各种变量联系起来，无论这种联系是否有任何经济学的理论依据。

这些预测能否持续有用或持续获利，取决于人们是否相信外汇市场是有效的。外汇市场越有效，汇率就越有可能是“随机波动”，过去的价格行为无法为未来提供任何线索。外汇市场的效率越低，预测者就越有可能侥幸找到一个至少在短期内成立的关键关系。然而，如果这种关系是一致的，其他人很快也会发现它，随后市场将针对这一关系重新恢复效率。

9.4.1 技术分析

技术分析师，传统上被称为图表分析师，专注于价格和成交量数据，以确定过去的趋势，这些趋势有望在未来延续。技术分析最重要的一个要素是，未来汇率以当前汇率为基础。汇率走势与股票价格走势类似，可细分为三个时间段：①日常走势，看似随机；②短期走势，几天或持续几个月的趋势；③长期走势，特点是长期向上或向下的趋势。最近几年对浮动汇率制下货币走势中存在长期“波动”可能性的研究，因此长期技术分析重新受到了欢迎。

预测的时间跨度越长，预测就可能越不准确。长期预测必须依赖于决定汇率的经济基本面因素，而企业的许多预测需求在时间跨度上属于中短期，可以用理论性较弱的方法来解决。这些以时间序列法为基础的技术分析不涉及任何理论或因果关系，仅根据刚刚过去的数据预测未来的数值。预测师可以将基本理论方法（即图 9.1 中列出的三种方法）与技术分析自由地结合在一起，因为预测就像玩马蹄铁游戏[1]一样——接近目标者胜（getting close counts）。

市场上有许多不同的外汇预测服务和服务提供商。其中，摩根大通最负盛名、业界使用最广泛。2002—2005 年，摩根大通以 90 天为限对美元兑欧元即期汇率的预测准确性进行了回顾。[2]图 9.9 显示了这一时期成交的即期汇率和摩根大通对同期即期汇率的预测。

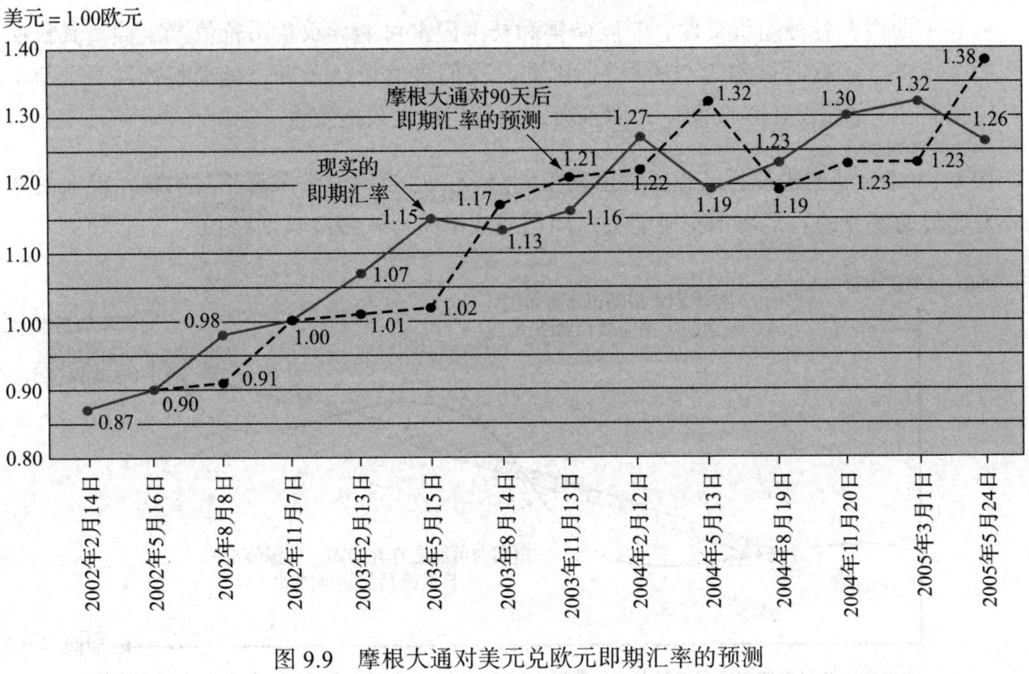

图 9.9 摩根大通对美元兑欧元即期汇率的预测

预测结果有好有坏。好消息是，摩根大通在 2002 年 5 月和 11 月都准确地预判了实际的即期汇率。坏消息是，在那之后，它的预测就出错了。更令人担忧的是，预测的方向也错了。例如，2004 年 2 月，摩根大通预测即期汇率将从目前的 1.00 欧元 = 1.27 美元降至 1.00 欧元 = 1.32 美元，但事实上，美元在随后的三个月内大幅升值，收盘于 1.19 美元。这实际上是一个致命的误差。我们从中得到的教训是，无论预测师多么专业和名声显赫，也无论其过去预测得多么准确，至少可以说，预测未来都是非常具有挑战性的。

㊀ 马蹄铁游戏（horseshoes）是一种传统的户外游戏，起源于古代，至今仍在许多国家流行。该游戏的重要特点是，即使马蹄铁没有完全环绕在杆子上，只要它接近杆子，也能获得一定的得分。这个特点常被用作比喻，表示在某些活动中，即使没有完全达到目标，接近目标就已经足够好。——译者注

㊁ 本分析使用的是每季度出版的《经济学人》中公布的汇率数据。其中，摩根大通提供了汇率预测的数据。

9.4.2　预测中的交叉汇率一致性

国际财务经理经常需要预测母公司所在国货币对于子公司所在各国货币的汇率，用来决定是否进行套期保值或在当地投资，在用母公司所在国货币编制多国经营预算时也会用到。这些经营预算是评判外国子公司经理绩效的标准。核对交叉汇率的一致性，即检查各个预测中所隐含的交叉汇率是否合理，可以作为对预测准确性的现实检验。

9.4.3　预测：应该考虑什么因素

显然，由于理论和实践方法的多样性，预测未来的汇率是一项艰巨的任务。以下是我们的想法和经验的总结。

- 从几十年的理论和实证研究来看，汇率确实符合前几节所述的基本原则和理论。从长期来看，经济基本面因素确实起作用。因此，对于货币价值来说，存在某种**基本均衡路径**（fundamental equilibrium path）。
- 在短期内，各种随机事件、制度摩擦和技术因素可能导致货币价值严重偏离其长期基本走势。这有时被称为“噪声”。因此，我们显然可以预期，偏离长期路径（基本均衡路径）的情况不仅会发生，而且会定期且相对长久地发生。

图 9.10 综合了上述预测思想。货币的长期路径，尽管回过头来看相对明确，但在短期内并不总是显而易见的。汇率本身可能会以周期或波浪的形式偏离长期路径。

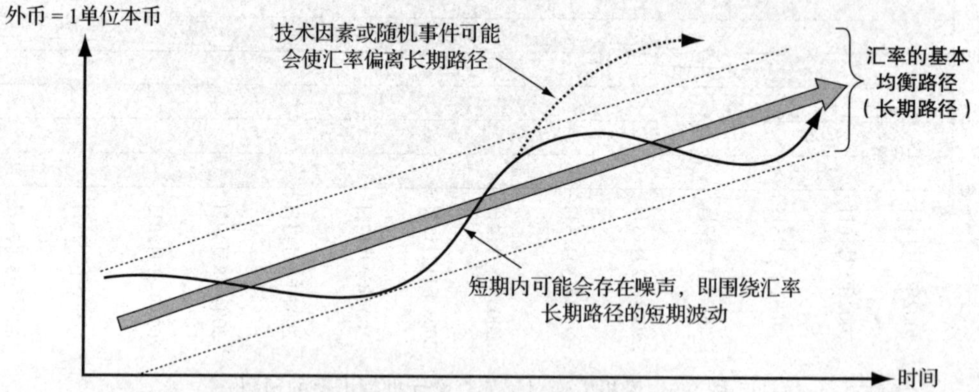

如果市场参与者拥有稳定性预期，当某种力量使货币价值低于长期路径时，他们会买入该货币，使其价值回归长期路径。如果市场参与者有非稳定性预期，并且某种力量将货币价值从长期路径上推离，参与者可能不会立即或大规模采取行动将货币价值推回长期路径，这种情况可能持续相当长的一段时间（或可能建立一个新的长期路径）

图 9.10　短期噪声与长期路径

如果市场参与者对总体长期路径达成一致，并拥有**稳定性预期**（stabilizing expectation），货币价值就会定期回归长期路径。关键是，当货币价值升至长期路径之上时，大多数市场参与者会认为货币价值被高估，并采取抛售货币的应对措施，从而导致货币价格下跌。同样，当货币价值低于长期路径时，市场参与者的反应是买入货币，使其价值上升。这就是稳定性预期的含义：市场参与者通过买入或卖出，不断对偏离长期路径的情况做出反应，促使货币价值回到长期路径。

如果由于某种原因，市场变得不稳定，如图 9.10 中偏离路径的虚线箭头所示，汇率可能会在较长时间内大幅偏离长期路径。市场不稳定的原因包括基础设施（如银行系统）的薄弱以及经济行为受政治或社会事件影响。这些往往是投机活动盛行和市场效率低下所引起的。

9.4.4 汇率动态：了解市场变化

尽管围绕汇率决定的各种理论清晰而合理，但从汇率的日常表现看来，货币市场似乎并不太关注这些理论——它们并不遵循书本上的规则。问题在于理解哪些经济基本面因素在何时影响着市场。

这种相对不明朗的汇率动态的一个例子就是**汇率超调**（overshooting）现象。假设当前美元与欧元之间的即期汇率为 S_0（见图 9.11）。美国联邦储备委员会宣布采取扩张性货币政策，降低美元利率。如果以欧元计价的利率保持不变，基于息差的外汇市场预期的新即期汇率是 S_1。汇率的这种即时变化是市场对新闻、特定经济和政治事件的典型反应。因此，美元兑欧元汇率的即时变化是以息差为基础的。

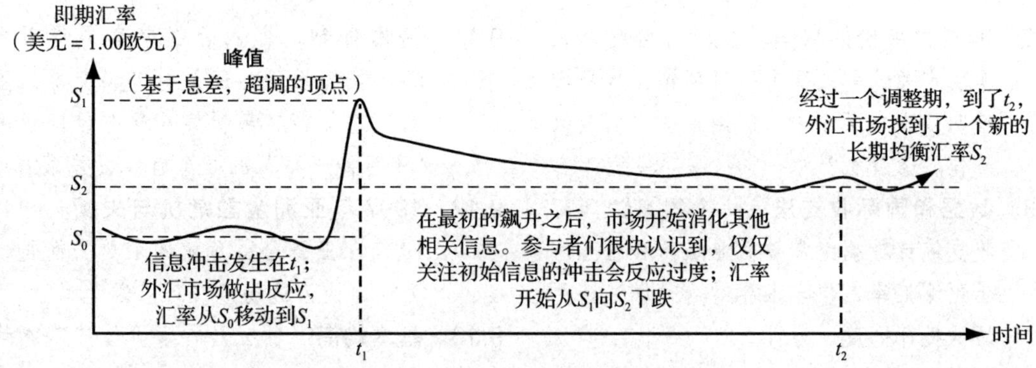

图 9.11　汇率动态变化：汇率超调

然而，随着时间的推移，货币政策变化对价格的影响开始在经济中发挥作用。从中长期来看，随着价格的变化，购买力平价的力量会推动市场变化，即期汇率会从 S_1 转向 S_2。虽然 S_1 和 S_2 都由市场决定，但它们反映了不同经济原理的主导作用。因此，S_1 的美元初始较低值被描述为超调 S_2 的长期均衡值。

当然，这只是一系列可能发生的事件和市场反应之一。货币市场每天每时每刻都有新消息，因此很难在短时间内预测汇率走势。从长期来看，如图 9.11 所示，市场通常会回归汇率决定的经济基本面。

要点小结

- 三种主要的理论方法可以解释汇率的经济决定因素：平价条件法、国际收支法以及货币法和资产市场法。
- 汇率危机的反复发生不仅表明一国汇率对其经济基本面因素非常敏感，而且表明许多新兴市场的货币非常脆弱。

- 外汇市场干预的方法包括直接干预（买卖本国货币）和间接干预（改变资本流入或流出某国的动机和规则）。
- 许多新兴市场货币会定期出现根本性的汇率失衡。过去，汇率失衡的最常见原因是恶性通货膨胀，但如今，最常见的挑战是金融账户资本的大量快速流入和流出。
- 汇率预测是全球商业的一部分。所有类型的企业都必须对未来有所预期。
- 实践中，固定汇率制下的短期汇率预测主要关注当前即期汇率，浮动汇率制下的短期汇率预测则主要关注汇率走势和远期汇率。长期预测则需要回到对经济基本面的基础分析，如国际收支差额、相对通货膨胀率和利率以及购买力平价的长期属性。
- 在短期内，各种随机事件、制度摩擦和技术因素可能导致货币价值严重偏离其长期路径。从长期来看，汇率确实遵循基本均衡路径，这与汇率决定的基本理论是一致的。

问　题

9.1 **汇率决定。**汇率决定的三种主要理论方法是什么？

9.2 **购买力平价的缺陷。**最广为接受的汇率决定理论是购买力平价理论，但事实证明，它在预测未来即期汇率方面效果不佳。为什么？

9.3 **数据和国际收支法。**一个国家的国际收支统计数据经常被商业媒体和企业用于预测汇率，但学术界对这种做法持严厉的批评态度。为什么？

9.4 **供给与需求。**在三大理论方法中，哪种理论方法最重视货币的供求关系？它的主要缺点是什么？

9.5 **资产市场法。**解释资产市场法如何用于预测即期汇率。资产市场法与国际收支法在预测方面有何不同？

9.6 **技术分析。**解释如何使用技术分析来预测即期汇率。

9.7 **干预。**什么是外汇干预？它是如何实现的？

9.8 **干预动机。**为什么政府和中央银行要干预外汇市场？如果市场是有效的，为什么不让市场决定货币价值呢？

9.9 **直接干预的效果。**直接干预在什么时候可能最成功？在什么时候可能最不成功？

9.10 **干预的缺点。**直接干预和间接干预的负面影响是什么？

9.11 **资本管制。**资本管制究竟是货币市场干预的手段，还是对市场交易的限制？这与第2章和第6章中讨论过的“不可能三角”的概念有什么关系？

9.12 **1997年亚洲金融危机与失衡。**导致1997年亚洲金融危机的主要失衡是什么？你认为这场危机可以避免吗？

9.13 **基本均衡。**什么是货币价值的基本均衡路径？什么是噪声？

9.14 **阿根廷的失败。**阿根廷货币局制度的基础是什么？为什么它在2002年失败了？

9.15 **不同期限的预测。**固定汇率制与浮动汇率制在短期和长期预测之间的主要区别是什么？

9.16 **汇率动态。**超调是什么意思？超调的原因是什么？如何纠正它？

9.17 **外汇投机。**1997—2002年的新兴市场危机因为猖獗的投机活动而加剧。是投机者引发了这类危机，还是他们仅仅是对市场疲软的信号做出反应？政府应该如何管理外汇市场的投机行为？

9.18 **预测中的交叉汇率一致性。**解释跨国公司使用的交叉汇率一致性的含义。跨国公司在实践中如何使用交叉汇率一致性进行检查？

9.19 **稳定性预期与非稳定性预期。**给出稳定性预期和非稳定性预期的定义，并描述它们如何在汇率的长期决定中发挥作用。

9.20 **汇率预测服务。**许多跨国公司经常使用汇率预测服务。预测本质上是预测未来，而这在理论上是不可能的，那么这些公司为什么要在这些服务上花钱呢？

迷你案例

中国是汇率操纵国吗

习　题

扫码了解习题

第3部分

外汇敞口

第 10 章
CHAPTER 10

交易敞口

在一个人的一生中，有两个时期不宜投机：一是当他负担得起损失时，二是当他负担不起损失时。

——马克·吐温（Mark Twain），《赤道环游记》
（*Following the Equator*）

学习目标

10.1 研究跨国公司面临的三大主要外汇敞口
10.2 探讨为什么跨国公司要对外汇敞口进行套期保值
10.3 了解交易敞口的定义
10.4 描述跨国公司如何对交易敞口进行套期保值
10.5 详解当前跨国公司如何管理外汇风险

外汇敞口（foreign exchange exposure）是衡量跨国公司盈利能力、净现金流量和市场价值因汇率波动而发生变化的可能性的指标。跨国公司财务经理的关键职责之一是评估和管理外汇敞口，以优化跨国公司的盈利能力、净现金流量和市场价值。本章将详细讨论**交易敞口**（transaction exposure），这是跨国公司财务管理最为重视的外汇敞口类型。第 11 章和第 12 章将分别讲解**折算敞口**（translation exposure）和**运营敞口**（operating exposure）。本章章末的迷你案例“GraysonChung 公司的外汇敞口”分析了一家位于美国的企业如何对其墨西哥比索和日元交易敞口进行套期保值。

10.1　外汇敞口的种类

当汇率发生变化时，公司可能会面临两种主要的外汇敞口：一种是基于会计的敞口，另一种是源自经济竞争力（economic competitiveness）的敞口。以外币计价的合同和账目会产生会计敞口，具体指交易敞口和折算敞口。经济敞口，我们称之为运营敞口，是指由汇率决定的公司国际竞争力的变动带来的公司价值的潜在变化。

图 10.1 展示了三种主要的外汇敞口类型：交易敞口、折算敞口和运营敞口。

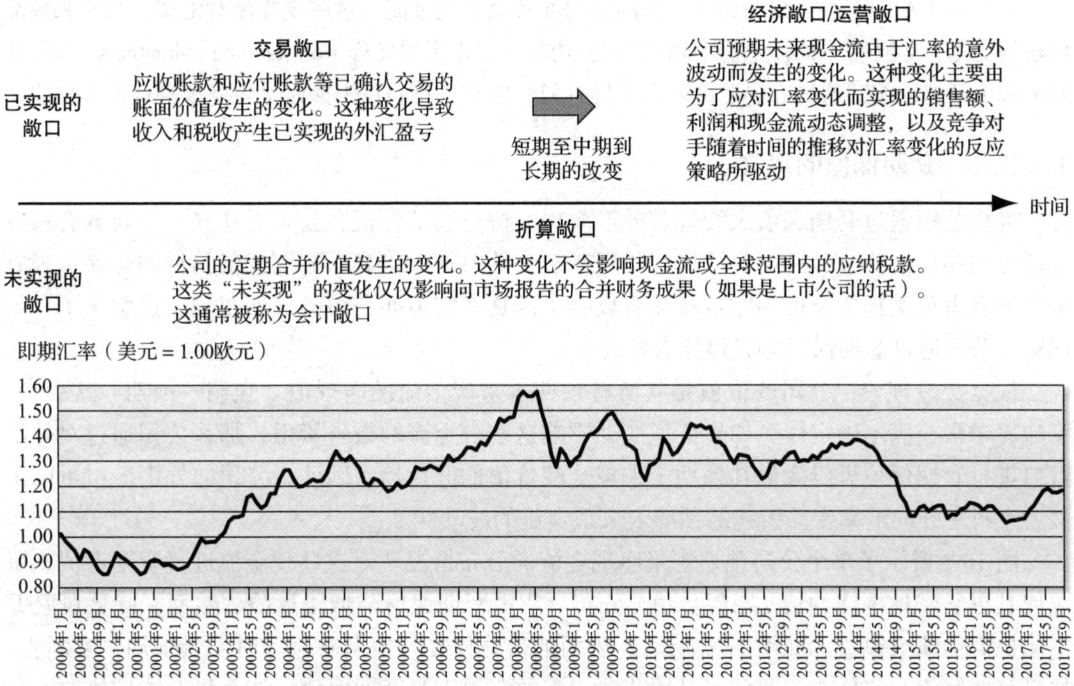

经济敞口/运营敞口
交易敞口
公司预期未来现金流由于汇率的意外波动而发生的变化。这种变化主要由为了应对汇率变化而实现的销售额、利润和现金流动态调整，以及竞争对手随着时间的推移对汇率变化的反应策略所驱动
已实现的敞口
应收账款和应付账款等已确认交易的账面价值发生的变化。这种变化导致收入和税收产生已实现的外汇盈亏
短期至中期到长期的改变
时间
折算敞口
未实现的敞口
公司的定期合并价值发生的变化。这种变化不会影响现金流或全球范围内的应纳税款。这类“未实现”的变化仅仅影响向市场报告的合并财务成果（如果是上市公司的话）。这通常被称为会计敞口
即期汇率（美元 = 1.00欧元）
1.60
1.50
1.40
1.30
1.20
1.10
1.00
0.90
0.80

图 10.1　公司的外汇敞口

- 交易敞口反映了从合同签订到最终结算期间，汇率变动导致的合约义务价值的变化。因此，它关注的是已有合约义务，即表内债务，引起的预期现金流量的变化。
- 折算敞口是指为了编制全球统一的财务报表，在将外国子公司的外币财务报表“折算”为单一报告货币时，可能导致的所有者权益或综合收益会计上的变动风险。
- 运营敞口，也称为经济敞口或竞争敞口，衡量的是汇率的意外变化导致的公司未来经营现金流量的变动，及其影响公司现值的风险。这种变动取决于汇率变化对未来销售量、价格和成本的影响。

交易敞口和运营敞口都源于未来现金流的意外变化。然而，交易敞口关注的是已经签订合同的未来现金流，运营敞口则主要关注预期（尚未签订合同的）未来现金流，这些现金流可能会因为受汇率变化影响的国际竞争力的改变而改变。

这三种外汇敞口对跨国公司的财务报表产生的影响各不相同。正如图 10.1 所示，交易敞口的变化实际上可能会增加或减少公司的现金流（影响现金流量表）及其报告的盈利（影响利润表）。折算敞口作为第二种基于会计的外汇敞口，可能会影响跨国公司报告的合并收入

和所有者权益。然而，这种影响纯粹是会计性质的，并不改变公司的现金流。最后一种外汇敞口，即运营敞口，涉及跨国公司未来的销售额、成本、利润、现金流和资产价值的风险，这些都超出了当前的运营周期（operating period）。运营敞口确实可能影响公司的未来及财务结果，但不会影响当前阶段。

10.2 套期保值的原因

正如第1章中首次介绍的那样，跨国公司涉及众多现金流，这些现金流对汇率、利率和商品价格的变化非常敏感。本章将重点探讨跨国公司的众多**未清偿义务**（outstanding obligations）如何受到汇率变动的影响，这些未清偿义务大多具有契约性质。我们首先探讨是否应该管理汇率风险。

10.2.1 套期保值的定义

许多公司通过套期保值来管理其外汇敞口。进行套期保值，公司需建立一个与现有敞口变动方向相反的头寸，这个头寸可以是资产、合约或衍生工具。套期保值的目的是保护现有资产所有者免遭损失，但同时也意味着放弃了因资产增值而获得的任何收益。这引出了一个问题：公司通过套期保值能获得什么好处？

根据金融理论，公司的价值是其所有预期未来现金流的净现值。强调"预期"这一点，意味着未来充满不确定性。如果汇率变动影响这些现金流的报告货币，那么公司通过对外汇敞口进行套期保值可以降低其预期未来现金流价值的波动性。因此，公司的外汇敞口可以定义为意料之外的汇率变动引起的预期未来现金流的波动性。

图10.2展示了单个公司预期未来净现金流的分布情况。对这些现金流进行套期保值，可以使其更紧密地围绕均值（期望价值）分布。货币套期保值降低了风险。然而，降低风险并不能提高价值或收益。如图10.2所示，公司的价值仅在均值向右移动时才会增加。实际上，如果套期保值并非免费，即公司必须花费一定的资源进行套期保值，那么只有当均值向右移动的程度足够大，足以弥补套期保值成本时，套期保值才能带来增值。

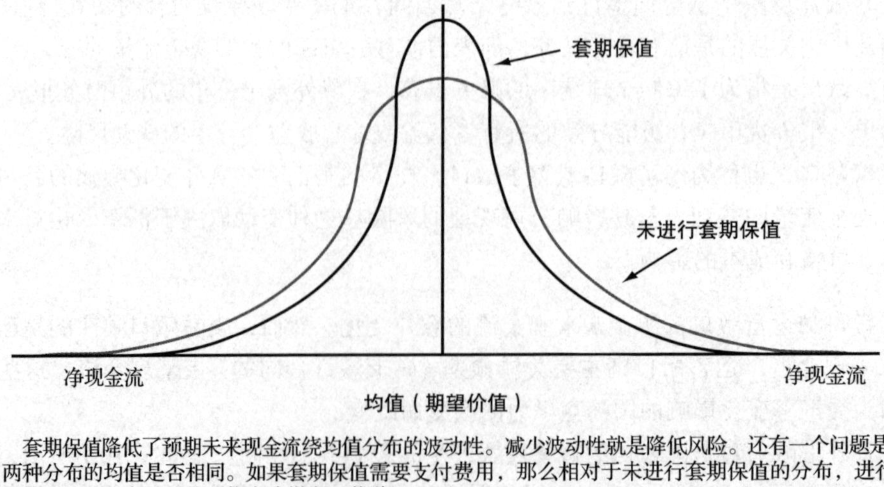

套期保值降低了预期未来现金流绕均值分布的波动性。减少波动性就是降低风险。还有一个问题是，两种分布的均值是否相同。如果套期保值需要支付费用，那么相对于未进行套期保值的分布，进行套期保值的分布的均值可能会略微向左偏移

图10.2 套期保值对公司预期未来净现金流的影响

10.2.2 套期保值的优缺点

降低现金流的变化幅度足以成为实行货币风险管理的理由吗?

套期保值的赞成者提出如下理由。

- 降低未来现金流风险能够提升公司的规划能力。如果公司能够更准确地预测未来现金流，就可以考虑执行那些通常因不确定性而可能被排除在外的特定投资或活动。
- 降低未来现金流风险能够降低公司现金流量无法满足偿债要求的风险，满足偿债要求是维持公司持续运营所必需的。对应的最低现金流水平，通常被称作**财务困境**（financial distress）点，处于预期未来现金流分布均值的左边。套期保值能降低公司现金流低于该水平的可能性。
- 管理层在了解公司现实货币风险方面相比个人股东更具有比较优势。无论公司向公众披露多少信息，管理层总是在了解现实风险的广度和深度上占有优势。
- 市场往往因为结构性和制度性缺陷以及外部冲击（如原油危机或战争）而失衡。管理层比股东更善于识别市场的失衡条件，并通过**选择性套期保值**（selective hedging）提升公司价值。选择性套期保值是指管理层在特定情况下进行套期保值，如仅在面临特殊敞口或者对汇率走势有明确的预期时才使用套期保值措施。

套期保值的反对者提出如下理由。

- 股东在分散货币风险方面比公司管理层具有更大的能力。如果股东不想承担任何特定公司的货币风险，他们可以根据个人偏好和风险承受能力，通过投资组合多元化来管理风险。
- 货币套期保值不能增加公司的预期未来现金流。不仅如此，货币风险管理还会消耗公司资源，从而减少现金流。对公司价值的影响是现金流减少（降低价值）和现金流波动性降低（增加价值）的综合效果。
- 管理层经常进行的套期保值活动可能更多地是以牺牲股东的利益为代价，以实现管理层自身利益的。金融学中的代理理论指出，管理层通常比股东更厌恶风险。
- 管理层进行套期保值的操作无法超越市场的平均盈利水平。当市场根据平价条件达到均衡时，套期保值的预期净现值应为零。
- 管理层降低预期未来现金流波动性有时是出于会计原因。管理层可能认为，因外汇损失而受到的批评会比因套期保值成本过高而受到的批评更为严厉。外汇损失在利润表上是一个引人注目的独立项目或脚注，而套期保值产生的更高现金成本则隐藏在经营成本或利息支出中。
- 有效市场理论认为，投资者能够识别并看透“会计面纱”[⊖]（accounting veil），并已经将外汇影响计入公司的市场估值中。因此，套期保值徒增成本，不会增加公司的市场价值。

⊖ “会计面纱”是一个比喻性的术语，用于描述公司财务报告中的会计处理和原则可能掩盖或遮蔽真实经济状况和公司各项能力。这种“面纱”可能使投资者和其他利益相关者难以透过公司的财务报表直接看到其实际的财务健康状况、经营成果或风险水平。——译者注

每个公司最终需要自己决定是否进行套期保值，确定套期保值的目的以及如何执行套期保值。但正如全球金融实务 10.1 所述，这往往会引起更多的疑问和困惑。

全球金融实务 10.1

套期保值和德国汽车工业

德国的主要汽车生产商长期以来是世界上最积极的货币套期保值倡导者。如宝马、奔驰、保时捷等汽车的生产商，多年来因为公司的结构性敞口——虽然在欧元区内进行生产活动，但越来越依赖美元、日元或其他非欧元货币市场的销售——而积极进行外汇收益的套期保值。

然而，每个公司的套期保值手法千差万别。有的公司，如宝马汽车生产商，明确表示"会对销售收入进行套期保值"，但不会投机。还有一些公司，有时则通过套期保值赚取超过 40% 的收益。

能够赚钱的套期保值持续地给全球的监管机构、审计师和投资者带来挑战。套期保值的定义是什么？套期保值是否应该仅仅产生"成本"而非"利润"？这些问题推迟了 2008 年金融危机后美国和欧洲国家许多新的监管措施的执行。如果一个上市公司——如汽车制造商——能够通过套期保值持续赢利，那么它的核心竞争力是汽车的制造和组装，还是对汇率变动进行投机和套期保值呢？

10.3 交易敞口的成因

交易敞口指的是以外币计价的当前**偿债义务**（financial obligation㊀）在结算时产生的盈亏。大多数此类敞口在业界被称作**资产负债表敞口**（balance sheet exposure）。跨国公司在其经营活动中可能遇到多种类型的交易敞口，包括：

- 买卖商品或服务时，由外币计价和结算；
- 由外币构建的资金借入和贷出；
- 获取以外币计价的资产或承担以外币计价的负债。

10.3.1 采购和销售以外币计价和结算的商品或服务

最常见的交易敞口产生于公司销售后取得买家支付承诺（即应收账款）或进货后承诺未来支付（即应付账款），并且这些交易以外币计价。[从技术上来说，这类销售或采购被称作"**赊销**"（sale on open account）或"**赊购**"（purchase on open account），因为货物运输先于货款支付。] 图 10.3 展示了公司的销售如何形成应收账款敞口，这种敞口在其存在期间是如何发展的，以及如何将其分解为以下部分：**报价**（quotation）、**待处理订单**（backlog）以及**开票**（billing）。

㊀ "financial obligation"一般翻译为"偿债义务"。其含义比金融负债（financial liability）和金融债务（financial debt）更为广泛，不仅仅指债务和负债，还可以包括其他类型的支付义务，如合同规定的支付、未来的利息支付等。——译者注

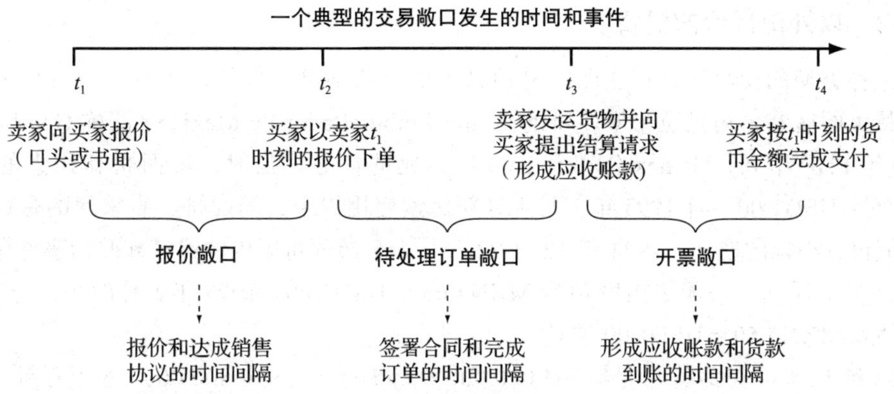

图 10.3　交易敞口的全过程

理论上，在卖家首次向潜在买家用外币报价的那一刻（t_1），交易敞口就产生了。这个报价既可以是口头上的（如通过电话报价），也可以是书面的投标，还可以通过印制的价格表来呈现。这就是**报价敞口**（quotation exposure）。

如果买家在 t_2 时刻下单，则报价阶段的潜在敞口就成为现实敞口。**待处理订单敞口**（backlog exposure）的得名源于该风险阶段处于销售合同已签署但还没有发运货物的状态。该敞口一直持续到货物在 t_3 时刻发运并开具发票，此时它转变为**开票敞口**（billing exposure），该敞口一直持续到 t_4 时刻卖家收到货款。

不过，很多公司到 t_3 时刻（货物发货并开票时）才将这种敞口认定为交易敞口。这是因为在报价期间，经常会出现各种商业和合同上的变化，包括合同取消，这时卖家还掌握着商品的控制权。

假设美国的 Ganado 公司以赊账方式向一位比利时买家销售商品，销售额为 1 800 000 欧元，付款期限为 60 天。销售当日的即期汇率是 USD1.120 0 = EUR1，卖家预期在收到货款时，按上述汇率兑换，得到 2 016 000 美元。这笔钱是记入公司账簿的销售收入。根据会计惯例，外币交易应按照交易当日有效的即期汇率记录。

如果 Ganado 公司实际收到的款项与其预期及账面记录的 2 016 000 美元有所差异，便会产生交易敞口。如果收到货款时欧元贬值为 USD1.100 0 = EUR1，美国的卖家只能收到 1 980 000 美元，比当初达成销售合同时少了 36 000 美元。

$$\text{交易结算 } 1\,800\,000 \times 1.100\,0 = 1\,980\,000\text{（美元）}$$
$$\text{交易账面 } 1\,800\,000 \times 1.120\,0 = \underline{2\,016\,000}\text{（美元）}$$
$$\text{销售的外汇收益} = \quad -36\,000\text{（美元）}$$

然而，若欧元在付清货款时升值到 USD1.300 0 = EUR1，则 Ganado 公司实际会收到货款 2 340 000 美元，比预期金额高出 324 000 美元。因此，Ganado 公司的敞口是指其最终结算的美元金额与销售时账面记录的美元金额相比，可能发生损失或获得收益的风险。

该美国卖家可以通过向比利时买家开具美元发票来避免交易敞口。当然，如果这家美国公司只接受美元付款，它可能根本无法实现这笔交易。即便比利时买家同意用美元支付，交易敞口也没有就此消除，而是转移到比利时买家头上，其应付账款在未来 60 天内存在不确定性。

10.3.2　以外币计价的借贷

第二种类型的交易敞口产生于以外币计价的借贷活动。例如，1994年，百事公司在美国之外最大的瓶装公司是位于墨西哥的Grupo Embotellador de Mexico（简称Gemex公司）。在1994年12月中旬，Gemex公司有2.64亿美元的债务。当时，墨西哥新比索的汇率为MXN3.45 = USD1.00。自1993年1月1日新比索启用以来，墨西哥一直采取的是钉住汇率制，币值仅有小幅的波动。1994年12月22日，由于墨西哥国内的经济和政治事件爆发，新比索允许自由浮动，一天之内贬值到MXN4.65 = USD1.00。1995年1月的大部分时间内，汇率围绕着MXN5.50 = USD1.00波动。

1994年12月中旬的美元债务264 000 000×3.45 →	=	910 800 000（墨西哥新比索）
1995年1月中旬的美元债务264 000 000×5.50 →	=	1 452 000 000（墨西哥新比索）
以墨西哥新比索计价的美元债务增加额	=	541 200 000（墨西哥新比索）

由墨西哥新比索计价的美元债务陡增59%！把Gemex公司因为墨西哥新比索贬值而增加的债务负担换算成美元，即98 400 000美元。

10.3.3　交易敞口的其他成因

一家公司签订远期外汇合约的实质是主动创造一项交易敞口。该公司通常是为了对已存在的交易敞口进行套期保值而承担这种风险。例如，一家美国公司90天后支付1亿日元购买日本进口货物，公司要对其承担的付款义务进行套期保值。一种方式是，今天在远期市场购买1亿日元，以便在90天后交付。通过这种方式，日元兑美元汇率的任何变化都被抵消了。因此，应付账款潜在的交易损失（或收益）被远期合约的交易收益（或损失）所抵销。但是，无论该公司是否真的在90天后用日元进行支付，公司都有义务按照远期合约来完成这笔远期交易。因此，该合约本身就是一项交易敞口。

10.4　管理交易敞口

外汇交易敞口可以通过**合约对冲**（contractual hedge[㊀]）或**经营对冲**（operating hedge）来管理。合约对冲，也称为**财务对冲**（financial hedge），可以通过远期市场、货币市场、期货市场和期权市场操作。经营对冲利用经营现金流（即源自公司经营活动的现金流），包括风险分担协议和使用提前支付或滞后支付（leads and lag）的支付策略。财务对冲利用融资现金流（即源自公司融资活动的现金流），包括特定类型的债务和外汇衍生品，如互换。第12章将更详细地描述财务对冲。

自然对冲（natural hedge）利用由业务活动产生的、能够相互抵销的经营现金流或应付账款。财务对冲则抵销债务义务（如贷款）或某种金融衍生品（如利率互换）。在区分对冲时，应注意按照财务管理的惯例来区分现金流，即分为经营活动的现金流与融资活动的现金流。下面的案例展示了如何使用合约对冲技术来防范交易敞口。

㊀ “hedge”在本书中既可以翻译成“对冲”，也可以翻译成“套期保值”。——译者注

10.4.1　Ganado 公司的交易敞口

玛丽亚·冈萨雷斯是 Ganado 公司的首席财务官。她最近与一家英国公司 Regency 公司完成了一项价值 100 万英镑的涡轮发动机销售交易。考虑到 Ganado 公司当前的业务规模，这笔销售额非常可观。Ganado 公司目前没有其他外国客户，因此对这次交易所涉及的货币风险格外关注。该销售交易在 3 月达成，且约定在 3 个月后的 6 月支付款项。图 10.4 概述了玛丽亚为分析交易敞口所收集的财务与市场信息。图中的问号表示，90 天后应收账款兑换成美元的实际收入。

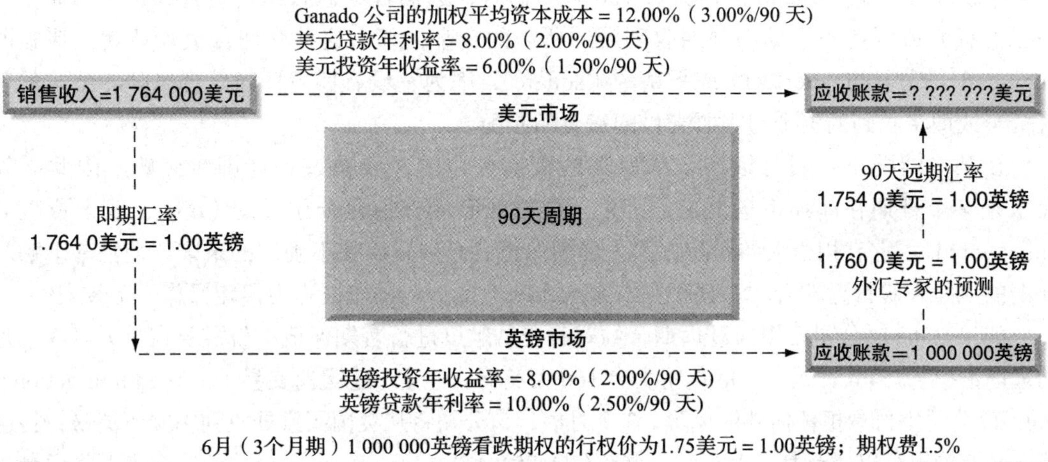

图 10.4　Ganado 公司的交易敞口

Ganado 公司主张薄利经营。尽管玛丽亚和 Ganado 公司很高兴看到英镑相对美元升值，但他们更加担心的是英镑可能会贬值。因为这笔交易在财务和战略上都很有价值，所以 Ganado 公司在签订这份合同时，将利润定得非常低，销售价格为 170 万美元。因此，Ganado 公司预算中可接受的美元兑英镑汇率水平最低为 1.70 美元 = 1.00 英镑。任何低于这个汇率水平的情况都会令 Ganado 公司在这笔交易中无利可图。

Ganado 公司可以采用四种策略来管理其交易敞口：①不采取任何套期保值措施；②通过远期市场进行套期保值；③通过货币市场进行套期保值；④通过期权市场进行套期保值。

10.4.2　敞口头寸

玛丽亚决定承担交易风险。她若相信外汇专家的预测，则 3 个月后预计会收到 1 760 000（= 1 000 000 × 1.760 0）美元。然而该笔资金是有风险的。一旦英镑贬值，比如跌到 1.65 美元 = 1.00 英镑，她只能收到 1 650 000 美元。不过汇率风险并不是单向的，如果交易未进行套期保值并且英镑的升值超过了预期，Ganado 公司实际收到的金额可能远超 1 760 000 美元。

这种不进行套期保值的处理方式的实质如下所示：

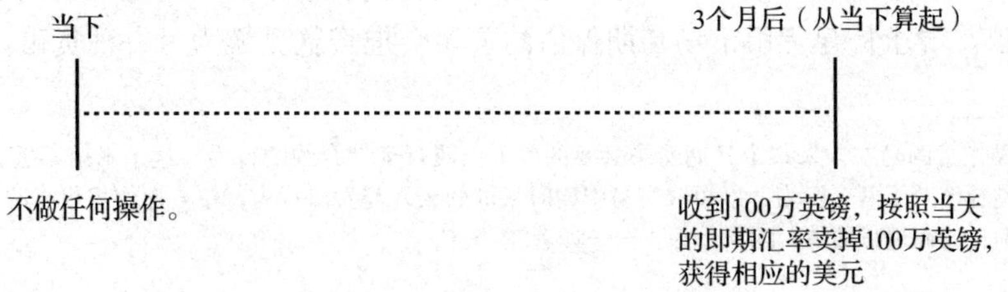

10.4.3 远期市场套期保值

通过远期市场进行套期保值的操作涉及远期（期货）合约和履行该合约所需的资金来源。当交易敞口产生时，公司立即签订远期合约。同时，Ganado 公司在 3 月把对 Regency 公司的销售收入记为应收账款。

当以外币计价销售时，公司会根据销售当天的即期汇率进行记账。在本例中，销售当天的即期汇率是 1.764 0 美元 = 1.00 英镑，因此应收账款被记为 1 764 000 美元。到了 6 月，当 Regency 公司向 Ganado 公司支付 100 万英镑时，远期合约的履约资金就到位了。如果公司已经拥有或因业务活动而预期收到履约所需的资金，那么这种套期保值被认为是覆盖的（covered）、完美的（perfect）或平衡的（square），因为它没有留下任何外汇风险。公司的现有资金或即将收到的资金与需要支付的资金相匹配。

在某些情况下，履行远期合约所需的资金并非已经到位或预计即将到账，因此必须在未来某个日期在即期市场上购买外汇。这样的套期保值是开放式的（open）或未覆盖的（uncovered）。它有相当大的风险，因为套期保值者必须冒着在不确定的未来即期汇率下购买外汇的风险来履行远期合约。这种在未来购入外汇资金的操作被称为覆盖操作[⊖]（covering）。

如果 Ganado 公司希望通过远期合约对其交易敞口进行套期保值，就需要在今天以 3 个月的远期汇率 1.754 0 美元 = 1.00 英镑卖出 100 万英镑。这是一笔**覆盖交易**（covered transaction），Ganado 公司不再承担任何外汇风险。3 个月后，该公司将从英国买家处收到 100 万英镑，将这笔金额交给银行以履行其远期合约，并收到 1 754 000 美元。Ganado 公司的利润表上将记录一项外汇损失 10 000 美元（记账时为 1 764 000 美元，结算时为 1 754 000 美元）。

通过远期市场进行套期保值的实质如下所示：

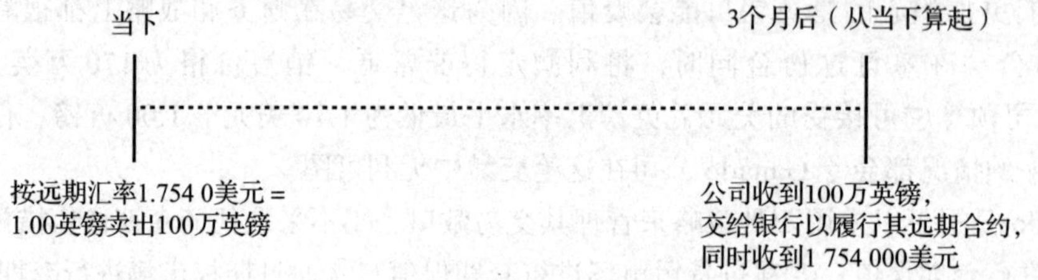

如果玛丽亚对未来汇率的预测与远期合约的报价一致，即 1.754 0 美元 = 1.00 英镑，那么无论公司是否采取套期保值措施，预期收益都将保持不变。但是，若不进行套期保值，实际的收益可能会与通过套期保值确保的收益有显著的差异。绝不能低估预测结果的重要性（包括 90 个夜晚的安心睡眠）。

10.4.4 货币市场套期保值（资产负债表套期保值）

与远期市场套期保值类似，货币市场套期保值［也常称为**资产负债表套期保值**（balance sheet hedge）］同样涉及一款合约以及履行该合约所需的资金来源。在这种情况下，该合约是一份贷款协议。寻求构建货币市场套期保值的公司会把贷款兑换为另一种货币。履约所需的

⊖ 覆盖操作指的是在未来某个日期购买必要的外汇以履行远期合约的行为，这个术语不适合译为“抛补”。因为抛补涉及了两个行为，即短线交易中同时采取的买入与卖出行为，覆盖操作仅仅指的是为了履行已有的远期合约而进行的单一购买行为。——译者注

资金，即偿还贷款的资金，来自业务运营。在 Ganado 公司的例子中，应收账款收到的资金用于偿还贷款。

货币市场套期保值可以覆盖单一交易（single transaction），比如 Ganado 公司 100 万英镑的应收账款，或者重复性交易（repeated transaction）。对重复性交易进行套期保值被称为**匹配**（matching）。这要求公司按货币和到期日匹配预期的外币现金流入和流出。例如，如果 Ganado 公司在较长时间内与英国客户有多笔以英镑计价的销售合同，那么其英镑的现金流入就相对可预测。在这种情况下，适用的货币市场套期保值策略是陆续借入若干笔与预期英镑现金流入金额和期限相匹配的英镑。这样，无论英镑升值还是贬值，从英镑现金流入中承担的外汇影响都会被用于偿还英镑贷款及其利息的英镑现金流出所抵消。

货币市场套期保值的设计与远期市场套期保值相似。它们的区别在于，货币市场套期保值的成本源于利率，该利率不同于用于确定远期汇率的利率。私营企业在两国市场上借款面临的利率差异，可能与两国的无风险政府债券利率差异或离岸货币的利率差异不一样。在有效市场中，利率平价会确保这些成本大致相同，但并不是所有市场都一直处于有效状态。

为了在货币市场上进行套期保值，玛丽亚要立即在伦敦借入英镑，并将借入的英镑兑换成美元，然后用涡轮发动机的销售收入在 3 个月后偿还英镑贷款。她需要确保未来销售收入足以覆盖贷款的本金及 3 个月的利息[⊖]。贷款的利率为每年 10%，换算成 3 个月的利率为 2.5%。因此，现在需要借入的金额（在 3 个月后偿还）为 975 610 英镑。

$$\frac{1\,000\,000}{1+0.025}=975\,610\text{（英镑）}$$

玛丽亚现在要借入 975 610 英镑，并且在 3 个月后用销售收入偿还这笔本金和 24 390 英镑的利息。Ganado 公司将 975 610 英镑的贷款收入立即以 1.764 0 美元 = 1.00 英镑的即期汇率换得 1 720 976 美元。

如果 Ganado 公司选择货币市场套期保值，它会创造一项以英镑计价的负债——英镑贷款，以抵销以英镑计价的资产——应收账款。货币市场套期保值通过按货币计价匹配资产和负债来起到套期保值的作用。使用一个简单的 T 形账户来模拟 Ganado 公司的部分资产负债表，可以看到以英镑计价的贷款抵销了以英镑计价的应收账款。

资产		负债及所有者权益	
应收账款	1 000 000 英镑	银行贷款本金	975 610 英镑
	1 000 000 英镑	应付利息	24 390 英镑
			1 000 000 英镑

该贷款作为一种资产负债表套期保值措施，针对的是以英镑计价的应收账款，并基于货币市场贷款（90 天期限的贷款）。

10.4.5 远期市场套期保值和货币市场套期保值的比较

为了比较远期市场套期保值和货币市场套期保值，需要分析 Ganado 公司在此后的 3 个月如何使用这笔英镑贷款（即借入资金）。记住，借入资金是今天到账，但远期合约的款项是

⊖ 原文有误，此处已做调整。——译者注

在3个月后到账。要有可比性，必须计算借入资金的终值或远期合约款项的现值。由于主要不确定性是3个月后的美元价值，因此在这种情况下将使用终值进行比较。

远期合约款项和借入资金都相对确定，我们可以根据两种方案中哪一种带来更高的美元收入来做出选择。这个选择依赖于借入资金的投资回报率或预设的利率。

在未来3个月内，借入资金的投资回报率至少存在三个合理的选择。第一，如果Ganado公司资金充裕，可能会将这笔贷款投资于年化收益率为6%的美元货币市场工具。第二，玛丽亚可能会直接利用英镑贷款来偿还Ganado公司目前年利率为8%的美元贷款。第三，玛丽亚可能会将贷款收入投资于公司的日常运营中，此时，12%的年资本成本将是合适的利率选择。在财务管理中，通常使用公司的资本成本（加权平均资本成本）来评估资本的时间价值。因此，我们将使用12%的加权平均资本成本（对应90天期限则为3%）来计算货币市场套期保值下借入资金的终值：

$$1\ 720\ 976 \times 1.03 = 1\ 772\ 605 \text{（美元）}$$

现在计算远期市场套期保值与货币市场套期保值之间的盈亏平衡率。假设 r 是未知的3个月的投资回报率（以小数形式表示），使远期市场套期保值金额和货币市场套期保值金额相等。得到：

$$\text{（借入资金）} \times (1 + r) = \text{远期合约款项}$$

$$1\ 720\ 976 \times (1 + r) = 1\ 754\ 000$$

$$r = 0.019\ 2$$

假设一个金融年有360天，现在把该3个月的投资回报率换算成百分比形式的年利率，如下：

$$0.019\ 2 \times \frac{360}{90} \times 100\% = 7.68\%$$

换言之，如果玛丽亚能够用借入资金取得高于7.68%的年投资回报率，她就会选货币市场套期保值。如果借入资金年投资回报率低于7.68%，她就会选择远期市场套期保值。

对交易敞口采取货币市场套期保值的实质如下所示：

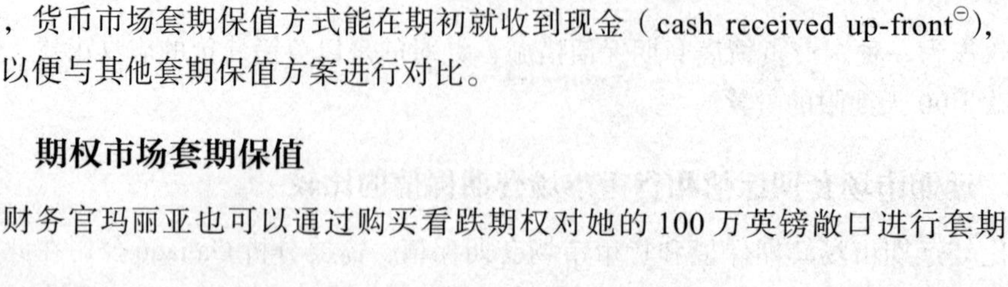

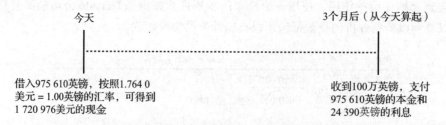

因此，货币市场套期保值方式能在期初就收到现金（cash received up-front[⊖]），需要计算其终值，以便与其他套期保值方案进行对比。

10.4.6 期权市场套期保值

首席财务官玛丽亚也可以通过购买看跌期权对她的100万英镑敞口进行套期保值。这

⊖ “up-front”指的是在事情开始的时候或者在前期就直接收到资金，意味着资金是立即可用的，没有延迟。所以，当谈到货币市场套期保值时，“up-front”表明贷款所得的现金是在期初获得的。这个术语通常用于描述需要立即支付或者立即收到的款项。——译者注

种方法，即期权市场套期保值，允许她在把下行风险控制为已知金额的同时，投机于英镑升值的上行可能性。玛丽亚可以从银行购买一个 3 个月期的 100 万英镑看跌期权，行权价格为 1.75 美元 = 1.00 英镑（平值[⊖]），期权费为 1.50%。期权的总成本如下：

$$\text{期权合约的规模} \times \text{期权费} \times \text{即期汇率} = \text{期权总成本}$$

$$1\,000\,000 \times 0.015 \times 1.764\,0 = 26\,460\,(\text{美元})$$

因为我们使用终值比较不同的套期保值方案，所以必须求出期权费 3 个月后的终值。我们将采用每年 12% 或每季度 3% 的资本成本。因此，期权费在 6 月的终值就是 27 254（= 26 460 × 1.03）美元。这相当于每英镑 0.027 3（= 27 254 ÷ 1 000 000）美元。

Ganado 公司在 6 月会收到 100 万英镑，这笔款项转换成美元的价值将依赖于当时的即期汇率。这种情况下的盈利潜力没有上限，这一点与选择不进行套期保值时相同。在任何汇率高于 1.75 美元 = 1.00 英镑的情况下，Ganado 公司将让其期权到期而不行权，并以即期汇率将英镑兑换为美元。如果预期汇率 1.76 美元 = 1.00 英镑出现了，Ganado 公司将在即期市场上将 1 000 000 英镑兑换为 1 760 000 美元。净收益将是 1 760 000 美元减去期权成本 27 254 美元，即 1 732 746 美元。

与未进行套期保值相比，Ganado 公司通过期权市场套期保值，使其下行风险是有限的。如果英镑贬值到 1.75 美元 = 1.00 英镑以下，玛丽亚将行使看跌期权，以 1.75 美元 = 1.00 英镑的价格卖出 100 万英镑，收到 1 750 000 美元，扣除期权成本 27 254 美元后的净收益为 1 722 746 美元。尽管与远期市场套期保值或货币市场套期保值相比，这种方式在外汇市场下行时的结果更不利，但其在市场上行时的盈利潜力却没有限制。

对交易敞口采取平值看跌期权套期保值的核心在于：

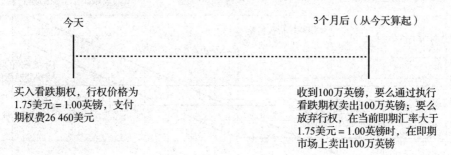

我们可以在英镑期权套期保值和其他套期保值方式之间算出一个盈亏平衡的交易范围。与远期市场套期保值的远期汇率比较能算出期权交易的上限。英镑需要升值超过每英镑 1.754 0 美元的远期汇率，以覆盖每英镑 0.027 3 美元的期权成本。因此英镑即期汇率的盈亏平衡上限是 1.781 3 美元 = 1.00（= 1.754 0 + 0.027 3）英镑。若英镑的即期汇率超过这一上限，则期权市场套期保值带来的收入高于远期市场套期保值的收入。如果汇率最终跌到这一上限以下，在事后看来，远期市场套期保值更优。

交易范围的下限由未进行套期保值的策略决定。如果即期汇率跌到 1.75 美元 = 1.00 英镑以下，玛丽亚会行使看跌期权，并以 1.75 美元 = 1.00 英镑的价格出售英镑，减去每英

⊖ 平值是指期权的行权价格与标的资产当前市场价格相等或非常接近的状态。在平值状态下，期权没有内在价值（因为行权价格等于市场价格，卖出标的资产并不会立即带来利润），但可能有时间价值（未来标的资产价格走势发生变化的可能性给予期权一定的价值）。——译者注

镑 0.027 3 美元的期权成本，得到每英镑净收益为 1.722 7 美元。如果英镑的即期汇率跌到 1.722 7 美元 = 1.00 英镑以下，行使看跌期权所得的净收益将高于在即期市场上直接出售未套期保值英镑所得的净收益。当英镑即期汇率高于这一下限时，不进行套期保值，即直接即期市场上卖出英镑的净收益会更高。

外汇期权具有多种套期保值用途。对于建筑公司和出口商而言，当他们需要以一定的外币价格进行投标，但要到未来某个时刻才能确定投标是否成功时，看跌期权便显得十分重要。类似地，如果参与外国的投标活动可能会产生未来的外币支付，看涨期权对这一可能支付的套期保值就很有用。在这两种情况下，如果投标失败，损失仅限于购买期权的成本。

10.4.7 比较不同的套期保值操作

图 10.5 展示了在不同即期汇率和套期保值选择下，Ganado 公司的 100 万英镑应收账款可能的价值变化情况。该图意在说明，公司对未来的汇率变动的预期如何帮助其选择合适的套期保值策略：

- 如果预计汇率走势不利于 Ganado 公司，即汇率低于 1.76 美元 = 1.00 英镑，货币市场套期保值显然是更好的选择，因为该策略保证了 1 772 605 美元的收入；
- 如果预计汇率走势有利于 Ganado 公司，即汇率高于 1.76 美元 = 1.00 英镑，那么最佳选择就不那么明确了，可能要在不进行套期保值、货币市场套期保值或用看跌期权套期保值之间做出选择。

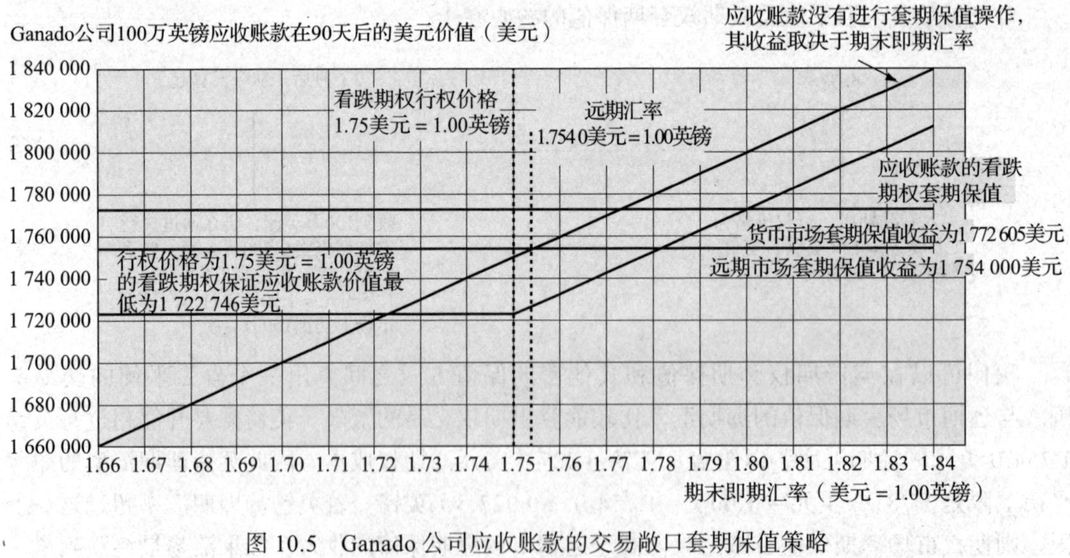

图 10.5 Ganado 公司应收账款的交易敞口套期保值策略

不进行套期保值通常是不被接受的选择。如果玛丽亚对未来即期汇率的预测出错，且汇率跌破 1.70 美元 = 1.00 英镑，她将无法在交易中获利。看跌期权提供了一个独特的替代方案。如果汇率变化对 Ganado 有利，除了前期成本（up-front cost）外，看跌期权几乎能提供与不进行套期保值相同的上行潜力。然而，如果汇率变化对 Ganado 不利，看跌期权能将下行风险限制在 1 722 746 美元。

那么玛丽亚应如何在各种套期保值策略中做出选择呢？她需要根据两个决策标准来选

择：① Ganado 公司公开表明的**风险承受度**（risk tolerance）；②她自己对于未来汇率变动方向和幅度的看法或预期。

Ganado 公司的风险承受度结合了管理层对交易敞口的态度和财务活动的具体目标。许多公司认为货币风险只是国际商务的一部分，因此，它们以未套期保值作为基准展开分析。然而，另外一些公司不接受货币风险，它们要么以全额远期合约套期保值为分析起点，要么直接要求所有交易敞口都必须通过远期合约进行套期保值，不考虑其他套期保值选择的价值。在大多数公司中，财务部门作为成本中心或服务中心运作。如果财务部门作为利润中心运作，它可能会承担更多风险。

在做出最终的套期保值选择时——如果玛丽亚确实预期英镑将升值——需要综合公司的风险承受度、对汇率走势的看法以及对这一看法的信心。通过各种合约进行交易敞口管理需要管理层的判断力。全球金融实务 10.2 说明了套期保值选择可能受到盈利能力和远期溢价的影响。

全球金融实务 10.2

远期汇率和套期保值成本

一些跨国公司将套期保值成本理解为“套期保值的总现金流支出”（total cash flow expenses of the hedge），并将其计算为最初外币交易金额的一个百分比。它们把“套期保值的总现金流支出”定义为所有相关的现金支出（如预付的期权费，包括其时间价值）加上最终现金结算额与记账额之间的差额。

如果公司使用远期合约进行套期保值，由于没有前期成本，所以总现金流支出只是远期结算额与记账额之间的差额。（使用前述的套期保值成本的定义。）这就是远期溢价。但有时候，远期溢价的规模会促使公司避免使用远期合约。

假设有一家美国公司持有价值 100 万英镑的一年期应收账款。当前的即期汇率是 1.600 0 美元兑换 1 英镑。如果美元和英镑的年利率分别是 2.00% 和 4.00%，那么相应的一年期远期汇率将是 1.569 2 美元兑换 1 英镑。这表示英镑在远期市场上相对于即期市场低了 1.923%，即英镑对美元存在 1.923% 的贴水。对于这家跨国公司而言，进行套期保值的成本就是 1.923%。然而，如果英镑的利率显著高于美元，比如达到 8.00%，那么一年期远期汇率将是 1.511 1 美元兑换 1 英镑，相当于一个 −5.556% 的远期溢价。在这种情况下，一些跨国公司可能会认为，在远期市场使用远期合约进行套期保值会造成 5.556% 的交易结算损失，这样的套期保值成本过于高昂。对于“过于高昂”的定义应该基于跨国公司本身的经营管理哲学、跨国公司对货币风险承受度以及业务特点和行业本身的盈利性。虽然金融理论的原理认为这两种情况本质上没有区别，但在全球商业中，一个 5.56% 的销售结算损失可能会大大降低销售的净利润率。

10.4.8 应付账款的套期保值

应付账款就是公司需要在将来的某个日期进行款项支付。管理应付账款与管理应收账款相似但不完全相同。如果 Ganado 公司在 90 天后有一笔 100 万英镑的应付账款，套期保值的选择如下。

无任何套期保值操作。Ganado 公司可以等待 90 天，到时直接把美元换成英镑，完成支付。如果 Ganado 公司预计 90 天后的即期汇率是 1.760 0 美元 = 1.00 英镑，支付就要花费 1 760 000 美元。不过这笔钱是不确定的，90 天后的即期汇率有可能与预计的大相径庭。

采用远期市场套期保值。Ganado 公司可以买入 100 万英镑的远期合约，锁定 1 英镑兑换 1.754 0 美元的汇率，总成本为 1 754 000 美元。这比上面的无任何套期保值操作的成本要少 6 000 美元，因此显然比第一种选择更好。

采用货币市场套期保值。应付账款的货币市场套期保值操作与应收账款的货币市场套期保值操作截然不同。为了实施货币市场套期保值，Ganado 公司会立刻用美元兑换英镑，并将其投资于一个为期 90 天、计息的英镑账户。90 天期满时，本金和利息将用来支付 100 万英镑的应付账款。

为了确保到期时本金加上利息正好等于 90 天后到期的 100 万英镑，Ganado 公司会根据 8% 的英镑投资收益率对 100 万英镑进行 90 天的贴现，以此来计算今天所需的英镑金额：

$$\frac{1\,000\,000}{1+\left(0.08\times\frac{90}{360}\right)}=980\,392.16(\text{英镑})$$

按当前的汇率 1.764 0 美元 = 1.00 英镑，Ganado 公司需要拿出 1 729 411.77 美元才能满足在今天存入 980 392.16 英镑的要求。

$$980\,392.16\times1.764\,0=1\,729\,411.77\ (\text{美元})$$

最后，为了将货币市场套期保值的结果与其他套期保值策略进行比较，需计算 1 729 411.77 美元在 90 天后的终值。如果以 Ganado 公司 12% 的加权平均资本成本计算其终值，货币市场套期保值的总成本将为 1 781 294.12 美元。这个成本高于远期市场套期保值的成本，因此货币市场套期保值策略并不具有吸引力。

$$1\,729\,411.77\times\left[1+\left(0.12\times\frac{90}{360}\right)\right]=1\,781\,294.12(\text{美元})$$

采用期权市场套期保值。Ganado 公司可以通过买入价值 100 万英镑的看涨期权对 100 万英镑的应付账款进行套期保值。一款 90 天后到期的英镑看涨平价期权，行权价格为 1.75 美元 = 1.00 英镑，期权费为 1.5%，即 26 460（= 1 000 000 × 0.015 × 1.764 0）美元。

无论看涨期权会不会被执行，都要预先支付期权费。按 12% 的加权平均资本成本计算这笔钱在 90 天后的终值，得到期权费的金额会增加到 27 254 美元。如果 90 天后的即期汇率低于 1.75 美元 = 1.00 英镑，则应直接在当时的即期市场上购买英镑，期权到期作废。如果不执行看涨期权，则看涨期权套期保值的总成本从理论上说比任何套期保值操作都低。（无任何套期保值操作的策略除外，因为采用期权套期保值还要损失期权费。）如果 90 天后的即期汇率高于 1.75 美元 = 1.00 英镑，则公司会执行看涨期权。

如果执行看涨期权，该套期保值策略的总成本如下：

执行看涨期权 1 000 000 × 1.75	=	1 750 000（美元）
看涨期权费用（90 天后的终值）	=	27 254（美元）
看涨期权套期保值的总成本	=	1 777 254（美元）

套期保值策略的选择。图 10.6 总结了 Ganado 公司 100 万英镑应付账款的四种套期保值策略。远期市场套期保值和货币市场套期保值的成本是确定的。看涨期权套期保值的成本取

的是最大值。无任何套期保值操作的成本的不确定性最大。

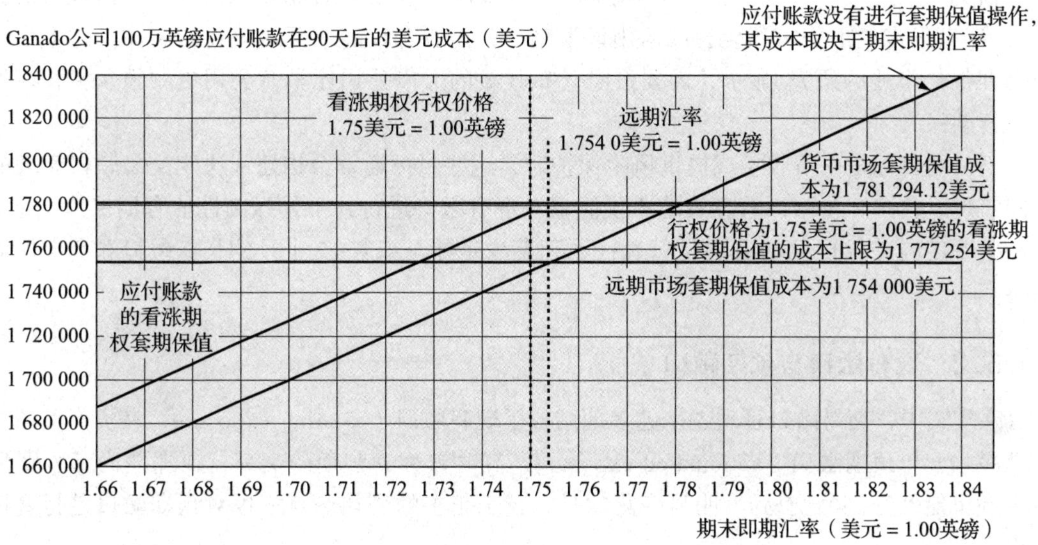

图 10.6　Ganado 公司应付账款的交易敞口套期保值策略

与 Ganado 公司的应收账款情况类似，最终的套期保值策略由玛丽亚对汇率的预期以及她承担风险的意愿决定。应付账款远期市场套期保值所需承担的确切成本最低。如果美元相对英镑升值，最终汇率低于 1.75 美元 = 1.00 英镑，看涨期权就有可能成为成本最低的套期保值策略。然而，若预期的即期汇率为 1.76 美元 = 1.00 英镑，远期市场套期保值则显得更具吸引力。

10.5　交易敞口管理实践

理论上，理论和实践之间没有区别。但在实践中，确实存在区别。

——约吉 · 贝拉（Yogi Berra）

在交易敞口管理方面，每家公司都有其独特的方法。近年来，在美国、英国、芬兰、澳大利亚和德国进行的一系列关于企业风险管理实践的调查显示，关于交易敞口的管理，并不存在最佳的单一解。我们尝试总结这些调查结果，这些调查结果涉及企业交易敞口管理中最常用的管理目标、交易敞口的种类、确定敞口的方法和不同的套期保值策略。

10.5.1　管理目标

财务部门通常负责管理交易敞口，多数私营企业的财务部门常常被视为成本中心或共享服务中心。财务部门很少是利润中心；公司不期望财务部门通过承担风险去增加公司的净利润。但也不是说不指望它为公司增值。在管理公司钱财时，货币风险经理总是过于谨慎而不愿冒险。与此同时，大多数跨国公司并不要求财务部门战胜市场或准确预测汇率走势。财务部门通常愿意做的事包括通过某种组合平滑财务业绩、保护公司现金流（尤其是确保不超公司预算）以及努力提高未来现金流的确定性。

外汇套期保值操作中最常见的目标是最小化汇率导致的收益波动性。上市公司投资者青睐可预见的稳定收益，当然也寻求收益的增长。如果一款套期保值策略可以“平滑收益的波动”，那么很多上市公司都会尝试运用该策略。公司所有权离不开对收益的关注。对上市公司套期保值实践的研究㊀显示，需要按时公布收益的上市公司比私营公司更频繁、更长期地使用套期保值。㊁

当公司目标是平滑收益或提供风险保护时，这些目标通常会构建或决定交易敞口管理的时间跨度。很多交易敞口管理策略不仅涵盖对现有敞口进行几乎是强制性的套期保值（通常在一个季度内进行），而且还包括管理一系列至少延伸至未来 12 个月的长期敞口和套期保值策略。

10.5.2 现有敞口与预期敞口

在实践中，交易敞口管理越来越多地结合了**现有敞口**（existing exposure，在资产负债表上的敞口）与**预期敞口**（anticipated exposure，有时被称为预期的交易，或那些尚未入账但发生的可能性很高的交易）。明显变化的是，越来越多的公司愿意积极对预期敞口进行套期保值。

在过去，许多公司的政策禁止对尚未出现在资产负债表上的任何敞口进行套期保值。理由很直接：除非交易已经记录在公司的会计账簿上，否则该敞口实际发生的可能性小于 100%，而购买作为套期保值的任何金融衍生品需要 100% 的确定性支出。保守性的套期保值政策规定，合约套期保值只能针对已存在的敞口进行。

公司最常对两种类型的预期敞口进行套期保值：**合约敞口**（contractual exposure）和**公司内部交易**（intra-firm transaction）。合约敞口是指根据持续合约（continuing contract）发生的外币计价交易。例如，一家公司可能每 90 天向另一家公司发货一次，且两家公司目前正根据一份为期三年的合约进行合作。每一次单独的发货都会产生一个明确可识别的交易敞口（对一方来说是应收账款，对另一方来说是应付账款）。尽管未来的发货尚未发生且尚未入账，但它们属于合约责任（contractual obligation），发生的可能性非常高。

公司内部交易，即同一公司内部单位之间的贸易（无论是子公司之间还是子公司与母公司之间），也会产生预期敞口。尽管这一领域的数据较少，但据估计，美国西海岸所有国际商业交易中，80% 以上是公司内部单位之间的交易，而不是不同公司之间的交易，如日本丰田公司与其美国子公司之间的零部件运输。全球供应链的发展和一体化的公司规划（integrated corporate planning㊂）已使这些公司内部运输成为一种可预测和稳定的活动，但这无可避免地为其中一个或另一个运营单位（operating unit）创造了货币敞口。对这些敞口的套期保值对于一些公司来说越来越日常化。全球金融实务 10.3 将更深入地探讨公司内部套期保值。

㊀ See for example Wells Fargo's *2020 Risk Management Practices Survey*.

㊁ 在积极进行外汇敞口套期保值的公司之间，另一个重要的区别是公司的规模；被调查的私营公司在总收入上通常远小于被调查的上市公司。公司越大，就越有可能拥有内部的（in-house）风险管理师，他们具备专业知识并拥有专门资源来管理外汇交易敞口。

㊂ “integrated corporate planning”指的是一个全面的、跨部门的企业规划过程，旨在确保公司的各个部门和业务单元在实现共同目标方面能够协调一致地工作。这种规划过程包括财务、运营、市场营销、人力资源等各个方面，以确保企业资源的有效分配和利用，同时最大化企业的整体效率和盈利能力。——译者注

全球金融实务 10.3

为什么公司内部套期保值是有意义的

一个常见的关于套期保值的讨论是，当同一公司的两个业务部门或分支机构相互之间以不同货币处理支付时，是否应该进行套期保值。基本的观点是，如果一个业务部门或分支机构以其本币交易，而另一个以外币进行交易，那么进行套期保值似乎没有意义，因为一个业务部门或分支机构的收益会成为另一个的损失——净影响为零。

这种观点至少在两个不同的层面上存在误导性。首先，对外币交易敞口进行套期保值，可以像保险一样，保护公司免受不可预测事件的影响。若外币相对公司自身货币升值，需要以外币支付的业务部门可能会看到其结算成本大幅上升。这种额外成本不会由公司内部的对应业务部门抵销；因为对方以本币销售，不会获得任何外汇收益。其次，跨国税务规划和管理不仅需要盈利能力的调配（positioning of profitability[㊀]），还要求盈利能力的可预测性。外汇盈亏可能破坏现金流预测和税务规划。

10.5.3 敞口覆盖的层次

许多跨国公司遵循相当严格的交易敞口套期保值政策，这些政策规定了对公司因其跨境业务活动累积的外汇敞口[㊁]进行相当比例的套期保值（即对敞口的一定比例或百分比进行套期保值）。这需要按货币种类、到期日识别敞口，然后通过覆盖百分比（cover percentage）和套期保值工具选择性地进行套期保值。

例如，一家位于美国的跨国公司可能会累积一周内所有对日元的短期和长期头寸，然后，将这些净头寸按到期日分组（如少于 30 天、30～90 天、超过 90 天）。该公司将根据市场条件、汇率预期以及公司对金融衍生品的具体态度，每周按到期日对净敞口头寸（net exposure position）进行套期保值。政策通常要求对现有交易敞口的一定百分比进行合约套期保值（如，对所有少于 30 天的敞口进行 90% 的覆盖，对 30～90 天到期的敞口至少覆盖 50%，以及选择性地覆盖超过 90 天的敞口）。随着敞口到期日的延长，所需的远期覆盖百分比会减少。

用于套期保值的金融衍生工具或结构，将由市场条件、金融衍生品的可选范围，以及公司对不同套期保值结构和衍生品的熟悉程度或接受度的综合考量来决定。业界通常有一些常规做法。

10.5.4 套期保值工具和结构的选择

图 10.7 总结了富国银行的一项关于套期保值实践的调查结果，涵盖了套期保值的做法和

㊀ “positioning of profitability”指的是企业通过各种策略和决策来优化其盈利状况，以便在税务规划、投资者关系和市场竞争中获得有利位置。这包括合理的资源分配、成本控制等方式，以及通过税务规划和利润调配来最大化净利润和税后收益。—译者注

㊁ 公司因其跨境业务活动累积的外汇敞口指的是公司在一定时间内，通过跨国运营、贸易活动或财务决策，累积起来的、待管理的外汇风险敞口。这些敞口可能来源于不同的业务活动，比如进出口交易、外币贷款、海外投资等，涉及不同货币和到期期限。企业需要识别并汇总这些不同来源和性质的外汇风险，以便进行有效的风险管理。——译者注

工具。被调查的公司表示，它们对大约 70% 的贸易和金融相关的敞口（资产负债表上的）进行了套期保值，还对 59% 的预测敞口进行了套期保值。它们对外国子公司的净投资和净收入的套期保值比例则低得多（第 11 章有详细说明），分别只有 10% 和 8%。在使用的套期保值工具方面，96% 的公司使用了远期合约，而只有 20% 的公司使用了期权和期权组合（本章附录有详细说明）。有 12% 的公司使用了货币互换。

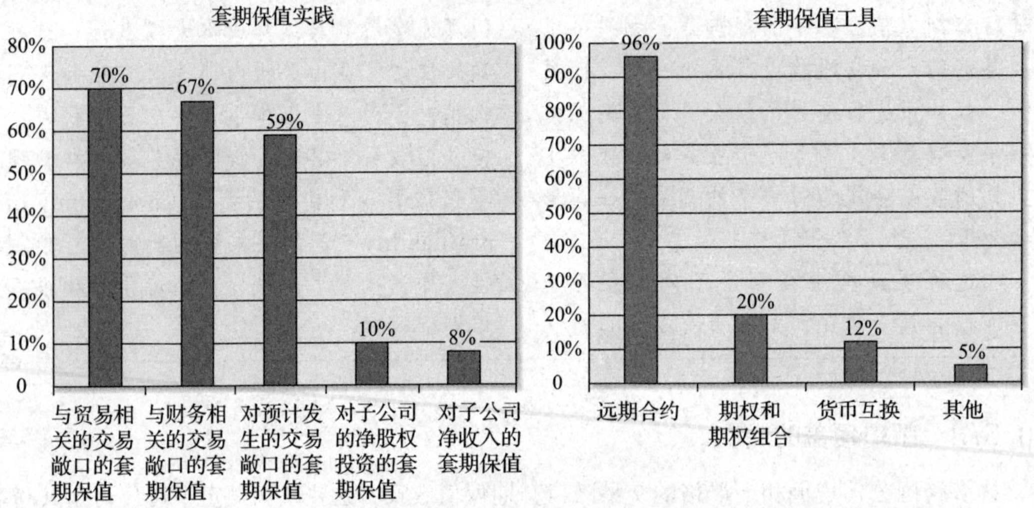

图 10.7 交易敞口套期保值实践

资料来源：Wells Fargo *2020 Risk Management Survey*, p.14.

正如预期的那样，交易敞口管理方案通常沿着“期权线”（option line）划分出使用期权的项目和不使用期权的项目。不使用期权的原因通常包括期权的成本、复杂性，以及限制敞口[⊖]（bound exposure）的事实。即使是频繁使用货币期权的公司有时也会面临使期权变得不切实际的异常市场条件。在 2009 年全球金融危机期间，随着期权的隐含波动率上升到了 20% 以上，期权费大幅飙升。不使用货币期权的公司几乎完全依赖于远期合约和货币市场套期保值。

鉴于远期合约被广泛使用，跨国公司在对交易敞口进行套期保值时常常遵循若干规则。

（1）当市场条件表明公司使用远期合约将锁定一个远期外汇收益（相对于已记账的销售收入或应付账款）时，通常需要 100% 的覆盖率。

（2）当市场条件显示远期合约的溢价（或折价）相当小（1%～2%）时，通常要求或鼓励公司进行高比例的远期覆盖。

最终，几乎所有的公司都在使用远期合约。

要点小结

- 跨国公司面临着三类货币敞口：交易敞口、折算敞口和运营敞口。

⊖ 期权作为套期保值工具时，只能为公司提供对特定风险敞口的保护或限制，不能完全消除这些敞口。这里指的是期权能够为持有者设定损失的上限（如通过购买看跌期权来对冲下跌风险），但同时它也限制了盈利的可能性（因为支付了期权费）。——译者注

- 交易敞口衡量的是履行以外币计价的偿债义务（如应付款项）或金融资产（如应收账款）的结算而产生的潜在收益或损失。
- 关于公司是否应该对货币风险进行套期保值存在着不少理论上的争论。理论上，套期保值能降低公司现金流的波动性，但不增加公司的现金流。事实上，套期保值的成本会减少公司的现金流。
- 公司可以通过签订套期保值的合约和某些经营策略来管理交易敞口。通过签订合约进行套期保值的策略包括远期市场套期保值、货币市场套期保值以及期权市场套期保值。
- 公司具体采取哪种策略进行套期保值由公司的风险承受度和公司对汇率的预期决定。
- 现实中的风险管理需要公司财务部门明确其目标，选择并识别需要管理的货币敞口，然后选择使用何种类型的套期保值工具或结构。

问　题

10.1 **外汇敞口**。定义三种外汇敞口。

10.2 **外汇敞口与合约关系**。在这三种外汇敞口中，哪些与已签订合约的现金流相关？哪些与之无关？

10.3 **货币风险**。定义货币风险。

10.4 **套期保值**。何为套期保值？它与投机有何不同？

10.5 **企业价值**。根据财务理论，企业的价值是什么？

10.6 **现金流波动性**。从理论上讲，货币套期保值如何影响公司的预期现金流？

10.7 **支持套期保值的理由**。列举四个支持企业积极开展货币风险管理的理由。

10.8 **反对套期保值的理由**。列举六个反对企业积极开展货币风险管理的理由。

10.9 **交易敞口**。列举产生交易敞口的四种主要交易类型。

10.10 **交易敞口的生命周期**。绘制一幅图，展示因赊销产品而产生的敞口的生命周期。在图中标明并解释报价阶段、待处理订单阶段、开票阶段的风险敞口。

10.11 **未履行的合约**。以外币支付的应收账款（货币敞口）合约和与银行签订的远期合约（用于将外币按约定汇率兑换为公司本币的货币套期保值），哪一类合约更可能不被履行？

10.12 **现金余额**。为什么外币现金余额不会造成交易敞口？

10.13 **合约性货币风险套期保值工具**。用于交易敞口套期保值的四种主要合约工具有哪些？

10.14 **货币市场套期保值**。应收账款和应付账款的货币市场套期保值操作有何不同？这些差异真的重要吗？

10.15 **资产负债表套期保值**。资产负债表套期保值、融资套期保值和货币市场套期保值有什么区别？

10.16 **远期市场套期保值与货币市场套期保值**。理论上，远期市场套期保值和货币市场套期保值不应该产生相同的结果吗？它们不都是基于相同的三个数据——最初的即期汇率、国内资金成本和国外资金成本吗？

10.17 **外汇期权套期保值的费用**。为什么许多公司反对支付外汇期权套期保值的费用？公司是否需要为远期市场套期保值支付费用？远期合约和期权如果有所不同，区别在哪里？

10.18 **决策标准**。财务总监在管理交易敞口时，需要在多种策略中做出选择。请说明选择过程中必须使用的两个主要决策标准是什么。

10.19　**风险管理套期保值实践。**根据对公司套期保值实践的研究，大多数公司通常对哪些类型的货币风险敞口进行套期保值？

10.20　**对已记账敞口进行套期保值。**为什么许多公司仅允许对已存在的风险敞口进行套期保值，而不允许对预期的风险敞口进行套期保值？

迷你案例

GraysonChung 公司的外汇敞口

习　题

扫码了解习题

附录 10A　复杂期权套期保值策略

本章多次提及的美国 Ganado 公司，目前持有一笔将在 90 天后结算的 100 万英镑的长期应收账款敞口。图 10A.1 总结了分析过程中使用的假设条件、敞口状况以及传统的期权对冲方案。该公司预期在未来 90 天内，汇率变动将对其有利（即英镑相对美元升值）。即便持有这样的市场趋势预期，公司仍希望为了防范英镑贬值的可能，采取适当的下行风险保护措施。

Ganado 公司最关注的敞口管理区域体现为由未套期保值和远期汇率形成的两个对立的三角形区域。公司希望最大限度地保留右上方三角形区域所表示的潜在利益，同时最小化左下方三角形区域所表示的潜在风险敞口。如果公司预期英镑会升值，那么看跌期权的“棱角分明”（kinked profile）的走势图正符合公司的需求。

Ganado 公司可以根据愿意接受的最低保障值，即自我保险的程度，考虑多种不同行权价格的看跌期权。图 10A.1 展示了两个不同的看跌期权方案：一个是行权价格为 1.470 0 美元 = 1.00 英镑的远期平值看跌期权（forward-ATM put），另一个是行权价格为 1.440 0 美元 = 1.00 英镑的远期虚值看跌期权（forward-OTM put）。由于外汇期权的定价实际上基于远期汇率而不是即期汇率（参见第 8 章），所以无论是看涨期权还是看跌期权，判断其是否为实值、平值或虚值，应参考相同期限的远期汇率。远期虚值看跌期权虽然成本更低，但提供的保护水平也更低。

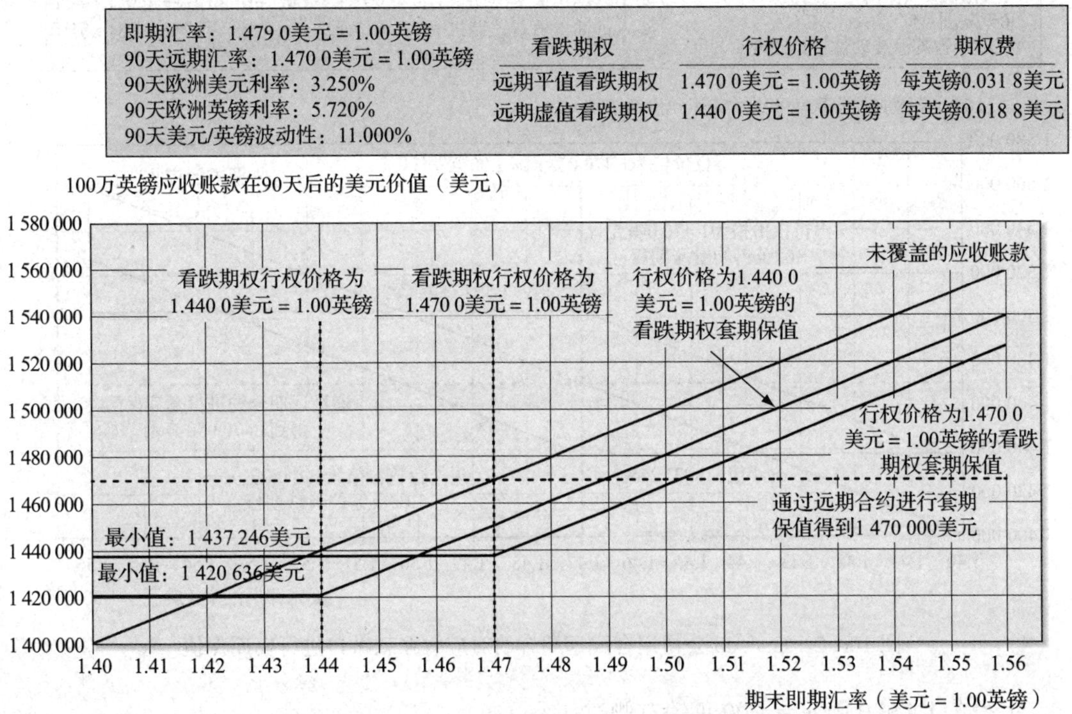

图 10A.1　Ganado 公司应收账款敞口和看跌期权套期保值

合成远期合约

按 1.470 0 美元 = 1.00 英镑的远期汇率，90 天后远期合约的收益将为 1 470 000 美元。Ganado 公司可以选择使用期权构建**合成远期合约**（synthetic forward）作为另一个方案。合成远期合约需要公司组合两个规模和到期日均相同，并且行权价格均为远期汇率的期权。

（1）以 1.470 0 美元 = 1.00 英镑的行权价格购买英镑看跌期权，支出的期权费是每英镑 0.031 8 美元。

（2）以 1.470 0 美元 = 1.00 英镑的行权价格出售英镑看涨期权，收到的期权费是每英镑 0.031 8 美元。

公司购买看跌期权要支付期权费，出售看涨期权可以赚取期权费。如果两个期权都以远期汇率（即远期平值）为行权价格，那么两者的期权费应该是相同的，净支付的期权费价值为零。

图 10A.2 展示了三种情形：未覆盖头寸（uncovered position）、基本的远期市场套期保值，以及用于构建合成远期合约的看跌期权和看涨期权的套期保值。通过检查汇率在 1.470 0 美元 = 1.00 英镑左侧和右侧的表现来确认合并头寸的结果。

汇率在 1.470 0 美元 = 1.00 英镑左侧时：

（1）公司将在 90 天后收到 100 万英镑；

（2）公司出售的英镑看涨期权到期将成为虚值期权，失去价值；

（3）公司将行使看跌期权，以每英镑 1.470 0 美元的价格卖出所收到的英镑。

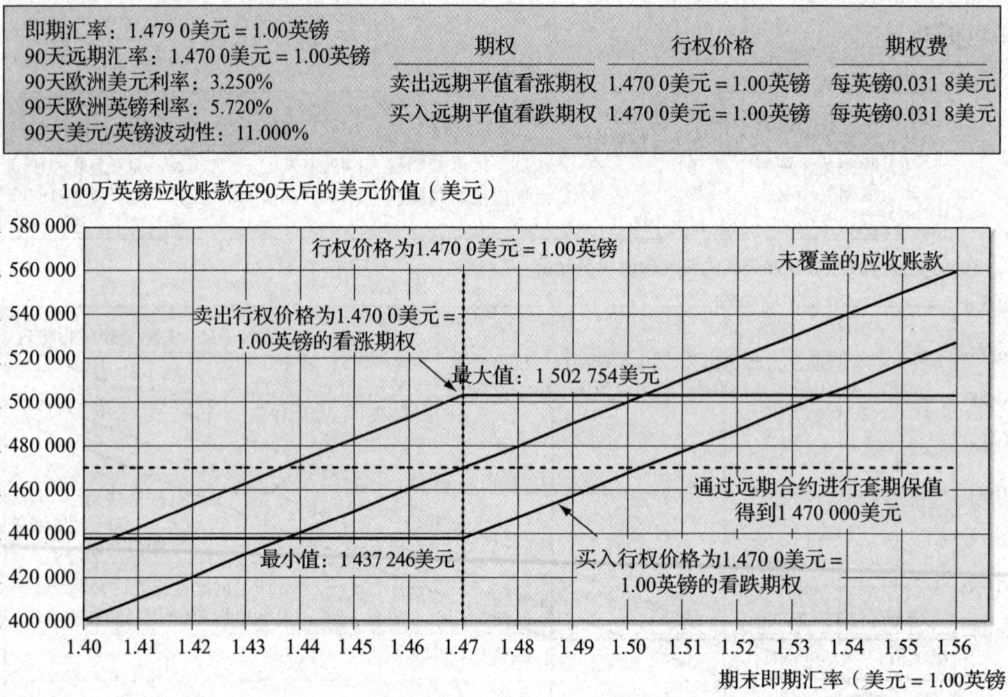

图 10A.2　Ganado 公司用合成远期合约对应收账款敞口进行套期保值

汇率在 1.470 0 美元 = 1.00 英镑右侧时：

（1）公司将在 90 天后收到 100 万英镑；

（2）公司购买的英镑看跌期权到期将失去价值；

（3）公司将交出所收到的 100 万英镑给看涨期权的买方，后者行使对公司的看涨期权，公司从看涨期权买方那里以每英镑 1.470 0 美元的价格收到款项。

因此，无论汇率高于还是低于 1.470 0 美元 = 1.00 英镑，Ganado 公司都净赚 1 470 000 美元。这种即期加期权的组合头寸的表现与远期合约完全相同。同样地，如果公司在未来 90 天内需要支付 100 万英镑，也可以使用期权来构建一个合成远期合约。[⊖]

公司为什么要通过这种相对复杂的方法来实质上创建一个远期合约呢？答案在于期权费的收取和支付。我们假设所使用的期权行权价格正好是远期平值率（forward-ATM rate），这导致付出和收到的期权费完全相等。但实际情况并非总是如此。如果期权的行权价格（记住，买入期权和卖出期权的行权价格必须相同）并不完全等于远期平值率，两个期权费可能会略有不同。期权费净头寸可能最终表现为期权费的净收入或期权费的净支付。如果是正数，这笔金额将被加到应收款项的收益中，从而获得比使用传统远期合约更高的总美元价值。第二种可能是，公司通过询问不同的金融服务提供商来寻找期权，发现了比远期合约更有吸引力的定价。虽然这意味着理论上期权市场处于不均衡状态，但实际上这种情况经常发生。

⊖ 假设一家美国公司未来需要支付的外币债务为 100 万英镑，它可以通过以下两步构建合成远期合约：①以 1.470 0 美元 = 1.00 英镑的行权价格购买 100 万英镑的看涨期权；②以同样的行权价格出售 100 万英镑的看跌期权。此时远期汇率为 1.470 0 美元＝ 1.00 英镑。

第二代风险管理产品

第二代风险管理产品由两种基础衍生工具构建：远期合约和期权。我们将它们细分为两大类：①零费用期权产品（zero-premium option product），这类产品的定价围绕远期汇率进行；②奇异期权产品（exotic option product），这个名称虽然有些泛泛，但它们的定价目标选择更为多样。所有这些衍生品都作为金融产品由风险管理公司销售，我们将从传统货币风险管理的基本构件——远期合约和期权——的角度来解析每一个产品的构建过程。这些产品被统称为**复合期权**（complex option）。

零费用期权产品。在公司看来，使用期权进行风险管理的主要问题是需要预先支付的期权费（up-front premium payment）。尽管期权费只是套期保值总收益配置中的一部分，但许多公司认为，为购买金融衍生工具而预先支出大笔资金代价过高。相比之下，用于消除货币风险的远期合约不需要企业有任何预支的开销（out-of-pocket expenditure[⊖]），也不需要对汇率变动进行具体预测。

零费用期权产品（或金融工程衍生品组合）旨在在套期保值启动时不需要预支任何期权费。这类产品包括最常见的**范围远期**（range forward）或**领口期权**（collar option）以及**参与式远期**（participating forward）。这些产品具有以下特征：①基于远期汇率定价；②前期无须支付期权费；③允许套期保值者根据对汇率变动方向的预期来采取行动。对于本案例，这意味着所有这些产品都适用于预期美元相对英镑贬值的情况。如果套期保值者对此没有明确预期，那么他们应该考虑其他选项（比如直接买入远期合约，或者干脆不做任何操作）。

范围远期或领口期权。基本的范围远期在市场上有多种其他名称，包括领口期权、灵活远期（flexible forward）、圆柱期权（cylinder option）、期权围栏（option fence，简称围栏）、最小值 - 最大值（mini-max）或零成本隧道（zero-cost tunnel）。不管范围远期采用哪个别名，其构建步骤如下。

（1）以低于远期汇率的行权价格购买看跌期权，覆盖全部长期货币敞口（覆盖率为 100%）。

（2）以高于远期汇率的行权价格出售看涨期权，覆盖全部长期货币敞口（覆盖率为 100%），与购买的看跌期权具有相同的到期日。

套期保值者选择“范围”或“价差”的一侧，通常是下行方向（看跌期权的行权价格），这将决定将要出售的看涨期权的行权价格。选择看涨期权的行权价格时，其与远期汇率的价差应该与看跌期权行权价格与远期汇率的价差相等。两个行权价格与远期汇率的价差应用百分比的形式表示，如远期汇率的 ±3%。

如果套期保值者认为货币有可能显著地向有利于公司的方向移动，看跌期权的保护底线可以设置得相对较低，以便看涨期权的上限价格能够更高于或更远离远期汇率，同时仍享受零净期权费。看跌期权的保护底线设置得有多低是公司需要决定的一个难题。通常，公司的财务总监会确定一个最低汇率，在这个汇率下，公司能够在涉及现金流风险的业务上取得必要的最小利润率，这个汇率有时被称为**预算汇率**（budget rate）。

图 10A.3 展示了以下范围远期的最终结果：购买行权价格为 1.450 0 美元 = 1.00 英镑的看跌期权，支付每英镑 0.022 6 美元的期权费，并出售行权价格为 1.490 0 美元 = 1.00 英镑的看涨期权，赚取每英镑 0.023 1 美元的期权费。套期保值者限定了公司应收账款价值作为未

⊖ “out-of-pocket expenditure”指的是直接从个人或公司的现金流中支付的费用，即实际的现金支出。在金融和商业交易中，这个短语强调了资金的直接支付，而不是通过贷款或其他形式的间接支付。——译者注

覆盖头寸移动的范围，设定了看跌期权的保护底线和已售出看涨期权的上限。

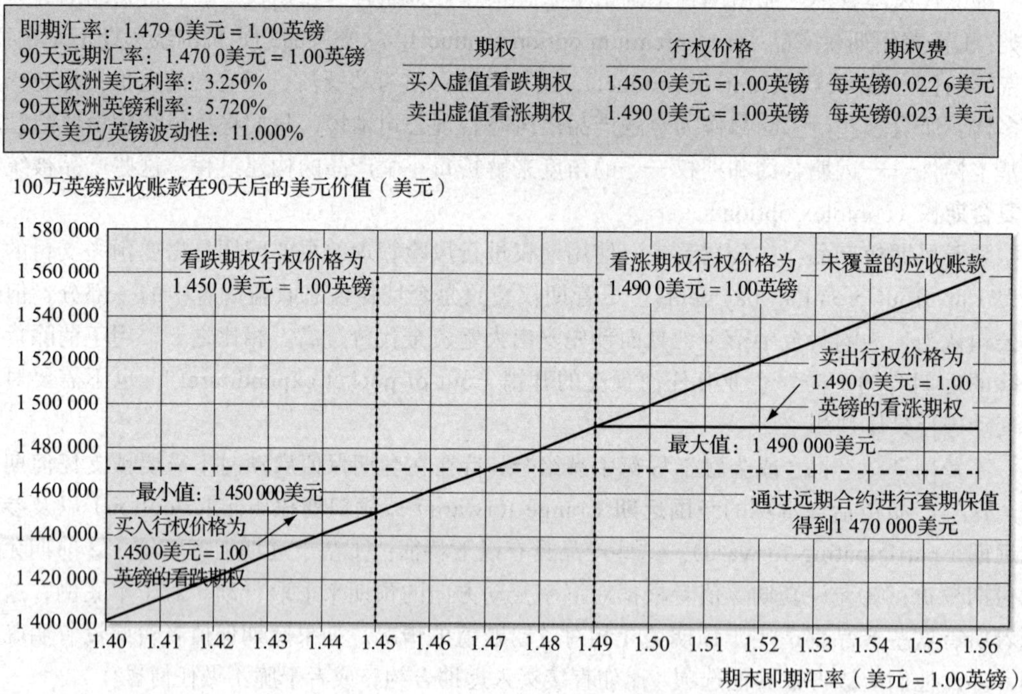

图 10A.3　Ganado 公司用范围远期对应收账款敞口进行套期保值

尽管在这种情况下，看跌期权和看涨期权的期权费并不完全相同，但它们足够接近以产生约为零的净期权费（本例中为 500 美元的期权费）。

净期权费 =（0.022 6−0.023 1）× 1 000 000 = −500（美元）

考虑到单个看跌期权的期权费就为 22 600 美元，合成头寸的好处十分明显。如果期权的行权价格可以选择，便不需要以追求前期绝对零净期权费（exact zero-net premium）为目标（但仍然围绕远期汇率），这种策略被称为领口期权或圆柱期权。

参与式远期。参与式远期，也称为**零成本比率期权**（zero-cost ratio option）或**远期参与协议**（forward participation agreement），是一种期权组合。它允许套期保值者在提供基于期权的下行保护的同时，分享或参与潜在的上行行情，并且这一过程中无须支付期权费。参与式远期通过以下两步构建。

（1）购买一个行权价格低于远期汇率的看跌期权，覆盖全部长期货币敞口（覆盖率为 100%）。

（2）出售一个行权价格与看跌期权相同的看涨期权，但只覆盖总货币敞口的一部分（覆盖率低于 100%）。

类似于范围远期，参与式远期的买方首先会选择看跌期权的行权价格，看涨期权的行权价格与看跌期权相同，还需要确定的是参与率（participation rate），即作为看涨期权出售的敞口比例。

图 10A.4 展示了参与式远期的构建。公司首先选择看跌期权的行权价格，在本例中为 1.450 0 美元 = 1.00 英镑，期权费为每英镑 0.022 6 美元。以相同的行权价格（1.450 0 美元 =

1.00 英镑）出售的看涨期权将为公司带来每英镑 0.042 5 美元的收入。看涨期权的期权费明显高于看跌期权的期权费，因为看涨期权已经处于实值状态。公司的目的是只出售足够数量的英镑看涨期权，用其收入来支付购买看跌期权的费用。

看跌期权的总期权费为

$$\text{看跌期权的总期权费} = 0.022\ 6 \times 1\ 000\ 000 = 22\ 600\text{（美元）}$$

接下来，用此数值来确定所需的看涨期权的规模，以确切抵销购买看跌期权的费用：

$$22\ 600 = 0.042\ 5 \times \text{看涨期权本金}$$

计算出看涨期权本金为

$$\text{看涨期权本金} = 22\ 600 \div 0.042\ 5 = 531\ 765\text{（英镑）}$$

因此，公司必须出售 531 765 英镑的看涨期权，行权价格为 1.450 0 美元 = 1.00 英镑，以支付购买看跌期权的费用。期权本金的不匹配赋予了参与式远期独特的结构。期权费的比率以及期权本金的比率被称为覆盖率。

$$\text{覆盖率} = \frac{0.022\ 6}{0.042\ 5} \approx \frac{531\ 765}{100\ 000} \approx 0.531\ 8 = 53.18\%$$

参与率是指未通过出售看涨期权覆盖的敞口的剩余百分比。例如，如果覆盖率为 53.18%，则参与率为 1 减去覆盖率，即 46.82%。这意味着对于所有高于 1.450 0 美元 = 1.00 英镑的有利汇率变动，套期保值者将在这 46.8% 的比例中获得额外的收益。然而，正如所有基于期权的套期保值一样，下行敞口（downside exposure）受到看跌期权行权价格的约束。

金融工具	行权价格	期权费	名义本金
买入看跌期权	1.450 0美元 = 1.00英镑	每英镑0.022 6美元	1 000 000英镑
卖出看涨期权	1.450 0美元 = 1.00英镑	每英镑0.042 5美元	531 765英镑

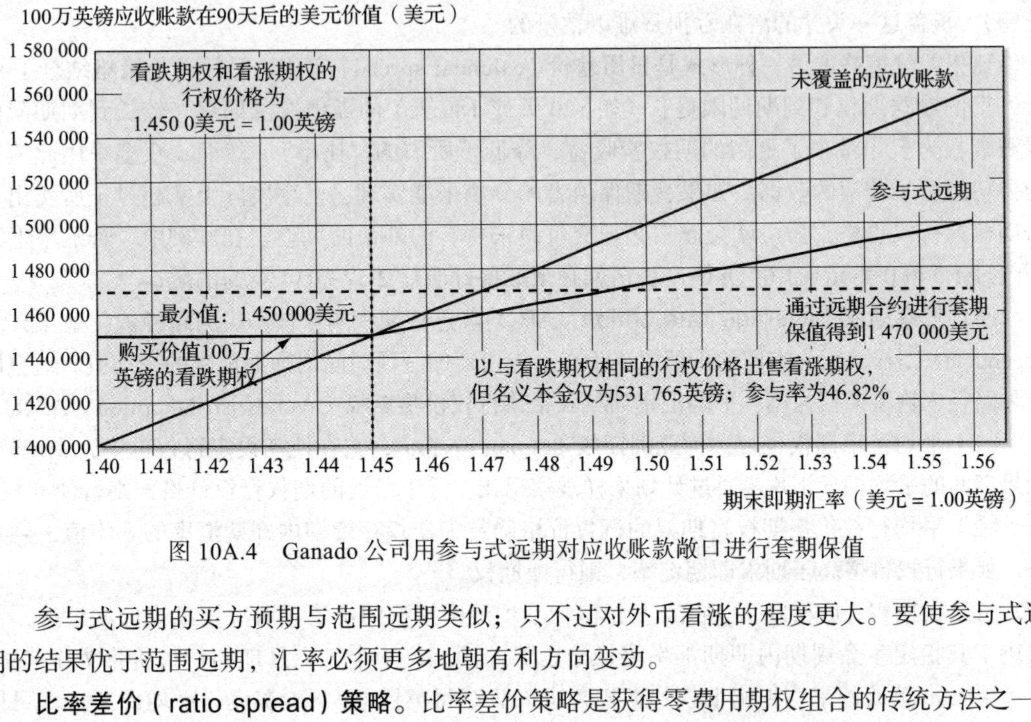

图 10A.4 Ganado 公司用参与式远期对应收账款敞口进行套期保值

参与式远期的买方预期与范围远期类似；只不过对外币看涨的程度更大。要使参与式远期的结果优于范围远期，汇率必须更多地朝有利方向变动。

比率差价（ratio spread）策略。比率差价策略是获得零费用期权组合的传统方法之一，也是从套期保值者的角度看最危险的策略之一。这种策略下的资产结构会让套期保值者面对大量未覆盖的敞口。

假设 Ganado 公司决定通过购买 1.470 0 美元 = 1.00 英镑的看跌期权（远期平值）来建立一个保护底线，期权费为每英镑 0.031 8 美元（总成本为 31 800 美元）。这是一笔相当大的预支资金，公司的风险管理部门没有预算来支持这种规模的支出。由于公司坚信美元将对英镑贬值，Ganado 公司计划通过出售虚值看涨期权来筹集购买看跌期权所需的资金。公司考虑了一系列远高于当前市场汇率的看涨期权行权价格，例如 1.520 0 美元 = 1.00 英镑、1.540 0 美元 = 1.00 英镑或更高的价格。

公司决定出售行权价格为 1.540 0 美元 = 1.00 英镑的看涨期权，期权费为每英镑 0.008 9 美元，赚取的期权费可用来支付购买看跌期权的费用。由于虚值看涨期权的期权费远低于远期平值看跌期权的期权费，因此需要出售更大规模的看涨期权。公司通过期权费等值来确定卖出的看涨期权本金，具体方法如下：

$$\text{购买看跌期权的期权费成本} = \text{出售看涨期权的期权费收入}$$

代入具体数值：

$$\text{每英镑 } 0.031\,8 \text{ 美元} \times 1\,000\,000 \text{ 英镑} = \text{每英镑 } 0.008\,9 \text{ 美元} \times \text{看涨期权本金}$$

得出看涨期权本金为：

$$\text{看涨期权本金} = 31\,800 \div 0.008\,9 = 3\,573\,034\ (\text{英镑})$$

这个策略之所以被称为比率差价策略，是因为最终头寸中，看涨期权本金对于看跌期权本金是大于 1 的比率（在本例中，3 573 034 ÷ 1 000 000 ≈ 3.57）。

然而，公司使用比率差价策略的风险是巨大的。虽然可能性不大，但理论上汇率可能在期末前大幅波动，使得所卖出的看涨期权成为实值期权。在本例中，这意味着公司会有一个未覆盖的 2 573 034 英镑的看涨期权头寸（即看涨期权本金 3 573 034 英镑减去敞口 1 000 000 英镑）。覆盖这一头寸的潜在亏损是难以估量的。

比率差价策略的另一种形式是**日历差价**（calendar spread）策略。日历差价策略结合了 90 天到期的看跌期权和到期期限更长（如 120 天或 180 天）的虚值看涨期权。较长到期期限的看涨期权为公司带来了更高的期权费收益，降低了所需的“比率”。然而，众多采用此策略的公司经历了苦涩的教训：如果套期保值者的预测未能实现，汇率实际上涨超过了所卖出看涨期权的行权价格，公司就会面临必须交付尚未持有的外币的风险。在本例中，若汇率上涨到超过 1.540 0 美元 = 1.00 英镑，公司就必须准备好应对 2 573 034 英镑的敞口。

平均汇率期权（average rate option，ARO）。这些期权通常被归类为路径依赖型（path-dependent）期权，因为它们的价值取决于在预先指定的一段时间内即期汇率的平均值。这里以两种路径依赖型期权为例：平均汇率期权和**平均行权价格期权**（average strike option，ASO）：

（1）平均汇率期权也被称为**亚洲期权**（Asian option），它在期初设定行权价格，到期时，如果期间的平均即期汇率（通过计划采样观察得出）低于预设的期权行权价格，则行使期权。

（2）平均行权价格期权将期权的行权价格确定为期权存续期内即期汇率的平均值，到期时，如果行权价格高于期末即期汇率，则行使期权。

与**敲出期权**（knock-out option）相似，平均汇率期权的价值不取决于期末即期汇率，而取决于其指定生命周期内即期汇率路径的走势。例如，一个 3 个月期的行权价格为 1.470 0 美元 = 1.00 英镑的平均汇率期权的期权费也许只有每英镑 0.018 6 美元。平均即期汇率可以通过每周即期汇率的观测值（整整12周，第一个观测值在购买后的第13天获取）求得。显然，即期汇率的不同走势将产生不同的平均即期汇率。以下几种不同的情景分析有助于理解平均汇率期权在估值上的不同点。

（1）沿用上例，即期汇率在到期前的70～80天内变动甚少，直到期末前几天才出现大幅度下跌，使得即期汇率低于1.470 0美元=1.00英镑。尽管期末即期汇率低于1.470 0美元=1.00英镑，但由于整个周期内的平均即期汇率高于1.470 0美元=1.00英镑，期权无法行使。应收账款以即期汇率兑换，但仍然要承担期权费。

（2）美元对英镑的汇率缓慢而稳定地贬值，从1英镑兑换1.479 0美元上升到1.48美元、1.49美元，甚至更高。在90天期满时，该期权到期（期权成了虚值期权），此时即期汇率对公司有利，故公司可以按照这一有利的即期汇率兑换应收账款，公司受到平均汇率期权的保护，其支付的期权费显著减少。

平均汇率期权的一个变体是**回望期权**（lookback option），分为有行权价格和无行权价格的回望期权两种。有行权价格的回望期权是一种欧式期权，其价值在到期时取决于期权生命周期内达到的最高或最低即期汇率。无行权价格的回望期权通常也是一种欧式期权，它设定看涨期权的行权价格为期间最低的汇率，或者设定看跌期权的行权价格为期间最高的汇率，并在期权到期时基于这一行权价格与期末即期汇率的差额来行使期权。[㊀]

金融机构提供多种平均汇率不同的期权产品，每种产品都有其独特的支付结构。路径依赖型期权的价值非常复杂，使用这些工具时必须非常小心谨慎。正如所有复杂的金融衍生品一样，买方自担风险。

附录10B 最优套期保值比率和套期保值的效果

在货币套期保值领域，实际行业实践中常常忽略了许多理论层面的因素，包括**最优套期保值比率**（optimal hedge ratio）、**套期保值的对称性**（hedge symmetry）、**套期保值效果**（hedge effectiveness）以及**套期保值时机**（hedge timing）。

套期保值比率

交易敞口是指资产价值的不确定性，比如一笔在未来会发生或实现的外汇。在本章我们举的例子中，Ganado公司在90天后预计收到100万英镑，但并不确定在那个时候100万英镑值多少美元（涉及90天后的即期汇率）。

货币套期保值的目标是敞口资产价值变动最小化或汇率波动带来的现金流价值变动最小化。将敞口资产与套期保值资产（hedge asset）结合，形成一个双资产组合，这两种资产对汇率变动的反应相对等量但方向相反，从而实现套期保值。最常见的套期保值目标是资产组合的总价值变动——如果完美的话——为零。

$$\Delta \text{资产组合价值} = \Delta \text{敞口资产}^{㊁} + \Delta \text{套期保值资产} = 0$$

传统的远期市场套期保值形成了一个双资产组合，结合了即期敞口（spot exposur）和远期覆盖（forward cover）。这个双资产组合的价值由两部分组成：一部分是外币金额在当前即期汇率下的价值（即敞口部分），另一部分是套期保值部分，以远期汇率确定的价值。

㊀ 无论是否具有行权价格，回望期权都可以是欧式期权。——译者注

㊁ 英文原文为 ΔSpot，表示汇率变化导致的敞口资产的价值变动（Δexposed asset）。——译者注

双资产组合的价值 =(敞口 − 套期保值金额) × 即期汇率 + 套期保值金额 × 远期汇率

例如，Ganado 公司用 $t = 90$（90 天结算）的远期合约对 100 万英镑的应收账款做 100% 的套期保值，假设即期汇率是 1.764 0 美元 = 1.00 英镑，90 天远期汇率是 1.754 0 美元 = 1.00 英镑，则双资产组合的价值（V_t）是：

$$V_t = [(1\ 000\ 000 - 1\ 000\ 000) \times 1.764\ 0] + [1\ 000\ 000 \times 1.754\ 0] = 1\ 754\ 000 \text{（美元）}$$

请注意，当存在全额远期覆盖（full forward cover）时，这个双资产组合相对于即期汇率没有未覆盖的敞口。该双资产组合的最终价值波动为零。它的价值是确定的。如果即期汇率和远期汇率完全相等（尽管实际并非如此），总头寸将被称为**完美套期保值**（perfect hedge）。

然而，如果玛丽亚决定对敞口进行选择性套期保值，即覆盖率低于 100%，双资产组合的价值将随即期汇率的变动而变化。这种价值变化可能是上升或下降。在这种情况下，玛丽亚需要遵循一种方法论来确定覆盖敞口 X_t 的比例 β（βX_t[㊀]是被覆盖的敞口数量）。现在，双资产组合的价值为：

$$V_t = (X_t - \beta X_t) \times \text{即期汇率} + \beta X_t \times \text{远期汇率}$$

其中，套期保值的比例 β 设为：

$$\beta = \frac{\text{进行了套期保值的货币价值}}{\text{有敞口的货币价值}}$$

如果像 Ganado 公司前一个例子中那样，整个敞口都被覆盖了，则 β 为 1.0 或 100%。β 是指单个敞口名义金额中被远期合约或货币期权等金融工具覆盖的百分比。

套期保值的对称性。对于一些套期保值而言，任何和所有汇率变动都不会造成价值变化。这类套期保值的构造使得任何因不利汇率变动而损失的即期价值由等额但相反的套期保值资产价值变动弥补。常见的 100% 远期合约覆盖（forward contract cover）就是这样的套期保值。例如，在 Ganado 公司的案例中，如果 100 万英镑的应收账款全部进行了远期卖出，那么，在敞口期间，无论汇率如何变动，Ganado 公司都能确保在 90 天期末获得相同的美元收益。

然而，基础即期汇率（underlying spot exchange rate）的变化并不总是导致损失，它同样可能引发收益。在 Ganado 公司的案例中，如果 90 天的期限内美元对英镑的汇率出现贬值，那么应收账款的价值就会增加。因此，Ganado 公司可能会考虑建立一种套期保值策略，这种策略不仅旨在最小化汇率变化可能带来的损失，同时也允许公司在汇率上涨时获得增值。采用外汇期权进行套期保值正是为了实现这一目标。具体来说，Ganado 公司可能会购买英镑的看跌期权以防止价值下降，同时留出空间以从汇率的正向变动中获取潜在的收益。

套期保值效果。套期保值的有效性取决于套期保值资产价值变化与敞口资产即期价值变化之间的相反而等量的相关性程度。在货币市场中，即期汇率和远期汇率之间的相关性很高，但不是完全相关。这种不完全相关的关系被称为**基差风险**（basis risk）。

套期保值时机。套期保值者还必须确定套期保值目标的时机。是只在其到期时保护敞口资产的价值，还是在敞口生命周期的不同时间点保护其价值？例如，在 Ganado 公司的案例中，我们探讨了多种套期保值策略，包括远期合约、货币市场操作以及期权套期保值。这些策略都旨在构建一个以美元计价的，能在 90 天后期满时进行评估的综合套期保值组合。在某些情况下，Ganado 公司可能需要在财务报告期末之前，也就是敞口资产实际到期之前，采取措施确保其价值不受汇率波动的影响。

㊀ 原文有误，已更正。——译者注

第 11 章
CHAPTER 11

折算敞口

只有能被量化的，才能被管理。

——彼得·德鲁克

学习目标

11.1 描述跨国公司的外国实体[㊀]合并如何产生汇率折算敞口

11.2 学习两种主要的汇率折算方法，包括二者在理论和实践上的差异

11.3 了解汇率折算如何改变公司的潜在价值

11.4 探讨如何管理汇率折算敞口，包括跨国公司如何使用互换交易来进行管理

正如我们在第 10 章中所了解到的，外汇敞口分为两大类：基于会计的敞口和基于经济竞争力的敞口。会计敞口包括以下两种：交易敞口（见第 10 章）和折算敞口。折算敞口是本章的主题。

公司的交易敞口产生于以外币计价的合同和担保。折算敞口的产生涉及外国子公司，外国子公司的财务报表以外币列报，母公司编制合并财务报表时，必须以母公司的**报告货币**（reporting currency）对子公司的财务报表进行折算。例如，美国公司的外国子公司必须将以外币计价的财务报表按美元进行折算，合并到母公司以美元计价的资产负债表和利润表中。这个过程被称为**会计折算**（translation）。折算敞口是指自上一次折算以来，由汇率变化引起的母公司净资产和（或）净收入的变化额。

㊀ 跨国公司的外国实体（multinational firm's foreign entity）是指跨国公司在海外的子公司、分公司或附属机构。这些外国实体可能包括生产工厂、销售办事处、研发中心等，它们在跨国公司的全球业务网络中扮演着关键角色，帮助公司在不同国家和地区经营和扩展市场。——译者注

会计折算的主要目的是编制公司合并财务报表，供投资者、债权人和政府使用。此外，管理层也使用折算后的报表来评估外国子公司的业绩。虽然管理层可以使用以当地货币计价的报表进行此类评估，但将所有子公司报表按同一种货币——母公司的货币——进行折算，有助于管理层进行子公司绩效评估和横向比较。因此，会计折算既影响跨国公司财务状况的反映，也影响跨国公司的管理绩效。本章章末的迷你案例“瑞典伊莱克斯公司的货币管理”，介绍的是一家大型跨国公司如何在全球范围内将交易敞口和折算敞口相结合，构建和管理其货币敞口的。

11.1　会计折算概述

合并会计（consolidation accounting）是指将所有子公司的财务业绩合并到母公司的过程。合并财务业绩对投资者、债权人、政府和其他企业利益相关者来说很重要，是评估这些实体机构面临的风险敞口、未来的回报和发展前景的重要依据。然而，本章暂不讨论或详细说明如何进行合并会计，我们讨论的是跨国公司因其外国子公司以外币计价的财务报表的会计折算而产生的货币风险敞口。

11.1.1　概念和定义

我们将以跨国公司 Ganado 公司为例（如图 11.1 所示），对关键术语进行准确定义。在此之前，我们首先要详细介绍 Ganado 公司的背景情况。

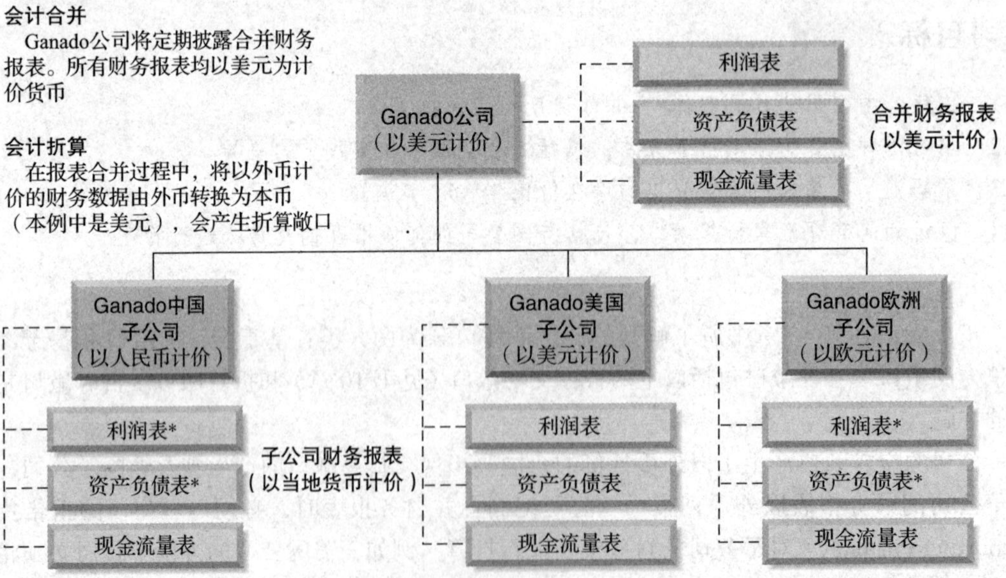

图 11.1　Ganado 公司财务报表的合并和会计折算

注：* 表示跨国公司各家子公司的财务报表在母公司编制合并财务报表时必须被折算成以美元计价的形式。

- **Ganado 公司**。这家跨国公司的总部位于美国。它是一家在美国证券交易所的上市公司。按法律规定，该公司要根据一般公认会计原则以美元报告合并财务报表，即美元是报告货币。

- **Ganado 中国子公司**。Ganado 中国子公司是 Ganado 公司的全资外国子公司。作为一家中国企业，其财务报表以人民币计价。
- **Ganado 美国子公司**。Ganado 美国子公司是 Ganado 公司在美国的全资子公司。作为一家美国企业，它的所有财务报表都以美元为计价货币。与总部位于美国的其他企业一样，它也会与其他跨国公司进行采购和销售交易，其中部分业务会以外币计价。由记账日期和结算日期之间的汇率变化引起的任何交易的价值变化都被记录为外汇损益。第 10 章对此进行了详细介绍。
- **Ganado 欧洲子公司**。Ganado 欧洲子公司是 Ganado 公司的全资外国子公司。作为一家欧洲企业（位于德国），其财务报表以欧元为计价货币。Ganado 欧洲子公司的业务与 Ganado 公司不相关，前者的业务集中在欧洲市场上。

鉴于 Ganado 公司独特的组织架构和运营机制，我们列出了以下关键术语的定义，为理解美国的会计折算业务打好基础。

报告货币。报告货币是报告实体（reporting entity）在编制财务报表和合并财务报表时使用的货币。在本例中，报告货币是美元。跨国公司在其财务报表中使用的任何其他货币都是外币。本例中的其他货币包括人民币和欧元。

外国实体（foreign entity）。任何独立或可分离的子公司，以母公司报告货币以外的任何货币编制财务报表的，都是外国实体。报告实体必须识别那些以外币计价并进行会计折算的外国实体。对于报告实体 Ganado 公司来说，Ganado 中国子公司和 Ganado 欧洲子公司是外国实体。Ganado 美国子公司是位于美国的企业，其财务报表以母公司的报告货币美元来计价，该公司不是外国实体，其财务报表不需要进行会计折算。

独立且可分离运营（distinct and separable operation）。这是外国子公司与母公司关系的主要特征。外国子公司如果是母公司业务的延伸（例如，外国子公司是母公司生产的本国产品的外国分销商），则被归类为**一体化外国实体**（integrated foreign entity）。外国子公司如果与母公司完全分开，独立经营（例如，外国子公司是母公司跨行业收购的公司，彼此间几乎没有内部交易），则被归类为独立且可分离运营外国实体。对于 Ganado 公司来说，Ganado 欧洲子公司被视为独立且可分离运营外国实体。

功能货币（functional currency）。功能货币是独立运作实体所在主要经济环境的货币。外国实体使用的功能货币可能与其经营所在国的货币相同，也可能不同。

外币财务报表。企业有三份传统的财务报表——利润表、资产负债表和现金流量表。然而，只有两份财务报表需要进行会计折算，并用于报表合并：利润表和资产负债表。合并现金流量表不是根据外国子公司的报表折算的，而是根据合并利润表和合并资产负债表构建的。编制合并财务报表需要将外币财务报表按母公司的报告货币进行折算。

11.1.2　重估与折算

跨国公司编制合并财务报表有两套不同的方法，各自有其特定的术语。适用于单个外国实体的方法取决于外国实体及其财务报表的特征。

外币计量（foreign currency measurement），也称为重估（remeasurement）。如果一个外国实体的功能货币是报告货币（母公司用于编制合并财务报表的货币），则称其编制财务报表的过程为重估。在此过程中，外国实体会将其交易中以外币计价的财务数据转换为功能货币表示。

重估产生的任何价值变动均计入公司的合并净收入。因此，它们被视为外汇损益，就像第10章中描述的交易敞口一样。

外币折算（foreign currency translation）。如果外国实体财务报表的记账货币与母公司的报告货币不同，则其财务报表的编制需要经过会计折算。在本例中，Ganado欧洲子公司的功能货币是欧元。该公司需要以报告货币美元编制财务报表。折算产生的任何变化都记录在权益类账户的**累计折算调整**（cumulative translation adjustment，CTA）子账户中，这是其他综合收入的一个组成部分。

如今，对于跨国公司来说，如何处理会计折算带来的折算敞口的变化是关键。重估的变化被纳入合并净收入和每股收益中，可能会改变上市公司的财务业绩，这是被媒体广泛关注和报道的焦点。然而，媒体很少注意到会计折算引起的变化，这些变化通过累计折算调整账户影响合并权益。跨国公司内部对子公司业绩的衡量有时会因会计折算而发生变化，正如全球金融实务11.1所述。

全球金融实务11.1

功能货币与管理绩效

就像企业管理的其他各个领域一样，跨国公司财务管理受评估和激励管理层的各种措施的影响。在特定情况下，尤其涉及会计折算问题时，外国子公司对功能货币的选择会影响管理绩效。

几年前，一家总部位于美国的跨国电子公司（匿名）收购了德国的一家电子公司。最初，德国子公司在运营和现金流方面与美国母公司完全无关。该子公司的现金流入和流出以当地货币欧元为主。因此，德国子公司选择欧元为其功能货币，并采用现行汇率法。

随着时间的推移，德国子公司的部门结构发生了变化，并与美国母公司进行了整合。德国子公司用美元从美国采购的额度越来越高。与此同时，德国子公司的销售范围扩大到东欧和中东，现金流入从欧元转向美元。该公司的审计师建议将功能货币从欧元改为美元。

德国子公司的管理团队分析了改变功能货币可能给其绩效评估带来的影响。他们认为，如果采用美元作为新的功能货币，公司的业绩表现较差，这会减少他们的绩效薪酬和奖金。尽管审计师持反对意见，公司还是决定在两年内仍然使用欧元作为功能货币。到第三年，审计师态度坚决地说，除非功能货币变为美元，否则不会在公司的财务报告上签名。最终，审计师赢了。

11.2 会计折算方法

在全球范围内，会计折算有两种基本方法：**现行汇率法**（current rate method）和**历史汇率法**（temporal[㊀] method）。无论采用哪种方法，都必须指定以何种汇率对资产负债表和利润

㊀ “temporal”一词在英语中通常与时间相关的概念有关，在会计术语中，它指的是一种考虑时间因素对货币价值影响的汇率折算方法。在历史汇率法中，资产和负债的折算基于它们产生或发生的具体时间点的汇率，反映了历史成本原则。因此，尽管“temporal”直译并不直接指向“历史汇率”，但它体现了“时间性”或“历史性”的特点，将其翻译为“历史汇率法”是为了更准确地传达其会计和财务上的应用含义。——译者注

表的各个项目进行重新计量，以及其差额如何记录，是计入当前收入还是计入资产负债表中的股本储备账户[⊖]（equity reserve account）。

11.2.1　现行汇率法

现行汇率法，在美国会计实务中被简称为“折算”，是当今世界范围内最普遍的会计折算方法。根据这种方法，除少数情况外，所有财务报表项目都按现行汇率折算。

- **资产和负债**。所有资产和负债均按现行汇率折算，即按照资产负债表日期的汇率进行折算。
- **利润表项目**。所有项目，包括折旧和销售成本，要么按各种收入、支出、收益和损失发生之日的实际汇率折算，要么按所述期间适当加权的平均汇率折算。
- **分配（distribution）**。支付的股息按支付日当天有效的汇率折算。
- **权益项目**。普通股和实收资本账户按历史汇率折算。年末留存收益由年初留存收益和当年的任何收入 / 损失构成。

会计折算调整产生的利得或损失不计入合并净收入。相反，折算损益是单独报告的，并累积在一个单独的股本储备账户（在合并资产负债表上）中，如累计折算调整账户，具体名称取决于所在的国家。如果外国子公司后来被出售或清算（liquidated），累计折算调整账户中的过去几年的折算损益将作为出售或清算总损益的一部分进行报告。出售或清算总损益将作为当期净收入或亏损的一部分进行报告。

11.2.2　历史汇率法

历史汇率法要求特定的资产和负债依据这些项目产生时的汇率进行折算。历史汇率法假设一定数量的单项资产，如存货、厂房和设备，会定期按市场价值进行重估。如果这些项目没有进行重估，而是以历史成本计算，那么历史汇率法就成了货币 / 非货币法，这是一种至今仍被许多国家使用的折算方法。根据历史汇率法，需定期调整的项目包括以下几类。

- **货币性资产和货币性负债**。货币性资产（主要包括现金、可流通证券、应收账款和长期应收款）和货币性负债（主要包括流动负债和长期债务）按当前汇率折算。非货币性资产和非货币性负债（主要包括存货和固定资产）按历史汇率折算。
- **利润表项目**。这些项目均按所述期间的平均汇率折算，但与非货币性资产或负债直接相关的项目（如折旧和销售成本）则按历史汇率折算。
- **分配**。支付的股息按支付日当天的有效汇率折算。
- **权益项目**。普通股和实收资本账户按历史汇率折算。年末留存收益由年初留存收益、当年的收入或损失和折算产生的差额构成。

在历史汇率法下，重估产生的收益或损失直接计入当期合并收入（current consolidated income），而不是股本储备。因此，重估产生的外汇损益可能会影响合并收益。

⊖ 股本储备账户通常用于记录公司因发行股票、股权重组或其他与股东权益相关的活动而产生的储备。——译者注

11.2.3 美国会计折算的原则和程序

美国根据功能货币区分外国子公司。美国会计折算的主要原则概括如下。

- 如果美国公司的外国子公司的财务报表以美元记账，则不需要进行会计折算。
- 如果外国子公司的财务报表以当地货币记账，并且当地货币为功能货币，则使用现行汇率法进行折算。
- 如果外国子公司的财务报表以当地货币记账，且美元为功能货币，则使用历史汇率法进行重估。
- 如果外国子公司的财务报表以当地货币记账，且当地货币和美元都不是功能货币，则须先用历史汇率法将报表按功能货币进行重估，再采用现行汇率法将其换算为美元。

图 11.2 以决策流程图的形式展示了美国折算惯例。需要强调的是，功能货币的选择由子公司运营的经济现实情况决定，并非是管理层根据偏好的程序或期望结果做出的自由裁量决策。由于许多总部位于美国的跨国公司有众多外国子公司，其中一些以美元为功能货币，一些以其他货币为功能货币，所以货币损益既可能通过当期合并收入计算，又可能累积在股本储备中。[⊖]

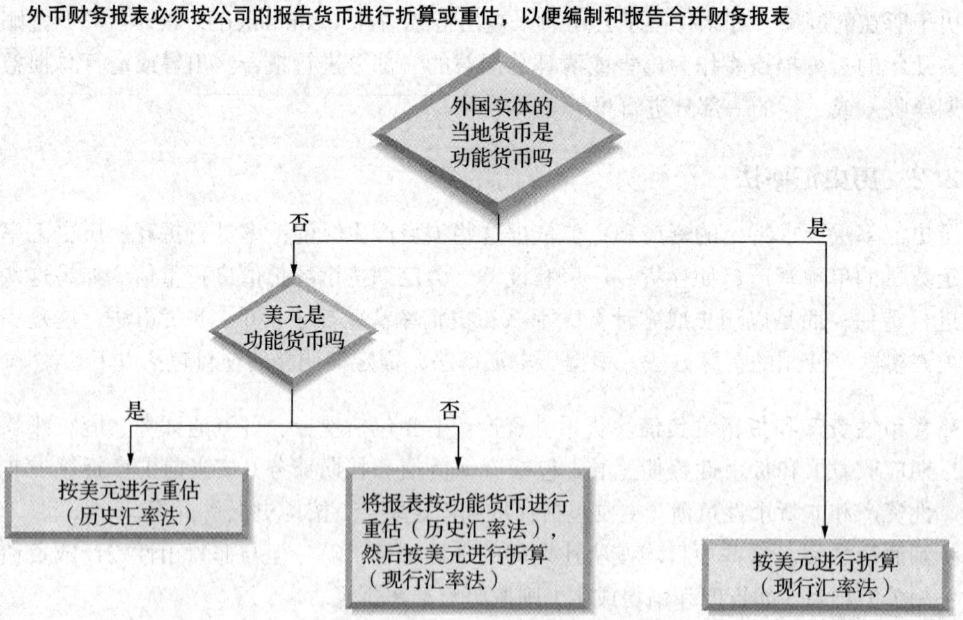

图 11.2 美国折算惯例流程图

11.2.4 国际折算惯例

美国外币报告和外币折算相关的会计指南见美国会计准则委员会（Financial Accounting Standards Board，FASB）会计准则汇编（ASC）第 830 条“外币事项”（foreign currency matter）。

⊖ 请注意，2020 年对美国跨国公司的调查显示，约 65% 的外国子公司以当地货币作为功能货币，12% 的外国子公司以美元（母公司的货币）作为功能货币。23% 的外国子公司二者兼有。

然而，世界上的大部分国家——超过 100 多个国家——使用的是国际财务报告准则（international financial reporting standards，IFRS）。

国际财务报告准则下外币折算的会计指南包含在国际会计准则（IAS）第 21 款“外汇汇率变化的影响”和第 29 款“恶性通货膨胀国家的财务报告”中。好消息是，这些指南在大多数方面都很相似。

然而，还是存在一些值得注意的差异。首先是术语差异。美国将外国实体分为一体化外国实体和独立且可分离运营外国实体，而国际财务报告准则使用一体化外国实体和自我维持的（self-sustaining）外国实体。它们的定义是相同的。一体化外国实体是指作为母公司的延伸运营的实体，其现金流和一般业务线[⊖]（general business line）与母公司的现金流和业务线高度相关。自我维持的外国实体是指在当地经济环境中独立于母公司运营的实体。

表 11.1 简要总结了基于一般公认会计原则和国际财务报告准则的会计折算的两方面的主要差异：①功能货币的确定；②对遭受恶性通货膨胀的货币进行折算的处理。一般公认会计原则要求“在确定功能货币时，需要同时独立和综合地考虑多个指标”，包括现金流、销售价格、销售市场、费用、融资以及公司间交易和安排，这在一些情况下可能导致公司内外对特定外国实体的功能货币的确定出现分歧。而在国际财务报告准则下，这种情况较少发生，因为其指标体系更加明确。

表 11.1　一般公认会计原则和国际财务报告准则之间关于会计折算的差异

	一般公认会计原则	国际财务报告准则
具体条款	第 830 条	第 21 款和第 29 款
功能货币的确定	美国需要分析多个指标来确定功能货币。这些指标并未形成明确的层次结构	国际标准建立了功能货币的指标体系（主要指标和次要指标）
对遭受恶性通货膨胀的货币进行折算的处理	如果外国实体所在国经济出现恶性通货膨胀，其财务报表以母公司的报告货币为功能货币进行重估	即使外国实体所在国经济出现恶性通货膨胀，其功能货币也会被保留
	重估的损益都包括在合并净收入中	期末未按现行汇率计算的任何财务金额，应使用一般价格指数进行指数化，然后按现行汇率换算为报告货币

第二个显著差异是如何处理处在恶性通货膨胀国家的外国实体的财务报表。一般公认会计原则要求外国子公司在高通货膨胀的环境中——三年内累计通货膨胀率达到或超过 100%——进行货币重估。美国的做法的逻辑是，遭受恶性通货膨胀的货币不够稳定，无法履行功能货币真正的功能。国际财务报告准则在恶性通货膨胀情况下，总体上仍然允许使用传统的功能货币。美国的这一指导方针在国际财务报告准则标准建立多年之前就已经制定，反映了 20 世纪 80 年代初即使在主要工业经济体中也普遍存在的通货膨胀担忧。但是，情况已经今非昔比。

⊖ 业务线指的是公司根据产品、服务类型或市场细分来组织的业务单位或类别。每条业务线通常都有自己的管理团队和财务目标，且针对特定的客户群体或市场需求。例如，苹果公司有多条业务线，包括 iPhone（智能手机）、iPad（平板电脑）、Mac（个人电脑）、Apple Watch（智能手表）和 Services（包括 iCloud、Apple Music 等服务）。每条业务线都针对特定的消费者需求，拥有独立的产品开发计划和市场策略。——译者注

11.3 Ganado公司的折算敞口

延用Ganado公司的案例，我们现在开始探索该公司外国实体的利润表和资产负债表因选择不同功能货币而产生的复杂的折算敞口。

11.3.1 折算敞口：利润表

Ganado公司在2018年和2019年按经营单位划分的销售额和综合收益情况如表11.2所示。2019年，美国子公司的销售额为3亿美元，欧洲子公司的销售额为1.584亿美元（1.2亿欧元按1.320 0美元 = 1.00欧元的汇率换算而来），中国子公司的销售额为8 960万美元（6亿人民币按6.700 0人民币 = 1.00美元的汇率换算而来）。上述销售额总计5.48亿美元，比2018年增长了2.8%。

表11.2 Ganado公司部分财务指标（2018—2019年）

	销售额（百万当地货币）			平均汇率（美元 =1.00 欧元，人民币 =1.00 欧元）			销售额（百万美元）		
	2018年	2019年	增长率	2018年	2019年	增长率	2018年	2019年	增长率
美国子公司	280美元	300美元	7.1%	—	—	—	280.0	300.0	7.1%
欧洲子公司	118欧元	120欧元	1.7%	1.400 0	1.320 0	−5.71%	165.2	158.4	−4.1%
中国子公司	600人民币	600人民币	0.0%	6.830 0	6.700 0	1.94%	87.8	89.6	2.1%
总计							533.0	548.0	2.8%
	综合收益（百万当地货币）			平均汇率（美元 =1.00 欧元，人民币 =1.00 欧元）			综合收益（百万美元）		
	2018年	2019年	增长率	2018年	2019年	增长率	2018年	2019年	增长率
美国子公司	28.2美元	28.6美元	1.4%	—	—	—	28.2	28.6	1.4%
欧洲子公司	10.4欧元	10.5欧元	1.0%	1.400 0	1.320 0	−5.71%	14.6	13.9	−4.8%
中国子公司	71.4人民币	71.4人民币	0.0%	6.830 0	6.700 0	1.94%	10.5	10.7	1.9%
总计							53.3	53.2	−0.2%

该公司2019年的综合收益（利润）有所下降，虽然跌幅不大，但投资者对综合收益下跌的反应可能不会太好。

然而，仔细观察各国子公司的销售额和综合收益，会发现一些有趣的现象。美国子公司的销售额和综合收益有所增长，销售额增长7.1%，综合收益增长1.4%。美国子公司的销售额和综合利润占总销售额和综合收益的一半以上，这一点非常重要。中国子公司2018年和2019年的销售额和综合收益以当地货币人民币计算是相同的。然而，中国政府对人民币兑美元的汇率进行了重新调整，从6.830 0元人民币兑1.00美元升至6.700 0元人民币兑1.00美元，这使得中国子公司的销售额和综合收益的美元价值都有所增加。

欧洲子公司的财务业绩更加引人注目。以欧元计算，2018—2019年，欧洲子公司的销售额增长1.7%，综合收益增长1.0%。但欧元对美元贬值，从1.400 0美元 = 1.00欧元降至1.320 0美元 = 1.00欧元。货币贬值5.71%导致欧洲子公司的财务业绩以美元表示反而是下降的。因此，Ganado公司的综合收益（以美元表示）在2019年有所下降。可以想象Ganado

公司内部以及关注该公司的分析师围绕综合收益下降的探讨和争论。

11.3.2 折算敞口：资产负债表

继续以 Ganado 公司为例，重点关注欧洲子公司的资产负债表。我们之前将 Ganado 欧洲子公司描述为独立且可分离运营外国实体，因此采用现行汇率法。在本节中，我们通过现行汇率法和历史汇率法来说明折算损益的可变性。Ganado 欧洲子公司的功能货币是欧元，其美国母公司 Ganado 公司的报告货币是美元。

假设工厂、设备及长期债务是通过收购得来的，并且 Ganado 欧洲子公司在过去发行了普通股，当时的汇率为 1.276 0 美元 = 1.00 欧元。当前存货是在上一季度购买或制造的，当时的平均汇率为 1.218 0 美元 = 1.00 欧元。截至 2019 年 12 月 31 日营业结束时，即期汇率为 1.200 0 美元 = 1.00 欧元。2020 年 1 月 2 日，新年假期结束后，当企业重新开业时，欧元贬值至 1.000 0 美元 = 1.00 欧元。

现行汇率法。表 11.3 揭示了使用现行汇率法出现的折算损失。贬值前欧洲子公司资产负债表上的资产和负债按 1.200 0 美元 = 1.00 欧元的现行汇率折算。股本按历史汇率 1.276 0 美元 = 1.00 欧元折算。留存收益按综合汇率折算，相当于将过去每一年增加的留存收益按当年有效汇率折算。留存收益账户和累计折算调整账户的总和必须使资产负债表的负债和所有者权益部分与资产部分“平衡”。在本例中，我们假定了 12 月 31 日资产负债表中使用的两个金额。如表 11.3 所示，欧元贬值前，前几年的累计折算损失为 13.68 万美元，该余额是前几年将欧元报表折算为美元的累计损益。

表 11.3 Ganado 欧洲子公司在欧元贬值后的折算损失：现行汇率法

项目		2019 年 12 月 31 日		2020 年 1 月 2 日	
资产	以欧元计价	汇率（美元 =1.00 欧元）	折算账户（美元）	汇率（美元 =1.00 欧元）	折算账户（美元）
现金	1 600 000	1.200 0	1 920 000	1.000 0	1 600 000
应收账款	3 200 000	1.200 0	3 840 000	1.000 0	3 200 000
存货	2 400 000	1.200 0	2 880 000	1.000 0	2 400 000
厂房和设备净值	4 800 000	1.200 0	5 760 000	1.000 0	4 800 000
总计	12 000 000		14 400 000		12 000 000
负债和所有者权益					
应付账款	800 000	1.200 0	960 000	1.000 0	800 000
短期银行借款	1 600 000	1.200 0	1 920 000	1.000 0	1 600 000
长期借款	1 600 000	1.200 0	1 920 000	1.000 0	1 600 000
普通股	1 800 000	1.276 0	2 296 800	1.276 0	2 296 800
留存收益	6 200 000	1.200 0①	7 440 000	1.200 0②	7 440 000
累计折算调整	—		(136 800)		(1 736 800)
总计	12 000 000		14 400 000		12 000 000

① 欧元贬值前的美元留存收益是前几年留存收益的累计相加，按每年的汇率折算

② 按与欧元贬值前一样的汇率折算成美元

欧元贬值后，Ganado 公司按新汇率 1.000 0 美元 = 1.00 欧元折算资产和负债。权益账户（包括留存收益）与贬值前一样进行折算，累计折算损失增加到 173.68 万美元。该账户中增

加的 160 万美元（从 13.68 万美元增加到 173.68 万美元）是按现行汇率法产生的折算损失。

该折算损失是以母公司报告货币计量的**净敞口资产**（net exposed asset）权益的减少。敞口资产是指其价值随着功能货币的贬值而下降、随着功能货币的升值而上升的资产。这里的净敞口资产是指敞口资产减去敞口负债。如果敞口资产超过敞口负债，净敞口资产为正（“多头”）。如果敞口资产少于敞口负债，净敞口资产为负（“空头”）。

历史汇率法。按照历史汇率法对相同账目进行折算，可以看出折算损益的可变性。如表 11.4 所示，欧元贬值前，资产负债表中的货币性资产和货币性负债按当前汇率折算，但其他资产和权益账户按其历史汇率折算。对于 Ganado 欧洲子公司而言，存货的历史汇率与净厂房和设备的历史汇率不同，因为存货是最近购置的。

表 11.4 Ganado 欧洲子公司在欧元贬值后的折算损失：历史汇率法

项目		2019 年 12 月 31 日		2020 年 1 月 2 日	
资产	以欧元计价	汇率（美元 =1.00 欧元）	折算账户（美元）	汇率（美元 =1.00 欧元）	折算账户（美元）
现金	1 600 000	1.200 0	1 920 000	1.000 0	1 600 000
应收账款	3 200 000	1.200 0	3 840 000	1.000 0	3 200 000
存货	2 400 000	1.218 0	2 923 200	1.218 0	2 923 200
厂房和设备净值	4 800 000	1.276 0	6 124 800	1.276 0	6 124 800
总计	12 000 000		14 808 000		13 808 000
负债和所有者权益					
应付账款	800 000	1.200 0	960 000	1.000 0	800 000
短期银行借款	1 600 000	1.200 0	1 920 000	1.000 0	1 600 000
长期借款	1 600 000	1.200 0	1 920 000	1.000 0	1 600 000
普通股	1 800 000	1.276 0	2 296 800	1.276 0	2 296 800
留存收益	6 200 000	1.243 7①	7 711 200	1.243 7②	7 711 200
折算收益（损失）	—				（160 000）③
总计	12 000 000		14 808 000		13 848 000

① 欧元贬值前的美元留存收益是前几年留存收益的累计相加，按每年的汇率折算这里显示了多次计算的结果。实际汇率为 1.243 742 美元 = 1.00 欧元，折算为 7 711 200 美元

② 按与欧元贬值前一样的汇率折算成美元

③ 根据历史汇率法，160 000 美元的折算损失将通过利润表计入留存收益，而不是如此处所示作为单独的项目列出。期末留存收益实际为 7 551 200 美元（7 711 200 美元 −160 000 美元）

根据历史汇率法，折算损失不会累积在单独的权益账户中。相反，它们直接通过每个季度的利润表反映出来。因此，在欧元贬值前折算的美元资产负债表中，留存收益是之前各年收益的累积结果，每年按有效的历史汇率折算，再加上之前各年的折算损益。在表 11.4 中，欧元贬值前的美元资产负债表中没有出现折算损失，因为任何损失都不计入留存收益。

欧元贬值的影响是立刻造成 16 万美元的折算损失。在表 11.4 中，该金额被单独列示以引起注意。根据历史汇率法，16 万美元的折算损失将通过利润表反映出来，从而减少净收入和留存收益。实际上，期末留存收益为 771.12 万美元减去 16 万美元，即 755.12 万美元。根据历史汇率法，损益是否通过利润表反映出来取决于所在国家的规定。

在 Ganado 公司的例子中，按照现行汇率法计算，折算损益较大，因为存货、不动产、厂房、设备以及所有货币性资产被视为风险敞口。当净敞口资产较大时，折算损益也较大。

如果管理层预计外币会贬值，则可以通过减少净敞口资产来最大限度地减少折算敞口。若管理层预计外币将升值，则应增加净敞口资产以从收益中受益。根据不同的会计方法，管理层可能会选择减少或增加不同的资产和负债。因此，投资和融资的实际决策可能取决于所使用的会计技术，尽管按理说，会计的影响应该是中性的。正如全球金融实务11.2所示，在子公司估值中，交易敞口和折算敞口可能会交织在一起。

全球金融实务11.2

外国子公司的价值

跨国公司的价值是其各个子公司价值的总和，因此子公司维持其价值稳定和增长至关重要。需要考虑汇率变化引起的价值变化。汇率变化引起的子公司价值变化可以分解为子公司收入和资产的特定变化。

子公司价值变化 = 子公司收入价值变化 + 子公司资产价值变化

子公司收入价值变化

子公司的收入一旦按母公司的本国货币重估后，就直接计入公司的合并收入。汇率变动会通过子公司的收入给跨国公司的价值带来波动。如果所涉及的单个子公司的收入占合并收入的比重很高，则跨国公司报告的收益（和每股收益）可能会由于折算而发生很大变化。

子公司的资产价值

子公司净资产的报告货币价值的变化被计入合并收入或所有者权益。如果美国跨国公司的外国子公司以美元作为功能货币，则重估会导致交易敞口，并通过当期合并收入反映出来。如果外国子公司以其本币作为功能货币，则汇率折算会导致折算调整，并以折算调整的形式报告在合并所有者权益中。这不改变报告的合并净收入。

11.4 折算敞口管理

“与交易风险相比，对冲损益折算风险（P&L[㊀] translation risk）更为复杂，因此企业在这方面的对冲行为并不像处理交易风险那么频繁，”卢森堡公司财务总监协会（association of corporate treasurers[㊁]）主席弗朗索瓦·马斯克利耶（Francois Masquelier）表示，“当然，公司盈利的多少受当地货币相对于功能货币波动的影响，可能产生正面或负面的效果。如果美国子公司的业务出现亏损，汇率折算过程可以减少损失（当美元对欧元贬值时）。但如果美国子公司的业务出现盈利，美元的贬值可以减少这部分盈利对息税折旧及摊销前利润（EBITDA）乃至净利润的贡献。”

——“Translation Risk Hits Corporate Earnings,” *FX Week*, May 9, 2014

折算敞口对合并收入和合并权益都构成威胁。尽管许多跨国公司常规地处理合并资产负

㊀ “P&L”是一个常用的财务术语，代表“利润与损失”(profit and loss)。——译者注

㊁ 在跨国公司的管理中，treasurer通常译作财务总监，其职位通常低于首席财务官。在商业银行管理中，同样设有司库（treasurer）职位，扮演着关键的财务管理角色。在政府管理部门当中，以澳大利亚为例，财政部（the Treasury）一把手的官方称呼是财政司司长（treasurer），负责国家的财政和经济政策。——译者注

债表带来的风险（对子公司的净股权投资），但许多公司也对冲了子公司盈利对其合并收入造成的风险。我们从子公司盈利开始讨论。

11.4.1 子公司盈利

对于那些主要利润依赖海外业务的跨国公司而言，它们在子公司盈利折算过程中特别容易受到货币风险敞口的影响。正如表 11.2 所示，Ganado 公司的全球销售和盈利结果表明，折算可能会导致盈利波动，进而可能对上市公司的股价造成不利影响。

原则上，许多投资者理解并接受跨国公司的多种非本币收益带来的风险敞口。这种情况实际上可能正符合投资者的希望，因此也是跨国公司最吸引人的地方。拥有大量子公司收益敞口的跨国公司（如日本的丰田公司，其 80% 以上的利润来自海外）在定期向投资者披露业绩报告时，会明确且详尽地分离出货币波动对业绩的影响。表 11.2 就单独展示了每个子公司销售额和综合收益的变动，以及相应的汇率变化。透明的信息披露和投资者对这种做法的普遍认可已经成了业界的主流趋势，只有少数公司试图管理子公司收益的折算敞口。

有些公司，例如可口可乐公司和固特异轮胎橡胶公司（Goodyear），在过去都会用金融衍生品来对冲子公司的利润。[㊀]这需要对子公司的未来收益进行长期预测，如 12～18 个月，以提供有效的风险保护。然而，由于收益的产生涉及众多风险敞口和交易的相互作用，准确预测收益极具挑战性。此外，当子公司以外币形式向母公司分配股息时，许多公司会定期进行对冲，有效减少由于未经过汇率对冲而可能出现的收益损失。

对子公司盈余进行对冲的最后一个难点是会计处理。根据现行财务会计准则，外国子公司收益对冲不符合套期保值会计（hedge accounting[㊁]）（准则）的条件。（全球金融实务 11.3 详细介绍了套期保值会计。）正如我们之前所指出的，不符合条件的主要原因是难以预测外国子公司收益的价值。这意味着，作为子公司收益对冲工具而购买的金融衍生品，如远期合约和货币期权等，必须定期进行价值重新估值（按市值计价），这完全独立于敞口本身。这意味着金融衍生品（即对冲工具）的定期估值最终比潜在敞口（即外国子公司收益）更频繁地影响公司披露的收益。如果一家跨国公司试图对冲未来一年的子公司收益，可能会增加而不是减少收益波动。

全球金融实务 11.3

外汇套期保值会计

外汇套期保值的主要目的之一是减少由外汇汇率波动导致的公司收益或现金流的损失或波动。这通常借助金融衍生品来实现。然而，会计实践并不总是如此。主要问题是按市值标记的会计处理方法，即在报告期结束时，在期权或套期保值到期

㊀ 对企业对冲操作的调查发现，只有 10%～15% 的受访公司积极对冲净投资风险或海外收益风险。

㊁ 本书将“hedge accounting”译为“套期保值会计”，而不是“对冲会计”，因为这个术语描述的是一种会计处理方法，它允许企业将套期保值活动（即使用金融工具来减少或消除未来现金流或资产负债表项目价值波动的风险）的经济效果与被保值项目的会计处理相匹配。通过这种方法，企业可以在财务报表中更准确地反映风险管理活动的影响。虽然“对冲会计”也能在一定程度上传达相同的概念，但“套期保值会计”这一术语在财务和会计领域更加常用，且更能准确地描述这种特定的会计处理方法。——译者注

之前，对风险敞口的价值和对风险敞口进行套期保值的金融衍生品的价值进行估值。根据风险敞口和金融衍生品的不同，它们的估值可能会给公司披露的收益带来更大的波动。

套期保值会计的目的是将风险敞口和套期保值联系起来，以便其中一方的价值波动抵消另一方的价值波动，也就是将它们作为一个整体对待。会计准则为三种不同类型的外汇套期保值建立了相关规则，即“套期保值会计”。

（1）现金流量套期保值（cash flow hedge）。现金流量套期保值可以指定用于极有可能发生的预期交易、尚未记录在资产负债表上的确定性承诺、已确认为资产或负债的外币现金流或预期的跨国公司内部交易。套期保值会计允许将金融衍生品价值的波动记录在跨国公司所有者权益账户中，并将其确认时间推迟到交易实际发生时，从而不影响公司的收益。

（2）公允价值套期保值（fair value hedge）。公允价值套期保值可以指定用于尚未记录在资产负债表上的确定性承诺或已确认为资产或负债的外币现金流。套期保值会计允许被对冲的资产或负债按市值计算，使其价值波动与金融衍生品的价值波动相匹配，从而抵消对公司收益的影响。

（3）净投资套期保值（net investment hedge）。净投资套期保值可以指定用于对外国子公司或其海外业务的净投资。套期保值会计允许将会计折算损失引起的收益波动与套期保值操作引起的价值波动相匹配，无论套期保值工具是金融衍生工具还是债务工具。

当然，要使用套期保值会计，必须满足一些非常具体的要求，包括对确定性承诺、极有可能发生的预期交易的适当指定，以及套期保值的有效性。确定性承诺是指在未来特定日期（或多个日期）交换特定数量资源且价格已确定的约束性协议。极有可能发生的预期交易是指一项尚未承诺但极有可能发生的未来交易。套期保值的有效性要求套期保值操作必须能够抵消风险敞口价值波动的 80%～125%。

11.4.2 净股权投资

使折算敞口最小化的主要技术被称为资产负债表套期保值。有时，一些公司试图在远期市场上对冲折算敞口。这种行为相当于在远期市场上投机，希望实现现金利润，以抵消折算带来的非现金损失。成功与否取决于对未来汇率的精确预测，因为这种对冲只在可能的未来即期汇率的某个范围内是有效的。此外，虽然远期“对冲”（实际上是投机）的利润应该纳税，但折算损失不会减少应纳税收入。

资产负债表套期保值要求跨国公司在合并资产负债表上持有等额的以外币计价的敞口资产和敞口负债。如果每种外币都能做到这一点，则净折算敞口将为零。汇率变动将使敞口资产与敞口负债发生价值相同但方向相反的变化。如果跨国公司采用历史汇率法对资产负债表进行折算，则零净敞口头寸（zero net exposed position）的情况被称为“货币平衡”。在现行汇率法下，跨国公司无法实现完全的货币平衡，因为总资产必须与等量的债务相匹配，但资产负债表的所有者权益部分必须按历史汇率进行折算。

资产负债表套期保值的成本取决于相对的借贷成本。如果在调整外汇风险后，外币的借贷成本高于母公司报告货币的借贷成本，则资产负债表套期保值的成本较高，反之亦然。然而，在日常运营中，跨国公司需要对资产负债表某个特定账户的规模和计价货币做出决定。这样的做法意味着资产负债表套期保值实际上是一种折中方案，即改变账户的货币面额，可能会以增加利息支出或降低运营效率为代价，目的是实现一定程度的外汇风险保护。

为了实现资产负债表套期保值，Ganado 母公司可以采取两种方法：①减少欧元资产，但同时不减少欧元负债；②增加欧元负债，但同时不增加欧元资产。实现途径是将现有的欧元现金兑换成美元。如果 Ganado 欧洲子公司没有大量的欧元现金余额，它可以借入欧元并将其兑换成美元。其他子公司也可以借入欧元并将其兑换成美元。也就是说，套期保值的本质是母公司或其任何子公司创造欧元债务，并将其所得款项兑换成美元。

现行汇率法。根据现行汇率法，Ganado 欧洲子公司应借入 800 万欧元。这一步的初始效果是增加 Ganado 欧洲子公司资产负债表上的敞口资产（现金）和敞口负债（应付票据），而对净敞口资产没有直接影响。后续步骤可以采取两种形式：① Ganado 欧洲子公司可以将获得的欧元兑换成美元并持有这些美元；②它可以将借来的欧元转移给 Ganado 母公司，母公司用于支付以欧元计价的红利或用来偿还跨国公司的内部欧元债务。Ganado 母公司随后也可以将欧元兑换为美元。

另一种选择是由 Ganado 母公司或 Ganado 欧洲子公司的姊妹子公司借入欧元，从而使欧元债务完全不计入 Ganado 欧洲子公司的账上。接下来的这一步对于消除欧元风险敞口至关重要：借款实体必须将欧元兑换成美元或其他非敞口的资产。上述任何此类借款都应与其他所有的欧元借款相协调，避免出现一家子公司在借入欧元以减少折算敞口的同时另一家子公司在偿还欧元债务。（请注意，推迟偿还现有欧元债务也意味着“借入”欧元；目标是增加欧元债务，而不仅仅是字面意义上的增加欧元负债。）

历史汇率法。如果用历史汇率法进行折算，那么只需要借入 80 万欧元，数额小得多。Ganado 欧洲子公司可以用这笔借款来购买美元，也可以将其用于采购欧洲的库存或固定资产。根据历史汇率法，这些资产不被视为风险敞口，当欧元贬值时，它们的美元价值不会下降。

11.4.3 何时进行资产负债表套期保值更合理

如果一家公司的外国子公司使用当地货币作为功能货币，以下情况使用资产负债表套期保值可能是合理的。

- 这家外国子公司即将被清算，因此其累计折算调整账户的价值将得以实现。
- 这家外国子公司的债务契约或银行协议要求该公司的债务 / 股权比率保持在特定限额内。
- 这家外国子公司对管理层的评估基于受汇率折算损益影响的某些利润表和资产负债表指标。
- 这家外国子公司在恶性通货膨胀的环境中经营。

如果一家公司使用母公司的本币作为外国子公司的功能货币，所有交易的收益或损失都计入利润表。对合并收入进行套期保值以降低其可变性，这一点对投资者和债券评级机构来说很重要。总之，折算敞口是一个备受关注的话题，对于所有跨国公司来说，这涉及复杂的选择，包括是否进行套期保值以及如何进行套期保值。

11.4.4 使用货币互换进行汇率折算套期保值——以麦当劳公司为例

麦当劳公司（纽约证券交易所代码：MCD）是世界上最受认可和最有价值的餐饮公司之一。随着麦当劳公司在全球范围内的发展和扩张，其在 100 多个国家的投资面临着投资风险。像大多数跨国公司一样，麦当劳公司认为其在外国子公司的股权投资方面存在亏损、国有化（nationalization）和货币估值的风险。随着时间的推移，麦当劳公司在对冲这些综合货币风险方面颇具创新性，不断寻找构建传统解决方案的新方法，如通过货币互换的方式实现**胡佛对冲**（Hoover hedge）。

胡佛对冲。当像麦当劳这样的母公司创建并投资外国子公司时，它就持有了一项资产，即对外国子公司的外国投资，这与外国子公司资产负债表上的股权投资相对应。但这项投资使用的是子公司的当地货币，即外国商业环境的货币。如果这是该子公司业务的主要货币，那么它就是该子公司的功能货币。由于母公司货币与子公司货币之间存在汇率变化，母公司的股权投资会面临外汇风险。

许多跨国公司通过资产负债表套期保值来对冲这种股权投资敞口。由于母公司拥有以外币计价的长期资产，该公司试图通过创建相同货币的相应长期负债来对冲该资产。母公司通常会以外国子公司当地货币借入长期贷款。这类贷款通常被构造为一次性偿还本金的贷款，即按期支付利息，贷款到期时一次性偿还本金。通过这种方式，长期贷款的本金与长期股权投资相匹配。

这些对冲手段被称为“胡佛对冲”，源于胡佛公司与美国国税局的一起诉讼案。该案的主要争议点是，胡佛公司出于避税目的，使用外币卖空交易作为对冲手段产生的盈亏，在税务处理上应该被认定为普通亏损、业务开支还是资本损益。除了以外国子公司当地货币借入款项，还有许多其他潜在的股权投资对冲手段，包括卖空、使用远期合约和货币期权等传统外汇衍生品。

麦当劳公司的商业组织形态。麦当劳公司根据不同的市场需求，以多种不同方式构建了其业务。在美国，该公司采用特许经营（franchise）结构，即将特许经营权授予私人投资者，被授权的投资者可以在指定的特许经营区内独家销售和分销麦当劳公司的产品和服务。麦当劳公司拥有土地和大楼，但根据特许经营协议，加盟商（franchisee，也可以译为“特许经营商”）负责投资餐厅所需的所有设备和家具——正如他们所说的，“从内部装修到外部涂漆”。这种结构使得麦当劳公司以较低的资本投资进行扩张（由加盟商投资了大部分资金），同时为加盟商创造了经济激励机制，使其继续关注并致力于餐厅的成功和盈利。作为回报，麦当劳公司从加盟店的销售额中赚取特许权使用费，通常占销售额的 5%～5.5%。

在麦当劳公司希望更直接地控制市场并愿意进行大量资本投资的地区，公司使用了更常见的直接所有权方式。尽管公司必须提供建立餐厅所需的所有资本，但它因此获得了更直接的运营控制权。麦当劳公司的许多国际扩张项目都是以直接所有权方式进行的，但该公司由于试图在越来越多的国家占据重要地位，因此面临着大量资本风险。

英国子公司和货币敞口。在英国，麦当劳公司拥有其大部分餐厅。这些投资形成了三种不同的以英镑计价的货币敞口（详见图 11.3）。

（1）英国子公司拥有以英镑计价的股本，这是母公司的以英镑计价的资产。

（2）母公司以四年期贷款的形式提供公司内部贷款。这笔贷款以英镑计价，利率固定。

（3）英国子公司按照销售额的固定百分比向母公司支付以英镑计价的特许权使用费。

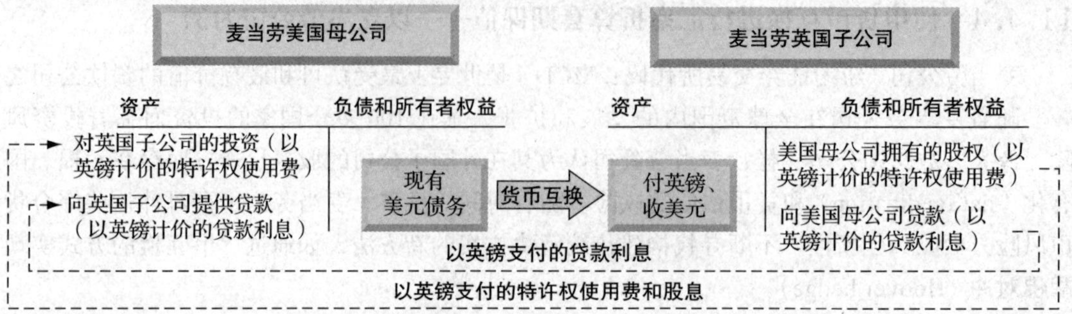

因为麦当劳英国子公司向美国母公司以英镑支付所有款项，所以麦当劳美国母公司实际上持有大量英镑。通过货币互换交易，麦当劳美国母公司利用美元的流入来抵消英镑的流出，从而实现了有效的资金流转。此外，这种货币互换交易还赋予了母公司一个极为重要的特性：互换协议中包含的一大笔未偿还本金（到期一次性还款）与麦当劳美国母公司在英国子公司的长期股权投资相匹配

图 11.3 麦当劳公司在英国的货币互换策略

一个操作上的细节使上述情况变得更加复杂。当母公司向英国子公司提供公司内部贷款时，它必须根据美国会计和税法的规定，明确指定该贷款是否被视为在该国的“永久投资”。尽管从表面上看，将四年视为“永久”似乎是不合逻辑的，但实际上这笔贷款可能会被母公司不断地滚动续期，永远不会真正得到偿还。

如果贷款未被指定为“永久”的，那么与该贷款相关的外汇损益直接计入母公司的利润表，这符合美国会计准则，也是美国外汇报告的主要标准。然而，如果贷款被指定为永久性贷款，则与公司内部贷款相关的外汇损益仅计入累计折算调整账户，这是公司合并资产负债表上的合并所有者权益的一个部分。到目前为止，麦当劳公司已经选择将这些贷款指定为永久性贷款。合并时，英国子公司的功能货币为当地货币，即英镑。

货币互换套期保值。麦当劳公司过去曾通过美元与英镑货币互换，来对冲其复杂的英镑敞口。这些货币互换交易的期限各不相同，且普遍较长，基本协议是麦当劳公司接收美元并支付英镑。与所有货币互换一样，该协议要求麦当劳美国母公司定期支付以英镑计价的利息，并在互换协议结束时一次性偿还本金（名义本金）。

货币互换具有双重作用：一方面，它对冲了麦当劳英国子公司向美国母公司支付的以英镑计价的特许权使用费和利息；另一方面，它也对冲了麦当劳美国母公司在英国子公司的股权投资，特别是与这些投资相关的以英镑计价的名义本金互换交易。根据美国会计惯例，跨国公司可以选择将与外币贷款相关的利息直接并入母公司的合并收入。麦当劳公司过去曾这样做，并从中受益。

要点小结

- 折算敞口源于将外国子公司以外币计价的报表折算为母公司报告货币以编制合并财务报表的过程。
- 外国子公司的功能货币是该外国子公司日常运营中主要使用的货币。
- 汇率折算的技术性问题包括何时确认收益或损失、功能货币和报告货币之间的区别以及对遭受恶性通货膨胀的货币进行折算的处理。
- 折算损益与经营损益有很大不同，不仅是在数量上，而且还在方向上。管理层可能需

要在决定首先管理哪种敞口之前，确定哪种敞口所对应的风险更重要。

- 管理折算敞口的主要方法是资产负债表套期保值。这就要求拥有同等数额的外汇资产和负债。
- 即使管理层选择积极对冲折算敞口，也几乎不可能同时覆盖交易敞口和折算敞口。如果被迫做出选择，大多数管理者将选择防范交易损失，因为它们会影响合并收益。

问 题

11.1 **折算。**折算这个词是什么意思？为什么折算敞口属于会计敞口？

11.2 **原因。**什么活动会引起折算敞口？

11.3 **金融资产转换。**在编制合并财务报表的情况下，折算和转换（convert）是同义词吗？

11.4 **子公司的特征。**一个自我维持的外国实体和一个一体化外国实体有什么区别？

11.5 **功能货币。**什么是功能货币？你认为“非功能货币”是什么？

11.6 **指定功能货币。**公司是否可以或应该每年更改外国子公司的功能货币？如果答案为是，什么时候更改是合理的？

11.7 **折算方法。**全球通用的两种基本折算方法是什么？

11.8 **现行汇率法和历史汇率法。**折算方法之间的一个主要区别是，资产负债表的不同组成部分按不同汇率（现行汇率或历史汇率）进行折算。为什么会计惯例要使用历史汇率呢？

11.9 **折算资产。**在折算资产时，现行汇率法和历史汇率法的主要区别是什么？

11.10 **折算负债。**现行汇率法和历史汇率法在负债折算方面有什么区别？

11.11 **收益或权益。**你认为大多数公司更倾向于将货币折算差额或调整归于收益还是合并权益？为什么？

11.12 **折算敞口管理。**公司管理折算敞口的主要选择是什么？

11.13 **会计或现金流。**总部位于美国的一家跨国公司 80% 以上的利润来自欧元区和日本。在 2014 年下半年，欧元和日元相对美元都出现了大幅贬值。这对公司的影响仅存在于会计核算层面，还是改变了现金流？还是两者兼而有之？

11.14 **资产负债表合理化套期保值。**什么时候进行资产负债表套期保值是合理的？

11.15 **实现和确认。**跨国公司是否以及何时会实现并确认与子公司相关的、随时间记录的累计汇率折算损失？

11.16 **纳税义务。**会计折算如何改变公司在全球范围内的应纳税款？如果跨国公司的合并收益由于合并和会计折算而增加，这一改变对应纳税款（tax liability[⊖]）的影响是什么？

11.17 **恶性通货膨胀。**什么是恶性通货膨胀？恶性通货膨胀会给在此类环境中运营的子公司的财务报表折算带来哪些影响？

11.18 **交易与折算损失。**交易敞口损失和折算敞口损失的主要区别是什么？

⊖ “tax liability”通常翻译为“应纳税款”，指的是公司欠缴的税款，包括企业所得税、增值税等各种形式的税款。——译者注

迷你案例

瑞典伊莱克斯公司的货币管理

习　题

扫码了解习题

第 12 章
CHAPTER 12

运营敞口

土狼总是伺机而动。土狼总是饥肠辘辘。[⊖]

——纳瓦霍族民间谚语

学习目标

12.1 分析跨国公司未预期的现金流变化如何产生运营敞口

12.2 分析运营敞口对跨国公司业务部门的影响，并考虑销量、价格、成本以及其他关键指标的变化所发挥的作用

12.3 评估运营敞口的战略管理方案

12.4 详细阐述跨国公司在主动管理运营敞口时所采用的各类策略

本章探讨企业运营中所面临的经济敞口，我们称之为运营敞口。运营敞口也称为**竞争敞口**（competitive exposure）或**战略敞口**（strategic exposure），主要衡量未预期的汇率变动所导致的未来经营现金流的变化对企业价值的影响。为分析运营敞口，需评估汇率变动对企业运营的影响，以及本企业与同行业企业竞争实力的相对变化。分析运营敞口的目标是，找到企业在面对未预期的汇率变动时能够采取的战略举措或经营方法，用以提升企业价值。

运营敞口和交易敞口都与未来现金流相关，二者联系密切。它们的区别在于管理层考

⊖ 在很多北美原住民的文化中，土狼不仅是一种动物，还是智慧、生存策略和适应性的象征。这句谚语强调了土狼的两个主要特征：总是在等待时机和总是处于饥饿状态。这可能象征着生活总有挑战和机遇相伴，强调了时刻准备面对挑战和抓住机遇的重要性。——译者注

虑的现金流类型不同，以及这些现金流在汇率变动时发生变化的原因不同。首先，本章以 Ganado 公司为例，探讨其业务结构如何影响其潜在的运营敞口。其次，介绍一系列管理运营敞口的策略。最后，本章通过迷你案例“英国脱欧与劳斯莱斯公司”，讨论一个国家的政治决策如何影响其跨国公司的运营敞口。

12.1 跨国公司的运营敞口

跨国公司的业务结构和运营方式决定了其运营敞口的性质。Ganado 公司的基本业务结构及其运营如图 12.1 所示。该公司是一家总部位于美国的上市公司，所有的财务指标和估值最终都必须以美元折算、编制合并财务报表和进行信息披露。该公司的会计敞口（折算敞口）在第 11 章中已经介绍过了。在运营层面上，各个子公司的功能货币不同，这综合决定了公司的总体运营敞口。

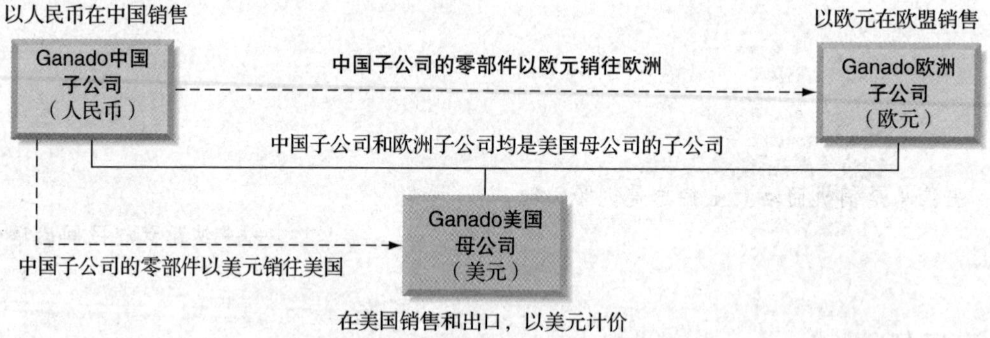

Ganado中国子公司	材料和人工成本均以人民币计价 50%为国内销售额（人民币），50%为出口销售额（美元和欧元）	人民币为功能货币
Ganado欧洲子公司	材料和人工成本均以欧元计价 50%为欧洲销售额（欧元），50%为出口销售额（欧元）	欧元为功能货币
Ganado美国母公司	材料和人工成本均以美元计价 50%为国内销售额（美元），50%为出口销售额（美元）	美元为功能货币

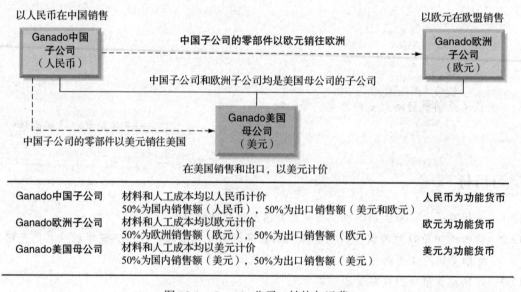

图 12.1 Ganado 公司：结构与运营

任何企业或业务模块的运营敞口均涉及按各种货币计算的现金流入和流出之差，以及其与同业市场的竞争者的比较情况。应收账款是销售的现金流入，应付账款是与购买劳动力、材料和其他投入相关的持续现金支出。总体而言，现金净流入或流出是任何企业的命脉，也是企业随着时间创造价值的来源。例如，Ganado 欧洲子公司在本地销售产品并出口，所有销售都以欧元开具发票，因此所有经营现金流入均以其本地货币——欧元——计算。在成本方面，材料和劳动力均来自本地，其成本以欧元计价。Ganado 欧洲子公司还从 Ganado 中国子公司购买零部件，这些交易也以欧元开具发票。Ganado 欧洲子公司显然是以欧元为功能货币，其所有现金流入和流出均以欧元计算。Ganado 美国子公司的结构与 Ganado 欧洲子公司类似，所有销售（包括国内和国际销售）的现金流入都以美元计算，所有成本（包括本国和国际采购的劳动力和材料）均以美元计价，这也包括从 Ganado 中国子公司的采购。因此，Ganado 美国子公司以美元为功能货币。

Ganado 中国子公司的情况更为复杂。现金流出（包括购买劳动力和材料）全部为国内支出，以人民币支付。然而，现金流入涉及三种不同的货币，因为该公司在本地以人民币销售产品，同时也向德国以欧元出口和销售，向美国以美元出口和销售。总体而言，尽管有一些以欧元和美元的现金流入，但主导货币是人民币。

12.1.1 静态运营敞口与动态运营敞口

为了衡量 Ganado 公司的运营敞口，需要预测和分析该公司未来所有的单个交易敞口，还需要考虑全球所有竞争对手和潜在竞争对手的未来敞口情况。短期内的汇率变动会影响当前和即将签订的合同，这些合同通常被称为交易。随着时间的推移，价格会变化，竞争对手会做出反应，经济基本面和竞争因素会改变所有业务部门的现金流量。

Ganado 公司的三个子公司分别位于中国、欧洲和美国。假设美元开始对欧元贬值，与此同时，人民币对美元逐步升值。此时，需要考察每个业务部门的运营敞口，既包括静态运营敞口（源自交易敞口），也包括动态运营敞口（源自尚未签订合同的未来交易）。

Ganado 中国子公司。以美元销售将导致即期人民币收益减少，以欧元销售的人民币收益可能会根据人民币兑欧元的波动保持大致稳定。短期内，总体盈利能力将下降。长期来看，根据市场和竞争情况，可能需要提高出口产品的价格，甚至对其美国母公司也是如此。

Ganado 欧洲子公司。由于该公司的现金流入和流出均以欧元计算，因此没有即时的交易敞口。如果 Ganado 中国子公司提高零部件销售价格，未来欧洲子公司的成本压力可能会加大。短期内，欧洲子公司的盈利能力不受影响。

Ganado 美国子公司。与 Ganado 欧洲子公司类似，Ganado 美国子公司的所有现金流入和流出均为美元。美元贬值不会立即产生交易敞口，但随着时间的推移，中国子公司尝试恢复先前的利润率，来自中国的进口成本可能上涨，Ganado 美国子公司的中长期现金流可能发生变化。但是，与欧洲子公司一样，美国子公司的短期盈利能力不受影响。

对于 Ganado 公司来说，可能的结果是公司短期内总体盈利能力下降，这主要是由于中国子公司利润下降，下降原因是受到短期交易敞口或运营敞口的影响。然而，短期内美元贬值很可能会增加折算敞口，因为以人民币和欧元计价的利润和收益将转换成更多的美元。这将受到投资者的欢迎。

12.1.2 经营现金流和融资现金流

跨国公司的现金流可分为经营现金流和融资现金流。

- Ganado 公司的经营现金流来自公司间（非关联公司之间）和公司内部（同一公司内不同部门之间）的应收款项和应付款项，例如支付设施和设备的租金、使用技术和知识产权的版税和许可费用，以及各种管理费用。
- 融资现金流包括收到公司间和公司内部的贷款、支付本金和利息、收到新的股本投资和支付股息等。

每种现金流的时间间隔、金额和货币面值都可能不同，并且每种现金流的发生概率也不同。图 12.2 总结了 Ganado 美国母公司和 Ganado 中国子公司的可能的现金流。

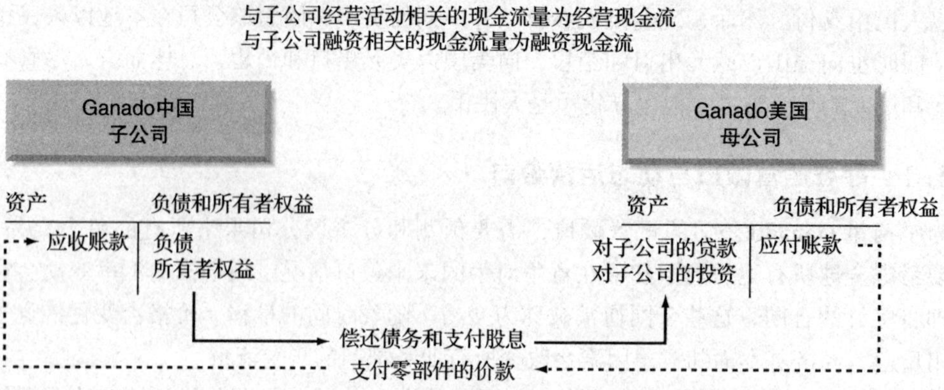

图 12.2 母公司与子公司之间的经营现金流和融资现金流

12.1.3 预期的与未预期的现金流变化

运营敞口对企业的长期生存能力至关重要，重要性超过由交易敞口或折算敞口引起的变动。然而，运营敞口取决于企业对未来一段时间内现金流变化的主观预测。因此，它并非源自会计过程，而是源自企业对经营状况的预判和分析。

规划运营敞口是全面管理的责任，依赖财务、营销、采购和生产等方面相互协调。外汇汇率的预期变动不包括在运营敞口的范畴中，因为管理层和投资者一般会将这些信息纳入他们对预期经营业绩和市场价值的评估中。“预期变动”有几种不同的理解视角，具体如下。

- 从管理的角度看，财务预算报表已经反映了预期汇率变动的影响。
- 从偿还债务角度看，预期的现金流用于摊销债务，一般已反映了国际费雪效应。预期的本金和利息偿还额是预期汇率的函数，不是即期汇率的函数。
- 从投资者的角度看，如果外汇市场是有效的，关于预期汇率变动的信息将广为人知，并反映在市场价值中，这在全球金融实务 12.1 中有所说明。只有未预期的汇率变动或外汇市场的弱有效性才可能导致公司市场价值的变动。
- 从更广泛的宏观经济角度看，运营敞口不仅反映企业未来现金流对未预期的汇率变动的敏感性，还反映其对其他关键宏观经济变量的敏感性，此即宏观经济不确定性。

全球金融实务 12.1

预期贬值——福特汽车公司的委内瑞拉投资

理解运营敞口的关键在于，预期的外汇汇率变动不包括在企业的运营敞口中。我们通常假设市场已经考虑了这一变动，但这个假设真的合理吗？

以福特汽车公司为例。2013 年 12 月，福特汽车公司公开表示，公司预期委内瑞拉货币将进一步贬值，可能给公司财务绩效带来负面影响。福特汽车公司在向美国证券交易委员会提交的文件中提到，其在委内瑞拉的投资为 8.02 亿美元，由于委内瑞拉货币——玻利瓦尔预期贬值，汇率将从 1 美元兑 6.3 玻利瓦尔变为 1 美元兑 12 玻利瓦尔，因此可能会给公司造成 3.5 亿美元的财务损失。福特汽车公司曾遇到过类似情况，委内瑞拉曾将玻利瓦尔兑美元的汇率从 4.3 贬值到 6.3，福特汽车公司由此损失了 1.86 亿美元。

12.2 运营敞口的衡量

未预期的汇率变动对企业的经营现金流可能产生哪些影响？为了探讨这个问题，我们将可能的变化按不同阶段（短期、中期和长期）和不同经济情况（价格变化、成交量变化和结构变化）进行分类。如表 12.1 所示。

表 12.1　运营敞口的调整与反应阶段

阶段	时长	价格变化	成交量变化	结构变化
短期	不到 1 年	价格以合同方式固定	成交量以合同方式约定	竞争性市场无变化
中期（均衡状态）	2～5 年	汇率变动完全传递	成交量开始对价格产生部分反应	现有竞争对手开始有部分反应
中期（非均衡状态）	2～5 年	汇率变动部分传递	成交量开始对价格产生部分反应	现有竞争对手开始有部分反应
长期	5 年以上	汇率完全浮动	完全灵活变化	面临新进入者的威胁及竞争对手不断变化的反应

短期。短期影响的对象是年度预算中的预期现金流。盈亏取决于预期计价货币的现金流，这包括既有的和预期的交易敞口。既有债务或者隐含债务（如采购或销售协议）的计价货币无法改变。除了既有债务或隐含债务，公司在短期内很难改变产品的销售价格或重新谈判生产要素的成本。因此，实际现金流与预期现金流不同。然而，随着时间的推移，企业的价格和成本可以调整，以反映汇率变动引起的企业竞争力的变化。

中期（均衡状态）。假设外汇汇率、国内通货膨胀率和国内利率之间保持平价条件，中期影响的对象是预期中期现金流，比如 2～5 年的预期现金流。在均衡状态下，企业随着时间的推移调整价格和成本，以维持预期现金流水平。在这种情况下，预期现金流的计价货币并不像现金流来源国那样重要。货币政策、财政政策和国际收支政策将决定均衡状态是否存在，以及企业是否考虑调整价格和成本。

如果均衡状态持续存在，并且企业可以自由调整其价格和成本以维持预期的竞争地位，那么它的运营敞口可能为零。由于汇率变动是预期的，所以企业的预期现金流将会实现，市场价值保持不变。然而，也有一种可能是，均衡状态虽存在，但公司不愿或难以调整其经营以适应新的竞争环境。在这种情况下，由于实际现金流与预期现金流不同，企业将面临运营敞口，其市场价值也可能发生变化。相关的争论经常困扰企业，对于企业而言这是一个简单但令人困惑的挑战，正如全球金融实务 12.2 所述的情形。

全球金融实务 12.2

被误解的等式

在全球贸易中，最简单却又最容易被误解的等式之一是关于外币价格的。假设有一家总部位于美国的制造商，其产品拟出口到日本。日本客户的采购部门要求以日元计价，并开具发票。日本客户这样做是为了比较不同供应商（国内和国外）的产品价格。因此，美国制造商以美元价格为基础，确定以日元作为计价货币的价格。用美元价格乘以即期汇率可得出日元价格。

美元价格 × 美元兑日元的即期汇率 = 日元价格

这个等式是由三个步骤（1–2–3）组成的序列，即以美元定价、确认即期汇率和以日元定价。日本客户接受了美国制造商的报价，双方达成了销售协议。但是汇率随时都在变化。例如，在接下来的几个月里，美元对日元升值（需要更多的日元换取一单位美元），美国制造商给出了以日元计价的新价格，日本客户发现新的日元价格上涨了，日本国内制造商的产品价格更便宜。

结果就是许多出口商永远在困惑，应该首先确定上述等式中的哪个价格？是面对外国客户的外币价格，还是出口商在国内销售的价格？前者意味着将上述步骤反转为 3–2–1。这可能导致国外销售与国内销售的利润率差异巨大。

中期（非均衡状态）。这一时间段影响的对象是非均衡状态下的预期中期现金流。在这种情况下，公司可能无法调整价格和成本以反映汇率变动引起的新竞争局面。主要问题可能在于竞争对手做出反应，公司的实际现金流将与预期现金流不同。由于结果是未预期的，公司的市场价值可能会发生变化。

长期。长期影响的对象是预期长期（即 5 年以上）现金流。在这种情况下，现有竞争对手和潜在竞争对手（可能是新进入者）在非均衡状态下对汇率变动做出反应，企业的现金流将受到影响。事实上，所有受到国际竞争影响的企业，无论是纯粹的国内企业还是跨国公司，在外汇市场不持续均衡时，都将长期面临外汇运营敞口。

对于跨国公司来说，量化此处所描述的运营敞口的各个阶段非常困难。实际上，解决这一问题可分两步。第一步是预测公司未来可能因汇率变动而产生的经营现金流。这是可能实现的，但需要大量假设，即在何时、以何种幅度发生哪些变化。（本章附录提供了如何为 Ganado 欧洲子公司做此类预测的示例。）第二步是估计竞争对手对汇率变动的反应，即它们的定价、销量、成本、采购等对未预期的汇率变动的反应。只有少数跨国公司能成功开展这项工作。

12.3 运营敞口的战略管理

管理运营敞口和交易敞口的目标是预测汇率意外变动对企业未来现金流的影响，并采取措施，而不仅仅是寄希望于一切顺利。为了实现这一目标，管理层可以改变公司的经营和融资政策，或者将公司的经营和融资结构多元化。

在战略层面上，管理运营敞口的关键是，管理层在出现非均衡状态时认识到其存在，并预先准备，以适当做出反应。为完成这一任务，公司可以在国际上使其经营和融资多元化。多元化经营意味着销售多元化、生产制造多元化以及原材料来源的多元化。多元化融资意味着在不止一个资本市场上以不止一种货币筹集资金。

在多元化战略下，外汇市场、资本市场和产品市场在非均衡状态下出现机遇时，企业能根据管理层的风险偏好主动或被动地做出反应。这样的战略并不需要管理层预测非均衡状态，只需要管理层在其出现时及时发现。然而，这要求管理层考虑竞争对手在运营敞口方面的预先布局。在不同的非均衡状态下，管理层应知悉哪些公司在竞争中会受益或受到损害。

12.3.1　多元化经营

多元化经营是一种结构性战略，目的是为管理运营敞口做预先准备。考虑如下情况，即购买力平价暂时出现非均衡状态。虽然这种非均衡状态不易预测，但管理层通常能在其出现时很快知悉。例如，管理层可能会注意到公司在不同国家工厂的成本发生变化，或者观察到不同国家市场上的销量发生变化。

管理层认识到全球竞争环境变化后，将调整经营战略。管理层可能会在采购原材料、零部件或成品方面做出微调。如果有剩余产能，可以在一个国家增加生产，在另一个国家减少生产。由于非均衡状态，企业产品的出口竞争力更强，市场营销工作可以在出口市场上加强。除了认识到变化外，管理层还面临一个额外的挑战，即了解变化是暂时的还是半永久的，正如全球金融实务 12.3 所描述的情况。

全球金融实务 12.3

英国和欧洲——跨海峡币值波动

英国最大的贸易伙伴是欧盟，尽管两者多年来联系紧密，但英国退出欧盟在很多方面并不令人意外。英国从未加入欧元区，而是一直保持独立货币——英镑，制定自己的货币政策和货币体系，这一直是英国保持独立性和自豪感的基本支柱。但这种独立是有代价的，代价是跨海峡（trans-channel，海峡指英吉利海峡）币值波动（currency shift㊀）。

过去 30 年间，英镑兑欧元的币值至少有三个不同的相对强弱时期，见图 12.3。在欧元推出之前，英镑曾相对疲弱。1996 年英镑大幅升值——大约从 0.80 英镑兑 1.00 欧元转变为 0.65 英镑兑 1.00 欧元，并持续了十多年。在这一时期，英国的出口品在欧洲大陆的价格相对上涨。英国出口价格明显不具竞争力，而欧洲则从对英国的出口中获益。贸易条件的变化影响了国家经济的基本面。下一个阶段或经济周期英镑会是什么样子，谁也说不准。尽管政治组织和联盟（如欧盟）的发展会出现潮起潮落，其成员国的身份也会发生变动，但英吉利海峡两岸的跨国公司之间的经济联系是不可否认的。“跨海峡币值波动”是运营敞口管理的实践应用。

企业多元化经营后，能够灵活应对非均衡状态的变动。在竞争激烈的全球市场中，非均衡状态可能对企业经营产生重大影响，但通过预先的战略性准备和灵活的经营策略，企业可以更好地抓住机遇，减轻不利影响，并增强市场竞争力。

即使管理层在汇率变动时没有积极改变正常运营模式，公司也应该关注一些有益的投资组合效应。在非均衡状态下，汇率变动可能增加公司在某些市场上的竞争力，同时降低其在其他市场上的竞争力，国际多元化的生产、采购和销售可以降低现金流的不稳定性。在这种情况下，运营敞口将被相互抵消。与多元化的跨国公司相比，完全在国内运营的公司，即使

㊀ “currency shift”指的是货币价值相对于其他货币的变动或波动。这种变动可以由多种因素引起，包括经济指标的变化、政策调整、市场情绪的变化、国际贸易状况等。——译者注

没有外币现金流，也可能受到外汇运营敞口的影响。例如，它可能在国内市场上遇到在币值被低估的国家生产产品的竞争对手的进口竞争。

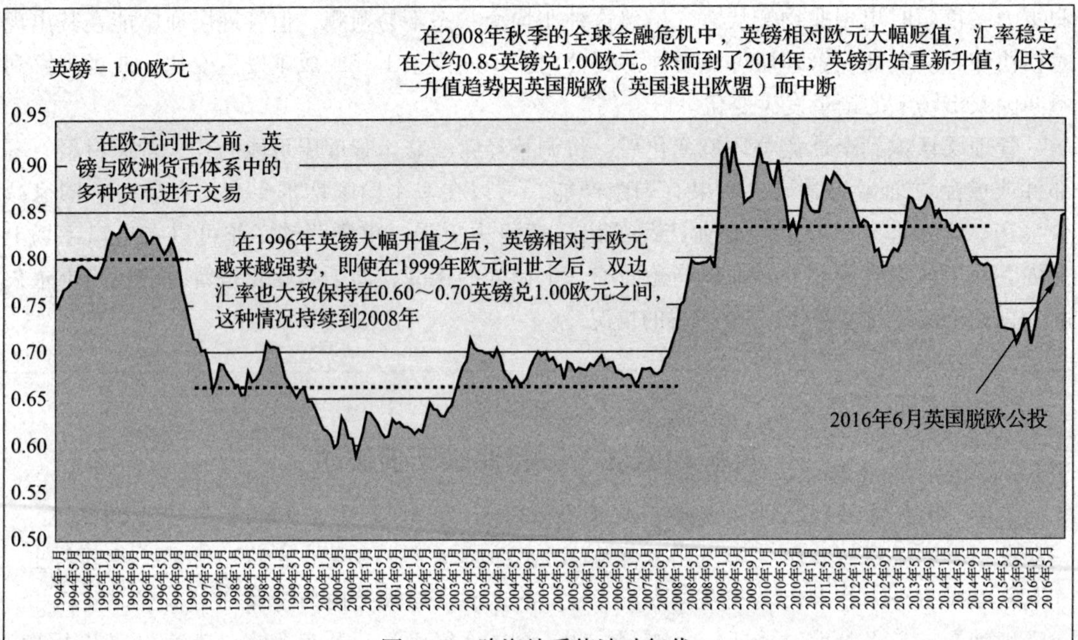

图 12.3　跨海峡币值波动年代

纯粹的国内企业不会像跨国公司那样对国际非均衡状态做出反应。事实上，纯粹的国内企业可能无法意识到非均衡状态，因为它缺乏来自公司内部的比较数据。等获得外部数据时，往往为时已晚。即使国内公司认识到非均衡状态，它也不能迅速将生产和销售转移到之前没有进入的外国市场。

某些客观原因会限制跨国公司生产地点多元化的可行性。某个特定行业的技术可能要求公司的产品具有规模经济效应。例如，高科技企业（如英特尔公司）更倾向于按以下要求选址：周边有配套的高科技供应商、受过高等教育的雇员、一所或多所顶尖大学等。这些企业的研发工作与初期生产及后期销售密切相关。

12.3.2　多元化融资

如果跨国公司的融资来源多元化，它可以利用国际费雪效应的暂时波动获取收益。如果利率差异与预期的汇率变动不相等，跨国公司将有机会降低其资本成本。然而，为了改变融资来源，该公司必须在国际投资界享有良好声誉，并且与银行建立稳固的联系。完全在国内运营的公司通常不用考虑此问题。我们将在第 13 章中说明，无论以何种货币计价，多元化融资来源都可以降低公司的资本成本并增加资本可得性。对于那些位于新兴市场的公司来说，从相对分割的新兴市场之外筹集资金的能力尤为重要。

12.4　主动管理运营敞口

为管理运营敞口和交易敞口，抵消预期的外汇敞口，需采用经营或融资策略。其中常用的五种主动策略是：①匹配货币现金流；②**风险分担协议**（risk sharing agreement）；③**背靠背贷款**（back-to-back loan）或**平行贷款**（parallel loan）；④货币互换；⑤合同方法。

12.4.1　匹配货币现金流

抵消预期的长期对某种特定货币的敞口的方式之一是承担该特定货币的债务。图 12.4 展示了一家美国跨国公司出口加拿大面临的敞口。为了有效应对加拿大市场的竞争，该公司所有的出口均以加拿大元开具发票。这一做法使得该公司每月持续收到加拿大元。如果该公司的出口未来会持续下去，那么其长期持有的加拿大元头寸相对稳定且可预测。当然，这一系列交易敞口可以通过远期合约或其他合约来持续对冲，如第 10 章所述。

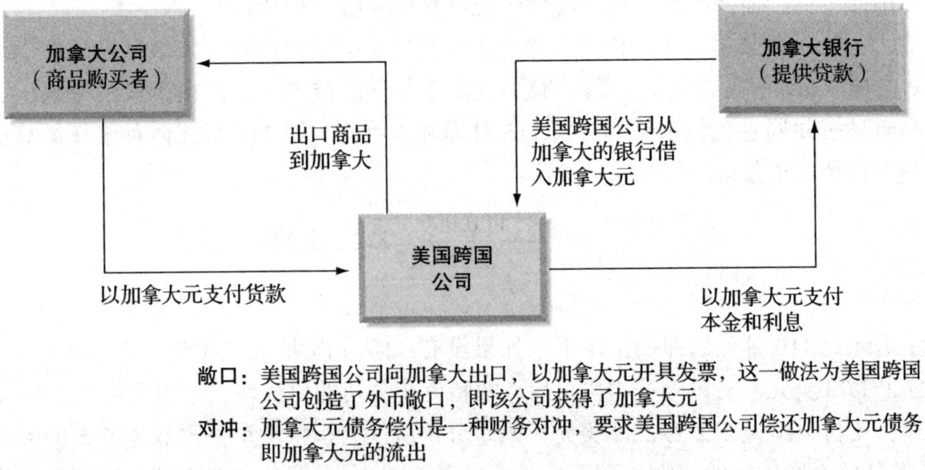
加拿大公司
（商品购买者）
出口商品
到加拿大
美国跨国公司从
加拿大的银行借
入加拿大元
加拿大银行
（提供贷款）
美国跨国
公司
以加拿大元支付货款
以加拿大元支付
本金和利息
敞口：美国跨国公司向加拿大出口，以加拿大元开具发票，这一做法为美国跨国公司创造了外币敞口，即该公司获得了加拿大元
对冲：加拿大元债务偿付是一种财务对冲，要求美国跨国公司偿还加拿大元债务，即加拿大元的流出

图 12.4　作为财务对冲的债务融资

假如这家美国跨国公司想要找到一种持续的现金流出方法，以平衡其持续流入的加拿大元，该怎么办？该公司可以在市场上筹集一定金额的加拿大元债务资金，利用其出口收入产生的稳定且可预测的加拿大元现金流入来偿还加拿大元债务的本金和利息，从而达到现金流的匹配。通过这种方式，这家跨国公司创造融资活动的现金流出以抵消其经营活动的现金流入，避免了使用远期合约等合约性金融工具来主动管理其外汇敞口。这种对冲方式有时被称为“匹配”，在现金流敞口时间相对恒定且可预测的情况下，能够有效消除外汇敞口。

匹配策略还有很多种。第二种策略是，美国跨国公司可以寻找加拿大的材料或零部件供应商，以替代从美国或其他国家采购。这样，该公司将同时拥有加拿大元现金流入（应收账款）和加拿大元现金流出（应付账款）。如果这两种现金流在数量和时间上大致相同，那么这种策略将是一种自然对冲，其中“自然”指的是基于日常营运的活动。

第三种策略通常被称为**货币转换**（currency switching）。例如，一家美国公司从墨西哥进口零部件，墨西哥公司可能会欢迎以加拿大元支付，因为它在自己的跨国现金流网络中缺少加拿大元。

12.4.2　风险分担协议

企业之间若存在持续买卖关系，为管理长期现金流敞口，还可以采取**风险分担**（risk sharing）的方式。风险分担是一种合约安排，买方和卖方同意共享或分担货币币值波动的影响。如果两家公司基于对产品质量和供应商可靠性的考虑，愿意建立长期合作关系，不再考虑货币市场上汇率的变化，那么可以达成一项合作协议，共同承担外汇汇率波动的风险。

如果福特汽车公司每个月从日本马自达公司进口汽车零部件，汇率的大幅波动可能让二者其中一方受益而另一方受损。（尽管福特汽车公司是马自达公司的主要股东，但并不控制马自达公司的经营。因此，风险分担协议在这种情况下特别适用，因为两家公司的交易性质既是公司间的交易，又属于公司内部交易。风险分担协议有助于巩固双方的合作伙伴关系。）

备选方案是福特汽车公司和马自达公司达成协议，只要发票日期的即期汇率在1美元兑换115日元至1美元兑换125日元之间，福特汽车公司的所有采购都以市场汇率结算，用日元支付。如果汇率处于上述范围内，福特汽车公司同意接受任何现存的交易敞口。然而，如果汇率超出此范围，福特汽车公司和马自达公司将平分这一差额。

例如，福特汽车公司在3月份有一笔2 500万日元的应付账款。发票日期的即期汇率为1美元兑110日元，日元对美元升值，购买汽车零部件的成本上升。由于该汇率超出了合同范围，马自达公司同意支付1美元兑换115日元和1美元兑换110日元两种汇率结算价格之间的差额。福特汽车公司的付款如下所示：

$$\frac{25\,000\,000}{115-\left(\frac{115-100}{2}\right)}=\frac{25\ 000\ 000}{112.50}=222\ 222.22\text{(美元)}$$

在1美元兑110日元的即期汇率下，如果没有风险分担协议，福特汽车公司3月份的成本为227 272.73美元。有风险分担协议后，福特汽车公司的付款将按1美元兑112.50日元的汇率计算，支付金额为222 222.22美元。风险分担协议为福特汽车公司节省了5 050.51美元（这个节省是成本增加额的减少，而不是成本绝对额减少）。因此，双方都会因汇率在指定范围之外的波动而产生成本和收益。需注意，如果即期汇率变为1美元兑130日元，这种波动将对马自达公司有利。

这种风险分担协议旨在降低汇率波动及不可预测性给双方带来的影响。当然，如果一种货币相对于另一种货币持续升值，就需要重新协商风险分担协议，协议的最终目标是减轻长期业务往来面临的币值波动压力。

这样的风险分担协议在全球市场上已经使用了50多年。20世纪60年代，布雷顿森林体系下的汇率相对稳定，这类协议几乎消失。随着20世纪70年代浮动汇率制被恢复采用，不少跨国公司又启用了之前的协议方式，以保持双边的长期贸易。全球金融实务12.4描述了美国哈雷－戴维森公司（Harley-Davidson, Inc.）使用风险分担协议的方式。

全球金融实务12.4

哈雷－戴维森公司的风险分担协议

哈雷－戴维森公司非常具有代表性，该公司在美国集中生产（成本以美元计价），产品销往全球各地（销售货币主要是美元、欧元、澳大利亚元和日元）。外国经销商需要从哈雷－戴维森公司进货，并以本国货币在本国市场销售。这些外国经销商需要确保产品成本稳定——以本国货币计价，并以可预测的价格从哈雷－戴维森公司购买产品——以便提供稳定且具竞争力的本国价格。哈雷－戴维森公司采用图 12.5 所示的风险分担协议来解决这个问题。

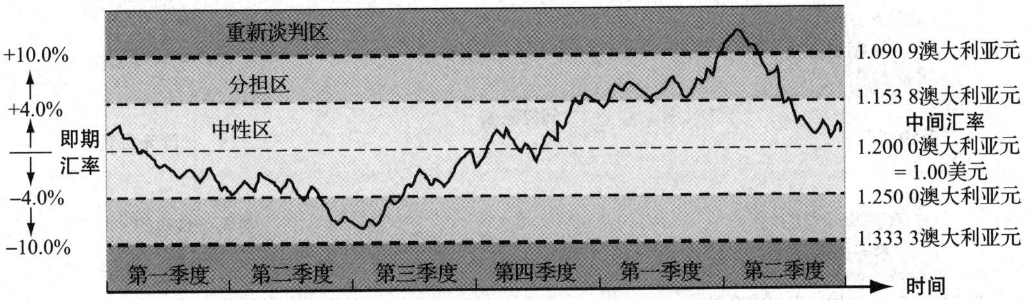

图 12.5　哈雷 – 戴维森公司的风险分担协议的结构

这种风险分担协议基于双边即期汇率与预先确定的中间汇率的缺口。只要即期汇率在协议有效期内保持在中性区，哈雷 – 戴维森公司将负责管理其在公司层面上承担的外汇敞口。如果即期汇率在协议有效期进入分担区，双方所使用的汇率将做出调整，以“五五开”的方式分担汇率变动的缺口。如果即期汇率在协议有效期内超出分担区并进入重新谈判区，哈雷 – 戴维森公司将与外国经销商重新协商，确立新的中间汇率。

12.4.3　背靠背贷款或平行贷款

背靠背贷款也称为平行贷款或**信用互换**（credit swap），是指位于不同国家的两家公司，约定在特定期限内互相借入对方的货币，并在约定的到期日归还所借入的货币。这种操作并不在外汇市场上进行，不过可以用即期市场上的双边汇率报价作为确定交换资金金额的参考。这样的互换交易创造了一种对冲汇兑损失的方法，即锁定汇率，因为每家公司账面上记录的借入和归还的货币是相同的。不论现实中存在投资资金在两国间转移的法律限制，还是预期可能存在这种限制，跨国公司均会使用背靠背贷款。

典型的背靠背贷款结构如图 12.6 所示。一家英国母公司希望将资金投资于其荷兰子公司，另一家荷兰母公司希望将资金投资于其英国子公司。为避免完全依赖外汇市场，英国母公司向位于英国的荷兰母公司的英国子公司提供英镑贷款，同时荷兰母公司向位于荷兰的英国母公司的荷兰子公司提供欧元贷款。这两笔贷款的金额按当前即期汇率计算是相同的，贷款期限也相同。在到期日，两笔独立的贷款将分别归还给原始的出借人，而无须经过外汇市场。这两笔贷款都不承担任何外汇风险，并且通常无须获得任何监管投资外汇的政府机构的批准。

背靠背贷款不需要母公司提供担保，因为一笔贷款出现违约时，另一笔贷款具有抵销的权利。协议可以进一步规定，两国汇率发生变化时保持本金平价。例如，如果英镑在 30 天内下跌超过 6%，英国母公司向荷兰母公司的英国子公司提供额外的英镑，使两笔贷款的本金价值恢复相等。如果欧元贬值，类似的条款将保护英国母公司的荷兰子公司。虽然这种平价条款可能导致协议期间各方必须借出的本国货币金额发生变化，但不会增加外汇风险，因为到期时所有贷款都以相同的货币偿还。

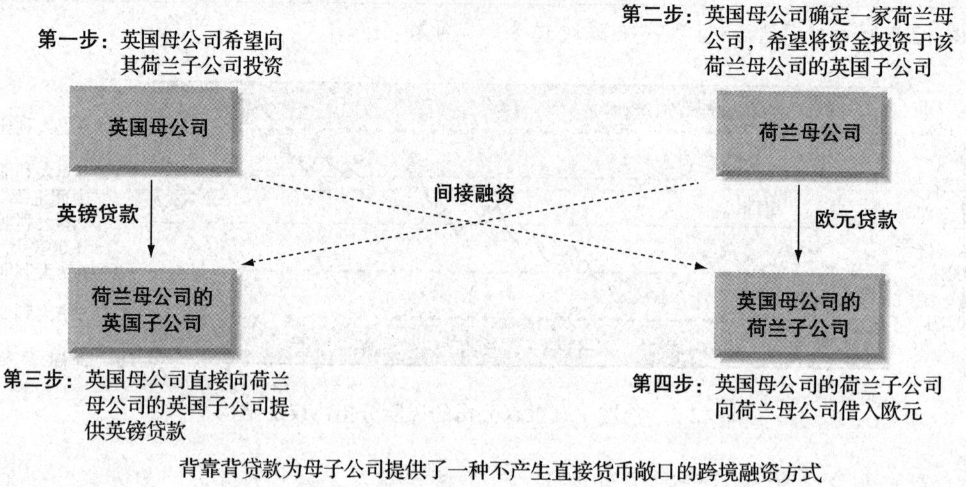

图 12.6 用于货币对冲的背靠背贷款[㊀]

背靠背贷款的广泛使用会面临两大障碍。第一，公司很难找到合适的合作伙伴，即所需货币、金额和期限都合意的交易对手。第二，其中一方可能在规定的到期日未能归还借入的资金，这是一种潜在的风险，尽管这种风险已被最小化（虽然所用货币不同，但贷款各方实际上都有 100% 的抵押品）。由于以上障碍，货币互换迅速发展并得到广泛使用。

12.4.4 货币互换

货币互换类似于背靠背贷款，只是贷款的发放和回收不会出现在企业的资产负债表上。在国际金融中，“互换”一词有多种用法，需要具体情况具体分析。在货币互换中，一家企业与互换交易商（或互换银行）约定在特定期限内交换等值的两种货币。货币互换可以有各种不同的期限，在有些情况下可长达 30 年。互换交易商或互换银行在签订互换协议时充当中间人的角色。

典型的货币互换要求两家公司在它们熟悉的市场中借入资金。例如，一家日本公司通常会在本国市场上定期借入日元。如果这家日本公司向美国出口并获得美元收入，它希望构建一个与之匹配的现金流协议，用获得的美元收入定期偿还美元债务。这家日本公司如果对美国金融市场不熟悉，可能无法便捷地获得美元债务。

上述日本公司可以通过货币互换“借入”美元。如图 12.7 所示，该公司可与另一家有美元债务的美国公司互换。该互换将使这家日本公司支付美元并收到日元。这样，该日本公司将在未借入美元的情况下偿还美元债务。同时，上述美国公司实际上将进行相反方向的货币互换——支付日元并收到美元。互换交易商担任中间人角色。

互换交易商通常以双向匿名的方式安排大多数互换交易，这意味着发起互换的公司不知道另一方（即互换的对手方）是谁。发起互换的公司将互换交易商或互换银行视为对手方。在全球范围内，由于主要的中央银行主导了互换市场，因此互换的对手方的风险是可以接受的。互换交易商的工作是协调互换交易的货币、金额和时间。在美国，会计师将货币互换视为外汇交易，而不是债务借贷，并将在以后某个日期逆向互换的义务视为远期外汇合同。这

㊀ 原图有误，中文版已修订。——译者注

种会计处理反映了互换交易的基本特性——它们不是资本的来源，而是货币和利率的交换。远期外汇合同要与相应的资产匹配，在企业财务报表附注中记录，并不反映为资产负债表中的项目。这一会计处理结果避免了折算敞口和运营敞口，且在资产负债表上既没有产生新的长期应收账款，也没有产生新的长期债务。

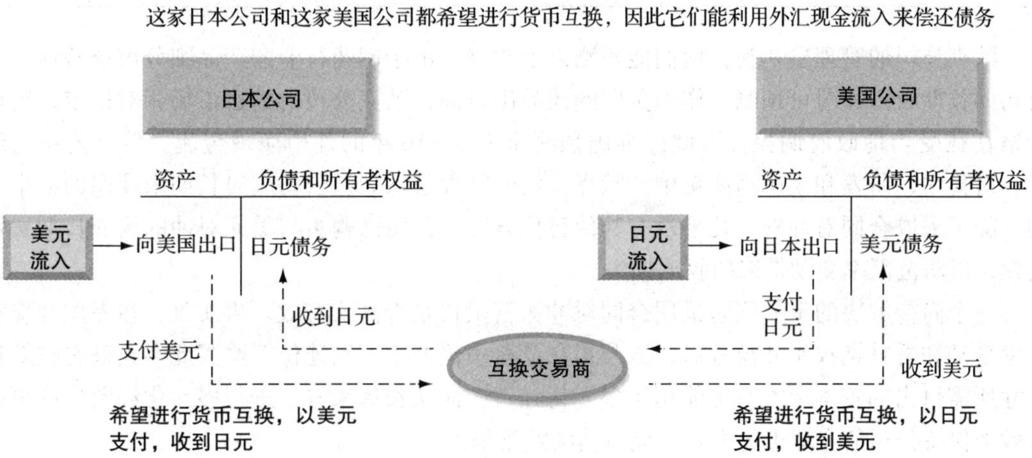

图 12.7　货币互换的应用

12.4.5　合同方法：对冲无法对冲的风险

一些跨国公司尝试使用合同方法对冲运营敞口。许多像美国默克公司（Merck & Co., Inc.）这样的公司持有长期货币期权头寸，以抵消汇率出现不利变动带来的损失。这种对战略敞口或竞争敞口的对冲，似乎与传统理论相悖。

公司对冲“无法对冲的风险”的能力取决于两个因素的可预测性：①公司未来现金流；②公司竞争对手对汇率变动的响应。许多企业的管理层认为他们能预测自己的现金流，但实际上，很少有企业能准确预测竞争对手的反应。许多企业难以及时衡量敞口。固定汇率有利于企业提高对未来的可预测性，不过也存在诸多争议，详见全球金融实务 12.5。

全球金融实务 12.5

固定汇率能否增加新兴市场企业的货币风险

长期以来，有一种观点认为，当企业相信汇率不变时，比如企业在某个国家经营，该国政府将本国货币与某个主要货币挂钩，并且已经持续了相当长一段时间，企业的经营看起来好像不存在任何货币风险或敞口。但关于印度货币风险的一项研究指出：“固定汇率会诱发道德风险，并增加金融的脆弱性。”

道德风险是指当一方（代理人、个人或企业）的风险行为可能产生负面后果，且他们知道或相信第二方会处理、容忍或承担这些后果时，该方就会更加肆无忌惮。换句话说，当企业知道有人会替它买单时，它可能会冒更大的风险。在固定或有管理的汇率制度下，这个买单的人就是中央银行，它告诉所有跨货币合同的签订方，汇率不会变化。

在大多数新兴市场中，这种特定做法

> 仍然缺乏研究，但随着许多新兴市场成为国际资本流动的热门区域，在金融全球化过程中，金融脆弱性在未来几年可能成为一个重要问题。新兴市场国家向国际资本敞开大门后，将承担一定的风险，资本跨境流动也可能对该国汇率产生影响。如果这些新兴市场的企业对此毫无意识，它们将面临风险剧变的局面。

默克公司的管理层认为，他们能预测以上两点。由于制药行业的产品细分市场特性，该公司的长期收入相对可预测。作为美国的药品出口商，默克公司的销售市场相对稳定，销售价格往往受当地政府调控，因此能准确预测未来 5～10 年的外币净现金流。默克公司的经营相对集中，研发和生产高度集中。默克公司的管理层认为，公司应对长期未预期的汇率变动，除了采取合同对冲外，几乎没有其他替代方案。公司已购买与美元对冲的场外长期看跌期权，以防范汇率变动带来的收入损失。

一个尚待解决的重要问题是用合同对冲运营敞口是否真实有效。事实是，在考虑并应对汇率变动和看跌期权头寸盈亏后，该公司在竞争中仍处于不利地位。购买此类大额看跌期权头寸所需付出的资本原本有可能用于多元化经营，而从长远来看，进行多元化经营也许更能有效地保持公司的全球市场份额，提高其国际竞争力。

要点小结

- 运营敞口是指未预期的汇率变动引起未来经营现金流发生变化，进而引起公司价值发生变化。
- 运营敞口管理的策略强调公司的运营结构，以便按币种匹配的现金流。
- 运营敞口管理的目标是预测并主动应对未预期的汇率变动对公司未来现金流的影响，而不是被动应对这些变化。
- 主动管理运营敞口的策略包括匹配货币现金流、风险分担协议、背靠背贷款和货币互换等。
- 合同方法（如期权和远期交易）有时被用于对冲运营敞口，但成本高且效果可能不佳。

问　题

12.1 **敞口的定义。**给出运营敞口、经济敞口和竞争敞口的定义。你认为各个术语有何差异？

12.2 **运营敞口与财务报表折算敞口。**你认为运营敞口与财务报表折算敞口之间的主要区别是什么？对于一家私营公司和一家公开上市公司，这两种敞口是否有相同的含义？

12.3 **未预期的汇率变动。**为什么未预期的汇率变动会增加运营敞口，但是预期的汇率变动不会？

12.4 **时间跨度。**解释用于分析和测量未预期的汇率变动的时间跨度。

12.5 **静态运营敞口与动态运营敞口。**列举静态运营敞口和动态运营敞口的例子。

12.6 **经营现金流与融资现金流。**根据金融理论，对于企业价值而言，融资现金流和经营现金流哪个更重要？

12.7 **宏观经济不确定性。**解释宏观经济不确定性的概念将如何扩大运营敞口的分析范围。

12.8　**战略反应。**运营敞口和交易敞口管理的目标都是预测并减少未来现金流中未预期的汇率变动的影响，管理层如何应对这些敞口？

12.9　**管理运营敞口。**在战略层面上，管理运营敞口的关键在于，当出现非均衡状态时，管理层能及时认识到并做出适当反应。如何最好地完成这项任务？

12.10　**多元化经营。**跨国公司如何多元化运营？如何多元化融资？你认为这些是管理运营敞口的有效方式吗？

12.11　**主动管理。**可以通过经营或融资策略来管理运营敞口。五种常用的主动策略是什么？

12.12　**匹配货币现金流。**如何通过匹配货币现金流抵消运营敞口？

12.13　**风险分担。**风险分担是管理企业间的持续买卖关系中运营风险的一种合约安排。解释风险分担是如何运作的。

12.14　**背靠背贷款。**解释背靠背贷款如何对冲外汇运营敞口。企业对背靠背贷款安排中的合作伙伴是否有顾虑？

12.15　**货币互换。**解释货币互换如何对冲外汇运营敞口。货币互换的会计优势是什么？

12.16　**对冲无法对冲的风险。**一些公司如何通过合同方法来对冲其长期的运营敞口？它们为了证明这种方法的有效性做了哪些假设？在你看来，这种方法的效果怎么样？

迷你案例

英国脱欧与劳斯莱斯公司

习　题

扫码了解习题

附录 12A 衡量运营敞口：Ganado 欧洲子公司

图 12A.1 呈现了 Ganado 公司面临的困境，这是由欧元未预期的汇率变动引起的，而欧元是其欧洲子公司的关键货币。Ganado 公司披露的利润——收益和每股收益——大部分来自其欧洲子公司。如果欧元意外贬值，Ganado 欧洲子公司的业务价值会如何变化？

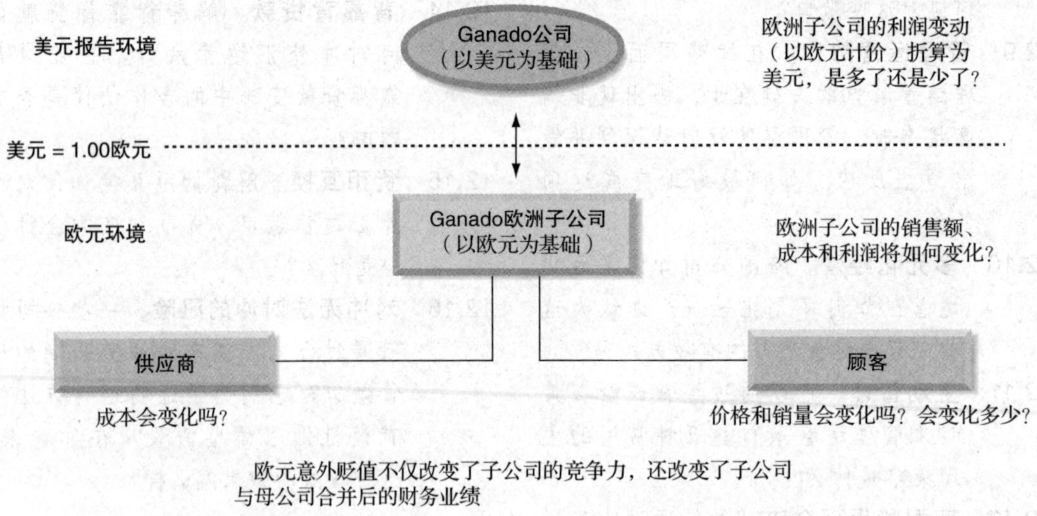

图 12A.1 Ganado 公司与 Ganado 欧洲子公司

在金融领域，价值指经营现金流。如果 Ganado 公司希望考核 Ganado 欧洲子公司面对未预期的汇率变动出现的运营敞口，它会评估该汇率变动对公司（Ganado 欧洲子公司）经营现金流可能造成的影响。具体而言，汇率变动将如何影响经营现金流的主要驱动因素——价格、成本和销量？竞争对手的价格、成本和销量将如何变化？竞争对手将如何应对这些变化？以下内容说明了这些因素在短期和中期对欧元对美元的贬值可能做出的反应。

基准情况：欧元贬值

Ganado 欧洲子公司在德国生产，既在德国销售同时又对外出口；所有销售以欧元开具发票。表 12A.1 总结了 Ganado 欧洲子公司 2021—2025 年（假设当前是 2020 年）的预测收入和经营现金流。销量假定为每年 100 万个单位，每单位的销售价格为 12.80 欧元，每单位的直接成本为 9.60 欧元。德国的企业所得税税率为 29.5%，汇率为 1.200 0 美元 = 1.00 欧元。

表 12A.1 Ganado 欧洲子公司的估值：基准分析

假设	2021 年	2022 年	2023 年	2024 年	2025 年
销量（单位）	1 000 000	1 000 000	1 000 000	1 000 000	1 000 000
单位销售价格（欧元）	12.80	12.80	12.80	12.80	12.80
单位直接成本（欧元）	9.60	9.60	9.60	9.60	9.60
德国企业所得税税率	29.5%	29.5%	29.5%	29.5%	29.5%
汇率（美元 = 1.00 欧元）	1.200 0	1.200 0	1.200 0	1.200 0	1.200 0
利润表					
销售收入（欧元）	12 800 000	12 800 000	12 800 000	12 800 000	12 800 000

（续）

假设	2021 年	2022 年	2023 年	2024 年	2025 年
销售商品的直接成本（欧元）	−9 600 000	−9 600 000	−9 600 000	−9 600 000	−9 600 000
现金运营费用（固定不变，欧元）	−890 000	−890 000	−890 000	−890 000	−890 000
折旧（欧元）	−600 000	−600 000	−600 000	−600 000	−600 000
税前利润（欧元）	1 710 000	1 710 000	1 710 000	1 710 000	1 710 000
所得税费用（欧元）	−504 450	−504 450	−504 450	−504 450	−504 450
净收入（欧元）	1 205 550	1 205 550	1 205 550	1 205 550	1 205 550
现金流量估值					
净收入（欧元）	1 205 550	1 205 550	1 205 550	1 205 550	1 205 550
加回折旧（欧元）	600 000	600 000	600 000	600 000	600 000
净营运资本变动（欧元）	0	0	0	0	0
用于估值的自由现金流量（欧元）	1 805 550	1 805 550	1 805 550	1 805 550	1 805 550
经营活动产生的现金流量（美元）	2 166 660	2 166 660	2 166 660	2 166 660	2 166 660
现值，折现率为 15%（美元）	7 262 980				

注：为了简化分析，我们假设 Ganado 欧洲子公司没有债务，因此没有利息支出。我们还假设上述五年内没有额外的资本支出。假定没有终值；Ganado 欧洲子公司的估值仅基于其未来五年的预期现金流。净营运资本（应收账款 + 存货 − 应付账款）在基准情况下由于持续销售而不需要增加。在后续情景中，假设应收账款按 45 天销售额计算，存货按 10 天销售商品的成本计算，应付账款按 38 天销售额计算。

假设公司产生了 12 800 000 欧元的销售收入和 1 205 550 欧元的净收入。将净收入与折旧和净营运资本变动（在基准情况下为零）相加，得到 1 805 550 欧元或 2 166 660 美元的经营现金流（以 1.200 0 美元 = 1.00 欧元折算）。公司的管理层计算未来五年内这些自由现金流的现值，以此评估其子公司的价值，以 15% 的贴现率计算。基准分析得出 Ganado 欧洲子公司的现值为 7 262 980 美元。

在 2021 年 1 月 1 日，即公司业务开始之前，欧元意外贬值，从 1.200 0 美元 = 1.00 欧元跌至 1.000 0 美元 = 1.00 欧元。运营敞口取决于未预期的汇率变动是否导致销量、销售价格或运营成本发生意外变化。在欧元贬值后，Ganado 欧洲子公司可以选择在国内销售的商品的欧元价格保持不变，也可以试图提高欧元价格，因为其竞争性进口商品定价更高。公司可以选择出口商品的外币价格（如以欧元计价）保持不变，或者选择根据汇率贬值幅度适当下调出口商品的外币价格，亦或选择在二者之间的某一水平定价，从而实现部分汇率传递。采取的策略在很大程度上取决于管理层对产品需求价格弹性的看法，这涉及对竞争对手反应的评估。Ganado 欧洲子公司可能会提高成本，因为进口原材料或零部件更可能昂贵，德国国内一般物价水平上涨，劳动力现在要求更高的工资来弥补国内的通货膨胀。

Ganado 欧洲子公司的国内销售收入和成本可能也在一定程度上受到欧元贬值的影响。在欧元贬值的情况下，尽管进口商品变得更昂贵，但这有助于提升德国本地商品在国内外市场的竞争力。这种价格上的竞争优势可能会促使德国商品在国内市场上替代部分进口商品，并且增加德国商品的出口，从而最终提高德国的国民收入。前提是欧元贬值带来的有利影响不会立即被较高的国内通货膨胀所抵消。因此，由于在国内外市场上的价格和收入效应，Ganado 欧洲子公司可能在德国销售更多的商品，同时也出口更多的商品。

为了说明欧元贬值后各种因素对 Ganado 欧洲子公司的运营敞口的影响，考虑以下四种情况。

情况1：欧元贬值（所有变量保持不变）；

情况2：销量增加（除销量外其他变量保持不变）；

情况3：销售价格上升（除销售价格外其他变量保持不变）；

情况4：销售价格、成本和销量增加。

为了计算在每种情况下的价值变化，我们将考察五年中美元对欧元汇率变化引起的现金流变化。

情况1：欧元贬值（所有变量保持不变）

假设在未来五年内，销量、销售价格和运营成本都没有变化。预计未来一年的利润仍以欧元计价，经营现金流仍然为1 805 550欧元。由于所有的结果仍以欧元为单位，净营运资本（应收账款+存货-应付账款）没有变化。然而，汇率变动意味着以美元计算的经营现金流减少到1 805 550美元。这一系列经营现金流的现值为6 052 484美元，Ganado欧洲子公司的价值在以美元计算时下降了1 210 496美元。

情况2：销量增加（除销量外其他变量保持不变）

假设在欧元贬值后，欧洲内部的销量增加了40%，达到1 400 000个单位（假设其他所有变量保持不变）。由于欧元贬值，德国制造的电信零部件现在与进口商品竞争更激烈。此外，由于德国制造的零部件在货币未贬值的国家变得更便宜，出口量也增加了。销售价格以欧元为单位保持不变，因为Ganado欧洲子公司的管理层观察到德国本土运营成本没有变化，并且他们看到了增加市场份额的机会。

Ganado欧洲子公司的净收入上升到2 107 950欧元，第一年的经营现金流增加到2 504 553欧元，其中净营运资本增加了203 397欧元（使用增加的部分现金流）。在接下来的四年里，每年的经营现金流为2 707 950欧元。与基准情况相比，Ganado欧洲子公司的现值上升了1 637 621美元，达到8 900 601美元。

情况3：销售价格上升（除销售价格外其他变量保持不变）

假设以欧元计价的单位销售价格从12.80欧元增加到15.36欧元，以使贬值前后美元等值价格相同（抵消了欧元贬值的影响），并且其他所有变量保持不变。

	欧元贬值前	欧元贬值后
单位销售价格（欧元）	12.80	15.36
汇率	1.200 0美元=1.00欧元	1.000 0美元=1.00欧元
单位销售价格（美元）	15.36	15.36

再假设价格上涨，但销量保持不变，仍为1 000 000个单位；也就是说，客户期望支付相同的美元等值价格，而本地成本不变。

欧元贬值后，由于公司的销售价格与国际价格水平挂钩，Ganado欧洲子公司现在面临的形势比以前更加有利。公司的销量没有下降，每年的净收入增加到3 010 350欧元，2021年的经营现金流增加到3 561 254欧元（净营运资本增加了49 096欧元），在接下来的四年里，每年的经营现金流为3 610 350欧元。Ganado欧洲子公司的价值现在增加到12 059 761美元。

情况 4：销售价格、成本和销量增加

最后一种情况的可能结果如表 12A.2 所示。销售价格增加 10% 至 14.08 欧元，每单位的直接成本增加 5% 至 10.00 欧元，销量增加 10% 至 1 100 000 个单位。收入上升超过成本，Ganado 欧洲子公司的净收入增加到 2 113 590 欧元。经营现金流在 2014 年上升到 2 623 683 欧元（净营运资本增加），在接下来的四年里，每年的营业现金流为 2 713 590 欧元。Ganado 欧洲子公司的现值为 9 018 195 美元。

表 12A.2　Ganado 欧洲子公司情况 4：销售价格、成本和销量增加

假设	2021 年	2022 年	2023 年	2024 年	2025 年
销量（单位）	1 100 000	1 100 000	1 100 000	1 100 000	1 100 000
单位销售价格（欧元）	14.08	14.08	14.08	14.08	14.08
单位直接成本（欧元）	10.00	10.00	10.00	10.00	10.00
德国企业所得税税率	29.5%	29.5%	29.5%	29.5%	29.5%
汇率（美元 =1.00 欧元）	1.000 0	1.000 0	1.000 0	1.000 0	1.000 0
利润表					
销售收入（欧元）	15 488 000	15 488 000	15 488 000	15 488 000	15 488 000
销售商品的直接成本（欧元）	–11 000 000	–11 000 000	–11 000 000	–11 000 000	–11 000 000
现金运营费用（固定不变，欧元）	–890 000	–890 000	–890 000	–890 000	–890 000
折旧（欧元）	–600 000	–600 000	–600 000	–600 000	–600 000
税前利润（欧元）	2 998 000	2 998 000	2 998 000	2 998 000	2 998 000
所得税费用（欧元）	–884 410	–884 410	–884 410	–884 410	–884 410
净收入（欧元）	2 113 590	2 113 590	2 113 590	2 113 590	2 113 590
现金流量估值					
净收入（欧元）	2 113 590	2 113 590	2 113 590	2 113 590	2 113 590
加回折旧（欧元）	600 000	600 000	600 000	600 000	600 000
净营运资本变动（欧元）	–89 907	0	0	0	0
用于估值的自由现金流（欧元）	2 623 683	2 713 590	2 713 590	2 713 590	2 713 590
经营活动产生的现金流量（美元）	2 623 683	2 713 590	2 713 590	2 713 590	2 713 590
现值，折现率为 15%（美元）	9 018 195				

其他可能性

如果出现了其他外币收入，情况将有所不同。Ganado 欧洲子公司可以保持产品的外国销售价格不变，从而提高欧元等值价格。或者，公司可以保持商品的欧元价格不变，从而降低外国的销售价格，以获得销售增量。当然，公司也可以在这两个极端之间做出平衡。根据商品的需求价格弹性和国内外销售份额的占比，总销售收入可能会上升或下降。

如果部分（或所有）原材料或零部件是以硬通货（知名度高且币值稳定的货币，如欧元、美元和日元）进口并支付的，那么在欧元贬值后，以欧元计算的运营成本将增加。另一种可能性是，欧元贬值后，本地（非进口）以欧元计算的成本会上涨。

亏损的测算

表 12A.3 总结了欧元汇率发生短期和长期变化（从 1.200 0 美元 = 1.00 欧元到 1.000 0 美元 = 1.00 欧元）时 Ganado 欧洲子公司价值的变化，其价值用子公司未来五年期间经营现金

流的现值来衡量，这些情况估计了 Ganado 欧洲子公司的运营敞口。

表 12A.3　欧元贬值前后 Ganado 欧洲子公司价值变化的总结

情形	汇率（美元＝1.00 欧元）	单位销售价格（欧元）	销量（单位）	成本（欧元）	子公司价值（美元）	价值变化（美元）	价值变化百分比
基准情况	1.200 0	12.80	1 000 000	9.60	7 262 980	—	
情况 1：无变量变化	1.000 0	12.80	1 000 000	9.60	6 052 484	−1 210 496	−16.7%
情况 2：销量增加	1.000 0	12.80	1 400 000	9.60	8 900 601	1 637 621	22.5%
情况 3：销售价格上升	1.000 0	15.60	1 000 000	9.60	12 059 761	4 796 781	66.0%
情况 4：销售价格、成本和销量增加	1.000 0	14.08	1 100 000	10.00	9 018 195	1 755 215	24.2%

在情况 1 中，欧元贬值，其他所有变量保持不变，Ganado 欧洲子公司的价值缩水率与欧元贬值率相同。在情况 2 中，公司的销量增加了 40%，因为价格竞争力提高，欧洲子公司的价值增加了 22.5%。在情况 3 中，汇率变化完全通过销售价格提高而传递，结果是子公司价值大幅增长 66%。在情况 4 中，三个收入驱动因素结合在一起，子公司价值的变化为 24.2%，可能已接近“现实结果”，但显然有无限多种可能性，子公司管理团队应该能够降低这些可能性。

额外的复杂性在于预测竞争对手对相同汇率变动的反应。这取决于许多因素，包括它们自己的经营结构。虽然衡量运营敞口确实很困难，但公司通过主动的财务管理并非不可能实现，这值得公司投入时间和精力。

第4部分

全球公司融资

第 13 章
CHAPTER 13

全球资本成本和可得性

资本必然由利益驱动；它不会被仁慈所诱惑。

——沃尔特·白芝浩[一]（Walter Bagehot）

学习目标

13.1　探索跨国公司战略和金融全球化如何协调发展

13.2　研究国际投资组合理论和多元化如何改变全球资本成本

13.3　描述国际证券投资者如何影响跨国公司的资本成本

13.4　比较一家跨国公司与其国内同行的加权平均资本成本

13.5　分析 Novo 工业股份公司这一典型案例，了解其资本成本和资本可得性的全球化战略

跨国公司如何利用全球资本市场，以最小化其资本成本和最大化**资本可得性**（availability of capital）？它们为什么要这样做？全球资本更便宜吗？本章探讨了这些问题，并以迷你案例“沙特阿美的资本重组”作为结尾，探讨了世界上最赚钱的公司的国际再融资问题。

13.1　金融全球化与战略

全球资本市场一体化为众多跨国公司开辟了新的、成本更低的资金来源渠道，这些渠

[一] 沃尔特·白芝浩（1826—1877）是 19 世纪英国著名的经济学家、政治分析家和记者，曾经是英国《经济学人》杂志著名主编。他著述甚丰，代表作有《伦巴第街：货币市场记述》(*Lombard Street*: *A Description of the Money Market*)。他详细分析了英格兰银行在金融市场中的作用，并提出了中央银行作为最后贷款人的概念，这对后来的金融理论和政策产生了巨大影响。——译者注

道超越了其本国市场的限制。因此，这些公司能够承接更多长期项目，并在资本改进和业务扩张方面增加投资。对于那些位于资本市场流动性不足或**资本市场分割**（capital market segmentation）的国家的公司来说，通过制定和执行恰当的策略，它们可以降低全球资本成本和增加资本可得性。资本成本和资本可得性的多个维度详见图 13.1。

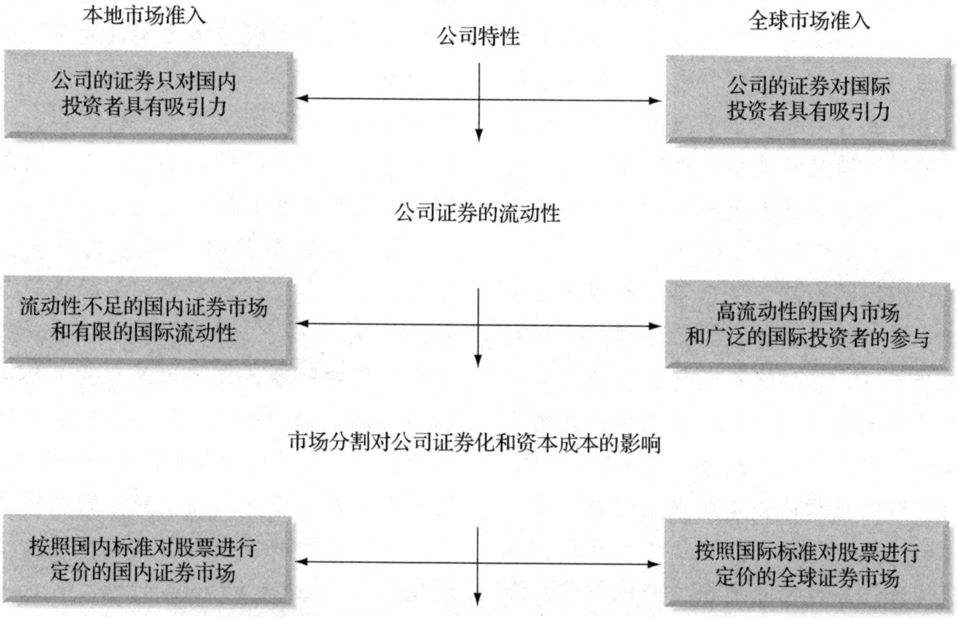

图 13.1　资本成本和资本可得性的维度

如果一家公司只能在其国内流动性较差的证券市场中筹集长期债务资金和股权资本，那么这家公司很可能面临较高的资本成本和有限的资本获取渠道。这种情况进一步削弱了该公司在国际市场的竞争力，同时也降低了其与进入本土市场的外国公司相比较时的竞争优势。这类公司包括位于尚未充分发展资本市场的新兴国家的公司，以及规模较小、无法进入本国证券市场的公司。许多家族公司也属于此类，因为它们选择不依赖证券市场来满足自身长期资本的需求。

在那些资本市场规模较小的工业化国家，公司通常依赖这些部分具有流动性的本国证券市场来筹集长期债务资金和股权资本。与资本市场流动性较差的国家相比，这些公司在资本成本和获取能力上都表现更优。然而，如果这些公司能够进入流动性更高的全球市场，它们在资本筹集方面的竞争优势还能得到进一步的增强。

如果公司所在国家的资本市场存在分割，公司必须制定战略以减少对该市场在满足其长期债务和股权融资需求方面的依赖。资本市场分割直接表现为该市场证券的必要回报率与其他证券市场交易的具有可比预期回报和风险的证券的必要回报率不同。导致资本市场分割的原因多样，包括过度监管、政治风险预期、外汇风险预期、透明度不足、信息不对称性、裙带关系、内幕交易等市场缺陷。受制于这些条件的公司必须制定战略，以减少其对有限资本市场的依赖，并在国外寻求一部分长期资本。正如全球金融实务 13.1 中所述的英国脱欧的影响，分割市场可能以多种形式出现。

全球金融实务 13.1

英国脱欧的影响与资本成本

英国决定脱离欧盟，这一行动导致英吉利海峡两岸——英国和欧盟地区——的许多公司面临更高的资本成本。这两个区域的银行部门正在重组，这不仅带来了银行自身的直接成本，还导致市场进一步分割。同时，随着后疫情时期刺激计划的逐渐结束，预计美元、英镑和欧元等全球主要货币的利率将开始上升。

对银行的影响。位于英国的银行正在面临巨额的重组成本。为了保留客户和维持市场份额，这些银行迅速将部分业务和岗位迁移至欧洲大陆。这些位于伦敦的银行估计，重组成本可能为 2 亿～4 亿美元。同时，这些银行的资本成本预计至少会上升 4%，许多银行正在考虑增加超过 30% 的资本金，并设立欧洲子行来维护与欧洲大陆客户的关系。

对借款人的影响。意外的结果之一是，许多银行正在削减信贷额度并提高对中小型公司的收费。根据欧盟的定义，年收入不超过 1 000 万欧元的公司被定义为小型公司，而年收入在 1 000 万～5 000 万欧元的公司被定义为中型公司。这部分借款人对这些变化尤为敏感，因为许多公司仅依赖一家银行提供大部分金融服务。在没有其他银行提供替代服务或更具竞争力的利率的情况下，这些公司正感受着服务削减和成本增加的压力。因此，由于银行费用的上升和替代选择的减少，借款人面临着不断上涨的债务成本。

英国脱欧最终将如何影响商业活动尚难以预测，但从这些领域的早期迹象来看，情况并不乐观。包括纽约大学斯特恩商学院的阿斯沃斯 · 达摩达兰（Aswath Damodaran）教授在内的一些专家鼓励公司专注于业务估值的三个因素——现金流、增长率和贴现率——而不应陷入悲观情绪中。达摩达兰教授把英国脱欧形容为“普通危机”（garden variety crisis[㊀]），认为大多数公司应该能够应对。然而，仍有许多公司削减了新的投资项目。不断上升的资本成本使得在融资上可行的潜在投资机会越来越少。许多借款人指出，如今他们的公司将有意识地增加现金储备，作为一种预防性的资金来源，因为他们担心今后难以获得可负担得起的债务。

13.1.1　资本成本

国内公司通常会通过评估其筹集资金的来源及筹资对象来确定资本成本。显然，这些成本会根据对该公司感兴趣的投资者群体、愿意且有能力购买其股权的投资者以及该公司能从国内银行和债券市场获取的债务的不同而有所变化。

公司的**加权平均资本成本**（weighted average cost of capital，WACC）通过股权成本和债务成本在理想的长期财务结构中的比重来计算。更具体地说，

$$k_{\text{WACC}} = k_{\text{e}}\frac{E}{V} + k_{\text{d}}(1-t)\frac{D}{V}$$

㊀ “garden variety crisis”可以直译为“花园品种的危机”。不过，这里是一个比喻性表达，用来形容一种常见的、普遍的危机情形，而不是特别严重或罕见的情况。将其意译为“普通危机”是为了传达这一概念。——译者注

式中　k_{WACC}——税后加权平均资本成本；

k_e——风险调整后的股权成本；

k_d——税前债务成本；

t——边际税率；

E——企业股权的市场价值；

D——企业债务的市场价值；

V——企业的总市场价值（$D+E$）。

13.1.2　股权成本

目前，最被广泛接受和使用的计算公司股权成本的方法是**资本资产定价模型**（capital asset pricing model，CAPM）。根据 CAPM，股权成本是无风险利率与特定于公司（firm-specific）的风险溢价之和，即在无风险利率之上的额外成本，具体公式如下：

$$k_e = k_{rf} + \beta(k_m - k_{rf})$$

式中　k_e——股权成本或预期（必要）权益回报率；

k_{rf}——无风险债券（如国债）的利率；

β——公司系统性风险系数；

k_m——市场投资组合的预期（必要）回报率。

CAPM 的核心指标是贝塔系数 β，它用于衡量系统性风险。系统性风险指的是公司收益随其所在市场波动的敏感程度。贝塔系数是基于公司股票预期回报与市场指数预期回报的总体波动性，以及公司股票预期回报相对于市场指数预期回报的相关性来计算的。更具体地说，

$$\beta_j = \frac{\rho_{jm}\sigma_j}{\sigma_m}$$

式中　β_j——证券 j 的系统性风险；

ρ_{jm}——证券 j 预期回报与市场指数预期回报的相关系数；

σ_j——证券 j 预期回报的标准差；

σ_m——市场指数预期回报的标准差。

如果公司的收益波动性小于市场组合，则贝塔系数低于 1.0；如果公司的收益波动性与市场组合相当，则贝塔系数等于 1.0；如果公司的收益波动性大于市场组合，即风险更大，则贝塔系数高于 1.0。CAPM 分析假定，所估算的预期回报率是衡量投资者是否继续持有股权的关键指标。如果实际回报率未能达到预期，CAPM 假设投资者会选择卖出其股份。

CAPM 的主要挑战在于，为了让贝塔系数发挥其真正的作用，CAPM 应该预示未来而非仅仅反映过去。潜在投资者关注的是公司未来收益的波动情况。然而，由于未来无法预知，用于估算公司股权成本的贝塔系数必须基于近期的历史数据。

13.1.3　债务成本

公司要获得债务，要么向商业银行贷款（最常见的债务形式），要么在债券市场上发行票据和债券等。衡量债务成本的标准流程如下：首先，预测公司未来几年的利率、确定预期使用的各类债务的比例以及公司适用的所得税税率。其次，根据不同债务在债务结构中所占的比例，对其利息成本进行平均。税前债务成本 k_d，通过乘以（$1-t$）进行企业所得税的调整，

可得到税后债务成本 $k_d(1-t)$。

一方面，当公司的新项目与现有项目属于同一风险类别时，加权平均资本成本通常用作风险调整后的贴现率。另一方面，如果新项目在业务或财务风险方面与现有项目不同，应使用特定于项目的所需回报率作为贴现率。

13.2 国际投资组合理论和多元化

跨国公司在全球市场上筹集资本的潜在优势，本质上源自国际投资组合理论及资产多元化。在深入探讨全球市场筹资的成本和能力之前，我们先简要回顾一下基本原则。

13.2.1 降低投资组合的风险

衡量投资组合的风险需要计算该投资组合回报的方差与市场回报的方差之比，这个比值就是投资组合的贝塔系数。当投资者增加组合中证券的数量时，投资组合的风险会迅速下降，然后逐渐趋于市场的系统性风险水平。因此，任何投资组合的总风险包括系统性风险（市场风险）和非系统性风险（单个证券风险）。增加投资组合中证券的数量可以有效减少非系统性风险，但对系统性风险没有影响。一个完全多元化的国内投资组合的贝塔系数为 1.0，这是国内金融理论的标准观点。

图 13.2 展示了在美国国内和国际层面进行多元化投资所带来的递增收益。图中较低的曲线（代表国际股票投资组合）展现了一个加入外国股票的投资组合。这个组合的总风险形状与美国股票投资组合相似，但其贝塔系数更低。这表明国际股票投资组合的市场风险低于美国股票投资组合。导致这一现象的原因是，外国股票的回报与美国股市的回报并不是完全相关的。

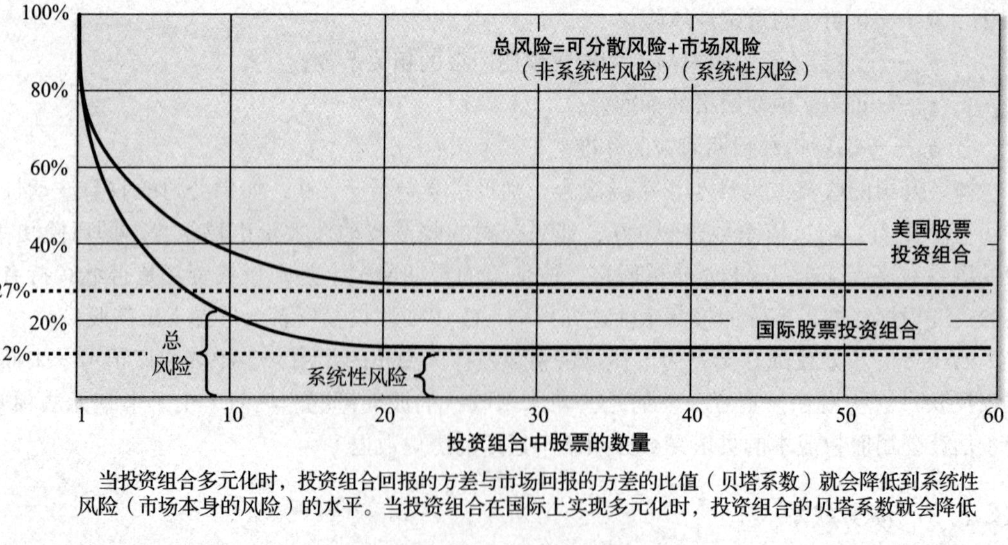

图 13.2 多元化投资所带来的递增收益

13.2.2 外汇风险

无论是证券投资组合还是跨国公司一般业务投资组合，都可以通过国际多元化策略来降低其外汇风险。国际多元化投资组合与传统国内多元化投资组合的构建既有相同之处，又有不同之处。两者在原则上是相同的，投资者试图将相关性较低的资产组合在一起，以降低投资组合的总风险。此外，通过增加来自本国市场以外的资产（这些资产过去无法纳入投资组合的预期回报和风险计算中）投资者能够接触到更广阔的潜在投资选择。

然而，国际多元化投资组合的构建也有其独特之处。当投资者在本国市场之外购买资产或证券时，他们可能同时获得了一种以外币计价的资产。[⊖]这意味着，投资者实际上获取了两类资产：一是用于计价的货币，二是用这种货币购买的资产。从原则上看，它们是单一的资产，但在预期回报和风险上却呈现为两种不同的属性。

下面这个具体案例可以说明与国际投资组合多元化和货币风险有关的问题。一位美国投资者在 1 月 1 日持有 100 万美元，将其投资于东京证券交易所交易的股票。1 月 1 日的即期汇率为 130.00 日元兑 1.00 美元。因此，100 万美元相当于 1.3 亿日元。投资者用 1.3 亿日元以每股 2 万日元的价格在东京证券交易所购买某股票 6 500 股，并持有该股票一年。一年结束时，投资者以现市价 2.5 万元 / 股出售 6 500 股股票，每股价格上涨了 5 000 日元，总收益为 1.625 亿日元。

投资者随后将日元兑换成本国货币美元。此时的汇率为 125.00 日元兑 1.00 美元。这使得以美元计价的收益总额达到 130 万美元。那么投资的总回报率就是：

$$\frac{1\ 300\ 000-1\ 000\ 000}{1\ 000\ 000}=30.00\%$$

美元的总回报率实际上是日元回报率（在本例中是正数）和东京证券交易所上市股票的回报率（也是正数）的组合。这个值是通过货币价值的百分比变化（$r^{¥=\$1.00}$）和股价的百分比变化（$r^{股票,¥}$）来表示的。

$$R^{\$}=(1+r^{¥=\$1.00})\times(1+r^{股票,¥})-1$$

在这种情况下，日元的价值，在美国投资者的眼中，上涨了 4.00%（从 130.00 日元 = 1.00 美元上涨到 125.00 日元 = 1.00 美元），东京证券交易所的股票价格上涨了 25.00%。因此，以美元计算的投资的总回报率为：

$$R^{\$}=(1+4.00\%)\times(1+25.00\%)-1=30.00\%$$

显然，当国际投资组合多元化涉及货币风险时，其所承担的风险本质上比国内投资组合更为复杂。此外，货币风险可能会改变组合内资产与不同国家和货币中的证券的相关性，从而为投资组合的构成和多元化提供新的可能性。结论如下。

- 国际投资组合多元化的好处激发投资者（即买方）对外国证券的需求。
- 如果投资者的投资组合增加外国证券可以在保持特定回报水平的同时降低风险，或者在保持特定风险水平的同时增加预期回报，则该证券将增加投资组合的价值。
- 能够为投资组合增加价值的证券会受到投资者的追捧。鉴于证券的潜在供应量有限，需求的增加将推高证券的价格，从而降低发行公司的资本成本。因此，发行证券的公司（即卖方）可以以更低的成本筹集资金。

⊖ 不过情况并非总是如此。例如，许多美国投资者通常只在二级市场上购买和持有欧洲美元债券。（在一级市场的发行期间购买欧洲美元债券是非法的。）这不会给美国的投资者带来货币风险，因为它们是以投资者的本币计价的。

13.2.3　国际 CAPM

传统的 CAPM，即我们之前讨论的版本，假设公司的股权完全在国内市场进行交易。因此，股权成本计算中使用的贝塔系数和市场风险溢价 ($k_m - k_{rf}$) 完全基于国内证券市场及公司的选择。如果全球化趋势促进了全球市场的开放和整合，使得投资者能够在全球股票中自由选择以构建投资组合，那么这将会带来什么样的影响呢？

国际 CAPM（ICAPM）假设某公司股权在全球市场上交易，并且该公司的贝塔系数 β^g 以及市场风险溢价 $\left(k_m^g - k_{rf}^g\right)$ 必须反映该公司全球投资组合的特征。

$$k_e^{全球} = k_{rf}^g + \beta^g\left(k_m^g - k_{rf}^g\right)$$

无风险利率 k_{rf}^g 的值可能不会改变（因而，$k_{rf}^g = k_{rf}$），因为对于美国投资者而言，无论其投资组合是国内的还是国际的，美国国债的利率往往被视作无风险利率的标准。市场回报率 k_m^g 将发生变化，以反映未来全球股票市场的平均预期回报率。β^g 肯定会发生变化，因为它反映的是覆盖更大市场的全球投资组合的预期变化。然而，β^g 将如何改变，取决于具体的情况。

13.2.4　计算：Ganado 公司的加权平均资本成本

Ganado 公司的首席财务官玛丽亚希望计算该公司的加权平均资本成本，分别基于传统国内 CAPM 和 ICAPM 两种形式。

玛丽亚假设无风险利率（k_{rf}）为 4.00%，采用的是美国政府 10 年期国债利率。假设市场投资组合的预期回报率（k_m）为 9.00%，这是一位国内多元化投资者持有的市场投资组合的预期回报率。Ganado 公司对其自身的系统性风险（即其针对国内投资组合的贝塔系数）的估值为 1.20。Ganado 公司的股权成本为：

$$k_e = k_{rf} + \beta(k_m - k_{rf}) = 4.00\% + 1.20 \times (9.00\% - 4.00\%) = 10.00\%$$

Ganado 公司的债务成本（k_d）为 8.00%，这是通过观察其未偿还债券与银行债务的当前利率估算得到的税前债务成本。采用 35.00% 作为美国公司的所得税税率，则 Ganado 公司的税后债务成本为：

$$k_d(1 - t) = 8.00\% \times (1 - 35.00\%) = 5.20\%$$

Ganado 公司的长期资本结构如下：股权占 60.00%（E/V = 60.00%），债务占 40.00%（D/V = 40.00%），其中 V 是 Ganado 公司的总市场价值。Ganado 公司的加权平均资本成本 k_{WACC} 为：

$$k_{WACC} = k_e\frac{E}{V} + k_d(1-t)\frac{D}{V} = 10.00\% \times (60.00\%) + 5.20\% \times (40.00\%) = 8.08\%$$

这是 Ganado 公司使用传统国内 CAPM 估算的加权平均资本成本。但玛丽亚想知道，这种方法是否合适 Ganado 公司。随着 Ganado 公司业务活动的全球化，Ganado 公司股票的投资者群体也实现了全球多元化。Ganado 公司的股票除了在纽约证券交易所上市外，现在还在伦敦和东京上市。目前，40% 以上的 Ganado 公司股票由外国投资者持有，将其作为多元化投资组合的一部分，Ganado 公司的美国投资者通常也持有多元化的投资组合。

如果使用 ICAPM 再次计算 Ganado 公司的股权成本，将会得到不同的结果。以包括这些外国市场及其投资者在内的更大的全球股票市场指数来计算，Ganado 公司的贝塔系数较低，为 0.90。全球一体化股票市场的预期回报率也较低，为 8.00%。ICAPM 计算的 Ganado 公司的股权成本大幅降低，为 7.60%。

$$k_e^{全球}=k_{rf}^g+\beta^g\left(k_m^g-k_{rf}^g\right)=4.00\%+0.90\times(8.00\%-4.00\%)=7.60\%$$

现在，玛丽亚使用 ICAPM 所估计的股权成本重新计算 Ganado 公司的加权平均资本成本。股权和债务的比率以及税后债务成本保持不变。现在估算的 Ganado 公司的加权平均资本成本 $\left(k_{WACC}^{ICAPM}\right)$ 为 6.64%。

$$k_{WACC}^{ICAPM}=k_e^{全球}\frac{E}{V}+k_d(1-t)\frac{D}{V}=7.60\%\times(60.00\%)+5.20\%\times(40.00\%)=6.64\%$$

玛丽亚认为，这是对 Ganado 公司的加权平均资本成本更恰当的估计。与全球电信硬件行业领域的主要竞争对手相比，Ganado 公司完全具有竞争力。这些竞争对手的总部主要设在美国、英国、加拿大、芬兰、瑞典、德国、日本和荷兰。Ganado 公司未来能否在全球范围内实现资本成本最小化，并从全球范围内筹集资金，关键在于它能否吸引和留住那些持有其股票的国际证券投资者。

13.2.5 ICAPM 考虑的因素

从理论上讲，使用 CAPM 与 ICAPM 估算单个公司股权成本的主要区别在于，后者对“市场”的定义以及对公司在该市场的贝塔系数的重新计算。因此，必须重新考虑 CAPM 的三个基本组成部分。

雀巢公司是一家总部位于瑞士的跨国公司，主要生产和销售各种糖果产品。雀巢公司的例子很好地说明了国际投资者与国内投资者对全球资本成本的不同看法，以及这对雀巢公司估计自身股权成本的意义。[⊖]雀巢公司的相关数据如表 13.1 所示。

表 13.1　瑞士雀巢公司的股权成本

雀巢公司对股权成本的估计取决于瑞士投资者考虑持有国内投资组合还是全球投资组合	
瑞士投资者的国内投资组合	**瑞士投资者的全球投资组合**
k_{RF} = 3.3%（瑞士政府债券指数的回报率）	k_{RF} = 3.3%（瑞士政府债券指数的回报率）
k_M = 10.2%（以瑞士法郎计价的瑞士市场投资组合的预期回报率）	k_M = 13.7%（以瑞士法郎计价的金融时报全球指数的预期回报率）
$\beta_{Nestlé}$ = 0.885（基于雀巢公司与瑞士市场投资组合的贝塔系数）	$\beta_{Nestlé}$ = 0.585（基于雀巢公司与全球投资组合指数的贝塔系数）
$k_e^{Nestlé}=k_{RF}+\beta_{Nestlé}(k_M-k_{RF})$	
投资者预计的雀巢公司的回报率：$k_e^{Nestlé}$ = 9.406 5%	投资者预计的雀巢公司的回报率：$k_e^{Nestlé}$ = 9.384 0%

资料来源：All values are taken from Rene Stulz, “The Cost of Capital in Internationally Integrated Markets: The Case of Nestlé,” *European Financial Management*, Volume 1, Number 1, March 1995, 11–22.

就雀巢公司而言，潜在的瑞士投资者可能会假设瑞士法郎的无风险利率为 3.3%，即瑞士政府债券指数的回报率。该瑞士投资者还假设以瑞士法郎计价的瑞士市场投资组合的预期回报率为 10.2%，即瑞士股票投资组合（金融时报瑞士指数）的平均回报率。假设无风险利率为 3.3%，市场投资组合的预期回报率为 10.2%，$\beta_{Nestlé}$ 为 0.885，瑞士投资者预计雀巢公司未

⊖ Stulz, René, “The Cost of Capital in Internationally Integrated Markets : The Case of Nestlé,” *European Financial Management*,Vol.1, NO.1, March 1995, pp.11-22.

来一年的回报率为 9.406 5%。

$$k_e^{\text{Nestlé}} = k_{RF} + \beta_{\text{Nestlé}}(k_M - k_{RF}) = 3.3\% + 0.885 \times (10.2\% - 3.3\%) = 9.406\,5\%$$

但如果瑞士投资者持有的是全球投资组合呢？市场投资组合的预期回报率和雀巢公司本身的贝塔系数估算值的定义和确定方式都会不同。在同一时期，全球投资组合指数（如以瑞士法郎计价的金融时报全球指数）的预期回报率是 13.7%。此外，基于雀巢公司的投资回报率与全球投资组合指数测算的贝塔系数为 0.585，与前一种情况相比要小得多。持有全球投资组合的瑞士投资者预计雀巢公司的回报率如下：

$$k_e^{\text{Nestlé}} = k_{RF} + \beta_{\text{Nestlé}}(k_M - k_{RF}) = 3.3\% + 0.585 \times (13.7\% - 3.3\%) = 9.384\,0\%$$

诚然，最终结果并没有太大区别。考虑市场投资组合的预期回报率和公司贝塔系数的变化幅度，显而易见的是，最终的结果可能会产生数百个基点的差异。显然，正确构建投资者的投资组合以及准确反映投资者的风险感知能力和机会成本，对于确定公司的股权成本至关重要。最终，这一切都取决于具体情况——特定公司、所在的国家市场和全球投资组合。在这里，我们将国际多元化投资组合描述为全球投资组合，而不是世界投资组合。这一区别很重要。世界投资组合是全球所有证券的指数。然而，即使在持续放松管制和日益一体化的金融市场背景下，许多证券市场仍存在准入限制。因此，实际上可供投资者投资的证券构成了所谓的全球投资组合，而非真正意义上的世界性投资组合。

计算国际资本成本有许多不同的公式。当分析扩展至快速变化的发展中国家市场时，CAPM 在公式和数据方面的问题将显著增加。相关扩展阅读和研究可参考 Harvey（2005）。[㊀]

13.2.6 全球市场上的贝塔系数

通常，国际投资组合理论认为，在国内投资组合中加入外国证券可以降低投资组合的风险。虽然这一理念是国际投资组合相关分析和策略的基础，但它仍然依赖于不同市场中的各个公司。当使用全球投资组合指数进行计算时，雀巢公司的贝塔系数下降了，但这并不总是如此。全球市场上的贝塔系数可能高于或低于国内市场上的贝塔系数，具体情况取决于各个公司、它们的业务领域、所在国家以及它们在国内和国际上所处的行业。

研究人员常常提到的一家公司是巴西国家石油公司，这是一家虽然受政府控制但在公开市场上交易的公司。该公司的股票在圣保罗和纽约上市。作为全球石油行业的积极参与者，公司的产品价格和股票价值均以美元计算。该公司在国内市场上的贝塔系数估计为 1.3，但在全球市场上的贝塔系数更高，为 1.7。这只是众多例子中的一个。尽管有人认为，随着市场规模的不断扩大，个别公司的预期回报与市场预期回报的相关性应该减弱，但实际上这种观点大部分基于经验，而非基于预先假设的相关性和协方差。

13.2.7 股权风险溢价

在实际操作中，公司的股权风险溢价的计算颇具争议。尽管目前 CAPM 已被全球商业界广泛接受，成为公司股权成本计算的首选方法，但该模型应用时的数值选取，特别是股权风险溢价的数值选取，正引发越来越多的讨论。股权风险溢价，也称市场风险溢价，是投资者

㊀ Campbell R. Harvey, "12 Ways to Calculate the International Cost of Capital," Duke University, unpublished, October 14, 2005.

预期的市场平均年回报率高于无风险利率的部分，即（$k_m - k_{rf}$）。

金融界普遍认为，股权成本的计算应具有前瞻性，即 CAPM 的相关变量应代表未来某个时间跨度内预期发生的情况。然而，通常情况下，从业人员会使用历史数据作为前瞻性预测的基础。一项大型研究对 16 个发达国家 1900—2002 年间的股权风险溢价进行了估算。㊀研究发现不同国家的股票回报率与短期票据和债券回报率（代表无风险利率）存在显著差异。例如，意大利的股权风险溢价最高（10.3%），其次是德国的 9.4% 和日本的 9.3%。丹麦的股权风险溢价最低（3.8%）。

不同货币的利率以及与利率相关的回报率（如无风险收益率）并不相同，因而各国市场的股权风险溢价也不相同。图 13.3 清楚地表明：虽然各国的股权风险溢价在某些时间相对稳定，但不同国家之间存在差异。毕马威会计师事务所的这项研究会定期更新，有趣的是，他们倾向于为高度工业化市场推荐一个统一的风险溢价数值，而不是针对各个国家分别推荐不同的数值。在 2020 年的报告中，毕马威会计师事务所将其单一股票市场风险溢价建议提高至 6.75%。㊁

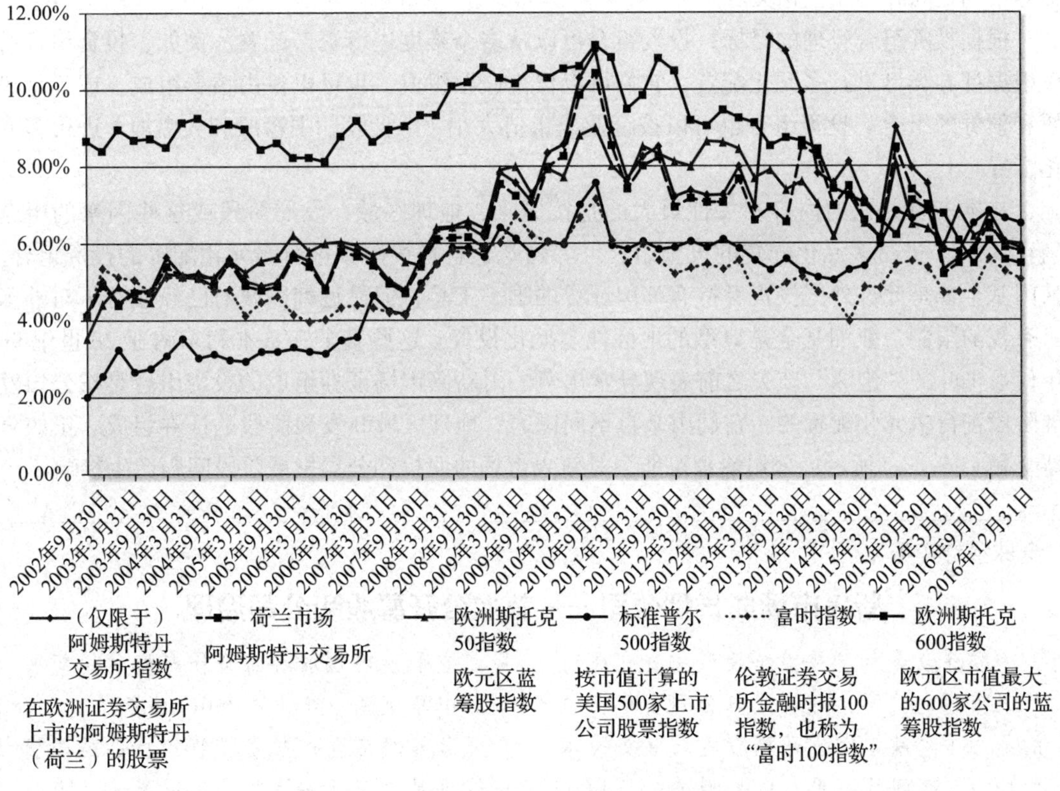

图 13.3　全球市场股权风险溢价（隐含溢价）

资料来源：*Equity Market Risk Premium—Research Summary*, KPMG, January 13, 2017, p. 7.

注：毕马威会计师事务所从各种股票市场指数得出的隐含折现率中扣除无风险利率，得到隐含股权风险溢价。

㊀ Elroy Dimson, Paul Marsh, and Mike Stanton, "Global Evidence on the Equity Risk Premium," *Journal of Applied Corporate Finance*, Volume 15, No. 4, Fall 2003, p. 31.

㊁ *Equity Market Risk Premium, Research Summary*, KPMG, March 31, 2020, p. 9.

对公司而言，准确预测其股权成本至关重要。鉴于资本的稀缺性，公司每年都必须决定接受或拒绝哪些潜在投资项目。如果公司无法准确估算其股权成本，进而无法准确估算其整体资本成本，那么公司对潜在投资项目的净现值的估算也将不准确。

13.3 国际证券投资者的作用

过去 30 多年中，美国的股票市场逐步放松管制，不仅加剧了国内参与者的竞争，还使市场对外国竞争者开放。证券投资组合国际化和股票在国外市场交叉上市已是市场司空见惯的现象。

无论是国内还是国际的投资组合经理都是**资产配置者**（asset allocator）。他们的目标是在给定的风险水平下最大化投资组合的回报率，或者在给定的回报率下最小化风险水平。与仅进行国内资产配置的投资组合经理相比，国际投资组合经理可以从更大的资产池中进行选择。国际多元化投资组合往往具有较高的预期回报率和较低的投资组合风险水平，因为各国证券市场之间并不完全相关。

根据投资组合经理的目标，投资组合可以从多个维度进行资产配置。例如，投资组合可以根据证券类型进行多元化配置。它们可以仅由股票组成，也可以仅由债券组成，或者是股票和债券的组合。投资组合也可以按行业或市值大小（小盘股、中盘股和大盘股）进行多元化配置。

与本书所讨论的内容相关性最大的是按国家、地理区域、发展阶段或这些因素的组合（全球层面）进行多元化配置的投资组合。韩国基金就是按国家进行多元化配置的投资组合。韩国基金曾是允许外国投资者持有韩国证券的唯一工具，但最近韩国政府已经放宽了对外国所有权的限制。亚洲基金是典型的地区性多元化投资。这些基金在日本和东南亚 20 世纪 90 年代下半叶的“泡沫”破裂之前表现异常出色。由新兴市场证券组成的投资组合是按公司发展阶段进行多元化配置的。它们由来自不同国家、地理区域和发展阶段的证券组成。正如全球金融实务 13.2 所示，公司治理可能会对新兴市场的股权和公司发展阶段问题产生影响。

全球金融实务 13.2

新兴市场成长型公司——首次公开募股和公司治理

经济合作与发展组织最近一直在探讨新兴市场的公司治理实践与公司获得资本的能力（通过首次公开募股成功筹集股本的能力）之间的关系。成长型公司是指在销售和就业方面追求相对快速增长的公司，需要大量的外部资本。这些公司被认为在经济发展中发挥着至关重要的作用，但前提是它们能够摆脱经济合作与发展组织所说的中等规模“陷阱”(static state[1])。

尽管经济合作与发展组织特别强调股权资本是真正促进发展的关键因素，但公司为了摆脱“中等规模陷阱”，需要引入外部资本，包括债务资本和股权资本。经济合作与发展组织强调，重点应放在那些耐

[1] “static state”本意为“静态状态”或“停滞状态”，此处意译为“陷阱”。——译者注

心的资本（愿意长期支持研究、开发和创新的资本）和给企业带来的负担有限的资本上。公司对股权的偏好基于其有限的现金流义务（不同于需要定期偿还的债务），这使得公司能够进行前瞻性的投资。

投资者需要对公司治理实践有信心，公司需要满足并超越投资者对公司治理实践的期望。经济合作与发展组织制定的公司治理原则（第 4 章已详细介绍）被认为是构建投资者信心框架的支柱之一。

然而，全球资本市场尚未采纳相关的公司治理原则。自 2008 年全球金融危机以来，全球通过首次公开募股筹集的股权资本中约有一半是由新兴市场公司筹集的。但这些公司仍然是封闭型公司，通常由单一所有者控制主导，而这并非最佳的公司治理结构。

13.3.1　资本成本与可得性之间的联系

在假设 Ganado 公司无论资本预算如何扩大，其股权资本和债务资本均能以不变的必要回报率获得的前提下，计算其加权平均资本成本。考虑到 Ganado 公司通过纽约证券交易所能够有效地接触到国际资本市场上的全球投资者，这是一个合理的假设。然而，对于那些位于流动性较差或市场分割的资本市场上的公司、小型国内公司以及任何资本市场中的家族公司而言，这样的假设并不适用。接下来，我们将探讨市场流动性和市场分割如何影响公司的资本成本。

改善市场流动性。虽然关于市场流动性的定义尚无共识，但我们可以通过观察公司发行新证券时对现有市场价格的影响程度来判断市场流动性。对国内公司而言，一个基本假设是，公司在任何时候可获得的资本总量由国内资本市场的供求关系决定。

公司在增加资本预算时，应始终根据其最优财务结构的比例来筹集股权和债权资金。但随着预算的绝对规模的扩大，资本的边际成本最终会上升。换句话说，在短期内，公司只能在资本市场上筹集有限额度的资金，之后资本供应商可能会拒绝提供更多的资金，即使最优财务结构保持不变。从长远来看，这可能不构成对公司筹资的限制，具体取决于市场流动性。

对跨国公司而言，公司可以通过在欧洲市场（货币市场、债券市场和股票市场）筹资、在国外销售证券以及经由外国子公司进入当地资本市场来提高市场流动性。这样的活动理论上应该提高跨国公司短期内筹集资金的能力，使所筹集的资金超过公司仅在本国资本市场所能筹集的资金。这种情况需假设公司保持其最优的财务结构。

市场分割。如果所有资本市场实现了完全一体化，那么在调整外汇风险和政治风险后，具有可比预期收益和风险的证券在每个国家市场上应有相同的必要回报率。这一定义既适用于股权资本也适用于债务资本，虽然在通常情况下，不同国家要么股票市场更加一体化，要么债券市场更加一体化。

资本市场分割是一种金融市场缺陷，主要由政府限制、机构惯例和投资者观念造成。最主要的缺陷包括国内外投资者之间信息不对称、缺乏透明度、交易成本高、外汇风险、政治风险、公司治理差异以及各种监管障碍。

市场缺陷并不必然意味着各国证券市场是低效的。一个国家的证券市场在国内可能是有效的，但在国际上可能是分割的。根据金融理论，如果金融市场中的证券价格反映了所有可获得的相关信息，并且价格能根据任何新的相关信息迅速调整，那么这个市场就是有效的。因此，单个证券的价格反映了其“内在价值”，任何价格波动都是围绕这一价值的“随机漫步”（random walk）。市场有效性理论假定交易成本很低，市场参与者众多，而且这些参与者有足够的资金实力来影响证券价格。市场有效性理论的经验检验表明，大多数主要国家的金融市场都相当高效。

一个有效的全国性证券市场很可能会根据参与该市场的投资者所掌握的信息，正确地为在该市场交易的所有证券进行定价。然而，如果该市场是分割的，外国投资者将无法参与其中。资本可得性取决于公司能否为其债券和股票创造流动性，以及基于国际而非国家标准为这些证券定价。在实践中，这意味着公司必须制定吸引国际证券投资者的战略，从而摆脱本国市场因流动性差或分割所造成的限制。

市场流动性和市场分割的影响。资本市场流动性不足或分割的程度影响公司的边际资本成本，进而影响其加权平均资本成本。边际资本成本是下一个货币单位融资的加权平均成本。图 13.4 展示了从国内边际资本成本到全球边际资本成本的转变。

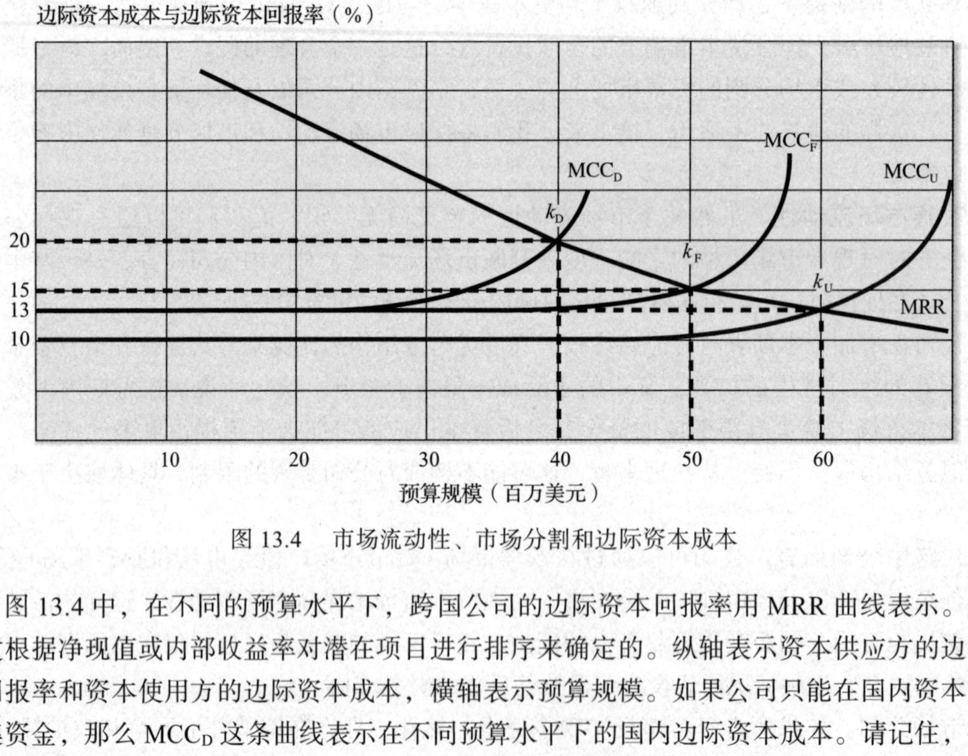

图 13.4　市场流动性、市场分割和边际资本成本

图 13.4 中，在不同的预算水平下，跨国公司的边际资本回报率用 MRR 曲线表示。这是通过根据净现值或内部收益率对潜在项目进行排序来确定的。纵轴表示资本供应方的边际资本回报率和资本使用方的边际资本成本，横轴表示预算规模。如果公司只能在国内资本市场筹集资金，那么 MCC_D 这条曲线表示在不同预算水平下的国内边际资本成本。请记住，公司在增加预算的同时保持相同的负债率，因此财务风险不会改变。在这种情况下，最优预算为 4 000 万美元，此时边际资本回报率正好等于边际资本成本。在此预算下，国内边际资本成本 k_D 等于 20%。

如果跨国公司能够在流动性较差的国内资本市场之外获得更多的资本来源，则边际资本成本曲线应向右移动（用 MCC_F 曲线表示）。换句话说，当国内资本市场因其他借款人或股票发行人的大量使用而饱和时，或当国内资本市场无法在短期内吸收跨国公司的另一笔发行时，可以利用国外资本市场获得长期资金。图 13.4 显示，通过利用国外资本市场，该跨国公司已将其国际边际资本成本 k_F 降至 15%，同时额外筹集了 1 000 万美元。可以假定在国外筹集了约 2 000 万美元，因为在边际资本成本为 15% 的情况下，在国内只能筹集约 3 000 万美元。

如果跨国公司所处的资本市场既缺乏流动性又被严重分割，则 MCC_U 曲线表示如果该公司进入其他股票市场，边际资本成本将会下降。在资本可获得性增加和公司证券的国际定价的共同作用下，边际资本成本 k_U 降至 13%，最优资本预算增至 6 000 万美元。

大多数测试市场分割的模型都面临最常见的问题，即需要从现实中抽象出一个可测试的模型。我们认为，现实的测试应该是观察当一种证券仅在国内市场交易后，被国外投资者“发现”且随后在外国市场交易时，该证券的价格会发生什么变化。套利应该使两个市场的市场价格保持一致。然而，如果在过渡期间，我们观察到证券价格发生了显著变化，且这种变化与两个基本证券市场的价格变动无关，就可以推断出国内市场是分割的。

遗憾的是，有关公司如何摆脱资本市场分割限制的案例研究非常少见。在实践中，这通常意味着在纽约或伦敦等国外证券市场上市和 / 或在国外资本市场出售证券。我们将在本章后半部分讨论 Novo 工业股份公司（Novo Industri A/S[⊖]），以考察该公司是如何摆脱资本市场分割限制的。

13.3.2 证券市场全球化

在 20 世纪 80 年代，众多北欧和其他欧洲公司在伦敦、纽约等国外主要交易所交叉上市，并在主要证券市场发行了股权证券和债务证券。在大多数情况下，这些公司成功地降低了自己的资本成本并增加了资本可得性。

在 20 世纪 90 年代，受到由世界上大多数工业化国家组成的经济合作与发展组织的压力，各国对跨境证券投资的限制逐渐放宽。在欧盟努力推动发展无障碍的统一市场的背景下，欧洲证券市场的自由化进程大大加速。新兴国家市场以及苏联解体后的前东欧国家也纷纷效仿。新兴国家市场的开放常常是出于吸引外国资本的需求，以便为大规模的私有化计划提供资金支持。

如今，尽管各主权国家市场的流动性仍有限，但资本市场的分割已显著减少。大多数分析人士认为，不论是好是坏，我们已经形成了一个全球性的证券市场。许多公司利用全球资本市场降低了资本成本并增加了资本可得性，这使它们得以成长为跨国公司。坏消息是，随着证券市场间相关性的增加，国际投资组合多元化的优势有所减弱，但并未完全消失。正如 2008—2009 年间的全球金融危机和 2009—2010 年间的欧洲主权债务危机所证明的那样，证券市场的全球化也带来了更多的波动和投机行为。但不论市场一体化程度如何，正如全球金融实务 13.3 中关于行为金融的研究所示，不同文化传统下的不同投资者在追求回报时承担风险的意愿方面存在巨大差异。

全球金融实务 13.3

文化、宗教、法律与金融行为

金融界刚刚开始理解，国家和民族文化、法律结构、宗教影响等人类行为的各个方面是如何影响财务管理和投资的。研究发现，由于在特定国家运营的公司遵循

⊖ “A/S”是一种公司形式的缩写，在斯堪的纳维亚国家（如丹麦、挪威）中较为常见。它代表“aktieselskab”（丹麦语）或“aksjeselskap”（挪威语），意思是“股份有限公司”。——译者注

的是东道国的法律，而这些法律可能反映了主要的宗教信仰（例如，伊斯兰教法及其对支付利息的影响改变了人们和公司的银行业务和投资行为），或者反映了非宗教的文化特征，所以很难区分这些文化因素与金融行为之间存在的是相关关系还是因果关系。

尽管如此，许多研究都观察到了一些共通的现象。其中一个结论是，在宗教信仰浓厚的国家运营的公司往往风险承担意愿较低；也就是说，这些公司通常会避免投资较高风险的项目，尽管这些项目预期会给公司带来正的净现值。[一]在法律与投资行为的相互影响方面，研究发现了保护投资者权利的法律法规在不同程度上与主要宗教信仰有关。Stulz和Williamson（2003）发现，主要信奉新教的国家在保护投资者权利方面明显优于主要信奉天主教的国家。[二]然而，这项研究同时发现，一国的国际贸易开放程度越高，宗教信仰对投资者保护的影响就越小。Alderman等人（2017）指出，从商业角度来看，这意味着公司领导者和投资者应该意识到，他们自己，以及他们所雇用或寻求合作的人的宗教信仰以及由此产生的偏见和偏好，可能会对其财务决策产生影响。[三]

其他研究也试图根据民族文化的特征来确定公司的风险承担意愿和对投资回报期限的偏好。由瑞士信贷资助的一项研究得出结论，东欧投资者是世界上最厌恶风险的投资者之一，而美国投资者以高度的个人主义为特点，投资更注重快速获利，北欧国家的投资者则表现出较高的耐心。这项研究对于人类行为如何影响投资得出了一个相当惊人的结论：

> 传统金融学基于有效市场假设和统计数据（如均值和方差）的优化，暗示投资与数学息息相关。然而，行为金融学重新将焦点放在了人类行为上。人们在投资决策中也会犯错，这在市场层面导致了效率低下。根据行为金融学，投资行为有80%依赖心理学。[四]

如果金融管理和投资确实与人类行为相关，那么我们就需要更深入地了解文化、宗教、法律以及人类心理学之间的相互联系。

13.4 与国内公司相比，跨国公司的加权平均资本成本

与国内公司相比，跨国公司的加权平均资本成本是更高还是更低？从数学角度看，这

[一] See for example "Religious Culture and Corporate Risk Taking," Zhi-qiang Liu and Nan Ma, *Advances in Economics, Business and Management Research*, volume 106, 2019; and "Religious Activity, Risk Taking Preferences and Financial Behaviour : Empirical Evidence from German Survey Data," Anja Köbrich Leon and Christian Pfeifer, Working Paper Series in Economics, No. 269, Leuphana Universität Lüneburg, Institut fürVolkswirtschaftslehre, Lüneburg, 2013.

[二] "Culture, Openness, and Finance," Rene M.Stulz and Rohan Williamson, *Journal of Financial Economics*, 70, 2003, 313-349.

[三] "How Religious Beliefs Influence Financial Decision-Making : Implications for Business Leaders," Jillian Alderman, Joetta Forsyth, and Richard Walton, *Graziado Business Review*, Volume 20 Issue 3, 2017.

[四] "Behavioral Finance : The Psychology of Investing," by Thorsten Hens and Anna Meier, a white paper from Behavioral Finance Solutions GmbH, the University of Zurich and Credit Suisse, Private Banking North America, undated, p.41.

只需要比较公司加权平均资本成本的各个组成部分——税后债务成本、最佳负债率和股权成本。但正如我们将探讨的那样，资本成本和资本可得性因公司和国家而存在显著差异。

13.4.1　资本可得性

在本章前面的部分，我们看到，对于跨国公司或其他能够吸引国际证券投资者的大型公司而言，国际资本可得性使它们的股权成本和债务成本比大多数国内公司更低。此外，国际资本可得性使得跨国公司即便在需要筹集大量资金时，也能维持其理想的负债率。换句话说，对于跨国公司而言，其资本预算的边际成本在相当大的范围内是恒定的。而对于大多数国内公司来说，这种情况并不适用。它们必须依靠内部产生的资金，或者向商业银行进行短期和中期借贷。

13.4.2　跨国公司的财务结构、系统性风险和资本成本

从理论上讲，跨国公司应该比国内公司更有条件支持较高的负债率，因为它们拥有国际多元化的现金流。如果跨国公司能将现金流的波动性降到最低，那么在不同的产品、金融和外汇市场环境下，跨国公司支付固定费用的可能性会得到提高。

通过在国际上实现现金流多元化，跨国公司可能会降低现金流的波动性，这一过程类似于投资者持有国际多元化证券。因为同样的逻辑也适用于现金流多元化——不同国家之间的回报并不是完全相关的。例如，2000 年，日本经济陷入衰退，而美国经济正在快速增长。可以预计，无论是基于现金流还是盈利的角度，日本的投资回报会低迷，而美国的投资回报会更为理想。在这两个国家同时开展业务的跨国公司，可以依靠其强劲的美国现金流入来偿还债务，即使其日本子公司的净现金流入疲软。

有趣的是，尽管这个假设在理论上很完善，但实证研究却得出了相反的结论。尽管现金流的国际多元化带来了有利的影响，但跨国公司的破产风险与国内公司大致相同。此外，跨国公司面临着更高的代理成本、政治风险、外汇风险和信息不对称问题。这些因素被认为是跨国公司负债率较低，甚至长期债务成本更高的主要原因。相比之下，国内公司更多地依赖于成本较低的短期和中期债务。

更令人惊讶的是，一项研究发现，跨国公司的系统性风险水平高于国内同行。[㊀]其原因与跨国公司负债率较低的原因相同。该研究得出的结论是，国际化带来了现金流标准差的增加，足以抵消现金流多元化带来的相关性下降。如前所述，系统性风险 β_j 定义为：

$$\beta_j = \frac{\rho_{jm}\sigma_j}{\sigma_m}$$

如果上述风险因素导致的标准差（σ_j）的增加抵消了国际多元化带来的相关系数（ρ_{jm}）的下降，那么跨国公司的系统性风险就会增加。这一结论与观察到的许多跨国公司使用较高的折现率来折现预期的外国项目现金流是一致的。本质上，跨国公司接受了被认为比国内项目风险更大的项目，有可能感知到偏高的系统性风险。跨国公司至少需要获得比国内公司更高的回报率，以维持其市场价值。这个结论与观察到的许多跨国公司使用更高的最低可接受回

㊀ David M. Reeb, Chuck C. Y. Kwok, and H. Young Baek, " Systematic Risk of the Multinational Corporation," *Journal of International Business Studies*, Second Quarter 1998, pp. 263-279.

报率[⊖]（hurlde rate）来折现预期的国外项目现金流是一致的。

其他研究发现，国际化实际上使新兴市场的跨国公司能够承担更高水平的债务并降低其系统性风险。这是因为这些公司正在向更稳定的国外经济体进行投资，这一战略可以降低其在运营、金融、外汇和政治方面的风险。风险的降低不仅抵消了新兴市场的跨国公司的代理成本的增加，而且使这些公司实现了比国内同行更高的杠杆率和更低的系统性风险。

13.4.3 悖论：跨国公司的资本成本是否更高

我们面临的悖论是：理论上，跨国公司因可以在全球范围内筹集资金，其边际资本成本应低于国内公司，但实证研究并不支持这一观点。实证研究表明，由于代理成本、政治风险、外汇风险、信息不对称以及海外经营相关的复杂因素，跨国公司的边际资本成本实际上高于国内同行。

为了给出一个可能的解释，图 13.5 显示了跨国公司及其国内同行的边际资本成本曲线和一系列潜在资本项目的边际资本回报率曲线。请注意，尽管跨国公司拥有更广泛的投资项目选择，但最初仍面临较高的边际资本成本，这对其产生了一定影响。

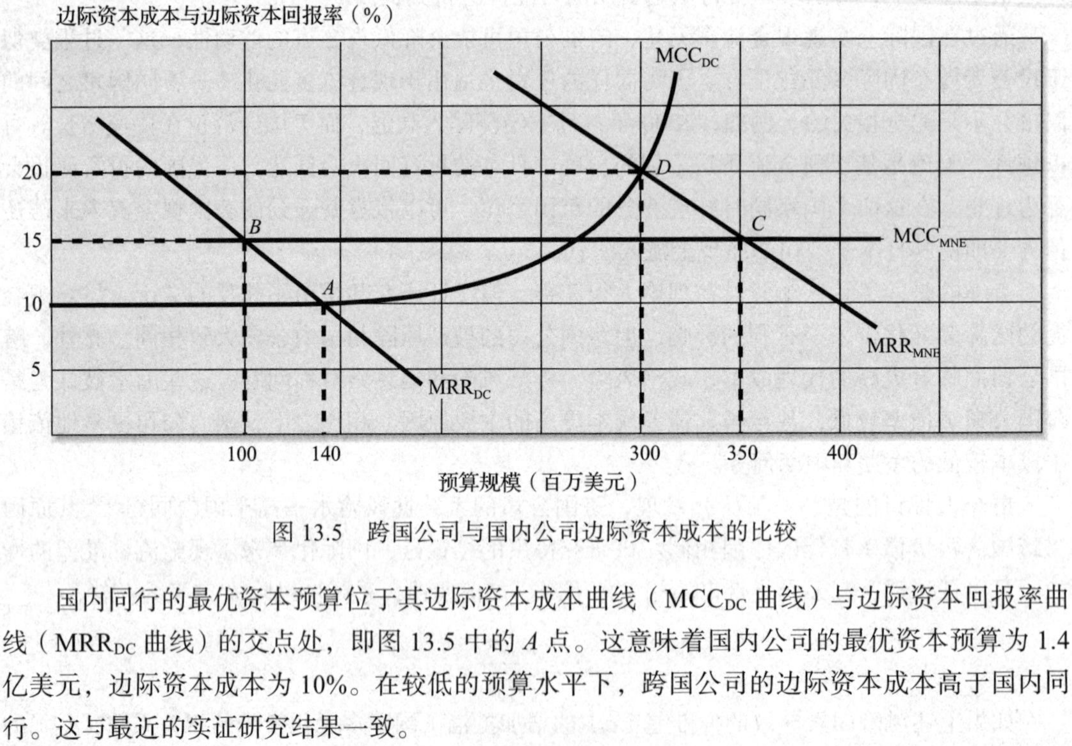

图 13.5 跨国公司与国内公司边际资本成本的比较

国内同行的最优资本预算位于其边际资本成本曲线（MCC_{DC} 曲线）与边际资本回报率曲线（MRR_{DC} 曲线）的交点处，即图 13.5 中的 *A* 点。这意味着国内公司的最优资本预算为 1.4 亿美元，边际资本成本为 10%。在较低的预算水平下，跨国公司的边际资本成本高于国内同行。这与最近的实证研究结果一致。

在图 13.5 中，跨国公司的最优资本预算位于其边际资本成本曲线（MCC_{MNE} 曲线）与边际资本回报率曲线（MRR_{MNE} 曲线）的交点，即 *C* 点。因此，该跨国公司的最优资本预算为 3.5 亿美元，边际资本成本为 15%。在较高的预算水平下，跨国公司的边际资本成本远低于

⊖ 最低可接受回报率通常指的是公司在评估投资项目时所采用的最低可接受回报率，也就是项目必须达到的最低回报标准。它与折现率是相关但不完全相同的概念。在投资决策中，折现率用于将未来现金流折现为现值。最低可接受回报率是决定一个项目是否值得投资的标准，项目的内部回报率高于最低可接受回报率时，项目才会被考虑。——译者注

国内同行。正如本章前面所预测的那样，跨国公司的加权平均资本成本也很可能低于国内同行。

然而，将这些结论推而广之有些困难。对于跨国公司及其国内同行来说，*A* 点和 *B* 点实际出现的位置，无论是在边际资本成本曲线的平坦区域还是上升区域里，都是实证研究需要回答的问题。鉴于全球商业和金融环境的多元化与复杂性，跨国公司的实际最优资本预算可能会反映独特的机遇和具体情况。

经验研究表明，成熟的国内公司和跨国公司通常都不愿意承担与较高的边际资本成本和资本预算相关的更高的代理成本或破产风险。事实上，大多数成熟的公司都表现出了某种程度的旨在使公司财富最大化的行为。它们在某种程度上厌恶风险，倾向于避免重返市场筹集新的股本。他们更愿意将资本预算限制在自由现金流所能支撑的范围内。事实上，它们相信优序融资理论（也译作啄序理论，pecking order theory），这一理论决定了公司将使用哪些资金以及使用的顺序。这种行为激励股东更密切地监督管理层，将管理层的薪酬与股票表现挂钩，并且还可能在合同中提出其他类型的要求，这些都是代理成本的一部分。

总之，如果跨国公司和国内公司确实将其资本预算限制在不增加边际资本成本的情况下，则跨国公司加权平均资本成本较高的实证研究结果得到证实，如图 13.6 所示。如果国内公司拥有很好的增长机会，选择在增加边际资本成本的情况下实现业务扩张，则国内公司的加权平均资本成本会高于跨国公司的加权平均资本成本。

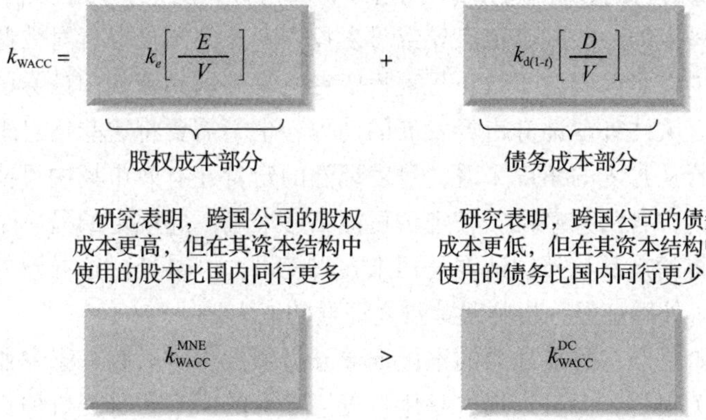

图 13.6 跨国公司的资本成本是否高于国内公司的资本成本

13.5 案例：Novo 工业股份公司

Novo 工业股份公司[^1]（以下简称 Novo 公司）是一家丹麦的跨国公司，生产工业酶和药品（主要是胰岛素）。1977 年，Novo 公司管理层决定国际化其资本结构和资金来源，因为丹麦证券市场流动性不足且与其他资本市场相对分割。特别是，丹麦股权资本缺乏且成本较高，

[^1]: *Internationalizing the Cost of Capital in Theory and Practice: The Novo Experience and National Policy Implications.* Copyright © 2001 by Arthur Stonehill and Kåre B. Dullum (Copenhagen: Nyt Nordisk Forlag Arnold Busck, 1982; and New York: Wiley, 1982). 经 Arthur Stonehill 许可转载。

这导致Novo公司的资本成本高于其主要的竞争对手，例如美国的礼来公司（Eli Lilly and Company）、美国的Miles Laboratories公司（德国拜耳公司的子公司）、荷兰的Gist Brocades公司。

除了资本成本之外，Novo公司的预期增长机会表明，该公司需要筹集的长期资本的规模超出了流动性不足的丹麦金融市场的能力。由于Novo公司是其专业领域的技术领导者，因此其计划对工厂、设备和研究的资本投资无法等到公司自身现金流充足时再进行，否则Novo公司的竞争对手将抢占Novo公司未涉足的市场。

即使能够在丹麦筹集到所需规模的股权资本，股权成本也将高得令公司难以接受。例如，Novo公司的市盈率通常在5倍左右；而其外国竞争对手的市盈率远超过10倍。然而，Novo公司的运营风险和财务风险似乎与其竞争对手相当。仅仅与丹麦国内的同行公司相比，Novo公司似乎才适合5倍的市盈率。

如果丹麦证券市场与世界市场实现了一体化，人们就会期望外国投资者大肆购买"被低估的"丹麦证券。在这种情况下，像Novo这样的公司将享有与其外国竞争对手相当的国际资本成本。奇怪的是，丹麦政府并没有采取任何措施限制外国投资者持有丹麦证券。因此，我们必须将投资者的主观感知视为丹麦市场分割的主要原因。

13.5.1 市场分割

丹麦股票市场的至少六个特征导致了市场分割：①丹麦投资者和外国投资者的信息不对称；②税收问题；③可行的投资组合的不同选择；④财务风险；⑤外汇风险；⑥政治风险。

信息不对称。丹麦的一些制度特点导致丹麦投资者和外国投资者对彼此的股权证券信息了解不足。最主要的信息障碍源于禁止丹麦投资者持有外国私营部门证券的规定。正因为如此，丹麦投资者缺乏关注外国证券市场发展的动力，也不需要将这些信息纳入对丹麦证券的评估中。所以，尽管从丹麦的角度来看，丹麦证券的定价在有效市场中可能相对准确，但若考虑到国际和丹麦的综合信息基础，其定价可能不够准确。此规定的另一个负面影响是，由于在丹麦没有可销售的产品，外国证券公司未在丹麦设立办事处。这导致外国证券公司在丹麦缺乏实体，降低了外国证券分析师跟踪丹麦证券的能力。

第二个信息障碍是跟踪丹麦证券的本国证券分析师太少。只有一家专业的丹麦证券分析服务机构发布了相关报告，而且该报告是用丹麦语撰写的。一些丹麦机构投资者雇用了内部分析师（in-house analyst），但他们的研究结论并不向公众公开。几乎没有外国证券分析师跟踪丹麦证券，除了丹麦没有产品可销售之外，还因为丹麦市场规模太小（小国偏差，small-country bias）。

其他信息障碍包括语言和会计准则。丹麦上市公司的财务信息通常按照丹麦会计准则以丹麦语发布。Novo公司等少数公司用英语进行信息披露，但几乎没有一家公司采用美国或英国的会计准则，也没有尝试与这些会计准则进行对照。

税收问题。丹麦的税收政策极大地限制了个人对普通股的投资。在1981年7月丹麦税法修改之前，持有两年以上股票的资本利得按50%的税率征税。持有不足两年或出于投机目的而持有的股票按个人所得税税率征税，最高边际税率为75%。相比之下，债券的资本利得是免税的。这种情况导致债券以大幅折扣发行，因为到期时按面值兑付被视为资本收益。因此，大多数个人投资者持有债券而不是股票。这些政策降低了股票市场的流动性，并提高了股票的预期回报率，以使其能够与债券竞争。

可行的投资组合。由于禁止持有外国证券，可供丹麦投资者选择的证券品种非常有限。实际上，丹麦的机构投资组合由丹麦股票、政府债券和抵押债券组成。由于丹麦股票价格走势彼此密切相关，所以丹麦的投资组合具有较高的系统性风险。此外，丹麦政府的政策倾向于提供较高的政府债券实际收益率，即考虑通货膨胀调整后的收益率。丹麦政府的个人所得税政策，加上丹麦政府债券具有吸引力的实际收益率，使得股票的预期回报率按国际标准来看相对较高。

从投资组合的角度来看，丹麦股票为外国投资者提供了国际多元化的机会。如果丹麦股票价格走势与世界股票价格走势没有密切相关，那么将丹麦股票纳入外国投资组合将降低这些投资组合的系统性风险。此外，由于税收协定的保护，外国投资者不受丹麦高所得税税率的影响，这些税收协定通常将外国投资者的股息和资本利得税率限制为 15%。因此，在其他条件相同的情况下，由于国际多元化的潜在优势，外国投资者对丹麦股票的预期回报率可能低于丹麦投资者。然而，实际情况并非如此，因为外国投资者认为丹麦股票比自己国内的证券承担更多的财务、外汇和政治风险。

财务、外汇和政治风险。按照美国和英国的会计准则，丹麦公司使用的财务杠杆相对较高，但对于斯堪的纳维亚半岛、德国、意大利或日本来说并不异常。此外，丹麦公司的大部分债务是浮动利率的短期债务。外国投资者看待丹麦公司财务风险的方式取决于他们在本国遵循的规范。从 Novo 公司在 1978 年进军欧洲债券市场的经验来看，Novo 公司的英国投资银行摩根建富银行（Morgan Grenfell）建议 Novo 公司将负债率维持在接近 50% 的水平，而不是丹麦传统的 65% 至 70%。

投资于丹麦证券的外国投资者面临外汇风险。外汇风险是利是弊，取决于投资者的本国货币、对丹麦克朗汇率走势的看法及其对公司运营敞口的影响。通过私下与外国投资者和银行家的接触，Novo 公司的管理层并不认为外汇风险是影响 Novo 公司股价的因素，因为他们认为该公司的业务实现了国际多元化。超过 90% 的销售额来自丹麦境外的客户。

关于政治风险，丹麦被视为稳定的西方民主国家，但其国家债务水平被认为过高，有可能时不时地给外国投资者带来问题。尽管这种看法尚未在丹麦的欧元货币贷款的风险溢价中体现出来。

13.5.2　全球化之路

尽管 1977 年 Novo 公司的管理层希望摆脱丹麦分割且缺乏流动性的资本市场的束缚，但公司仍需克服许多障碍。探讨这些障碍是有价值的，因为它们代表了来自分割市场的其他公司在希望资本来源国际化时面临的障碍。

消除信息缺口。自佩德森（Pedersen）两兄弟于 19 世纪 20 年代创立以来，Novo 公司一直是一家家族公司。1974 年，它上市并在哥本哈根证券交易所挂牌交易其“B 类”股票。“A 类”股票由 Novo 公司基金会持有，这些股份足以维持公司的控制权。然而，Novo 公司在丹麦以外的投资圈中基本不为人知。为了克服信息基础的这种障碍，Novo 公司提高了财务和技术的信息披露水平，即采用丹麦语和英语进行信息披露。

1978 年，摩根建富银行成功为 Novo 公司组织并承销了一笔 2 000 万美元的可转换欧洲债券，这进一步缩小了信息缺口。与本次发行相关，Novo 公司的股票在伦敦证券交易所上市，以便于债券转换成股票以及提高公司的知名度。这两项行动是消除信息缺口的关键。当然，公司也以优惠条件筹集了大量长期资金，而这在丹麦是无法实现的。

尽管发行欧洲债券扩大了 Novo 公司的资本来源，但当丹麦投资者对债权转股权可能带来的稀释效应做出负面反应时，Novo 公司的资本成本实际上升高了。1979 年，Novo 公司的股价从每股大约 300 丹麦克朗下降到大约 220 丹麦克朗。

生物技术蓬勃发展。1979 年，发生了一件意外的事件。生物技术开始引起美国投资界的极大关注，众多初创公司如美国基因泰克公司（Genentech，Inc.）和 Cetus 公司发行的股票出现了惊人的超额认购。由于前述丹麦国内的信息缺口，丹麦投资者对这些事件并不清楚，继续以 5 倍的低市盈率对 Novo 公司进行估值，其成熟的竞争对手的市盈率超过 10 倍，而这些新兴的潜在竞争对手的市盈率甚至超过 30 倍。

为了将自己塑造为一家拥有良好业绩的生物技术公司，1980 年 4 月 30 日，Novo 公司在纽约组织了一次研讨会。研讨会结束后不久，一些经验丰富的美国个人投资者开始通过伦敦证券交易所购买 Novo 公司的股票和可转换债券。丹麦投资者非常乐意满足外国投资者的需求。因此，尽管美国和英国投资者的需求相对强劲，Novo 公司的股价却只是逐渐上涨，到仲夏时节回升至 300 丹麦克朗。

然而，在接下来的几个月里，外国投资者的兴趣开始像滚雪球一样迅速增长。1980 年年底，Novo 公司的股价已达到 600 丹麦克朗。此外，外国投资者的持股比例也从几乎为零上升到 30% 左右。Novo 公司的市盈率已升至 16 倍左右，与其国际竞争对手持平，但与丹麦市场的平均水平不符。至此，我们必须得出结论：Novo 公司已经成功地实现了资本成本的国际化。其他丹麦证券仍然锁定在分割的资本市场中。

在美国定向发行股票。1981 年上半年，在高盛公司的指导下，在摩根建富银行和哥本哈根商业银行（Copenhagen Handelsbank）的协助下，Novo 公司准备了一份招股说明书，用于在美国证券交易委员会注册其美国股票发行，并计划在纽约证券交易所上市。在这项工作中，Novo 公司遇到的主要障碍具有一定的普遍性，主要是要编制符合美国会计准则的财务报表，并进行符合美国证券交易委员会要求的更高水平的信息披露。特别是，行业细分报告在信息披露和会计方面存在问题，因为美国证券交易委员会内部没有适合该细分行业的会计格式以便 Novo 公司提供会计数据。事实证明，美国的投资障碍相对容易处理，尽管克服这些障碍既昂贵又耗时。

更严重的障碍来自丹麦政府的各种制度约束和政府法规。丹麦公司通常按票面价值发行股票，并且股东享有优先认股权，因此丹麦政府法规从未设计并允许公司按市场价格发行股票。然而，到了那个时候，由于持续的外国买盘，Novo 公司的股价已经非常高，以至于在丹麦几乎没有人认为外国投资者愿意出手购买。事实上，在 1981 年 7 月 Novo 公司在美国发行股票之前，Novo 公司的股价已升至 1 500 丹麦克朗以上，后来稳定在大约 1 400 丹麦克朗的水平。外资持股比例已增至 Novo 公司流通股的 50% 以上！

股票市场的反应。市场分割的最后一个证据可以从丹麦投资者和外国投资者对 1981 年 5 月 29 日 Novo 公司拟发行 6 100 万美元美国股票的公告的反应中获得。Novo 公司的股价在哥本哈根股市的下一个交易日下跌了 156 点，大约相当于其市场价值的 10%。纽约股市一开盘，股价立即收复全部失地。哥本哈根股市的反应表现为典型的流动性不足。丹麦投资者担心新股发行的稀释效应，因为流通股数量会增加约 8%。他们不相信 Novo 公司发行新股获得的资金在未来仍然有足够高的回报率而不会被稀释。他们还担心，如果生物技术失去光芒，美国股票最终将回流到哥本哈根股市。

美国股市对新股发行公告的反应符合人们对流动性强且一体化股市的预期。美国投资者认为 Novo 公司的这次新股发行将创造投资者对其股票的额外需求，因为大型承销机构的卖力推销使 Novo 公司的股票变得更加引人注目。此外，Novo 公司新股发行的营销主要针对美国的机构投资者，在该公司的美国股东中占比较低。之所以出现这一情况是因为美国的机构投资者们希望确保 Novo 公司的股票具有足够的流动性，以便在需要时能够退出，而不会压低股价。新股发行带来的广泛分销、美国证券交易委员会注册要求和纽约证券交易所的信息披露，都增加了股票的流动性，并降低了公司的全球资本成本。

对 Novo 公司加权平均资本成本的影响。在 1981 年大部分时间及其后几年里，Novo 公司的股价主要受国际证券投资者在纽约、伦敦和哥本哈根证券交易所进行交易的影响。这降低了 Novo 公司的加权平均资本成本，并降低了其边际资本成本。Novo 公司的系统性风险降低了，以前，公司的系统性风险主要受国际上非多元化的丹麦机构投资者和 Novo 公司基金会的影响。此外，其适宜的负债率水平也降低了，以符合在美国、英国和其他重要市场交易的国际证券投资者的标准。本质上，国际证券投资者在评估时，美元成为 Novo 公司的功能货币。理论上，修正后的资本成本应成为评估任何地方的新资本投资时的新最低可接受回报率。

Novo 公司的其他效仿公司也有可能使其加权平均资本成本成为国际证券投资者需求的函数。一些新兴市场国家的公司已经经历了贸易和营运资本融资的“美元化”。这种现象可能会扩展到长期融资和加权平均资本成本。Novo 公司的经验可供其他希望摆脱分割且流动性不足的本国股票市场的公司借鉴。特别是，总部位于新兴市场的跨国公司经常面临与 Novo 公司类似的障碍和缺乏知名度的问题。它们可以通过遵循 Novo 公司为吸引国际证券投资者而采取的积极主动的战略而受益。不过，建议谨慎行事。Novo 公司在胰岛素和工业酶这两个重要的领域拥有出色的经营业绩和非常强大的全球市场优势，因而持续地吸引着丹麦国内外的投资者。其他渴望取得类似成果的公司，也需要拥有良好的业绩才能吸引外国投资者。

要点小结

- 进入全球资本市场应使公司降低资本成本。这可以通过增加股票的市场流动性和摆脱本国资本市场的分割来实现。
- 资本成本和资本可得性与市场流动性和分割程度直接相关。
- 能够进入流动性高、分割程度低的市场的公司，其资本成本应该较低，筹集新资本的能力应该较强。
- 公司可以通过在欧洲市场筹资或经由国外子公司进入当地资本市场来增加其市场流动性。市场流动性的增加会使边际资本成本线向右移动。这使得公司能够以较低的边际资本成本筹集更多资金。
- 如果该市场证券的必要回报率不同于在其他国家证券市场上交易的具有可比预期回报和风险的证券的必要回报率，则该国家资本市场存在分割。

- 资本市场分割是由政府限制和投资者观念等造成的金融市场缺陷。分割导致资本成本上升，资本供应减少。
- 如果一家公司身处一个分割的资本市场，它可以通过将其债务和股权转移到国外来逃离这个市场。其结果应该是边际资本成本降低，股票流动性提高，资本预算增加。
- 跨国公司的资本成本是否低于国内公司，取决于其最优的财务结构、系统性风险、资本可得性和最优的资本预算。

问 题

13.1 **分割的市场**。那些位于分割的资本市场中的公司在获取资本方面面临的最常见的挑战是什么？

13.2 **资本的维度**。全球一体化使许多公司有机会获得新的、更廉价的资金，而不仅限于在本国市场上获得资金。制订这种更低成本和更多可用资金的战略需要注意哪些方面？

13.3 **资本成本的好处**。实现更低的资本成本和更高的资本可得性有什么好处？

13.4 **股权成本与风险**。在估算公司股权成本时，风险的定义有哪些分类？

13.5 **股权风险溢价**。什么是股权风险溢价？要使股权风险溢价真正有用，需要做些什么？

13.6 **证券组合投资者**。国内和国际投资组合经理都是资产配置者。他们的投资组合管理目标是什么？

13.7 **国际投资组合管理**。与仅进行国内资产配置的投资组合经理相比，国际投资组合经理的主要优势是什么？

13.8 **ICAPM**。ICAPM试图捕捉传统国内CAPM没有刻画到的，两者的基本区别是什么？

13.9 **资产配置的维度**。根据投资组合经理的投资目标，投资组合的资产配置可以从多个方面进行。请确定其维度。

13.10 **市场流动性**。市场流动性一词的含义是什么？流动性差的市场对公司有哪些主要不利之处？

13.11 **市场分割**。什么是市场分割？市场分割的六个主要原因是什么？

13.12 **市场流动性**。市场流动性和市场分割对公司的资本成本有何影响？

13.13 **新兴市场**。流动性差、市场分割程度高的新兴市场中的公司将受益于资本成本的国有化。它们需要做些什么？成功的条件是什么？

13.14 **跨国公司的资本成本**。跨国公司的资本成本比国内公司高还是低？这是否令人惊讶？

13.15 **跨国公司的债务使用**。与国内公司相比，跨国公司使用的债务相对较多还是较少？为什么？

13.16 **跨国公司与贝塔系数**。跨国公司的贝塔系数比国内公司高还是低？

13.17 **“悖论”**。本章中的悖论指什么？

13.18 **新兴市场公司的上市**。新兴市场跨国公司为何在海外上市？

13.19 **Novo公司与分割的资本市场**。在分割的市场运营对Novo公司有何影响？市场分割的主要原因是什么？

13.20 **Novo公司的逃离**。Novo公司最终采取了哪些行动来摆脱分割的市场？

迷你案例

沙特阿美的资本重组

习　题

扫码了解习题

第14章
CHAPTER 14

跨国公司的资金筹措

无论你做何决定，资本总是伴随着风险。作为受托人，你唯一需要做的是忠诚地履行你的职责并理性地见机行事。你应该学习那些在管理自己事务时表现出谨慎、有判断力和智慧的人，而不应专注于投机行为。你需要借鉴他们在资金的长期安排方面的经验，同时考虑到潜在的收入和所投资本的安全性。

——塞缪尔·帕特南（Samuel Putnam）大法官，谨慎人原则[⊖]，1830年

学习目标

14.1 为跨国公司设计一种从全球范围内筹集资金的策略

14.2 对比跨国公司与国内公司在最优财务结构方面的差异

14.3 描述可以用于全球股权市场融资的各种金融工具

14.4 理解存托凭证在跨国公司筹集股权资本方面的作用

14.5 分析私募方式在筹集全球资本方面的独特作用

14.6 探讨跨国公司在全球范围内融资可采用的不同债务结构

14.7 详细说明跨国公司设立外国子公司和筹措资金的方法

⊖ 1830年，在哈佛学院诉艾默里案（Harvard College v. Amory）中，美国马萨诸塞州最高法院首次清晰地阐述了“谨慎人原则”（Prudent Man Rule）。根据裁决，受托人在管理和投资受托财产时，应采取一个理性且谨慎之人所会采用的方法，而非依据任何特定的投资类别进行操作。换言之，受托人在做出投资选择时，必须表现出适当的谨慎与判断力，全面考虑投资的风险与回报，而不是单纯追求最大可能的利润。这一原则逐渐得到多个国家的认可和采纳，成为评价受托人职责履行的重要标准。进入20世纪，随着金融市场的发展和日益复杂，这一原则逐渐演变为“谨慎投资者原则”（Prudent Investor Rule），为受托人的投资行为提供了更明确的指导。这种演变深刻地影响了信托管理、养老基金管理以及其他资产管理领域的实践，促成了在资产管理中追求稳健与效益并重的现代投资哲学。——译者注

第 13 章分析了为何进入全球资本市场能降低跨国公司的资本成本、扩大其融资渠道，并通过克服市场分割提高其股票的流动性。追求这一宏大目标的公司，尤其是来自细分市场或新兴市场的跨国公司，必须先制定能吸引国际投资者的融资策略。这涉及跨国公司进入全球资本市场的不同路径。

本章重点关注那些希望通过全球化来降低资本成本，并从全球范围内获得资金的公司，其中许多公司位于流动性较差、分割严重的市场或新兴经济体的市场。那些位于大型、高度工业化国家的公司已经可以进入本国流动性高且非分割的市场。尽管这些跨国公司也会在海外筹集股权资金和债务资金，但这不太可能对其资本成本和资金可获得性产生重大的影响。实际上，对于这些跨国公司来说，海外融资往往仅用于资助大型海外收购，而不是为现有业务筹集资金。

首先，本章介绍了为跨国公司设计的一种财务策略，其目的是在全球范围内筹集股权资金和债务资金。其次，本章分析了跨国公司及其子公司的最优财务结构，旨在最小化资本成本。再次，本章探讨了跨国公司在全球市场筹集资本可能遵循的不同路径，以及为外国子公司提供资金的不同策略和方法。最后，本章以迷你案例“Cemex 公司的债务困境”结束，该案例研究了一家大型跨国公司在过度依赖债务融资收购后遭遇的融资危机。

14.1　设计一种从全球范围内筹集资金的策略

跨国公司设计资金筹集策略需要管理层就长期财务目标达成共识，然后在各种可行的路径中做出选择。图 14.1 直观地展示了跨国公司实现全球化资本成本和资本可得性这一最终目标的路径。

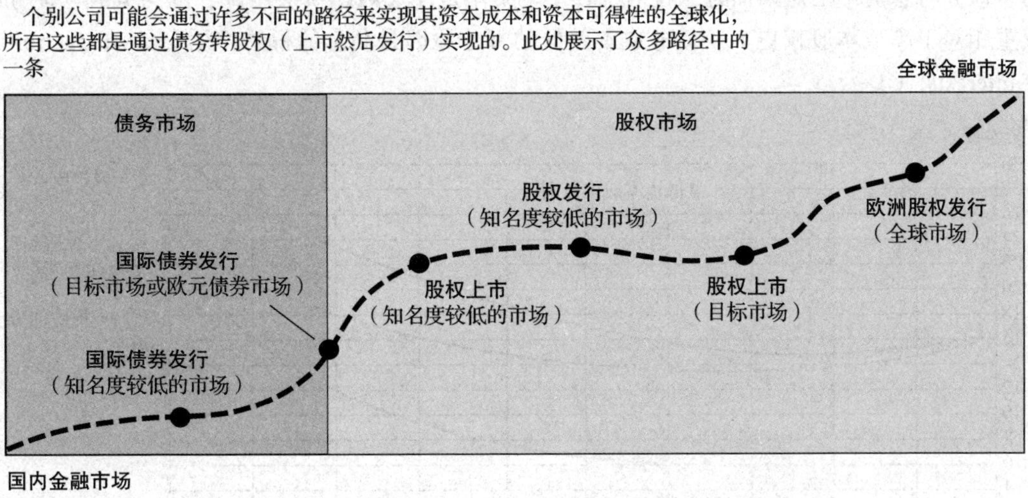

图 14.1　全球化资本成本和资本可得性的路径

资料来源：Constructed by authors based on the principles described in *Corporate Strategies in Internationalizing the cost of Capital*, Oxelheim, Stonehill, Randøy, Vikkula, Dullum, and Modèn, Copenhagen Business School Press, 1998.

全球化资本成本和资本可得性的路径

通常情况下，跨国公司会在早期指定一家投资银行作为官方顾问，以协助跨国公司选择融资路径与实施方案。投资银行熟悉潜在的外国投资者及其当前需求，能帮助公司应对和满足各种制度要求并克服障碍。投资银行提供的服务涵盖了诸多方面，包括何时、何地以及如何启动交叉上市的建议。如果需要发行股票，投资银行通常会准备所需的招股说明书，协助确定合适的定价，并在发行后维护售后市场，以防止股价低于初始发行价。

大多数公司通常首先在本国市场筹集初始资本，如图 14.1 左下角的起点所示。随后，这些公司可能会尝试跳过中间步骤直接向目标市场发行股票或在全球市场发行欧洲证券。在这个阶段，优秀的投资银行顾问会进行“现实检验”㊀（reality check）。那些仅在本国市场筹资的公司通常缺乏知名度来吸引外国投资者。这正是第 13 章中 Novo 公司的教训。公司可以从发行欧洲债券开始，逐步进入全球市场，本质上采用的是市场渗透策略。

14.2　最优财务结构

经过多年的讨论，金融理论家们普遍认同公司存在最优财务结构。实际上，他们对如何确定最优财务结构也达成了共识，传统主义学派（traditionalist）与莫迪利安尼和米勒学派（the Modigliani and Miller school）之间的大型辩论以妥协收场：

> 当考虑税收和破产成本时，企业的最优财务结构由特定的债务和股权组合决定，这一结构旨在在给定的商业风险（business risk）水平下最小化企业的资本成本。

如果新项目的商业风险与现有项目的风险不同，那么债务和股权的最优组合将会改变，以体现商业风险和财务风险之间的权衡。

图 14.2 展示了随着负债率的增加，资本成本的变化情况。当负债率，即以市场价值计算的总债务与总资产之比增加时，税后加权平均资本成本（k_{WACC}）会下降，因为低成本债务的权重相对于高成本股权更大。债务成本较低的部分原因是利息的税盾作用（tax deductibility of interest），$(1-t)$。

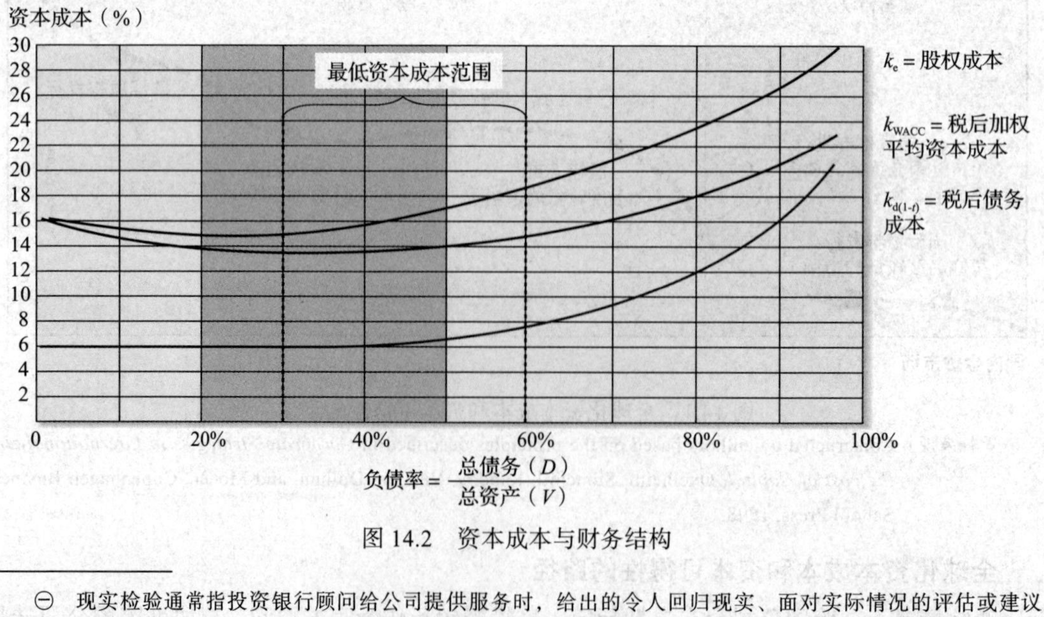

图 14.2　资本成本与财务结构

㊀ 现实检验通常指投资银行顾问给公司提供服务时，给出的令人回归现实、面对实际情况的评估或建议，特别是在考虑到可能出现过于乐观或不切实际的计划或想法时，目的是让公司面对市场的真实情况和自身的实际能力。——译者注

由于投资者感知到更大的财务风险，股权成本（k_e）增加，部分抵消了增加债务带来的有利影响。随着负债率的增加，税后加权平均资本成本仍持续下降，直到财务风险变得过于严重，以至于投资者和管理层都认为存在真正的破产风险。这导致债务成本和股权成本急剧上升，从而提高了税后加权平均资本成本。在图 14.2 中，呈 U 形的资本成本曲线最低点略低于 14%，这个点定义了资本成本最小化的负债率范围。

大多数理论家认为，这个最低点实际上是一个较宽广的平坦区间，覆盖了一系列的负债率（如图 14.2 中的 20%～50%），在这个区间中，资本成本的差异很小。他们还普遍认为，至少在主要工业化国家，这一平坦区间的范围和特定公司在该范围内的负债率位置，主要由以下变量决定的：①公司所处的行业；②公司销售和营业收入的波动性；③公司资产的抵押价值。

最优财务结构与跨国公司

为了适应跨国公司的情况，国内最优财务结构理论需要引入额外四个变量。这些变量分别是：①资本可得性；②现金流的多元化；③外汇风险；④国际证券组合投资者的期望。

资本可得性。第 13 章已经明确指出，与大多数国内公司相比，跨国公司能够在全球市场获得资本，从而降低其股权成本和债务成本。这使得跨国公司在需要筹集大量新资金时，仍能够维持其期望的负债率。换句话说，跨国公司的边际资本成本在其资本预算的范围内保持恒定。然而，这一结论对于大多数小型国内公司来说并不成立，因为它们无法进入国内的股票或债券市场。它们必须依赖公司内部资金或商业银行借款来满足短期和中期的资金需求。

同时，注册在资本市场流动性较低的国家的跨国公司，除非能实现全球范围内的最低资本成本，并从全球资本市场筹集资金，否则几乎面临着与小型国内公司相同的局面。在缺乏优势的情况下，这些公司必须依赖内部资金和商业银行借款。如果它们需要筹集大量新资金来支持增长机会，可能不得不借入超过从最小化资本成本角度来看的最优数量的资金。这相当于随着预算水平的提高，它们的边际资本成本也在增加。

现金流的多元化。如第 13 章所述，理论上，跨国公司的现金流在全球范围内实现了多元化，这使得它们相比国内公司更能承担较高的负债率。如果跨国公司的现金流波动性被最小化，那么在不同的产品、金融和外汇市场环境下，跨国公司支付固定费用的可能性应当会增加。

通过在国际范围内实现现金流多元化，跨国公司可能会像证券投资者在国际范围内持有多元化投资组合一样，降低现金流的波动性。不同国家之间的回报并不完全相关。例如，一家德国国内公司无法享受到国际现金流多元化的好处，只能完全依赖其国内业务的净现金流入。那么，这家德国公司被感知的财务风险[㊀]会比跨国公司更大，因为其德国国内现金流的波动无法通过世界其他地方的积极现金流[㊁]来抵消。

正如第 13 章讨论的那样，实证研究发现，美国的跨国公司实际上比国内公司具有较低

㊀ 被感知的财务风险（perceived financial risk）指的是投资者或公司管理层对于公司财务状况的不稳定性或不确定性的主观评估。这种风险感知基于多种因素，包括公司的债务水平、现金流的稳定性、营业收入的波动性以及市场条件的变化等。——译者注

㊁ 积极现金流（positive cash flow）指的是公司运营活动或投资活动产生的正向（即积极的或盈利的）现金流入。积极现金流表示公司在一定时期内从其业务活动中获得的现金收入超过其支出的现金总量，表现为净现金流入。在跨国公司的背景下，积极现金流还可能指不同国家和地区的业务能够产生稳定的盈利，有助于平衡和降低整体的财务风险。——译者注

的负债率，这一发现对现金流多元化论点提出了质疑。对于跨国公司而言，债务的代理成本更高，同时公司还面临着更大的政治风险、外汇风险和信息不对称问题。

外汇风险。当公司发行以外币计价的债务时，其实际成本相当于用公司自身货币偿还本金和利息的税后成本。这个成本包括以外币计价的本金和利息的名义成本，以及汇率变动带来的外汇损益。

举例来说，如果一家总部位于美国的公司借入 150 万瑞士法郎（CHF），年利率为 5.00%。并且，在该年内，瑞士法郎从初始汇率 CHF1.500 0 = USD1.00 变化为 CHF1.440 0 = USD1.00，那么这笔债务的美元成本（k_d^{USD}）是多少？初始借款的美元获得额是根据当前的即期汇率 CHF1.500 0 = USD1.00 计算的：

$$\frac{1\ 500\ 000}{1.500\ 0}=1\ 000\ 000(\text{美元})$$

在一年结束时，总部位于美国的公司需要偿还 150 万瑞士法郎的本金以及年利率为 5.00% 的利息，总共为 157.5 万瑞士法郎。然而，这笔还款必须按照到期时的即期汇率折算：

$$\frac{1\ 500\ 000\times(1+5.00\%)}{1.440\ 0}=1\ 093\ 750(\text{美元})$$

该贷款的美元成本并不是 5.00% 名义利率，而是 9.375 0%：

$$\frac{1\ 093\ 750}{1\ 000\ 000}-1=0.093\ 75=9.375\ 0\%$$

由于瑞士法郎对美元升值，贷款的美元成本高于预期。这一成本实际上是债务成本和外币价值变化百分比的综合结果。我们可以通过以下公式来计算以美元计价的美国公司借入瑞士法郎的成本 k_d^{USD}，这个公式涉及瑞士法郎的名义利率 k_d^{CHF} 以及瑞士法郎相对于美元的汇率变化百分比 s：

$$k_d^{USD}=[(1+k_d^{CHF})\times(1+s)]-1$$

式中，k_d^{CHF} =5.00%, s = 4.166 7%。当本币为美元时，瑞士法郎相对于美元的汇率变化百分比为：

$$s=\frac{1.500\ 0-1.440\ 0}{1.440\ 0}\times100\%\approx4.166\ 7\%$$

将名义利率和汇率变化百分比代入公式，得：

$$k_d^{USD}=[(1+5.00\%)\times(1+4.166\ 7\%)]-1\approx9.375\ 0\%$$

美元成本是 9.375 0%，不仅仅是名义利率 5.00%。当美国所得税税率为 34.00% 时，这笔贷款的税后成本是：

$$k_d^{USD}(1-t)=9.375\ 0\%\times(1-34.00\%)=6.187\ 5\%$$

公司会将这笔债务额外的 4.166 7% 的成本以美元计算为外汇交易损失，并且这个损失可以用于税收抵扣。

国际证券组合投资者的期望。第 13 章重点强调了一个关键观点：对于跨国公司而言，如果要在全球范围内降低资本成本和提高资本可得性，吸引并留住国际证券投资者至关重要。这些投资者对公司的负债率和整体财务结构的期望基于过去 30 多年间形成的全球通行标准。由于大部分国际证券组合投资者聚集在美国和英国等流动性高且一体化的资本市场，所以他们的期望常常成为主流，甚至超越各国本土标准。因此，无论其他因素如何，如果跨国公司想要在全球市场上筹集资本，就需要遵循美国和英国的标准。一般而言，负债率高达 60% 是可接受的，但是更高的负债率可能难以吸引国际证券组合投资者。

14.3 全球股权融资

我们已经完全忽略了这样一个理念：任何看似有望盈利的事业，实际上都有可能因为缺乏资金而失败。

——沃尔特·白芝浩，《伦巴第街：货币市场论述》，1874 年

当跨国公司制定了其财务战略，并确定了其期望实现的理想资本结构后，它便会开始在国内市场之外筹集资本，包括债务资本和股权资本。在这一过程中，跨国公司将采用多种资本筹集的路径和工具。

下面详细描述了跨国公司在寻求股权融资时必须面对的三个关键要素。尽管商业媒体很少做出明确区分，但**股权发行**（equity issuance）与**股权上市**（equity listing）之间的确存在根本区别。寻求股权融资的公司的最终目标是发行股权，即首次公开募股或后续发行，这一过程将为公司带来现金流，进而增强其财务实力并支持业务发展。然而，通常情况下，股权发行必须在上市之前进行。股票在特定国家的交易所上市交易意味着它将被纳入该国资本市场。这不仅有助于提升跨国公司的品牌知名度和市场关注度，而且为其未来可能的股票再发行或其他融资活动打下基础。

股权发行

- 首次公开募股：将私营公司的股份首次出售给公众。首次公开募股筹集资本通常会借助承销商
- 后续发行：将上市公司的额外股份再次出售给公众，以筹集额外股权资本
- 欧洲股权（euroequity）发行：在两个或更多个市场和国家中同时首次发行股份
- 定向发行：上市公司将股份销售给特定的目标投资者或市场，可以是公开的也可以是私人的，通常涉及不同国家

股权上市

- 上市公司的股份在交易所上挂牌供购买或出售。通常会聘请投资银行为这些股份提供销售市场
- 交叉上市是指将公司的股份在不同国家市场的交易所上挂牌，旨在扩展公司股票的潜在市场
- 存托凭证：由银行发行的公司股票所有权证书，代表对基础外国证券的权益要求。它们在美国被称为美国存托凭证，在全球交易中被称为全球存托凭证

私募发行

- 向私人投资者出售证券（股票或债券）。私人投资者通常是机构，如养老基金、保险公

司或高净值的私人实体

- 遵循 144A 规则的私募发行是指在美国向合格的机构投资者（qualified institutional buyer，QIB）出售证券，无须经过美国证券交易委员会的注册。合格的机构投资者是非银行公司，能够拥有和自主决定投资 1 亿美元或更多的资产
- 私募股权：由大型有限合伙企业、机构投资者或富裕的私人投资者对公司进行的股权投资，旨在将被投资公司私有化、提振业务需求，在随后的几年内，这些股权会被公开或私下出售

需要指出的是，并非所有的发行都必须公开进行。不论是上市公司还是私营公司，都可以通过私募发行（private placement）的方式将股票或债券出售给私人投资者。**“私募发行”**这一术语既适用于股权融资也适用于债权融资。私募发行形式多样，投资者的参与态度可能是被动的（例如，根据 144A 规则的投资者）或积极的（例如，私募股权，意在控制和改变公司）。然而，私募发行的投资者无法通过开放且具有流动性的市场来交易其持有的这些股份。

除了股权融资外，上市公司也在追求更大的市场关注度，并努力吸引日益增多的潜在投资者。人们预期，随着时间的推移，投资者群体的扩大将推高股价，进而提高股东的回报率。私人控股公司则有着更明确的目标：以尽可能低的成本私下筹集更多的股权资本。正如第 4 章所讨论的，工业化市场的公司所有权正逐渐被更多的私人持有，同时，许多新兴市场国家的跨国公司越来越倾向于选择公开上市。

图 14.3 提供了跨国公司目前可选择的四种主要股权融资方案。那些希望在本土市场以外筹集股权资本的公司可以选择公开途径（public pathway）或私下途径（private pathway）。公开途径包括定向公开发行（directed public issue）或欧洲股权发行。另一种在过去十年中被频繁选择的是私下途径，包括**私募股权**（private equity）或在战略联盟下的私人股份出售（private share sale）。

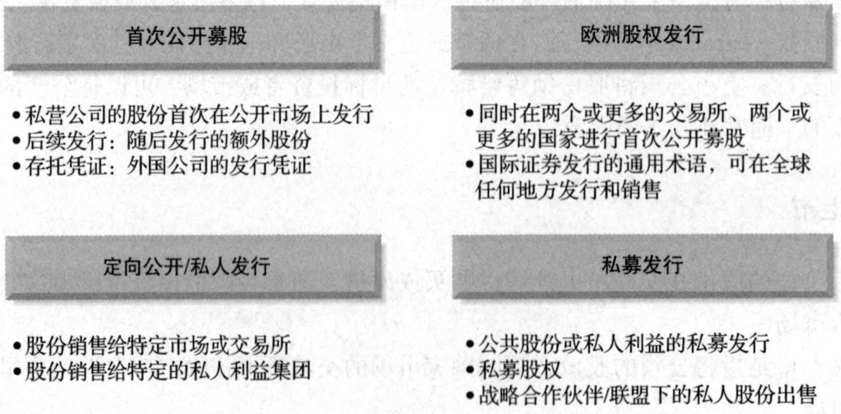
首次公开募股
•私营公司的股份首次在公开市场上发行
•后续发行：随后发行的额外股份
•存托凭证：外国公司的发行凭证
欧洲股权发行
•同时在两个或更多的交易所、两个或更多的国家进行首次公开募股
•国际证券发行的通用术语，可在全球任何地方发行和销售
定向公开/私人发行
•股份销售给特定市场或交易所
•股份销售给特定的私人利益集团
私募发行
•公共股份或私人利益的私募发行
•私募股权
•战略合作伙伴/联盟下的私人股份出售

图 14.3　全球市场股权融资方案

14.3.1　首次公开募股

私营公司通过首次公开募股实现向公众所有权的转变。大部分首次公开募股的起步阶段需要组建一个由投资银行服务提供商组成的承销和联合发行团队。该团队随后协助公司准备必要的监管申报和披露文件，具体要根据公司所在的国家和选定的证券交易所来定。在首次

公开募股日期前几个月，公司会发布一份招股说明书。这份招股说明书详细介绍了公司的历史、业务、运营和融资成果，涉及的业务、财务或政治风险，以及公司未来的商业计划，所有这些都旨在帮助潜在买家全面评估公司价值。

公司首次发行股份通常占公司所有权的 15%～25%（尽管近年来有些公司的首次发行股份占比仅为 6%～8%）。继首次公开募股之后，公司可能会进行额外的股份销售，这被称为**后续发行**（follow-on offering, FO）。在这些发行中，公司更多的所有权将在公开市场上出售。在公开市场上交易的股票总数或所占比例通常被称为公开流通股或自由流通股。全球金融实务 14.1 详细介绍了世界上最赚钱的公司——沙特阿美的首次公开募股情况。

全球金融实务 14.1

沙特阿美的首次公开募股估值

2019 年，沙特阿美首次公开募股前夕，市场对于该公司及其股票的估值存在大量争议。作为一家国有企业，沙特阿美是否将专注于利润最大化？考虑到公司是沙特阿拉伯的主要现金和收入来源，它能否实施一种独立于国家支持的企业战略？沙特阿拉伯记者贾迈勒·卡舒吉被处决事件对市场将产生何种影响？公司是将专注于盈利，还是作为石油输出国组织（OPEC）的主导成员，追求在全球石油市场上的影响力？这些问题以及其他相关的考虑引起了广泛的讨论和争议。

面对市场普遍存在的困惑，参与者选择了两种传统的股权估值方法以做参考：市盈率法和股息收益率（dividend yield）法。然而，这两种方法得出的估值结果并不一致。沙特阿美的估值成了一个高度政治敏感的话题。沙特阿拉伯王储穆罕默德·本·萨勒曼坚定认为，沙特阿美的估值应超过 2 万亿美元。公司打算在首次公开募股中发行 5.0% 的股份，预计筹集资金高达 1 000 亿美元，这将是历史上规模最大的首次公开募股，是 2014 年阿里巴巴所创纪录的四倍。有分析认为，如果估值达不到 2 万亿美元，穆罕默德·本·萨勒曼王储可能在最后时刻取消首次公开募股。

市盈率。2018 年，沙特阿美凭借 1 110 亿美元的盈利成为全球最赚钱的公司。同年，五大上市石油和天然气公司（英国石油公司、雪佛龙股份有限公司、埃克森美孚公司、壳牌石油公司和道达尔能源公司）的平均市盈率为 18.8。然而，这些公司的预期市盈率——基于对未来盈利的共识预测——仅为 13.8。石油和天然气公司的预期市盈率通常较低，主要因为油价未来走向的不确定性，虽然油价是其利润和市值的关键驱动因素，但它并不受管理层控制。按照 18.8 的市盈率计算，沙特阿美的估值达到 2.1 万亿美元（1 110 亿美元 × 18.8≈2.1 万亿美元）。而基于较低的预期市盈率，其估值降至大约 1.5 万亿美元。

股息收益率。第二种估值方法是股息收益率法。一个关键因素为该公司的价值提供了一个不同的观察视角：沙特阿美及沙特阿拉伯政府在招股说明书中承诺，每年将支付高达 750 亿美元（是的，是亿级别）的股息。国际石油公司[⊖]（IOCs）的平均股息收益率为每年 5.4%，而主要国家

⊖ 国际石油公司通常是大型的跨国石油公司，它们通常涉及全球范围内的石油和天然气勘探、开发、生产、运输和销售工作。这些公司可能是私营公司、上市公司或私有和公共资本的混合体。壳牌石油公司、埃克森美孚公司和英国石油公司都属于 IOCs。——译者注

石油公司[⊖]（NOCs）的平均股息收益率为5.0%。

假设沙特阿美按5.0%的股息收益率和750亿美元的年度股息进行估算，其估值大约为1.5万亿美元（750亿美元 ÷ 5.0% = 1.5万亿美元）。然而，问题在于，尽管750亿美元的股息承诺看似巨大，但对于2万亿美元的估值来说，仍未达到5.0%的股息收益率。要实现这一股息收益率，公司需每年支付1 000亿美元的股息。在油价未来走向不确定，从而无法保证公司现金流的前提下，承诺每年支付这样高额的股息显得过于苛刻。

形成共识。在首次公开募股前的最后几天，全球的主要投资银行和机构投资者对沙特阿美的估值达成了一致，确定为1.7万亿美元。这个估值虽然巨大，高于5.0%股息收益率的最低标准，但却低于穆罕默德·本·萨勒曼王储所期望的2万亿美元。

最终，沙特阿美决定推进首次公开募股，但将发行规模从之前讨论的5.0%降至1.5%。首次公开募股当天，市场对沙特阿美的估值为1.7万亿美元，使沙特阿拉伯通过发行1.522 5%的股份（在最后时刻将1.5%的比例提高至1.522 5%）获得了约260亿美元的资金。

公司一旦决定公开上市，就会受到更严格的公众监督。这主要是因为公司需要遵守政府证券监管机构和股票交易所的规定，定期披露详细信息和发布财务报告。这种持续的信息公开，在财务成本和市场竞争层面上都具有显著影响。上市公司公开的财务信息通常含有大量细节，这些信息可能被客户、供应商、合作伙伴以及竞争对手在商业交易中利用。与此相比，私营公司在保密财务信息方面具有明显的竞争优势。此外，上市公司股票的一个重要特点是，它们仅在首次发行时为公司筹集资金。尽管股票价格的日常波动会影响股东的收益，但这并不会改变公司的资本结构。

14.3.2　欧洲股权发行

欧洲股权发行是一种在多个国家多个交易所同时进行的首次公开募股。这种发行方式通常由国际联合承销团承销。在此语境下，“欧洲”一词并非特指发行人或投资者位于欧洲，也不意味着股票以欧元作为计价货币。它用来指代在全球范围内发行和销售的国际证券。欧洲股权发行的目标是吸引尽可能多元化的投资者，以筹集更多资金。英国电信公司和著名的意大利奢侈品生产商古驰公司就是欧元股权发行的两个典型例子。

规模最大且最引人注目的发行通常与国有企业私有化的浪潮紧密相连。英国撒切尔政府在1984年12月将英国电信公司私有化时，创造了这种模式。该次发行规模巨大，不仅向国内投资者出售，还向外国投资者出售一些股份（股份通常分配给承销商，这些承销商预计会在其指定的市场向投资者出售股份）。其目标是筹集资金，同时确保发行后的股票全球流动性。

欧洲股权私有化发行在国际证券组合投资者中尤其受欢迎，主要是因为这些公司在私有化时通常规模庞大、信用评级高，并且拥有盈利性强的准政府垄断地位。英国的私有化模式非常成功，因此很多其他国家的公司也效仿，比如德国电信公司在1996年进行的130亿美

⊖ 国家石油公司通常完全或主要由某个国家政府拥有。它们可能在国内外进行石油和天然气的勘探和生产。沙特阿美、俄罗斯石油公司和中国石油天然气集团有限公司都属于NOCs。——译者注

元的首次公开募股。

来自新兴市场的国有企业已成功地通过向外国投资者出售股份，实施了大规模的私有化项目。例如，墨西哥大型电信公司 Telefonos de Mexico 公司在 1991 年完成了 20 亿美元的欧洲股权发行，其股票在纽约证券交易所上市且至今仍保持极高的流动性。在流动性较低的市场中，阿根廷国有石油公司 YPF Sociedad Anonima 公司于 1993 年进行的 30 亿美元股票销售是一个重要案例。在这次发行中，约有 75% 的股份在阿根廷以外地区出售，其中美国市场独占了约 46%。

14.3.3 定向公开 / 私人发行

定向公开发行或定向私人发行指的是专门针对某个单一国家的投资者进行的股票发行，这类发行通常由该国的投资机构全额或部分承销。此类发行可能以目标市场货币计价，抑或不以之计价，并通常会在目标市场的证券交易所交叉上市。定向发行通常旨在满足目标外国市场的收购或大规模资本投资资金需求，对于那些发展程度已超越小型本土资本市场的公司来说，它是一种关键的股权融资方式。

挪威一家规模较小但业内知名的制药公司 Nycomed 公司，便是将定向发行与交叉上市结合的典型案例。该公司的企业扩张策略（commercial strategy for growth）是通过收购在技术、人才或市场细分方面具潜力的欧洲和美国的公司，发挥其在特定制药领域的专业优势，以实现增长。这些收购交易的支付方式包括部分现金和部分股份。

为了支持其收购策略，该公司通过在海外进行两次定向股票发行来筹集资金。1989 年，该公司在伦敦证券交易所实施了交叉上市，并从国际投资者那里筹集了 1 亿美元的股权资金。随后，Nycomed 公司在纽约证券交易所又进行了交叉上市和发行，从美国投资者那里再次筹集了额外的 7 500 万美元。

全球金融实务 14.2 概述了全球范围内的上市公司数量情况。

全球金融实务 14.2

全球上市公司数量

如图 14.4 所示，美国和英国等老牌市场的上市公司数量在 20 世纪 90 年代中期达到顶峰。印度的上市公司数量在 20 世纪 90 年代中期翻倍，但在接下来的 25 年里基本没有变化。而自 2000 年起，中国的上市公司数量一直稳定增长。在新兴市场，上市公司的数量持续上升，尤其是那些归类于“世界其他国家和地区”的市场，它们的上市公司数量在全球上市公司总数中占比极大。不过，值得注意的是，上市公司的数量并不直接反映这些公司的市场价值。上市公司的市场价值通常按照其所属股票交易所来描述，纽约证券交易所的市值位居首位，紧随其后的是美国纳斯达克、上海证券交易所、深圳证券交易所以及欧洲证券交易所。

14.4 存托凭证

存托凭证（Depositary Receipt，DR）是指银行发行的可转让证书，代表存放在外国托管银行（foreign custodian bank）中的基础股票。**全球存托凭证**（Global Depositary Receipt，GDR）是指在美国以外交易的证书。**美国存托凭证**（American Depositary Receipt，ADR）是指在美国市场交易且以美元计价的证书。那些在美国境外注册但希望在美国证券交易所上市的公司，通常会实施 ADR 计划。那些希望在任何外国市场上市的公司，无论其注册地在全球哪个地区，通常会实施 GDR 计划。

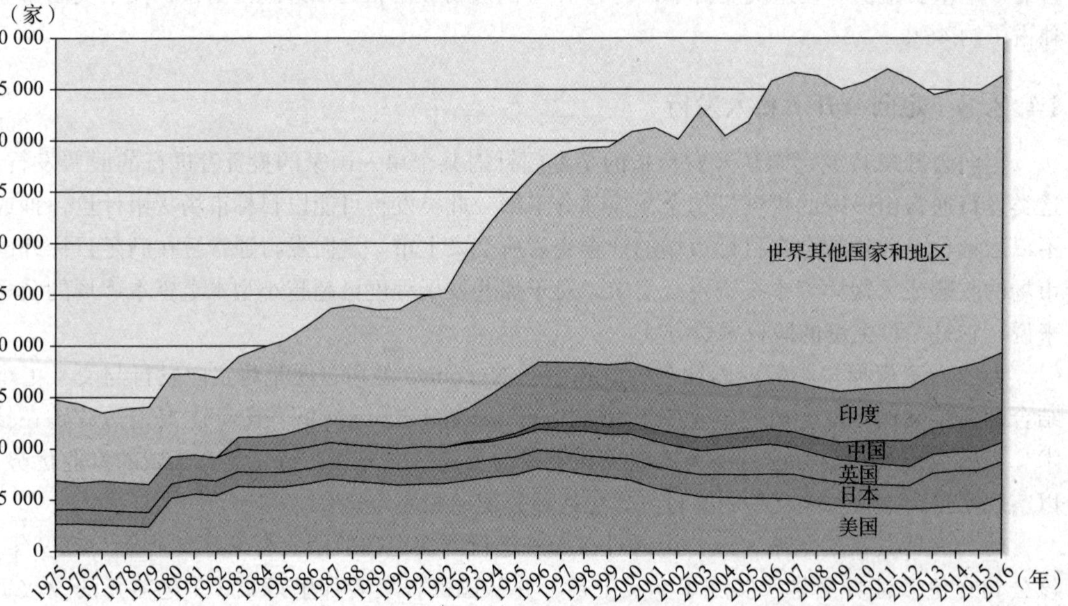

图 14.4　全球上市公司数量

ADR 在美国的销售、注册和转让过程与其他普通股票无异，每个 ADR 代表了一定数量或比例的原始外国股票。这种数量或比例的设定使 ADR 能以适合美国市场的单股价格（通常低于 20 美元）进行交易，即便该外国股票的价格在直接换算成美元时可能并不适合美国市场。许多 ADR，如墨西哥 Telefonos de Mexico 公司的 ADR，在美国证券交易所的交易活跃度多年来一直居高不下。

1927 年，第一个 ADR 计划是为英国的一家知名零售商 Selfridges Provincial Stores Limited 设立的。这些股票由 J.P. 摩根公司创立，并在纽约柯布交易所（Curb Exchange）上市，该交易所后来发展成为美国证券交易所。像许多金融创新一样，DR 的产生旨在规避监管限制。在这个例子中，英国政府禁止本国公司在没有英国转让代理（transfer agent）的情况下在外国市场发行股票。DR 的本质是在国外创造一种合成股票（synthetic share），从而不需要在本国以外进行股票的实际发行，这里的本国指的是英国。

14.4.1　ADR 机制

图 14.5 展示了 ADR 计划的发行过程，在这个案例中，一位美国投资者购买了一家公开交易的巴西公司的股份，即通过 ADR 计划进行交易。

（1）美国投资者指示经纪人购买在巴西上市的公司的股份。

（2）美国经纪人联系巴西的当地经纪人（通过该经纪人的国际办事联系处或直接联系），

下达订单。

（3）巴西经纪人购买所需的普通股，并将其交付给巴西的托管银行。

（4）美国经纪人将美国投资者提供的美元转换为巴西雷亚尔，用来支付巴西经纪人购买的股份。

（5）在股份被交付给巴西托管银行的同一天，托管银行通知美国存托银行已经存入股份。

（6）收到通知后，美国存托银行向美国经纪人发行并交付 ADR。

（7）美国经纪人随后将 ADR 交付给美国投资者。

一旦 ADR 创建完毕，它们就可以像美国的普通股一样被持有和交易。ADR 一旦在美国交易所上市，投资者就可以像交易其他股票一样买卖它们。图 14.5 还描述了出售或取消 ADR 的流程。

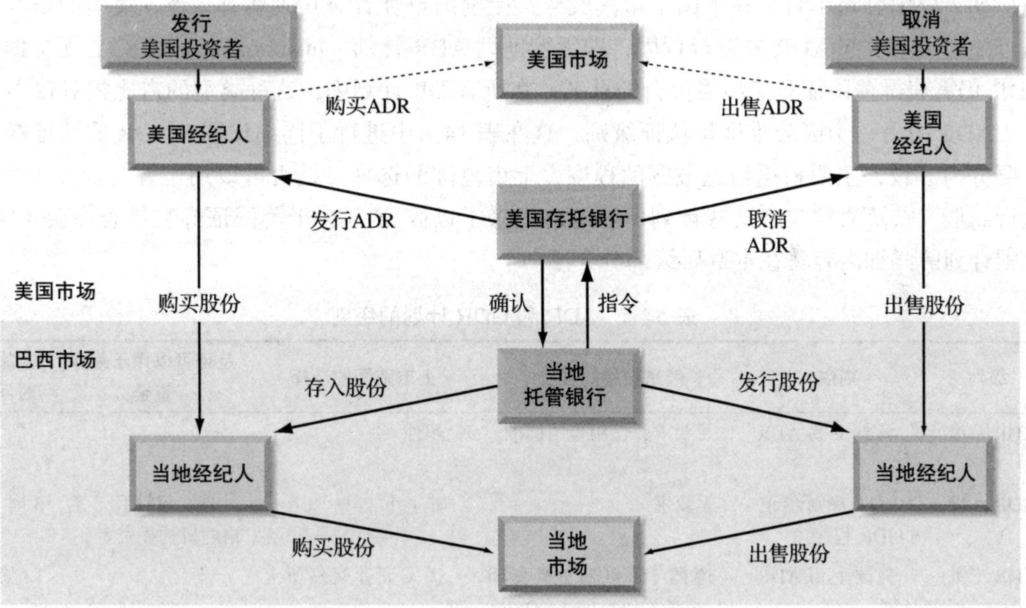

图 14.5 ADR 计划的结构性执行

资料来源：Based on *Depositary Receipts Reference Guide*, JPMorgan, 2005, p. 33 .

ADR 可以通过将其从现有的 ADR 持有者（即卖方）转移到另一位 ADR 持有者（即买方）的方式进行出售，这被称为**市场内交易**（intra-market trading）。这类交易的结算方式与美国的其他交易相同，在交易日后的第三个工作日以美元结算，通常通过存托信托公司（DTC）进行。目前，市场内交易占所有 DR 交易的近 95%。

ADR 可以与其对应的外国基础股票进行相互兑换。因此，在计入转移成本（包括汇率折算成本及其他相关费用）后，套利交易有助于确保相同股票在外国与美国市场上的价格保持一致。例如，某一市场上投资者需求的增加导致该市场股价上升，这会引起另一个市场的股价因套利操作而同样上升，即使另一市场的投资者对该股票并不特别看好。

ADR 为美国股东提供了某些技术优势。外国公司支付的股息首先传递给其托管银行，然后传递给发行 ADR 的银行。发行银行将外币股息兑换成美元，并将美元股息发送给 ADR 持有人。ADR 采用的是注册形式，而不是无记名形式。所有权的转移在美国按照美国法律和程序进行。通常情况下，购买或出售 ADR 所涉及的交易成本低于在其当地市场购买或出售相应股份的交易成本，且结算更快。

14.4.2 ADR 计划的结构

前一节介绍了 ADR 发行的机制，具体而言，这涉及一位美国投资者想要购买巴西公司股份的情况。然而，ADR 计划也可以从巴西公司的角度来看待，作为其财务策略的一部分，ADR 计划的目的是吸引美国的投资者。

ADR 计划的区别在于是否有赞助方以及认证级别。赞助型 ADR（sponsored ADR）是应外国公司的要求而发行的，这些公司希望自己的股票能在美国市场上市或交易。该公司向美国证券交易委员会和一家美国银行申请注册并发行 ADR，并承担了发行这类 ADR 的全部费用。如果外国公司不打算在美国上市其股票，但美国投资者对其股票有兴趣，美国的证券公司可能会主动发起 ADR 的发行程序，即无赞助型 ADR 计划（unsponsored ADR）。无赞助型 ADR 仍需获得美国证券交易委员会的批准。在所有 DR 计划中，这种类型的占比相对较小。

ADR 的另一个区分维度是认证级别，这在表 14.1 中进行了详细说明。ADR 的认证级别主要分为三级，主要根据信息披露的程度、上市范围的选择、是否可以用于筹集资金（例如发行新股）以及通常实施这些计划所需的时间来予以区分。（关于美国证券交易委员会 144A 规则计划的详细内容将在本章后续部分介绍。）

表 14.1 ADR 和 GDR 计划的级别

级别	描述	信息披露的程度	上市范围的选择	是否可以用于筹集资金	实施时间
ADR 一级	场外交易 ADR 计划	无要求；适用母国标准	场外	—	6 周
GDR 一级	144A 规则 /Reg. S GDR 程序	无要求	非上市	是，仅适用于合格的机构投资者	3 周
ADR 二级	美国上市 ADR 计划	遵循《萨班斯－奥克斯利法案》（Sarbanes Oxley Act）的详细信息披露规则	美国证券交易所上市	—	13 周
GDR 二级	144A 规则 /Reg. S GDR 程序	无要求	迪拜国际金融交易所（DIFX）	否	2 周
ADR 三级	美国上市 ADR 计划	严格遵循《萨班斯－奥克斯利法案》进行披露	美国证券交易所上市	是，公开发行	14 周
GDR 三级	144A 规则 /Reg. S GDR 程序	遵循欧盟招股说明书指令和 / 或美国 144A 规则	伦敦、卢森堡、美国的 PORTAL 交易系统	是，仅适用于合格的机构投资者	2 周

- 一级计划［场外交易或粉红单（pink sheet）市场］是程序最简单、执行速度最快的计划。一级计划允许外国证券被美国投资者购买和持有，而无须在美国证券交易委员会注册。这是成本最低的方法，但可能对提升流动性的影响有限。
- 二级计划适用于想要在美国证券交易所上市现有股份的外国公司。它们必须满足美国证券交易委员会的全部注册要求及特定交易所的规定。这也意味着拟发行 ADR 的外

国公司必须调整其财务账目，以符合美国一般公认会计原则，从而大幅增加了成本。

- 三级计划适用于在美国发行新股以筹集资本的外国公司。这要求公司完全符合美国证券交易委员会的注册要求，并准备一份详尽的招股说明书。虽然这是成本最高的选择，但对于希望在世界最大资本市场筹集资本的外国公司来说，这是最有效的途径。

14.4.3 当今 DR 市场：参与者、性质及地域

近年来，新兴市场快速增长，部分原因是这些国家的公司能够在全球股票市场上上市其已有股份，还能发行新股。它们渴望获取更多可负担得起的低成本资本，并且许多公司所有者希望将现有股票变现，这些因素共同促使了大量新兴市场公司纷纷涌入 DR 市场。

参与者。当前全球 DR 计划的参与者是由世界各地众多跨国公司组成的多元化群体。但近年来，参与者的重心已经转向了工业化国家的公司。例如，2013 年，最大规模的发行源自英国石油公司、沃达丰公司、壳牌石油公司和雀巢公司等知名跨国公司，也包括了俄罗斯的卢克石油公司（OAO Lukoil Holdings）和俄罗斯天然气工业股份公司（Gazprom），以及中国的台湾积体电路制造股份有限公司（Taiwan Semiconductor Manufacturing Company）。近几年中，来自中国和印度的公司数量逐渐增加。2014 年，市场主要受中国本土发行者的推动，但此轮首次公开募股的热潮持续时间较短，2015 年，市场恢复到相对正常的水平。

14.4.4 全球注册股份

全球注册股份（global registered shares，GRS）是指可以跨国界和市场进行交易的股票，无须进行货币转换，在母国交易所的一股等同于在外国交易所的一股。同一公司的股份在不同股票交易所上市，但按照每个交易所的货币进行定价。GRS 理论上可以实现“跟随太阳”的交易模式，即随着太阳的升起和落下，全球各地股市相继开闭，实现全天候连续交易。这些股份通过电子方式交易，无须使用像 DR 那样的特殊表格和托管服务。

GRS 与 ADR 之间的区别可以通过下例说明。假设一家德国跨国公司的股票在德国证券交易所上市，目前交易价格为每股 4.00 欧元。如果即期汇率为 1.20 美元 =1.00 欧元。那么在纽约证券交易所，这些股票的每股价格为 4.80 美元。

$$4.00 \times 1.20 = 4.80 \text{（美元）}$$

如果这是一种标准的 GRS，那么每股 4.80 美元的价格对于纽约证券交易所和美国股票市场来说会相对偏低。

然而，如果这家德国跨国公司的股份要通过发行 ADR 在纽约上市，它们将接受符合美国这个目标市场的战略性定价（target pricing）。在美国，战略性定价意味着将股价定在每股 10～20 美元之间，这个价格区间长期被认为能最大化提高买家兴趣和增强市场的流动性。因此，每个 ADR 将被设计为代表公司在本土市场上的四股股份。

$$4.00 \times 4 = 19.20 \text{（美元 / 每股）}$$

这种区别重要吗？显然，GRS 与普通股票更为相似，且便于进行比较和分析。然而，如果在像美国这样的关键市场中进行战略性定价更为重要，那么 ADR 就为外国公司提高在美国市场上的关注度提供了更好的机会。

支持 GRS 而非 ADR 的论点基于全球化的核心动力，包含两个关键观点。

（1）投资者和市场对证券的需求将持续增长，而这些证券在各个市场间将变得越来越相

似，呈现出类似于商品的特性，其唯一的不同仅在于交易所所在地货币的计价方式。

（2）不同国家市场中的证券交易规则将逐渐趋同，共同遵循一组全球性的基本原则，从而没必要根据本地市场属性或需求量身定制证券。

其他可能的区别包括保留所有表决权的问题以及一般性原则（根据定义，GRS 确实保留了所有的表决权，而某些 ADR 可能不具备这一点）。此外，ADR 主要是为符合特定文化和法律环境的美国市场而设计的。至少到目前为止，GRS 还未能取代 ADR 或 GDR。

14.5 私募发行

在全球范围内，无论是上市公司还是私营公司，通过私募发行筹集股权资金的情况日益普遍。私募发行是向一小批合格的机构投资者出售证券的过程，这些投资者通常是保险公司和投资公司。由于这些证券未经公开市场注册，因此不向普通公众销售，投资者通常采取“买入并持有”的策略。在债务领域，条款通常是在协商的基础上定制的。目前，大多数国家都建立了私募发行市场。

14.5.1 美国证券交易委员会 144A 规则

1990 年，美国证券交易委员会批准了 144A 规则，该规则允许合格的机构投资者在无须遵守之前的持有期限限制和无须美国证券交易委员会注册的情况下交易私募发行的证券。合格的机构投资者指的是拥有并自主投资于非关联方证券的实体（不包括金融机构，如银行或储蓄和贷款机构），其投资金额达到 1 亿美元。银行、储蓄和贷款机构必须符合这一标准，同时还需具备至少 2 500 万美元的最低净资产。

美国证券交易委员会估计，大约存在 4 000 家合格的机构投资者，主要包括投资顾问、投资公司、保险公司、养老基金和慈善机构。随后，美国证券交易委员会修改规定，允许外国发行人根据 144A 规则进入美国的私募发行市场，同样无须进行美国证券交易委员会注册。为了促进这些证券的发行并建立一个流动的二级市场，美国证券交易委员会建立了一个名为 PORTAL 的交易系统。

由于美国证券交易委员会注册规则被视为外国公司在美国筹集资金的主要障碍，对于外国发行人来说，144A 规则非常吸引人。瑞典跨国工程公司阿特拉斯·科普柯公司（Atlas Copco）是第一家利用 144A 规则获益的外国公司。1990 年，作为总额为 2.14 亿美元的欧洲股权发行的一部分，ADR 股权发行在美国筹集了 4 900 万美元。此后，外国发行人每年在美国通过私募股权筹集数十亿美元。

14.5.2 私募股权基金

私募股权基金（private equity fund）通常采取有限合伙制，由机构投资者（如大学捐赠基金）和富裕个人组成，并在流动性最强的资本市场上筹集资金。私募股权基金最著名的操作是收购上市公司的控制权，将其私有化，改善公司管理，并在几年后（平均持有期已增长到 5～7 年）再次出售。出售方式多种多样，包括将公司出售给其他公司、卖给其他私募股权基金或再次上市。私募股权基金的资产规模通常非常庞大，但它们也可能通过发行大量债务进行收购，这些所谓的“另类”投资要求支付 2% 的资产加上 20% 的利润作为费用。

新兴市场中许多成熟的家族企业，不太可能符合本章所建议的寻求全球最低资本成本和从全球范围内获得资本的标准。即使遵循本章提出的策略，这些企业也可能面临资格不足的问题。尽管这些企业持续保持盈利且发展迅速，但它们的规模仍然太小，对外国投资者而言，这些企业的存在感不足，缺乏足够深入和广泛的管理经验，且无法承担全球化战略的前期成本。对于这些企业来说，私募股权基金可能是一个解决方案。

私募股权基金与传统的风险投资基金有所不同。后者通常主要在高度发达的国家运作，它们通常投资于初创企业，目标是通过在同样高流动性的市场上进行首次公开募股来退出投资。在新兴市场中，风险投资相对较少，部分原因是在流动性较差的市场中进行首次公开募股退出较为困难。私募股权基金也面临着同样的退出问题，但它们倾向于采取更长远的投资策略。这些基金投资于已经成熟且盈利的公司。它们致力于通过改善管理和与其他公司合并来推动企业发展。

14.5.3 外国股权上市与发行

根据图 14.1 中展示的路径，一家公司需要选择一个或多个股票市场进行交叉上市，并发售新股。具体选择哪个市场主要取决于公司的特定动机和目标市场接纳该公司的意愿。通过在外国交易所交叉上市和出售其股份，公司通常试图实现以下一个或多个目标。

- 提高其股票的流动性，并在外国市场为新股票发行建立一个流动的二级市场。
- 通过克服本国资本市场的分割和流动性不足导致的定价偏差（mis-pricing），提高其股票价格。
- 提高公司在客户、供应商、债权人和东道国政府中的知名度和认可度。
- 在东道国市场建立一个流动的二级市场，用于收购其他公司的股票，并补偿外国子公司的当地管理层和员工。

近期一个为建立流动的二级市场而采取行动的例子是科斯莫斯能源公司（Kosmos Energy）。该公司在 2011 年 5 月于美国纽约证券交易所进行了首次公开募股，随后在加纳证券交易所挂牌上市。该公司的主要油气开采业务及几乎全部收入都来自加纳，这也是其在加纳证券交易所上市的原因。

14.6 全球债务融资

公司在全球范围内——跨越其本国市场——筹集债务资金的能力可以追溯到数个世纪以前。大多数债务具有明确的到期日、详细的还款计划和固定 / 浮动的利息，这些因素使得债务在跨境和跨货币销售方面的风险显著低于前一部分所讨论的股权。

国际债务市场为借款方提供了更广泛的选择。相比于本国市场上的有限选项，借款方可以选择不同的到期期限、还款结构和计价货币。这些市场及其众多不同的金融工具在资金来源、定价结构、期限以及与其他债务和股权工具的从属关系或关联性方面各不相同。

14.6.1 国际债务工具

图 14.6 概述了国际债务的三种基本形式：银行贷款、欧洲票据和国际债券。与过去分割

的国内债务市场相比，这三个债务资金池是一个重大进步。它们为跨国公司和主权政府提供了一系列市场和工具的选择，这些选择以前只有工业化国家的几个主要深入和发达的资本市场才能享受到。

银行贷款
（浮动利率，短期至中期）

- **国际银行贷款**
- 类似于传统的银行贷款
- 通常称为欧洲美元信贷（eurodollar credit）和欧洲信贷（eurocredit）
- 存贷息差为1%或更低
- **欧洲信贷**
- 银行以非本币向跨国公司、主权政府和国际机构发放的贷款
- 期限通常为6个月或6个月以下，定价为LIBOR加息差
- **银团贷款**
- 由一家银行牵头，大量贷款分散在多家银行
- 定价通常为LIBOR加息差

欧洲票据市场
（短期至中期）

- **欧洲票据与欧洲票据融资机制**
- 由承销商发行
- 短期债务被证明是银团贷款有效替代品
- **欧洲商业票据（ECP）**
- 面向市场发行的非承销融资便利
- 跨国公司或银行的短期负债
- 期限通常为1个月、3个月和6个月
- **欧洲中期票据（EMTNs）**
- 非承销融资便利
- 弥补欧洲商业票据与长期债务工具（如债券）之间的到期时间差距
- 遵循美国预先注册的形式
- 与债券的属性相同

国际债券市场
（固定利率和浮动利率，中长期）

- **欧洲债券**
- 由国际性银团承销，并且仅在发行货币所在国之外的其他国家销售
- 直接固定利率发行
- 浮动利率票据（FRN）
- 与股权有关的发行
- **外国债券**
- 由某单一国家的金融机构联合体承销，通常以该国货币计价
- 本质上是外国发行人在国内债券市场上发行的债券
- 与传统债券的属性相同
- 扬基债券（在美国发行），武士债券（在日本发行），猛犬债券（在英国发行）等属于外国债券

图 14.6 国际债务市场和工具

14.6.2 欧洲债券市场的特点

虽然欧洲债券市场和欧洲美元市场几乎同时发展，但它们存在的原因不同，且每个市场都能独立存在。欧洲债券市场的存在归因于几个特点：无监管干预、较宽松的信息披露、优惠的税收待遇和信用评级。

无监管干预。各国政府通常对以本币计价的外国证券发行人在其国内的销售施加严格的控制。然而，一般情况下，对于以外币计价并在其市场内销售给该外币持有人的证券，政府的限制较为宽松。实际上，欧洲债券销售不受任何单一国家的监管范围限制。

较宽松的信息披露。欧洲债券市场的信息披露要求比美国证券交易委员会对在美国境内销售债券的要求宽松得多。美国公司和非美国公司通常发现，欧洲债券发行的注册成本要低于在美国国内发行债券的成本，且通过美国证券交易委员会注册并将新债券推向市场所需的时间较短。然而，美国证券交易委员会对某些私募发行（144A 规则）放宽了披露要求，这提高了美国国内债券和股票市场的吸引力。

优惠的税收待遇。欧洲债券的税收具有匿名性和灵活性。欧洲债券支付的利息通常不受所得预扣税（income withholding tax）的影响。正如人们所预期的，欧洲债券利息不用总向税务机关报告。欧洲债券通常以不记名形式发行，这意味着证书上不会记录持有者的姓名和居住国家。为了获得利息，持有者从债券上剪下息票，并提交给债券发行公告书上的代理银行。因此，不记名债券往往与避税有关。

信用评级。信用评级机构，如穆迪和标准普尔，会为精选的国际债券提供有偿的信用评级服务。穆迪会根据发行人的要求对国际债券进行评级，评估发行人偿还以标价货币计价

的债券的能力。基于发行人的财务报表和其他资料，信用评级机构会做出初步评级，并通知发行人，发行人随后有机会发表意见。在穆迪确定最终评级后，发行人可以决定是否公布评级。因此，在已公布的国际评级中，评级较高的比例偏大。

除了债券信用评级和对财务报表的详细分析外，发行公司及其承销商的声誉一直是欧洲债券获得有利发行条件的主要因素。因此，规模更大、知名度更高的跨国公司、国有企业和主权政府能够获得较低的利率。相较于知名度较低但同样合格的公司，那些知名度较高的公司在债券发行的利率方面通常具有优势。

获得债务资本的途径显然受到从法律和税收环境到基本社会规范等各种因素的影响。实际上，宗教也会影响债务资本的使用和可得性。全球金融实务 14.3 展示了一个西方投资者们较少了解的领域——伊斯兰金融。

全球金融实务 14.3

伊斯兰金融

穆斯林，即伊斯兰教的信徒，目前约占世界人口的四分之一。主要伊斯兰国家的 GDP 大约占全球的 10%，构成了新兴市场的重要部分。伊斯兰法涵盖了穆斯林在个人和组织行为方面的多个维度，包括商业领域。我们重点关注的领域——伊斯兰金融，为穆斯林设定了许多限制，这些限制对伊斯兰企业的融资和结构产生了显著影响。

伊斯兰金融的形式与伊斯兰教本身一样古老。所有伊斯兰金融的基础都在于伊斯兰法。遵守伊斯兰法使商业和金融实践受到以下限制。

- 不允许从金钱中获利。
- 禁止收取利息。
- 利润和损失应共同分担。
- 禁止投机（赌博）行为。
- 投资应仅支持清真活动。

在商业活动中，理解伊斯兰教法对禁止收取利息的规定的关键在于认识到传统西方投资的盈利来自承担风险相关的回报。例如，传统的西方银行可能向一家企业提供贷款。双方达成协议，银行将获得其本金和利息，无论企业（借款人）的最终盈利情况如何。实际上，偿还债务在发放股息之前进行。同样地，个人将资金存入西方银行时，无论银行及其相关投资的盈利情况如何，都将获得存款的利息收入。

但根据伊斯兰法，伊斯兰银行不能向存款人支付利息。因此，伊斯兰银行的存款人实际上相当于股东（类似于西方的信用合作社），他们获得的回报取决于银行投资的盈利性。他们的回报不是固定的或有保证的，否则就会违反“利润和损失应共同分担”的原则。

然而，欧洲和北美最近开设了许多伊斯兰银行机构。现在，穆斯林可以通过一系列的购买程序，在不违背伊斯兰法原则的情况下购买房产。买方选好房产后，伊斯兰银行会购买该房产，然后再以更高的价格将房产转售给买方。买方可以在数年内分期偿还购房款项。尽管按照西方的观念，购房价格的差额实际上含有隐性利息，但这种购买程序并不违反伊斯兰法。遗憾的是，在美国和英国，与利息不同，购房价格的差额不能用来抵扣税收。

14.7 外国子公司融资

假设跨国公司的目标是在给定的业务风险和资本预算下最大限度地降低资本成本，则对于公司整体而言，每家子公司的财务结构仅在影响这一目标时才具有重要性。换句话说，从理论上讲，独立的子公司并没有自身的资本成本，因此其财务结构并非基于最小化资本成本而设定。但如果真是这样，子公司的财务结构又是基于什么呢？

这个问题的答案涉及理论和实践的复杂结合。在理论上，外国子公司作为一项境外投资，承担着与任何跨境投资相似的风险。如前所述，其财务结构仅与它对跨国公司整体资本成本的边际影响有关。在实践中，外国子公司是在完全不同的经济环境中经营的业务实体，拥有独特的法律、财务、货币、税收和制度惯例，即地方规范。因此，每家外国子公司的融资方式最终可能具有其独特性。

14.7.1 外国子公司的内部融资和外部融资

内部融资（internal financing）包括跨国公司本身的所有潜在资金来源，包括母公司、其他子公司和关联企业以及子公司自身随时间积累的资金。**外部融资**（external financing）由来自非跨国公司的债务和全球潜在合作伙伴的股权组成。除了内部 / 外部融资这一维度外，在股权和债务间的财务结构选择也同样重要。

一般情况下，虽然外国子公司最初需要来自母公司的最低股权资金，但跨国公司往往会努力将其在外国子公司中的股权投资降至最低，以减少资本风险。图 14.7 展示了外国子公司的内部融资来源，其中，股权投资可以采用现金或实物（如机械、设备、库存等）的形式。如果随着时间的推移需要增加外国子公司的股本，跨国公司可能会选择在子公司留存收益。

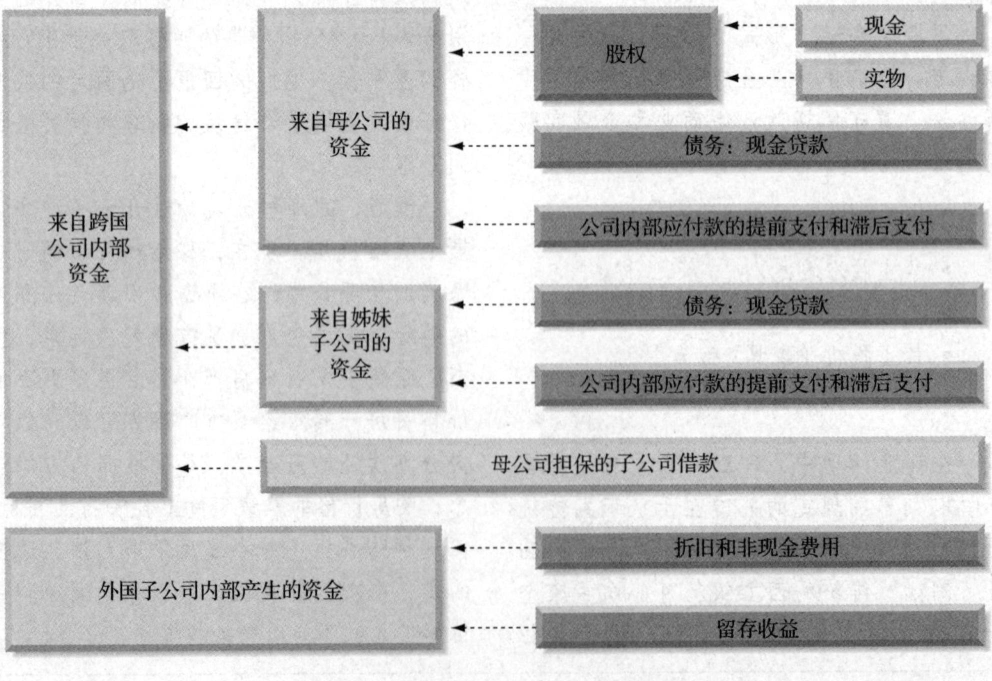

图 14.7 外国子公司的内部融资来源

虽然债务是子公司融资的首选方式，但外国子公司在早期通常难以从东道国获得债务，主要是因为缺乏能证明其运营和偿债能力的历史数据。这些公司可能需要依赖母公司或（在业务启动后）由母公司担保的外部渠道来获取债务。一旦子公司的运营和偿债能力得到证实，它便可以在当地享有更优先的债务获取条件。

外国子公司可用的外部融资来源如图 14.8 所示，分为三类：①来自母公司所在国的债务；②来自母公司所在国以外国家的债务；③当地或全球的股权。

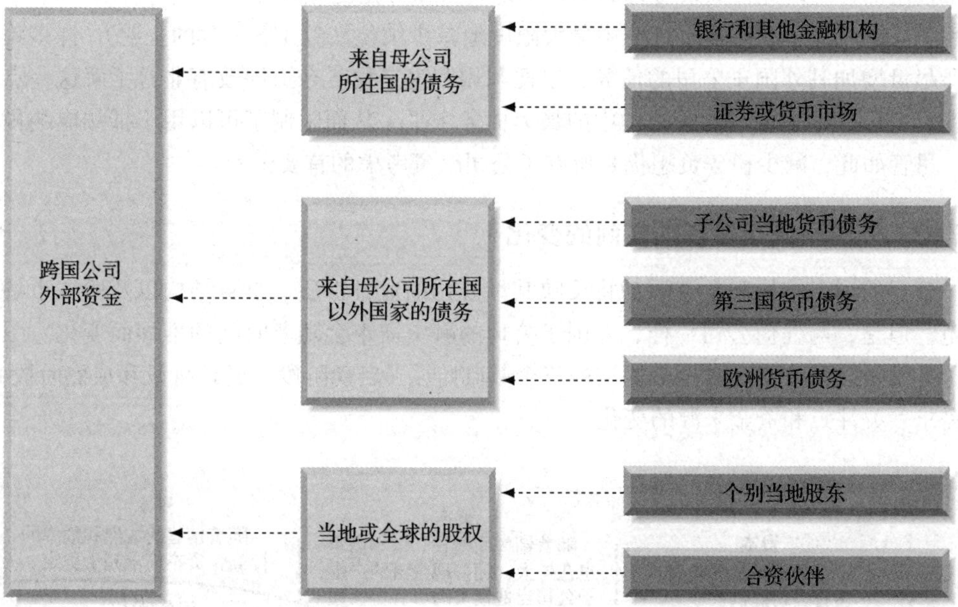

图 14.8　外国子公司的外部融资来源

从母公司所在国获得的债务反映了借款人对母公司的熟悉程度和信心，尽管在这种情况下，母公司并未提供明确的偿还债务的担保。当地货币债务对于具有大量当地货币现金流入的外国子公司尤其有价值，这些现金流入是其业务活动带来的。然而，在一些新兴市场中，对于所有借款人，无论是当地的还是外国的，当地货币债务通常都相对匮乏。

东道国的规范与债务（host country norms and debt）。公司的财务结构规范因国别不同而存在差异，但在同一国家注册的公司之间的差异较小。这是许多长期实证研究的结论，这些研究调查了影响财务结构的各种因素。大部分研究得出的结论是：国家特有的环境变量是负债率的关键决定因素。这些变量包括历史发展、税收、公司治理、银行影响力、成熟的公司债券市场、风险态度、政府监管、资本可得性和代理成本等。

但是在确定外国子公司的理想负债率时，我们应该在多大程度上考虑东道国的负债率规范？所考虑的债务应该仅限于跨国公司外部贷款，包括子公司当地货币贷款、外币贷款以及欧洲货币贷款。这是因为母公司对外国子公司提供的贷款在东道国往往被视为一种股权投资。这类母公司贷款通常处于其他债务之后，在破产风险方面的威胁低于外部贷款。

在极端情况下，东道国政府会倾向于所有的外来投资都以股权形式进行。它们还希望外国子公司产生的所有利润都用于国内再投资，而不是通过公司内部股利支付返还给母公司。公司内部股利支付通常被视为一种选择性支付方式，即选择不在国内再投资。然而，在极端情况下，跨国公司更愿意通过债务融资为外国子公司提供资金。由此产生的偿还义务，即偿还本金和利息，使现金流收益随时间汇回母公司，同时尽量减少自身的股权资金风险。

外汇问题。虽然这取决于子公司业务的性质，但外汇风险可能会对初创子公司构成负担。以外币计价的债务义务或公司内部以外币计价的产品与服务采购可能会给初创子公司带来不必要的外汇风险管理压力。如果子公司需要向母公司偿还债务，初创子公司更愿意以当地货币偿还债务。因此，如果可行的话，当地货币债务是更佳选择。

税务问题。为了在高税收环境中最大限度地减少纳税义务（下一章的主题），许多跨国公司选择尽量增加其外国子公司的债务，以便利用利息避税。东道国政府非常了解这一点，并已长期设定了外国子公司财务结构中的最大债务水平，从而限制了可以用于抵扣应纳税款的金额。尽管如此，减少税务负担仍是所有子公司融资考虑的首要因素。

14.7.2　外国子公司融资随时间的变化

子公司的财务结构和融资活动将反映其母公司的业务性质、自身结构以及所在市场的本地规范。但是，与任何公司一样，外国子公司的融资需求会随着时间的推移而变化。图 14.9 展示了外国子公司在其业务生命周期的三个基础阶段（启动阶段、成长阶段和成熟阶段）中，融资需求、关注点和资金来源的变化。

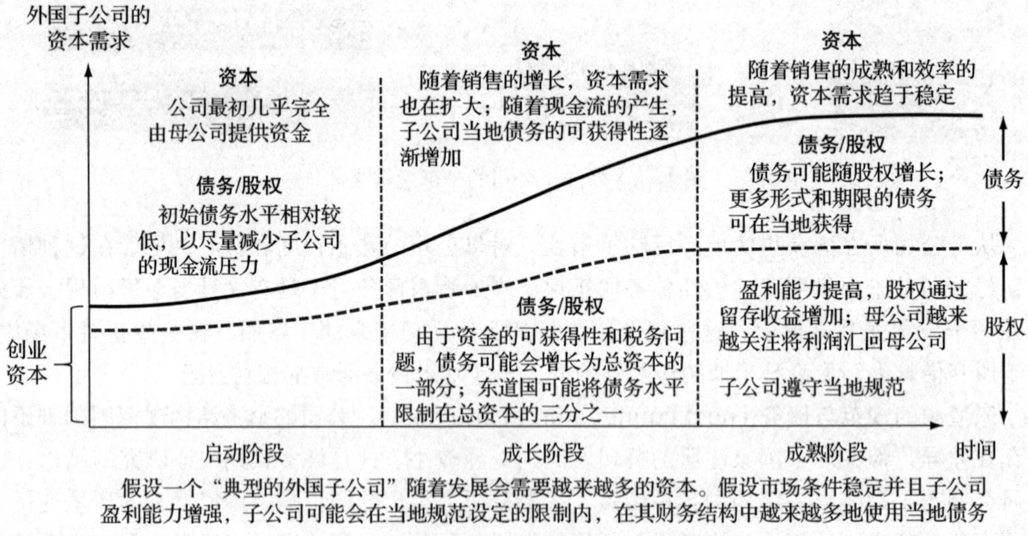

图 14.9　外国子公司融资需求随时间的变化

启动阶段。在启动阶段，子公司需要足够的资金来维持运营。尽管它可能获得一些债务，比如母公司提供的债务，但在这个阶段，子公司的融资主要是通过股权。债务在这一阶段被最小化，以免给子公司带来现金流负担。其运营能力主要基于现金流；作为子公司，它不必完全独自盈利，但必须支付其账单。[⊖]

⊖ 子公司在启动阶段不追求盈利，但是需要有足够的资金来支付日常运营的费用，如员工工资、租金、材料成本等。——译者注

成长阶段。随着子公司业务的蓬勃发展，其资本需求可能会快速增加，具体取决于其业务的性质。对于资本密集型的制造业的公司来说，销售增长需要扩大营运资本，进而需要融资来支持。而对于资本需求相对较低的服务业的公司而言，业务增长可能不需要大规模的新融资。在这一阶段，管理层通常会增加债务的使用，随着子公司展现出日益增长的营运现金流，当地债务可能变得越来越具有吸引力和可获得性。尽管使用更多债务具有明显的税收优势，但东道国政府对于过度使用债务保持警觉。（传统上，过度使用债务被定义为债务超过总资本的三分之一。）

成熟阶段。在子公司生命周期的最后一个阶段，业务增长趋缓，对额外融资的需求也随之减缓。然而，随着持续盈利的实现，子公司可能会改变其财务结构，既有留存收益用作股权资本，也有向母公司汇回的收益（代表着对母公司的明确现金流回报）。子公司的债务结构可能包括多种到期期限、利率结构和计价货币，因为它在当地市场和全球市场的债务来源越来越多。

归根结底，跨国公司只不过是其各个组成部分的总和。这些部分指的是其遍布全球的业务单位，跨国公司财务管理的任务包括构建、融资和管理跨越国界的所有资本和现金流动。子公司的融资是这一体系的核心要素之一。

要点小结

- 制定资金筹集策略需要管理层就长期财务目标达成共识。公司必须在各种路径中做出选择，以实现其目标，包括在哪里进行交叉上市、发行新股以及以何种形式进行。
- 跨国公司的边际资本成本在其资本预算的相当范围内保持恒定。然而，这一结论在大多数小型国内公司中并不成立。
- 通过在国际范围内实现现金流多元化，跨国公司可能会像证券投资者在国际范围内持有多元化投资组合一样，降低现金流的波动性。
- 当公司发行以外币计价的债务时，其实际成本等于以公司自身货币偿还本金和利息的税后成本。这个成本包括以外币计价的本金和利息的名义成本，以及汇率变动带来的外汇损益。
- 在寻求全球股权融资时，公司可以在不同的途径中进行选择，包括欧洲股权发行、直接外国发行、DR 计划和私募股权融资。
- DR 计划，无论是美国的还是全球的，都为工业化国家市场以外的公司提供了一种极其有效的方式，以改善其现有股票的流动性或发行新股。
- 私募股权融资是市场中一个日益增长的领域，允许来自新兴市场的公司在资本市场上以有限的披露和成本筹集资金。
- 国际债务市场为借款人提供了多种不同的到期期限、还款结构和计价货币的债务工具。市场及其众多不同的工具在资金来源、定价结构、期限以及与其他债务和股权工具的从属关系或联系方面各不相同。
- 欧洲货币市场有两个重要目标：①欧洲货币存款是用于持有公司过剩流动性的高效便利的货币市场工具；②欧洲货币市场是短期银行贷款的主要来源，为公司营运资本提供资金支持，包括进出口融资。

- 跨国公司的外国子公司的财务结构可能与合并公司的财务结构有很大的不同，这往往是遵循东道国的规范与内外部融资选择相结合的结果。

问 题

14.1 **股权融资策略。**为什么获得股权融资的战略路径要从债务融资开始?

14.2 **最优财务结构。**如果债务成本低于股权成本，为什么公司的资本成本不会随着使用更多债务而持续下降?

14.3 **跨国公司和现金流多元化。**跨国公司如何通过多元化现金流来改变其使用更多债务的能力?

14.4 **外币计价债务。**以外币借款如何改变与债务相关的风险?

14.5 **全球股权融资的三个关键要素。**与在全球市场上筹集股权资本相关的三个关键要素是什么?

14.6 **全球股权融资方案。**在全球市场上筹集股权资本的可选方案有哪些?

14.7 **定向公开发行。**什么是定向公开发行?定向发行的目的是什么?

14.8 **DR。**什么是 DR?以这种形式在外国股票市场上市和发行的股权是什么?

14.9 **GDR、ADR 和 GRS。**GDR、ADR 和 GRS 之间有什么区别?这些区别有何重要性?

14.10 **赞助型和非赞助型。**ADR 和 GDR 可以分为赞助型和无赞助型的两种。这意味着什么?对购买股票的投资者有何影响?

14.11 **ADR 计划的级别。**区分在美国交易的 ADR 计划的三个级别。

14.12 **首次公开募股和后续发行。**首次公开募股相对于后续发行有什么重要意义?

14.13 **外国股权上市与发行。**列举五个理由，解释为什么公司可能会在流动性非常高的股票交易所交叉上市和出售股票。

14.14 **海外交叉上市。**公司在海外交叉上市的主要原因是什么?

14.15 **交叉上市的障碍。**交叉上市的主要障碍是什么?

14.16 **私募发行。**什么是私募发行，私募发行与公开发行有何不同?

14.17 **私募股权。**什么是私募股权?私募股权基金和传统的风险投资基金有何不同?

14.18 **银行贷款与债务证券化。**对跨国公司而言，市场上销售的证券化债务工具与银行贷款相比的优势是什么?

14.19 **国际债务工具。**在国际市场上筹集债务的主要工具有哪些?

14.20 **欧洲债券与外国债券。**欧洲债券和外国债券之间有什么区别?为什么这两种类型的国际债券会共存?

14.21 **为外国子公司融资。**为外国子公司融资的主要方法是什么?东道国政府的关注对此有何影响?

14.22 **当地规范。**跨国公司的外国子公司应该遵循东道国的资本结构规范还是母公司所在国的规范?

14.23 **外国子公司的内部融资和外部融资。**外国子公司的内部融资和外部融资有什么区别?

14.24 **外国子公司的外部融资。**外国子公司的外部融资来源主要有哪些?

迷你案例

Cemex 公司的债务困境

习　　题

扫码了解习题

第 15 章
CHAPTER 15

跨国公司税务管理

法庭一再声明，纳税人通过合理安排自己的事务以尽可能降低税负，并无不当之处。每个人，无论贫富，都有权这样做，因为无人有公共义务支付超出法律所要求的税款。税收是强制征收的，而不是自愿的捐献。以道德的名义要求纳税人支付更多的税款，不过是虚伪的说教。

——勒尼德·汉德（Learned Hand）法官，

Commissioner v. Newman, 159 F.2d 848(CA-2, 1947)

学习目标

15.1　探讨全球各国政府采用的税收原则和惯例

15.2　考察跨国公司如何管理其全球应纳税款

15.3　评估全球各国税收环境下的相对税收竞争力

15.4　描述从 2018 年 1 月开始实施的美国税法的相关改革

跨国公司在投资地点、跨国业务构建以及全球业务的财务管理方面都有广泛的选择权。在这三个领域中，跨国公司税务管理是关键的一环。企业，尤其是资本，现在比历史上任何时期都更具流动性和数字化特征。因此，各国之间会展开竞争，以吸引企业投资。具有竞争力的税法是国家综合竞争力的一个重要组成部分。但正如前面所强调的那样，每个国家的税收体系都有其独特性。

跨国公司的税务规划与管理在国际商务中扮演着极其关键且复杂的角色。为了制定有效的策略，跨国公司不仅需要深入理解自身在全球范围内业务的复杂性，还需要精通各国税法对于税收结构的不同解释和要求。跨国税务规划的主要目标非常明确：最大限度地降低公司在全球范围内的税负，并尽量减少全球的总纳税额。

在追求这一目标时，我们必须深刻理解一点：公司的决策过程必须始终植根于其业务的经济基础面，而不应仅仅为了减轻应纳税款而采用复杂的策略。正如前几章所示，税收通过影响外国投资决策、财务结构、资本成本、外汇管理和财务控制，进一步对企业的净收入和现金流产生重大影响。

本章概述了跨国公司如何被征税，以及如何管理其全球应纳税款。第一节介绍了全球各国政府采用的各种税收原则和惯例。第二节探讨了跨国公司，特别是总部设在美国的跨国公司，是如何管理其全球应纳税款的。虽然我们并不打算将本章的重心放在美国，但有必要阐述美国对跨国公司税收的独特处理方式。第三节探讨了各国如何通过税收政策竞相吸引全球商业和投资。第四节描述了 2018 年实施的多项美国税法的变更。本章最后介绍迷你案例“谷歌税”，该案例深入探讨了跨国数字服务供应商将利润转移至低税国家所引发的争议，这一挑战在七国集团支持全球最低税率措施后得到了部分解决。

15.1 税收原则和惯例

下面将阐释国际税收环境中最重要的方面以及影响跨国公司的特定因素。然而，在具体解释跨国税收惯例之前，有必要先引入两个基本的税收原则：**税收道德**（tax morality）和**税收中性**（tax neutrality）。

15.1.1 税收道德

跨国公司不仅要面对外国税收的复杂情况，还必须处理一个伦理问题。在众多国家中，不论是企业还是个人纳税人，并不都自觉遵守税法。选择是否遵守税法的决定，就是所谓的税收道德。小型国内公司和个人往往是违反税法的主要群体。面对这种情况，跨国公司必须做出选择：是向税务机关进行完全披露，还是“入乡随俗”，按照当地的实际做法尽可能减少税负。由于大多数外国子公司在当地具有显著的影响力，大部分跨国公司倾向于采用完全披露的方式。然而，也有些公司认为，如果不像其竞争对手那样避税，它们的竞争地位可能会受到威胁。对于这个问题，国际社会没有一个明确统一的答案，因为它涉及商业伦理，这在很大程度上是由不同地区的文化传统和历史发展阶段所决定的。

近年来，多个全球商业趋势的交汇加剧了企业对税收道德问题的重视。具体包括数字经济的快速发展、知识产权价值的显著提升，以及跨国公司在降低全球税负方面表现出的越来越强的主动性。这一切共同引发了关于跨国公司是否仅仅应满足于合规的讨论。企业社会责任的支持者（详见第 4 章）认为，跨国公司承担着社会或国家的责任，应更具爱国之心或社会责任感，合理缴纳税款。尽管有些公司（如谷歌公司和苹果公司）满足了税法的所有要求，但它们因采用激进的税收最小化策略而遭受越来越多的批评。在某些情况下，这种做法甚至损害了公司的声誉。

15.1.2 税收中性

当政府决定征税时，它必须考虑的除了税收可能带来的收入和征收效率之外，还包括税收对私人经济行为可能产生的影响。理想的税收不仅应有效提升国家财政收入，还应尽可能减少对经济行为的负面影响。一些理论家认为，理想的税收应对私人决策产生完全中立的影响，并在所有纳税人中实现完全公平，这就是税收中性。然而，另一些理论家则认为，政府应通过积极的税收激励政策来促进其政策目标的实现，如实现发展中国家的国际收支平衡或鼓励对这些国家的投资，而不是坚持税收的中立性和公平性。大多数税收体系在这两种理念之间寻找着一种平衡。

税收中性的理解方式之一是要求跨国公司在本国赚取的每单位货币（如美元、欧元、英镑或日元）利润的税负，应与其在海外业务中赚取的等值利润的税负相同。这被称为国内税收中性。税收中性的理解方式之二是要求跨国公司每个外国子公司所承担的税负，与其所在国竞争对手的税负相等。这被称为外国税收中性。后者经常得到跨国公司的支持，因为它更多地关注跨国公司在各个国家市场中的竞争力。

税收中性不应与税收公平（tax equity）混淆。从理论上讲，税收是指对处于相同税收管辖区且情况相似的所有纳税人，税务当局应该施加相同总额的税负。就外国投资收入而言，美国财政部认为，由于美国使用国籍原则来主张税收管辖权，美国跨国公司拥有的外国子公司与美国国内子公司处于同一税收管辖区。因此，海外运营赚得的每一美元应与国内运营赚得的每一美元按相同的税率征税，并在相同时间缴纳。

15.1.3 各国税收环境

尽管各国税务机关有其基本目标，但人们普遍认为税收确实会影响跨国公司的经济决策。国家间的税收条约、不同的税收结构、税率和征税操作惯例都导致在世界市场上竞争的跨国公司面临不平等的竞争环境。不同国家采用不同的收入分类方式（如分配与未分配利润）、不同的税率，并且拥有截然不同的税收制度，这些都促使跨国公司采取不同的全球税务管理策略。

各国通常根据两种基本方法构建其税收制度：**全球征税方法**（worldwide approach to taxes）和**属地征税方法**（territorial approach to taxes）。这两种方法的目的都是界定哪些公司（无论是在国外注册的公司还是在国内注册的公司）或哪些收入（无论是来自国外的收入还是国内的收入）应受东道国税务机关的税收管辖。

全球征税方法。全球征税方法，也称为**居民法**（residential approach）对在东道国注册的公司赚取的收入征税，不论这些收入是在国内还是国外赚取的。因此，一个在国内外都有收入的跨国公司会发现其全球收入都将被东道国税务机关征税。

美国长期采用全球征税方法，对其国内注册的公司赚取的所有收入进行征税，不论这些收入来自国内还是国外。历史上，公司的一般境外收入仅在汇回母公司时才被征税。然而，像税收领域的其他问题一样，这里也存在许多约束条件和例外情况。最主要的问题在于，这种方法并未涉及外国公司在美国境内赚取的收入。采用全球征税方法的国家对其法律管辖区内的外国公司实施属地征税方法，对这些公司在本国境内赚取的所有收入进行征税。

属地征税方法。属地征税方法，也称为**来源法**（source approach），关注的是公司在东道国的法律管辖区内赚取的收入，而非公司的注册国。德国等遵循属地征税方法的国家，对本国以及外国企业在其境内赚取的收入，实施相同的税收政策。与全球征税方法相同，在处理具有居民属性的企业在国外获得的、但未被利润来源国征税的收入（如在所谓的避税天堂取得的收入）时，属地征税方法同样存在显著的覆盖漏洞。针对这种情况，税务机关需要将税收范围扩展到那些未被外国税法覆盖的海外收入。因此，为了完整覆盖所有收入，结合运用两种方法变得至关重要。

目前，经济合作与发展组织内的大多数国家均采用属地征税方法。只有少数国家，如智利、以色列、韩国和墨西哥，仍坚持使用全球征税方法。自 2017 年税法改革以来，美国也从全球征税方法转向属地征税方法（本章后续部分将进行详细阐述）。属地征税方法的普及率迅速上升，10 多年前，经济合作与发展组织中有一半以上成员国还在使用全球征税方法。例如，2009 年，日本和英国就从全球征税方法转变为属地征税方法。我们将在本章后面详细介绍，在招引全球商业投资和有效管理国际商业运营方面，这些使用属地征税方法的国家在竞争力方面相对较弱。

税收递延（tax deferral）。如果严格执行全球征税方法，多数跨国公司的税收递延特权将不复存在。这些跨国公司的外国子公司向所在国缴纳企业所得税，但许多母公司所在国会推迟征收这部分来自国外的收入的额外所得税，直到资金汇回母公司，这就是税收递延。例如，美国对其外国子公司获得的某些类型的外国来源收入所应缴纳的企业所得税，会在这些收入汇回美国母公司时才开始被征收。然而，对企业所得税的这种递延机制受到严格限制，在过去 30 多年的税法改革中一直是关注的焦点。

15.1.4　税收协定

众多双边**税收协定**（tax treaty）构成了一个网络，这些协定大多以经济合作与发展组织提出的协议为基础，它们提供了一种减少双重征税的有效手段。这些协定通常明确规定是否对在一个国家赚取收入的另一个国家的国民征税，以及如何征税。这些税收协定是双边协定，签约双方明确指定两国间各类收入适用的税率。

特别地，对于那些主要进行出口而非通过常设机构（如制造工厂）在外国运营的公司来说，税收协定规定的双边税收管辖区尤其重要。这些只从事出口业务的公司不希望其全球范围内的其他收入被进口国征税。税收协定定义了什么是常设机构以及什么构成税务目的上的有限存在。这些协定通常还会降低两个签署国之间的预扣税税率。

15.1.5　受控外国公司

美国税务当局（以及其他采用属地征税方法的国家）长期面临的一个挑战是，美国对外国来源收入所应缴纳的税款实行递延政策，即只有当利润汇回美国时，这些税款才需要缴纳。问题是，许多跨国公司重新安排了其外国子公司的所有权结构，它们在低税国家或避税天堂成立了子公司控股公司。这样一来，利润便可以转移至低税收环境，而无须汇回美国，从而避免了在美国的税收负担。

1962 年，美国对受控外国公司（CFC）的相关规定进行了修订，引入了 F 子部分收入[⊖]（subpart F income）的概念。受控外国公司是指美国股东（包括母公司）持有超过 50% 的合并投票权或总价值的任何外国公司。[⊜]因此，美国母公司实际上“控制”或决定外国子公司

⊖ F 子部分收入是美国国际税收法律中的一个术语，主要涉及美国公司的外国子公司。根据美国税法，某些类型的外国子公司的收入自动归入美国母公司的应税收入，即使这些收入并没有实际汇回美国。这主要是为了防止税基侵蚀和利润转移。——译者注

⊜ 美国股东指的是持有受控外国公司 10% 或更多投票权的美国人。在此定义中，美国人包括美国公民或居民、美国的合伙企业、美国的公司以及所有非外国的信托或遗产。股权持有比例基于推定所有权（constructive ownership），即一个人被视为拥有登记在其他家庭成员、信托等名下的股份。

的汇款决策。这一修订旨在避免通过在避税天堂成立公司来推迟缴纳美国税款的行为，并鼓励更多外国收入的回流。1986 年的《税收改革法案》(Tax Reform Act) 保留了 F 子部分收入的概念，但对其进行了多项修改，扩大了应纳税收入的类别，减少了例外情况，并对起征点进行了调整。

依照这些定义，如果一家美国公司对某外国公司拥有超过 50% 的股权，那么该外国公司将被视为受控外国公司。对于这类公司，美国母公司需要对其未分配的特定收入——F 子部分收入——缴纳税款。F 子部分收入是指那些容易被转移到海外以逃避当前税收的收入类型，即便这些收入未被汇回，美国母公司也必须对其即时缴纳税款。该类收入包括：①外国公司的被动收入，例如股息、利息、租金、特许权使用费、外汇汇兑净收益、商品交易净收益和非收入产生财产的销售收入[㊀]；②为美国风险提供保险的收入[㊁]；③金融服务收入；④航运收入；⑤石油相关收入；⑥某些关联方销售和服务收入。

图 15.1 阐释了美国税务当局如何根据 F 子部分收入的规定，对一家有外国子公司的美国公司征税的情形，特别是当这家美国公司试图利用其在英属维尔京群岛注册的金融子公司（这家子公司除税务目的外没有其他经济功能）进行税务规划时。不同国家对受控外国公司的规定各有差异，对“受控”一词的定义也不同。例如，美国将美国股东拥有 50% 以上股权的外国公司界定为受控外国公司，而澳大利亚则认为，如果外国公司由四名或更少的澳大利亚居民控制 50% 以上的股权，或由单一澳大利亚居民控制 40% 以上的股权，则该公司被视为受控外国公司。

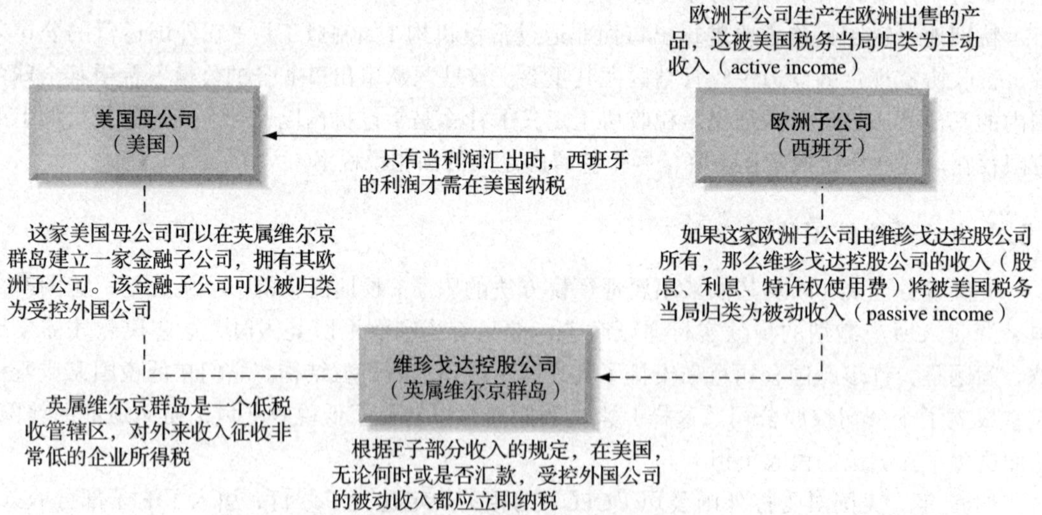

图 15.1 美国税务当局对外国来源收入和 F 子部分收入的征税

㊀ 非收入产生财产的销售收入是指通过出售不产生收入的财产所获得的收入。这类财产通常指的是那些不会定期产生收入的资产。例如，一块未开发的土地、非出租的房产或其他不用于生产或商业活动的财产。这些资产被出售时产生的收入即非收入产生财产的销售收入。这种收入是一次性的，因为它是通过财产转让获得的收入，而非通过持续性经营活动获得的收入。——译者注

㊁ 为美国风险提供保险的收入指的是为美国境内的风险提供保险服务所获得的收入。这通常涉及跨国保险公司为美国境内的个人、企业或财产提供保险保障，并从中获得的保费收入。——译者注

15.1.6 税收类型

税务当局直接对公司收入征收的税款属于**直接税**（direct tax）；税务当局根据公司其他可量化的绩效特性征收的税款属于**间接税**（indirect tax）。

直接税。众多政府将直接税——包括个人所得税和企业所得税——作为其主要的收入来源。如表 15.1 所示，全球不同国家和地区的企业所得税税率存在显著差异，并且征税方式各有不同。例如，某些国家对企业的分配利润（税率通常较低）和未分配利润（税率通常较高）实行不同的税率，目的是鼓励企业向股东分配更多利润（随后股东需为这些收入缴纳个人所得税）。

表 15.1 部分国家和地区的企业所得税税率（2017 年）

国家 / 地区	企业所得税税率	国家 / 地区	企业所得税税率	国家 / 地区	企业所得税税率
阿富汗	20%	厄瓜多尔	22%	立陶宛	15%
阿尔巴尼亚	15%	埃及	22.50%	卢森堡	27.80%
阿尔及利亚	26%	萨尔瓦多	30%	北马其顿	10%
安哥拉	30%	爱沙尼亚	20%	马拉维	30%
阿根廷	35%	斐济	20%	马来西亚	24%
亚美尼亚	20%	芬兰	20%	马耳他	35%
澳大利亚	30%	法国	33.33%	毛里求斯	15%
奥地利	25%	加蓬	30%	墨西哥	30%
巴哈马	0%	冈比亚	31%	摩尔多瓦	12%
巴林	0%	格鲁吉亚	15%	摩纳哥	33.33%
孟加拉国	25%	加纳	25%	黑山	9%
巴巴多斯	25%	德国	29.79%	摩洛哥	31%
白俄罗斯	18%	直布罗陀	10%	莫桑比克	32%
比利时	33.99%	希腊	29%	缅甸	25%
百慕大群岛	0%	危地马拉	25%	纳米比亚	32%
玻利维亚	25%	根西岛	0%	波兰	25%
荷属加勒比地区	25%	洪都拉斯	25%	新西兰	28%
波斯尼亚和黑塞哥维那	10%	匈牙利	9%	尼日利亚	30%
博茨瓦纳	22%	冰岛	20%	挪威	24%
巴西	34%	印度	30%	阿曼	15%
保加利亚	10%	伊拉克	25%	巴基斯坦	31%
布隆迪	30%	爱尔兰	12.50%	巴拿马	25%
喀麦隆	33%	马恩岛	0%	巴布亚新几内亚	30%
柬埔寨	20%	以色列	24%	巴拉圭	10%
加拿大	26.50%	意大利	24%	秘鲁	29.50%
开曼群岛	0%	牙买加	25%	菲律宾	30%
智利	25.50%	日本	30.86%	波兰	19%
中国	25%	泽西岛	20%	葡萄牙	21%
哥伦比亚	34%	约旦	20%	卡塔尔	10%

（续）

国家 / 地区	企业所得税税率	国家 / 地区	企业所得税税率	国家 / 地区	企业所得税税率
哥斯达黎加	30%	哈萨克斯坦	20%	罗马尼亚	16%
克罗地亚	20%	肯尼亚	30%	俄罗斯	20%
库拉索岛	22%	科威特	15%	萨摩亚	27%
塞浦路斯	12.50%	拉脱维亚	15%	沙特阿拉伯	20%
捷克	19%	黎巴嫩	24%	塞内加尔	30%
丹麦	22%	利比亚	20%	塞尔维亚	15%
多米尼加	27%	列支敦士登	12.50%	塞拉利昂	30%
新加坡	17%	瑞士	17.77%	阿联酋	55%
斯洛伐克	21%	叙利亚	28%	英国	19%
斯洛文尼亚	19%	坦桑尼亚	30%	美国	40%
南非	28%	泰国	20%	乌拉圭	25%
韩国	22%	特立尼达和多巴哥	25%	瓦努阿图	0%
西班牙	25%	突尼斯	25%	委内瑞拉	34%
斯里兰卡	28%	土耳其	20%	越南	20%
圣马丁岛	34.50%	乌干达	30%	也门	20%
苏丹	36%	乌克兰	18%	赞比亚	35%
瑞典	22%	津巴布韦	25%		

资料来源：KPMG corporate tax rate table, accessed by authors January 9, 2018. https://home.kpmg.com/xx/en/home/services/tax/tax-tools-and-resources /tax-rates-online/corporate-tax-rates-table.html.

法定所得税税率（statutory income tax rate），即企业在可能的扣除和调整前应支付的指定税率，在过去10多年里一直呈下降趋势。然而，这一下降趋势现在似乎已经趋于稳定。与此同时，许多政府正在逐步扩大间接税的使用范围。

这些差异反映了全球税收环境正在快速变化。在过去20多年间，企业所得税税率不仅迅速下降，且普遍降低。一般来说，非经济合作与发展组织成员国的国家或地区的税率平均较低。高度工业化国家一直在企业所得税税率下调方面持谨慎态度，不管是好是坏，它们的税率降幅较小，不像许多新兴市场国家那样大幅下调。

企业所得税税率，作为商业企业盈利能力的一种负担，已经成为许多国家吸引海外投资的竞争手段。如图15.2所示，若将企业所得税税率视作竞争要素，在2017—2018年美国税法改革之前，美国在这一竞争中处于明显劣势。2017年，美国在经济合作与发展组织中的30个成员国中拥有最高的企业所得税税率。这个高达40%的税率是将35%的法定企业所得税税率与州和地方税合并计算的结果。但自2018年起，美国实施了21%的新税率，这让其成为税率最低的国家之一。

预扣税（withholding tax）是直接税的另一种形式。当一个国家的居民在另一个国家的税收管辖区内获得被动收入（如股息、利息和特许权使用费）时，他通常需要在第二个国家缴纳预扣税。设立预扣税的原因非常直接：各国政府意识到，大部分国际投资者不会在每个赚取收入的国家递交纳税申报表。因此，各国政府希望确保能够收到一定额度的税金。正如其名称所示，公司会从支付给投资者的款项中预先扣除税款，并将这些税款上缴给税务机关。预扣税是大多数双边税收协定的讨论重点，税率通常介于0%～25%之间。

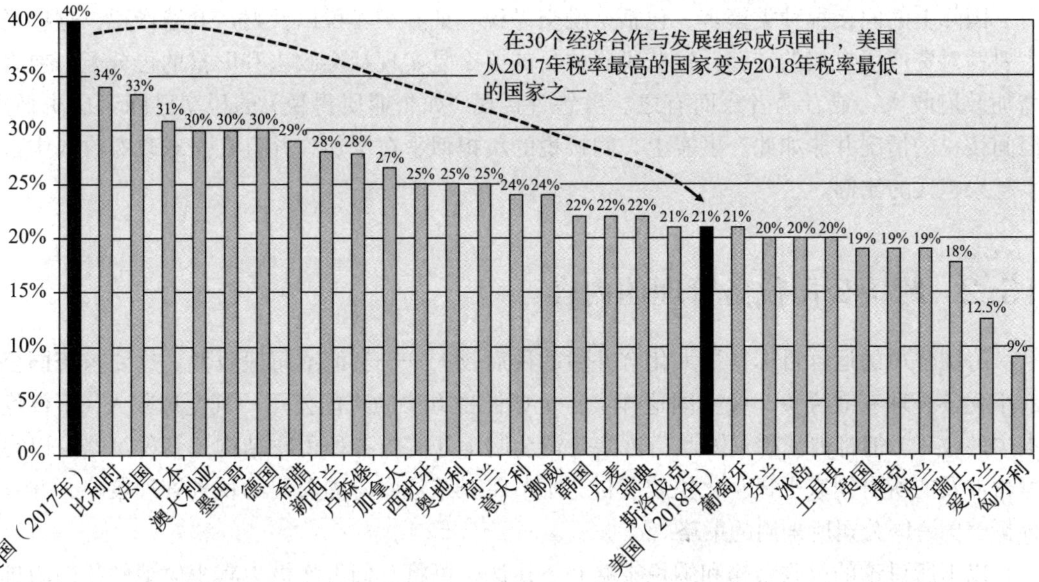

图 15.2　30 个经济合作与发展组织成员国的企业所得税税率比较

资料来源：Data drawn from KPMG Corporate tax rate table, January 9, 2018.

间接税。间接税包括增值税、商品和服务税、**消费税**（consumption tax）、**特种消费税**（excise duty）和**关税**（custom duty）等。

增值税是一种非常典型的间接税。增值税是一种全国层面的销售税，其征收基于生产过程中每个阶段或消费品销售时所增加的价值比例。通常，生产用的产品，如工厂和设备，不属于增值税征收范围。某些基本生活必需品或服务，如药品和其他健康相关开支、教育及宗教活动，通常免税或按较低税率征税。

欧盟的所有成员国、大多数非欧盟的欧洲国家、部分拉丁美洲国家、加拿大和其他一些的国家都将增值税作为间接税的主要收入来源。美国仍然是少数几个没有征收增值税的国家之一。目前，增值税的应用正在全球范围内迅速扩大。

全球各国存在多种形式的间接税，它们的重要性因地而异，包括商品和服务税、消费税以及多种特种消费税。

- 商品和服务税是对大部分商品和服务销售征收的一种增值税。以澳大利亚为例，商品和服务税适用于生产过程中各个环节的交易，但除了最终消费者外，生产链中的所有环节都可以获得相应的税款退还。
- 消费税是指个人在购买商品和服务时支付的一种税费。与商品和服务税相似，消费税是在资金支出而非赚取时征收的税种。例如，美国的销售税是消费税的一种形式，通常以销售总价的一定百分比来征收。
- 特种消费税是对特定商品征收的一定金额的税款。这类税收通常被认为是使用费，国际上对汽油、香烟、卡车运输和航空旅行征收的特种消费税相当常见。这些税款可能被用于支持相关活动的资金需求，如机场运营或公路维护。此外，特种消费税也常用于抑制消费，如对香烟和酒精的征税。

国际上的间接税种类繁多，包括金融交易税、证券买卖税以及财产和遗产税，这些税种主要针对资产所有权的转移。这些税收的目的要么是实现社会收入和财富的再分配，要么是增加政府收入，或者两者兼而有之。虽然直接税（如企业所得税）的税率已降至历史低点，但间接税的情况并非如此。事实上，间接税的负担似乎在增加，并且在全球政府收入中占据了越来越大的比例。

15.2 跨国公司税务管理的内容

跨国公司的运营目标是最大化合并后的税后收入——利润或每股收益。这要求跨国公司最小化其全球有效税负。像美国这样实行全球征税方法的跨国公司，其全球收入（不仅仅是本国的收入）都将被征税，因此，这些公司会制定并实施各种税收结构和纳税策略，以在其运营涉及的所有国家中最小化税款支付。本节将介绍这些跨国公司的税务管理策略，并具体分析美国跨国公司所采用的策略。

以下所讨论的税收结构和纳税策略并不违法，可将它们看作极力减少应纳税款的激进做法，即避税。与非法的**逃税**（tax evasion）不同，避税指的是企业采用的一些极端方法和手段，旨在将税负降至远低于政府预期的水平。这些做法包括利用海外避税天堂。然而，一个悬而未决的问题是，跨国公司在追求减税的同时，是否也公正和道德地考虑了公司的非财务利益或责任。

跨国公司为了避税，采用了多种不同的纳税策略、税收结构和纳税办理程序。这些公司通常通过将应税利润转移到税率较低的地区，同时在税率较高的税收管辖区最小化应税收入来实现这一目标。本节将重点讨论跨国公司常用的五种国际税务管理方法：**债务分配**（allocation of debt）、**外国税收抵免**（foreign tax credit）、**转让定价**（transfer pricing）、**交叉抵免**（cross-crediting）以及**勾选原则**（check-the-box）。

15.2.1 债务分配和利润剥离

跨国公司可能会在其各外国子公司间分配债务，以减少在高税收环境中的税收负担。为了最大限度地利用该国的利息抵扣政策，高税收环境中的子公司可能会被分配较高的债务，这种做法被称为**盈利剥离**（earnings stripping）。这种纳税策略通常受到东道国政府关于最低股本资本化或利息抵扣限额的要求的限制，即**资本稀薄化**（thin capitalization）。

美国将资本稀薄化定义为债务与股权比率超过 3∶1，净利息超过调整后应税收入（包括应税收入、利息和折旧）的 50%。若支付给关联公司的利息费用超过 50%，则这部分费用在美国税法中不予抵扣。遗憾的是，这一规则有时会限制跨国公司在与税务无直接关联的其他情况下优先使用债务而非股权的能力。

15.2.2 外国税收抵免和税收递延

为了避免同一收入被重复征税，大多数国家对支付给东道国的所得税给予外国税收抵免。各国在计算外国税收抵免时各有不同，并对可申报的总额设有限制。通常，支付给其他国家的股息、特许权使用费、利息以及汇往母公司的其他收入所承担的预扣税，也可享受外国税收抵免。增值税和其他销售税不适用于外国税收抵免，但通常可以作为费用从税前收入中扣除。

税收抵免是直接减少应纳税款的一种方式，这与**可抵扣费用**（deductible expense）不同。可抵扣费用是在应用税率之前用来减少应税收入的一种费用。100 美元的税收抵免能够直接减少 100 美元的应纳税款，而 100 美元的可抵扣费用则减少 100 美元的应税收入，从而减少 100 美元乘以税率的应纳税款。因此，在金额相同时，税收抵免的价值超过可抵扣费用。

若没有对于已缴外国税款的抵免，东道国和母国政府相继征税将导致极高的累计税率。例如，某跨国公司的全资外国子公司在当地缴纳所得税前赚得 10 000 美元，并计划将其全部税后收入作为股息分发。该东道国的所得税税率为 30%，而该母公司所在国家的税率为 35%，假设不考虑预扣税。外国税收抵免存在与否下的总纳税情况如表 15.2 所示。

如果不允许使用外国税收抵免，先后征收 30% 的东道国税率和 35% 的母国税率将使得剩余收入的实际税率高达 54.5%（以原始税前收入为基数计算）。这样高的累积税率会使许多跨国公司无法与当地企业竞争。实施外国税收抵免的目的是确保对原始税前收入征税的实际税率不超过涉及的所有司法管辖区中最高的单一税率。

如表 15.2 所示，在有外国税收抵免的情况中，计算可得实际税率为 35%，与母国较高的税率相等。（若该收入在母国赚得，即国内来源的收入，也会适用此税率。）在外国税收抵免制度下，母国税务当局额外征收的 500 美元税款，使得总税负（已缴的 3 000 美元加上额外的 500 美元）刚好达到原始 10 000 美元税前外国收入的 35%。

表 15.2　外国税收抵免与实际税率　　金额单位：美元

	没有外国税收抵免	有外国税收抵免
税前外国收入	10 000	10 000
扣除 30% 外国税款	（3 000）	（3 000）
可供母公司使用，并作为股息分发	7 000	7 000
扣除 35% 的母公司税款	（2 450）	—
扣除额外税款（抵免后）	—	（500）
全部税后利润	4 550	6 500
税收总额，两个司法管辖区	5 450	3 500
实际税率（税收总额 ÷ 税前外国收入）	54.5%	35.0%

然而，问题在于，如果这家跨国公司将其外国业务的利润汇回母公司，它将需要支付更多的税款。如果这家跨国公司将这些利润留在外国，它可以享受纳税递延优惠，这意味着公司可以暂缓对其外国来源收入支付额外的母国税款，直至这些收入被汇回母国。如全球金融实务 15.1 所示，一些国家（如美国）会定期采取税收激励措施，以鼓励企业将海外利润汇回母国。

全球金融实务 15.1

将海外利润和股息汇回母国

总部位于美国的跨国公司在海外拥有超过 1 万亿美元的未汇回利润。考虑到美国相对较高的企业所得税税率，将这些利润汇回美国会使该跨国公司支付一大笔额外税款，2018 年 1 月的情况就是如此。但在此之前，为了促进这些利润回流，美国政府在2004年通过了《国土投资法案》（Homeland Investment Act）。该法案为2005年提供了一个机会窗口，其间汇回的利润只需承担5.25%的税率。

这次税法的临时变更显然达到了刺激利润回流的预期效果。如图15.3所示，2005年的股息汇回规模从前一年的600亿美元飙升至3 600亿美元以上。在上述税法的临时变更到期后，股息汇回的规模下降，恢复到税收优惠之前几年的水平。

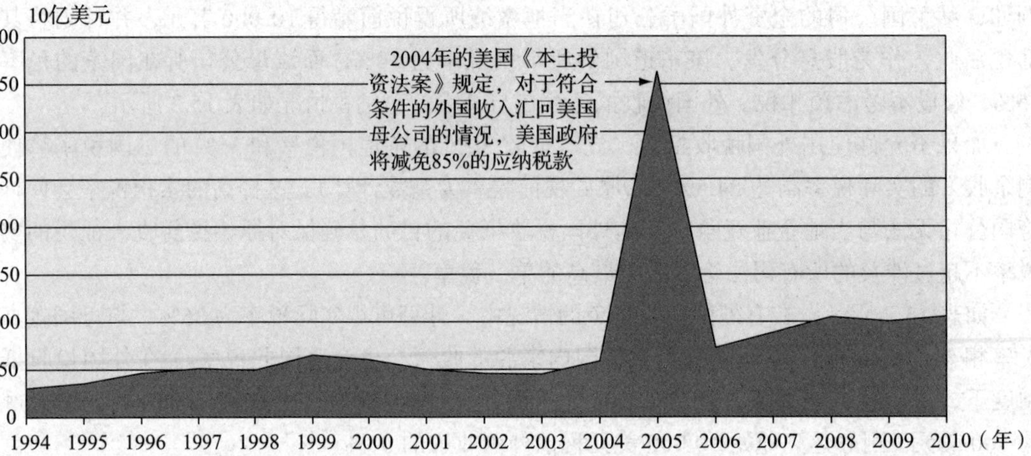

图15.3 1994—2010年美国股息汇回规模

资料来源：Bureau of Economic Analysis, Joint Committee on Taxation, Congressional Research Service.

15.2.3 转让定价

跨国公司以转让定价作为主要手段，通过设定其外国子公司从母公司或其他子公司购买商品、服务和技术的价格，来实现资金在外国子公司与母公司或其他子公司之间的转移。即便是仅在国内运营的公司，要就子公司之间的交易定价达成一致意见也颇具挑战。跨国公司的诸多案例表明，管理者必须在诸如资金头寸在母公司和子公司的配置、由母公司还是子公司缴纳所得税等相互冲突的因素之间实现某种平衡。

资金头寸调配效应（fund positioning effect）。如果母公司希望从某国将资金转移出去，它可以在该国政府规定允许的范围内，对销售给该国子公司的商品定更高的价格。子公司向母公司或其他外国子公司支付的款项，用于购买进口商品，实际上是将资金从该子公司转出。因此，跨国公司可以收取较高的转让价格，以便在销售国积累资金，并降低购买国子公司的剩余资金（利润）。外国子公司的融资也可以通过转让定价和资金重新配置进行调整。如果母公司降低出售给子公司的商品的转让价格（同样是在政府规定允许的范围内），资金就会留存在子公司当中。这实际上是从母公司向子公司转移资金。

所得税效应。设定转让价格的主要考虑因素是所得税效应。当转让价格被用于在高所得税税率的国家最大限度减少应税收入，以及在低所得税税率的国家最大限度增加应税收入时，跨国公司的全球利润可能会受到影响。例如，母公司希望减少在高税收环境下子公司的应税利润，可能会通过提高转让价格来增加子公司的成本，从而减少应税收入。

所得税效应在表15.3中得到了验证。Ganado欧洲子公司在税收相对较高的环境下运营，假设德国的企业所得税税率为 45%。Ganado 美国子公司处于税收显著较低的环境中，假设美国的企业所得税税率为 35%，这导致 Ganado 公司向其欧洲子公司收取更高的转让价格，以购买在美国生产并出售给欧洲子公司的商品。

表 15.3 转让定价对 Ganado 欧洲子公司净收入的影响 （单位：千美元）

项目	Ganado 美国子公司			Ganado 欧洲子公司	合计
低加价政策					
销售收入	1 400			2 000	2 000
减去销售成本	（1 000）	Ganado 美国子公司的销售收入成为 Ganado 欧洲子公司的销售成本		（1 400）	（1 000）
毛利润	400			600	1 000
减去运营费用	（100）			（100）	（200）
应税收入	300			500	800
减去所得税 35%	（105）		45%	（225）	（330）
净收入	195			275	470
高加价政策					
销售收入	1 700			2 000	2 000
减去销售成本	（1 000）	Ganado 美国子公司的销售收入成为 Ganado 欧洲子公司的销售成本		（1 700）	（1 000）
毛利润	700			300	1 000
减去运营费用	（100）			（100）	（200）
应税收入	600			200	800
减去所得税 35%	（210）		45%	（90）	（300）
净收入	390			110	500

如果 Ganado 公司以 170 万美元的内部价格“销售”其商品，即采用高加价政策，那么与采用低加价政策相比，同样的 80 万美元的应税收入将被更多地分配给低税收的 Ganado 美国子公司，而不是高税收的 Ganado 欧洲子公司。（注意，必须由 Ganado 母公司，而不是子公司，采取转让定价政策，直接改变各个子公司的盈利能力。）因此，总税款减少了 3 万美元，综合净收入增加了 3 万美元，达到 50 万美元，而总销售收入保持不变。

Ganado 公司自然更倾向于对从美国到欧洲的销售实行高加价政策。当然，政府税务当局已经意识到操纵转让价格可能造成的收入扭曲。关于转让价格的合理性有各种规定，包括有关费用、特许权使用费以及商品价格。税务当局显然有权拒绝不适当的转让价格。

美国国税局提供了三种确定合理的转让价格的方法：比较不受控制的价格、再销售价格和成本加成计算。经济合作与发展组织的财政事务委员会向成员国推荐使用这三种方法。在某些情况下，建议综合运用这三种方法以确保转让定价的合理性。

美国《内部税收法典》（Internal Revenue Code）第 482 条是关于转让定价的关键法规。依据此法规，美国国税局有权在关联公司间重新分配总收入、扣除项、税收抵免额或补贴金额，旨在防止跨国公司逃税和确保收入分配的准确性。在国税局重新调整收入分配的情况下，纳税公司需要承担举证责任，证明美国国税局的决定是武断的或者不合理的。这种“推定有罪直至证明无罪”的方式意味着跨国公司必须保留完整的会计文档，详细记录其转让定价背后的逻辑和各项成本。其中，“正确价格”是指反映了“独立交易价格”的价格，即向非关联客户销售相同商品或服务的价格。

管理层的激励和评估。当公司分设多个独立的利润中心时，中心间的转让定价可能会干扰对各中心管理绩效的评估。这不仅是跨国公司面临的挑战，也是国内公司在讨论集中与分散管理模式时的一个关键问题。对国内公司而言，如果各利润中心为了公司整体利益而“牺牲”自己的最优利润，总部层面的适当协调可以减轻由此产生的扭曲效应。此外，在多数情况下，企业可以提交一份合并纳税申报表，因此从税务角度来看，不同子公司间的成本分配通常不是主要问题。

对于跨国公司来说，子公司间的协调常因通信渠道效率低下、需要考虑影响国际转让定价的特殊因素以及不同的税收制度而受到阻碍。即使出于最佳意图，当某个子公司的管理者按转移价格向其他关联公司采购时，他们也难以准确判断这一行为是否符合跨国公司的整体利益。如果跨国公司总部设定了转移价格和采购策略，那么分散化利润中心体系的主要优势——子公司管理层出于自身利益而行动的动力——就会被削弱。

表 15.3 展示了转让定价的例子，转让价格上涨导致跨国公司全球收入增加：Ganado 公司收入增长了 19.5 万美元（从 19.5 万美元增长到 39 万美元），Ganado 欧洲子公司的收入仅下降了 16.5 万美元（从 27.5 万美元下降到 11 万美元），净收益为 3 万美元。欧洲子公司的管理者们是否会因为业绩不达标而失去奖金（或职位）？奖金的发放通常由跨国公司总部根据事先确定的公式决定，这一公式部分基于各家子公司的盈利能力。但在这个案例中，Ganado 欧洲子公司为了跨国公司的更大利益做出了“牺牲”。

战略性的转让定价操作会给跨国公司的绩效评估带来挑战。将利润从高税收的 Ganado 欧洲子公司转移到低税收的 Ganado 美国子公司，会影响其中一家或两家公司的多项现金流和绩效指标：

- 向各个国家支付的进口关税。
- 外汇风险敞口的测算。
- 流动性指标，如流动比率、应收账款周转率和存货周转率。
- 以毛利润与销售额或资产总额的比率来衡量的运营效率。
- 向各个国家缴纳的所得税。
- 以净收入与销售额或投资资本的比率来衡量的盈利能力。
- 随净收入变化的股息支付率。
- 以留存收益与现有所有者权益的比率来衡量的内部增长率。

对合资伙伴的影响。合资企业在转让定价方面存在特殊问题，因为最大化子公司当地利润来维护当地股东的利益可能并不符合跨国公司整体的最佳利益。通常，这些利益冲突是不可调和的。事实上，如果当地的合资伙伴向当地的税务当局投诉转让定价政策，他们可能会被视为潜在的“特洛伊木马病毒”。

15.2.4 交叉抵免

在采用全球征税方法的国家（如美国）中，跨国公司最有价值的管理方法之一是能够在同一时期将外国税收抵免盈余与外国税收抵免赤字进行交叉抵免（即相互抵消）。假设一家美国跨国公司从两个不同的国家汇出利润，一个在高税收环境（相对于美国）下，另一个在低税收环境（相对于美国）下。如果收入来自外国来源收入（主动或被动收入）的两个主要“篮子”之一，那么一国超额的外国税收抵免盈余可以与另一国的外国税收抵免赤字相互抵消。

图 15.4 总结了美国跨国公司 Ganado 公司如何使用交叉抵免方式管理其两家外国子公司的股息汇款。（这里假设 Ganado 公司还有一家巴西子公司。）Ganado 公司的两家外国子公司的股息汇款创造了两种不同的外国税收抵免头寸。

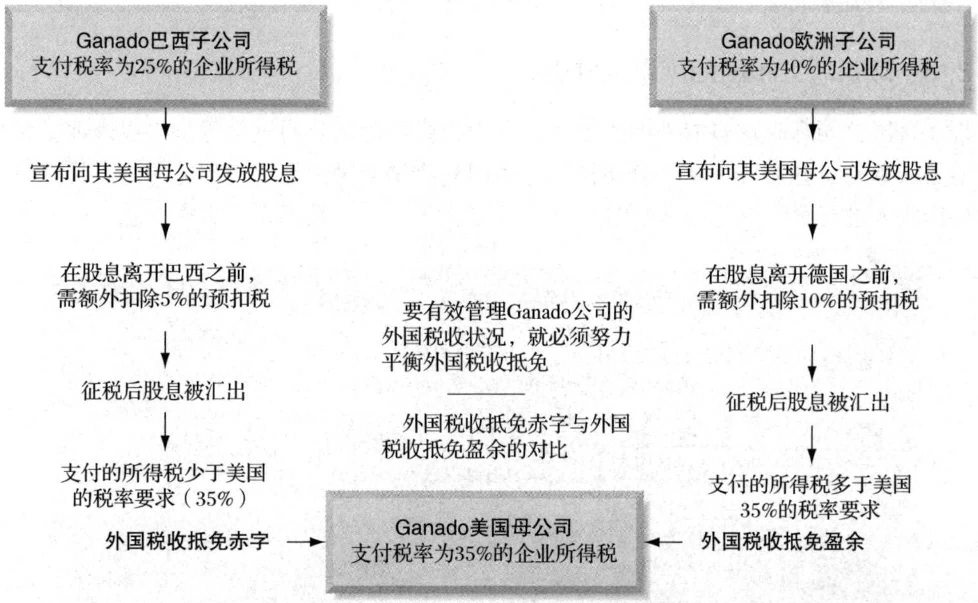

图 15.4　Ganado 公司外国税收抵免的交叉抵免

注：Ganado 公司向美国政府分别缴纳国内来源收入所得税和外国来源收入所得税。

- 因为德国的企业所得税税率（40%）高于美国（35%），所以 Ganado 欧洲子公司汇给美国母公司的股息导致外国税收抵免盈余。德国和美国之间对股息征收的任何预扣税只会增加外国税收抵免盈余的规模。
- 因为巴西的企业所得税税率（25%）低于美国（35%），所以 Ganado 巴西子公司汇给美国母公司的股息导致外国税收抵免赤字。如果巴西对汇往美国的股息征收预扣税，这将减少赤字的规模，但不能消除赤字。

Ganado 公司的管理团队正计划调整这两笔股息汇款，目的是使得外国税收抵免盈余与外国税收抵免赤字相互抵消。最直接的做法是调整每家外国子公司的股息分配额，使得 Ganado 欧洲子公司的外国税收抵免盈余正好与其巴西子公司的外国税收抵免赤字相抵消。Ganado 公司还有其他管理全球税负的方法。其中一种是资金重新配置，跨国公司通过这种方法调整其全球业务，以便在税率较低的地区记录利润，详见本章末尾的谷歌税案例。

15.2.5　勾选原则和混合实体

美国财政部为阻止美国跨国公司在低税收管辖区重新配置利润付出了很多努力，但它在 1997 年遇到了严重的挫折。当时，财政部推出了“勾选原则”制度。为简化征税处理手续，美国财政部修改了跨国公司的税务申报规定，允许跨国公司仅通过在一个表格上进行勾选来确定子公司的纳税分类。

表格中的一个可选项是“不予考虑的实体”（disregarded entity），这类实体会在征税表上“消失”，因为它的业绩将与母公司的业绩合并。这些合并后的单位被称为混合实体。最终，这一政策使得拥有多层外国子公司的美国跨国公司再次在低税收环境中重新配置利润，并基本上实现了对这些收入纳税的长期递延处理。2007 年，美国财政部将这一过程正式纳入法规，即对“不予考虑的实体”进行税务处理的透视规则。

15.2.6 避税天堂和国际离岸金融中心

许多跨国公司都有众多的外国子公司，它们充当着跨国公司资金等待再投资或汇回母国时的避税天堂。这些避税天堂子公司被统称为国际离岸金融中心，一部分原因是许多母国允许对外国收入进行税收递延处理。图 15.5 展示了世界上大多数的主要离岸金融中心。

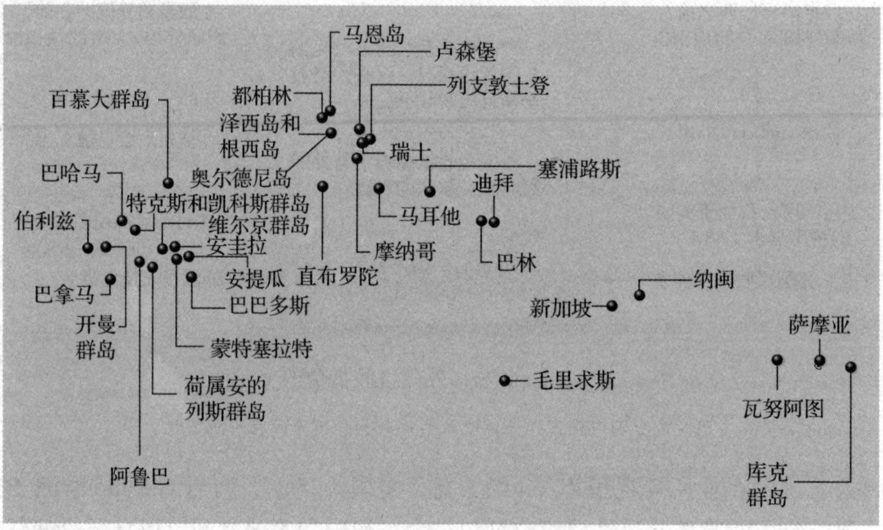

图 15.5 国际离岸金融中心

避税天堂子公司通常设在符合以下要求的国家。

- 对居民属性的公司赚取的外国投资或销售收入征收低税率，对支付给母公司的股息实施低预扣税。
- 货币的币值稳定，跨国公司的资金能够轻松与当地货币相互兑换。这可以通过使用欧洲货币来实现。
- 金融服务设施完备；例如，具有良好的通讯，专业合格的职员和信誉良好的银行服务。
- 政局稳定，政府鼓励外资企业在其境内建立金融服务设施等。

典型的避税天堂子公司持有其关联境外经营子公司的普通股。母公司可能在世界各地拥有多个避税天堂子公司。避税天堂子公司通常由母公司持有 100% 的股权。所有的资金转移都可能经过避税天堂子公司，包括股息和股权融资。因此，母公司对外国来源收入的纳税（通常可以在外国子公司宣布派息时支付），可以继续延递直到避税天堂子公司向母公司支付股息。如果外国业务继续拓展，并需要避税天堂子公司提供新的内部融资，母公司对外国来源收入的纳税就可以无限期推迟。因此，跨国公司能够为其外国业务构造企业资金池，而无须通过母国的税收体系汇回外国收益。

对美国跨国公司而言，其外国子公司享有的税收递延特权（之所以被视为特权，是因为在将股息汇回母公司之前，子公司无须为国外所得纳税）最初并不是税收漏洞。恰恰相反，这是美国政府为了支持美国公司向海外扩张而采取的策略，目的是让这些公司与享受类似税收递延优惠和各类出口补助的外国竞争者站在同一起跑线上。

遗憾的是，有些美国跨国公司将税收递延的本意扭曲为逃税行为。它们人为操纵外国子公司之间买卖商品和服务的转让价格，目的是将所有交易收入保留在避税天堂子公司。这种操作是通过将商品或服务的法律所有权转移到避税天堂子公司来实现的，尽管这些商品或服务实际上从未进入过被称为避税天堂的国家。1962 年美国《国内收入法案》(Internal Revenue Act）的目标之一是消除这些只存在于纸面上的外国公司的税收特权，同时保留那些基于商业和经济动机（而非税收动机）设立的外国子公司的税收递延特权。20 世纪 90 年代的多项税法改革为这些离岸金融中心注入了新活力。

15.2.7　税基侵蚀和利润转移

世界各地的跨国公司采取日益激进的税收结构和纳税策略来避税或者推迟纳税，这促使 G20 财政部部长们与经济合作与发展组织联合呼吁制定一项行动计划，目的是阻止税基侵蚀和利润转移（basis erosion and profit shifting，BEPS）。由于跨国公司对利润在公司内部的重新配置和减少应纳税款总额的处理是合法的，行动计划的推出并不是为了阻止跨国公司的非法活动，而是为了探索新的税收征管举措，改变税法和征税操作实践，以重新确立征税权。

近年来，围绕亚马逊公司、苹果公司、微软公司等多家跨国公司的激烈争议主要集中在一个问题上：这些公司在全球范围内创造巨额利润，却常常几乎不向任何地区缴纳企业所得税。与此同时，许多其他跨国公司却仍在按照 20%～30% 的高实际税率（基于其综合税前收入的百分比）缴纳税款。如果情况属实的话，这显然不是一个公平的竞争环境。那些无法通过数字方式在全球转移其产品和资产的传统制造商认为，这种环境对它们不利。

15.2.8　企业倒置

这些征用行为并不违法，但它们确实不道德。

——参议员查尔斯·E. 格拉斯利（Charles E. Grassley），

美国参议院财政委员会，2002 年

在企业倒置（corporate inversion）中，公司改变其注册国。其目的是通过在较低税收的司法管辖区（通常是采用属地征税方法的国家）重新注册，降低其在全球范围内的实际应纳税款。虽然该公司的业务运营可能保持不变，公司总部可能依旧位于原注册国，但它现在将有一个新注册的公司总部，其原注册国现在只是跨国公司开展业务的众多国家中的一个。

典型的例子是，一家美国跨国公司与其外国子公司（如百慕大公司）交换股份。最终，这家美国跨国公司成了百慕大公司的美国子公司。公司的控制权没有变化，只有注册地发生了变化。这通常被称为**裸式倒置**（naked inversion）。这种倒置在 20 世纪 90 年代末以及 21 世纪初曾短暂流行过，英格索兰公司（Ingersoll Rand）、泰科公司、福斯特惠勒公司（Foster Wheeler）等在美国境外成功重组。但在一次特别惨烈的尝试（2002 年 Stanley 工厂重组，且并未完成）后，美国于 2004 年通过了《美国就业机会创造法案》（American Jobs Creation Act，AJCA），该法案从两个重要方面改变了企业倒置的规则。

（1）如果新的外国母公司仍由原母公司的股东拥有和控制 80% 及以上的股权，该公司将继续被视为美国国内或在美国注册的公司。这意味着该公司将继续对其全球收入纳税。其美国“子公司”将被视为其有效的母公司。这被称为 80% 规则。

（2）如果新的外国母公司至少有 60%（但不足 80%）的股份由原母公司的股东控制，那么新公司将不能享有在资产从旧公司转移到新公司的过程中产生的任何税收减免（即过路税）。这一规定使得许多裸式倒置失去了财务吸引力，即使所有权结构发生了显著变化。

如今，企业倒置主要有三种形式：具有实质业务存在的倒置、与规模较大的外国公司合并的倒置以及与规模较小的外国公司合并的倒置。

具有实质业务存在的倒置。《美国就业机会创造法案》中关于企业倒置的条款旨在专门阻止仅出于减税目的进行的企业倒置。但是，该法案不会干预那些在公司确有“实质业务存在”的国家进行的再注册。实质业务存在是指公司在其迁移目标国家的资产、收入和员工占比达到 25%。因此，符合这种情况的企业倒置很少涉及传统意义上的避税天堂。

与规模较大的外国公司合并的倒置。企业倒置的第二种形式是美国公司与一家大型外国公司合并，并在外国注册新的合并实体。附加条件是，原美国公司在新的合并实体中必须占少数控制权（少于 50% 的所有权）。2011 年，两家主要深水钻井公司 Pride 公司（美国）和 Ensco 公司（英国）的合并就是一个知名例子。

与规模较小的外国公司合并的倒置。企业倒置的第三种形式是美国公司与一家规模较小的外国公司合并，这类外国公司通常注册在爱尔兰、英国或卢森堡。新公司的控制权仍然保留在原美国股东手中，因此不符合 80% 规则。然而，由于新公司的注册地通常是低税收管辖区，美国对新公司实施全球征税方法的能力受到限制。2012 年，Easton 公司（美国）和 Cooper Industries 公司（爱尔兰）的合并，从而创建了一家新的爱尔兰公司，就是这种形式的一个例子。

在过去的 20 多年里，美国跨国公司的企业倒置迅速发展，加深了人们对美国相对较高的公司税率（包括其全球征税制度）的认识，也引起了公司对其全球竞争力的担忧。越来越多的倒置导致新合并的公司迁移到爱尔兰等主要发达国家，而非百慕大群岛、开曼群岛或巴哈马等避税天堂，这加剧了全球条约采购的紧张关系，也引发了关于公司税收逐底竞争[⊖]（race to the bottom）的政治辩论。2013 年美国应用材料公司（Applied Materials）和日本东京电子公司（Tokyo Electron）的合并就是一个复杂的例子，两家公司合并后在荷兰重新注册。这一辩论在 2015 年年底达到高潮，当时美国政府采取积极行动，阻止了美国辉瑞公司（Pfizer）和爱尔兰艾尔建公司（Allergan）1 500 亿美元的合并，并实施了新规则，使辉瑞公司在合并后无法被视为外国公司。

⊖ 逐底竞争是指各国或地区为了吸引海外投资，相互压低公司税率，最终导致公司税率普遍处于较低水平。这种现象有时也被称为“税收竞争”。这种竞争可能导致政府的税收收入减少，并对社会福利和公共服务产生负面影响。——译者注

只要有税收，就会有避税策略。本章末尾的迷你案例探讨了谷歌公司多年来使用的举世闻名但也臭名昭著的税收结构。全球金融实务 15.2 描述了另一种激进的纳税策略，这一策略基于公司内部的贷款和现金余额。

全球金融实务 15.2

惠普公司的海外现金和分阶段贷款计划

美国采用的全球征税方法促使了许多美国跨国公司采取激进的税收结构和纳税策略，以避免向美国税务当局缴纳其外国来源收入的额外税款。传统的美国税法规定，美国跨国公司对外国来源收入的应纳税款可以推迟到资金汇回美国时才缴纳。这通常导致海外现金余额大幅增长，因为外国子公司的利润被保留在海外。

美国跨国公司早期采用的一种策略是让该公司的外国子公司向母公司提供贷款。最初这些贷款的期限非常长，利率非常优惠。美国税务当局认为，这些资金实际上是股息。美国税法第 956 条明确禁止将这些长期贷款视为税法上的贷款，因此这些资金被重新认定为股息，并伴随着相应的纳税义务，就如同资金已经汇回一样。

美国惠普公司（Hewlett-Packard Company）是拥有大量海外现金储备的美国跨国公司之一，这些现金急需用于其在美国总部的运营。惠普公司的现金主要存放在两家特定子公司中：①分别是惠普比利时协调中心（Belgium Coordination Center，BCC），它是所有欧洲业务的清算银行；②康柏开曼控股公司（Compaq Cayman Holding Corporation，CCHC），它是位于开曼群岛的金融子公司，用于归集来自世界其他地区子公司的海外利润。[惠普公司 2001 年收购康柏电脑公司（Compaq Computer）时并购了该公司。] 这两家子公司都被归类为受控外国公司。

十多年来，惠普公司利用这些海外现金余额积极推行分阶段贷款计划（staggered loan program，见图 15.6）。比如，某个外国子公司，假设是 CCHC，向惠普公司总部提供了数十亿美元的贷款，期限为 45 天。在该贷款到期日，BCC 会向惠普公司提供类似的贷款，用于偿还前一笔贷款。这导致了连续的长期交替贷款，其实质就是将海外利润转移给惠普公司总部，而无须支付额外的美国税款。只要这两家子公司及其贷款计划分开运作，并且贷款在受控外国公司的季度报告期结束前发起和偿还，它们就被惠普公司的审计师和美国税务当局视为合规。（惠普公司设定的这两家的会计年度是一致的，以确保符合规定。）在此期间，分阶段贷款计划几乎满足了惠普公司总部所有美国业务需要的全部债务融资。

15.3 全球税收竞争力

当今全球税收环境的变化主要受到三股不同力量的影响，这些力量作用于跨国公司。第一股力量是全球数字经济的迅速扩张，这要求重新定义税收事件的发生方式和地点。第二股力量是许多国家的政府采取的积极措施，其目的是提高各自的税收竞争力，以吸引外国投资。第三股力量是许多上述国家的政府，正在努力增加它们从受前两股力量影响的跨国公司中收取的税款。

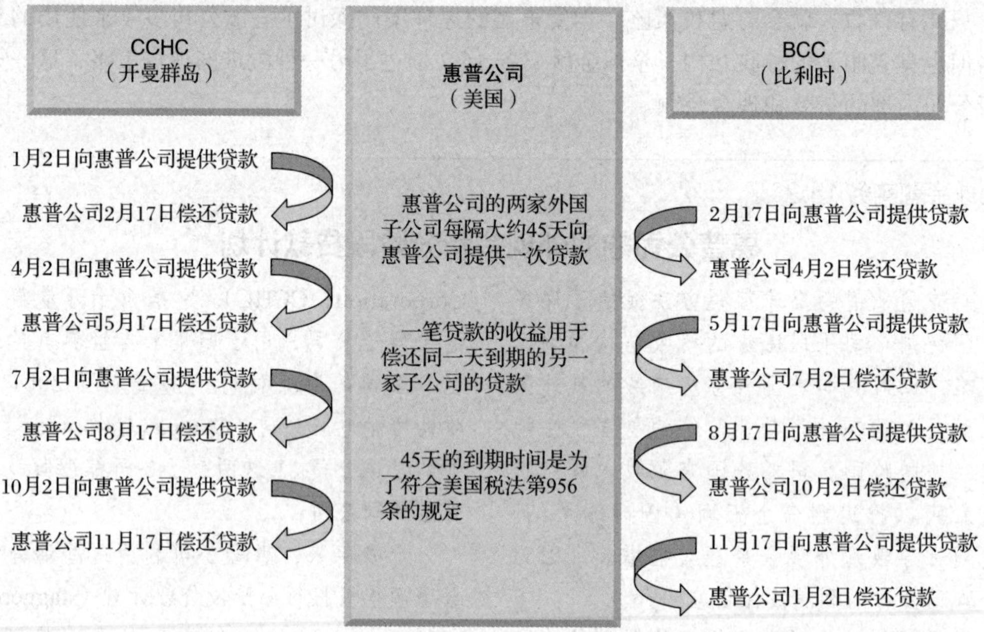

图 15.6 惠普公司的分阶段贷款计划

15.3.1 数字经济

随着数字经济推动税法和税务当局管辖范围的扩展，税收道德问题逐渐成为跨国性的热点议题。数字商务使纳税地点变得难以定义。传统制造业活动具有明确的物理界限，其生产过程和价值创造过程的发生地点是可观察的。然而，数字商务的发生地点就不那么明确了。

谷歌公司在英国的业务便是一个典型例子。谷歌公司在英国的主要业务位于税率较低的爱尔兰地区，但其大部分客户却在税率较高的英格兰地区。谷歌公司的销售顾问会在伦敦拜访潜在客户，协助他们了解公司的服务。随后，客户会通过网络联系谷歌公司的爱尔兰子公司，并购买所需服务。这些服务是从爱尔兰子公司购买的，适用爱尔兰的税法。通过这种模式，谷歌公司在英格兰地区创造了数亿美元的业务，却几乎不用向英格兰的税务当局缴纳税款——这令英格兰税务当局十分不满。因此，许多税务当局重新定义交易的纳税地点，从卖方所在国改为买方所在国。2015 年 1 月 1 日起，欧盟针对企业对消费者的商业服务实施了新的增值税规则，使得服务在客户所在国征税。

15.3.2 国家税收竞争力

我对委员会的建议很简单：尽可能地降低公司税率，尽可能地扩大税基，并尽快地采用属地征税方法。

——迈克·杜克（Mike Duke），沃尔玛百货有限公司首席执行官，
2011 年 7 月 26 日

当今全球经济的特点是流动性高、公司竞争日益激烈。在正常的经济环境下，公司利润可能只占销售额的 8% 或 9%，企业所得税为税前收入的 12%～40%，因此，“税收筹划”是现实中的通行做法。世界各国政府都非常清楚，它们在多个方面相互竞争以吸引全球投资，

涉及技术工人、劳动力成本、基础设施、监管要求等，颇具竞争力的税法可能至关重要。因此，除少数国家外，各国已连续 30 多年降低企业所得税税率。然而，企业所得税税率的差异仍然存在，如图 15.7 所示，属地征税方法（智利和墨西哥采用此法）显然不利于政府吸引海外投资。

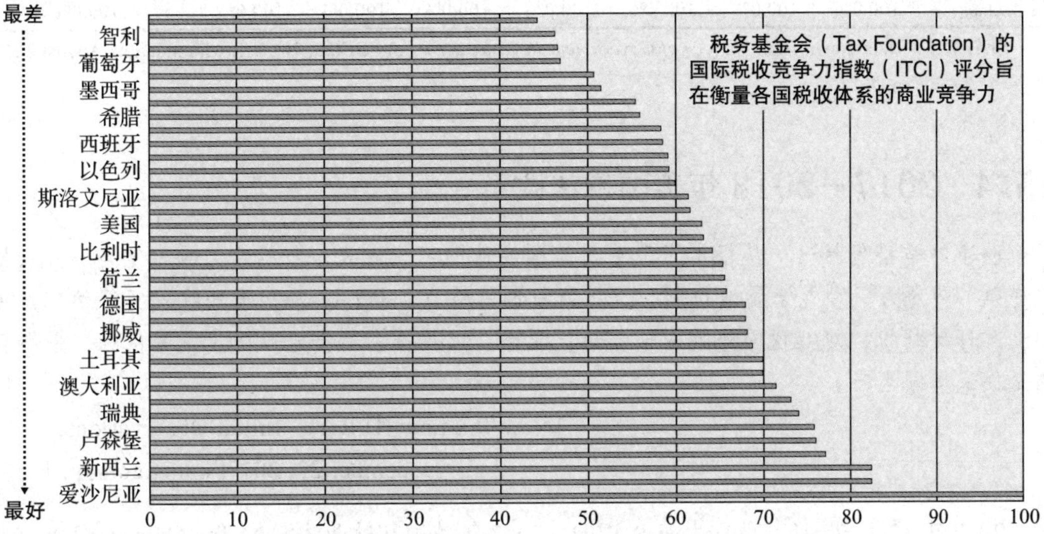

图 15.7 经济合作与发展组织部分成员国的国际税收竞争力指数评分

资料来源：Data drawn from *International Tax Competitiveness Index* 2020, Tax Foundation, p.3.

注：评分按总体排名显示，包括公司、消费、财产、个人和国际方面的单项指数评分。

15.3.3 政府和税收来源

政府向公众和公司征税并非出于恶意，它们需要这些钱。税收是全球各国政府的主要收入来源和现金流来源，用以支持其活动。显而易见，政府的钱永远都不够用。

不同国家的税收结构有很大差异。例如，美国的大部分税收依赖个人所得税，而许多不太发达的国家则不征收个人所得税，主要是因为个人申报和税收征缴存在难度——有些国家甚至没有进行有效的人口普查。

表 15.4 展示了经济合作与发展组织部分成员国的税收来源占比。美国的个人所得税占其税收总额的 39.3%，而经济合作与发展组织成员国的这一比例平均仅为 24.0%，它们更多依赖消费税（如增值税），这一比例为 32.4%。虽然本章重点讨论企业所得税，但企业所得税实际上都只占美国等经济合作与发展组织成员国税收的一小部分。全球税务分析师和各国税务当局普遍认为，在未来几年中，世界上大多数国家将更多地使用间接税种，比如消费税。

表 15.4 经济合作与发展组织部分成员国的税收来源占比

税收来源	澳大利亚	加拿大	智利	丹麦	日本	墨西哥	美国	经济合作与发展组织成员国平均值
个人所得税	41.0%	36.3%	7.3%	54.0%	18.9%	19.7%	39.3%	24.0%
企业所得税	16.8%	10.5%	21.3%	5.3%	12.9%	16.9%	8.4%	8.8%
社会保险税	0.0%	15.1%	7.2%	0.1%	39.7%	20.6%	24.1%	26.2%
财产税	10.1%	11.7%	4.2%	3.7%	8.5%	2.1%	10.8%	5.6%

（续）

税收来源	澳大利亚	加拿大	智利	丹麦	日本	墨西哥	美国	经济合作与发展组织成员国平均值
消费税	26.9%	23.0%	55.3%	30.2%	19.8%	35.8%	17.4%	32.4%
其他税费	5.2%	3.4%	4.7%	6.7%	0.2%	4.9%	0.0%	3.0%
税收总额	100.0%	100.0%	100.0%	100.0%	100.0%	100.0%	100.0%	100.0%

资料来源：Data drawn from *Sources of Government Revenue across the OECD*, 2017, Tax Foundation, August 2017, p. 7.

15.4 2017—2018 年美国税法改革

改革的举措包括……从根本上改革对跨国实体的征税方式，包括从目前的全球税制（税收递延）转变为一种混合属地税制。这种新税制的特点包括：对某些国外收入实行参与豁免制度和即时征税，对低税国外收入征收最低税率，以及推出新措施以防止税基侵蚀，最终目的是促进美国生产。

——"New Tax Law (H.R.1)—Initial Observations,"
December 22, 2017, kpmg.com, p. 1

2017 年 12 月 22 日，被称为 H.R.1[一]的《2017 年减税和就业法案》(Tax Cuts and Jobs Act of 2017）在美国正式生效。这一法案是自 1986 年以来对美国公司税法进行的最重大改革。这些改革影响了所有受美国税法约束的公司，包括在美国运营的外国公司以及在全球范围内经营的美国跨国公司。这些改革推动美国向属地税制方向发展。

尽管新的美国税法自 2018 年 1 月 1 日开始实施，但要过几年时间才能完全看到这些改革对美国跨国公司的整体影响。所有迹象都显示，这些影响将是广泛而深远的。

15.4.1 美国企业所得税

《2017 年减税和就业法案》条款众多，但以下几项对所有美国公司可能最为重要。

- **企业所得税税率**。美国的企业所得税税率降至 21%。将美国各州及地方税的平均水平计算在内，2018 年美国的实际有效税率降至 25.8%，相较于之前年份的 38.9% 有显著下降。这一点在与其他国家的税负进行比较时尤为重要。
- **公司利息的扣除**。2022 年之前，新税法将净利息扣除额限制在 EBITDA 的 30%。[二] 2022 年之后，这一比例将回归至 EBIT（息税前利润）的 30%。这意味着负债较重的公司可能会失去部分净利息扣除额。
- **过渡税（transition tax）**。拥有未汇回美国的现金或可交易证券（marketable security）的美国跨国公司，可在 2018 年以 15.5% 的总税率汇回这些利润。如果这些利润被投

㊀ "H.R." 是 House of Representatives（众议院）的简写，"1" 代表该法案在众议院中的编号。——译者注

㊁ 这适用于在美国运营的公司，无论是总部位于美国的公司还是外国公司的美国子公司，只要其三年期内的总收入（营业收入）超过 2 500 万美元。该规定允许公司将因当年未能抵扣的净利息而形成的税收抵免额度，延续到未来的年度使用。

资于非现金资产，它们将被视为以 8% 的税率汇回。[一]该税率基于美国跨国公司的外国子公司汇回利润的假定，即无论利润是否实际上汇回美国母公司，美国税法都将对这些过去年份的海外利润征税。

- **全额折旧**（full depreciation）。在 2018—2022 年期间，新税法允许公司从其应税收入中扣除购置设备的总成本。这意味着公司无须像以往那样在多年（如三年）时间里逐步分摊资本投资的折旧以计算税收，而可以在当期一次性扣除总成本。不过，这种做法只针对税收负担（税务会计）有效，对财务报表上呈现的税收和盈利（财务会计）无影响。

15.4.2 外国来源收入所得税

多年来，外国子公司的收益只有在汇回美国时才进行征税，而现在这一政策已经转变为**参与免税制度**（participation exemption system）。这一制度的新增条款旨在防止税基侵蚀。

- **已收股息扣除**（deduction for dividends received，DDR）。美国公司的外国子公司向其美国母公司宣布的所有股息将获得 100% 的股息扣除，这就是已收股息扣除。[二]这种股息扣除就是参与免税制度的具体体现，意味着向美国母公司宣布的外国来源收入，只需缴纳其所在国的税款，在美国则不会产生额外的应纳税款。这样，汇回美国的这部分收入既不会产生任何税收抵免，也不会形成税收赤字。正是因为这一政策，许多人认为美国正在逐步过渡到以属地为基础的税收制度。
- **未申报的外国收益**（undeclared foreign earning）。那些外国子公司在盈利期间未向其美国母公司申报为股息的收益，在当期将被视为股息征税。它们在美国的当期纳税义务将基于一个汇总程序（与以前使用的程序相似），即在东道国缴纳的税款加上任何额外的预扣税，将根据新的较低的理论美国法定税率 21% 抵免。鉴于全球平均有效税率低于 23%，这意味着实际上几乎不需要缴纳额外的税款。
- **外国衍生无形收入**（FDII）。在美国运营的公司，如果其收入来自向外国人销售在美国境外使用的财产（包括许可证、租赁合约、专利等）或在美国境外提供的服务，那么这部分收入被视为 FDII。FDII 适用的基本税率为相关美国资产调整后总额的 10.5%。
- **全球无形低税收入**（GILTI）。作为一种新创立的外国收入类别，GILTI 为美国公司在全球任何地方赚取的当前外国收入设定了一个最低当前税率。尤其针对受 F 子部分收入约束的外国子公司、混合实体或在极低的税收环境中运营的外国子公司，GILTI 为它们设定了一个最低税率。[三]

这一应纳税款是基于外国子公司的“净实物资产收益率”来计算的。基本上，如果子公司的收入超过其有形资产的 10%（回报率），这部分超额收入就需缴纳额外的最低税款。[四]这

㊀ 此前年度未汇回收益的应纳税款可以在八年内支付，最初五年每年支付 8% 的税款，第六年支付 15%，第七年支付 20%，第八年支付 25%。

㊁ 这项规定适用于所有由美国公司持有至少 10% 股权的外国实体。虽然新税法多次提到 10% 的股权规则，但实际上，大部分在美国设立总部的公司对其外国子公司的控股比例超过了 90%，或者完全拥有这些子公司。

㊂ 这也被称为反税基侵蚀最低税或税基侵蚀反滥用税（BEAT）。

㊃ 外国企业的有形资产在美国税法中有自己的缩写，QBAI，即合格的商业资产投资。

意味着，诸如知识产权和专利等无形资产所产生的收入，一旦由这些外国业务实体持有，就需要完整纳税。因为这些业务实体通常只有少量有形资产，超出这些有形资产的10%的收入（可能几乎是全部收入）目前需要在美国根据GILTI规定纳税。

有效税率相当复杂。从21%的企业所得税税率开始计算，并假设大部分收入被归类为FDII，GILTI收入的有效税率将是10.5%。由于GILTI收入的税收抵免限于实际支付给东道国政府税款的80%，因此GILTI收入的有效税率上升至13.125%。

正如我们之前提到的，现阶段要观察到美国税法的诸多复杂变革将如何改变跨国公司财务管理的实践还为时过早。这些变革明显有以下目标：终止将海外利润保留在海外的做法，将知识产权（无形资产）的所有权转移到低税收环境，以及通过混合实体避免对海外利润的征税。时间会告诉我们这些目标将在多大程度上实现。

要点小结

- 各国根据两种基本方法构建其税收制度：全球征税方法和属地征税方法。这两种方法的目的都是界定哪些公司（无论是在国外注册的公司还是在国内注册的公司）或哪些收入（无论是来自国外的收入还是国内的收入）应受东道国税务机关的税收管辖。
- 税收协定通常规定一国的国民在另一国赚取的收入是否应征税，如果需要征税，应如何征收。税收协定是双边的，两个签署国会具体说明两国之间哪些类型的收入适用何种税率。
- 转让定价是指关联公司之间商品、服务和技术的定价。转让价格的高低会对跨国公司的所得税、资金头寸调配、管理层的激励和评估以及合资伙伴关系产生影响。
- 美国区分外国来源收入和国内来源收入。每种收入分别征税，一个类别中的税收赤字/税收抵免不能用于抵销另一类别中的税收赤字/税收抵免。
- 如果一家总部位于美国的跨国公司从一个企业所得税税率高于美国的国家获得收入，则可抵免的税款总额将超过美国对该外国收入的征税额，从而产生外国税收抵免盈余。
- 跨国公司拥有的外国子公司常常作为公司资金等待重新投资或汇回国内时的避税天堂。避税天堂通常位于那些税率低、货币的币值稳定、金融服务设施完备以及政局稳定的国家。
- 许多总部设在美国的公司使用企业倒置策略来努力降低其有效税率，具体操作为在税率较低的海外重新注册公司。企业倒置的另一种方法是收购一家在低税收环境中注册的公司，随后将其注册地作为新合并后公司的注册地。
- 如今，各国政府在全球范围内使用不同的税收结构和策略，争夺跨国公司的业务和投资。
- 推动全球税收环境变化的力量有三股：①全球数字经济的迅速扩张；②许多国家的政府采取的积极措施，以提高税收竞争力，吸引外国投资；③许多上述国家的政府，正在努力增加它们从受前两股力量影响的跨国公司中收取的税款。
- 美国2017年年底生效的税法改革将对总部设在美国的跨国公司的税务管理的策略和结构产生巨大影响。尽管现在下结论还为时过早，但美国跨国公司长期以来能够避免对其海外利润缴纳美国税款的时代已经结束。

问 题

15.1 **主要目标**。跨国税务筹划的主要目标是什么？

15.2 **税收道德**。税收道德是什么意思？如果你的公司在俄罗斯有一家子公司，有些俄罗斯人认为逃税是一门艺术，那么你是应该遵守俄罗斯的税法，还是像当地竞争对手那样违反法律？

15.3 **税收中性**。什么是税收中性？国内外的税收中性有什么区别？

15.4 **全球征税方法和属地征税方法**。全球征税方法与属地征税方法的征税方式有何不同？

15.5 **直接税或间接税**。直接税和间接税的区别是什么？

15.6 **税收递延**。美国税收制度中的税收递延是什么意思？什么是税收递延特权？

15.7 **增值税**。什么是增值税？它与所得税有什么不同？

15.8 **预扣税**。什么是预扣税？ 政府为什么要征收预扣税？

15.9 **税收协定**。税收协定通常包括哪些内容？

15.10 **主动收入与被动收入**。在美国对外国来源收入征税的背景下，主动收入和被动收入分别指什么？

15.11 **税收类型**。税收的分类基于它们是否直接适用于公司收入（直接税）或其他一些可量化的绩效特性（间接税）。请判断下列款项属于直接税、间接税还是其他税收类别。

a. 日本子公司根据营业收入缴纳的企业所得税。

b. 向沙特阿拉伯支付的石油开采和运往世界市场的特许权使用费。

c. 美国母公司在伦敦银行存款而收到的利息。

d. 美国母公司贷款给墨西哥子公司而获得的利息。

e. 美国母公司贷款给在比利时的全资子公司而获得的本金偿还。

f. 在美国境内生产和销售香烟所缴纳的消费税。

g. 西雅图公司总部缴纳的财产税。

h. 对红十字国际委员会难民救济的直接捐助。

i. 递延所得税，表现为美国母公司综合所得税扣除额。

j. 德国子公司支付给英国母公司股息的预扣税。

15.12 **外国税收抵免**。什么是外国税收抵免？为什么各国对外国来源收入给予税收抵免？

15.13 **利润剥离**。什么是利润剥离？请列举跨国公司进行利润剥离的例子。

15.14 **受控外国公司**。什么是受控外国公司？它在全球税务管理中的意义是什么？

15.15 **转让定价**。什么是转让价格？政府能否规范转让价格？跨国公司母公司在制定转让价格时面临哪些困难和动机？

15.16 **资金头寸调配**。什么是资金头寸调配？

15.17 **所得税效应**。什么是所得税效应？受所得税效应影响，跨国公司将如何改变转让价格？

15.18 **正确定价**。美国《内部税收法典》第 482 条是关于什么的？它建议使用什么准则来设置转让价格？

15.19 **交叉抵免**。给出交叉抵免的定义，并解释为什么它与全球性的税收制度一致，如果不一致也请说明原因。

15.20 **勾选原则**。解释“勾选原则”制度如何改变了F子部分收入规定的有效性。

15.21 **衡量管理绩效**。在衡量管理绩效时，转让定价在跨国公司中起什么作用？企业内部的转让定价操作如何与绩效评估相冲突？

15.22 **避税天堂子公司**。什么是避税天堂？它和国际离岸金融中心是一回事吗？跨国公司在避税天堂建立和经营金融子公司的目的是什么？

15.23 **企业倒置**。什么是企业倒置？为什么许多美国公司在公众和私人团体都强烈批评的情况下还要去追求它？

15.24 **数字商务**。跨国公司的数字商务如何挑战传统的跨国公司征税方式？

15.25 **税收竞争力**。对于一个国家或其政府来说，在税收的基础上进行商业竞争意味着什么？

迷你案例

谷歌税

习　题

扫码了解习题

第 16 章
CHAPTER 16

国际贸易融资

智者先行，愚者跟风。

——尼科洛·马基雅维利[㊀]（Niccolò Machiavelli）

学习目标

16.1 揭示确定贸易关系的进出口业务交易的关键要素
16.2 探讨进出口业务中的三种关键单据如何结合，为交易提供资金并管理其风险
16.3 概述各项促进出口融资的政府计划
16.4 探讨主要的贸易融资方案
16.5 评估在中长期贸易融资中使用的专项技术——福费廷

本章的目的是阐释国际贸易——出口和进口——的融资方式。这个主题对于那些仅从事进出口业务的国内公司和与相关和无关实体[㊁]（related and unrelated entity）进行贸易的跨国公司而言，都具有直接的现实意义。第一节探讨了进口商和出口商之间的基本流程（货物、资金和单据）和贸易困境（trade dilemma），出口商希望在出口之前收到货款，而进口商在收到货物之前不想付款，这种贸易困境是贸易融资的核心问题。第二节介绍了三种关键单据——

㊀ 尼科洛·马基雅维利是文艺复兴时期欧洲最著名的政治理论家之一，意大利佛罗伦萨人。他是一位历史学家、哲学家、人文主义者，也是一位外交官，他在政治哲学领域贡献巨大，最为人所知的是其 1532 年首次发表的著作《君主论》（*The Prince*）。——译者注

㊁ 相关实体通常指的是同一跨国公司体系内的其他部门或子公司，或者与该公司有合资、合作关系的其他公司。这些实体之间可能有共同的业务目标、管理结构或股权关系。无关实体则是指与该公司没有直接业务、管理或股权关联的独立公司或组织。这些实体通常是市场上的其他供应商、客户或竞争对手，与该跨国公司进行普通的商业交易而没有更深层次的关系。——译者注

信用证（letter of credit，L/C）、**汇票**（draft 或 bill of exchange，B/E）和**提单**（bill of lading，B/L），以及它们如何被用来管理国际贸易中的各种风险。第三节介绍了促进出口融资的政府计划。第四节研究了不同的贸易融资工具和方式。第五节探讨了**福费廷**（forfaiting）在中长期应收款项融资中的应用。本章末尾的迷你案例“Crosswell 公司和巴西”，展示了出口活动对管理、市场营销和财务方面的协同工作的要求。

16.1　贸易关系

正如第 1 章所述，一家国内公司最初的全球业务是商品和服务的进出口。本章的目的在于分析国内公司的国际贸易阶段，即它从外国供应商那里进口商品和服务，并出口给外国买家的时期。以第 1 章中的公司为例，国际贸易始于与墨西哥供应商和加拿大买家的交易。

贸易融资与所有公司进行的传统价值链活动[㊀]（traditional value chain activity）具有许多共同之处。所有公司都需要在可接受的价格和付款条件下寻找供应商以获取生产产品或提供服务所需的各类投入品。公司的采购部门必须评估每个潜在供应商能否生产出符合所需质量标准的产品，能否及时且可靠地供货，还要判断其是否愿意与公司合作，在其产品和业务流程上进行持续改进，以保持公司的竞争力。对潜在客户的评估也需遵循这些考量，因为他们对公司的运营和成功至关重要。

16.1.1　基本困境

国际贸易必须解决一个基本困境。想象一下，一个进口商和一个出口商想要跟彼此做生意。两者因为相距甚远，不可能一手交钱，一手交货。因此，国际贸易通过三种流动来实现。图 16.1 概述了进口商和出口商之间的三种流动：货物流动、资金流动和单据流动。前两项流动显然是贸易关系的目标。单据流动由一系列不同的安排、合同、贷款或承诺组成，用来确保双方履行合同。

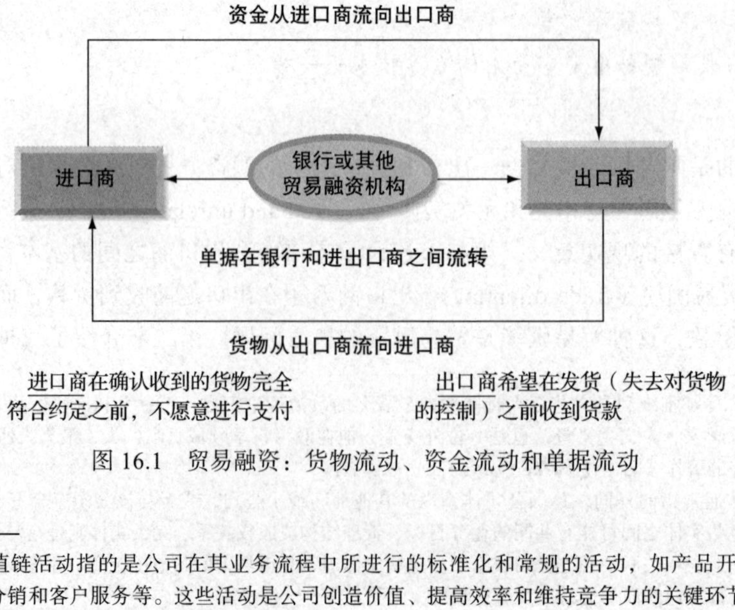

图 16.1　贸易融资：货物流动、资金流动和单据流动

㊀ 传统价值链活动指的是公司在其业务流程中所进行的标准化和常规的活动，如产品开发、采购、生产、销售、分销和客户服务等。这些活动是公司创造价值、提高效率和维持竞争力的关键环节。——译者注

理解出口商和进口商之间的利益关系对于掌握不同行业的进出口融资方法至关重要。我们暂时假设出口商处于主导地位（站在出口商的立场上），可以看到基于业务关联关系和信息（affiliation and information）的三种基本贸易关系。

（1）关联方（affiliated party）。这是出口商所在公司的另一家单位或子公司。作为同集团的不同成员，出口商和关联方之间的了解和信任达到了无以复加的地步。双方建立贸易关系可能不需要正式合同，在采取防范风险的措施方面，双方可能有需求，也可能没有需求。

（2）未关联但已知方（unaffiliated known party）。这是一家与出口商无直接关联但相互认识的公司。这种相识关系是建立支付信任的基础，旨在确保货款能够及时支付。双方需要签订一份合同，并可能需要采取某种防止拒付的保护措施。

（3）未关联且未知方（unaffiliated unknown party）。这是一家与出口商无关联且以前没有与该出口商进行过任何交易的公司。事实上，出口商可能对这家公司一无所知。因此，双方需要签订一份合同，并采取一些防止拒付的保护措施。

当外国进口商是出口商的子公司时，前者被认为是关联方，两者之间的交易被称为**内部贸易**（intrafirm trade）。由于这两家公司都属于同一跨国公司，在进行贸易时，通常的做法是双方不签订合同，也不对拒付风险采取保护措施。但在某些国际商业环境下，出口商可能仍需明确交易条件，以防止政治或国别因素干扰交易完成，特别是在通过港口或其他物流设施的情况下，这种做法尤为重要。

与出口商先前成功开展业务的外国进口商被视为未关联但已知方。在这种情况下，双方可以签订详细的销售合同，但在具体的条款和装运或服务的规定上可能要宽松得多。根据双方合作的程度，出口商可能会寻求一些第三方的保护以防止交易失约，或者在有条件赊销的基础上进行贸易。

以前从未与出口商有过业务往来的外国进口商被视为未关联且未知方。在这种情况下，双方需要签订详细的销售合同，明确商业协议中的具体责任和双方的期望。出口商还需要采取措施来防范进口商不及时足额付款的风险。

16.1.2 支付风险

图 16.2 展示了进口商和出口商管理支付风险的各种可能方式。对出口商而言，最安全和最保险的方式是进口商提前全额付款，即预付货款。然而，这正是进口商所不愿做的，因为一旦商品与承诺不符，他们无法止付或扣留款项。在两个极端之间确实存在折中的空间，包括信用证或简单的跟单托收。如后续章节所述，这要求合同条款明确规定商品如何在双方之间完成转移以及货款支付的方式。

对出口商来说，赊销（没有保证付款的合同）和寄售（consignment，只有在进口商实际销售商品并实现现金结算时才能收到货款）是风险极大的选择。

当然，交易形式有无数种。例如，预先支付 10% 的款项这一简单举措就能完全改变信任因素。无论如何，始终需要记住的是，出口商在商品的生产上已经投入资本，因此面临着资金风险。所以，出口商会尽可能长时间地保持对商品的控制，直到确信能够收到货款。

如图 16.3 所示，在异国他乡不愿信任陌生人这一基本困境可以通过以一家信誉良好的银行作为中介来解决。简单来看，由于出口商信任银行，进口商获取了银行代表其付款的承诺。银行的付款承诺被称为信用证。出口商将商品运到进口商的国家，提单上商品的所有权归银行所有。银行应出口商要求支付货款，要求付款的单据被称为汇票。银行在交付货款后，商品所有权转移给其所信任的进口商。根据双方的协议，进口商可以在当时或以后向银行支付货款。

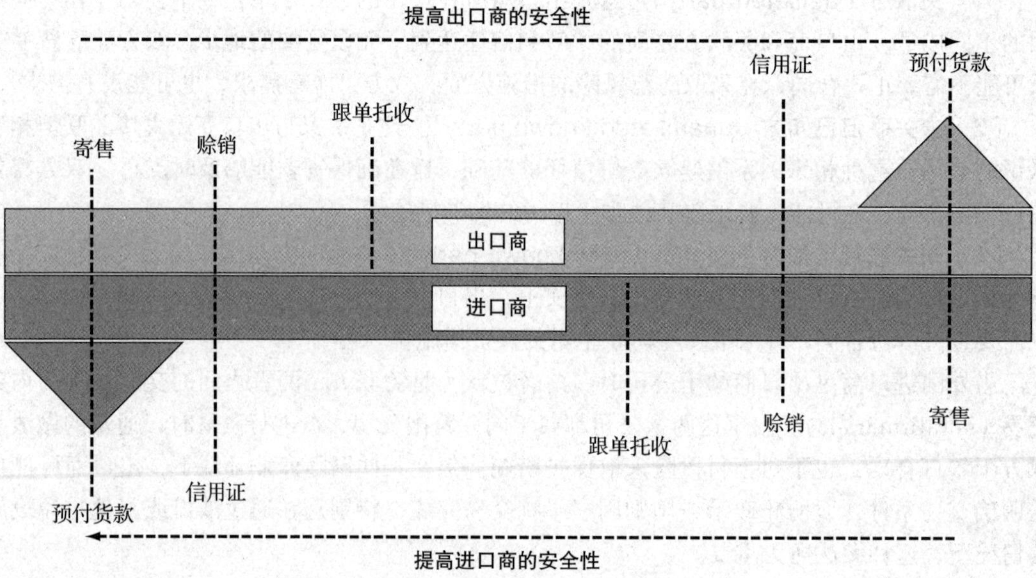

图 16.2 支付风险：贸易困境

资料来源：*Trade Finance Guide*, U.S. Department of Commerce, 2012, p.3.

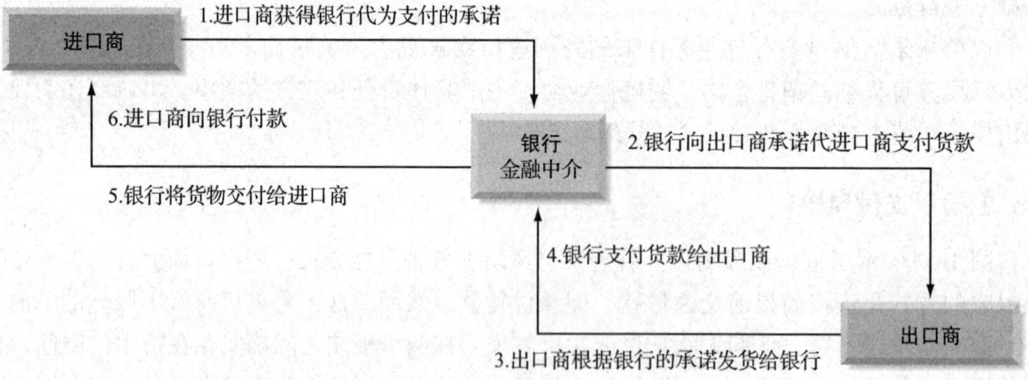

图 16.3 银行作为出口 / 进口中介

跨国公司的财务经理必须了解上述三种关键单据，因为他们的公司经常与非关联方进行贸易，此外，这套单据制度为公司提供了一种短期资金来源，即便是向姊妹子公司发运货物，公司也可以利用这些资金。

16.1.3 跟单制度

三种关键单据及其相互作用将在下一节详细介绍，它们构成了一个经过数百年发展和不断完善的体系，旨在保护进出口双方免受不履约风险和外汇风险的影响，并且提供了一种融资手段。

防范不履约风险。如前所述，一旦进出口双方就条款达成一致，卖方通常倾向于保持对货物的法律所有权（legal title），直到收到货款或至少确保会得到货款。然而，买方在收到货物之前或至少在得到货物所有权之前，通常不愿意付款。买卖双方都希望得到对方履约的保证，信用证、提单和汇票是这个精心构建的体系中的一部分，这个体系旨在明确一方如在交易过程中违约，应由谁承担财务损失。

防范外汇风险。在国际贸易中，外汇风险源于交易敞口。如果交易要求用出口商所在国的货币付款，则进口商承担外汇风险。如果交易要求用进口商所在国的货币付款，则出口商承担外汇风险。

交易敞口可以通过第 10 章中描述的方法进行对冲，但为了进行对冲，受风险影响的一方必须在特定日期或接近特定日期时支付特定金额。本章所述的三种关键单据确定了支付的金额和时间，从而为有效对冲奠定了基础。

如果国际贸易是偶发性的，并且买卖双方没有达成定期发货的协议，双方也没有持续的贸易关系，那么，不履约风险和外汇风险是最重要的。如果进出口关系是经常性的，如制成品每周或每月运往另一个国家的总装厂或零售店，并且当这种贸易关系发生在双方货币都被认为是强势货币的国家之间，那么，出口商在进行正常信用审查后，可能会以赊销的方式向进口商开具发票。

贸易融资。大多数国际贸易涉及货物运输过程中的时滞（time lag），在此期间，资金被占用。一旦处理了不履约风险和外汇风险，银行愿意为运输中的货物提供融资。银行可以根据关键单据为运输中的货物以及待售的货物提供融资，而不用承担商品质量或运输方面的相关风险。

16.1.4 不履约风险

了解国际贸易中的业务流程有助于理解与国际贸易相关的风险。图 16.4 大体上说明了与单次出口贸易相关的业务流程。

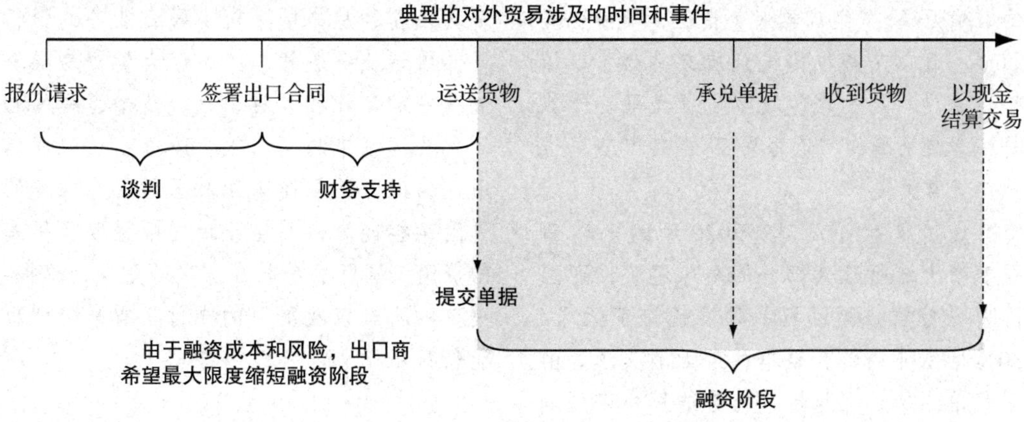

图 16.4 单次出口贸易的业务流程

从财务管理的角度来看，与国际贸易相关的两个主要风险是不履约风险和外汇风险（第 10 章中讨论过）。图 16.4 说明了出口商在信用管理中面临的一个传统问题：出口商报价、签署出口合同、运送货物，会失去对货物的实际控制权，这一切基于出口商对进口商的信任或银行代为付款的承诺。如图 16.4 所示，一旦融资阶段开始，进口商的违约风险——不履约风险就存在了。

在许多情况下，对海外客户进行首次信用分析的流程与国内客户类似。如果出口商与外国客户没有交易经验，但该客户在所在国是一家知名的大公司，比较简单的做法是，出口商请求银行提供该公司的信用报告，此外，出口商也可以咨询与该外国客户有过交易的其他公司。如果这些调查表明该外国客户（和国家）是完全值得信赖的，出口商就可能像对待国内客户一样，以赊销方式向外国客户发货，并设定一个信用限额。因为没有复杂的单据或高昂的银行手续费，这是处理出口贸易的成本最低的方法。

然而，在与新的或未知公司建立常规贸易关系之前，出口商必须考虑可能面临的风险，包括出口货物无法收到款项或进口商不履约的风险。使用由信誉良好的银行发出的信用证，可以消除不付款的风险。在全球新冠疫情大流行期间，不履约风险急剧上升，这导致国际贸易这个古老行业发生了变革，正如全球金融实务 16.1 中所描述的那样。

全球金融实务 16.1

全球新冠疫情大流行对贸易融资的影响

大约 80% 的国际贸易需要某种形式的贸易融资。这意味着每年大约有价值 15 万亿美元的贸易交易、合同和协议需要某种形式的外部融资或第三方融资才能实现。在这 15 万亿美元中，大约 80% 由伦敦、纽约和新加坡的 10 家银行提供资金，这些银行的利润非常微薄。平均每笔交易需要交换 36 份文件和 240 份副本，所有这些文件都需经过严格审查，以保证每一个细节的准确无误。《经济学人》指出，贸易融资领域一直以来都以传统纸质文件为主。尽管在金融科技领域，数字化贸易融资看似是一个待采摘的“低垂果实”，但其变革进程却异常缓慢。

疫情催生了变革。2020 年的全球新冠疫情大流行让大部分的全球经济，即国际贸易停摆。国际贸易领域逐渐变天了，30% 的从业人员、跟单和审批消失了。由于跟单流转越来越慢，交易结算变得更加耗时。出口商结清货款的时间越来越长，在这段时间里，他们需要垫付资金来维持企业运行。跨国公司违约率的上升导致银行对进出口商进行的基于纸质跟单和相关细节的信用评估更加谨慎。不断上升的不良率和银行对国际贸易融资业务的转移导致跨国公司融资成本和费用上升。

后来，情况发生了变化。供应链金融（SCF）形式的创新出现了。进口代理商、货运代理和从事国际贸易融资业务的银行开始再造业务流程，减少了大量贸易融资流程中的步骤和各种单据，整个过程的自动化程度越来越高。银行改进了进口商信用评估的方法，提高了其国际贸易融资的风险承担能力，并在此过程中赚取了更多的费用。国际贸易融资实现了更少的单据、更少的步骤以及更快的支付。看来老树也能长新芽。

16.2 关键单据

16.2.1 信用证

信用证是银行应进口商（申请人 / 买方）的请求而出具的单据，银行承诺一旦出口商（受益人）提交信用证中规定的单据后，即向其付款。信用证减少了不履约风险，因为银行同意凭单据而不是实际货物付款。三方之间的关系如图 16.5 所示。

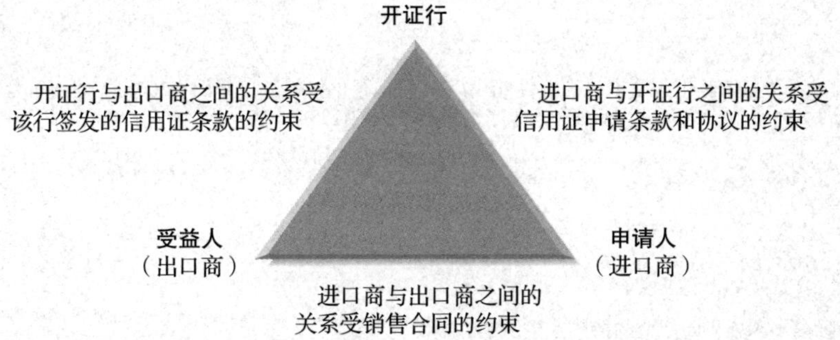

图 16.5　信用证的相关方之间的关系

信用证涉及的各方。出口商和进口商就一笔交易达成一致，随后进口商向其当地银行提出开立信用证的申请。进口商的银行如果对进口商的信用状况满意，则开立信用证，进出口双方根据这个信用证签订销售合同。银行可能会要求进口商提前支付现金或提供其他抵押品。在开立信用证的过程中，进口商的银行会关心国际贸易的类型、涉及的金额以及凭信用证开出的汇票必须附有哪些单据。

信用证的关键是开证行承诺，只要提交符合信用证中规定的特定单据，就会支付货款。但需要注意，信用证并不是对商业交易本身的直接担保。事实上，信用证作为一项独立的交易，与可能作为其依据的任何销售或其他合同是分离的。为了确立一笔真正的信用证交易，开证行必须具备以下几个关键要素。

（1）开证行开立信用证必须收取费用或其他有效的商业对价。

（2）信用证必须有一个明确的到期日或到期期限。

（3）银行的承诺必须有一个规定的最高金额。

（4）银行的付款义务必须在出口商提交特定单据时才产生，不得要求银行决定进出口双方有争议的事实或法律问题。

（5）银行的客户（进口商）对银行负有无条件的付款义务，按照银行已支付的相同条件向银行进行偿付。

商业信用证是根据是否可撤销和保兑来分类的。

不可撤销（irrevocable）信用证与可撤销信用证。不可撤销信用证要求开证行对严格按照信用证条款开出的汇票进行兑付，并且在未得到所有相关方，尤其是出口商的同意前，不能取消该信用证或修改相关条款。可撤销信用证可以在付款前的任何时间予以撤销或修改；其目的是作为安排付款的一种方式，而不是作为付款的保证。

保兑（confirmed）信用证与非保兑信用证。保兑信用证是由一家银行开出并能被另一家银行（保兑行）保证兑付的信用证，在这种情况下，保兑行会保证支付与信用证相符的汇票明示的货款。非保兑信用证的付款责任仅属于开证行。

当出口商对外国银行的支付能力有疑问时，出口商很可能希望外国银行的信用证能够得到国内银行的保兑。如果外国银行的财务状况不确定或者外国的政治或经济状况不稳定，出口商就会产生这种怀疑。信用证的要素见图 16.6。

东方银行有限公司
[开证行名称]

日期：2021年9月28日
信用证编号123456

东方银行有限公司兹向琼斯公司[出口商名称]开立不可撤销跟单信用证，金额为500万美元，见票后90天付款，付款人为东方银行有限公司，信用证编号为123456。

汇票应随附下列单据：
1.商业发票一式三份
2.装箱单
3.清洁已装船指示提单
4.保险单据，由买方支付

东方银行有限公司到期将向汇票的持票人按汇票的票面金额付款。

授权签字

图 16.6　信用证的要素

大多数商业信用证是跟单的，这意味着某些单据必须与按照其条款开具的汇票一起开具。所需单据通常包括提单（将在本章后面详细讨论）、商业发票和下列任何一种：领事发票㊀（consular invoice）、保险证明㊁（insurance certificate）或保险单㊂（insurance policy）和装箱单（packing list）。

信用证的优点和缺点。信用证的主要优点在于它降低了风险；出口商可以依赖银行的支付承诺而不是商业公司的承诺来进行销售。此外，出口商在确保其销售的外汇所得方面更有保障，因为相较于进口商，银行往往更了解外汇市场的情况和外汇管制规定。

如果进口国改变外汇管理规定，该国政府可能会允许银行已经开出的信用证履约，以免使本国银行在国际上声誉受损。当然，如果信用证由出口商所在国的银行保兑，出口商就可以避免任何外汇管制的问题。

出口商可能会发现，由不可撤销信用证支持的订单有助于出口商在本国获得出口前融资（pre-export financing）。如果出口商在交货方面信誉良好，当地银行就可以向出口商提供贷款，供其产品加工和装运。一旦货物按照信用证的条款装运，开立信用证的银行就可以支付货款，出口商可以将这笔资金用于偿还出口前贷款。

对进口商而言，信用证的一个优点在于，除非信用证中规定的所有条件都已满足，否则在单据到达当地港口或机场之前，进口商并不需要支付资金。

信用证的主要缺点是进口商银行会收取开立信用证的费用，以及开立信用证的申请可能会减少进口商在该银行借款的信贷额度。事实上，对出口商来说，自动要求进口商开具信用

㊀ 领事发票是一种特殊类型的商业发票，通常由进口国的领事馆在出口国出具，用于证明货物的来源和价值。领事发票主要用于国际贸易中，特别是在某些国家对进口商品有严格的控制和规定时。——译者注

㊁ 保险证明通常是指一份简要的文件，证明特定的货物或服务已经被保险覆盖。它通常由保险公司或代理机构出具，用于向第三方（如进口商、海关等）证明已购买保险。保险证明通常包括保险的基本信息，如被保险人的名字、保险覆盖范围、有效期等。——译者注

㊂ 保险单是指保险公司和投保人之间的正式合约，通常比保险证明更加详细。保险单详细描述了保险覆盖范围、保险金额、保费、责任限制、有效期、赔偿条款等所有相关条款和条件。——译者注

证可能是一种竞争劣势，特别是如果进口商有良好的信用记录，而且出口商对进口商所在国的经济或政治状况充满信心的话。但总的来说，自有商业活动以来，信用证的价值就已经确立，详见全球金融实务 16.2。

全球金融实务 16.2

佛罗伦萨——贸易融资的发源地

国际贸易中的商人银行业务[⊖]（merchant banking）主要始于意大利的内陆城市佛罗伦萨。在 13 世纪末和 14 世纪初，随着商业在整个欧洲和地中海地区的发展，银行业开始在威尼斯和佛罗伦萨发展起来。那时，商业处于萌芽阶段，天主教会禁止包括放贷索取利息在内的许多商业活动。虽然现在高利贷（usury）的意思是收取过高利率的非法活动，但“usury”这个词最初指的是收取任何形式的利息。

弗罗林（florin）是 1252 年首次在佛罗伦萨铸造的一种小金币。这种金币以其发行城市命名，并在接下来的一个世纪里，成为欧洲各地贸易交易的重要手段。商人们在一个名为“银行（banco）”的长凳上进行交易，而“banco”这个词最终演变成了代表安全存放金钱的地方的术语，即“银行”。

金币自身有重量，如果一个商人从一个城市或国家前往外地进行贸易，那么携带金币就成为一个大问题，而且还有被抢劫的风险。于是，商人们创造了第一种金融衍生品——银行汇票，即汇票或汇兑信函（letter of exchange）。这种汇票可以从一个城市带到另一个城市，并被认为是他们在前一个城市银行账户上的弗罗林存款余额。汇票在三个月内得到担保支付。当然，随着银行的产生，破产也随之而来。

从一开始，无论是货币借贷、汇票的有效性还是货币的价值，所有这些都是涉及风险的工具或活动。在当时的意大利语中，这种风险被称为“risque”。

16.2.2 汇票

汇票是国际贸易中经常被用来支付款项的工具。汇票是由出口商（卖方）签发的指令，要求进口商（买方）或其代理人在规定时间支付规定金额的款项。因此，它是出口商向进口商提出的正式付款要求。

签发汇票的人或企业被称为出票人（也称为开票人或发起人）。通常，出票人是销售和运输货物的出口商。汇票收票人即为付款人，付款人被要求兑付汇票，也就是说，按照规定的条款支付所要求金额的款项。在商业交易中，付款人要么是买方（这种情况下汇票被称为贸易汇票），要么是买方的银行（这种情况下汇票被称为银行汇票）。银行汇票通常是按照信用证的条款开具的。汇票可以作为不记名票据开具，也可以指定收款人。收款人可以是出票人自己，也可以是出票人的银行等其他机构。

可转让票据（negotiable instruments）。汇票可以成为可转让的票据。这类票据为商品

[⊖] 商人银行业务主要是指为公司和大型企业提供的专业金融服务，如并购咨询、企业融资、投资管理等。商人银行通常不接受公众存款或提供传统贷款服务，因此不直接参与到信用创造过程中。商人银行一般在资本市场层面上开展活动，例如帮助企业发行股票和债券以筹集资金，而这些活动与信用创造过程（即通过存款和贷款活动增加货币供应量）本质上不同。——译者注

的国际流动提供了一种便利的融资工具。汇票要成为可转让票据，必须符合《统一商法典》（Uniform Commercial Code）第 3104（1）条的要求。

（1）它必须是书面形式，并由出票人或开票人签名。

（2）它必须包含一个无条件的承诺或指令来支付确定金额的款项。

（3）它必须在即期付款，或在固定的、可确定的未来某个日期付款。

（4）它必须向指定人或持票人付款。

如果一张汇票符合上述规定，收到带有适当背书的该汇票的人将成为合法持票人（holder in due course）。这种法律地位赋予持票人以下特权，即使在付款人和出票人因基础交易发生争议时，持票人也能收到付款。如果付款人拒绝兑付汇票，则此前的背书人或出票人必须及时向任何合法持票人付款。这种对持有可转让票据的合法持票人权利的明确界定，极大地推动了各种形式的汇票（包括个人支票）被广泛接受。

汇票的类型。汇票有两种：**即期汇票**（sight draft）和**远期汇票**（time draft）。即期汇票的持票人向付款人出示汇票或请求付款时，付款人必须立即付款，否则将被视为拒付。远期汇票，也叫**定期汇票**（usance draft），允许延期付款。它被提交给付款人，付款人通过在汇票上写明或盖上“承兑”的戳记来承兑汇票。远期汇票一经承兑，即成为承兑方（即买方）的付款承诺。由银行承兑的远期汇票就是**银行承兑汇票**（bankers' acceptance）；由商业公司承兑的远期汇票就是**商业承兑汇票**（trade acceptance）。

汇票的有效期通常称为其期限（tenor）。为了成为可转让票据，并吸引合法持票人，汇票必须承诺在固定的或可确定的未来某个日期付款。例如，“见票后 60 天”是一个固定的日期，这个日期在汇票被承兑时就确定了。然而，“货到付款”不是一个可预先确定的日期，因为货物的到达日期无法提前知道。实际上，谁都不能确保货物最终会到达。

汇票在完成付款后，出口商的银行通过银行结算渠道将这些单据转寄给进口商的银行。进口商的银行则在付款后（即期汇票）、承兑后（寄给进口商并有“承兑”戳记的远期汇票）或双方商定付款条件后（根据信用证规定向进口商的银行开出的汇票）将这些单据交给进口商。

银行承兑汇票。当一张汇票被银行承兑时，它就成为银行承兑汇票。因此，银行承兑汇票代表该银行在汇票到期时无条件付款的承诺。就票据的性质而言，银行承兑汇票实际上与可流通的银行定期存单（bank certificate of deposit，CD）相同。银行承兑汇票的持有人不必等到汇票到期时才能变现，持票人可以出售这张汇票，货币市场上的这种交易十分频繁。汇票贴现的金额完全取决于承兑银行的信用评级或该承兑汇票再保兑的另一家银行的信用评级。与其他短期融资工具相比，本章后续部分将分析使用银行承兑汇票的总成本。

16.2.3 提单

提单是国际贸易融资中的第三种关键单据。提单是由承运货物的普通承运人签发给出口商的。提单有三个功能：作为**收据**（receipt），它确认承运人已经收到文件上所描述的货物；作为合同，它是承运人和货物所有者之间的运输协议；作为**所有权凭证**（document of title），它可以用来证明对货物的所有权。

作为收据，提单表明承运人已经收到单据上所描述的货物。承运人不负责核实集装箱内实际装载的内容，因此提单上的货物描述通常简明扼要。如果运费是提前支付的，提单上通常会盖上“运费已付”或“运费预付”的戳记。如果运费是货物运到后支付的，（在国际上更少见)，承运人将保留货物的留置权，直到运费被支付。

作为合同，提单规定了承运人在收取一定费用的条件下，承诺提供特定运输服务的义务。普通承运人不能通过在提单中加入特殊条款来免除其过失造成的责任。提单还可能规定，若无法将货物送达指定港口，则指明替代港口，或者将货物退还给出口商，并由出口商承担相关费用。

作为所有权凭证，在货物交付给进口商之前，出口商使用它来确保获得付款或书面付款承诺。提单还可以作为抵押品，出口商的当地银行可以凭提单在装运前或装运期间，以及进口商支付尾款之前，向出口商垫付资金。

通常情况下，提单通常指定出口商作为收款人，确保按照出口商的指示进行付款。因此，出口商在将货物交给承运人后仍保留对货物的所有权。这种所有权将一直保留到出口商收到付款为止。收到付款后，出口商会在提单上进行背书。提单是一种可转让的票据。出口商可以选择在提单的空白处进行背书，这意味着任何持有该提单的人都可以提取货物，出口商也可以直接背书给付款方，通常是进口商的银行。这样，提单就成为支付或交易的凭证。

16.2.4　典型国际贸易过程中的单据处理

理论上国际贸易可以以多种方式进行，现在我们来看一个典型案例，它展示了各种单据之间的相互作用。假设一家美国出口商接到一家加拿大进口商的订单。对于出口商来说，这是一笔信用证下的出口融资交易，需要一份提单，出口商通过远期汇票收款，该汇票由加拿大进口商的银行承兑。交易过程如图 16.7 所示。

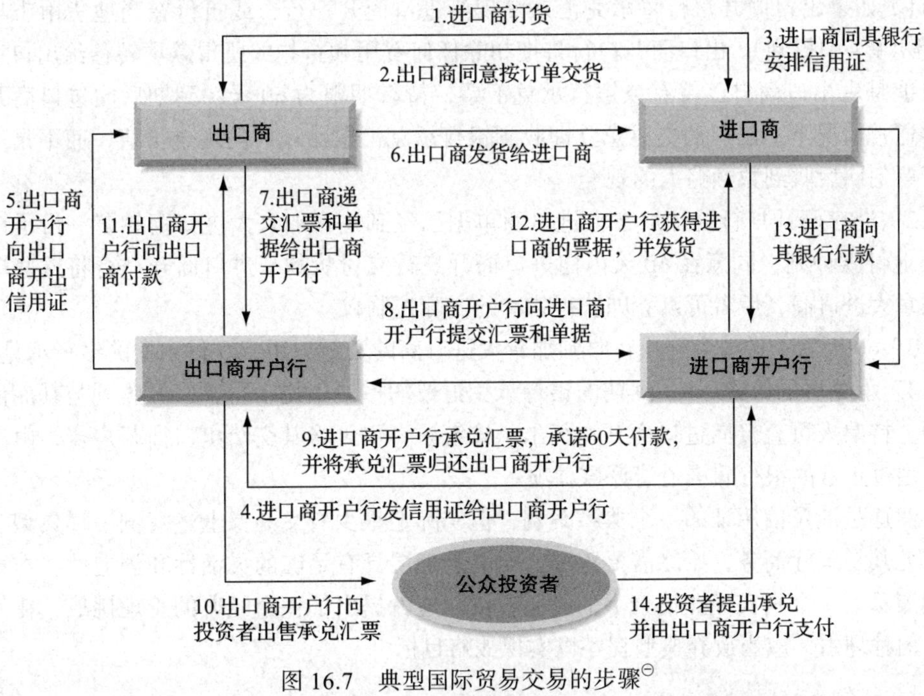

图 16.7　典型国际贸易交易的步骤[㊀]

（1）加拿大进口商下订单，询问出口商是否愿意在信用证下发货。

㊀ 原书的图中存在错误，此处已经更正。——译者注

（2）出口商同意以信用证规定的方式装运，并详细说明诸如价格和条款等有关信息。

（3）加拿大进口商向其银行申请开立以出口商为受益人的信用证，以支持其购买出口商的商品。

（4）进口商开户行开立以出口商为受益人的信用证，并将其寄往出口商开户行。

（5）出口商开户行通知出口商，以出口商为受益人的信用证已经开出。出口商开户行可以确认或者不确认在信用证上加入自己的保证。

（6）出口商将货物运往加拿大进口商。

（7）出口商准备开立一份远期汇票，并将其提交给出口商开户行。汇票根据进口商开户行开立的信用证及其他所需的附属文件（包括提货单）开立。出口商在提单空白处背书（使其成为不记名票据），这样货物的所有权就属于单据的持有者——持有者是出口商开户行。

（8）出口商开户行向进口商开户行提交汇票和其他单据以求承兑。进口商开户行盖章并签字承兑汇票（使之成为银行承兑汇票），获得单据所有权，并承诺汇票到期时支付现已承兑的汇票款项。

（9）进口商开户行将已承兑的汇票退还给出口商开户行。或者，出口商开户行可以要求进口商开户行承兑并贴现汇票。如果发生这种情况，进口商开户行会把扣除贴现费的现金汇给出口商开户行，而不是返回已承兑汇票。

（10）出口商开户行收到已承兑汇票，可以选择两种处理方式：其一，可以在公开市场上以折扣价将该银行承兑汇票出售给投资者——通常是拥有多余现金并想要进行短期投资的公司或金融机构；其二，也可以将承兑汇票纳入自己的投资组合。

（11）如果出口商开户行将承兑汇票贴现给进口商开户行，或折价在当地货币市场出售（在步骤（9）中提到），出口商开户行将把扣除任何费用和折扣的所得款项转移给出口商。另一种可能是由出口商自己持有该银行承兑汇票，持有期限为60天，到期后向进口商开户行收款。通常情况下，出口商更愿意立即收到银行承兑汇票贴现后的现金价值，而不是等银行承兑汇票到期后收到数额略大的现金。

（12）进口商开户行通知加拿大进口商单据已经到达。加拿大进口商签署一份承诺书或制定其他付款计划，同意在60天内向进口商开户行支付货款。进口商开户行将这些单据转交给加拿大进口商，后者可以立即获得货物的实际控制权。

（13）60天后，进口商开户行收到加拿大进口商的资金，用于支付到期的银行承兑汇票。

（14）承兑后的第60日，到期的银行承兑汇票的持票人提示付款，并收到与其面值相等的款项。持票人可直接向进口商开户行出示该汇票，也可将其交给出口商开户行，由出口商开户行通过正常的银行间渠道清算该款项。

虽然这是涉及信用证的一个典型案例，但实际上很少有交易像上述案例一样典型。贸易活动，尤其是国际商务，始终需要跨国公司的管理层具有足够的灵活性和创造性。本章的迷你案例展示了一个真实商业情景下的机制应用。这就提出了一个经典的管理挑战：在何时以及基于何种理由，应当放弃典型程序以实现战略目标？

16.3　促进出口融资的政府计划

多数以出口为导向的工业化国家的政府都有专门的金融机构，向本国出口商提供某种形式的补贴信贷。这些出口金融机构提供的贷款条件比私营部门的条件更优惠。因此，国内纳税人实际上是在对外国买家的出口销售进行补贴，旨在创造就业机会并保持技术优势。这些最重要的机构通常包括提供出口信用保险（export credit insurance）的机构和专门从事出口融资的进出口银行（export-import bank，eximbank）。

16.3.1 出口信用保险

那些坚持要求进口商用现金或信用证支付货款的出口商，很可能会因为无法提供更优惠的信贷条件而失去订单，这些订单可能被其他国家的竞争对手抢走。出口信用保险使得出口商可以获得更优惠的融资条件。这种保险向出口商或出口商的银行提供保障，如果外国客户拖欠货款，保险公司将赔偿大部分损失。由于有出口信用保险，商业银行愿意为出口商提供 5 到 7 年的中长期融资。进口商也希望出口商购买出口信用保险来承担进口商的不履约风险。这样一来，进口商不需要向银行支付开立信用证的费用，也不会影响其信贷额度。

为了扩大出口，各国之间通过可获得保险的出口信贷来相互竞争，这可能会导致信贷战争和非理性的信贷决策。为了防止这种恶性竞争，1934 年，许多主要贸易国联合成立了伯尔尼联盟（Berne Union，正式名称为国际信用保险商联盟），目的是就出口信贷条款达成自愿的国际共识。伯尔尼联盟推荐了许多商品的最长信贷期限，例如，重型资本货物（heavy capital good）的最长信贷期限为 5 年，轻型资本货物（light capital good）为 3 年，耐用消费品（consumer durable good）为 1 年。

在美国，出口信用保险是由外国信用保险协会（Foreign Credit Insurance Association，FCIA）提供的。这是一个由私人商业保险公司组成的非法人协会，与进出口银行（下一节将讨论）合作经营。FCIA 为美国出口商提供保单，以保护美国出口商免受外国债务人因商业风险和政治风险而不付款的损失。商业风险造成的损失是由买方资不抵债或长期拖欠货款引起的。政治风险造成的损失是由政府的行为超出了买方或卖方的控制引起的。

16.3.2 进出口银行和出口融资

美国进出口银行是美国政府的独立机构，成立于 1934 年，旨在刺激和促进美国的对外贸易。进出口银行最初主要是为了促进对苏联的出口。1945 年，进出口银行被重新授权，其目的是“帮助融资并促进美国与任何外国及其机构或国民之间的出口、进口或商品交换。”[㊀]

进出口银行通过各种贷款担保（loan guarantee）和保险计划（insurance program）促进了美国的出口融资。进出口银行担保美国银行向外国借款人提供中期（181 天至 5 年）和长期（5 年至 10 年）出口贷款。进出口银行的中长期直接贷款业务（direct-lending operation）基于私人资金的参与。从本质上讲，进出口银行向美国以外的借款人提供美元贷款，用于购买美国的商品和服务。这些贷款的收益支付给美国供应商。贷款本身连同美元利息一起偿还给进出口银行。进出口银行要求私营部门参与这些直接贷款业务，目的是：①确保它与私营部门的出口融资来源形成互补，而不是相互竞争；②更广泛地分散其信贷资源；③确保私营金融机构继续提供出口信贷。

㊀ The Charter of the Export-Import Bank of the United States, P. L. 114-94 codified at 12 U.S.C. § 635 et seq.

进出口银行还有以下业务：①为租赁业务提供担保；②为美国公司提供资金支持，帮助它们为非美国客户在大型资本项目[㊀]中进行的工程、规划和可行性研究（feasibility study）承担相关成本；③为出口商、银行或在美国商品融资方面寻求帮助的其他人提供咨询。

16.4 贸易融资的可选方案

为了对国际贸易进行融资，跨国公司使用与国内贸易融资相同的融资工具，以及一些仅用于国际贸易融资的专门工具。表 16.1 列出了主要的短期融资工具及其成本或收益。

表 16.1　短期融资工具及其成本或收益

工具	3 个月到期的成本或收益
银行承兑汇票	1.14% 的年化收益率
商业承兑汇票	1.17% 的年化收益率
保理	可变利率但成本远高于银行信贷额度
证券化	可变利率但与银行信贷额度有竞争关系
银行信贷额度	LIBOR 或最优惠贷款利率加点（如果有出口信用保险覆盖则加点更少）
商业票据	1.15% 的年化收益率

注：这些工具与收益率为 1.17% 的 3 个月期可流通银行定期存单存在竞争关系。

16.4.1 银行承兑汇票

如前所述，银行承兑汇票可用于国内贸易和国际贸易融资。表 16.1 显示，银行承兑汇票的收益率与其他货币市场工具的收益率相当，尤其是可流通银行存单。然而，企业开具和贴现银行承兑汇票的总成本还取决于接受该企业汇票的银行所收取的佣金。

在国际贸易中，银行承兑汇票的第一个持有人通常是出口商，银行在汇票上盖上“承兑”的戳记后，出口商将收到这张银行承兑汇票。出口商可以持有这张汇票直到其到期，届时再通过银行托收。例如，对于为期三个月的 10 万美元的银行承兑汇票，出口商收到的金额等于票面金额减去银行每年 1.5% 的佣金：

（单位：美元）

银行承兑汇票票面金额	100 000	
减去三个月佣金（年佣金比率为 1.5%）	−375	（1.5% × 3 ÷ 12 × 100 000）
出口商三个月后收到的金额	99 625	

出口商也可以选择贴现银行承兑汇票，即以低于票面金额的价格将汇票卖给银行，以便立即获得资金。出口商收到的金额等于银行承兑汇票的票面金额减去承兑手续费（佣金）和贴现利息。如表 16.1 所示，如果贴现率为每年 1.14%，出口商将收到以下金额：

㊀ 大型资本项目指的是大型资本投资项目，通常涉及大量的资金投入和复杂的项目管理。这些项目可能包括建筑工程、基础设施建设、能源开发等。它们通常由政府、大型企业或国际机构发起和资助，具有长期性和高投资的特点。——译者注

（单位：美元）

银行承兑汇票票面金额	100 000	
减去三个月佣金（年佣金 1.5%）	−375	（1.5% × 3 ÷ 12 × 100 000）
减去三个月贴现利息（年贴现率 1.14%）	−285	（1.14% × 3 ÷ 12 × 100 000）
出口商收到的金额	99 340	

因此，本次银行承兑汇票融资的总成本（用年化百分比表示）如下：

$$\frac{佣金+贴现利息}{收益}\times\frac{360}{90}=\frac{375+285}{99\ 340}\times\frac{360}{90}\approx 0.026\ 6=2.66\%$$

贴现银行可以在自己的投资组合中持有该承兑汇票，为自己赚取每年 1.14% 的年贴现率收益，也可以在承兑汇票市场上将其转售给证券投资者。购买银行承兑汇票的投资者为交易提供了资金。

16.4.2 商业承兑汇票

商业承兑汇票与银行承兑汇票类似，不同之处在于前者的承兑机构是一家商业公司，如通用汽车票据承兑公司（General Motors Acceptance Corporation，GMAC），而不是银行。商业承兑汇票的成本取决于承兑公司的信用评级和它收取的佣金。与银行承兑汇票一样，商业承兑汇票以贴现价出售给银行和其他投资者，其收益率与其他货币市场工具的收益率相比也具有竞争力（见表 16.1）。

16.4.3 保理

被称为保理（factoring）公司的专业公司以无追索权或有追索权的方式，以折扣价购买应收账款。在无追索权的情况下，保理公司承担其购买的应收账款的信用、政治和外汇风险。有追索权是指保理公司可以退回无法收回的应收账款。由于保理公司必须承担评估每笔应收账款信用状况的成本和风险，因此保理的成本通常相当高，甚至超过了以最优惠利率加点的方式借款的成本。

保理无追索权的应收账款的总成本在结构上与承兑汇票类似。保理公司收取佣金以覆盖无追索权风险，一般为 1.5%～2.5%，外加从初始收益中以贴现形式扣除的利息。此外，公司通过出售无追索权的应收账款避免了评估客户信用状况的成本。

保理公司不必在资产负债表上显示为进行应收账款融资而借入的债务。此外，该公司还避免了这些无追索权的应收账款的外汇和政治风险。全球金融实务 16.3 提供了一个与保理成本有关的案例。

全球金融实务 16.3

保理实务

一家总部位于美国的制造商在第一次全球金融危机和随后的全球经济衰退中遭受了重大损失，面临着现金短缺的危机。该公司的销售额、利润和现金流都有所下降。目前公司正在艰难地偿还其高额债务。不过，该公司有一些新的销售协议。公司正在考虑将其最大的一笔新销售货款以 500 万美元的价格卖给一家日本公司，这笔应收账款将在 90 天后到期。在联系了一位保理代理商后，该公司得到了以下报价。

如果公司将其应收账款进行保理，它将净得 455 万美元，占面值的 91%。虽然乍一看似乎成本较高，但该公司将立即获得现金收益，而不必等待 90 天，而且该公司也不需要负责应收账款的催收。如果该公司能够在初始销售时就将保理成本考虑在内，那就更好了。或者，如果在公司发货后的 10 天内，买方以现金付款，公司可以提供折扣。

单位：美元

应收账款金额（美元）	5 000 000
无追索权费用（1.5%）	−75 000
保理费（2.5% 每月 ×3 个月）	−375 000
销售净收益（现已收到）	4 550 000

16.4.4　证券化

出口应收账款证券化用于贸易融资是对银行承兑汇票和保理业务的有益补充。跨国公司可以将其出口应收账款证券化，方法是将其出售给一个法人实体，这个法人实体的设立目的是将一系列单独的出口应收账款打包，基于这些打包的应收账款创造出可在市场上交易的证券。这种技术的一个优点是将出口应收款从出口商的资产负债表上移除，因为它们已经被以无追索权的方式出售了。

应收账款通常以贴现价出售。贴现价的大小取决于四个因素。

（1）出口商历史上的催收风险。

（2）信用保险的成本。

（3）确保投资者获得理想现金流的成本。

（4）融资的规模和服务费用。

如果涉及大额交易且有已知的信用历史及违约概率，证券化将更具成本效益（cost-effective）。大型出口商可以建立自己的证券化实体。虽然最初的设置成本较高，但该实体可以持续使用。而小型出口商可以使用由金融机构提供的普通证券化实体，从而节省昂贵的设置成本。

16.4.5　银行信贷额度

一家公司通常可以利用其银行信贷额度来进行融资，最高可达应收账款的 80%。公司的出口应收账款也可能符合银行信贷额度融资的条件。然而，收集和评估外国客户的信用信息可能相对困难。如果公司对其出口应收账款投保了出口信用保险，就可以大大降低这些应收账款的信用风险。这种保险使银行的信贷额度能够覆盖更多的出口应收账款，并降低出口应收账款融资的利率。当然，任何外汇风险都必须通过第 10 章所述的交易敞口管理方法来处理。

通常情况下，使用银行信贷额度的成本通常是最优惠利率加上若干点，以反映特定公司的信用风险。按照惯例，100 个基点等于 1 个百分点。在美国，借款人还需要在贷款机构保持一定额度的补偿存款余额。在欧洲和许多其他地方，贷款通常是基于透支协议进行的。这种透支协议允许公司在其信贷额度内透支银行账户。透支所产生的利率是最优惠利率加上额外的点数。无论哪种情况，使用信贷额度进行银行借款的总成本都高于承兑融资，如表 16.1 所示。

16.4.6 商业票据

公司可以发行商业票据——一种无抵押的承诺付款的短期债券——来满足其短期融资需求，包括国内融资和出口应收账款的融资。然而，只有那些拥有良好信用评级的知名大公司才能进入国内或欧洲商业票据市场。

16.5 福费廷

福费廷是“forfaiting”的音译，表示未清偿债务的买卖，也称“票据买断”。它是一种专门的技术，用于在进口商或其所在国政府被出口商认为赊销风险过高的情况下，消除进口商不支付款项的风险。这项技术的名称来自法语“à forfait”，意思是“丧失或放弃一项权利”。

16.5.1 票据买断商的作用

福费廷的本质是出口商将从另一个国家的进口商那里收到的由银行担保的本票、汇票或类似文件以无追索权的方式出售。出口商通过以低于面值的价格将这些票据或汇票卖给专业的金融公司（称为“票据买断商”，forfaiter）来在交易时获得现金。票据买断商在交易执行前安排整个操作。尽管出口公司对交付货物的质量负责，但它在交易时收到了清晰、无条件的现金支付。所有由进口商引起的政治风险和不付款的商业风险由担保银行承担。对于那些信任客户会支付的小型出口商来说，福费廷技术是非常宝贵的，因为它可以缓解现金流问题。

在苏联时期，福费廷技术的专业化集中在德国和奥地利的银行，它们利用福费廷为向东欧、苏联加盟共和国销售资本设备提供资金。英国、斯堪的纳维亚半岛、意大利、西班牙和法国的出口商现在已经采用了这种技术，但据报道，美国和加拿大的出口商使用福费廷的速度较慢，可能是由于他们对福费廷技术表示怀疑，因为该技术十分简单且缺乏复杂的文件。尽管如此，一些美国公司现在专门应用这项技术，美洲票据买断协会（Association of Forfaiters in the Americas，AFIA）有 20 多个成员。通过福费廷技术提供资金的主要出口目的地是亚洲、东欧、中东和拉丁美洲。

16.5.2 典型的福费廷交易

典型的福费廷交易涉及五方和七个步骤，如图 16.8 所示。

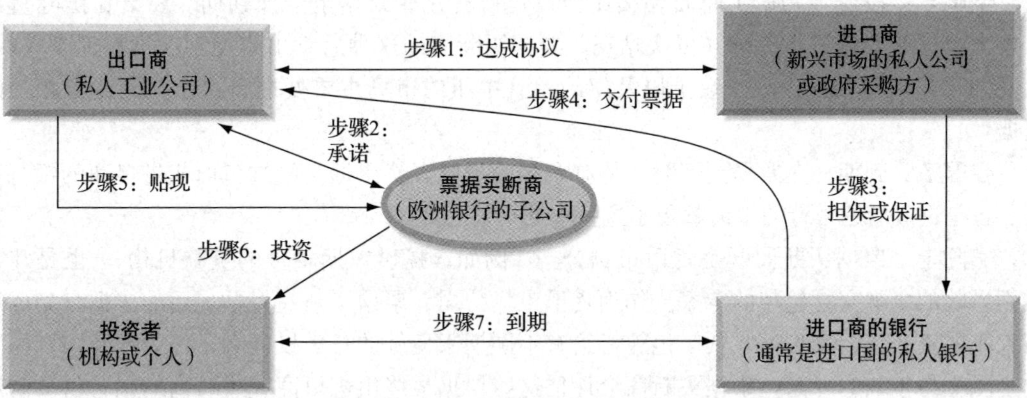

图 16.8 典型的福费廷交易

步骤 1：达成协议。进口商和出口商就一系列进口交易达成协议，这些交易通常将在三到五年内付款。然而，使用这种技术融资的期限长达 10 年，短至 180 天的情况也有。正常情况下，每笔交易的最低金额是 10 万美元。进口商同意定期付款（通常根据项目交付或完成的进度进行付款）。

步骤 2：承诺。票据买断商承诺以固定的贴现率为该笔交易提供融资，并在出口商向票据买断商交付适当的本票或其他指定单据时向出口商支付款项。商定的贴现率基于市场的资金成本，通常以交易的平均期限的 LIBOR 为基础，再加上 LIBOR 的息差，以反映交易中感知的风险。

这种风险溢价受交易的规模和期限、国别风险以及担保机构的质量的影响。例如，在一份 5 年期、每半年支付 10 次的协议中，所使用的利率将基于 2.25 年期 LIBOR 利率。这种贴现率通常会加到交易的发票金额上，使得融资成本最终由进口商承担。票据买断商还会收取额外的承诺费，从其承诺提供融资之日起，直至实际收到根据融资合同签发的贴现票据为止，年费率从 0.5% 至最高 6.0% 不等。这一费用通常也会加到发票金额上，并转嫁给进口商。

步骤 3：担保或保证。进口商通过发行一系列本票来承诺支付其购买的货物，这些本票通常每六个月或十二个月到期一次，以交货进度或项目完成情况为依据。这些本票首先交付给进口商的银行，并由该银行背书（即担保）。在欧洲，这种无条件保函被称为“aval”，翻译过来就是担保。

此时，进口商的银行成为所有后续票据持有人眼中的主要债务人（primary obligor）。银行的担保必须是不可撤销的、无条件的（unconditional）、可分割的（divisible）和可转让的（assignable）。由于美国的银行不发行 aval，所以美国的交易是由备用信用证（standby letter of credit）保证的，它在功能上类似于 aval，但更加烦琐。例如，一般情况下，信用证只能转让一次。

步骤 4：交付票据。现已背书的本票被交付给出口商。

步骤 5：贴现。出口商对票据进行“无追索权”背书，并将其贴现给票据买断商，从而获得约定的收益。这些收益通常在提交相关单据后两天内收到。通过进行“无追索权”的背书，出口商免除了自己在未来对票据付款的任何责任，因此在收到贴现后的款项时，出口商不需要再担心任何后续的付款问题。

步骤 6：投资。票据买断商要么作为投资持有这些票据至全部到期，要么在国际货币市场上对这些票据进行背书并再次贴现。票据买断商的这种后续出售通常是没有追索权的。主要的再贴现市场在伦敦、瑞士以及纽约，其中纽约市场主要处理与拉丁美洲业务相关的票据。

步骤 7：到期。在票据到期时，持有票据的投资者将票据交给进口商或进口商的银行托收。正是进口商的银行的承诺赋予了这些单据价值。

实际上，票据买断商既是货币市场公司（例如，提供短期融资的贷款机构），也是涉及国别风险的金融交易包装的专家。作为货币市场公司，票据买断商将贴现后的票据分割成适当大小的资产包，并将这些资产包转售给有不同期限偏好的各类投资者。作为涉及国别风险的金融交易包装的专家，票据买断商会评估这些票据最终由进口商或进口商的银行付款的风险，并组合出一笔满足出口商和进口商双方需求的交易。

福费廷技术的成功源于对银行背书担保（aval）的信任。尽管商业银行是常见且首选的担保方，但在某些情况下，政府银行或财政部的担保也被接受。有时，大型商业企业也在没有银行担保的情况下成为债务人。该技术的另一重要方面是，背书银行的担保被看作一种“表外”负债，即这种债务在评估商业银行的财务结构时，通常不会被人们考虑。

要点小结

- 国际贸易发生在三类关系之间：未关联且未知方、未关联但已知方和关联方。
- 关联方之间的国际贸易通常不需要合同或外部融资，非关联方之间的国际贸易通常需要合同和某种类型的外部融资，如信用证。
- 国际贸易融资的基本程序取决于三种关键单据之间的相互关系：信用证、汇票和提单。
- 银行用自己的信用证代替进口商的信用证，并承诺在向银行提交某些单据时付款，使得出口商可以依赖银行的承诺而不是进口商的承诺。
- 出口商通常附带提单，将提单附在要求进口商的银行付款的汇票上，并通过自己的银行将这些单据提交给进口商的银行。
- 如果单据相符，进口商银行要么支付汇票（即期汇票），要么承兑汇票（远期汇票），在后一种情况下，银行承诺将来付款，此时，进口商的银行通过提单获得商品的所有权，并将商品放行给进口商。
- 出口商进入外国市场的总成本包括贸易融资的交易成本、进出口关税、出口国和进口国适用的关税以及外国市场渗透的成本。
- 国际贸易融资使用与国内贸易融资相同的融资工具，再加上一些仅用于国际贸易融资的专门工具，其中一种流行的短期融资工具是银行承兑汇票。
- 其他与国内对应的短期融资工具包括商业承兑汇票、保理、证券化、银行信贷额度（通常有出口信用保险覆盖）和商业票据。

问　题

16.1 **无关联买方。**为什么向无关联的、作为新客户的外国买家出口时和向无关联但已对其销售多年的外国买家出口时使用的单据不同？

16.2 **关联的买方。**出于什么原因，出口商在向母公司或姊妹子公司出口时可以使用标准的国际贸易单据（信用证、汇票、提单）？

16.3 **关联方贸易。**公司内部贸易比无关联的出口商和进口商之间的贸易更加常见，对于这一现象你能给出什么理由？

16.4 **单据。**请解释信用证和汇票的区别，并说明它们是怎样联系在一起的？

16.5 **风险。**货币风险和不履约风险的主要区别是什么？在典型的国际贸易中，这些风险是如何处理的？

16.6 **信用证。**阐述信用证的各方及其责任。

16.7 **保兑信用证。**出口商为什么坚持开立保兑信用证？

16.8 **电脑硬盘出口步骤的记录。**请列出从马来西亚槟城州向加利福尼亚州圣何塞出口电脑硬盘的步骤，该交易使用非保兑信用证，并且授权见票即付。

16.9　**木材出口步骤的记录。**请列出从俄勒冈州波特兰向日本横滨出口木材的步骤，该交易使用保兑信用证，120 天内付款。

16.10　**政府提供信贷。**各国政府都设立了机构来防范出口拒付和（或）提供出口信贷。这将信贷风险从私人部门转移给了银行和纳税人。为什么这样的安排会对该国的公民有利呢？

迷你案例

Crosswell 公司和巴西

习　题

扫码了解习题

第5部分

外国投资与投资分析

第 17 章
CHAPTER 17

外国直接投资与政治风险

船友们，在这个世界上，只要付得起代价，罪恶可以不需要护照就自由通行；而相反，如果是贫穷的正直之人，只能处处碰壁受阻。

——赫尔曼·梅尔维尔（Herman Melville),《白鲸记》[⊖]，1851 年

学习目标

17.1 阐释关键竞争优势如何支持外国直接投资的决策
17.2 揭示跨国公司在市场选择和市场进入形式选择方面的决策过程
17.3 界定跨国公司投资国外时面临的政治风险，并对其分类
17.4 检验政治风险对跨国公司财务方面的影响
17.5 讨论跨国公司采取的各种缓解政治风险的方法

跨国公司在其他国家的投资行为是其通过外国直接投资执行公司战略的体现。本章第一节阐释了跨国公司进行外国直接投资决策的理论依据。本章第二节分析了跨国公司如何选择某个国家或市场，以及它们采取的具体进入方式。在此过程中，我们侧重分析这些决策所涉及的财务风险和收益。第三节引入和定义了政治风险，并给出了政治风险的分类框架。第四节探讨了政治风险可能带来的财务影响，而第五节则全面审视了跨国公司在面对这些政治风险时采取的众多缓解策略。本章以迷你案例“阿根廷与秃鹫基金”结尾，此案例揭示了国际金融市场上一系列特殊的法律和政治风险，以及这些风险对依赖国际金融市场进行融资的主

⊖ 《白鲸记》（*Moby Dick*）是美国作家赫尔曼·梅尔维尔于 1851 年出版的一部小说。这部作品被普遍认为是美国文学史上的经典之作，也是世界文学宝库中的重要组成部分。——译者注

权债务国的影响。

17.1　外国直接投资决策

一家跨国公司开展外国直接投资的战略决策是其全球战略的延拓。OLI 分析范式有助于解释跨国公司为何选择进行外国直接投资。[⊖]该分析范式全面地解释了为何跨国公司选择外国直接投资而非通过类似特许经营或出口的方式来进入海外市场。

OLI 分析范式指出，一家公司要在外国直接投资中获得成功，首先必须在其本地市场具备某种竞争优势——"O"代表**所有权优势**（ownership advantage），这种优势需要能够转移到海外市场。其次，公司需被外国市场的特性所吸引——"L"代表**区位优势**（location advantage），这些特性将使其能够在该市场中利用其竞争优势。最后，公司通过尝试控制其所在行业的整个价值链来维系其竞争地位——"I"代表**国际化优势**（internationalization advantage）。满足上述三个条件的跨国公司就能选择外国直接投资而非特许经营或外包。

所有权优势。如前所述，公司必须在本地市场具备竞争优势。这些优势是公司特有的，不可轻易复制，且能很好地转移到外国子公司。例如，规模经济和财务能力并不一定是公司特有的，因为许多其他公司也可以具备这些优势。某些技术可被购买、可被授权或被复制。即便公司生产的是差异化的产品，如果竞争对手进行了足够的市场推广并采取了合理的定价策略，该公司也可能失去其原有的优势。

区位优势。造成区位优势的因素包括市场不完善或确实存在的比较优势，这些因素对外国直接投资在特定地点具有特别的吸引力。还有一些因素也会造成区位优势，如廉价且高效的劳动力、独特的原材料来源地、巨大的国内市场、应对其他竞争对手采取的防御性投资或技术创新的中心等。

国际化优势。根据 OLI 分析范式，跨国公司维持其独特竞争优势的关键在于掌握专有信息及有效管理那些能通过研究专业知识产生创新思维的人才。显然，大规模投资研发的大型公司最符合这一特征。在成功实施的国际化战略中，降低交易成本至关重要。全资拥有的外国直接投资有助于减少因信息不对称，缺乏信任以及监管外国合作伙伴、供应商和金融机构而产生的代理成本。自筹资金意味着跨国公司无须担心外国子公司遵守特定债务契约的问题，特别是那些可能依赖当地或合资伙伴融资的子公司。若跨国公司能以较低成本轻松获得全球资金，那么与成本更高的合资伙伴、分销商、特许经营者和当地银行分享资源的必要性便大大降低了。

融资策略。如图 17.1 所示，融资策略与 OLI 分析范式在解释外国直接投资决策方面有直接联系。跨国公司的财务主管可以事先制定主动型融资策略。这些策略包括利用较低的全球融资成本和更广泛的资金获取优势。此外，跨国公司通常会与东道国的政府机构协商财政补贴（financial subsidy）或税收减免来增加自由现金流。通过外国直接投资，跨国公司可以更直接地控制其海外资产和运营（不需要当地的合作伙伴），从而降低财务代理成本，还可以

⊖ Peter J. Buckley, and Mark Casson, *The Future of the Multinational Enterprise*, London: McMillan, 1976; and John H. Dunning, " Trade Location of Economic Activity and the MNE: A Search for an Eclectic Approach," in *The International Allocation of Economic Activity*, Bertil Ohlin, Per-Ove Hesselborn, and Per Magnus Wijkman, eds.,New York: Holmes and Meier, 1977, pp. 395–418.

减少运营敞口和交易敞口。㊀

被动型融资策略，如图 17.1 所示，取决于跨国公司对外国直接投资的东道国市场不完全㊁的识别。例如，跨国公司可以利用错配的汇率和股价来获得经济利益。实施该策略的公司还需要对限制资金自由流动的资本管制做出反应，并抓住机会来最小化全球范围内的税收。

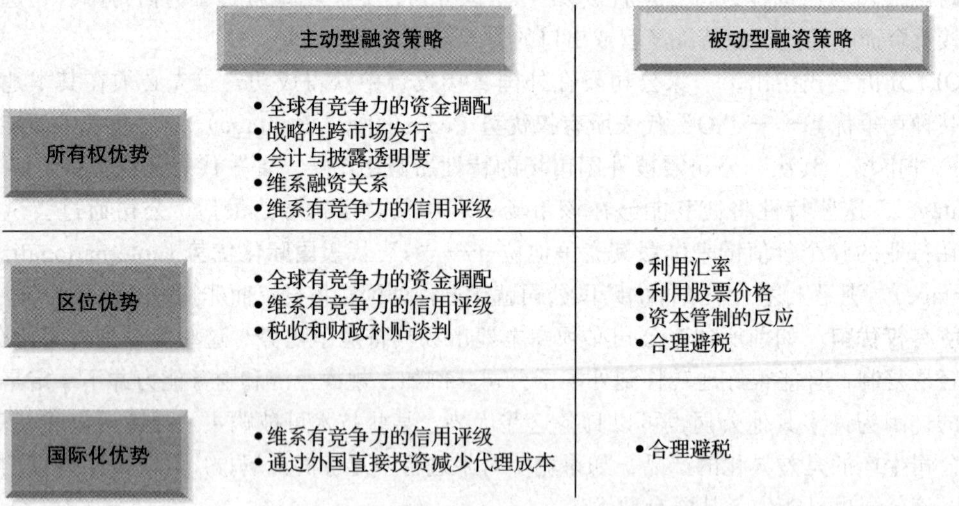

图 17.1　融资策略和 OLI 分析范式

资料来源：Constructed by authors based on "On the Treatment of Finance-Specific Factors within the OLI Paradigm," by Lars Oxelheim. Arthur Stonehill, and Trond Randoy, *International Business Review* 10, 2001, pp. 381–398.

17.2　进入海外市场的形式选择

跨国公司做出外国直接投资的决策后，接下来的步骤是选择进入哪些海外市场以及如何进入这些市场，即确定采用哪种商业形态和结构。最终，这些关于目标市场和进入形式的选择将决定该公司面临哪些类型的政治风险（这一主题会贯穿本章后续多个小节）。

17.2.1　选择目标市场

跨国公司决定首次在海外哪里投资受其行为因素的影响。跨国公司通常会从最初的几次海外投资中汲取经验，这些经验教训会影响其后续的投资决策。理论上，跨国公司会在全球范围内寻找市场不完全和比较优势，直到找到一个预计能够带来足够大竞争优势的国家，以便在新的外国直接投资中获得符合风险调整后的可接受回报率。

在实践中，跨国公司在寻找目标市场时会遵循一定的顺序模式。这种顺序模式背后的逻

㊀ 通过外国直接投资，跨国公司能够更有效地管理和协调其国际业务，减少货币兑换、跨境交易等带来的风险，还能够通过在本地进行生产和销售，减少跨境交易和汇率波动的影响。——译者注

㊁ 市场不完全（market imperfections）是指市场在资源分配上的效率不完全，通常因为市场信息的不对称、交易成本、价格歧视、政府干预、垄断或竞争不充分等。——译者注

辑思想主要基于以下两种理论：行为理论和国际网络理论。

行为理论视角下的外国直接投资。从行为理论视角分析跨国公司的外国直接投资决策，典型代表是瑞典经济学派。[㊀]瑞典经济学派相当成功地解释了跨国公司最初的外国直接投资决策，还成功地解释了跨国公司在其他国家进行再投资的后续决策，以及在国际化过程中跨国公司结构的演变。

在研究瑞典跨国公司的国际化过程的样本基础上，经济学家们观察到这些公司倾向于首先投资于与瑞典在心理距离上较近的国家。所谓心理距离较近的国家，是指那些在文化、法律和制度环境上与瑞典相似的国家，例如挪威、丹麦、芬兰、德国和英国。最初的投资规模较小，以此来降低不确定的国际环境带来的风险。随着瑞典跨国公司从最初的外国直接投资中学习并积累经验，它们开始愿意承担更大的风险，不仅在心理距离更远的国家进行投资，还增加了投资的规模。

国际网络视角下的跨国公司。随着瑞典跨国公司的成长和成熟，它们参与国际投资的性质也相应发生变化，形成了通常所称的跨国公司的网络视角。如今，每家跨国公司都被视为国际网络的一部分，网络节点不仅包括其各个外国子公司，还包括母公司本身。中心化（层级化，hierarchical）控制已转变为去中心化（非层级化，heterarchical）控制。为了获得更多资源承诺[㊁]（resource commitment），跨国公司的外国子公司不仅彼此之间展开竞争，而且还与母公司竞争，这种竞争影响了跨国公司的战略规划和再投资决策。

许多这样的跨国公司已经成为拥有竞争性内外部网络的政治联盟。每个子公司都融入了其东道国的供应商和客户网络之中。同时，这些子公司还是各自行业全球网络的一环。此外，它们也是母公司控制的组织网络中的一部分。更复杂的是，母公司可能已经转变为一家跨国公司，归属于分布在不同国家的投资者联盟（coalition of investors）。

17.2.2　选择进入市场的形式

跨国投资者进入海外市场有多种选择。一般来说，市场渗透的程度越高，预期回报就越大，相应的投资规模也越大，潜在风险也随之增加。全球化过程中，跨国公司需要做出一系列关于生产地点、资产所有权和控制权（包括生产设施和知识产权）的决策。图 17.2 展示了上述外国直接投资的序列。本节的重点是探讨与公司相关的财务操作和管理策略。

最首要且根本的选择在于是改变跨国公司现有的竞争优势，还是寻求在海外市场扩展其现有的竞争优势。我们在这里关注的是后者，即在与跨国公司现有竞争优势相协调的基础上，选择适宜的海外市场渗透策略。至于改变跨国公司的竞争优势的选择，则是其全球战略领域的关键议题。

㊀ John Johansen, and F. Wiedersheim-Paul, " The Internationalization of the Firm : Four Swedish Case Studies, " *Journal of Management Studies*, Vol. 12, No. 3, 1975; and John Johansen and Jan Erik Vahlne, " The Internationalization of the Firm : A Model of Knowledge Development and Increasing Foreign Market Commitments," *Journal of International Business Studies*, Vol. 8, No. 1, 1977.

㊁ 在跨国公司的背景下，资源承诺通常涉及对外国子公司的投资，包括提供资本、技术、人才等，以支持其业务发展和市场扩张。外国子公司之间及与母公司之间的竞争，是为了获得更多的这类资源支持，从而促进各自业务的发展和公司整体战略目标的实现。——译者注

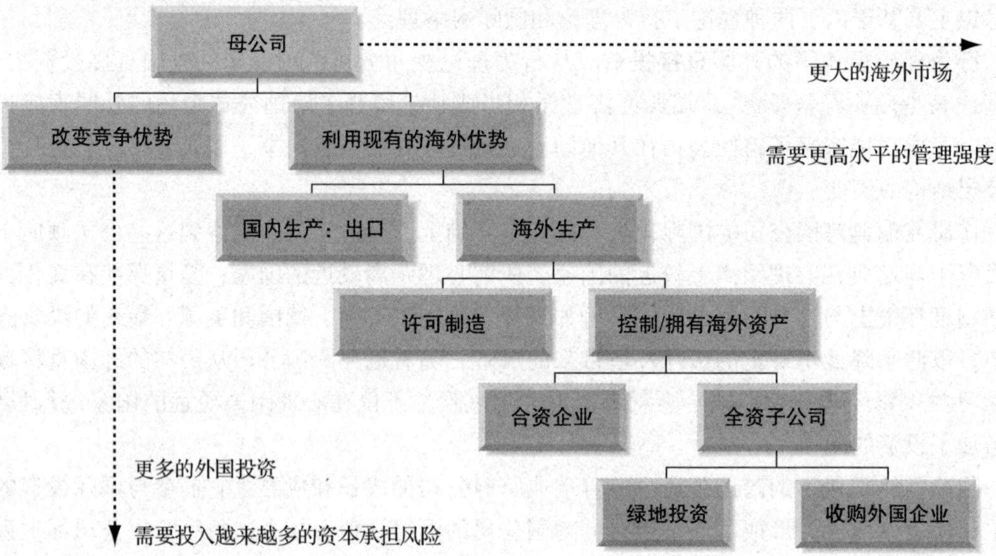

图 17.2 外国直接投资的序列

出口与海外生产之间的权衡。跨国公司出口产品有很多优势。跨国公司直接出口，避免了涉及外国直接投资、成立合资公司、建立战略合作关系和颁发生产许可证等方式所特有的风险。政治风险较小。跨国公司可以避免产生诸如监管和评估外国子公司等的代理成本。出口所需的前期投资[㊀]（front-end investment）规模也远比其他海外投资模式要少。但是，外汇风险依然存在。值得注意的是，许多出口（和进口）活动实际上是在跨国公司及其外国子公司和关联公司之间进行的，这种内部交易方式相较于其他外部市场渗透形式，降低了出口的风险。

跨国公司选择出口的不利之处也不少。相比外国直接投资，跨国公司利用其核心竞争力的能力受限，产品和服务的销售范围也会大受制约。跨国公司还面临着被模仿者或更具成本效率的全球竞争对手夺取市场的风险，这些竞争对手可能在海外生产上具有成本优势，并拥有更广泛的分销网络。如果竞争对手在外国市场提升了自身的竞争力和市场覆盖度，这可能会对公司在本地市场的竞争地位造成威胁。为了预防这种掠夺性行为[㊁]（predatory behavior）以及在外国市场抢占先机对抗竞争对手，跨国公司常常采取防御性的外国直接投资。

特许经营与管理合同[㊂]。特许经营是国内公司不需大量资金投入即可利用外国市场获利的

㊀ 前期投资指的是在项目开始或业务启动前所需进行的初始投资。这种投资通常涵盖了启动项目所需的所有费用，包括但不限于研发费用、市场调研费用、设备购置成本、初期运营成本、人员培训费用等。前期投资是评估项目可行性和计划启动成本的重要因素之一。——译者注

㊁ 在商业和经济领域中，掠夺性行为是指一家公司采取的策略或行动，旨在消除竞争对手，以获得市场支配地位。这种行为通常涉及采用不正当的或极端的手段来压制或排挤竞争对手，从而扩大自己的市场份额。如掠夺性定价，一家公司故意将产品或服务的价格定得极低，甚至低于成本，以打击竞争对手。再如独家交易协议，公司可能要求供应商或客户只与自己进行交易，排除竞争对手。——译者注

㊂ 管理合同是一种商业安排，其中一方（通常是一家专业管理公司）同意管理另一方（如一家企业或项目）的日常运营和 / 或特定的业务部门。在这种安排中，管理公司不拥有客户公司的股份，但负责其运营和管理。一个常见的例子是酒店管理合同，酒店所有者雇用一家专业酒店管理公司来运营酒店。在建筑和工程项目中，业主可能与一家项目管理公司签订管理合同。后者负责协调项目的各个方面，如规划、设计、施工监督、预算控制和时间表管理。——译者注

流行方式。因为外国生产商通常完全归东道国所有，这样的安排使政治风险降至最低。近年来，许多东道国已要求跨国公司采用非捆绑形式（unbundled form）销售其服务，而不是仅限于通过外国直接投资。这意味着这些国家希望本地公司能够通过单独的服务协议，例如管理合同或许可协议，来购买所需的管理专业知识和技术，而不是通过一个包含多种业务活动的外国直接投资项目。

对于作为授权方的公司而言，虽然许可经营相关的边际投资的回报率可能更高，但许可经营的主要缺点是许可费（license fee）通常低于通过外国直接投资所能获得的利润。许可收入（licensing income）作为一种收入流通常更加稳定，因为许可费通常基于销售额（即总营收，通常较大且相对稳定）的一定比例计算，而外国直接投资的利润则基于业务收益（净利润，可能为负）。此外，这些公司还面临着可能失去控制权的风险，尤其是在质量控制方面；以及在国内外培养出新的竞争对手的风险和技术被盗用的风险。

跨国公司通常不会将独立公司作为许可经营的对象。相反，大多数许可安排（licensing arrangements）是与它们自己的外国子公司或合资企业进行的。许可经营的回报，即许可费，是一种在所有运营单位中分摊企业研发成本的方式，也是一种将利润以某些东道国更能接受的形式（与股息相比）汇回本国的手段。

管理合同与许可经营在某种程度上相似，因为它们都能在不涉及大量外国投资或面临显著风险敞口的情况下，为实施方提供来自国外的现金流。对于承担这些合同的管理公司或顾问公司来说，管理合同可能降低政治风险，因为它们可以相对容易地撤回其派遣的管理人员。国际咨询和工程公司通常就是通过承接这类管理合同来开展其海外业务的。

采用许可经营和管理合同是否比外国直接投资更具成本效益，取决于东道国愿意为这些非捆绑服务支付的价格。如果价格足够高，许多跨国公司会更愿意以非捆绑的方式利用市场不完全，尤其在考虑到政治风险、外汇风险和商业风险较低的情况下。然而，由于我们观察到跨国公司仍然更倾向于选择外国直接投资，我们必须假设出售非捆绑服务的价格仍然偏低，因为管理专长通常依赖于公司内部的多种支持要素，如团队协作、公司文化、内部流程和资源，这些要素难以有效转移到海外。

合资企业还是全资子公司。合资企业是一种共享所有权的商业实体，共同承担业务风险并分享回报。部分由母公司拥有的外国业务单位（foreign business unit）通常被称为外国附属公司（foreign affiliate）。如果外国业务单位由母公司拥有 50% 或以上的股份（拥有控制权），通常被称为外国子公司。因此，合资企业通常会被描述为外国附属公司，而不是外国子公司。

使用合资企业来共享控制权、所有权和预期回报的三个主要动机是：①作为进入东道国的要求；②与拥有独特且宝贵的品质或能力的伙伴建立合作；③减轻与投资相关的政治风险、商业风险和资本风险。

发展中国家视外国直接投资为经济和收入发展的主要贡献者。然而，如果合资企业包括东道国的本地合作伙伴，发展中国家在国家建设方面的益处（nation-building benefit），如经济增长、技术转移和管理经验提升，可能会更快更有效地实现。本地合作伙伴虽然可能在经验和资本方面贡献较少，但它们提供了在本国开展业务的宝贵知识（包括商业和政治关系），并能够贡献许多具有实力的中层管理人员。这种能力，即在多个层面为合资企业提供熟练的管理技能，在很多情况下是极其宝贵的。

很多外国直接投资项目需要独特的技能、技术和专业能力的结合，这是很多公司，包括跨国公司，通常不具备的。如果合资伙伴，无论是国内还是国外的，能够在合作过程中引入这些必要的技能，它们就可能成为外国直接投资项目成功或失败的关键决定因素。

使用合资企业结构的第三个动机是缓解风险，这在新兴经济体的基础设施和自然资源开发项目中尤为重要。首先，这类项目的资本需求规模巨大，对任何一家单独的公司而言都可能构成“孤注一掷”的风险。其次，许多东道国政府认为合资企业因代表了来自多个国家的投资而在政治上具有吸引力。因此，在很多情况下，东道国能够保持中立，同时在与各合作伙伴的谈判中增强自己的影响力。

尽管合资企业因其“共享”特性而看起来很有吸引力，但在大多数情况下，通常会指定一个合作伙伴为主要运营方，以保证合资企业的领导和控制效率。然而，对独立控制的追求也是合资企业不如全资子公司那样普遍的原因之一。跨国公司担心合作伙伴会干涉某些关键领域的决策。实际上，尽管某些决策从本地合资企业的视角看似最佳，但对于整个跨国公司的运营来说，它们可能并不是最优选择。合资企业最重要的潜在冲突或困难包括以下方面。

- 在是否需要现金分红或是采取留存收益抑或是通过新一轮融资为可能的公司业务增长提供资金等方面，本地和国外的合作伙伴会存在分歧。
- 对于从关联公司购买或卖给关联公司的产品或组件的转让定价，可能会产生利益冲突。
- 如果全球范围内的生产流程优化会对本地合资伙伴不利，那么跨国公司实现生产流程优化的能力可能会面临风险。
- 合资企业在当地上市或与本地合作伙伴建立合作关系的情况下，可能需要公开披露本地的业绩情况，而如果子公司完全由国外公司拥有，则无须进行这类公开披露。
- 合资企业的股权估值颇具挑战。本地合作伙伴应该以何种价格购买其在合资企业中的股份？贡献的技术价值应如何估算？在合作中提供的土地价值又该如何计算，特别是在土地完全国有化的国家中。
- 外国合作伙伴和东道国合作伙伴在资本的机会成本，预期回报率，以及对商业风险、外汇风险和政治风险的适当溢价的认知上，极不可能相似。
- 就合资企业作为每个投资者投资组合的一部分而言，它对投资组合回报和波动性的贡献对于每个投资者可能截然不同。

最终，根据项目开发所需的规模和资本，典型的合资企业通常只持续 5～7 年。然而，跨国公司与其在海外的本地合作伙伴之间的合资企业确实有着更长有效的商业生命周期。全球金融实务 17.1 描述了一家由美国公司在俄罗斯运营的最古老的合资企业之一，即通用汽车 -AvtoVAZ 合资公司。

全球金融实务 17.1

俄罗斯合资公司的财务结构

通用汽车公司（美国）和 AvtoVAZ 公司（俄罗斯）的合资公司很长时间里被认为是成功的合资公司融资的经典案例。该合资公司最初于 2001 年创建，由三方组成——通用汽车公司、AvtoVAZ 公司和欧洲复兴开发银行，创建一个全新的、高质量的、双品牌汽车——雪佛兰 Niva。该合资公司的财务结构见图 17.3。

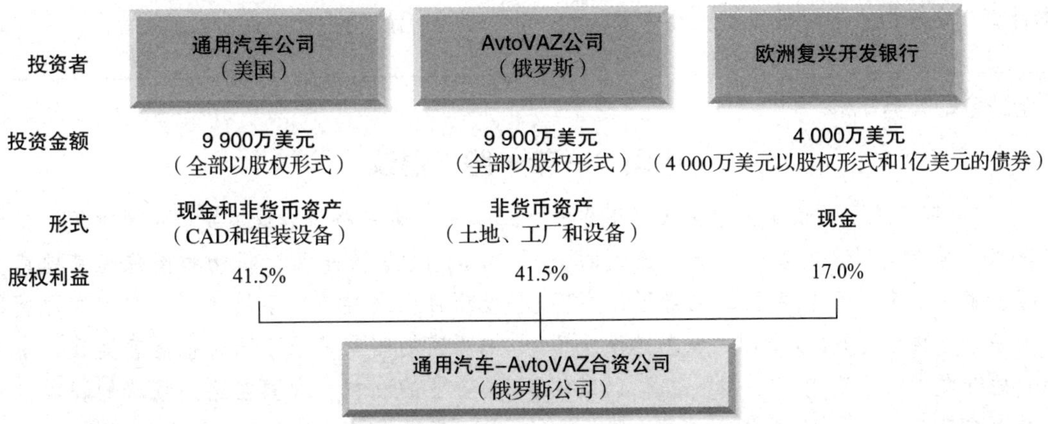

- 合资公司的股权比例是根据总股本的贡献比例确定的。合资公司的资本结构总额为3.38亿美元，其中2.38亿美元为股本，1亿美元为债务。合资公司于2002年开始运营，并随着时间的推移成功地产生了稳健的经营现金流
- 合资公司最终偿还了对欧洲复兴开发银行的债务，用本地债务替代了这部分债务。2012年，欧洲复兴开发银行将其在合资公司中的股权出售给了该公司的其他合作伙伴，随后这些合作伙伴成了拥有平等股权的共同所有者
- 不同于一般持续5～7年的合资企业，通用汽车–AvtoVAZ合资公司一直运营到2019年才结束，之后AvtoVAZ公司成了其唯一的所有者

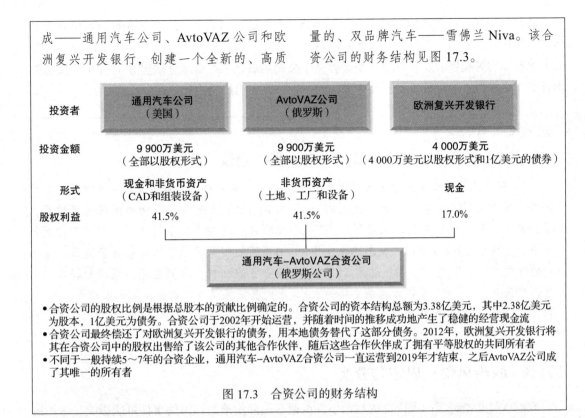

图 17.3　合资公司的财务结构

绿地投资和海外兼并（greenfield investment and foreign acquisition）。跨国公司全资控股的外国直接投资使得承担该投资的跨国母公司面临的风险和潜在回报都达到最大化。无论是绿地投资（即从零开始建设的项目，因而得名“绿地”），还是通过收购方式（即购买东道国现有的业务），跨国公司能在最大限度上控制其投资未来的走向（至少在东道国当局允许的范围内）。然而，这种做法的缺点可能相当大，而且跨国母公司可能会错过与本地合作伙伴合作所带来的诸多好处，正如上文所述。

战略联盟。战略联盟是一种可以涵盖图 17.2 中描述的多种形式的外国投资模式。根据其主要目标，战略联盟可以采取多种不同形式，常见的包括联合市场营销和服务协议（joint marketing and servicing agreement）、交叉所有权交换（cross-ownership swap）以及建立更全面的合作伙伴关系和设立合资企业。

第一层级的联盟可能是联合市场营销和服务协议的形式，其中每个合作伙伴在各自的市场里代表对方。这种形式在消费品行业很常见，不同的公司或合作伙伴在不同的地区或国家具备优势。然而，在某些情况下，这种合作形式也经常被批评为类似于 20 世纪 20 年代和 30 年代普遍存在的工业卡特尔。因为这些协议减少了市场竞争，如果被认定为卡特尔，它们会被国际协议和很多国家的法律所禁止。

第二层级的联盟是两家公司相互交换一部分所有权股份。这种形式的战略联盟可以作为一种收购防御手段，特别是当主要目的是将公司的一些股票置于稳定且友好的环境中。如果只发生这种情况，那么实际上它只是另一种形式的证券组合投资。

第三层级的战略联盟更为全面。除了交换股票之外，合作伙伴会建立一个独立的合资公司（或多个合资公司）来开展和制造产品或服务。在汽车、电子、电信和航空工业中有许多

这样的联盟例子。这类联盟非常适合于资本密集型和高科技行业，因为这些行业的研发成本较高，对技术改进引入的时间节点非常敏感。

然而，海外投资并非仅仅是一个纯粹基于公司的概念。在全球金融实务 17.2 中，按总资本计算，全球最大的海外投资正在中国的“一带一路”倡议的主导下逐步实施。

全球金融实务 17.2

中国“一带一路”倡议

“一带一路”倡议是由中国政府正式提出的，是有史以来对发展中国家最大的全球投资项目集合。在中国的主导下，中国的多个机构已与 60 多个国家就基础设施项目的开发进行了谈判。“一带一路”倡议包含两个部分，“一带”是指古丝绸之路的重构，“一路”是指跨越海洋的水路网络。

“一带一路”倡议主要侧重于水坝、公路、港口、发电厂、机场和医院等基础建设项目。这些项目不仅增强了中国在发展中国家的国家地位，同时也显著提升了中国企业的利益。中国在这一领域的资本投入的真实规模难以估量，且形式多样。

17.3　政治风险：界定与分类

政治风险是指特定国家内部的政治事件或通过国际法涉及该国的事件可能影响在该国运营的公司的经济福祉的可能性。跨国公司需要预测和管理政治风险。为此，跨国公司必须了解不同类型的风险及其发生的可能性。

跨国公司面对的政治风险可分为**特定于公司的风险**[㊀]（firm-specific risk）或**特定于国家的风险**（country-specific risk），两者皆发生在全球背景下，即**全球特定风险**（global-specific risk），图 17.4 所示。值得注意的是，与传统金融理论对风险的定义不同，在金融领域，风险通常用统计学的方法来定义，比如指随时间变动的回报率的标准差。我们对政治风险的定义和分类具有单一方向性。这意味着政治风险总是被认为对跨国公司的运营和未来前景产生负面的影响。

特定于公司的风险。特定于公司的风险也被称为微观风险（micro risk），是指那些在项目或公司层面影响跨国公司的风险。这些特定于公司的风险可进一步被细分为主权国家政府及其可能对法律合同的干预带来的政府风险，以及其他外部因素（如故意的破坏行为或有组织的抵制活动）可能带来的不稳定风险。最常见的政府风险包括合同违约、法规变更以及国家征用资产（特别是渐进式征用[㊁]，下面将进一步解释）。

㊀ 特定于公司的风险指的是影响特定公司（而不是整个行业或经济）的风险。它强调的是风险与特定公司的直接关联性。特定于公司的风险不能简化为特定公司的风险，这可能被误解为特定公司带来的风险，与原文的意思相距甚远。——译者注

㊁ 渐进式征用（creeping expropriation）是指政府并不是一次性公然地没收私有财产，而是通过一系列小的、往往看似合法的政策或行政措施，逐步削弱私有财产的价值或所有者的控制权。假设一家外国公司在某国拥有一座矿山。政府可能不会直接没收这座矿山，而是可能逐渐提高税收、改变矿业法规、限制出口，或实施其他一些措施，逐渐剥夺公司对矿山的实际控制和利益。虽然政府没有直接夺取所有权，但这些措施合起来却有效地削弱了外国公司对其资产的控制，从而构成了一种“慢性征用”。这种做法通常较难被直接识别为不公平或非法，因为它隐藏在正常的政府行政管理和法规变更之下。——译者注

所有国家，无论是高度工业化国家还是新兴市场国家，都会随时间变化经历法规调整。这是不可避免的现象，跨国公司在不同国家运营时必须面对这一问题。然而，当这些法规变动专门针对跨国公司的经营活动，使其与国内市场的同类公司相比受到不同对待时，跨国公司明显遭受了歧视性待遇。因此，跨国公司需要通过积极的预防措施和有效的应对策略来减轻这类风险的影响。

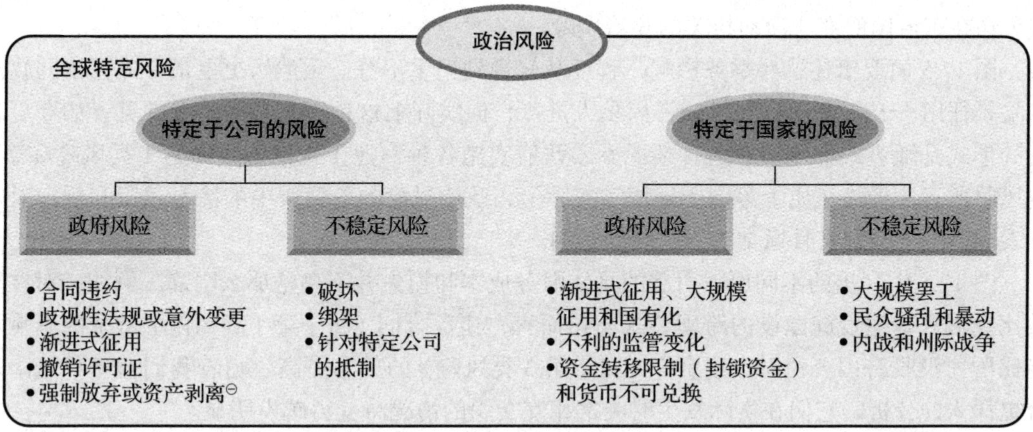

图 17.4 政治风险的分类

特定于国家的风险。特定于国家的风险也称为宏观风险（macro risk），是指那些影响跨国公司公司层面或项目层面，却源自国家层面的因素。特定于国家的风险可以进一步细分为政府风险和不稳定风险。

最常见的政府风险包括征用（在国家层面也称为国有化）、法规变更和资金转移限制（即冻结资金）。国家层面的不稳定风险包括大规模的工人运动或罢工、内乱和接近战争的临界点。诸如此类的例子举不胜举，不再一一罗列。

全球特定风险。全球特定风险是指那些可能在项目或公司层面影响到国内公司和跨国公司的因素，但这些因素源自全球层面。这类风险的例子有恐怖主义、反全球化运动、环境问题、贫困问题和网络攻击。尽管这类风险源自区域或全球层面，但其影响却体现在国内，我们的讨论也将集中在这一方面。

在宏观层面，跨国公司努力评估东道国的政治稳定性和对海外投资者的态度。在微观层面，跨国公司会分析公司特定的经营活动是否会与东道国的目标产生冲突，这通常通过现有的法规来判断。然而，对于跨国公司来说，最具挑战的任务是预测东道国目标优先级的变化，为了实现新的优先级而出台的新法规，以及这些变化对跨国公司运营的可能影响。

在继续讨论之前，有一点需要特别强调。如战争、内乱以及出于政治动机的暴力行为（包括恐怖主义）显然对所有人和所有组织都构成了巨大的风险。这些风险的严重性始终超越我们所讨论的基于商业的政治风险。保护工人的健康和安全，无论其国籍或雇主如何，都应被视为最高优先事项。不管追求利润多么神圣，世界上总有比这个目标更可贵的东西。

⊖ 强制放弃（forced abandonment）指的是跨国公司因不可抗力或外部环境变化，被迫结束某些业务或项目。资产剥离（divestiture）指的是出于战略调整或应法律、政治等外部因素的要求，跨国公司卖掉部分资产或业务单位。——译者注

17.4 政治风险的财务影响

外国政治变革（political change）对跨国公司的财务影响覆盖了公司财务运行的方方面面——从盈利到运营现金流，再到资产所有权。从基本要素角度来看，这些风险不仅改变了跨国公司在东道国的运营模式，更关键的是，它们影响了跨国公司继续投资的意愿，甚至在极端情况下，可能完全改变公司投资的决策。本节重点关注各种以公司为基准的，直接与跨国公司在东道国的商业活动相关的政治风险。

图 17.5 简要概述这些财务影响，程度从轻微到严重不等。虽然历史上最令人担忧的政治风险是征用——国家为公共目的占用私人资产，但实际上这种情况相对不太常见。如今更普遍的形式是渐进式征用，在这种情况下，政府实施各种商业干扰措施，如第 1 类风险和第 2 类风险所述，最终实质上等同于征用。实际上，政治风险的前两类中的诸多政策和规定对财务表现产生了最常见且通常较为隐蔽的影响。

图 17.5 中列出的不同原因引起的具体财务成本和损失并不总是那么明确。例如，对在莫桑比克展开基建设施建设的跨国建筑公司而言，违反合同（属于第 1 类风险）带来的影响可能比国家没收跨国公司财产或资产（属于第 3 类风险）的成本更高。随着我们对各种风险进行更深入的分析，它们在实际发生时经常相互交织的情况将变得越发明显。

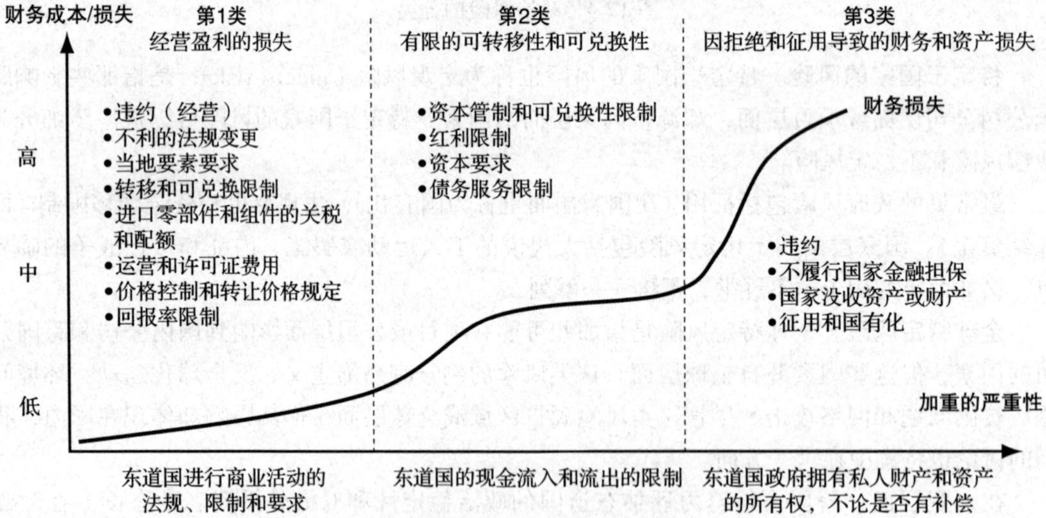

图 17.5 潜在财务损失和政治风险的分类

17.4.1 第 1 类：经营盈利的损失

跨国公司面临的最常见的政治风险是与其在东道国运营相关的各种监管规则、限制条件和经营要求的变化。合同违约和对公司不利的法规变更是被跨国公司经常提及的导致财务损害（financial harm）最大的两个风险点。

财务损害通常表现为丧失商业和销售机会、受到歧视性对待（与其他国内或外国竞争者相比遭受不同待遇）、东道国要求的员工配置或采购惯例以及广泛的政府承诺未能兑现。大多数跨国公司认为政治风险主要出现在新兴市场或低收入国家，这些风险往往与特定行业（如基础设施建设和重要自然资源开发行业）相关联。基础设施建设和重要自然资源开发行业在经历了多年私有化之后，正面临重大变革。这种公私合作模式在发展中国家较为普遍，因为这些国家的历史上往往是政府拥有和控制了多数行业和资产。相比之下，在很多跨国公司所在的主要工业化国家市场上，这种政府拥有和控制的情况则不那么常见。

不利于跨国公司的法规变更。不利于跨国公司的法规变更，也称为法规风险，是指因东道国法规发生的变化，改变了投资的运营条件。值得注意的是，对跨国公司不利的变更是指那些增加成本或运营要求的变化，因为一旦投资已经完成，投资者就失去了很大一部分谈判力量，很少有跨国公司会欢迎这种变更。这些法规的变更范围极为广泛，尽管在过去的十年里，许多变更主要集中在环境保护、人类健康以及当地要素与采购㊀（local content/sourcing）等方面。

合同违约。合同违约是指由于政府或国有企业不履行与外国私人投资者的商业合同，给这些投资者带来的损失。

跨国公司常常提及的损害原因要么是东道国法律的变更，要么是东道国未能遵守法治原则。与 20 世纪六七十年代跨国公司的项目承建和投资不同，现今的东道国政府机构在驾驭法律条款的变更和法治原则的变化方面的能力日益成熟。它们不再像 50 年前那样处于较弱的谈判地位。如今，东道国政府清楚地意识到自己有能力要求跨国公司与之签订的商业合同既公平分担风险又共享回报。

引发合同违约的一系列具体问题包括以下几点：①合同的签订是通过招标还是非招标进行的；②合同的支付结构是怎样的，是成本加成、固定价格还是其他方式；③合同是否仍然相关，即议价能力衰减原则㊁（obsolescing bargaining principle）。近年来对政治风险的研究发现，随着合同执行过程中业务的发展和深入，实质性违约的可能性迅速增加。议价能力衰减的前提是，随着时间的推移，商业、社会和政治力量发生变化，削弱了合同和业务的相关性。其他因素也促成了这种议价能力衰减，包括初始建立合同的关键关系网（即促成合同的"关系网"）的瓦解和谈判实力的转移（外国投资者已在当地投入实体建设和资本之后，东道国相对增强了议价力）。

当地要素要求（local content requirement）。东道国政府可能要求外国公司购买当地的原材料和生产组件，以提升当地的附加价值、增加当地就业。从试图适应东道国目标的外国公司的角度来看，本地采购虽然可以降低政治风险，但也需要在其他方面做出权衡。例如，本地罢工或其他动荡可能导致跨国公司的子公司运营中断。同时，质量控制的问题、高昂的当地价格以及不可靠的交货时间表等因素也会成为影响运营的重要考量。通常，跨国公司通过本地采购会降低政治风险，其代价是增加其财务和商业风险。

㊀ 当地要素与采购是一个与国际贸易和投资有关的概念，指的是跨国公司在东道国进行经营时，必须使用一定比例的当地资源、零部件或劳动力。这通常是东道国政府为了促进本国产业发展和就业而设定的本土化要求。——译者注

㊁ 议价能力衰减原则又称为赢益减退原则，是一个国际投资领域的概念，指的是随着时间的推移，外国投资者在东道国的谈判力量和影响力逐渐减弱的现象。例如，跨国公司刚开始在一个国家投资时，可能因为技术优势或资本实力拥有较强的谈判力量。但随着在当地的投资深化，建立了工厂、培训了当地员工之后，东道国政府和当地企业对这家外国公司的依赖程度降低，它们的谈判地位相对提升。这时，原先的合同条款可能不再适应新的商业和政治环境，需要重新协商。这种情况就是赢益减退原则的体现。——译者注

17.4.2 第2类：转移和可兑换风险

转移和可兑换风险（transfer and convertibility risk），业界通常简称为T&C风险，是指东道国可能限制跨国公司把资金迅速转入或转出该国——转移风险，并有可能限制跨国公司用本币兑换外币的能力——可兑换风险。这种对现金获取和外汇兑换的限制常常被称为资金冻结。T&C风险对某些跨国公司而言成本极高，因为由此延期的支付会触发财务上的违约金、罚款、汇兑损失，甚至在某些情况下导致破产。财务冲击并不一定局限在外国子公司本身，因为在有些情况下，姊妹分支机构乃至母公司都可能急需预期的现金流转移。

理论上，这些限制规定并不一定专门针对外资企业，它们适用于所有企业；但在实践中，由于外国所有权的原因，外资企业所面临的风险更大。根据外汇短缺的程度，东道国政府可能简单地要求所有向国外转移的资金都必须事先获得批准，以保留对稀缺外汇优先使用的权利。在极端的情况下，东道国政府可能会宣布本币不可兑换，这样就能完全阻止资金转移到国外。在完全禁止资金转移和仅需经批准就可以实现资金转移这两种极端情况之间，东道国政府还可能实施一些中间政策，例如对股息发放、债务偿还、特许权使用费和服务费的金额和支付时间设置限制。

很多国家为了遏制资本外逃、避免外汇储备锐减（在面临较悲观的预期时，政府试图维系固定汇率制），已经采取了限制货币可兑换的措施。例如，阿根廷和委内瑞拉两国近年来允许将本币兑换为硬通货，尤其是兑换成美元。但这种兑换只允许特定的交易方在获得审批的情况下进行，比如玩具进口商向中国出口商支付特定购买订单（如购买玩具）的款项。这些审批很少会包括在东道国运行的跨国公司。主权债务往往需要以硬通货支付，而硬通货只能通过出口赚得，这就会时不时让政府限制个人投资者兑换外汇。

17.4.3 第3类：政府征用和国有化

> 如果政府不能通过修改普通法律条款来降低与财产相关的价值，同时又不向相关当事人支付补偿，那么政府几乎是不可能运行的。正如长期以来所公认的，当事人享有的一些财产价值带有隐含的限制，并且必须让位于警察权力。然而，这种隐含的限制显然必须有其界限，否则合同将无法得到履行，正当程序条款也将失去效力。在确定这些隐含限制的界限时，法律需要考虑的一个重要因素是财产价值的减少程度。当价值减少达到一定幅度时，在几乎所有情况下，政府都必须通过实行征用权并提供相应的补偿，才能确保该行为的合法性。
>
> ——奥利弗·温德尔·霍姆斯（Oliver Wendell Holmes）法官，*Pennsylvania Coal Co. v. Mahon et al.*, No. 549, Decided December 11, 1922 [260 U.S. 393]

政治风险最终端的形式就是政府征用，即政府没收跨国公司在该国的业务、资产或经营许可——公共部门对私人资产的强制占用。从技术角度来说，如果所有权的没收或转移是在全国或整个行业内进行的，而不是针对某个特定公司，那么这种行为被称为国有化（政府征用的"双胞胎"）。

根据国际法，任何国家都拥有主权权力，可以出于经济、政治或其他社会原因，通过征用的方式，没收私人实体（无论是国内的还是国外的）所持有的财产。对国内财产的征用被称为政府征用权（eminent domain）。但要想在国际法下被视为"合法"，政府征用需满足以

下四个标准：[一]

（1）政府征用私人的财产必须出于公共目的；

（2）基于非歧视原则；

（3）符合法定程序；

（4）附带相应的补偿。

直接征用与间接征用。直接征用（direct expropriation）是财产所有权的转移或直接没收。这是 20 世纪初在俄罗斯和墨西哥等国较常见的征用形式。这里的财产被视为纯粹具备物理形态的存在，包括土地、建筑物、资本设备、其他有形资产以及任何正在进行的商业活动。这些政府的单方面征收行为受到了全球范围内的高度关注和严厉批评。

第二次世界大战伊始，部分出于对政府直接征用可能引发广泛批评的考虑，一些国家开始采用一系列其他的商业干预措施（不少手段已在前面的类别中提及），这些措施逐步且不断累积，对投资的经济价值造成永久性的损害。这些措施通常涉及投资者有效管理或控制业务或财产的能力，并被统称为**间接征用**（indirect expropriation）。与此同时，财产的定义从物理财产扩大到包括“非实体”或无形财产，特别是投资者持有的、具有货币价值的权利。

间接征用的另一种形式就是渐进式征用，当将一系列看似微不足道或单独的限制和干预加总考虑时就会出现这种情况。这包括了监管加码（increased regulation）、没收性税收[二]（confiscatory tax）、限制资金汇回母国、汇率变动以及特许证和合同强制性的重新商定（forced renegotiation）等。这在全球各地的法院和董事会上引发了相当大的争议，因为各国辩称这些单独行为并不构成“政府征用”，而跨国公司则认为，总体上来看，这些行为已在实质上等同于没收。在一些情况下，当东道国政府对跨国公司实施了大量限制或显著增加其运营成本而未进行明确的征用时，跨国投资者也会遭受巨大的投资损失。

还有一个定义模糊的第三类干预，那就是国家为了公共利益进行监管的权力。各国辩称，当它们以这种方式，以其主权的警察角色[三]（in their sovereign role of policing）进行干预时，它们不需要向投资者补偿其损失。当然，在许多跨国投资者看来，这些仍然是间接征用的形式。

补偿。合法的征收（lawful expropriation）必须有补偿。大多数国际投资协议要求补偿满足以下三个条件：①按时——支付无延期；②充分——补偿金额应与投资的市场价值合理相符；③有效——用可兑换或自由使用的货币支付。

什么是足够或适当的补偿是一个极具争议的话题，这取决于具体案例以及相关方是跨国公司还是国家。在国际上，有三种基本的估值方法被普遍用于确定补偿金额，即便是金融专业的初学者也能认识到：①市场估值法；②账面净值估值法；③贴现现金流的净现值估值法。

[一] *Expropriation: UNCTAD Series on Issues in International Investment Agreements II*, United Nations Conference on Trade and Development, New York and Geneva, 2012, p. 1.

[二] 没收性税收指的是极高的税收，其税率高到几乎相当于政府对财产的没收。这种税收通常是政府为了某种政策目的而对特定的收入、财产或交易活动征收的高额税款，其效果类似于直接从税务对象手中夺走大部分甚至全部的利润或收益。在投资和商业环境中，这种税收被视为企业或个人经济活动的过度负担。——译者注

[三] “以其主权的警察角色”指的是国家利用其主权，即最高权力和控制权，来执行类似警察的职能，即维护公共秩序和利益。在这种情况下，国家行使的是其作为公共权力机关的职能，而非作为一个普通的市场参与者。——译者注

尽管不同的条约和协议使用了不同的术语来描述应支付的补偿——如“公允价值”“正当价值”“适当价值”或“买卖双方愿意支付的价格”，但许多政府实际支付的补偿往往低于这些估值方法所确定的水平。

有史以来因非法征用资产而引发的最大仲裁裁决是针对俄罗斯石油天然气公司尤科斯石油公司的。该公司在2007年被俄罗斯联邦没收。2014年，仲裁庭判给尤科斯石油公司的前股东超过500亿美元的赔偿。有意思的是，在此后，赔付金额降低了25%，这是因为仲裁庭调查发现索赔方自己（即股东们）也存在不当行为（unclean hand）。全球金融实务17.3列举了一些案例，展示了在世界上最大、最全球化的行业之一——石油和天然气行业，尤其是在拉丁美洲，公司频繁遭遇征用。值得注意的是，在某些情况下，东道国政府采取各种干预工具和策略，实现了渐进式征用。

全球金融实务17.3

全球石油和天然气行业中政府征用的精选案例

全球石油和天然气行业由于其真正全球化的结构（跨国公司必须前往富含石油和天然气的地区，不论那里的政治、经济或社会基础设施和发展如何），在历史上遭遇了多次政府征用。在这个全球性行业中，拉丁美洲国家在执行政府征用和国有化方面居于领先地位。以下案例突出地揭示了资产没收与行业中特许经营权之间的密切联系。

阿根廷。2012年4月16日，阿根廷总统克里斯蒂娜·费尔南德斯·基什内尔（Cristina Fernández de Kirchner）提出了一项法案，开始对西班牙雷普索尔公司——该国最大的能源公司进行再国有化。阿根廷中央政府将持有51%的控股权，其余49%则归省级政府所有。几年后，阿根廷政府向西班牙雷普索尔公司支付了50亿美元作为补偿。

玻利维亚。玻利维亚可能是拉丁美洲第一个对主要石油公司进行征用的国家，它在1937年征用了新泽西标准石油公司（美国，即现在的埃克森美孚公司）的资产和商业运营。玻利维亚政府最终向新泽西标准石油公司支付了1 729 375美元。在玻利维亚，政府征用或国有化的行为被称为“占用”（misappropriating），这一术语源于玻利维亚人民“收回”之前分配给他人的权利或所有权的概念。2006年5月1日，新当选的玻利维亚总统埃沃·莫拉莱斯（Evo Morales）颁布了第28701号最高法令，要求美国石油生产商将其运营控制权移交给国有石油天然气公司——玻利维亚国家石油公司（YPFB）。玻利维亚创建YPFB的目的非常明确，就是接管标准石油公司的资产和商业运营。

厄瓜多尔。厄瓜多尔为石油公司设定了一个最后期限，以接受新的分包协议，这意味着现有的合资企业协议将取消。新协议还禁止石油公司向国际投资争端解决中心（ICSID）提出上诉。厄瓜多尔还根据原油价格设立了50%的超额利润（extraordinary profit）税。2006年，厄瓜多尔征用了西方石油公司在15号区块油田的权益，而该油田之前是授予该公司的。

墨西哥。这可能是最臭名昭著的案例，1938年3月18日，墨西哥总统拉萨罗·卡德纳斯（Lázaro Cárdenas）宣布，政府将征用所有石油资源和设施，包括征用美国和英荷（墨西哥鹰石油公司）的石油公司。随后，墨西哥政府创建了墨西哥国家石油公司，成为该国唯一的石油和天然气公司。

委内瑞拉。在总统乌戈·查韦斯（Hugo Chavez）的领导下，委内瑞拉在 2007 年 2 月颁布了第 5.200 号法令，要求委内瑞拉奥里诺科重油带的所有运营公司同意与委内瑞拉国家石油公司（PDVSA）签订新合同。这些公司被告知，如不接受新条款，则将被政府征用。最终，委内瑞拉政府确实采取了这一措施——征用了两家主要外国石油和天然气公司，美国的埃克森美孚公司和康菲（ConocoPhillips）石油公司的运营资产。

埃克森美孚公司在之前（全球各地以及委内瑞拉）就曾遭遇过征用，因此对此做出了一系列激烈的法律行动，以冻结委内瑞拉石油公司在委内瑞拉以外的资产，尤其是在美国境内的资产。2012 年 1 月，近五年之后，世界银行 ICSID 的仲裁庭做出裁决，委内瑞拉政府须向埃克森美孚公司支付 16 亿美元作为赔偿，这一数额远低于该公司最初索赔的 100 亿美元。即使赔偿金额大幅降低，埃克森美孚公司仍难以收回这笔款项，因为委内瑞拉在 2012 年退出了 ICSID，并且在 2018 年，委内瑞拉再次面临财政崩溃的边缘。

17.5 政治风险缓解

尽管全球化已经历了 20 多年的高速发展，但种种迹象表明，政治风险不降反升。伴随这一挑战的是跨国公司日益增长的风险厌恶态度，两者共同促使国际社会为缓解政治风险付出努力。相比之前，越来越多的跨国公司更积极地监测政治风险隐患，以达到保护其员工、资产和商业品牌或声誉的目的。同时它们也在外国直接投资过程中采取前置措施，以减少和管理好自身的风险敞口。在此，我们讨论了七种最常用的政治风险缓解方法：利益攸关方介入、发挥国内合作伙伴的作用、国际投资协议、渐进投资、冻结资金管理、争议解决和政治风险保险。

17.5.1 利益攸关方介入

提前或在项目早期就与关键的利益攸关方——东道国政府、主要政府部门领导和受到影响的社区进行沟通，通常被看作“防患于未然”（an ounce of prevention）的举措。跨国公司最常采用的风险缓解策略是，与东道国的利益攸关方建立和培养关系，这是预防个别公司风险暴露的方法，同时也是一个早期预警系统。可能最关键的利益攸关方是东道国政府。最近的研究表明，东道国政府对跨国公司业务的参与程度越高，该公司在面对违约风险时生存的可能性就越大。

17.5.2 发挥国内合作伙伴的作用

无论是基于纯粹的公共政策还是国内政治优先的考虑，所有东道国政府通常都更愿意让国内的公司来负责新的资本项目和商业开发。不过，如果这一商业倡议是由海外的跨国公司提出来的，那么这家跨国公司与国内利益相关方的合作可以在一定程度上达成东道国政府的目标。一旦国内合作伙伴在项目中拥有合法的商业利益，他们既会成为跨国公司利益的积极倡导者，又能充当防止东道国政府对商业运营过度干预的“防火墙”。

过去，很多东道国政府会要求跨国公司至少有一个国内股权合作伙伴，实际上要求跨国公司与国内公司组建合资企业作为允许其进入本地市场的明确条件。在 20 世纪 80 年代和 90 年代中国的支柱产业（pillar industry）中，诸如此类的例子比比皆是。其中的一个重要目的是通过这种合作共建，跨国公司的经验、知识和技术可以传递给国内合作伙伴。

17.5.3　国际投资协议

降低政治风险的最佳方法是预测风险、事先与东道国当局商定协商机制（如确定国际投资协议）以及做好充分准备。文化背景不同的双方对于履行协议的伦理观念有着各自的理解和做法，尤其是当这些协议是与前一届政府协商订立时。尽管如此，对所有可能出现分歧的领域进行预先协商，能为双方未来的成功合作奠定更坚实的基础，减少随着时间的推移双方目标可能出现的差异。

预先谈判的内容通常包括有关国际投资协议的商谈、购买投资保险和担保（investment insurance and guarantee）以及制定降低风险的运营策略，这些策略通常在海外投资完成后投入使用。国际投资协议明确了外国公司和东道国政府双方的具体权利和责任。很多情况下，某些跨国公司的运营不仅是某个国家所需要的，而且可能是该国政府在竞标过程中积极要求的。所有相关方都有自己的选择方案，因此讨价还价是常态。

如今，大多数国际投资协议都以一个标准条款开始，明确列出先前提到的政府征用所涉及的标准：

> 任一缔约方均不得直接或间接采取征用或国有化措施，或任何其他具有同样性质或相同实效的措施，影响另一缔约方投资者的投资，除非该措施是基于公共利益，在非歧视基础上遵循法定程序采取的，并且提供了合理和足额的补偿。
>
> ——Agreement between Swiss Confederation and Republic of Chile on the promotion and reciprocal protection of Investments, UNCTAD, 1999

这些标准和类似的法律条款在 20 世纪被广泛使用，试图在投资者保护和国家主权之间寻找到某种平衡。国际投资协议中的其他标准组成部分包含了以下财务和管理问题。

- 股息、管理费、特许权使用费和贷款偿还的条件和方式；
- 转让价格的设定依据；
- 向第三国市场出口的权限；
- 对社会性基础设施（如学校和医院等）的资助、建设或支持义务；
- 征税方法，包括税率、税种以及确定基准税率的方式；
- 进入东道国资本市场的方式，特别是获取长期贷款的条件；
- 外资所有权与本地所有权占比的相关规定和条件；
- （如有）适用于东道国市场销售的价格控制；
- 对原材料和零部件是进行本地采购还是进口的具体要求；
- 对聘请外籍管理和技术人员的干预或收费限制情况；
- 解决争端的仲裁条款；
- 跨国公司撤资时的计划性安排，包括退出或清算流程的规定。

尽管政治变动可能使现有协议失效，但事先精心协商的国际投资协议已被证明能够持续增加实现更长久、更稳健的商业运营的可能性。全球金融实务 17.4 描述了美国对伊朗的金融制裁如何极大地限制了来自各国跨国公司的选择空间。

全球金融实务 17.4

美国对伊朗的金融制裁

许多国家和多边国际组织出于各种目的采取制裁措施。经济、政治和军事制裁是目前最严重的类型，体育赛事制裁和环境制裁近年来也日益引发关注。贸易制裁，如征收关税、配额或其他商贸限制，被认为归属于经济制裁。制裁的主要目的是迫使被制裁方遵守国际法，并控制可能对某一地区和平构成威胁的因素。这种特定的动机源自联合国安全理事会对某一特定成员国行为的谴责。

美国政府已经连续多届对伊朗实施经济制裁，旨在改变伊朗声称支持地区武装派别和冲突，以及发展导弹和核武器的行为。美国对伊朗的制裁被归类为二级制裁，适用于任何试图与伊朗开展业务的组织。自 1979 年伊朗占领美国驻德黑兰大使馆以来，美国对伊朗的某些形式的制裁一直持续有效。然而，在 2020 年 10 月，美国实施了新的制裁措施，特别是针对伊朗金融部门。

最近一轮的制裁限制了所有美国金融机构与 18 家伊朗银行开展业务，并对任何与这些银行进行商业交易的第三方国家的企业或金融机构施加惩罚。此前，美国金融制裁的重点是伊朗中央银行和与伊朗中央银行开展业务的第三方银行。伊朗中央银行在世界各地的银行和中央银行都开立了账户，部分用于国际金融和外汇结算，同时也用于处理伊朗石油出口的收款事宜。美国对伊朗中央银行的制裁旨在关闭伊朗所有的石油出口。

有人认为，美国 2020 年实施的制裁有效地将绝大部分的伊朗经济从国际金融体系中隔离开来。欧洲国家反对美国对伊朗金融活动的“一揽子制裁”，因为很多欧洲国家和欧盟成员国仍然维持着与伊朗的开放交往。

17.5.4　渐进投资

进入问题国家的跨国公司可能会选择遵循谨慎投资策略。这种策略通常适用于那些对外国投资者有过重大干预行为的国家，例如有过政府征用历史的国家，或现行政府不能使外国投资者确信他们能在无任何条件干预的情况下进行投资的国家。谨慎投资策略是分阶段进行投资，通常从小规模的核心商业活动开始，而非按照长期投资目标所需的规模进行投资。在干预有限的情况下，跨国公司将主要依靠公司自身的留存收益来增加资本和扩大运营。

不过，这种渐进投资的方式通常不受东道国的欢迎。在业务牵涉到与国内私营或公共机构（如国有企业）的合资企业时，随着时间的推移，这种渐进投资方法可能导致合作伙伴间的显著摩擦。本章末尾的迷你案例展示了渐进投资是保护外国公司权利和投资的一把双刃剑。

17.5.5　冻结资金管理

跨国公司可以在三个阶段应对资金可能被冻结的情况。

（1）投资前，跨国公司可分析资金冻结对投资预期回报、理想的本地财务结构以及与子公司的最佳关联方式的影响。

（2）在运营过程中，跨国公司可尝试重新配置各种资金头寸以转移资金。

（3）无法划拨转移的资金必须在当地重新投资，以避免通货膨胀或本地货币贬值造成跨国公司在当地的资金的实际价值缩水。

第一种管理方法是在资本预算决策过程中考虑资金被冻结的可能性，如果资金冻结导致预期净现值下降，那么这个项目通常不再被视为一个可接受的投资方案。如果项目在进行上述预算决策过程后仍被认为是可行的，预投资分析（preinvestment analysis）就需要采取其他融资策略，以尽可能降低资金被冻结的风险。例如，采用当地（东道国）的借款而非母公司的股本资金，实施互换协议（如背靠背贷款），以及其他减少当地货币风险敞口的技术。

第二种管理方法是在跨国公司项目运营开始后，通过各种方法来调动被冻结的资金。这包括前置贷款（fronting loan）和创建与原业务无关的出口（creation of unrelated export）。前置贷款是指母公司通过金融中介机构（通常是大型国际银行）向子公司提供的贷款。前置贷款与第 12 章中讨论的背靠背贷款不同。后者是公司之间在银行体系外安排的相互对冲贷款（offsetting loan）。前置贷款有时被称为联动融资（link financing）。在前置贷款中，作为“借出方”的母公司（或子公司），要在如伦敦的某家银行里存入一笔资金，然后这家银行将相同金额的资金借给在东道国的借款子公司。从伦敦银行的角度而言，这笔贷款是无风险的，因为银行持有母公司存款作为 100% 的抵押品。实际上，银行在这种安排中充当了母公司的代理或“前台”，因此这种贷款被称为前置贷款。

另一种解决冻结资金问题的方法，既有利于子公司也有利于东道国，即创建与原业务无关的出口。东道国实施严格的外汇管理的主要原因通常是其长期无法有效赚取硬通货。因此，如果跨国公司能够以任何方式为东道国创造新的出口，这将对东道国大有裨益，并显著增加资金转移出境的可能性。一些新的出口产品可以在不增加新投资的情况下，利用现有的生产能力来实现，特别是那些与现有业务相关的产品线。而其他类型的新出口可能需要重新投资或额外的资金，即使这些再投资的资金来自已被冻结的部分，从机会成本的角度来看，损失也不算大。

若资金在兑换成外汇时确实被冻结，那么这些资金就会被再投资。在此情况下，跨国公司必须在东道国寻找机会，以在可接受的风险水平下实现最大化的回报率。如果资金冻结是临时性的，那么明显最佳的选择是投资于当地的货币市场产品。

遗憾的是，在很多国家，这类货币市场工具要么数量上远远无法满足需求，要么流动性不强。有些时候，政府债券、银行存款和其他短期金融产品的收益率相对于当地的通货膨胀率或可能的汇率变动被人为地保持在较低水平。因此，跨国公司被冻结资金的实际购买力会遭受损失。在某些情况下，投资于额外的生产设施可能是唯一的选择。通常，这类投资恰恰是东道国通过外汇管制所寻求的，即使这些措施对于吸引更多的外国投资是适得其反的。

17.5.6 争议解决

在决定投资于特定国家之前，跨国公司已经意识到自己可能面临以下风险：其在东道国的合同或协议可能无法通过当地法院和司法系统得到有效执行。因此，一个常见的风险缓解策略就是要求将所有争议都提交给国际仲裁。有许多专门为此目的而设立的机构，如美国仲裁协会、国际商会、伦敦国际仲裁法庭等。

1958 年，联合国国际贸易法委员会（UNICTRAL）推动 100 多个国家签署了《承认外国仲裁裁定的纽约公约》（New York Convention on the Recognition of Foreign Arbitral Awards），使国际仲裁更为便捷。另一个对跨国公司来说很有价值的做法是在合约中明确要求所有争议依据 ICSID 的规则进行解决。约有 130 个国家已经签署了 ICSID 的《国家与其他国家国民之间的投资争端解决公约》（Convention on the Settlement of Investment Disputes between States and Nationals of Other States）。这些策略的关键成果是，签署国都同意执行仲裁裁决。因此，通过国际仲裁获得经济赔付更有可能被执行。

17.5.7　政治风险保险

政治风险保险，正如其名，是跨国公司购买的一种保险，目的在于提供财务保护，防止由特定形式的政治风险而造成的损失。政府或私营保险公司提供的保单旨在管理包含政府征用和国有化在内的政治风险。很多国家设有政府或准政府机构，为本国公司在海外投资时提供政治风险保险。

保险提供者。大多数政治风险保险是由伯尔尼联盟的成员提供或发售的，该联盟是一个由多边贸易团体和私营保险公司组成的出口信用机构的国际组织。伯尔尼联盟成立于 1934 年，第一次会议在瑞士伯尔尼举行；据估计，全球约 10% 的贸易额由伯尔尼联盟成员提供的保险覆盖。这些成员包括公共和私营机构。例如，多边投资担保机构（MIGA）是世界银行集团的一个机构，“通过向投资者和贷款者提供政治风险保险和信用增强，以应对非商业风险造成的损失，促进外国直接投资。”

最新的研究表明，MIGA 的一个额外优势在于，像世界银行这样的国际金融机构的参与度越高，如参与信贷条款（credit provision）、项目担保（project guarantee）或股权参与（equity participation）等方面，项目或跨国公司成功的可能性就越大。各国的保险提供商名单如下：

- 澳大利亚：出口金融和保险公司（EXIC）；
- 加拿大：加拿大出口发展局（EDC）；
- 法国：法国外贸保险公司（COFACE）；
- 日本：日本出口和投资保险（NEXI）；
- 美国：海外私人投资公司（OPIC）；
- 英国：出口信贷担保部（ECGD）。

还有几个提供政治风险保险的准政府组织，例如美国进出口银行，以及美国丘博保险集团（American Chubb Group of Insurance）和苏黎世保险集团（Zurich Insurance Group）等私人保险公司。

跨国公司的使用。跨国公司有时通过投资保险和担保计划，把政治风险转嫁给东道国的公共机构。许多发达国家都有类似的计划，以保护本国公民在发展中国家的投资利益。

例如，在美国，投资保险和担保计划由政府拥有的 OPIC 管理。OPIC 的目的是动员和促进美国私人资本和技术参与到欠发达的友好国家和地区的经济社会进步过程中，作为美国发展援助的有力补充。OPIC 提供针对四种不同政治风险的保险覆盖，每种风险都有其特定的保险定义，包括：①因政治暴乱（political violence）造成资产损失（asset damage）的业务收入损失；②利润、特许权使用费、费用等无法兑换成美元的风险；③政府征用；④战争、革命、暴动或内乱造成的实物财产价值损失。根据项目性质，OPIC 可为单个项目提供高达 4 亿美元的保险。

外国直接投资和政治风险不可避免地会交织在一起，但通过充分的准备和筹划，跨国公司可能能够应对非常困难和有争议的政治环境。正如全球金融实务 17.5 所述，跨国公司和东道国之间的关系并非总是对立的。

全球金融实务 17.5

在外国直接投资中构建激励机制

墨西哥 Cemex 公司是全球水泥行业的领先公司之一。该公司已在许多国家进行了数十次收购。因此，当它在 1998 年计划对印度尼西亚的 PT Semen Gresik 公司提出收购建议时，它明白自己将面临的情况。在亚洲金融危机后，印度尼西亚政府主要迫于国际货币基金组织的压力，不得不进行私有化。PT Semen Gresik 公司是该国的一家重要公司，拥有大型、先进的水泥制造设施。

印度尼西亚政府持有 PT Semen Gresik 公司 65% 的股份，其余 35% 为自由流通股（在雅加达证券交易所上市交易）。起初，印度尼西亚政府向出价最高者出售公司总股份的 35%，但在管理层和工人一起走上街头反对出售后，政府不得不做出退让，只出售公司总股份的 14%。如此，Cemex 公司最多能持有该公司 49% 的少数股权。

所以，当 Cemex 公司制定其最终出价时，它构建了一系列旨在为印度尼西亚政府提供激励措施的方案，以便在出售后与政府合作扩展业务。这个出价包含了五个要素。

（1）股价出价。Cemex 公司提出以每股 1.38 美元收购印度尼西亚政府持有的 PT Semen Gresik 公司 35% 的股份。鉴于目前公司股价为 9 150 印度尼西亚卢比（相当于每股 0.63 美元，按 14 500 印度尼西亚卢比兑换 1 美元的汇率计算），这意味着 Cemex 公司的出价相较于当前股价提供了接近 100% 的溢价。

（2）公开市场上购买额外股份的意图。最初计划购买 16%，使其总持股比例达到 51%（35%+16%），但后来这一计划发生了变化。

（3）向印度尼西亚政府提供五年的认沽期权，允许印度尼西亚政府以每股 1.38 美元外加 8.2% 年度溢价的价格将其余股份出售给 Cemex 公司。

（4）如果 PT Semen Gresik 公司的绩效在未来几年超越了特定门槛，以息税前利润为标准，Cemex 公司将于 2006 年一次性支付给印度尼西亚政府 1.3 亿美元。

（5）Cemex 公司将投入约 5 000 万美元，用于对 PT Semen Gresik 公司港口设施的升级和产能扩建。

当然，这个出价方案比印度尼西亚政府最初设想的要复杂得多。多年后，作者有幸与 Cemex 公司团队的首席谈判代表哈维尔·博法鲁勒（Javier Boffarull）先生讨论了这一竞标策略。第一，出价不仅是最低标价，而且还提供了显著的溢价。第二，该方案向印度尼西亚政府明确传达了 Cemex 公司的承诺和意图——为了获得更大的参与和可能的控制权。第三，提供的认沽期权旨在明确表示，如果未来印度尼西亚政府因资金需求选择出售更多股份，Cemex 公司已准备好提供一个有保障的最低收购价格。第四，一次性支付的条款是为了激励印度尼西亚政府在出售后不采取任何可能妨碍 Cemex 公司扩大业务盈利能力的行动。这是 Cemex 公司多年来在许多国家进行众多收购过程中逐渐领悟到的一个重要经验。Cemex 公司还从其经验中明白，无论它获得多少股权——25%、49% 还是 65%，它都不可能完全控制对印度尼西亚如此重要的一家大公司。第五，Cemex 公司对基础设施和产能扩张的重大资本投入，旨在吸引印度尼西亚政府继续对该行业本身进行投资。

通过在出价中包含这五个要素，Cemex 公司为印度尼西亚政府提供了在出售股权之前对该计划表达任何反对意见的机会。结果是，印度尼西亚政府并未表示任何反对，Cemex 公司赢得了竞标，获得了少数股权。老话说得好，有时激励比惩罚更管用。

要点小结

- 跨国公司进行外国直接投资的战略决策体现了其全球战略的扩展。
- OLI 分析范式旨在提供一个完整的框架，以解释为何跨国公司选择进行外国直接投资，而不是通过特许经营、合资公司、战略联盟、管理合同和出口等其他方式服务于海外市场。
- 当跨国公司决定在海外进行投资时，它们需要选择要进入的市场以及确定进入这些市场的商业模式和组织结构。最终，目标市场和进入方式的选择将决定该公司会面临哪些政治风险和风险敞口的大小。
- 跨国公司进入海外市场后面临的财务风险可分为三类：运营盈利损失风险、转移和可兑换风险和政府征用和国有化风险。
- 政治风险可以分为三个层面来定义：特定于公司的风险、特定于国家的风险和全球特定风险。
- 七种最常见的政治风险缓解方法包括：利益攸关方介入、发挥国内合作伙伴的作用、国际投资协议、渐进投资、冻结资金管理、争议解决和政治风险保险。

问　题

17.1 **迈向国际化。**当一家公司要从纯粹的国内公司转变为跨国公司，它必须考虑①竞争优势；②生产地点；③对其海外运营机构的控制类型；④多少货币资金投资海外。解释上述考虑事项对海外机构成功运营的影响程度。

17.2 **市场不完全。**跨国公司充分利用各国产品、生产要素和金融资产市场中的“不完全”。大型跨国公司更有能力发掘这种“不完全”。什么是它们的主要竞争优势？

17.3 **竞争优势。**在决定投资海外时，管理层首先会确定跨国公司是否具备可持续的竞争优势，以确保它们能在该海外市场上有效竞争。这样的竞争优势要具备什么样的特征？

17.4 **规模效应和规模经济。**简要解释在生产、营销、融资、研发、运输和采购等方面，规模效应和规模经济是如何形成的。

17.5 **东道国市场竞争力。**位于竞争激烈的东道国市场的跨国公司通常需要加倍提升其竞争力，从而比那些处于竞争较弱市场的众多跨国公司获得更显著的优势。解释国家竞争优势的含义。

17.6 **OLI分析范式。**OLI分析范式试图为解释跨国公司选择外国直接投资而非通过其他模式进入海外市场提供全面的理论框架。解释OLI分析范式中的“O”、“L”和“I”分别指什么。

17.7 **OLI分析范式的融资关联。**融资策略与OLI分析范式紧密相连。

a. 解释主动型融资策略与OLI分析范式的联系。

b. 解释被动型融资策略与OLI分析范式的联系。

17.8 **投资哪些海外市场。**投资哪些海外市场的决策是由行为理论和国际网络理论决定的。

a. 用行为理论解释外国直接投资行为。

b. 用国际网络理论解释外国直接投资行为。

17.9 **出口还是海外生产。**与海外生产相比，限制跨国公司出口活动的优劣有哪些？

17.10 **特许经营和管理合同。**与外国直接投资相比，特许经营和管理合同的优劣有哪些？

17.11 **组建合资企业还是建立全资子公司。**相比全资子公司生产，组建合资企业来服务海外市场有何利弊？

17.12 **绿地投资还是海外兼并。**相比在目标市场收购一家当地的公司，通过绿地投资进入海外市场有何利弊？

17.13 **跨境战略联盟。**跨境战略联盟这个术语在不同人眼里意思不尽相同。此话怎讲？

17.14 **政治风险。**政治风险如何界定？与商业相关的政治风险和全社会都要面临的政治风险有何区别？特定于公司的风险和特定于国家的风险有何不同？

17.15 **政治风险可能造成的财务损失。**请解释为何与政治风险相关的潜在财务损失对跨国公司在盈利能力、现金流和资产所有权等各种财务形式上有不同影响。

17.16 **政治风险的界定。**界定下列政治风险。

a. 不利的法规变更；

b. 合同违约；

c. 政府征用。

17.17 **合法征用。**国际法认为政府能“合法”征用跨国公司的业务需要符合哪些标准？

17.18 **政府征用的区别。**回答如下问题。

a. 政府征用和渐进式征用有何区别？

b. 政府直接征用和间接征用有何区别？

17.19 **合法补偿。**合法征用必须有合法补偿。符合这一要求的标准有哪些？

17.20 **政治风险缓解。**跨国公司可以采取的七种最常用的政治风险缓解方法有哪些？

17.21 **政府利益攸关方的介入。**研究显示，政府利益攸关方对跨国公司参与的项目的介入程度，对该项目的成功有多大的影响？

17.22 **国际投资协议。**国际投资协议规定了海外公司和东道国政府的权利和义务。这份投资协议里最主要的融资政策有哪些？

17.23 **政治风险保险。**什么是政治风险保险？有哪些机构会提供这些保险？

17.24 **OPIC。**回答有关 OPIC 的问题。

a. 什么是 OPIC？

b. OPIC 覆盖什么样的政治风险？

17.25 **渐进投资。**渐进投资对缓解政治风险主要有什么优势和不足？

17.26 **争议解决。**良好设计的争议解决机制有什么特征？

17.27 **冻结资金。**简要说明跨国公司用来应对资金冻结的策略。

迷你案例

阿根廷与秃鹫基金

第 18 章
CHAPTER 18

跨国公司资本预算与跨境收购

塞西尔·格雷厄姆问道："什么是愤世嫉俗者？"

达林顿勋爵回答："一个懂得一切事物的价格，却不懂其价值的人。"

塞西尔·格雷厄姆又说："亲爱的达林顿，一个多愁善感的人则恰恰相反，他会在一切事物上看到荒谬的价值，却对任何一件事物的市场价格一无所知。"

——奥斯卡·王尔德㊀（Oscar Wilde），《温夫人的扇子》，1892 年 2 月

学习目标

18.1 探讨外国项目预算编制的复杂性

18.2 以 Cemex 公司进军印度尼西亚为例，阐释何谓跨国公司资本预算流程

18.3 简述实物期权分析的应用

18.4 研究如何利用项目融资来筹集资金和评估大型国际项目

18.5 介绍跨境收购的基本原则

本章将详细介绍投资于外国并用于实际生产的资产投资所涉及的问题和原则，一般称为**跨国公司资本预算**（multinational capital budgeting）。首先，本章介绍外国项目预算编制的复杂性。其次，我们以 Cemex 公司（墨西哥公司）在印度尼西亚的投资为例，分别介绍从项目本身和母公司两个视角对项目进行估值所获得的启示。再次，我们探讨了在外国项目中如何使用实物期权分析。然后，我们讨论了当前项目融资的实践。最后，介绍了实施跨境收购所

㊀ 奥斯卡·王尔德是 19 世纪末英国最著名的剧作家之一，《温夫人的扇子》（*Lady Windermere's Fan*）是其创作的四大喜剧之一，首次公演于 1892 年 2 月，其经典的台词和对话至今仍被广泛引用。——译者注

涉及的各个阶段。本章以迷你案例“米塔尔公司对安赛乐公司的敌意收购”作为结尾，这是欧洲历史上最著名的跨境收购案例之一。

尽管最初在某一外国进行投资的决定可能基于跨国公司战略、行为和经济等多种因素，但具体项目的合理性应通过传统的财务分析来论证——所有的再投资决策都应遵循这一原则。例如，美国公司可能在国外投资以提升生产效率，但需要对工厂类型、劳动力与资本的结合、设备种类、融资方式及其他项目变量进行传统的折现现金流分析。跨国公司还需评估这一外国项目对其合并利润、其他国家子公司的现金流以及母公司市值的影响。跨国公司对外国项目的资本预算，虽然采用与国内资本预算相同的理论框架，但却有一些非常关键的不同之处，其基本步骤包括：

- 确定初始投资或所承担的风险资本；
- 评估项目在一段时间内的现金流，包括估算投资的终值或残值；
- 确定适当的折现率，以确定预期现金流的现值；
- 运用净现值和内部回报率等传统的资本预算决策标准，确定潜在项目的可接受性或优先顺序。

18.1 外国项目预算编制的复杂性

对于外国项目的资本预算，其复杂性远超国内项目，主要原因有两大类：现金流和管理层的期望。

18.1.1 现金流

- 母公司现金流必须与项目现金流区分开来。这两类现金流各自代表了不同的价值观点。
- 母公司的现金流往往取决于融资形式。因此，在外国项目资本预算中，我们不能像在国内项目资本预算中那样，将现金流与融资决策明确分开。
- 一家外国子公司新投资产生的额外现金流可能部分或全部是从另一家子公司转移过来的，这意味着尽管从某个单独子公司的角度看该项目可能是有益的，但对整个集团的全球现金流而言，它可能并无实质性贡献。
- 母公司必须明确考虑子公司的资金汇回问题，因为东道国的税制、法律和政治制度可能对资金流动施加限制。同时还需要考虑当地的商业规范以及金融市场和机构运作方式等方面的差异。
- 从子公司到母公司的现金流可能由各种非财务支付产生，包括支付许可费和从母公司进口商品的付款。

18.1.2 管理层的期望

- 管理层必须预测不同国家的通货膨胀率，因为它们可能导致跨国公司竞争力的变化，进而导致一段时间内现金流的改变。
- 管理层必须考虑外汇汇率可能出现的意外变化，因为这些变化直接影响东道国子公司现金流的价值，同时间接影响外国子公司的竞争地位。

- 利用不同国家分割的资本市场可能带来更多的财务收益的机会，也可能导致额外的财务成本。
- 使用东道国政府补贴的贷款会增加母公司资本结构的复杂性，并使其确定适当的加权平均资本成本（用于贴现）变得更加困难。
- 管理层必须对东道国的政治风险进行评估，因为当地的政治事件可能极大地减少外国投资项目的预期现金流，或影响资金的可获得性。
- 相比之下，估算外国投资项目的终值更为复杂，因为无论是来自东道国、母公司所在国还是第三国，无论属于私营部门还是公共部门，这些潜在购买者对该项目的价值可能有着广泛而不同的看法。

鉴于在选择国内外项目时采用的是同一理论资本预算框架，那么设定一个统一的标准至关重要。因此，所有国外投资的复杂性都必须可以量化，以对预期现金流或折现率进行相应调整。虽然许多公司在实践中对这些调整采取较为随意的做法，但我们可以借助现有信息、理论推理或常识，来做出更加合理且不那么任意的决策。

18.1.3 项目估值与母公司估值

如图 18.1 所示，考虑一项外国直接投资。一家美国跨国公司在国外进行项目投资，其投资回报（如果实现）将随时间逐渐显现。与任何国内或国际投资类似，投资回报都是基于对母公司的贡献。鉴于初始投资是以母公司的本国货币（本例中为美元）进行的，这些随时间产生的回报也需要用同样的货币进行估值。

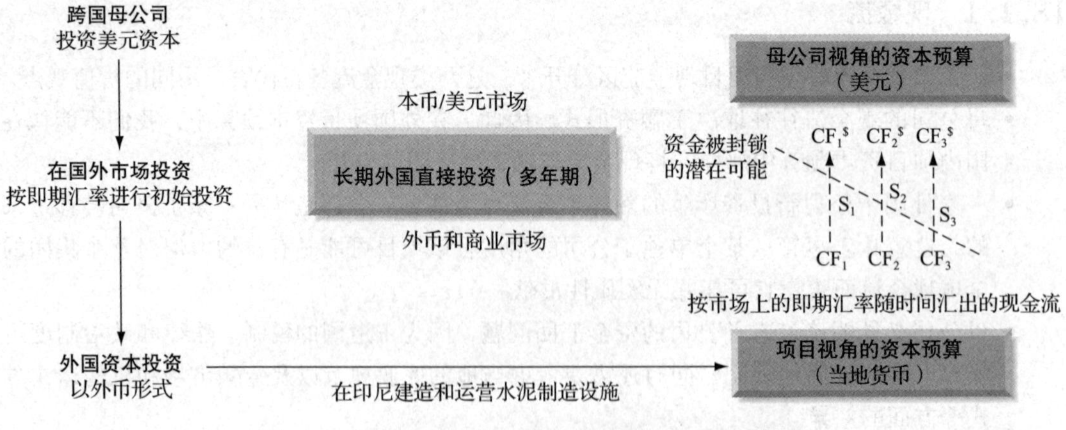

图 18.1 跨国资本预算编制：项目视角与母公司视角

理论上讲，从母公司的视角分析任何外国项目颇具合理性。流向母公司的现金流最终是向股东分红、在全球其他地方进行再投资、偿还公司整体债务以及影响公司众多利益相关方的基础。然而，由于项目流向其母公司或兄弟子公司的现金流主要是融资现金流，而不是经营现金流，因此母公司视角违反了资本预算的一个核心原则，即融资现金流不应与经营现金流混合。在通常情况下，两者之间的差异并不重要，因为两者几乎完全相同，但在某些情况下，这两类现金流存在明显的差异。例如，被永久冻结或“强制再投资”的资金不能用于向股东分红或偿还母公司的债务。因此，股东不会认为冻结的收益将提高公司的价值，债权人在计算利息保障倍数（interest coverage ratio）和其他偿债能力指标（metrics of debt service capability）时，也不会考虑这部分收益。

从本地视角，即项目视角来评估一个项目也颇有价值。在评估一个外国项目与东道国内类似的竞争项目的潜在回报时，我们必须关注该项目的本地回报。如果存在一个自由的市场，且东道国政府债券的期限与项目的经济生命周期相匹配，那么任何项目至少都应该实现与这些政府债券的收益率相当的现金回报率。东道国政府债券通常反映了当地的无风险回报率，并包含了等同于预期通货膨胀率的溢价。如果项目的回报无法超过此类债券的收益，母公司应考虑购买东道国政府债券，而不是投资于更高风险的项目。

跨国公司应该只在能够获得的风险调整后的回报高于当地竞争对手在同一项目上的回报时进行投资（当然，这一回报还必须超出其资本成本）。如果无法在外国项目上获得额外的回报，那么其股东购买当地公司的股份，让这些公司负责运营当地项目可能会是更好的选择。此外，过去 40 多年的调查显示，在实际操作中，跨国公司会继续从母公司和项目两个视角评估外国投资。在各种调查中对项目回报的高度关注可能反映了上市公司把最大化披露的每股收益作为其财务目标的重点。由于公众投资者很少有机会看到私营公司的财务报告，私营公司是否同样重视合并财务结果仍不明确。如第 11 章所述，在包括汇率折算在内的财务合并过程中，外国项目的现金流、利润和资产会被重新计量，仿佛它们已经“返回”母公司。只要国外收益没有被限制，母公司就可以将这些收益与自身及其他子公司的利润进行合并。[⊖] 即使在资金暂时被冻结的情况下，一些最成熟的跨国公司也不会仅因一个项目的财务评估不达标就轻易将其排除在外。它们将从一个更长远的视角来评估全球商机。

如果被冻结的资金能在东道国重新投资，并至少能获得等同于汇回母公司时所能获得的回报率，那么在这种情况下，对公司资本投资的影响——尤其是对资本预算收益的影响，大体上与资金未被冻结时相等。这基于一个假设，即在东道国和业务中被迫进行的再投资，能够从该投资中获得更高的回报。大型跨国公司持有国内外项目的投资组合，即便有几个项目的资金被冻结，母公司的整体流动性也不会受到显著影响；母公司可以通过其他资金来源满足所有预定的资金需求。更进一步地说，从长期历史角度来看，子公司的资金几乎不会被永久性冻结。然而，等待这些资金解冻的过程可能令人感到沮丧，并且有时候，由于通货膨胀或意外的汇率变化，即便母公司将这些被冻结的资金在东道国重新投资以试图维护其实际价值，这些资金最终还是可能会贬值。

综上所述，大多数跨国公司在评估外国项目时似乎都会同时考虑母公司和项目本身两个不同的视角。理论上，从母公司的视角得出的结果更接近于资本预算中净现值的传统定义，但我们即将展示的内容会说明，这种方法在实践中可能并不总是适用。项目估值更加能够近似地反映出对每股合并收益的影响，所有的调查研究都显示了实际管理者极其关注这个方面。接下来，我们将通过分析 Cemex 公司在印度尼西亚进行的一个虚构的市场寻求型外国直接投资案例，来深入阐释跨国资本预算的复杂性。

⊖ 美国公司必须将其拥有超过 50% 股权的外国子公司纳入合并财务报表。如果一家公司由母公司拥有 20% 至 49% 的股权，该公司则被称为关联公司。关联公司按比例与母公司一同合并。通常，拥有股权不足 20% 的子公司被视为非合并投资（unconsolidated investments）。

18.2 案例：Cemex 公司进入印度尼西亚㊀

墨西哥 Cemex 公司计划在印度尼西亚的苏门答腊岛上建造一个名为 Semen Indonesia（其中"Semen"在印度尼西亚语中意为"水泥"）的水泥生产厂。这一工厂预计总产能达到每年 2 000 万吨，并且是一个全资的绿地投资。尽管按照亚洲的生产标准来说，这是一个大型项目，但 Cemex 公司则认为这种规模的生产设施将会最有效地试验其最新的水泥生产技术。

Cemex 公司开展该项目有以下三个原因：① Cemex 公司希望进入东南亚市场，这是一个新的市场；②从长远来看，亚洲的基础设施发展和增长前景可观；③由于近年来印度尼西亚卢比的不断贬值，印度尼西亚已成为一个极具吸引力的出口生产地。

Cemex 公司作为全球第三大水泥生产商，是一家总部位于新兴市场的跨国公司，并在全球市场上展开竞争，争夺市场份额和资本。国际水泥市场是一个与石油等其他商品一样的以美元计价的市场。为了与其在德国和瑞士的主要竞争对手相比较，Cemex 公司将美元作为其功能性货币。

Cemex 公司的股票在墨西哥城和纽约上市（场外交易代码为：CMXSY）。该公司已经成功在墨西哥以外地区，以美元形式筹集到了资金——债务资金和股权资金。该公司的投资者群体变得日益全球化，且在美国的股票交易额的占比迅速上升。因此，其资本成本和资本可得性已国际化，主要由美元投资者主导。最终，Semen Indonesia 项目将以美元来评估——包括现金流和资本成本。

18.2.1 概述

分析 Cemex 公司在印度尼西亚的潜在投资的第一步是为 Semen Indonesia 项目编制一套以印度尼西亚卢比为单位的预计（pro forma㊁）财务报表。第二步分别以项目视角和母公司视角编制资本预算。Semen Indonesia 项目计划用一年时间建造工厂，且工厂的实际运营预计将从建成后的第一年开始。印度尼西亚政府最近才开始放松对重工业的监管，允许外资拥有控股权。

根据购买力平价理论，假设在整个印度尼西亚项目的生命周期内，印度尼西亚卢比兑美元的汇率保持稳定。这是 Cemex 公司对其国外投资所作的标准财务假设。因此，如果我们假设初始即期汇率为 10 000 印度尼西亚卢比 = 1.00 美元，印度尼西亚和美国的通货膨胀率分别为每年 30% 和 3%，那么预期的即期汇率将遵循典型的购买力平价计算方法。例如，项目第 1 年的预测汇率将计算如下：

$$\text{即期汇期（1年后）}=[10\,000\text{印度尼西亚卢比/美元}]\times\frac{1+30\%}{1+3\%}\approx 12\,621\text{印度尼西亚卢比/美元}$$

表 18.1 至表 18.4 中的财务报表都是基于这些假设而编制的。

资本投资。尽管在工业化国家新建水泥生产厂的成本目前约为每吨 150 美元，但 Cemex 公司却认为它能以大约 110 美元 / 吨的价格，在苏门答腊建立一座最先进的生产和运输设施（参见表 18.1）。假设产能为 2 000 万吨 / 年和第 0 年的平均汇率为 10 000 印度尼西亚卢比 =

㊀ Cemex 公司是一家真实的公司，其中名为 Semen Indonesia 的绿地投资项目则是虚构的。

㊁ "pro forma"是一个拉丁词汇，通常用于商业和金融领域，表示"形式上的"或"假设的"。它通常用于描述根据假设情景或未来情况编制的财务报表或文件。——译者注

1.00 美元，这将需要 22 万亿印度尼西亚卢比（即 22 亿美元）的投资。其中包括 17.6 万亿印度尼西亚卢比的厂房和设备投资，如果采用 10 年直线法进行折旧，则每年的折旧费为 1.76 万亿印度尼西亚卢比。这种相对较短的折旧期限，是印度尼西亚税务当局为吸引国外投资者的政策之一。

表 18.1　Semen Indonesia 项目的投资和融资　（单位：千美元）

投资		融资	
平均汇率，印度尼西亚卢比 = 1.00 美元	10 000	权益（千印度尼西亚卢比）	11 000 000 000
装机容量成本（美元 / 吨）	110	债务（千印度尼西亚卢比）	11 000 000 000
装机容量（千吨）	20 000	印度尼西亚卢比债务（千印度尼西亚卢比）	2 750 000 000
美元投资（千美元）	2 200 000	美元债务（千印度尼西亚卢比）	8 250 000 000
印度尼西亚卢比投资（千印度尼西亚卢比）	22 000 000 000	总计	22 000 000 000
厂房和设备投资百分比	80%	注：美元债务本金（千美元）	825 000
厂房和设备（千印度尼西亚卢比）	17 600 000 000		
资本设备折旧（年）	10.00		
年折旧额（千印度尼西亚卢比）	1 760 000 000		
资本成本：Cemex 公司			
无风险利率	6.000%	Cemex 公司贝塔系数	1.50
信用风险溢价	2.000%	股权风险溢价	7.000%
债务成本	8.000%	股权成本	16.500%
企业所得税税率	35.000%	股权占比	60.0%
税后债务成本	5.200%	**加权平均资本成本**	**11.980%**
债务占比	40.0%		
资本成本：Semen Indonesia 子公司			
无风险利率	33.000%	Semen Indonesia 项目贝塔系数	1.000
信用风险溢价	2.000%	股权风险溢价	6.000%
印度尼西亚卢比债务成本	35.000%	股权成本	40.000%
印度尼西亚企业所得税税率	30.000%	股权占比	50.0%
税后美元债务成本	5.200%	**加权平均资本成本**	**33.257%**
美元债务成本（等值印度尼西亚卢比）	38.835%		
税后美元债务成本（等值印度尼西亚卢比）	27.184%		
债务占比	50.0%		

Semen Indonesia 项目	金额（千印度尼西亚卢比）	融资比例	成本	税后成本	组建成本
印度尼西亚卢比贷款	2 750 000 000	12.5%	35.000%	24.500%	3.063%
Cemex 公司贷款	8 250 000 000	37.5%	38.835%	27.184%	10.194%
债务总额	11 000 000 000	50.0%			
股权总额	11 000 000 000	50.0%	40.000%	40.000%	20.000%
融资总额	22 000 000 000	100.0%		**加权平均资本成本**	**33.257%**

融资。这笔巨额投资将由 50% 的股权（全部来自母公司）和 50% 的债务融资（其中 75% 来自 Cemex 公司，25% 来自印度尼西亚政府安排的银行财团）构成。据估计，Cemex 公司

以美元计价的加权平均资本成本目前为 11.98%。按印度尼西亚卢比计算，项目本身在印度尼西亚当地的加权平均资本成本约为 33.257%。具体计算细节将在本章后面讨论。

假定购买力平价以及美国和印度尼西亚的通货膨胀率在整个项目期间分别为每年 3% 和 30%，美元计价贷款的成本以印度尼西亚卢比计价。表 18.2 中给出了具体的债务结构及还款计划。印度尼西亚政府提供的是一个 8 年期的年利率为 35% 的完全分期贷款，该贷款是当地政府经济发展激励计划的一部分，并且利息支出将在企业税负中进行全额扣除。

表 18.2 Semen Indonesia 项目偿债时间表和外汇损益

即期汇率（印度尼西亚卢比 =1.00 美元）	10 000	12 621	15 930	20 106	25 376	32 028
项目年份	第 0 年	第 1 年	第 2 年	第 3 年	第 4 年	第 5 年
印度尼西亚贷款，利率为 35%，为期 8 年（百万印度尼西亚卢比）						
贷款本金	2 750 000					
应付利息		（962 500）	（928 921）	（883 590）	（822 393）	（739 777）
应付本金		（95 939）	（129 518）	（174 849）	（236 046）	（318 662）
付款总额		（1 058 439）	（1 058 439）	（1 058 439）	（1 058 439）	（1 058 439）
Cemex 公司贷款，利率为 10%，为期 5 年（百万美金）						
贷款本金	825					
应付利息		（82.50）	（68.99）	（54.12）	（37.77）	（19.78）
应付本金		（135.13）	（148.65）	（163.51）	（179.86）	（197.85）
付款总额		（217.63）	（217.63）	（217.63）	（217.63）	（217.63）
Cemex 公司贷款分别按预计汇率和当前即期汇率兑换成印度尼西亚卢比（百万印度尼西亚卢比）						
预计汇率为 10 000 印度尼西亚卢比 =1.00 美元						
应付利息		（825 000）	（689 867）	（541 221）	（377 710）	（197 848）
应付本金		（1 351 329）	（1 486 462）	（1 635 108）	（1 798 619）	（1 978 481）
付款总额		（2 176 329）	（2 176 329）	（2 176 329）	（2 176 329）	（2 176 329）
实际（按即期汇率）						
应付利息		（1 041 262）	（1 098 949）	（1 088 160）	（958 480）	（633 669）
应付本金		（1 705 561）	（2 367 915）	（3 287 494）	（4 564 190）	（6 336 691）
付款总额		（2 746 823）	（3 466 864）	（4 375 654）	（5 522 670）	（6 970 360）
以印度尼西亚卢比计算的 Cemenx 公司贷款的现金流（百万印度尼西亚卢比）：						
实际现金流总额：8 250 000		（2 746 823）	（3 466 864）	（4 375 654）	（5 522 670）	（6 970 360）
现金流内部收益率：38.835%						
Cemex 公司贷款外汇损益（百万印度尼西亚卢比）						
利息汇兑损益		（216 262）	（409 082）	（546 940）	（580 770）	（435 821）
本金汇兑损益		（354 232）	（881 453）	（1 652 385）	（2 765 571）	（4 358 210）
债务汇兑损益总额		（570 494）	（1 290 535）	（2 199 325）	（3 346 341）	（4 794 031）

印度尼西亚子公司大部分的债务是由母公司 Cemex 公司提供的。Cemex 公司通过其融资子公司（financing subsidiary）筹集资金，并重新贷款给 Semen Indonesia 项目。该贷款以美元计价，为期 5 年，年利率 10%。由于这笔债务将由印度尼西亚子公司的印度尼西亚卢比

收入偿还，因此在编制 Semen Indonesia 项目的预计财务报表时，要将偿还美元债务的预期成本包含在其预计利润表中。如果印度尼西亚卢比按照购买力平价的预测趋势发生贬值，那么美元贷款在税前的实际利息支出将达到 38.835%。我们通过以印度尼西亚卢比全额偿还美元贷款的内部收益率来确定这一利率（参见表 18.2）。

Cemex 公司向印度尼西亚子公司提供的贷款以美元计价。因此，该贷款必须以美元偿还而非印度尼西亚卢比。在签订贷款协议时，即期汇率为 10 000 印度尼西亚卢比 = 1.00 美元。这是在计算以印度尼西亚卢比“预计”偿还本息时的基础假设。但是，如果根据购买力平价，预计印度尼西亚卢比将贬值，那么在还本付息时使用“现实的”汇率将会导致汇兑损失，因为需要使用更多的印度尼西亚卢比来偿还美元债务的本息。这一过程所产生的汇兑损失将会在印度尼西亚子公司的利润表中确认。

收入。鉴于印度尼西亚目前的水泥生产现状以及亚洲危机导致的市场萎靡，所有的销售都将依赖于出口。该工厂拥有年产 2 000 万吨的产能，开工率预计只有 40%（即年产 800 万吨）。水泥的出口价为 58 美元 / 吨（含交货成本）。值得注意的是，至少在保守的基准分析中，我们假定出口价格在未来将不会上涨。

成本。水泥生产的现金成本（劳动力、材料、电力等）预计在第一年约为 115 000 印度尼西亚卢比 / 吨，并且每年将以大约 30% 的通货膨胀率上升。另外，预计第一年每吨的其他生产成本为 20 000 印度尼西亚卢比，也将以相同的通货膨胀率上升。由于所有的水泥都将出口，因此还必须包括每吨 2 美元的装船成本和 10 美元的运输成本。⊖请注意，这些成本最初是以美元计价的，但为了便于 Semen Indonesia 项目编制利润表，必须将其转换为印度尼西亚卢比。因为装船成本和运输成本都是以美元计价的国际服务合同，因此，这些成本每年将会以 3% 的通货膨胀率上升。

Semen Indonesia 项目的预计利润表见表 18.3。这是衡量任何公司（无论是国内公司还是跨国公司）盈利能力的典型财务报表。基准分析假设开工率（产能利用率）为 40%（第 1 年）、50%（第 2 年）和 60%（随后的几年）。管理层认为这是必要的，因为目前印度尼西亚国内的水泥生产公司开工率仅为 40%。

表 18.3 Semen Indonesia 项目的预计利润表 （金额单位：百万印度尼西亚卢比）

汇率（印度尼西亚卢比 =1.00 美元）	10 000	12 621	15 930	20 106	25 376	32 028
项目年份	第 0 年	第 1 年	第 2 年	第 3 年	第 4 年	第 5 年
销售量（百万吨）		8.00	10.00	12.00	12.00	12.00
销售价格（美元 / 吨）		58.00	58.00	58.00	58.00	58.00
销售价格（印度尼西亚卢比 / 吨）		732 039	923 933	1 166 128	1 471 813	1 857 627
总收入		5 856 311	9 239 325	13 993 541	17 661 751	22 291 530
减去现金成本		（920 000）	（1 495 000）	（2 332 200）	（3 031 860）	（3 941 418）
减去其他生产成本		（160 000）	（260 000）	（405 600）	（527 280）	（685 464）
减去装船成本		（201 942）	（328 155）	（511 922）	（665 499）	（865 149）
减去运输成本		（1 009 709）	（1 640 777）	（2 559 612）	（3 327 495）	（4 325 744）
总生产成本		（2 291 650）	（3 723 932）	（5 809 334）	（7 552 134）	（9 817 774）

⊖ 疑原文有误，根据表 18.3 进行了修改。——译者注

（续）

汇率（印度尼西亚卢比 =1.00 美元）	10 000	12 621	15 930	20 106	25 376	32 028
项目年份	第 0 年	第 1 年	第 2 年	第 3 年	第 4 年	第 5 年
毛利		3 564 660	5 515 393	8 184 207	10 109 617	12 473 756
毛利率		60.9%	59.7%	58.5%	57.2%	56.0%
减去许可费		（117 126）	（184 787）	（279 871）	（353 235）	（445 831）
减去一般及行政费用		（468 505）	（831 539）	（1 399 354）	（1 942 793）	（2 674 984）
EBITDA		2 979 029	4 499 067	6 504 982	7 813 589	9 352 941
减去折旧和摊销		（1 760 000）	（1 760 000）	（1 760 000）	（1 760 000）	（1 760 000）
息税前利润		1 219 029	2 739 067	4 744 982	6 053 589	7 592 941
减去 Cemex 公司的债务利息		（825 000）	（689 867）	（541 221）	（377 710）	（197 848）
债务外汇损失		（570 494）	（1 290 535）	（2 199 325）	（3 346 341）	（4 794 031）
减去本地债务利息		（962 500）	（928 921）	（883 590）	（822 393）	（739 777）
税前利润		（1 138 965）	（170 256）	1 120 846	1 507 145	1 861 285
减去所得税（30%）		—	—	—	（395 631）	（558 386）
净收入		（1 138 965）	（170 256）	1 120 846	1 111 514	1 302 900
净收入（百万美元）		（90）	（11）	56	44	41
销售回报率		−19.4%	−1.8%	8.0%	6.3%	5.8%
已分配股息		—	—	560 423	555 757	651 450
留存收益		（1 138 965）	（170 256）	560 423	555 757	651 450

注：EBITDA 代表息税折旧及摊销前利润。所有计算均精确无误，但由于四舍五入，结果可能看起来不完全对应。

财务分析中的预计额外费用包括子公司向母公司支付的许可费，占销售额的 2.0%。一般及行政费用（general and administrative expense）初设为销售额的 8%，并将在之后每年以 1 个百分点的速度增加，即从 8% 逐年增至 9%、10% 等。从表 18.2 的底部结论可知，汇兑损益通常与偿还母公司提供的美元债务有关。总而言之，预计子公司在第 3 年开始实现会计利润。

第 3 年的纳税额为零，第 4 年的纳税额低于净收入的 30%，因为当期亏损可结转至下一年度以抵扣次年的应纳税所得额。印度尼西亚子公司运营的前两年将由于亏损而不会分红，在第 3～5 年[⊖]内，红利支付率为 50%。

18.2.2　项目视角下的资本预算

Semen Indonesia 项目从项目视角出发的资本预算如表 18.4 所示。净现金流（通常称为自由现金流）的计算包括：① EBITDA；②重新计算后的税款；③净营运资本的变动（为提高销售额所需的应收账款、存货和应付账款的净增加额）；④资本投资。

⊖　原文为第 0～3 年，疑为笔误。——译者注

表 18.4　Semen Indonesia 项目的资本预算：项目角度

（金额单位：百万印度尼西亚卢比）

汇率（印度尼西亚卢比 = 1.00 美元）	10 000	12 621	15 930	20 106	25 376	32 028
项目年份	**第 0 年**	**第 1 年**	**第 2 年**	**第 3 年**	**第 4 年**	**第 5 年**
息税前利润		1 219 029	2 739 067	4 744 982	6 053 589	7 592 941
减去按 30% 重新计算的税款		（365 709）	（821 720）	（1 423 495）	（1 816 077）	（2 277 882）
加回折旧[⊖]		1 760 000	1 760 000	1 760 000	1 760 000	1 760 000
净经营现金流		2 613 320	3 677 347	5 081 487	5 997 512	7 075 059
减去净营运资本的变动		（240 670）	（139 028）	（195 379）	（150 748）	（190 265）
初始投资	（22 000 000）					
终值						21 274 102
自由现金流	（22 000 000）	2 372 650	3 538 319	4 886 109	5 846 764	28 158 896
净现值（折现率为 33.257%）	**（7 606 313）**					
内部收益率	**19.1%**					

注：折现率为 Semen Indonesia 子公司的加权平均资本成本，为 33.257%。内部收益率即净现值正好为零的折现率。表中的数值为四舍五入，精确到最接近的一百万位。

值得注意的是，资本预算中使用的是息税前利润，而不是税前利润，在息税前利润中包括折旧和摊销以及利息支出。折旧和摊销作为公司的非现金支出，实际上对现金流有正面影响。因为资本预算所产生的现金流将按折现率折算成现值，而折现率已经包括了债务成本——利息，我们需要避免对利息进行重复计算。因此，税款是基于息税前利润重新计算的。[⊜]此外，公司在计算折现现金流时使用的资本成本已经考虑了债务利息的税前扣除效应。

22 万亿印度尼西亚卢比的初始投资是总资本投入。尽管应收账款的平均账期（DSO）介于 50 至 55 天之间，存货的平均账期为 65 至 70 天，但在印度尼西亚水泥行业，应付账款和贸易信贷的账期相对较长，为 114 天。随着销售的增长，Semen Indonesia 项目的平均账期预计将增加约 15 天。项目视角的资本预算的其他要素包括期末价值（终值），这个内容将在后面讨论，以及 33.257% 的折现率——公司的加权平均资本成本。

该项目的终值是指水泥生产厂在第 5 年（即表 18.4 预计财务报表中的最后一年）之后持续带来的价值。根据金融理论，这个价值是该资产预期产生的所有未来自由现金流的现值。我们通过下式计算 Semen Indonesia 项目的终值：

$$\text{期末价值（终值）}=\frac{\text{NOCF}_5(1+g)}{k_{\text{WACC}}-g}=\frac{7\ 075\ 059(1+0)}{0.332\ 57-0}\approx 21\ 274\ 102\text{（印度尼西亚卢比）}$$

⊖ “加回折旧”意味着在计算利润或现金流等财务指标时，将折旧费用加回。由于折旧是一种非现金费用，它会减少会计上报告的利润，但实际上并不影响企业的现金流。因此，在进行现金流量分析或调整利润计算时，需要将此前扣除的折旧费用加回，以反映企业的真实现金流状况或调整后的利润。——译者注

⊜ 这突出了利润表和资本预算之间的区别。该项目的利润表显示，由于利息支出和预测的外汇损失，运营的前两年出现亏损，因此预计不会缴纳税款。但是，资本预算是基于息税前利润（不扣减这些融资和外汇费用）构建的，计算出了正的税款支付。——译者注

式中，$NOCF_5$ 为第 5 年的净经营现金流，g 为净经营现金流的增长率，k_{WACC} 为子公司的加权平均资本成本。

这里假设 $g = 0$，即净经营现金流在第 5 年之后将不会再增长，可能并不符合实际情况，但这是 Cemex 公司在估算未来现金流时一个比较谨慎的假设。（如果 Semen Indonesia 子公司的业务能够继续与印度尼西亚经济同步增长，g 很可能为 1% 或 2%。）从项目视角计算得出的资本预算结果表明，在资本成本为 33.257% 的情况下，净现值为负，内部收益率仅为 19.1%。这是当地或印度尼西亚投资者以印度尼西亚卢比计算得出的项目收益。从这个角度看，这个项目是不可接受的。

值得注意的是，项目终值中没有包括净营运资本。这是一个颇有争议的话题。传统的资本预算通常会在最后一年将净营运资本成本进行回收，但也有人认为由于该项目仍在进行中，不应像项目停工那样回收净营运资本。然而，在商业实践中，如果某项业务被出售，净营运资本将会被单独估算并包含在价格内（就好像是终值的一部分）。

18.2.3　母公司视角下的资本预算

编制母公司视角下的资本预算的第一步，是汇总 Cemex 公司在印度尼西亚投资所能带来的所有**增量收益**（incremental earnings）。正如“项目估值与母公司估值”中所述，外国投资者根据通过各种潜在渠道以本币形式回流的实际现金流来评估项目回报。对于 Cemex 公司来说，这意味着需要对与该投资相关的实际美元现金流入和流出进行分析，并把整个项目生命周期内所产生的税后现金流，按照适当的资本成本进行折现。

母公司视角下的资本预算编制分为两步。

（1）将各个现金流进行分类，根据渠道调整印度尼西亚政府征收的相关预扣税后，再将调整后的现金流换算成美元。跨国公司的跨境转账所需缴纳的法定预扣税由两国之间的双边税收协议决定，但单个子公司可以与东道国政府税务部门协商更低的税率。对于 Semen Indonesia 子公司而言，印度尼西亚政府将对其股息支付征收 15% 的预扣税，对利息支付征收 10% 的预扣税，对许可费征收 5% 的预扣税。墨西哥不对在印度尼西亚已纳税的汇回收益再次征税。然而，美国对汇回的外国来源收入征收或有税（contingent tax）。

（2）实际的母公司视角下的资本预算将这些美元税后现金流与初始投资相结合，以确定 Semen Indonesia 子公司在 Cemex 公司视角（以及财务状况）中的净现值。详见表 18.5。表 18.5 还展示了 Cemex 公司从预期投资项目中获得的所有增量收益。母公司视角下资本预算的特点是，仅将 Cemex 公司直接投入项目的 19.25 亿美元资本（包括 11 亿美元的股权投资和 8.25 亿美元的贷款）计入初始投资。

表 18.5　Semen Indonesia 子公司汇回母公司的收入

金额单位：百万美元或百万印度尼西亚卢比

汇率（印度尼西亚卢比 = 1.00 美元） 项目年份	10 000 第 0 年	12 621 第 1 年	15 930 第 2 年	20 106 第 3 年	25 376 第 4 年	32 028 第 5 年
股息汇回						
支付的股息（印度尼西亚卢比）		—	—	560 423	555 757	651 450
减去印尼预扣税		—	—	(84 063)	(83 364)	(97 717)
汇回的净股息（印度尼西亚卢比）		—	—	476 360	472 393	553 732

（续）

汇率（印度尼西亚卢比 = 1.00 美元） 项目年份	10 000 第 0 年	12 621 第 1 年	15 930 第 2 年	20 106 第 3 年	25 376 第 4 年	32 028 第 5 年
汇回的净股息（美元）		—	—	23.69	18.62	17.29
许可费汇回						
汇回的许可费（印度尼西亚卢比）		117 126	184 787	279 871	353 235	445 831
减去印尼预扣税		(5 856)	(9 239)	(13 994)	(17 662)	(22 292)
汇回的净许可费（印度尼西亚卢比）		111 270	175 547	265 877	335 573	423 539
汇回的净许可费（美元）		8.82	11.02	13.22	13.22	13.22
债务偿还汇回						
支付的承诺利息（美元）		82.50	68.99	54.12	37.77	19.78
减去 10% 的印尼预扣税		(8.25)	(6.90)	(5.41)	(3.78)	(1.98)
汇回的净利息（美元）		74.25	62.09	48.71	33.99	17.81
汇回的本金（美元）		135.13	148.65	163.51	179.86	197.85
汇回的本金和利息总额		209.38	210.73	212.22	213.86	215.65
资本预算：母公司视角（百万美元）						
股息		0.0	0.0	23.7	18.6	17.3
许可费		8.8	11.0	13.2	13.2	13.2
债务偿还		209.4	210.7	212.2	213.9	215.7
总收入		218.2	221.8	249.1	245.7	246.2
初始投资	(1 925.0)					
终值						664.2
净现金流	(1 925.0)	218.2	221.8	249.1	245.7	910.4
净现值（折现率为 17.98%）	(903.9)					
内部收益率	−1.12%					

注：净现值采用公司确定的折现率计算，即加权平均资本成本 + 外国投资溢价，即 11.98% + 6.00% = 17.98%。

印度尼西亚的 27 500 亿印度尼西亚卢比（相当于 2.75 亿美元）的债务未列入其母公司的资本预算中。

最后，所有的现金流估算都已汇总入母公司视角下的资本预算，详见表 18.5 的底部。Semen Indonesia 子公司在印度尼西亚运营所产生的现金流，包括股息、许可费、债务偿还和终值，已经转换成了美元计价。

为了评估该项目返还给母公司的现金流，Cemex 公司必须按公司资本成本对现金流进行折现。Cemex 公司将美元视为功能货币，因此它用美元来计算资本成本。如第 12 章所述，加权平均资本成本的标准公式如下：

$$k_{\text{WACC}} = k_{\text{e}}\frac{E}{V} + k_{\text{d}}(1-t)\frac{D}{V}$$

式中，k_e 是风险调整后的股权成本，k_d 是税前债务成本，t 是边际税率，E 是公司股权的市场价值，D 是公司债务的市场价值，而 V 是公司证券的总市场价值（$E+D$）。

Cemex 公司的股权成本是使用 CAPM 来计算的：

$$k_e = k_{rf} + (k_m - k_{rf})\beta_{\text{Cemex}} = 6.00\% + (13.00\% - 6.00\%) \times 1.5 = 16.50\%$$

式中，无风险利率 k_{rf} 以美国中期国债收益率 6.00% 来衡量，美国股票市场的预期回报率（k_m）为 13.00%，Cemex 公司相对于市场的个别风险（β_{Cemex}）为 1.5。Cemex 公司的股权成本，即对 Cemex 公司进行股权投资所要求的回报率为 16.50%。

投资将由母公司内部资金支持，大致保持与整体公司相同的债务与股权比例，即 40% 的债务（D/V）和 60% 的股权（E/V）。Cemex 公司目前的债务成本为 8.00%，有效税率为 35%。股权成本与债权成本相结合，得出 Cemex 公司的加权平均资本成本为：

$$k_{WACC} = 16.50\% \times 60\% + 8.00\% \times (1 - 35\%) \times 40\% = 11.98\%$$

Cemex 公司习惯性地使用 11.98% 的加权平均资本成本来折现投资项目所产生的未来现金流，从而对不同项目进行排序。然而，在印度尼西亚投资的各种风险通常是国内投资所不具备的。

如果 Cemex 公司进行的投资与公司本身的风险程度相当，那么使用 11.98% 的相对简单的折现率或许已足够。但是，Cemex 公司通常对国内的新投资项目要求额外的超过资本成本 3% 的回报，而对外国项目的要求则更高，需额外增加 6% 的回报。（这些是公司规定的溢价，不同公司间会有显著差异。）因此，Semen Indonesia 子公司汇回 Cemex 公司的现金流将以 17.98%（即 11.98% 加上 6.00%）的折现率进行折现。项目的基准分析显示，净现值为负，内部收益率为 −1.12%，表明从母公司的视角出发，这项投资是不被接受的。

大多数公司要求新投资的回报超过其所投入资本的成本。因此，Cemex 公司要求一个比资本成本高出 3% 到 6% 的门槛利率，以识别那些实际上能使股东财富增值的潜在投资并不罕见。零净现值意味着投资是"可接受的"，净现值高于零的部分实际上代表了即将增加到公司及其股东价值中的财富的现值。如前所述，对于外国项目，我们必须调整代理成本和外汇风险及成本。

18.2.4 敏感性分析：项目视角

截至目前，项目调查团队已使用了一组"最有可能"的假设来预测回报率。现在是时候对最有可能的结果进行敏感性分析了。测试政治风险和外汇风险敏感性的技术，与测试商业风险和财务风险敏感性的技术相同。许多决策者在估计不熟悉的政治和外汇事件的概率时，感到的不确定性要大于对他们更熟悉的商业或财务风险的估计。因此，通过模拟不同的情境来观察净现值和收益如何变化，成了一种更常见的方法，以测试项目对政治风险和外汇风险的敏感度。

政治风险。如果印度尼西亚对 Cemex 公司的股息或许可费支付实施控制怎么办？从 Cemex 公司的角度看，资金被冻结对回报率的影响将取决于资金冻结发生的时间、印度尼西亚境内被冻结资金的再投资机会以及被冻结资金最终何时能被还给 Cemex 公司。我们可以模拟被冻结资金的各种情景，并重新进行表 18.5 中的现金流分析，以估计其对 Cemex 公司回报率的影响。

如果印度尼西亚政府征用 Semen Indonesia 子公司，征用的效果将取决于以下因素。

（1）政府征用发生时，子公司业务已运营多少年。

（2）印度尼西亚政府将支付多少赔偿金，以及征用后多久进行赔偿。

（3）子公司仍然欠印度尼西亚贷款人的债务额，以及 Cemex 公司是否因其担保责任而必须偿还这笔债务。

（4）政府征用带来的税务影响。

（5）子公司是否因征用而失去未来的现金流。

在多数情况下，被征用的公司最终能够获得一定形式的补偿。这种补偿可能通过与东道国政府谈判并达成协议来获得，或由母国政府支付的政治风险保险来提供。与东道国政府的谈判需要时间，且最终的补偿金有时需要在较长时间内分期支付。因此，补偿金的现值通常会远低于其名义价值。而且，大部分补偿金是基于公司被征用时的账面价值计算的，而非公司的市场价值。

征用的税务影响将依赖于墨西哥认定的资本损失的时间和数额。这类损失通常基于印度尼西亚投资未获补偿的账面价值。问题在于，当和解谈判持续拖延时，关于何时出于税务目的进行资产减记存在一定的疑问。从某种角度看，如 20 世纪 60 年代初在古巴发生的那种情况，东道国明确地征用子公司的资产且不提供任何补偿，相较于子公司在漫长谈判中缓慢“流血而死”更为可取。前者能够更早地利用税盾（tax shield）并对收益进行一次性地冲销（one-shot write-off），而后者因法律和其他费用不断累积，加上未能享受到税收优惠，常常导致子公司的收益在多年内遭受影响。

外汇风险。项目调查小组预设印度尼西亚卢比相对美元将按购买力平价贬值，基准分析中的年贬值率约为 20.767%。如果印度尼西亚卢比的贬值率更高怎么办？尽管印度尼西亚卢比的快速贬值会减少 Cemex 公司以美元计量的预期现金流的价值，但进行经营风险分析是必要的，以判断印度尼西亚卢比的贬值是否使 Semen Indonesia 子公司变得更具竞争力。例如，Semen Indonesia 子公司对中国台湾的出口以美元计价，印度尼西亚卢比相对美元的贬值可能增加这些出口销售的印度尼西亚卢比收入。这在一定程度上可以抵消 Semen Indonesia 子公司从母公司购入的、也以美元计价的进口组件成本的增加。Semen Indonesia 子公司代表了那些现金流入和流出都以外币计价的公司，为汇率波动提供了一种自然对冲机制。

如果印度尼西亚卢比相对美元升值会怎样？研究这一假设需要进行相同的经济敞口分析。在这个特定情形下，我们或许会预测这将对印度尼西亚的本地销售以及 Semen Indonesia 子公司支付给母公司的股息和许可费的美元价值产生正面影响。然而，需要注意的是，印度尼西亚卢比的升值可能会加剧来自其他成本结构较低的国家的公司在印度尼西亚市场的竞争，进而减少 Semen Indonesia 子公司的销售量。有时，外汇风险和政治风险是不可分割的，正如全球金融实务 18.1 介绍的 2015 年委内瑞拉的案例所示。

全球金融实务 18.1

委内瑞拉的货币贬值和资本管制导致企业价值缩水

委内瑞拉政府对私营机构获取外汇的限制已经持续 12 年以上，外国企业对此表示强烈不满。在 2014 年到 2015 年期间，许多在委内瑞拉的国际投资者在运营和估值自己的企业时面临极大挑战。

2014 年 3 月，加拿大航空公司暂停了前往委内瑞拉的所有航班，原因是该国持续的民众抗议活动，航空公司担忧无法保障乘客安全。加拿大航空公司还有数百万美元的服务费用未能收回。众多航空公司一致表示，它们总共被拖欠了逾 20 亿美元的款项。由于委内瑞拉的货币——玻利瓦尔持续贬值，雅芳和默克等公司对其在委内瑞拉的投资进行了减值处理。由于难以获得外汇，通用汽车等制造业公司甚至难以维持运营，无法购买生产产品所需的关键原材料和组件，结果是工厂停产，随后出现了裁员情况。

2015 年 2 月，委内瑞拉政府宣布了一套新的多重汇率制度。不过，新制度与现行的三层汇率制度（three-tiered system）非常相似。新制度的结构如下：①官方汇率为 1 美元兑 6.3 玻利瓦尔（除了食品和医疗采购外，很少有公司能使用这一汇率）；②第二层或中间层汇率，称为 SICAD 1，为特定公司提供，为 1 美元兑 12 玻利瓦尔；③第三层汇率，即 SICAD 2，理论上对所有需要者开放，为 1 美元兑 52 玻利瓦尔左右。最后，由于第三层汇率实际上并不对所有需要者开放，许多委内瑞拉人被迫进入“第四层”，即黑市汇率，当时的货币交易价格为 1 美元兑 190 玻利瓦尔。

无论下一次汇率制度如何变化或下一次货币如何贬值，来自世界各地的跨国公司继续减记在委内瑞拉的投资。这些公司包括美国的可口可乐公司、西班牙电信公司和德国的制药商拜耳公司。那么，在委内瑞拉投资或经营的价值何在？

其他敏感性变量。Cemex 公司的项目回报率对于假设的终值、开工率、Semen Indonesia 子公司支付的许可费规模、项目的初始成本、东道国本地筹资的营运资本额度以及印度尼西亚和墨西哥的税率等因素的变化十分敏感。在这些变量中，有一些是 Cemex 公司能够控制的，因此，Semen Indonesia 项目仍有可能通过提高其对母公司的价值而变得可接受。

18.2.5 敏感性分析：母公司视角

从母公司的角度分析外国项目时，源自其“海外位置”的额外风险可以用两种方法来衡量：调整折现率和调整现金流。

调整折现率。第一种方法是把所有的国际风险当作一个整体来处理，参考相应的国内项目增加外国项目现金流的折现率，这种方法旨在反映更高的外汇和政治风险、代理成本、信息不对称以及其他在海外运营中遇到的不确定性。然而，调整外国项目现金流的折现率以反映这些不确定性，并不会与实际面临的风险额度或随时间可能变化的风险性质成比例地对净现值造成影响。因此，将所有风险汇总到一个单一折现率中，可能会导致我们丢失许多关于未来不确定性的信息。

关于外汇风险，汇率的变化因运营敞口可能对未来现金流产生影响。这种影响可能导致净现金流入减少或增加，具体取决于产品的销售地和原材料的采购地。基于外币可能超出预期的贬值来提高外国项目的折现率，进而忽略外币贬值对项目竞争力可能带来的积极影响。销售量的增加可能足以弥补本币价值下降的影响。此外，提高折现率也忽视了外币可能升值的风险（即双向风险）。

调整现金流。在第二种方法中，我们在调整项目预测现金流时纳入了外部风险。外国项目的折现率仅针对整体业务和财务风险进行调整，与国内项目采用相同的方法。模拟评估通过情景分析来实现，即估计在不同的经济预测下，项目随时间给母公司带来的现金流。

正如莎士比亚所言，对于潜在外国投资中现金流的数量和时机的确信，是“梦想的本质”。考虑到重大投资项目中经济因素的复杂性，分析师必须认识到预测现金流的主观性。在分析过程中保持谨慎的态度对于准确评估项目非常重要。

每种方法的不足之处。在很多情况下，无论是调整折现率还是调整现金流都不是最佳选择。例如，政治不确定性对整个投资构成威胁，而非仅限于年度现金流。潜在损失部分依赖于未回收的母公司投资的终值，该终值会根据项目的融资方式、是否购买了政治风险保险以及预期的投资期限而有所不同。此外，如果预期政治环境在近期将会恶化，任何投资都可能被视为不可接受。政治不确定性通常涉及那些可能在将来出现但目前难以预测的负面事件。因此，针对政治风险调整折现率，可能会过分占用初期现金流，而对较远期现金流的调整略显不足。

对投资者的影响。除了预期的政治和外汇风险，跨国公司有时还担心承担外国项目可能会增加跨国公司的总资本成本，因为投资者对外国风险的看法不同于国内风险。如果一家跨国公司近年来在伊拉克、伊朗、俄罗斯、塞尔维亚或阿富汗等国有重大投资，这种担忧似乎是合理的。然而，对于在加拿大，澳大利亚以及西欧、拉丁美洲、亚洲等地的工业化国家进行投资的跨国公司而言，这一观点就不那么具有说服力了。毕竟，全球大部分外国直接投资都集中在这些国家。这些国家对待外国投资的标准一以贯之，并且经验证据表明，在这些国家的外国投资项目可能不会增加母公司的资本成本。事实上，有研究表明，公司对这些国家的外国项目的回报率的要求甚至可能低于国内项目。

跨国公司的实践。对跨国公司的调查显示，在过去的 30 多年中，约一半的跨国公司调整折现率，另一半则会调整现金流。最近的一项调查显示，相对于调整现金流，越来越多的跨国公司选择调整折现率。然而，该调查还表明，在评估外国投资时，越来越多的跨国公司使用多因素方法，包括折现率调整、现金流调整、实物期权分析和定性标准。[⊖]

18.2.6　投资组合风险测量

金融领域对风险有两种不同的定义：①单个证券的风险（预期收益的标准差）；②单个证券的波动幅度相对于投资组合的波动幅度（贝塔系数）。进行外国投资的目的有两种：一种是进入东道国市场或区域性的市场（市场导向型），其回报或多或少与东道国市场的回报率相关。这种情况下，跨国公司应该基于投资组合来评估该投资项目的前景。另一种是寻求资源或满足生产需求，其回报可能与母公司或位于世界其他地方的子公司的回报相关，与当地市场关系较小。

Cemex 公司拟在 Semen Indonesia 子公司进行投资，既是市场导向型，也是生产导向型(用于出口)。跨国公司在评估潜在外国投资时选择使用哪种方法可能是其最重要的分析决策之一。一项投资的可接受性可能会因不同标准而发生巨大的变化。

在与东道国内部的投资项目进行比较时，跨国公司不应考虑项目的实际融资情况或母公司影响下的债务能力，因为这些对当地投资者而言可能与跨国公司所有者的视角有所不同。此外，项目对当地投资者的风险可能与外国跨国公司所有者感知的风险不同，因为跨国公司有机会利用市场的不完善。而且，对跨国公司所有者来说，项目可能仅是其国际多元化项目组合中的一部分；若由当地投资者承担，项目可能需要独立运作，没有国际多元化的优势。正是因为多元化能降低风险，跨国公司可以接受比当地投资者更低的回报率。

⊖ Tom Keck, Eric Levengood, and Al Longield, " Using Discounted Cash Flow Analysis in an International Setting : A Survey of Issues in Modeling the Cost of Capital," *Journal of Applied Corporate Finance*, Volume 11, No. 3, Fall 1998, pp. 82–99.

因此，应根据这样一个假设来设定东道国当地项目的折现率：假设当地投资者独立拥有该企业时，他们可能要求的回报率。因此，使用当地折现率对东道国的现金流进行评估，只能大致估算出作为独立运营的当地项目的价值，并不能提供绝对估值。

18.3 实物期权分析

长期以来，现金流折现法（DCF）在 Semen Indonesia 子公司案例及广泛的资本预算和估值实践中面临着诸多批评。具有较长使用寿命、在未来几年预期现金流回报较高或风险水平高于跨国公司目前业务常态的投资项目，往往被传统的折现现金流分析所忽视。更加关键的是，当跨国公司评估若干竞争项目时，传统的折现现金流分析往往无法识别每个投资项目潜在的战略价值。这一局限性催生了实物期权分析的发展，它是一种将期权理论应用于资本预算决策过程的方法。

实物期权分析开辟了投资价值评估的新视野。它将决策树分析和基于期权的估值策略相结合。特别是在关键决策时刻，当投资项目可能沿着截然不同的价值路径发展时，这种方法显得尤为重要，这些时刻正是跨国公司管理层需要决定是否持续投资的关键决策点。实物期权理论的核心在于对这些潜在结果的多样性价值的关注。这些价值的波动性正是我们先前讨论的期权定价理论的基石。

实物期权估值使我们得以深入考察多种管理决策，这些决策在实践中反映了许多大型投资项目的特点：

- 延迟投资的选择权。
- 终止项目的选择权。
- 改变产能的选择权。
- 启动或关闭（切换）操作项目的选择权。

实物期权分析以积极的方式来评价现金流的未来价值，相比之下，现金流折现法则采取负面视角（基于折现）来处理未来现金流。针对那些具有极长生命周期或在未来某一时刻才开始的潜在投资项目，实物期权分析尤其显示出其有效性。这种分析方法突出了信息如何随时间积累并辅助决策的形成。管理层通过积极地搜集信息以及被动地观察市场状态来累积知识，并利用这些洞见来做出更加明智的选择。

18.4 项目融资

项目融资在国际金融领域占据特殊位置，它专注于为大规模、生命周期长及高风险的长期资本项目提供融资。这一定义较为宽泛，涵盖了各种不同的形式和结构。

项目融资不是新发明。其历史案例可以追溯到数世纪以前，包括荷兰东印度公司（Dutch East India Company）和不列颠东印度公司这样著名的早期国际商业实体。这些展现出企业家精神的进口商为他们前往亚洲的贸易活动，按每次航程独立筹资，类似于现代的风险资本——投资者在船只成功返回并在码头销售了亚洲市场的货物后获得回报。若航海行程进展顺利，每次航程的投资者将获得全额回报。

项目融资目前在中国、印度以及众多其他新兴市场的大型基础设施项目开发中被广泛采用。尽管每个项目各具特色，但大部分项目的杠杆都较高，其中债务占总融资的 60% 以上。股权在项目融资中占比较小，出于两个原因：第一，投资项目庞大的规模常常使得单一投资者或私人投资者群体难以提供足够资金；第二，许多这类项目涉及传统上由政府资助的领域，如发电，大坝建设，高速公路建设以及能源勘探、生产和分配。

然而，这样高比例的债务给偿债现金流带来了巨大压力。因此，项目融资通常需要采取多种措施以进一步降低风险。这些投资中涉及的贷款机构必须确信它们能够获得偿还；银行天生不是风险承担者，并且它们不期待从项目融资中获得企业家式的高额回报。项目融资成功的关键在于它的一些基本特性。

18.4.1　项目与其投资者的可分离性

项目作为独立的法人，与各位投资者的法律和财务责任分离。这样不仅保护了股权投资者的资产，也为债权人提供了一个平台，便于他们系统地评估项目的相关风险和偿债能力。债权人因此可以放心，偿债款项将直接由项目本身自动分配（而非依赖跨国公司管理层的决策）。

18.4.2　长寿命和资本密集型的单一项目

不仅每个项目必须能够独立存在，而且其规模应与所有者的财力相匹配，其业务线在建设、运营和规模（产能）上也应该具有独特性。项目的规模一经确定，在整个生命周期中极少更改，甚至几乎不更改。石油管道项目就是一个典型的例子，如阿塞拜疆的巴库和土耳其的杰伊汉之间长达 1 768 千米的巴库 - 第比利斯 - 杰伊汉（BTC）输油管道。该管道的大小、长度和容量在建设时已设定，并且在其整个生命周期中显然不会发生变化（除非进行大规模的重建）。

18.4.3　基于第三方承诺的现金流可预测性

油田或电厂生产的同质化商品，若确立了第三方的购买及支付承诺，便能预测相关的现金流。除收入的可预测性外，随时间控制生产的非财务成本亦十分必要，这通常通过与供应商签订长期合同来实现，合同中包含根据通货膨胀进行价格调整的条款。长期合同所带来的净现金流入的可预测性，大幅减少了项目的商业风险，允许项目进行高比例的债务融资而不致陷入财务困境。

确保项目现金流的可预测性对获取项目融资至关重要。一般而言，涉及确保充足现金流的合同条款包括：项目产出的数量与质量；旨在增强盈利边际以覆盖运营成本和还本付息可预测性的定价公式；在特定情况下允许进行合同重大更改的明确说明，例如不可抗力或不利的商业环境。

18.4.4　有限生命周期的项目

对于长期投资而言，确保项目有一个明确的结束时间点，届时所有的债务和股权投资均已偿还，这一点至关重要。鉴于项目为独立投资，其现金流直接服务于其资本结构的偿还能力，而非用于自身增长或其他投资项目的再投资，因此所有类型的投资者都需要确信，项目的回报将在有限的时间内实现。这类项目不会实现资本增值，仅产生现金流。

项目融资的实例包括过去 30 多年中实施的一些大型单项投资项目，例如英国石油公司对北海和跨阿拉斯加输油管道的融资。跨阿拉斯加输油管道是由俄亥俄标准石油公司、美国大西洋里奇菲尔德公司、埃克森公司、英国石油公司、美孚石油公司、菲利普斯石油公司、联合石油公司和阿美拉达赫斯公司等共同投资的合资企业。这些项目的投资额均达到或超过 10 亿美元，这些资本支出是任何一家公司都不愿意或无法承担的。通过合资企业的方式，参与公司能够有效管理投入资本所面临的超出常规的高风险。

18.5　跨境收购

跨境收购活动的驱动力，正如图 18.2 所总结的，既包括宏观层面的全球竞争环境，也涉及微观层面上各种行业和公司层面的力量，以及驱动单个公司价值增长的策略。技术、规章制度和资本市场的变革作为全球竞争环境中的主导力量，为跨国公司创造了新的商机，它们对此进行了积极的追求。

但是，全球竞争环境实质上是各方竞争的基础，是一个竞技场。跨国公司出于各种原因开展跨境收购。图 18.2 所示，这些原因是跨国公司为了维护和增强其全球竞争力所做出的战略性反应。

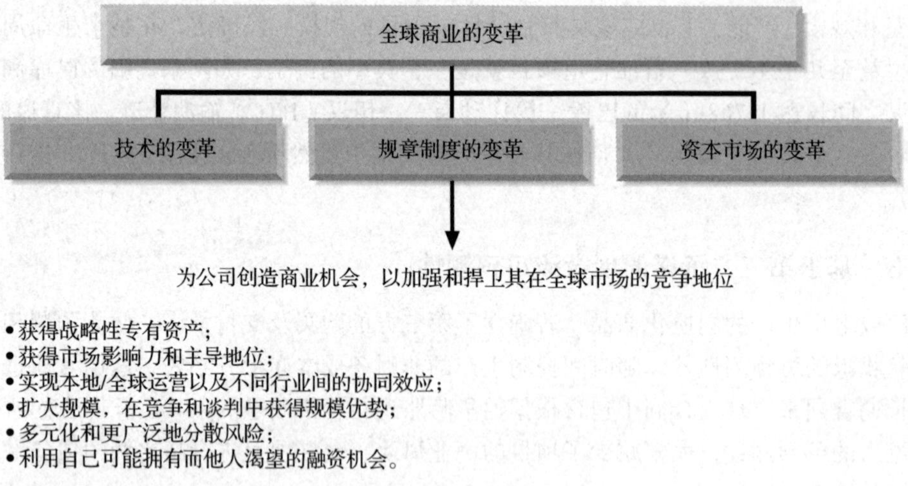
全球商业的变革
技术的变革
规章制度的变革
资本市场的变革
为公司创造商业机会，以加强和捍卫其在全球市场的竞争地位
• 获得战略性专有资产；
• 获得市场影响力和主导地位；
• 实现本地/全球运营以及不同行业间的协同效应；
• 扩大规模，在竞争和谈判中获得规模优势；
• 多元化和更广泛地分散风险；
• 利用自己可能拥有而他人渴望的融资机会。

图 18.2　跨境收购背后的驱动力

与绿地投资相比，跨境收购具备众多显著的优势。首先，跨境收购的速度更快。绿地投资通常需要耗费较长时间进行场地建设和组织架构的搭建。通过收购现有企业，跨国公司能够缩短进入市场的时间，从而加速其在国际市场上的竞争力。其次，跨境收购能够以具有成本效益的方式获取技术、目标市场中有价值的品牌以及物流和分销优势，同时消除一个本地竞争对手。最后，特别是在跨境收购方面，国际经济、政治和汇率的变动可能会造成市场的不完善，使目标公司被低估。

然而，跨境收购并非总是一帆风顺的。无论是国内收购还是跨境收购，收购操作都可能面临支付过高的价格或承担过高的融资成本的风险。融合不同的公司文化可能会引发冲突。

收购后的管理需要通过裁员以实现规模经济和范围经济带来的经济效益，这可能对公司产生非生产性的影响。在国际层面，东道国政府可能在产品定价、企业融资、员工的就业保障、市场分割以及东道国表现出的民族主义和对本国产品的偏好方面[⊖]进行干预，为跨国公司带来额外挑战。实际上，成功地完成跨境收购的能力，可视为检验跨国公司进军新兴市场的试金石。全球金融实务 18.2 展示了这些潜在挑战的实例。

全球金融实务 18.2

价值变化：通用电气公司和伊莱克斯公司

考虑通用电气公司的数学难题：假设六年前通用电气公司在尝试出售其家电部门时估价不准确（这是合理的假设，因为当时未能出售），那么，我们可以认为，家电业务的价值不是当时的 80 亿美元，而仅是该数值的一半——40 亿美元。再加上为改善业务而投入的 10 亿美元，将得到的 50 亿美元的总价值除以通用电气公司今天预期能够从该部门获得的最佳价格 25 亿美元，计算结果表明，通用电气公司股东的损失率为 50%。

——"Is General Electric Company About to Make Its Biggest Mistake Ever?," *The Motley Fool*, July 19, 2014

通用电气公司首次尝试在 2008 年出售其家电部门。当时，通用电气公司为这个拥有百年历史的业务标价 80 亿美元，但正值金融危机，未找到任何买家。六年后，通用电气公司再度尝试出售。这一次，瑞典的伊莱克斯公司——世界最大的家电制造商之一，表现出了浓厚的兴趣。经过数月的谈判，双方在 2014 年 7 月达成一致，成交额为 33 亿美元，这个价格远低于通用电气公司先前的要求。

交易预期在 2015 年完成，前提是获得美国司法部对反垄断问题的批准（通用电气公司和伊莱克斯公司某些产品线的市场份额合并后可能达到 40%）。然而，司法部对美国家电市场合并趋势的加剧表示关切，并要求伊莱克斯公司同意出售部分业务，以实现充分竞争的效果。2015 年 9 月，伊莱克斯公司拒绝就达成的收购案出售任何家电业务或做出妥协。最终，2015 年 12 月，面对美国司法部的持续反对，伊莱克斯公司和通用电气公司取消了收购交易。根据最初的协议，通用电气公司从伊莱克斯公司收到了 1.75 亿美元的协议终止费。

通用电气公司在与伊莱克斯公司的协议终止后不久，立即开始寻找其家电业务的新买家。很快，关于可能将业务出售给海尔公司（中国）的传言开始广为流传。海尔公司在美国市场上只有非常小的、专门化的产品线，因此获得通用电气公司家电业务将立刻使其成为美国市场的重要参与者。2016 年 1 月 15 日，也就是与伊莱克斯公司的协议终止不到两个月后，通用电气公司宣布以 54 亿美元的价格将其家电部门出售给海尔公司，远高于之前与伊莱克斯公司达成的 33 亿美元的价格。新的交易对象是一家在美国市场上相对较小的公司，并且显然不会像伊莱克斯公司所期待的那样实现成本协同效应。价值，的确视观察者而定。

⊖ 在跨境收购和国际商务活动中，东道国政府或民众出于对本国企业和产品的偏好，以及出于民族主义的情感，可能会对外国投资者或跨国公司实施不同待遇或歧视性政策。——译者注

18.5.1　跨境收购流程

虽然金融学界有时认为收购主要关注估值问题，但这个过程远比简单确定支付价格要复杂，内容也更为丰富。如图 18.3 所示，该过程起始于前一部分讨论的战略动因。

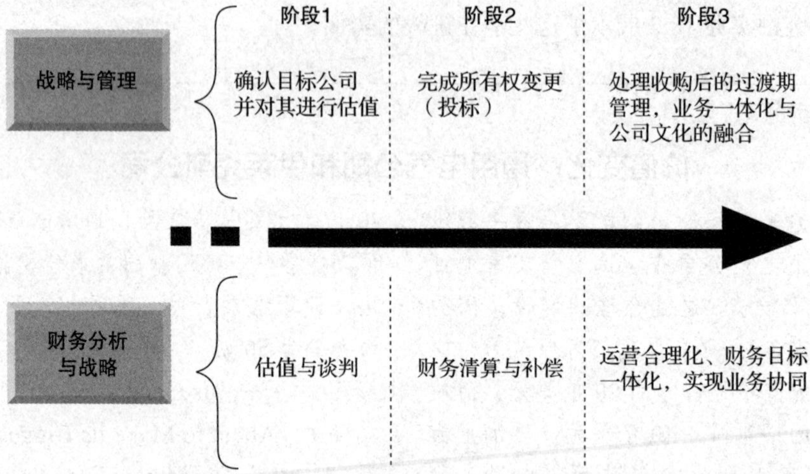

图 18.3　跨境收购流程

在全球任何地方对一家公司进行收购，都涉及三个阶段：①确认目标公司并对其进行估值；②完成所有权变更（投标）；③处理收购后的过渡期管理。

阶段 1：确认目标公司并对其进行估值。在确认潜在收购目标时，需要有清晰的公司战略和专注点。通常情况下，目标市场的识别先于目标公司的识别。涉足发达国家的市场，可以为跨国公司提供广泛的上市公司选择，这些公司在其明确界定的市场领域内活动，并且其财务和运营数据公开透明。在这种情况下，跨国公司会公开发出收购要约，即使目标公司的管理层可能会公开建议其股东拒绝此项要约。如果有足够多的股东接受这一要约，那么收购方可能就能获得足够的影响力或控制权，以更换管理层。

在这一充满对抗的过程中，目标公司的董事会负责持续采取与保护股东权益相一致的行动。为确保管理层的行为与保护及增加股东价值相符，目标公司的董事会可能需要在此过程中对管理层实施较为严格的监督。

一旦确定了目标公司，收购方就开始对其进行估值。当今全球商业界广泛使用多种估值方法，每种方法都有其特点。除了基础的现金流折现法和倍数法（基于收益和现金流）外，还有专注于特定行业价值要素的行业特定估值方法。[㊀]对目标公司进行多种备选估值，不仅有助于更完整地掌握完成交易所需支付的价格，也有助于评估这一价格是否具有吸引力。

阶段 2：完成所有权变更。确定收购目标并完成估值后，整个收购过程——包括获取目标公司管理层和股东的同意、获得政府监管部门的批准以及最终敲定补偿机制——执行起来可能既耗时又复杂。这一系列步骤构成了收购战略的完整实施过程。

获得目标公司的同意是商业历史上一些最著名收购事件的亮点。这里的关键是目标公司

㊀ 在对某一行业内的公司进行估值时，会采用能够精确捕捉到关键价值要素的特定方法，以确保估值反映了业务线中最重要的价值要素。——译者注

的管理层是否支持此次收购。虽然可能没有所谓的“典型交易”，但很多收购通过相对友好的方式顺利地完成。收购方会接触目标公司的管理层，尝试说服他们认可收购的商业逻辑。（获得他们的支持有时候很难，但保证目标公司管理层不会被替换这个条件通常很有说服力！）如果目标公司的管理层表示支持，他们可能会向股东推荐接受收购方的收购要约。这一阶段偶尔会出现的问题是，有影响力的大股东可能会基于商业理念或收购价格过低反对收购要约，并认为其管理层没有采取适当措施来保护和提升股东的价值。

当收购业务得不到目标公司管理层的支持时，收购过程就会呈现出截然不同的态势，即敌意收购。收购公司可能会选择在没有目标公司支持的情况下进行收购，直接向目标公司股东发出收购要约。在这种情况下，要约收购是公开进行的，尽管目标公司管理层可能会公开建议其股东拒绝要约收购。如果有足够多的股东接受收购要约，收购公司就可能获得足够的所有权或控制权来改变管理层。在这个充满对抗的过程中，目标公司的董事会有责任继续采取与保护股东权益相一致的行动。与阶段 1 一样，在这一过程中，董事会可能需要对管理层进行严格的监督，确保管理层的行为与保护和提升股东价值的目标一致。仅获得监管部门的批准可能会成为收购交易执行过程中的一大障碍。

如果收购涉及的公司属于对国家安全至关重要的行业，或者担心企业集中度过高或合并会形成垄断，则该收购可能需要通过严格的监管审批。

2001 年，通用电气公司提出收购霍尼韦尔国际（Honeywell International）公司的方案，成为监管审批领域的一个转折点。霍尼韦尔国际公司本身由霍尼韦尔公司（美国）和 Allied-Signal 公司（美国）合并而成。通用电气公司对霍尼韦尔国际公司的收购计划已获得了管理层、所有权方和美国监管机构的批准，然后它向欧盟寻求批准。通用电气公司的首席执行官兼总裁杰克·韦尔奇（Jack Welch）未能预见到这次收购会遭遇欧盟当局的强烈反对。面对欧盟连续提出的要求，即收购公司需剥离特定业务部门以减少反竞争影响，韦尔奇撤销了收购审批请求，他认为这种剥离会削弱收购带来的价值增长。因此，此次收购被取消。这一案例可能对未来数年的跨境收购产生重大影响，欧盟等强大经济体内的监管机构拥有阻止两家跨国公司合并的权力，这可能标志着监管力量和广度的改变。

对于跨境收购阶段 2 中的最后一项任务——对目标公司股东的补偿支付，股东通常会以收购公司的股份或现金形式获得补偿。如果发生股份交换，这种交换通常是基于一定的比例进行的（例如，以收购方两股换取目标公司三股），而且目标公司的股东通常不需要缴纳税款——原有的股份仅仅被替换为其他股份，并不触发纳税事件。

如果以现金形式向目标公司股东支付，这等同于目标公司股东在公开市场上出售了股份，因此会产生资本利得或损失（在收购情况下，一般希望能获得利益），并伴随着税务责任。鉴于税务影响（tax ramification），股东们通常更倾向于股份交换，这样他们可以自主决定何时以及是否需要纳税。

决定补偿形式的因素众多，包括现金的可得性、收购的规模、收购过程的友好程度以及收购公司对目标公司的估值与目标公司对自身的估值的差距，这些都将影响收购决策。在这个过程中，监管审批的延迟及其对双方公司股价的潜在影响成为可能的破坏性因素。如果监管审批拖延，增加了股价下跌的风险，可能会改变股份交换方案的吸引力。

阶段 3：处理收购后的过渡期管理。虽然投资银行活动的焦点和亮点通常集中于收购交易的估值和竞标过程，但事实上，交易后的管理是决定收购成功与否的最关键阶段。即便收购价格偏低或偏高，如果交易后未能有效管理，那么所有预期的投资回报都将付之东流。收购后的管理阶段是实现交易初衷的关键时刻，更有效的管理、由收购带来的或是之前难以达到的更低资本成本和更便捷的资金获取方式，都必须在交易完成后才可能实现。然而，最大的挑战几乎总是如何融合不同的企业文化。

企业文化和员工个性、公司领导风格、组织文化等之间的冲突，在跨境收购中既构成了最大的风险，也蕴藏了最大的潜在回报。尽管这种冲突不如市盈率或股价溢价那样容易量化，但公司价值的增减最终取决于利益相关方的价值判断。

18.5.2 跨境收购中的货币风险

跨国公司在实施和执行跨境收购时，会面临多种具有挑战性的货币风险和敞口。正如图 18.4 所展示的，特定跨境收购相关的货币风险的性质，会随着投标、融资、交易（结算）和运营等阶段的进展而发生变化。跨境收购各个阶段的时间安排和信息差异引发的风险，使得管理这些货币敞口变得复杂。图 18.4 还展示了随着各个阶段的完成以及合同和协议的签订，与这些阶段相关的不确定性将随时间减少。

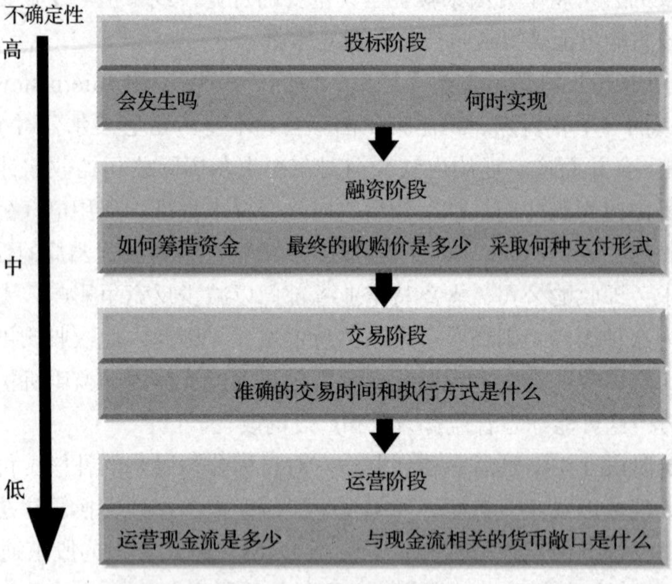

图 18.4 跨境收购中的货币风险

如果最初使用外汇进行投标，投标者便会面临或有（contingent）外汇敞口。这种敞口的发生可能性，随着谈判进展、获取监管部门的要求与批准的进度以及其他竞争投标者的出现而逐渐增加。虽然可以采取多种对冲策略，但购买货币看涨期权是最为简单的方法。期权的名义本金基于预估的购买价格，但谨慎起见，其到期日可能会远远超过实际可能需要的时间，以便充分考虑到投标、监管审批和谈判可能的延期。

一旦竞标者成功完成收购，或有敞口将转变为交易敞口。尽管交易结算的准确时间仍充满不确定性，但货币敞口发生的可能性的不确定性已大大减少。此时，可以采用远期合约和货币期权的组合来管理完成跨境收购所涉及的货币风险。

一旦收购完成，跨境收购带来的货币风险和敞口，作为跨国公司的资产和外国子公司，将从交易相关的现金流敞口转变为公司跨国结构的一部分，并从此成为其运营敞口。[⊖]正如全球金融实务 18.3 中所讨论的，对于跨国公司而言，时间始终是管理货币敞口过程中遇到的最大挑战，这一挑战在跨国商务活动中无所不在。

全球金融实务 18.3

挪威国家石油公司收购了瑞典埃索公司

1986 年，挪威国家石油公司（Statoil ASA）对瑞典埃索（Esso）公司（埃克森公司在瑞典的全资子公司）的收购，成为历史上最具挑战性的跨境收购案例之一。首先，作为挪威的国营石油公司，挪威国家石油公司是由政府拥有和运营的，它在另一个国家对一家私有公司进行投标。其次，收购一旦完成，其提出的融资方案将会增加瑞典埃索公司的偿债义务（包括债务水平和偿债能力），从而降低了该公司对瑞典政府的纳税规模。这项拟议的跨境交易被认为是瑞典政府向挪威政府进行的价值转移。

由于投标、谈判和监管审批的过程较长，交易面临的货币风险非常大且广泛。挪威国家石油公司作为一家挪威石油企业，虽然在本国的货币结算基于挪威克朗，但因全球石油行业主要以美元计价，其功能货币是美元。瑞典埃索公司虽然是瑞典注册的公司，但作为美国跨国公司的全资子公司，最终的投标和销售现金结算也以美元计价。

1985 年 3 月 26 日，挪威国家石油公司与埃克森公司达成协议，以 2.6 亿美元出售瑞典埃索公司，根据当时的汇率 9.50 挪威克朗兑 1.00 美元，这一价格等于 24.7 亿挪威克朗。（这一汇率是挪威克朗对美元有史以来最低的，很多分析师当时认为美元估值过高。）交易的完成需获得瑞典政府的批准，这一过程［最终还需瑞典首相奥拉夫 · 帕尔梅（Olaf Palme）的同意］花费了九个月。由于挪威国家石油公司将美元视为其主要运营货币，因此它决定不对购买价格的货币敞口进行对冲。结算时，挪威克朗对美元的汇率已升值至 7.65 挪威克朗兑 1.00 美元，使得最终的收购成本降至 19.89 亿挪威克朗。挪威国家石油公司因未进行对冲，而在收购成本上节约了近 20%，约 4.81 亿挪威克朗。

要点小结

- 必须区分母公司现金流与项目现金流。这两种类型的现金流各自对价值的评估有不同的影响。
- 母公司现金流通常取决于融资形式。因此，与国内项目资本预算中的做法不同，外国项目资本预算中的现金流无法清楚地从融资决策中分离出来。
- 必须明确承认将子公司的利润汇往母公司的重要性，因为除了存在税制差异、资金流动的法律和政治限制，还要考虑当地商业规范以及金融市场和机构功能的不同。

⊖ 跨境收购所带来的货币风险和敞口，会从单一交易的现金流敞口演变成为公司跨国运营架构的一部分，进而形成其日常经营活动中的一种持续性货币敞口。——译者注

- 从项目视角分析外国项目时，风险分析侧重于敏感性分析以及考虑随时间执行项目过程中相关的外汇和政治风险。
- 从母公司视角分析外国项目时，由其“海外位置”带来的额外风险至少可以通过两种方法衡量：调整折现率和调整现金流。
- 实物期权分析为投资价值提供了一种全新的思考角度。其核心理念融合了决策树分析和基于期权的估值方法。通过实物期权分析，我们可以评估各种决策选项，比如是否推迟项目、中止项目、调整项目规模或容量，或者是否决定项目的启动或停止。
- 项目融资如今在许多新兴市场的大规模基础设施项目开发中广泛使用。虽然每个项目都有其特点，但大多数项目是高杠杆交易，债务占总融资的60%以上。
- 在世界各地收购公司的过程涉及三个共同阶段：①确认目标公司并对其进行估值；②完成所有权变更（投标）；③处理收购后的过渡期管理。
- 跨境收购和战略联盟都面临相似的挑战：它们必须根据目标公司在其市场上的预期业绩来评估。这一估值过程结合了战略、管理和财务要素。

问　题

18.1 **资本预算理论框架**。外国项目的资本预算采用与国内项目资本预算相同的理论框架。国内项目资本预算的基本步骤是什么？

18.2 **外国项目的复杂性**。外国项目的资本预算编制要比国内项目复杂得多。是什么因素增加了复杂性？

18.3 **项目视角与母公司视角**。为什么要分别从项目视角和母公司视角来评估一个外国投资项目？

18.4 **不同视角下的净现值**。哪种视角，即项目视角或母公司视角，给出的结果更接近于资本预算中净现值的传统含义？

18.5 **不同视角下的合并收益**。上述哪种视角得出的结果更接近于对每股合并收益的影响？

18.6 **经营现金流和融资现金流**。资本项目既提供经营现金流，也提供融资现金流。为什么国内项目资本预算优先考虑经营现金流，而外国项目却主要考虑融资现金流？

18.7 **风险调整后的回报率**。外国项目的预期内部收益率是否应与①国内的其他方案，②同一行业和/或风险类别的本地公司所赚取的回报，③上述两者进行比较，请说明理由。

18.8 **已被冻结的现金流**。在评估潜在外国投资项目时，跨国公司应如何评估在东道国被冻结从而无法汇回母公司的现金流？

18.9 **东道国通货膨胀**。跨国公司在评估投资提案时，应如何考虑东道国的通货膨胀？

18.10 **股权成本**。外国子公司没有独立的资本成本，但是，为了估算一个与东道国相当的公司的折现率，分析师应尝试计算一个假设的资本成本。请问该如何计算？

18.11 **不同视角下的现金流量**。项目视角和母公司视角分析中使用的现金流量有何不同？

18.12 **外汇风险与资本预算**。如何在外国项目的资本预算分析中考虑外汇风险敏感性？

18.13 **政府征用风险**。如何将政府征用风险纳入外国项目的资本预算分析中？

18.14 **实物期权分析**。什么是实物期权分析？与传统的资本预算分析相比，它为什么是一种更好的投资决策方法？

18.15 **跨境收购的驱动力**。跨境收购的主要驱动力是什么？

18.16 **跨境收购的三个阶段**。跨境收购分为哪三个阶段？每个阶段不可或缺的核心财务要素是什么？

18.17 **跨境收购中的货币风险**。跨境收购过程中会出现哪些货币风险？

18.18 **或有货币敞口**。在执行跨境收购的过程中出现的最大的或有货币敞口是什么？

迷你案例

米塔尔公司对安赛乐公司的敌意收购

习　题

扫码了解习题

部分习题答案

扫码了解部分习题答案

术语表

- 绝对优势（absolute advantage）：指个人、团体或国家使用相同的投入生产某一产品或服务的数量超过另一方的能力。一个国家在任何国际贸易活动中都不具有绝对优势是有可能的。另见比较优势（comparative advantage）。
- 绝对购买力平价（absolute purchasing power parity）：这一理论认为，两种货币之间的确切汇率是通过使两种货币的购买力等值化来确定的。
- 会计敞口（accounting exposure）：又称为折算敞口。另见折算敞口（translation exposure）。
- 关联（affiliated）：在商业中，指两家公司之间的密切联系。通常意味着一方在另一方中持有部分但非控制性的股权或所有权。
- 关联方（affiliated party）：指相关方，如跨国公司的分支机构或子公司。
- 代理理论（agency theory）：指在公司业务和战略的执行中，将公司股东与其代理人（即管理层）之间的利益对齐所涉及的成本和风险。也称为代理问题（agency problem 或 agency issue）。
- 总成本（all-in cost，AIC）：包括利率和费用在内的与贷款或债务义务相关的全部成本。
- 美国存托凭证（American Depositary Receipt，ADR）：由美国银行发行的代表对相关外国证券索赔的所有权证书。美国存托凭证可以代替实际股份进行交易。
- 美式期权（American option）：一种可以在到期日之前的任何时间行使的期权。
- 美式标价法（American term）：表示为每单位非美元货币的美元数量。
- 锚货币（anchor currency）：另见储备货币（reserve currency）。
- 天使投资人（angel investor）：为小型企业初创项目提供资金的投资者。
- 预期敞口（anticipated exposure）：管理层认为有非常高的可能性发生的外汇敞口，但尚未形成合同，因此尚未确定。
- 升值（appreciation）：在汇率变动的背景下，指一种货币相对于其他货币或黄金的外汇价值上升。
- 套利（arbitrage）：一种交易策略，指在一个市场以一种价格购买商品（包括外汇），同时在另一个市场以更有利的价格出售它，以此获得价格差异上的无风险利润。
- 套利者（arbitrager）：进行套利的个人或公司。
- 公允交易价格（arm's length price）：意愿买家和意愿卖家在不相关的情况下自由同意进行交易的价格。实际上是一个自由市场价格。税务机关用它来判断关联公司之间的转让价格是否合适。
- 卖出价（ask price）：交易商愿意卖出外汇、证券或商品的价格。也称为报价（offer price）。
- 资产市场法（asset market approach）：一种

通过评估广泛的投资因素或驱动因素，判断外国投资者是否愿意以货币形式持有要求权的策略。

- 平值期权（at-the-money，ATM）：行权价格与标的货币即期价格相同的期权。
- 保证（aval）：第三方作为担保人对债务的全部金额进行背书。第三方（担保人）承诺在原债务人未能履行其义务时，支付信用证的金额及其利息。
- 待处理订单敞口（backlog exposure）：从合同启动到通过提供服务或货物运输完成履行的时间段。
- 背靠背贷款（back-to-back loan）：两个位于不同国家的公司互借对方的货币一定期限，并在约定的到期日偿还对方的货币。有时，这两笔贷款通过一个中介银行进行。背靠背融资也称为联动融资（link financing）。背靠背贷款又称为平行贷款（parallel loan）或信用互换（credit swap）。
- 国际收支平衡表（balance of payments，BOP）：汇总某国居民与世界其他地区居民之间的商品、服务和投资资金流动的财务报表。
- 贸易差额（balance of trade，BOT）：国际收支平衡表中的一个项目，衡量商品出口与商品进口的货币价值差额。
- 货物与服务贸易差额（balance on goods and services）：国际收支平衡表经常账户的一个子账户，表明货物贸易和服务贸易的出口额与进口额之间的净额。
- 资产负债表套期保值（balance sheet hedge）：另见货币市场套期保值（money market hedge）。
- 银行汇票（bank draft）：一种支付汇票，依托银行自己的账户；银行保证支付的支票。
- 国际清算银行（Bank for International Settlements，BIS）：总部位于瑞士巴塞尔，被称为“中央银行的银行”。
- 银行承兑汇票（bankers' acceptance）：银行无条件承诺在汇票到期时付款的汇票。这体现为银行对根据银行出具的信用证条款提出的、针对该银行的汇票的背书。
- 易货贸易（barter）：通过直接交换实物商品进行的国际贸易，而非通过自由市场设定的价格和汇率分别进行购买和销售。
- 基准货币（base currency）：货币报价中的基准货币或单位货币多为美元。
- 基本差额（basic balance）：在一国的国际收支平衡表中，商品和服务出口与进口、单方面转移和长期资本流动的差额。
- 税基侵蚀和利润转移（basis erosion and profit shifting，BEPS）：将企业利润重新分配到较低税收环境的行为，从而避开本应纳税的较高税收环境。
- 基点（basis point）：一个基点等于 0.01%。用于描述利率或收益率变化的微小单位，常用于表达利率差异或证券收益率的变动。
- 基差风险（basis risk）：一种利率风险，发生在利率基准不匹配的情况下。
- 不记名债券（bearer bond）：未登记在任何所有者名下的公司或政府债券。持有债券即表示所有权，通过剪下债券上的息票来获取利息。不记名形式的优点是在销售时易于转让，作为债务的抵押品使用方便，以及一些讽刺者所说的纳税人匿名性，这意味着政府难以追踪利息支付以收取所得税。不记名债券在欧洲很常见，但在美国已很少发行。与不记名债券相对的是记名债券。
- 贝塔系数（beta）：贝塔是希腊字母的第二个字母，在资本资产定价模型中用作风险的统计度量。贝塔系数是特定资产回报与市场组合回报之间的协方差，除以市场组合回报的方差。
- 买入价（bid price）：交易商愿意支付的价格以购买外汇或证券。也称为“bid rate”。

- 买卖价差（bid-ask spread）：买入报价和卖出报价之间的差异。
- 汇票（bill of exchange，B/E）：一种书面指令，要求一方（如进口商）在指定时间向汇票的开出者支付特定金额的款项。也称为“draft”。见即期汇票（sight draft）。
- 提单（bill of lading，B/L）：货运公司与发货人之间的合同，用于将货物运输到指定目的地。提单同时也是货物的收据。提单通常是可转让的，意味着它们是按照特定方的订单制作，并可以背书转让给另一方。
- 开票敞口（billing exposure）：从应收账款开出到收到现金支付所需的时间。
- 黑市（black market）：非法的外汇市场。
- 冻结资金（blocked fund）：由于汇率管制，无法自由兑换为外币的某国货币资金。
- 分支机构（branch）：在东道国未注册成立的外国运营机构，与子公司相对。
- 《布雷顿森林协议》（Bretton Woods Agreement）：1944 年在美国新罕布什尔州布雷顿森林举行的国际会议通过了《布雷顿森林协议》，该协议从 1945 年开始实施，至 1971 年结束，旨在建立国际货币体系。
- 金砖四国（BRIC）：指四个最大的新兴市场国家——巴西、俄罗斯、印度和中国。
- 猛犬债券（bulldog bond）：在英国由外国借款人发行的以英镑计价的债券。
- 英镑 / 美元汇率（cable）：美元与英镑的交叉汇率。
- 看涨期权（call option）：具有在指定时间内以指定价格购买外汇或其他金融合约的权利，但没有义务的期权。另见外汇期权（foreign currency option）。
- 资本账户（capital account）：国际收支平衡表中的一个部分。根据国际货币基金组织最新修订的格式，资本账户用于记录资本转移以及非生产性、非金融资产的获取和处置。在许多国家仍在使用的传统定义中，资本账户记录公共与私人的国际借贷与投资。大部分传统资本账户的内容现在在国际货币基金组织的报表中被归入金融账户。
- 资本资产定价模型（capital asset pricing model，CAPM）：这是一个理论模型，它将资产的回报与其风险相关联。在这里，风险指的是资产对投资组合总体波动的贡献。模型假设在竞争性和高效的金融市场中确定风险和回报。
- 资本预算（capital budgeting）：用于确定对长期资产或项目的投资是否可行的分析方法。另见跨国资本预算（multinational capital budgeting）。
- 资本管制（capital control）：政府对资本跨境流动施加的限制、规定、征税或禁止措施。
- 资本外逃（capital flight）：政治风险导致资金流出某国。
- 资本收益（capital gain）：任何类型的资产如股票、债券、企业或房地产的销售产生的利润或亏损。
- 资本生命周期（capital lifecycle）：公司从成立到成熟阶段经历的不同形式、期限和金额的资本需求变化。
- 资本市场（capital market）：是各国金融市场的一部分，在资本市场中，各种类型的长期债务和 / 或所有权证券及其相关权益被交易，包括购买和销售等活动。
- 资本流动性（capital mobility）：私人资本在寻找最有前景的投资机会时，从一个国家自由移动到另一个国家的程度。
- 套利交易（carry trade）：借入低利率货币用以投资于高收益货币的策略，也称为货币套利交易（currency carry trade），这一策略具有投机性，因为存在货币风险且未进行管理或对冲。
- 现金汇率（cash rate）：指期限为一年或一年以内的远期外汇合约适用的远期汇率。

如果期限超过一年，此类远期汇率通常被称为互换汇率（swap rate）。

- 买方自负（caveat emptor）：拉丁语，意为买方需谨慎或买方自担风险。
- 大额存单（certificate of deposit，CD）：银行针对一定期限的存款发行的可转让收据。CD 在到期前可以在二级市场上购买或出售，使其成为一种可赚取利息的有价证券。
- 古典金本位制（classical gold standard）：参见金本位制（gold standard）。
- 清算所（clearinghouse）：通过各成员之间的债务结算过程清算偿债义务的机构。
- 清算所银行间支付系统（Clearinghouse Interbank Payments System，CHIPS）：位于纽约的计算机化清算系统，银行用它来结算成员之间的银行间外汇义务（主要是美元）。
- 抵押品（collateral）：参见保证金（margin）。
- 集体行动条款（collective action clause，CCA）：债券或其他债务协议中的合同条款，一旦特定比例（超过多数）的债券持有人同意债务重组，该重组将对所有债券持有人具有法律约束力。
- 商业风险（commercial risk）：在银行业，外国债务人因商业事件（与政治事件不同）无法偿还债务的可能性。
- 比较优势（comparative advantage）：如果每个国家专门生产它相对最有效率的商品，并进口其他国家相对最有效率生产的商品，各方都会获益。
- 竞争敞口（competitive exposure）：另见运营敞口（operating exposure）。
- 合并财务报表（consolidated financial statement）：将母公司及其子公司的账目合并在一起，产生一份报表，报告该公司在全球范围内经营的状况，就好像它是一家单一的公司。在合并财务报表中，内部债务被消除。
- 合并（consolidation）：指为跨国公司编制单一报告货币财务报表的过程，该财务报表实际上结合了以不同货币计量的子公司的财务报表。
- 传染（contagion）：一国危机向邻国及其他具有相似特征的国家蔓延的现象——至少在跨国投资者看来是这样。
- 或有外汇敞口（contingent foreign currency exposure）：敞口的最终确定取决于另一家公司的决定，例如投资决定或赢得商业/建设投标的决定。
- 或有价值权（contingent value right，CVR）：向被收购公司（或面临收购的公司）的股东提供的权利，如果发生特定事件，他们将收到额外的现金或股份。CVR 与期权类似，因为它们带有与或有事件必须发生的时间相关的到期日。
- 持续连接结算系统（Continuous Linked Settlements，CLS）：国际外汇交易的结算系统，通过该系统，成员可以同时进行外汇买卖交易的支付和收款，以降低结算风险。㊀
- 合约对冲（contractual hedge）：外汇对冲协议或合同，通常使用金融衍生品，如远期合约或外汇期权。
- 受控外国公司（controlled foreign corporation，CFC）：美国股东拥有超过 50% 的合并投票权或总价值的外国公司。根据美国税法，美国股东可能需要对受控外国公司未分配的收益缴税。
- 可兑换货币（convertible currency）：可以自由兑换为任何其他货币的货币，无政府限制。
- 公司治理（corporate governance）：用于确定和控制组织的战略方向和绩效的利益相

㊀ 原文有误，已修改。——译者注

关者之间的关系。

- 企业倒置（corporate inversion）：企业从高税收国家重新注册到低税收国家。几乎专指美国。
- 企业社会责任（corporate social responsibility，CSR）：一种企业自我调节的形式，旨在以合法、道德的方式开展业务，并与一系列社会规范（如环境和社会可持续性）一致。
- 代理行（correspondent bank）：为另一家位于不同地理区域的银行持有存款并提供服务的银行，基于互惠原则。
- 成本加运费（cost and freight，CFR）：出口商报价包括运输到指定目的港口的成本。
- 成本、保险加运费（cost，insurance，and freight，CIF）：出口商报价，包括包装、运费、保险费用以及从装货国出发到指定目的港口或转运地点的货物相关的其他费用。
- 资本成本（cost of capital）：以百分比表示并基于加权平均的方式，在当前市场利率下筹集股权和债务的成本。更常见的称法是加权平均资本成本（WACC）。
- 交易对手（counterparty）：双重交易（如互换或背靠背贷款）中的对方，涉及现在的金融工具或义务的交换以及在约定的日期对该交易的反向操作。
- 交易对手方风险（counterparty risk）：任何单一公司承担的潜在风险，即合同的第二方可能无法履行合同规定的义务的风险。
- 国别风险（country risk）：在银行业，东道国发生的意外事件影响客户或政府偿还贷款能力的风险。国别风险通常分为主权（政治）风险和外汇（货币）风险。另见特定于国家的风险（country-specific risk）。
- 特定于国家的风险（country-specific risk）：在国家层面影响跨国公司的政治风险，如转移风险（封锁资金）以及文化和制度风险。
- 抵补套息套利（covered interest arbitrage，CIA）：投资者通过以下步骤赚取无风险利润的过程：①以一种货币借款；②在即期市场将这些资金兑换成外币；③在外国以利率投资外币；④将到期时收到的投资收益进行远期销售；⑤使用远期销售的收益偿还原始贷款；⑥保留剩余的收益。
- 覆盖交易（covered transaction）：已通过套期保值或覆盖对冲的外汇敞口。
- 覆盖（covering）：在远期外汇市场或货币市场中的交易，旨在保护未来现金流的价值。参见套期保值（hedging）。
- 爬行钉住汇率（crawling peg）：一种外汇汇率体系，该体系下的汇率被非常频繁地调整，以反映当前的通货膨胀率。
- 信用风险（credit risk）：借款人在续贷时，其信用等级被贷款人重新分类的可能性。
- 信用息差（credit spread）：借款人为补偿贷款人或投资者承担的借款人的信用风险而支付的额外利息成本。息差通常基于借款人的信用评级。也称为信用风险溢价。
- 信用互换（credit swap）：参见背靠背贷款（back-to-back loan）。
- 跨境收购（cross-border acquisition）：一家公司收购位于不同国家的另一家公司的行为。
- 跨币种利率互换（cross-currency interest rate swap）：参见货币互换（currency swap）。
- 跨币种互换（cross-currency swap）：参见货币互换（currency swap）。
- 交叉上市（cross-listing）：在两个或更多股票交易所挂牌上市的普通股股份。
- 交叉汇率（cross rate）：通过将每种货币的汇率除以第三种货币的汇率得出的两种货币之间的汇率。通俗地说，它经常用来指特定的货币对，如欧元/日元交叉汇率，因为日元/美元和美元/欧元是更常见的货币报价。

- 众筹（crowdfunding）：通过从大量人群中以小额筹集资金的方式为创业企业或某种企业提供资金，通常通过互联网进行。
- 加密货币（cryptocurrency）：使用安全的信息处理方法和密码学原则创建和交换的货币。比特币是最早和最知名的加密货币之一。
- 累积折算调整（cumulative translation adjustment，CTA）账户：这是在进行会计折算后的资产负债表中的一项，该账户记录的是折算产生的盈亏（已经在多年间累积）。
- 货币调整条款（currency adjustment clause，CAC）：一种合同安排，用于在两方之间分享或分摊汇率变动。通常用于长期供应商合同。也可以译作“汇率调整条款”。
- 货币局（currency board）：指一个国家的中央银行承诺始终用外汇储备全额支撑其货币供应量。
- 货币合同期（currency contract period）：货币价值变动后紧接着的一段时间，在此期间，现有合同不允许任何价格变动。
- 货币风险（currency risk）：汇率的意外变动导致的预期现金流的方差。
- 货币互换（currency swap）：两个对手方在开始时交换两种不同货币的特定金额，然后根据合同随时间偿还，该合同反映了利息支付和可能的本金摊销。在货币互换中，现金流类似于即期和远期外汇交易的现金流。另见互换（swap）。
- 货币转换（currency switching）：一家公司使用在业务过程中收到的外汇来清偿对第三方的义务，第三方通常位于第三国。
- 经常账户（current account）：在国际收支平衡表中，一个国家与所有外国之间的商品、服务和单边转移（如赠送）的净流量。
- 现行汇率法（current rate method）：将外国子公司的财务报表折算成母公司报告货币的方法。除少数情况外，所有资产和负债都按现行汇率折算。
- 承兑交单（documents against acceptance，D/A）：国际贸易术语，指出口商将货物运输单据通过银行提交给进口商，进口商在接受（承兑）支付汇票上注明的金额后，可以提取货物的单据。这意味着进口商承认债务，并承诺在汇票上注明的到期日支付相应的款项。这种方式为进口商提供了一定的信用期，因为他们可以在支付货款之前先收到货物。
- 可抵扣费用（deductible expense）：税务官员认可的可用于减少公司应纳税款的商业费用。
- 传递率（degree of pass-through）：另见汇率传递（exchange rate pass-through）。
- delta：期权费的变化除以标的工具价格的变化。对冲策略基于delta。
- 存托凭证（depositary receipt，DR）：另见美国存托凭证（ADR）。
- 贬值（depreciation）：市场驱动的货币价值变化，指货币价值或购买力下降。
- 衍生品（derivative）：另见金融衍生品（financial derivative）。
- 法定贬值（devaluation）：政府或中央银行当局采取的行动，降低与另一货币或黄金挂钩的货币的即期外汇价值。
- 点心债券市场（dim sum bond market）：在中国香港地区发行的以人民币（元）计价的证券市场。
- 直接干预（direct intervention）：一个国家的财政或货币当局购买或出售本国货币，以影响国内货币的价值。
- 直接投资（direct investment）：见外国直接投资（foreign direct investment，FDI）。
- 直接报价法（direct quote）：以本国货币表示的一单位外国货币的价格。这个术语只有在指定本国时才有意义。
- 直接税（direct tax）：由最终承担税负的人直接向政府支付的税。

- 定向发行（directed issue）：见定向公开发行股份（directed public share issue）。
- 定向公开发行股份（directed public share issue）：针对单一国家的投资者的发行，并由该国的投资机构全部或部分承销。
- 贴水（discount）：外汇市场中，货币未来交付比即期（即时）交付便宜的金额。贴水的反义词是升水。
- 股息收益率（dividend yield）：当前期间的股息分配与期初股价的百分比。
- 美元化（dollarization）：一个国家使用美元作为官方货币。
- 汇票（draft）：一份无条件的书面指令，要求一方（如进口商）在指定时间向汇票的开出者支付指定金额的款项。也称为“bill of exchange”。个人支票是一种汇票类型。
- 荷兰病（Dutch disease）：《经济学人》杂志发明的术语，指的是一个国家因为发现和开发自然资源（如天然气或石油）而货币升值的过程。货币升值的结果是该国的其他出口在出口市场上变得不那么有竞争力。以“荷兰”命名是因为《经济学人》解释了1959年在荷兰发现天然气后荷兰盾（florin[㊀]）所发生的情况。
- 经济敞口（economic exposure）：也称为运营敞口（operating exposure）。
- 有效税率（effective tax rate）：实际缴纳的税款占税前实际收入的百分比。
- 有效市场（efficient market）：所有相关信息已经反映在市场价格中的市场。这个术语最常用于外汇市场和证券市场。
- 股权发行（equity issuance）：向公共市场发行一家上市公司所有权股份的行为。
- 股权上市（equity listing）：公司股份在公开股票交易所上市。
- 股权风险溢价（equity risk premium）：投资者预期的市场平均年回报率超过无风险利率的部分。
- 欧元（euro）：1999年1月，欧盟的欧洲货币系统的11个参与成员国采用的新的单一货币单位，欧元取代了它们各自的本国货币。
- 欧洲银行（eurobank）：一家银行或其部门，以所在国以外的货币吸收定期存款并发放贷款。
- 欧洲债券（eurobond）：最初在其票面货币所在国外提供的债券。例如，最初向美国以外的投资者出售的以美元计价的债券。
- 欧洲商业票据（eurocommercial paper，ECP）：在国际货币市场上销售的短期票据（期限为30天、60天、90天、120天、180天、270天和360天）。
- 欧洲信贷（eurocredit）：以欧洲货币计价的银行贷款，由非贷款货币国家的银行提供给跨国公司、主权政府、国际机构和银行。
- 欧洲货币（eurocurrency）：存放在发行货币国家以外的银行中的货币。
- 欧洲美元（eurodollar）：存放在美国以外银行的美元。欧洲美元是一种欧洲货币。也称为欧洲美元存款。
- 欧洲股权（euroequity）发行：一种新的股权发行方式，由承销商在多个外国股票市场进行承销和分配，有时与国内市场的分配同时进行。
- 欧洲票据市场（euronote market）：在欧洲货币市场上销售的短期至中期债务工具。
- 欧洲中央银行（ECB）：ECB执行欧洲经济与货币联盟的货币政策。其目标是维护欧元的稳定性并尽量减少通货膨胀。
- 欧洲货币单位（ECU）：欧洲货币系统在欧元之前创建的一种复合货币，旨在作为一

㊀ 在历史上，“florin”是一种货币的名称，后来这个词在不同的国家和地区被用来指代不同的货币单位。在提到荷兰时，“florin”指的是荷兰盾，这是荷兰在使用欧元之前的官方货币。——译者注

种储备货币计价单位。ECU 被用作一系列金融工具和债务的计价单位。

- 欧洲货币体系（EMS）：1979 年首次在 15 个欧洲国家之间建立的汇率和货币系统。EMS 为最终创造欧元奠定了基础。EMS 随着时间的推移不断扩大其成员国。
- 欧式期权（European option）：只能在期权到期日当天行使的期权。
- 欧式标价法（European term）：表示为每美元多少非美元货币单位。
- 欧洲联盟（EU）：自 1994 年 1 月 1 日起，原欧洲经济共同体（EEC）的官方名称。
- 欧元区（eurozone）：官方使用欧元作为货币的国家。
- 汇率（exchange rate）：见外汇汇率（foreign exchange rate）。
- 汇率机制（ERM）：EMS 成员国以前将其货币汇率维持在与其他成员国货币约定范围内的方式。
- 汇率传递（exchange rate pass-through）：汇率变动导致的进出口商品价格变化的程度。
- 行权价格（exercise price）：与执行价格（strike price）相同；指期权合约中约定的买入或卖出标的资产的汇率。
- 出口信用保险（export credit insurance）：向出口商或出口商的银行提供保证，如果外国客户违约不付款，保险公司将支付大部分损失。另见外国信用保险协会（FCIA）。
- 美国进出口银行（Eximbank）：美国政府机构，创立目的是融资及以其他方式促进进出口。
- 敞口资产（exposed asset）：在财务报表合并过程中，将其价值从本地货币计价转换为母国货币计价而受到汇率变动影响的资产。价值变化通常是由于转换和重新计量使用的汇率从历史汇率转换为现行汇率。
- 政府征用（expropriation）：官方政府对私人财产的没收，国际法认可其为任何主权国家的权利，条件是征用的所有者得到即时补偿和以可兑换货币计算的公平市场价值。
- 保理（factoring）：专业公司（即保理商）以无追索权或有追索权的方式，以折扣价购买应收账款。
- 公允价值（fair value）：项目或资产的（估计的）真实市场价值。
- 船边交货（free alongside ship，FAS）：国际贸易术语，卖方报价的货物价格包括将货物交付至出发港口船边的所有成本。
- FIBOR：法兰克福银行同业拆借利率。
- 金融账户（financial account）：国际收支平衡表的一部分。根据国际货币基金组织最新修订的格式，金融账户的统计范围涵盖长期金融流动，包括直接外国投资、证券组合投资和其他长期流动。
- 金融衍生品（financial derivative）：一种金融工具，如期货或期权，其价值来自一个标的资产，如股票或货币。
- 融资现金流（financing cash flow）：来源于公司融资活动的现金流，包括利息支付和股息分配。
- 特定于公司的风险（firm-specific risk）：在项目或公司层面影响跨国公司的政治风险。由跨国公司与东道国政府之间目标冲突而产生的治理风险是主要的特定于公司的风险。
- 费雪效应（Fisher effect）：名义利率应等于实际利率加上预期通货膨胀率。
- 固定汇率（fixed exchange rate）：与一个主要国家（如美国）的货币、黄金或一篮子货币（如特别提款权）挂钩的外汇汇率。
- 弹性汇率（flexible exchange rate）：与固定汇率相对应。外汇汇率由国家的货币当局根据它们的判断和 / 或一套外部经济指标定期调整。
- 浮动汇率（floating exchange rate）：由开放

市场上的供求关系决定的外汇汇率，这个市场假定是自由的，没有政府干预。

- 浮动利率票据（floating-rate note，FRN）：中期证券，其利率与LIBOR挂钩，并每季度或半年调整一次。
- 后续发行（follow-on offering，FO）：首次公开募股后的额外股票发行。
- 强制退市（forced delisting）：股票交易所要求在该交易所公开交易的股票从活跃交易中退市，通常是因为未能维持最低市值水平。
- 外国附属公司（foreign affiliate）：母公司拥有少于50%股权的外国子公司。
- 外国债券（foreign bond）：外国公司或政府在另一个国家的国内资本市场上发行的、以该国货币计价的债券。
- 外国信用保险协会（FCIA）：私人商业保险公司的非法人协会，与美国进出口银行合作，为美国公司提供出口信用保险。
- 外币（foreign currency）：在国内经济中用于合同和交易的官方货币以外的任何货币。
- 外币汇率（foreign currency exchange rate）：同外汇汇率。
- 外汇干预（foreign currency intervention或foreign exchange intervention）：官方当局通过在外汇市场买卖货币主动介入，以管理或固定该货币相对于其他交易货币的价值。包括直接干预（中央银行可能买入或卖出本币）和间接干预（改变利率以改变外国投资者眼中国内货币的吸引力）。
- 外汇期权（foreign currency option）：一种金融合约或衍生品，保证持有人有权在规定的到期日或到期前，按特定汇率买入或卖出特定金额的外币。
- 外汇折算（foreign currency translation）：见会计折算（translation）。
- 外国直接投资（foreign direct investment，FDI）：在外国购买如工厂和设备等实物资产，由母公司管理。FDI与外国证券组合投资有所区别。
- 外汇经纪人（foreign exchange broker）：安排两方之间外汇交易的个人或公司，但自身并非交易的一方。外汇经纪人通过其努力赚取佣金。
- 外汇交易员（foreign exchange dealer or trader）：从一方买入外汇（以买入价），然后将其卖给另一方（以卖出价）。交易员是两笔交易中的主体，并通过买入价和卖出价之间的差价获利。
- 外汇汇率（foreign exchange rate）：一国货币以另一国货币或以黄金、银等商品计价的价格。也称为外币汇率（foreign currency exchange rate）。另见汇率（exchange rate）。
- 外汇风险（foreign exchange risk）：汇率的意外变动改变预期从国外收到的外币现金支付的本币价值的可能性，以及汇率的意外变动改变偿还以外币计价的债务所需的本币金额的可能性。
- 外国子公司（foreign subsidiary）：在东道国注册并由母公司拥有50%以上股份的外国公司。未注册的外国运营机构被称为分支机构。
- 外国税收抵免（foreign tax credit）：国内公司可以减少（抵免）国内所得税的金额，用于支付给外国政府的所得税。
- 外国税收中性（foreign tax neutrality）：无论税收收益是在国内市场还是外国市场产生的，税负是相同的。
- 福费廷（forfaiting）：一种在中长期贸易融资中使用的专项技术，最常用于为东欧的进口交易融资。通常由专门的金融机构担保融资。
- 远期平值（forward-ATM）：外汇衍生品的行权价格或执行价格设定为等同于远期汇率。
- 远期合约（forward contract）：在指定的未来日期以指定的远期汇率交换不同国家货

币的协议。

- 远期贴水率（forward discount）：即期汇率与远期汇率之间的差异，以年化百分比表示，参见远期升水率（forward premium）。
- 远期汇率（forward exchange rate）：为未来某日期结算而报价的汇率。用于远期交易的汇率。
- 远期对远期互换（forward-forward swap）：交换两个不同到期日的远期外汇合约。
- 远期对冲（forward hedge）：使用远期外汇合约来对冲或保护以外币计价的交易的价值。
- 远期升水率（forward premium）：参见远期贴水率（forward discount）。
- 远期汇率（forward rate）：参见远期汇率（forward exchange rate）。
- 远期利率协议（forward rate agreement，FRA）：一种银行间交易的合同，用于买卖基于名义本金的利率支付。
- 远期交易（forward transaction）：约定在指定的未来日期结算的外汇交易，通常在交易日期后的一、二或三个月。
- 自由现金流（free cash flow）：经营现金流减去资本支出（capex）。
- 自由流通股（free float）：公众投资者持有的上市公司公开交易股份的部分，而不是由推广人（承销商）、公司高管、控股股东或政府持有的锁定股份。
- 前置贷款（fronting loan）：通过金融中介机构（如大型国际银行）进行的母公司对子公司的贷款，以降低政治风险。相比于外国子公司向母公司偿还债务，政府当局不太可能阻止外国子公司向知名银行偿还债务。
- 功能货币（functional currency）：在进行财务报表折算时，外国子公司所在的主要经济环境中运营并产生现金流的货币。
- 期货或期货合约（futures 或 future contract）：见利率期货（interest rate future）。
- gamma：衡量期权的 delta 对于标的证券价格微小单位变化的敏感度的指标。
- 一般公认会计原则（GAAP）：美国公司批准的会计准则，由美国会计准则委员会定义。
- 全球存托凭证（Global Depositary Receipt，GDR）：类似于美国存托凭证（ADR），它是一种在多个国家发行的、代表外国公司股份的银行证书。实际的公司股份由国际银行的一个外国分支机构持有。这些股份作为国内股份交易，但通过赞助银行在全球范围内出售。
- 全球注册股份（global registered share，GRS）：类似于普通股份，全球注册股份的附加优势在于它们可以在全球各地的股票交易所以多种货币交易。
- 全球储备货币（global reserve currency）：另见储备货币（reserve currency）。
- 全球特定风险（global-specific risk）：在全球层面产生的政治风险，如恐怖主义、反全球化运动、环境问题、贫困和网络攻击。
- 金本位制或金汇兑本位制（gold standard 或 gold-exchange standard）：一种货币制度，各国货币根据其黄金含量来定义，国家间的支付不平衡时用黄金结算。
- 绿地投资（greenfield investment）：对一家新的外国子公司的初始投资，该子公司在该地区没有前身。这与通过收购现有业务而创建的新子公司形成对比。投资从概念上（如果不是字面上）开始于一个未开发的“绿地”。
- 折扣（haircut）：金融资产市场价值的一定百分比，以确定资产的抵押价值或赎回价值。
- 硬通货（hard currency）：一种可自由兑换的货币，预计在可预见的未来不会贬值。
- 套期保值（hedging）：购买合约（包括远期外汇）或有形商品，其价值上升可抵销另一合约或有形商品价值下跌。套期保值的目的是通过保护所有者免受损失来降低风险。也译作“对冲”。

- 赫斯塔特风险（Herstatt risk）：银行在不同国家和不同时区进行外汇交易所产生的风险。也称为结算风险。
- 历史汇率（historical exchange rate）：在会计核算中，获取资产或承担负债时的汇率。
- 本币（home currency）：公司注册地的货币；财务报表的计价货币。
- 胡佛对冲（Hoover hedge）：一种套期保值的方法，旨在保护长期投资或外币贷款的价值。
- 热钱（hot money）：由于利率差异在国际市场上从一种货币转移到另一种货币或从一个国家转移到另一个国家的资金，且在利率优势消失时立即转移。
- 最低可接受回报率（hurdle rate）：公司对潜在新投资项目要求的回报率，以批准该投资项目。最低可接受回报率通常基于公司当前的资本成本，包括债务和股权。在某些情况下，公司会要求在计算最低可接受回报率时对某些投资额外增加一定的溢价。（例如，资本成本 + 溢价 = 最低可接受回报率。）
- 恶性通货膨胀国家（hyperinflation country）：通货膨胀率非常高的国家。根据美国会计准则委员会 52 号准则，这些国家三年累计通货膨胀率达到或超过 100%。
- 不可能三角（impossible trinity）：理想的货币将具有汇率稳定性、完全金融一体化和货币独立性。
- 实值期权（in-the-money，ITM）：不考虑期权费，立即行权能获利的期权。也译作“价内期权”。
- 报价（indication）：对货币或其他金融资产的报价，通常以买入价和卖出价的形式出现。
- 间接干预（indirect intervention）：中央银行或其他货币当局采取的行动，影响本国货币的供需。最常见的间接干预形式是利率的调整。
- 间接报价法（indirect quote）：以外国货币表示的一单位本国货币的价格。
- 首次公开募股（IPO）：公司首次向公众出售所有权股份。通过首次公开募股，发行公司为其业务筹集资金。
- 一体化外国实体（integrated foreign entity）：作为母公司延伸部分运营的实体，其现金流和一般业务线与母公司高度相关。
- 利率期货（interest rate future）：交易所交易的协议，要求在未来固定的时间、地点，以固定的价格交付标准数量的任何商品，例如外汇。
- 利率平价（IRP）：对于风险和到期期限相似的证券，两国之间的利率差异应该与其货币的远期升贴水率数值相等但方向相反。
- 利率风险（interest rate risk）：因承担有利息（无论是固定利率还是浮动利率）的债务而面临的风险。通常用来指公司因以浮动利率借款而可能产生的变动利率。
- 利率互换（interest rate swap）：两个对手方交换不同性质（如浮动利率对固定利率）的利息支付流的交易，基于一个基础名义本金金额。
- 内部收益率（IRR）：使得预期未来现金流入的现值与流出的现值相等的折现率。
- 国际复兴开发银行（IBRD）：由成员国拥有的国际开发银行，向成员国提供发展贷款。另见世界银行（World Bank）。
- 国际资本资产定价模型（ICAPM）：国内 CAPM 的国际化版本，旨在为公司估算股权成本，与 CAPM 的主要区别在于对市场的定义和公司对该市场贝塔系数的重新计算。
- 国际费雪效应（international Fisher effect）：

一种理论，认为两国之间即期汇率的变动幅度与两国之间的利率差异数值相等但方向相反。

- 国际货币基金组织（IMF）：1944 年创建的国际组织，旨在促进汇率稳定，并为陷入国际收支困境的国家提供临时融资。
- 国际货币市场（IMM）：芝加哥商业交易所的一个分支机构，专门从事货币和金融期货合约的交易。
- 国际货币体系（international monetary system）：确定外汇汇率、适应国际贸易和资本流动以及进行国际收支差额调整的结构。
- 国际平价条件（international parity condition）：在国际金融背景下的一组基本经济关系，提供了即期汇率和远期汇率、利率和通货膨胀率之间的均衡。
- 国际互换和衍生品协会（ISDA）：一个位于纽约的场外衍生品交易行业协会。ISDA 维护着在全球金融服务交易中使用的大多数金融衍生品的文件。
- 内部贸易（intrafirm trade）：同一跨国公司或企业内部的不同法人单位之间的商品和服务贸易。
- 内在价值（intrinsic value）：如果立即行使期权所能获得的财务收益。
- 投资协议（investment agreement）：明确投资外国公司和东道国政府的特定权利和责任的协议。也称为国际投资协议。
- 投资级（investment grade）：通常由穆迪、标准普尔或惠誉等机构分配的信用评级，象征着借款人无论在何种商业或市场条件下都能及时偿还债务的能力。标记为 BBB-（或相应信用评级机构的等价评级）或更高。
- 伊斯兰金融（Islamic finance）：与伊斯兰教法和伊斯兰经济学原则一致的银行或融资活动。
- J- 曲线（J-curve）：一国贸易差额在本国货币贬值或显著贬值后的调整路径。由于现有合同的原因，情况首先会恶化，随后由于更具竞争力的定价条件而改善。
- 合资企业（JV）：由两个或更多实体共同拥有的企业，这些实体通常来自不同国家。
- 滞后支付（lag）：公司晚于预期或要求的时间履行偿债义务。
- lambda：衡量期权溢价对波动率单位变化的敏感度。
- 一价定律（law of one price）：如果相同的产品或服务可以在两个不同市场销售，并且在销售或将产品从一个市场移动到另一个市场的运输成本上不存在限制，则产品在两个市场中的价格应该是相同的。
- 提前支付（lead）：公司早于预期或要求的时间履行偿债义务。
- 法定货币（legal tender）：法律允许或法律系统认可的用于有效履行偿债义务的支付手段。
- 信用证（letter of credit，L/C）：银行出具的单据，银行承诺在受益人提交信用证中规定的单据后向其付款。
- 联动融资（link financing）：参见背靠背贷款（back-to-back loan）或前置贷款（fronting loan）。
- 流动性（liquid）：以公允市场价值（或近似值）将资产兑换成现金的能力。
- 伦敦银行同业拆借利率（LIBOR）：适用于伦敦银行间贷款的存款利率。LIBOR 可作为许多国际利率交易的参考利率。
- 多头头寸（long position）：外汇资产超过外汇负债的情况。多头头寸的反面是空头头寸。
- 《马斯特里赫特条约》（Maastricht Treaty）：12 个欧盟成员国之间的条约，规定了引入单一欧洲货币（即欧元）的计划和时间表。
- 宏观风险（macro risk）：另见特定于国家的风险（country-specific risk）。
- 宏观经济不确定性（macroeconomic un-

certainty)：运营敞口对关键宏观经济变量（如汇率、利率和通货膨胀率）的敏感性。

- 管理浮动（managed float）：一个国家允许其货币在给定的汇率区间内交易。
- 保证金（margin）：作为信贷融资的金融交易中用作安全保障的存款。
- 逐日盯市（marked-to-market）：期货合约的价值每日按市场价值计算，所有价值变动每日以现金支付。合约价值使用当日收盘价重新评估。支付的金额称为变动保证金。
- 市值总额（market capitalization）：公开交易公司的总市场价值，计算方式为发行在外总股数乘以市场决定的每股价格。
- 市场流动性（market liquidity）：公司发行新证券而不会压低现有市场价格的程度，以及其证券价格变动引起大量订单流的程度。
- 匹配货币现金流（matching currency cash flow）：通过获得以该货币计价的债务来抵销对特定货币的预期持续长期敞口的策略。
- 商人银行（merchant bank）：专门帮助企业和政府通过各种市场和/或传统技术进行融资的银行。欧洲的商人银行有时与清算银行（clearing bank）区分开，后者倾向于处理大众的银行存款和结算余额。
- MIBOR：马德里银行同业拆借利率。
- 微观风险（micro risk）：另见特定于公司的风险（firm-specific risk）。
- 货币性资产或负债（monetary asset or liability）：现金及将以固定或可确定金额收取的资产（如应收账款），或以现金支付的负债。货币性资产减去货币性负债称为净货币性资产。
- 货币/非货币法（monetary/nonmonetary method）：将外国子公司的财务报表折算成母公司报告货币的方法。所有货币性账户按现行汇率折算，所有非货币性账户按其历史汇率折算。在美国有时称为历史汇率法（temporal method）。
- 洗钱（money laundering）：将非法获得的资金或现金存入金融系统的过程。
- 货币市场套期保值（money market hedge）：使用外币借款来减少交易敞口或会计敞口。
- 货币市场（money market）：是各国金融市场的一部分，在货币市场中，各种类型的短期债务工具（包括银行贷款）被买卖。
- 道德风险（moral hazard）：由于存在或得到某种次级保险或保护机构的支持，个人或组织承担的风险超过了正常水平。
- 跨国资本预算（multinational capital budgeting）：对外国投资项目的财务分析，需要使用折现现金流分析。也称为国际资本预算和外国项目的资本预算。
- 跨国公司（multinational enterprise，MNE）：在外国拥有子公司、分支机构或附属机构的公司。也译作“跨国企业”。
- 国家征税方法（national approach to tax）：参见全球征税方法（worldwide approach to tax）。
- 自然对冲（natural hedge）：通过公司经营活动中的对冲或匹配现金流来对冲货币敞口。
- 可转让票据（negotiable instrument）：由出票人签名的书面汇票或承诺书，包含无条件的承诺或命令，在要求时或在一个可确定的未来日期支付确定金额的款项，并且可向指定人或持票人支付。持有可转让票据的人有权获得款项，尽管出票人和付款人之间可能有个人分歧。
- 净国际投资头寸（net international investment position，NIIP）：根据所有权的国籍定义，一个国家的外部金融资产和负债之间的净差额。一个国家的外债包括政府债务和私人债务，以及公共和私人持有的合法居民债务。

- 净经营现金流（net operating cash flow，NOCF）：由企业正常运营产生的现金。它被认为是衡量企业创造价值的指标。它的计算方式是净收入、折旧和净营运资本变动之和。
- 净现值（net present value，NPV）：预期未来现金流入的现值减去现金流出的现值。
- 净营运资本（net working capital，NWC）：应收账款加存货减去应付账款。
- 净额结算（netting）：为了减少现金和货币交换的规模和频率，而对公司内部支付进行净额结算。
- 名义汇率（nominal exchange rate）：实际的汇率报价，是根据购买力变化进行调整的实际汇率的对称。可能以指数形式构建。
- 无本金交割远期（nondeliverable forward，NDF）：一种货币的远期或期货合约，根据合约远期汇率与实际即期汇率之间的差额结算，但以交易者的货币结算。例如，一份以美元而非人民币结算的人民币远期合约。
- 《北美自由贸易协定》(North American Free Trade Agreement，NAFTA)：允许加拿大、美国和墨西哥之间自由贸易和投资的条约。
- 名义本金（notional principal）：衍生品合约的总货币价值，用于期货合约、远期合约、期权合约或互换协议中。
- 报价（offer price）：见卖出价（ask price）。
- 报价率（offer rate）：基于报价方的角度，指报价方的卖出价格（即卖价），如在买卖价差或买入 - 卖出中的卖出价格。
- 官方储备账户（official reserves account）：国内官方货币当局持有的总储备，如黄金、特别提款权和主要货币。
- OLI 分析范式（OLI paradigm）：试图创建一个总体框架，解释跨国公司为何选择外国直接投资而不是通过许可证、合资企业、战略联盟、管理合同和出口等方式服务外国市场。
- 赊账销售（open account）：在付款到期或支付之前发货并交付货物的销售方式。根据行业和国家惯例，付款通常在 30～90 天后进行。
- 经营现金流（operating cash flow）：企业从贸易活动中产生的主要现金流，通常由收益、折旧与摊销以及净营运资本变动组成。
- 运营敞口（operating exposure）：未预期的汇率变动所导致的未来经营现金流的变化对企业价值的影响。也称为经济敞口(economic exposure)。
- 期权（option）：见外汇期权（foreign currency option）。
- 领口期权（option collar）：同时购买看跌期权和卖出看涨期权，或反之，从而形成一种混合型期权。
- 指示提单（order bill of lading）：一种运输单据，货物的占有权和所有权随着该提单的转让而转移给提单的持有人。
- 虚值期权（out-of-the-money，OTM）：不考虑期权费，立即行权不会获利的期权。也译作“价外期权”。
- 直接远期汇率（outright forward）：见远期汇率（forward rate）。
- 直接远期交易（outright forward transaction）：见远期交易（forward transaction）。
- 海外私人投资公司（Overseas Private Investment Corporation，OPIC）：美国政府拥有的保险公司，为美国企业对抗各种政治风险提供保险。
- 汇率超调（overshooting）：金融市场中的一种行为，市场价格的重大调整超过了在更长的调整期后可能稳定的价值。市场运动类似于“过度反应”。
- 场外市场（over-the-counter market，OTC market）：交易商之间通过网络交易股票、

期权（包括外币期权）或其他金融合约的市场。场外市场没有物理位置或地址，因此与有物理位置进行交易的交易所不同。

- 熊猫债券（panda bond）：外国借款人在中国市场发行的以人民币计价的债券。
- 平行贷款（parallel loan）：见背靠背贷款（back-to-back loan）。
- 参与式远期（participating forward）：一种复杂的期权组合，结合了买入的看跌期权和卖出的看涨期权，以相同的行权价格创建一个净零头寸。也称为零成本比率期权或远期参与协议。
- 传递效应或传递期（pass-through 或 pass-through period）：汇率变化反映在产品或服务的市场价格中所需的时间。
- phi：由外国（外币）利率的微小变动引起的期权费的预期变化。
- PIBOR：巴黎银行同业拆借利率。
- 点差（pip）：汇率波动的最小单位。
- 大众型利率互换（plain-vanilla swap）：一种利率互换协议，交换同一货币的固定利息支付和浮动利息支付。
- 点（point）：报价中最小的价格变动单位，具体取决于报价时使用的常规小数位数。
- 政治风险（political risk）：国家的政治事件影响该国公司经济福祉的可能性。
- 证券组合投资（portfolio investment）：与外国直接投资相对，主要指购买外国股票和债券。
- 升水（premium）：外汇市场中，货币未来交付比即期（即时）交付更贵的金额。升水的反义词是贴水。
- 标价货币（price currency）：货币价格报价中的报价货币。在美元 / 欧元汇率报价中，欧元是标价货币，如 USD1.075 0 = EUR1.00。
- 需求价格弹性（price elasticity of demand）：经济理论中，产品价格百分比变化引起的需求数量百分比变化。
- 委托代理问题（principal agent problem）：见代理理论（agency theory）。
- 私募股权（private equity，PE）：非公开交易公司的资产所有权。私募股权投资通常由私募股权公司或私募股权基金进行。
- 私募发行（private placement）：向一小群合格的机构买家发行证券。
- 项目融资模式（project finance）：一种用于长期资本项目融资的金融结构，这些项目通常规模大、寿命长、风险较高。在这种模式下，仅项目本身负责所有债务融资的偿付，而不是公司或项目发起人。
- 项目融资安排（project financing）：为规模大、寿命长以及通常具有较高风险的长期资本项目筹措资金的过程或行为。
- 招股说明书（prospectus）：披露与拟议公开销售证券相关的潜在风险和回报的文件。招股说明书通常包括公司业务描述、财务报表、高管和董事的简历、详细的薪酬信息、任何悬而未决的诉讼、重要财产列表和其他任何重要信息。
- 保护主义（protectionism）：限制或禁止进口外国商品和服务的政治态度或政策。与自由贸易政策相对。
- 心理距离（psychic distance）：心理距离较近的国家指的是具有相似文化、法律和制度环境的国家。
- 公共债务（public debt）：政府机构或主权当局的债务。
- 购买力平价（PPP）：一种理论，认为国际贸易商品的价格在每个国家应该相同，因此两种货币之间的汇率应该是两国价格的比率。
- 看跌期权（put option）：赋予期权买方按照约定价格卖出外汇或金融合约的期权。另见外币期权（foreign currency option）。
- 合格的机构投资者（QIB）：拥有并基于自由裁量权投资至少 1 亿美元非关联方证券的实体（银行或储蓄贷款机构除外）。

- 配额（quota）：对产品进口设置的限制，可为强制性或自愿性。
- 报价（quotation）：外汇交易中，交易商愿意买入或卖出外汇的一对价格（买入价和卖出价）。
- 报价敞口（quotation exposure）：卖方已经向潜在买方报出一种外币的固定价格，但买方尚未同意的时间段。
- 报价货币（quote currency）：另见标价货币（price currency）。
- 范围远期（range forward）：一个复杂的期权头寸，结合了购买一个看跌期权和销售一个看涨期权，其行权价格与远期汇率等距。也称为灵活远期、圆柱期权、期权围栏、最小值 - 最大值和零成本隧道。
- 实物期权分析（real option analysis）：将期权理论应用于资本预算决策。
- 参考利率（reference rate）：在标准化报价、贷款协议或金融衍生品估值中使用的利率。
- 相对购买力平价（relative purchasing power parity）：这一理论认为，如果两国之间的即期汇率开始时处于均衡状态，那么随着时间的推移，两国之间通货膨胀率的差异将会引起即期汇率相应的反向等额调整，从而长期保持均衡。
- 汇款（remittance）：以支付、赠送或储蓄为目的，一方向另一方转移的金钱或货币。
- 人民币（RMB）：中国货币的官方名称（元，CNY）。
- 报告货币（reporting currency）：在折算财务报表的背景下，母公司编制自己财务报表所使用的货币。通常是母公司的本币。
- 资金头寸调配（repositioning of fund）：资金从一种货币转移到另一种货币或从一个国家转移到另一个国家的过程。跨国公司面临各种政治、税收、外汇和流动性限制，这些限制约束了其轻松无成本转移资金的能力。
- 重新定价风险（repricing risk）：金融合约利率重置时，收取或赚取的利率变化的风险。
- 储备货币（reserve currency）：政府或中央银行当局用作资源资产或用于市场干预以改变国内货币的市场价值的货币。
- 居民法（residential approach）：见全球征税方法（worldwide approach to tax）。
- 法定升值（revaluation）：与其他货币或黄金挂钩的货币的外汇价值上升。
- rho：由本国（本币）利率的微小变动引起的期权费的预期变化。
- 风险（risk）：实际结果与预期结果之间存在差异的可能性。实际结果可能比预期的更好或更差（双向风险），尽管在常规实践中，风险更常用于指不利结果的情境（单向风险）。风险可以存在于任何不确定的未来情况中，包括未来的即期汇率或政治事件的结果。
- 无风险利率（risk-free rate of interest）：假设不存在支付失败可能性的资产的回报率。通常是政府发行的债券（如美国国债）的利率。
- 风险分担（risk sharing）：买卖双方在合约中约定共同分担货币变动对双方付款的影响。
- 展期风险（roll-over risk）：见信用风险（credit risk）。
- 游戏规则（rules of the game）：19 世纪大部分时间及 20 世纪初国际金本位制下汇率确定的基础。所有国家非正式地同意按照固定和预定的价格兑换黄金来买卖其货币。
- 武士债券（samurai bond）：在日本由外国借款人发行的以日元计价的债券。
- 《萨班斯 - 奥克斯利法案》（Sarbanes Oxley Act）：2002 年美国通过的一项旨在规范公司治理的法案。

- 已上市发行（seasoned offering）：见后续发行（follow-on offering，FO）。
- SEC 144A 规则：允许合格的机构投资者交易私募发行的证券而无须美国证券交易委员会注册。
- 482 条款（Section 482）：美国财政部规定的转让定价规则。
- 证券化（securitization）：将不可市场化的贷款（如直接银行贷款）替换为可交易的证券（如公开交易的可市场化票据和债券），以便风险可以在许多投资者之间广泛分散，每个投资者都可以通过买卖可市场化的证券来增加或减少所承担的风险量。
- 铸币税（seigniorage）：政府从印制其货币中获得的净收入或收益。
- 选择性套期保值（selective hedging）：仅对冲异常敞口或在管理层对汇率方向有明确预期时偶尔进行套期保值。
- 自我维持的外国实体（self-sustaining foreign entity）：在当地经济环境中独立于母公司运营的实体。
- 卖空（selling short, shorting）：出售卖方尚未拥有的资产。前提是卖方相信他能够在销售合同到期前以较低价格购买该资产以履行合同。
- 股东（shareholder）：对公开交易公司的股份或股票持有法律所有权的个人或机构。
- 股东财富最大化（shareholder wealth maximization，SWM）：最大化公司股东投资总值的公司目标。
- 空头头寸（short position）：另见多头头寸（long position）。
- SIBOR：新加坡银行同业拆借利率。
- 即期汇票（sight draft）：一种到期即付的汇票。另见汇票（B/E）。
- 来源法（source approach）：属地征税方法的另一种称呼。
- 主权信用风险（sovereign credit risk）：东道国政府可能单方面拒绝履行其外债义务，或可能阻止本地公司履行其外债义务的风险。主权信用风险常被视为政治风险的一个子集。
- 主权债务（sovereign debt）：主权或政府机构的债务。
- 主权债务息差（sovereign spread）：指主权借款人在以外币计价的主要债务融资中需支付的信用利差。例如，委内瑞拉政府借入美元所支付的信用息差，是指高于美国财政部发行的相同期限债券利率的差额。
- 特别提款权（SDR）：国际货币基金组织定义的国际储备资产，其价值基于五种货币的加权平均。
- 投机（speculation）：通过对未来价格的预期进行交易来获利。
- 投机级（speculative grade）：低于 BBB−级或低于投资级的信用评级。该评级意味着在不利的经济或商业条件下借款人违约的可能性。
- 即期汇率（spot rate）：在即期交易中可以购买或出售外汇的价格。
- 即期交易（spot transaction）：在第二个营业日结算（支付）的外汇交易。
- 息差或点差（spread）：买入和卖出报价之间的差异。在外汇交易中，外汇买卖的差价译为点差；在银行同业拆借中，拆入利率与拆出利率的差额译为息差。
- 利益相关者资本主义（SCM）：企业财富最大化的另一个名称。
- 国有企业（SOE）：政府全权或部分拥有和控制的任何组织或企业，通常是为了进行商业活动而创建的。
- 法定税率（statutory tax rate）：法律规定的税率。
- 战略联盟（strategic alliance）：两家公司为了获得协同效应而形成的正式关系，这种关系不涉及合并或收购，因为在某些方面这两家公司互补。
- 战略敞口（strategic exposure）：另见运营

敞口（operating exposure）。

- 执行价格（strike price）：期权合约中约定的汇率。另见行权价格（exercise price）。
- F 子部分收入（subpart F income）：美国税法中定义的一种外国收入类型，根据特定条件，即使这笔收入尚未汇回美国，也会在美国立即征税。这是一种原本可以轻易转移到海外以避免当前征税的收入类型。
- 互换或互换交易（swap 或 swap transaction）：通常是外汇或证券的同时买入和卖出，买入立即执行，而卖回给同一方的操作则按照约定的价格在指定的未来日期完成。互换主要包括利率互换和货币互换。
- 互换利率（swap rate）：远期外汇报价，以远期汇率与即期汇率之间的点数差异表示。
- SWIFT：环球银行金融电信协会。SWIFT 系统于 1973 年启动，允许全球的金融机构以安全、标准化和可靠的方式发送和接收有关金融交易的信息。SWIFT 网络发送支付指令，但不促进实际资金的转移（结算）。几乎所有跨境外汇交易目前都通过 SWIFT 执行。
- 银团贷款（syndicated loan）：一组银行向大型跨国公司或政府提供的大额贷款。银团贷款允许参与银行通过不向单一借款人贷款过多来保持多元化。也称为银团银行信贷。
- 合成远期（synthetic forward）：一种复杂的期权头寸，结合了购买一个看跌期权和销售一个看涨期权，或相反，都以远期汇率为准。理论上，组合头寸应该具有零净溢价。
- 系统性风险（systematic risk）：在证券投资组合理论中，市场本身的风险，即无法通过多元化消除的风险。
- 关税（tariff）：对进口征收的税款，可以按成本的百分比或进口单位数量的特定金额征收。
- 税收递延（tax deferral）：跨国公司的外国子公司支付东道国的企业所得税，但许多母国，包括美国，延迟对这些外国来源收入征收额外税款，直到收入汇回母公司。
- 税收敞口（tax exposure）：在特定收入流或资产价值上可能产生的应纳税款。这一术语通常用来描述跨国公司如何通过将其部分业务调配到税负较低的国家，来最小化其整体的应纳税款。
- 避税天堂（tax haven）：以无税或极低税率的税收结构吸引外国投资或国际金融交易的国家和地区。
- 税收道德（tax morality）：跨国公司考虑是否对当地税务机关完全披露信息，或采取“入乡随俗”的理念。
- 税收中性（tax neutrality）：在国内税收中，要求跨国公司在本国赚取的每单位货币利润的税负与其在海外业务中赚取的等值利润的税负相等。
- 税收协定（tax treaty）：一系列双边条约的网络，提供减少双重征税的手段。
- 技术分析（technical analysis）：关注价格和成交量数据，以确定预期将持续到未来的历史趋势。分析师相信未来的汇率基于当前汇率。
- TED 息差（TED spread）：3 个月期利率互换指数或 3 个月期 LIBOR 与 90 天美国国库券利率之间，以基点表示的差异。它有时被用作金融危机或评价银行信用质量的指标。
- 历史汇率法（temporal method）：美国的财务报表折算方法，用于将外国子公司的财务报表按照母公司的报告货币进行折算，本质上与货币 / 非货币法相似。
- 投标（tender）：提供出售或购买的报价或要约。
- 期限（tenor）：合同或偿债义务的时间长度；贷款还款期限。
- 龙舌兰效应（tequila effect）：用于描述

1994年12月墨西哥比索危机如何通过传染效应迅速蔓延到其他拉丁美洲货币和股票市场的术语。

- 终值（terminal value，TV）：一个项目或投资在详细显示的期间之外的持续价值。假设有一个稳定的永续增长率，终值代表在未来某一时间点所有未来现金流的现值。
- 贸易条件（term of trade）：国家出口价格与进口价格之间的加权平均交换比率，用于衡量贸易收益。贸易收益指的是生产专业化和国际贸易导致的总消费增加。
- 属地征税方法（territorial approach to tax）：也称为属地税收（territorial taxation）。对公司在东道国法律管辖区内赚取的收入征税，而不基于注册公司的国家。
- 比较优势理论（theory of comparative advantage）：基于绝对优势概念，该理论支持每个国家专门生产其独特且适合的商品，比较优势理论指出，与在国内生产所有商品相比，国家之间交换商品会获得更好的结果。
- theta：由期权到期期限的微小变动引起的期权费的预期变化。
- 资本稀薄化（thin capitalization）：公司的资本结构过分依赖债务融资的情况。通常用于通过利息费用的扣除来降低公司的国内税负。也可以译作“薄资本化”。
- 远期汇票（time draft）：允许延期支付的汇票。出票人将其提交给付款人，付款人通过在汇票上签署“承兑”字样来表示接受。一旦接受，远期汇票即成为付款方的付款承诺。也称为定期汇票（usance draft）。
- 商业承兑汇票（trade acceptance，T/A）：国际贸易术语。一种直接由进口商或购买者（非银行）承兑的汇票，并在指定的未来时间到期。
- 组别（tranche）：通常指在金融发行中按特定条件或目的分割的不同部分或级别的资金，预期这些份额将由承销商在其指定的市场中向投资者销售。
- 交易敞口（transaction exposure）：在汇率变动之前进入但在汇率变动之后才结算的未决偿债义务的价值变化的潜在风险。
- 转让定价（transfer pricing）：指在同一跨国公司内部，如一家外国子公司与其母公司之间，对于交易的商品或服务所设定的价格。这种定价机制用于调节不同单位之间的内部交易。也译作“转移定价”。
- 会计折算（translation）：从一种货币到另一种货币重新衡量财务报表的过程。
- 折算敞口（translation exposure）：汇率变动和需要将外国子公司的财务报表以母公司单一报告货币重述，可能导致所有者权益出现会计上的变动风险。另见会计敞口（accounting exposure）。
- 跨国公司（transnational firm）：由位于不同国家的投资者联盟所有的公司。
- 透明度（transparency）：投资者能从公司披露的信息和报告的财务结果中辨识公司真实活动和价值驱动因素的程度。
- 三角套汇（triangular arbitrage）：通过将货币A兑换为货币B，再将货币B兑换为货币C，最后将货币C兑换回货币A，来利用汇率微小失衡进行套利活动。
- 特里芬困境（Triffin dilemma）：当一个国家的货币被用作储备货币时，国内货币政策目标与外部或国际政策目标之间可能会出现潜在冲突。
- 国际金融三元悖论（trilemma of international finance）：政府在三个相互冲突的国际金融系统目标之间必须做出的困难但必要的选择：①固定汇率制；②独立的货币政策；③资本自由流动。
- 营业税（turnover tax）：基于营业额或销售额的税收，结构类似于增值税，在商品生产的中间阶段可能会进行税收评估。
- 非关联方（unaffiliated）：独立的第三方。

可以根据第三方是已知还是未知来进一步描述。

- 非抵补套息套利（UIA）：投资者在利率相对较低的国家和地区借款，并将所得资金转换为提供更高利率的货币的过程。之所以称为“非抵补”，是因为投资者没有预先通过远期交易锁定汇率。
- 单位货币（unit currency）：见基准货币（base currency）。
- 非系统性风险（unsystematic risk）：在投资组合中，通过多元化可以消除的风险。
- 定期汇票（usance draft）：见远期汇票（time draft）。
- 增值税（value-added tax）：一种在商品和服务的生产及销售的每个阶段征收的国家税收，其税额基于在该阶段添加的价值比例计算。
- 交割日（value date）：外汇交易中给予价值（即存入资金）的日期。
- 价值型公司（value firm）：指较大、较老、更成熟的企业，其股票价格通常变动较小。
- 风险资本家（venture capitalist，VC）：向初期阶段的商业初创公司提供资本和资金的投资者或基金。这些初创公司通常因拥有独特的知识产权或技术而被认为具有高增长潜力。
- 波动性（volatility）：与期权相关，即日现货价格变动的标准差。
- 秃鹫基金（vulture fund）：专门购买违约债务，然后通过法律手段获取抵押品或全额支付的投资基金。
- 加权平均资本成本（weighted average cost of capital，WACC）：不同来源的资本的成本按比例加权的总和，用作新投资的最低可接受目标回报。
- 电汇（wire transfer）：资金的电子转账。
- 营运资本管理（working capital management）：管理公司的净营运资本需求（应收账款加库存减应付账款）。
- 世界银行（World Bank）：见国际复兴开发银行（IBRD）。
- 全球征税方法（worldwide approach to tax）：无论收入在哪里赚取，都对在东道国注册的公司赚取的收入征税。
- 扬基债券（yankee bond）：在美国由外国借款人发行的以美元计价的债券。
- 到期收益率（yield to maturity）：使债券的未来现金流量（包括利息和本金）与当前市场价格相等的利率（贴现率）。到期收益率因此是债券投资者赚取的经时间调整的回报率。
- 人民币（CNY）：中国的官方货币。